ESTADO DE DERECHO, DERECHOS HUMANOS Y DEMOCRACIA

Pautas para la racionalidad jurídico-política desde Elías Díaz

GÍLMER ALARCÓN REQUEJO

ESTADO DE DERECHO, DERECHOS HUMANOS Y DEMOCRACIA
Pautas para la racionalidad jurídico-política desde Elías Díaz

Prólogo de EUSEBIO FERNÁNDEZ

INSTITUTO DE DERECHOS HUMANOS
BARTOLOMÉ DE LAS CASAS
UNIVERSIDAD CARLOS III DE MADRID

Dykinson, S.L.

Editorial DYKINSON, S. L. Meléndez Valdés, 61 - 28015 Madrid
Teléfonos (+34) 915 44 28 46 - (+34) 915 44 28 69
E-mail: info@dykinson.com
http://www.dykinson.es
http://www.dykinson.com

ISBN: 978-84-9849-078-7
Depósito Legal: M.36822-2007

Preimpresión e Impresión:
SAFEKAT, S.L.
Belmonte de Tajo, 55 - 28019 Madrid

A Julio Cotler, pensador para un tiempo de transiciones.
Y a la memoria de Carlos Santiago Nino y Eduardo Rabossi,
corazones abiertos por los andes latinoamericanos

VFdz. Vargas

ÍNDICE

Págs.

AGRADECIMIENTOS

En el invierno de 2006 leí la tesis doctoral *El Estado de Derecho en la filosofía jurídico-política. Elías Díaz ante el debate contemporáneo,* en el marco del Doctorado en Derecho, Programa Derechos Fundamentales del Instituto de Derechos Humanos Bartolomé de las Casas de la Universidad Carlos III de Madrid. Esta tesis fue dirigida por el profesor Eusebio Fernández García. El Tribunal que juzgó mi trabajo estaba presidido por el profesor Gregorio Peces-Barba e integrado por los profesores Elías Díaz, Alfonso Ruiz Miguel, Ricardo García Manrique y Rafael de Asís: mi sincera gratitud a todos ellos; he sacado buen provecho de sus valiosas críticas y comentarios para mejorar el resultado final de mi investigación, que ahora, casi en su totalidad, ve la luz en la presente publicación.

Mi larga estancia en el Instituto de Derechos Humanos Bartolomé de las Casas, con una experiencia de aprendizaje intensamente vivida, trae consigo una buena cosecha de gratitud personal: recordaré siempre a su Director, profesor Rafael de Asís y al profesor Javier Ansuátegui, Director del Doctorado-Programa Derechos Fundamentales, Postgrado en Estudios Avanzados en Derechos Humanos. A Mercedes Sánchez, por su permanente atención y ayuda en cuanta gestión haya sido necesaria para que nuestros estudios lleguen a buen puerto. En este marco, he de agradecer también el ambiente de discusión y debate propiciado en talleres y seminarios; entre ellos, el Taller de Teoría Crítica, el Taller de Pluralismo Cultural y Minorías, el Taller de Derechos Humanos, Estado de Derecho y Teoría de la Argumentación Jurídica, y el Seminario Permanente Derecho y Justicia.

Tengo que agradecer profundamente a mi director de tesis, profesor Eusebio Fernández García, por sus orientaciones académicas y sus valiosos consejos, y a través de él, en su condición de Director de Departamento, a todos los docentes del Departamento de Derecho Internacional, Eclesiástico y Filosofía del Derecho, y especialmente, a los profesores José María Sauca, María José Fariñas, Rafael Escudero, Andrea Greppi, María Eugenia Rodríguez Palop, María del Carmen Barranco, Ángel Llamas, José Manuel Rodríguez Uribes, Miguel Ángel Ramiro, Javier Dorado, María Ángeles Bengoechea, Oscar Pérez, Silvina Ribotta, Carlos Lema, Patricia Cuenca, Emilio Moyano, Antonio Pelé, Alberto Iglesias, Agustina Palacios, Roberto Jiménez, Diego Blázquez, Gregorio Saravia, Vanesa Morente, Luis Lloredo, Alfredo Kramarz. De todos valoro su creatividad intelectual y su generosa amistad.

Así mismo, guardo una gratitud especial para los miembros del Seminario de Filosofía del Departamento de Humanidades dirigido por los profesores Carlos Thiebaut y Fernando Broncano e integrado por Antonio Gómez, Carmen González, Antonio Valdecantos, Rocío Orsi, Nuria Rivera, Clara Ramírez, Jaime Díez, Leticia Naranjo. Estoy agradecido por haberme beneficiado de su generosidad intelectual y también por su solidaridad y afecto con mi experiencia y devenir personal en todos estos años.

Orillando mi condición de Ulises errante que pone a prueba su capacidad de aprendizaje, adaptación y sobrevivencia he sentido la cercanía del Dr. Fernando Mariño, miembro del Comité Contra la Tortura de la ONU, de la Agencia Española de la ONU para los Refugiados-ACNUR, de la Comisión Española de Ayuda al Refugiado (CEAR), de Ricardo Gadea de la ONG Minka y de la Comisión de Defensa de la Asociación Libre de Abogados de Madrid: José Luis Galán, Beatriz Monasterio, Elena González, Carlos Alberto Ruiz, Gloria Carlos y Endika Zulueta. También mi gratitud al Director de la Residencia de Estudiantes Fernando Ríos de la Universidad Carlos III de Madrid, profesor José Vida, a los trabajadores José Luis Gómez, Cristina González y Javier Fraile y a todos los estudiantes e investigadores residentes, entre ellos, Sara Bront, Nidia Lubisco y Fernanda Melo.

De otro lado, es justo también que exprese mi agradecimiento a los profesores Ascención Elvira, Juan Carlos Bayón, Juan José Tamayo y a mis compañeros del doctorado, específicamente a José Eduardo de Resende Chávez, Elfride Kretschmer, Beatriz Sánchez, Cecilia Añaños y Pablo Chalcof; a los peruanos: Reynaldo Bustamante, Florabel Quispe, Miguel Canessa, Edgardo Rodríguez, Candelaria Quispe, Rocío Canchari, Ariel Tapia, Roger Rodríguez, Bladimiro Chuquimbalque, John Juárez, Lupe Rodríguez y Erika Fuertes. Finalmente dejo constancia que he sentido la generosa amistad española en Gonzalo Romero, Amparo Caballero, Juan Carlos Lagos, Ramón Fernández, Isaías Barreñada, Marta Martínez, Guancho Ginés, así como en Dolores Arjona y su familia. Por último, quisiera darles las gracias a mis padres, hermanos, sobrinos y amigos, especialmente, a aquellos juristas y defensores de derechos humanos de Perú y América Latina que dan aliento a mi retorno y al reencuentro con los vientos del sur.

La realización de esta tesis doctoral, sobre la idea de Estado de Derecho en la obra de Elías Díaz y su discusión a la luz de los escritos de otros filósofos del derecho de la España contemporánea, ha sido posible gracias a proyectos de becas para docentes e investigadores iberoamericanos: mi reconocimiento a la Agencia Española de Cooperación Internacional (AECI) y al Instituto de Derechos Humanos Bartolomé de las Casas de la Universidad Carlos III de Madrid.

PRÓLOGO

La publicación de este libro es para mí motivo de doble satisfacción. En primer lugar, porque tiene como precedente la tesis doctoral defendida por el autor en el marco del Instituto Bartolomé de las Casas de la Universidad Carlos III de Madrid, al que accedió como alumno becario de doctorado hace unos años. Esta Institución, creada y auspiciada por Gregorio Peces-Barba, dirigida por Rafael de Asís y a la que dan vida muchos profesores, sobre todo del Área de Filosofía del Derecho de nuestra Universidad, es hoy un referente nacional e internacional en el estudio y reflexión sobre los derechos humanos fundamentales, tanto en el plano formativo, como investigador y de difusión en esta amplia materia. En segundo lugar, porque tiene como objeto de estudio la extensa e innovadora aportación de Elías Díaz a la filosofía jurídica, moral y política. El hoy catedrático emérito de la Universidad Autónoma de Madrid, es el maestro de buen número de filósofos del Derecho y de la Política y ha tenido una influencia que se extiende a países distintos de España, sobre todo en Latinoamérica. Tengo un gran aprecio a Elías Díaz, y de él señalaría tanto su humanidad, generosidad, y conocimientos como su amor a las ideas, su infatigable tendencia a la discusión teórica y su compromiso político [1], su dedicación al tra-

[1] Ver su reciente trabajo «Intelectuales hoy: el poder político y los otros

bajo universitario y la continua insatisfacción por lo conseguido. Su vida y sus pensamientos se desarrollan en inteligente tensión, un carácter que nos recuerda bastante a D. Miguel de Unamuno.

Probablemente, a los dos motivos anteriores debería señalar un tercero, que, en este caso, tiene que ver con el autor de la Tesis doctoral y el presente libro. Que se trata de Gilmer Alarcón, ciudadano peruano y español de adopción. Evitando caer en cualquier tipo de paternalismo o en insinuaciones autocomplacientes, creo que se puede decir que los años que Gilmer Alarcón ha pasado con nosotros le han reportado beneficios personales, teóricos y políticos que le vendrán bien para el futuro. Pero su curiosidad, silencios e indagaciones también han sido buenas para los que hemos sido sus profesores y, como en mi caso, tutor y director de Tesis.

El presente libro trata fundamentalmente de la publicación, avatares, polémicas, y discusiones en torno al libro de Elías Díaz *Estado de Derecho y sociedad democrática.* Pero también recoge otras discusiones de filosofía jurídica y política, extraídas de otros libros suyos y una línea continua de críticas y contestaciones, en las que nos hemos visto involucrados varios autores, sin las que no pueden conocerse ni entenderse la filosofía jurídica y política españolas de las últimas décadas. Gilmer Alarcón ha seguido con detenimiento, y de manera minuciosa, la historia de esa trayectoria teórica, resaltando las cuestiones y aportaciones más relevantes.

En el libro de Elías Díaz *Estado de Derecho y sociedad democrática,* publicado en 1966 con acompañamiento de sucesos no desconocidos en los regímenes políticos de tipo dictatorial y que en este libro se recuerdan, se plasman las reflexiones, deseos y esperanzas de un tipo de estudiosos que habían puesto sus desvelos en la necesidad de que España evolucionara hacia un Estado de Derecho y una democracia constitucional y parla-

---

poderes», en *Valores e historia en la Europa del Siglo XXI,* R.R. ARAMAYO y T. AUSÍN (eds.), Plaza y Valdés Editores, Madrid, 2006, pág. 265 y ss.

mentaria. Resulta ocioso señalar que el régimen franquista, a lo largo de toda su trayectoria, dejó muy claro que no iba a permitir, sino obstaculizar y reprimir, esa evolución. Pero los ciudadanos demócratas tampoco se hacían ninguna ilusión en ese sentido, puesto que eran conscientes de que la construcción de ese marco de convivencia para todos los españoles significaba un cambio radical en las instituciones jurídicas y políticas y en las leyes, lo cual solamente se conseguiría con la Constitución de 1978.

Aún está por estudiar y analizar con más detenimiento y objetividad lo que representó en España la transición democrática. Sin duda algo mucho más complicado y difícil que los tópicos creados al respecto y que las versiones manipuladoras e interesadas. Es cierto, y se está rememorando mucho en los últimos meses, que la transición política, envidiable en muchos sentidos, se consiguió gracias a un pacto que incluyó muchos grupos políticos y perspectivas ideológicas empeñados en no repetir experiencias traumáticas anteriores a la guerra civil y en olvidar un pasado dictatorial, cruel y vergonzoso. La democracia ayudó a que los españoles recobráramos la dignidad, y esto ya de por sí merece el aplauso y merma también algunas pequeñas miserias y olvidos. Pero en este acto de generosidad entre españoles salieron mejor parados los antiguos franquistas y los reformistas del régimen que los demócratas, antifranquistas y, por supuesto, los partidos y sindicatos de la izquierda democrática. No señalo esto por ningún impulso revanchista, ni nada parecido, sino por elemental decencia y justo reconocimiento de que a esa izquierda democrática se le exigieron mayores sacrificios que a cualquier otra tendencia de las que realizaron ese pacto-transición.

Viene esto al caso, no para introducir un elemento agresivo, y a todas luces inoportuno, a la hora de elaborar una pequeña historia del significado que para los estudiantes de mi generación tuvo el conocimiento de *Estado de Derecho y sociedad democrática*. Creo que no me equivoco a la hora de juzgar la atracción que supuso el contenido de este libro en clave tanto teórica como práctica. Los lectores de este trabajo de

Elías Díaz, los de la generación de los sesenta, pero también la de los últimos años del franquismo (en la que yo me situaría) leíamos sus páginas no solamente como un libro importante de filosofía política, donde se dibujaban las exigencias teóricas de un sistema político democrático conformado como Estado de Derecho. En él se encuentran muchas ideas de la mejor filosofía política. También los que acudíamos a sus páginas nos permitíamos buscar algo parecido a una guía para la práctica política [2], hastiados de la realidad política existente, que de forma aguda nos asfixiaba y exigía y anunciaba cambios democráticos más o menos radicales. Vistas las cosas así, hay que estar de acuerdo con la opinión de que el impulsor del secuestro del libro no estaba desacertado al presuponer su naturaleza subversiva.

Los lectores de *Estado de Derecho y sociedad democrática* aunábamos con gran ilusión, no exenta de idealismo, esos dos componentes de filosofía política y práctica política. Al respecto, conviene no olvidar que a lo largo de su contenido la opción por el Estado de Derecho, en la versión de Estado democrático de Derecho, era, y sigue siendo hasta hoy, algo utópico, en el mejor y más noble sentido de las exigencias normativas de toda utopía. Uno de los aciertos de la obra es la crítica al Estado liberal de Derecho a secas (que podría abarcar hoy a ciertos nostálgicos de un liberalismo más economicista que igualitario) y el hincapié en las insuficiencias del Estado social de Derecho (en este punto Elías Díaz se adelanta a lecturas críticas posteriores, realizadas por famosos filósofos de la política y el Derecho). Cuando tuve la suerte de convertirme de lector en discípulo y amigo de Elías Díaz, y hasta hoy, he disfrutado de muchas oportunidades de discutir con él los, para mí, algunos puntos débiles de su proyecto de Estado democrático de Derecho. No viene al caso repetirlos, porque Gilmer Alarcón los describe

---

[2] Algo parecido ha sido apuntado por Liborio HIERRO en la Introducción a su libro *Estado de Derecho. Problemas Actuales,* Ed. Fontamara, México, 1998, pág. 10.

acertadamente en el libro. Aquí sencillamente deseo recalcar que su idea de democracia socioeconómica y de fundamentación ética de un socialismo democrático sigue siendo un inevitable reto para todos aquellos que pretendemos tomarnos en serio valores como la libertad y la lucha contra las desigualdades en el ámbito social y económico. Si existiera una fórmula mágica para mezclar lo mejor del liberalismo con lo mejor de la socialdemocracia, y suficiente apoyo democrático para llevarlos a cabo, las probables tensiones que surgirían en la práctica política quedarían orilladas.

En definitiva, me parece que aquellos estudiantes a los que nos hizo mella la lectura de *Estado de Derecho y sociedad democrática* estábamos pensando en el futuro de España como una opción política más generosa y exigente que el básico Estado de Derecho y la democracia real de los países de nuestro entorno. Y esa sigue siendo la grandeza de una idea y las miserias de lo existente.

Pero Elías Díaz no es sólo el autor de *Estado de Derecho y sociedad democrática*. En el encuentro que M. Atienza y los demás profesores del Área de Filosofía del Derecho de la Universidad de Alicante organizaron a finales de abril del 2005 en dicha Universidad quedaron de manifiesto la amplitud de campos y variedad de cuestiones que han sido estudiadas por Elías Díaz. Me parece que tienen especial relevancia los trabajos propiamente de Filosofía del Derecho. Su *Sociología y Filosofía del Derecho* es un manual que también ha sido un hito en los trabajos españoles sobre esta materia. Desde su aparición nos sirvió para abrir nuevas perspectivas, en algunos casos desconocidas o ignoradas hasta ese momento en la Filosofía del Derecho española. A muchos nos resultaron especialmente útiles las páginas dedicadas a H. Kelsen, H.L.A. Hart, Norberto Bobbio y Renato Treves. También se podría resaltar, como cuestiones candentes, su inmersión en las polémicas sobre la existencia o no de una Teoría del Derecho y del Estado en Marx o acerca de la obediencia del Derecho. Y este pequeño resumen quedaría incompleto sin incluir la labor realmente pionera, objetiva y reparadora en torno a las ideas sociales y políticas en la España de los siglos XIX y XX. Piénsese en la recuperación de la filosofía social del krausismo español o de la mejor historia intelectual del socialismo español o sus no menos interesantes trabajos sobre el pensamiento español de las décadas posteriores al final de la guerra civil.

Volviendo a su aportación a la filosofía política, me gustaría añadir dos rasgos que no han pasado inadvertidos al análisis de Gilmer Alarcón. El primero consiste en que se advierte en Elías Díaz no solamente al estudioso de la política sino también al intelectual comprometido en hacer de ella una actividad colectiva, noble, libre, igualitaria y abierta a las demandas de los nuevos movimientos de la sociedad. En la reciente caracterización que señalaba Iris Marion Young[3] de dos tipos de teóricos de la política, los que la ven como el desarrollo de una competencia por los votos y la influencia social, cultural y económica y los que la ven como una actividad deliberativa, participativa y cívica, Elías Díaz se sitúa claramente entre los segundos. En segundo lugar, Elías Díaz es de los que piensan, correcta y justamente[4], que la filosofía política no ha nacido, ni siquiera ha renacido, con la *Teoría de la Justicia* (1971) de J. Rawls ni con las polémicas entre liberales, comunitaristas y republicanos. Por supuesto que conoce bien a esos autores y sus planteamientos, pero se trata de un hombre ilustrado, universalista y no provinciano que ha sumergido su análisis en los pensadores clásicos y que ha colocado en lugar adecuado, desde hace mucho tiempo, a K. Popper, F. Hayek, J. Habermas, J.P. Sartre, Norberto Bobbio o José Luis López Aranguren.

En definitiva, ha evitado caer en discusiones estériles, siempre ha tenido los pies en la tierra, sobre todo en nuestra patria, y ha sabido dar interés propio a ciertas cuestiones de filosofía

---

[3] Iris Marion YOUNG, «Teoría Política: Una visión general», en Robert GOODIN y Haus-Dieter KEINGEMANN (eds.), *Nuevo Manual de Ciencia Política,* Ed. Itsmo, Madrid, 2001, p. 693 y ss.

[4] Ver B. PAREKH, «Teoría Política: tradiciones en filosofía política», *ob. cit.*, pág. 727 y ss.

práctica muy del momento, sin excesivas dependencias de las traducciones del pensador de moda. Además, como muy bien sugiere Gilmer Alarcón en este trabajo, muchos de sus planteamientos y perspectivas han sido y han de ser de utilidad en Latinoamérica, tierra joven y generosa, siempre abierta a la solidaridad, la libertad y la esperanza.

EUSEBIO FERNÁNDEZ
Catedrático de Filosofía del Derecho y Filosofía Política
de la Universidad Carlos III de Madrid.
Santander, enero de 2007.

PRESENTACIÓN

La presente investigación trata sobre el marco de racionalidad del Estado de Derecho y, dentro de éste de los derechos humanos y la democracia en la obra de Elías Díaz, en el contexto de la filosofía jurídico-política de la España actual. El autor estudiado se caracteriza por tener una producción intelectual que puede ser vista en una tríada: filósofo de la historia de las ideas, filósofo del Estado y filósofo del Derecho.

El estudio de la obra del «filósofo del Estado» o del «filósofo jurídico-político» es la línea que se sigue en la presente investigación. El pensamiento del autor elegido ha sido objeto de interesantes trabajos de investigación, buen síntoma de su presencia y relevancia en el ámbito académico [5]. Tras la lectura de

---

[5] Me refiero a la monografía de reciente publicación de BAÑULS SOTO, Fernando: *La reconstrucción de la razón. Elías Díaz, entre la Ética y la política,* Publicaciones Universidad de Alicante, Alicante, 2004. Fue el resultado de una tesis doctoral. Una reseña sobre esta publicación, ALARCÓN REQUEJO, Gílmer, «Bañuls Soto, Fernando: la Reconstrucción de la razón. Elías Díaz entre la ética y la política», *Derechos y libertades* n.º 13, enero/diciembre, Universidad Carlos III de Madrid-BOE, Madrid, 2004, pp. 461-468. Publicaciones anteriores que también tuvieron su origen en tesis doctorales y si bien es cierto, no son trabajos monográficos sobre nuestro autor, le dedicaron epígrafes especiales: GARCÍA MANRIQUE, Ricardo, «Capítulo VI. EL PENSAMIENTO SOCIALISTA [...] VI.5. Elías Díaz», *La filosofía de los derechos humanos durante el franquismo,* Centro de Estudios Constitucionales, Madrid, 1996, pp.

estos precedentes, necesarios no sólo para una «mirada extensa» sino también para discriminar y afinar el punto de mira, era necesario y relevante que se asumiera el reto de investigar su idea sobre Estado de Derecho.

Por un lado, porque los trabajos precedentes no se han detenido con exclusividad en el tema de mi elección y por otro, porque se considera que la producción más relevante de Elías Díaz está justamente en este centro temático que es de interés no sólo conceptual sino práctico, debido a la impronta de una trayectoria vinculada a la lucha contra una larga dictadura y su orientación por un socialismo democrático.

Ya en el proceso de investigación han ido apareciendo diversas perspectivas en torno a este objeto temático. Se descubre también que la idea de Estado de Derecho en Elías Díaz tiene el mérito añadido de «suscitar» o «motivar» diferentes polémicas con destacados filósofos del Derecho españoles. Resulta una buena alternativa entonces, orientar la investigación hacia una vía que de cuenta de estos debates que actualizan y dan vida a la problemática del Estado de Derecho. Para lo aquí interesa se analizan autores que debaten con Elías Díaz, algunos muy «cercanos» y otros muy «distantes» como Montoro Ballesteros, y además, como la pretensión de mi trabajo de investigación no es una típica tesis de autor, sino el seguimiento de la discusión de temas, se cita muy a menudo a pensadores de la filosofía jurídico-política contemporánea, en aquello que se considera pertinente, aunque no hayan tenido una discusión directa con nuestro autor.

468-491; MARTÍNEZ YÁÑEZ, Nora, *La obediencia al derecho en la España democrática,* Dykinson; Madrid, 2000. Este último trabajo, tiene como punto de partida el debate sobre la obediencia al Derecho entre Felipe González Vicén y Elías Díaz. Para una revisión de los principales encuentros académicos monográficos que han dado lugar a estudios en homenaje a la producción intelectual de Elías Díaz se puede ver *Anthropos. Revista de documentación científica de la cultura,* n.º 62, Barcelona, 1986; *Doxa. Cuadernos de Filosofía del Derecho,* n.º 15-16, Seminario de Filosofía del Derecho de la Universidad de Alicante, 1994; HIERRO, Liborio, LAPORTA, Francisco y RUIZ MIGUEL, Alfonso, *Revisión de Elías Díaz: sus libros y sus críticos,* Centro de Estudios Políticos y Constitucionales, Madrid, 2007.

En la construcción del proceso deliberativo, Elías Díaz y sus críticos van dando lugar, juntos, a una nueva narrativa, a una pluralidad de voces, a una teoría del Estado de Derecho en la que los derechos humanos y la democracia ocupan los primeros espacios de la discusión filosófica y jurídico-política. Se ha intentado ordenar los diferentes argumentos en conflicto para dar cuenta de la existencia de esta pluralidad de voces y para sacar a luz la relevancia de los matices, mostrando la complejidad y las diversas dimensiones del problema. Estas discusiones también interesan en Latinoamérica y especialmente en Perú, país del que procedo, dadas las preocupaciones constantes por el fortalecimiento del Estado de Derecho ante los riegos del autoritarismo, autoritarismo que ha marcado gran parte de nuestra historia reciente.

El análisis de la idea de Estado de Derecho, al interior del debate académico en la filosofía y las ciencias sociales de los últimos años, suele estar acrecentándose y recobrando su importancia[6], justamente cuando parecía que las preocupaciones por los intereses privados y la sociedad civil o el fenómeno de la globalización apurasen las inquietudes de los académicos: el estudio del Estado de Derecho sucumbía como parte de una época de grandes naufragios ideológicos, aunque nunca se produjo la, defunción total de este tema. Sólo abundaba el tratamiento de uno de sus aspectos como «la crisis de la soberanía del Estado»

---

[6] Esta alusión va orientada a destacar publicaciones colectivas destinadas al análisis jurídico-político del Estado de Derecho en los últimos años: SABA, Roberto, *Estado de Derecho y democracia. Un debate acerca del rule of law*, SELA 2000, Seminario en Latinoamérica de Teoría Constitucional y Política, Editores del Puerto, Buenos Aires, Argentina, 2001; VV.AA., *El Estado contemporáneo y su reconstrucción institucional*, Porrúa, México, 2002; DÍAZ, Elías y COLOMER, José Luis (eds.), *Estado, justicia, derechos*, Alianza Editorial, Madrid, España, 2002; ZOLO, Danilo y COSTA, Prieto (eds.), *Lo Stato di diritto. Storia, teoria, critica*, Giangiacomo Feltrinelli Editore Milano, Italia, 2002; CARBONELL, M., OROZCO, W., VÁSQUEZ, R., *Estado de derecho. Concepto, fundamentos y democratización en América Latina*, UNAM/Siglo XXI/ITAM, México, 2002; LAPORTA, Francisco (ed.), *Constitución: problemas filosóficos*, Centro de Estudios Políticos y Constitucionales, Madrid, España, 2003.

bajo condiciones que desbordan los presupuestos de la modernidad en una época marcada por la globalización.

Los conservadores neoliberales, durante las últimas décadas, impulsaron una política mundial hacia una merma en la potenciación de las funciones del Estado. Sin embargo, después del 11-S de 2001, los *neocons* (del inglés *neoconservatives*), vinculados a la Administración Bush, han venido a plantear que el nuevo periodo que se abre es el de una política global cuyo asunto principal no girará más en torno a cómo recortar la presencia estatal, ya que la decadencia del Estado no es el preludio de la utopía, sino el desastre. La tarea que se proponen es construir *Estados fuertes y eficaces,* incluso con grandes limitaciones de derechos. Estos excesos de arrogancia no han llevado, en los últimos años, precisamente al *imperio de la ley* y al *debido proceso* sino al Estado de excepción [7]. Y lo más grave, un Estado de excepción con territorios sin Derecho como en el caso de los prisioneros de guerra de Irak y Afganistán, trasladados y detenidos indefinidamente sin juicio en la prisión de Guantánamo, bajo la etiqueta de «combatientes extranjeros». Fallos recientes de la Corte Suprema de EE.UU. se han encargado de sacar a luz —en estos casos— graves violaciones al debido proceso y a las Enmiendas del *Bill of Rights,* que son principios del Estado de Derecho; aunque muy tímidamente, todavía la Corte Suprema no se atreve a declarar la inconstitucionalidad de la Ley de Comi-

---

[7] *Estado de excepción* es la suspensión del orden jurídico y de las garantías civiles como medida excepcional y provisional y durante un tiempo determinado para la supervivencia del Estado de Derecho. El riesgo, que se convierta en una práctica estable y descontrolada y que las diferencias entre Estado de excepción y Estado totalitario, desaparezcan. Véase AGAMBEN, Giorgio, *El Estado de excepción,* trad. Antonio Gimeno, Pre-Textos, Valencia, 2004; DWORKIN, Ronald, «Guantánamo y la Corte Suprema de EE.UU.», *Claves de razón práctica* n.º 146, octubre, Madrid, 2004, pp. 4-11; PORTILLA CONTRERAS, Guillermo, «Globalización del antiterrorismo. El retorno del Derecho Penal al estado de naturaleza», *Viento del Sur* n.º 83, noviembre, Madrid, 2005, pp. 31-44; CAPELLA, Juan Ramón, «La globalización ante una encrucijada político-jurídica», *Anales de la Cátedra Francisco Suárez,* IVR-2005, Granada, España, mayo, 2005, pp. 13-25.

siones Militares que blinda el aparato legal de Bush. En este contexto, las propias ideas de Francis Fukuyama, sobre la construcción del Estado y sus aclaraciones sobre su tesis del fin de la historia, ya no son materia de fácil digestión por los neoconservadores, más preocupados por el «diseño inteligente», la «parroquia», las «buenas costumbres» y la «mano dura» [8].

La teoría crítica del Estado de Derecho busca reforzar las competencias del Estado bajo una perspectiva ético-política de los derechos individuales, la democracia y la igualdad social, evitando los abusos de los dictados estratégicos de la razón moderna: ni fin de la historia ni fin de la política. La utopía del cosmopolitismo crítico y del pragmatismo ético-político de «ir reformando» y reforzando las competencias del Estado de Derecho tienen que allanar el camino pero sin restar y rechazar derechos para que las personas tengan mayor independencia y encuentren en ella el sentido de la autoridad del Derecho [9].

El Estado de Derecho demanda hoy, además de un uso sintáctico, semántico y pragmático, un uso ético. Esto implica una serie de exigencias internas que presuponen el respeto de la autonomía y dignidad de las personas y por lo tanto el rechazo de la idea de un Estado de Derecho basado en la negación de los derechos y en la desconfianza del proceso democrático. Pero

---

8 FUKUYAMA, Francis, *La construcción del Estado. Hacia un nuevo orden mundial en el siglo XXI,* trad. María Alonso, Ediciones B - Grupo Z, Barcelona, 2004. Véase también CAMPDERRICH, Ramón, «política, elitismo y engaño en el ideario *neocons...*», *Mientras Tanto,* n.º 95, Barcelona, verano 2005, pp. 71-83.

9 BECK, Ulrich, «Una nueva izquierda cosmopolita», *El País,* 17 de noviembre de 2006, p. 13. La izquierda tiene que ser un proyecto ético-político, sin que implique que deba reducirse a una cháchara angelical, animada por buenas intenciones; en este marco, el Estado de Derecho tiene que cumplir su función. VAN PARIJS, Philippe, http://www.bitacora.com.uy/noticia_470_1.html. Para una ampliación de la filosofía pragmática, véase TAPIA, Luis, «Análisis del discurso político», en ALARCÓN REQUEJO, Gílmer (ed.), *Análisis del discurso: teoría, comunicación, semiología y política,* Muela del Diablo, La Paz, Bolivia, 1998; SCHMILL, Ulises, *La reconstrucción pragmática de la teoría del derecho,* Themis, México, 1997.

esta concepción ética no implica necesariamente asumir un programa máximo «neoconstitucionalista» de inhabilitación absoluta del sentido decimonónico «Estado de Derecho» por la de «Estado Constitucional de Derecho» [10]. La pretensión de un giro de paradigma no puede llegar al límite de «provocar una fractura en la concepción original del Estado de Derecho, sino más bien estirar la noción hasta extraer sus consecuencias últimas y, cuando sea el caso, destacar sus limitaciones y sugerir propuestas complementarias. Si existe un núcleo básico en la idea de Estado Constitucional de derecho de Zagrebelsky y de Ferrajoli es el que se puede desprender de la idea misma de Estado de Derecho, con las condiciones ya señaladas» [11]. Se trata de entender el Estado de Derecho como un proceso que sigue vinculado en gran parte a principios del imaginario social moderno.

La crítica neoconstitucionalista, sin embargo, viene abriendo una brecha importante que ha contribuido a replantear la relación entre Estado de Derecho, razón ilustrada y gobierno limitado; y a su vez, ha sacado de nuevo a luz viejos problemas como los avances y retrocesos en el desarrollo de los derechos humanos y las promesas de justicia incumplida en nuestras sociedad, haciendo más exigente la tarea argumentativa de los operadores del Derecho dentro de la unidad de la

[10] La crítica tanto de Zagrebelsky como la de Ferrajoli, entre otros, apunta a la rigidez legalista del Estado de Derecho. ZAGREBELSKY, Gustavo, *Il diritto mite*. Einaudi, Torino, 1992; FERRAJOLI, Luigi, «Pasado y futuro del Estado de Derecho» en CARBONELL, M., OROZCO, W., VÁSQUEZ, R., *ob. cit.* Sobre el cambio de paradigma de un Estado de Derecho legislativo a un Estado de Derecho constitucional, véase SUÁREZ ROMERO, Miguel Ángel, *Crisis de la Ley y Estado constitucional*, tesis doctoral, director Javier Ansuátegui, Instituto de Derechos Humanos Bartolomé de las Casas, Universidad Carlos III de Madrid, 2003; MARCILLA, Gema, *Racionalidad legislativa. Crisis de la ley nueva ciencia de la legislación*, Centro de Estudios Políticos y Constitucionales, Madrid, 2005. Este estado de la cuestión se verá desarrollado en diversos acápites en la presente investigación.

[11] VÁSQUEZ, Rodolfo, «Estado de derecho y globalización» en *Entre la libertad y la igualdad. Introducción a la filosofía del Derecho*, Trotta, Madrid, 2006, p. 184.

razón práctica y la apertura del razonamiento jurídico hacia el razonamiento moral y político. De esta manera la idea de Estado de Derecho parece implicar la necesidad de que las decisiones de los órganos públicos estén debidamente argumentadas: «Esto es así porque en el contexto de un Estado de Derecho la justificación de las decisiones no se hace depender sólo de la autoridad que las haya dictado, sino también del procedimiento seguido y del contenido. El Estado de Derecho ofrece, así, mayores oportunidades para la argumentación que cualquier otro tipo de organización del poder. En este sentido puede decirse que la idea regulativa del Estado de Derecho es el sometimiento del Estado, del poder, a la razón, y no de la razón al poder» [12].

Esta forma de entender el Estado de Derecho como idea regulativa es la que nos orienta hacia la construcción y la mejora de nuestras circunstancias, reconociendo —sin privilegiar una sola opción ético política en los orígenes de la noción de Constitución— que las primeras declaraciones de derechos humanos han sido propuestas por la tradición liberal moderna, inspiradas en gran parte por el iusnaturalismo racionalista, como límites que no se deben rebasar por el Estado democrático de Derecho. Hay que reconocer, entonces, que el neoconstitucionalismo incorpora valores de justicia formulados por el iusnaturalismo racionalista e ilustrado, de tal manera que el rol que desempeñaba antes el Derecho natural respecto del soberano lo desempeña ahora la Constitución respecto del legislador [13]. Sin embargo, del giro del Derecho natural —de una función ontológica a otra deontológica— no se deriva directamente una crisis insalvable de las tesis clásicas del positivismo jurídico, entre ellas la relevancia del la Ley; posiblemente, «desde hace ya tiempo nos encontramos, y no queremos aceptarlo, en un

---

[12] ATIENZA, Manuel, *El sentido del Derecho,* Ariel, Barcelona, 2004, pp. 256. Véase también, de este mismo autor, *El Derecho como argumentación: concepciones de la argumentación,* Ariel, Barcelona, 2006.

[13] PRIETO SANCHÍS, Luis, *Justicia constitucional y derechos fundamentales,* Trotta, Madrid, 2003, p. 17.

horizonte teórico y ético más allá del iusnaturalismo y del positivismo» [14].

En este contexto del debate académico actual, el presente estudio parte por comprender dos grandes dimensiones en la idea de Estado de Derecho en Elías Díaz. De un lado está la lucha contra el Estado dictatorial, sea éste totalitario, autoritario o «terrorismo de Estado» como en el caso de América Latina. Esta es la dimensión negativa, lo que hay que evitar y contra lo que hay que luchar. De otro lado, está la dimensión positiva, que es su propuesta descriptiva/normativa, o si se quiere reconstructiva de Estado de Derecho.

Justamente el primer capítulo está destinado a dar cuenta de la intervención de Elías Díaz en el debate académico y político frente a la dictadura de Franco, en el que unos debatían si ésta era dictadura totalitaria o dictadura autoritaria, mientras que otros parecían destinados a no ver lo obvio, y trataban de configurar al régimen como un Estado de Derecho, defensor de los derechos humanos y la democracia. El debate se suscita a partir de un Informe de la Comisión Internacional de Juristas de 1962 y la «Réplica» del régimen en 1964. Se verá que esta no es una controversia de palabras, que el debate resulta interesante por sus implicaciones normativas, por los cursos de acción a seguir frente a la dictadura. Se habla también ahí de la dimensión negativa en la idea de Estado de Derecho de Elías Díaz, en el sentido de que no «no todo Estado es Estado de Derecho».

De otro lado, en este libro se arguye que la idea de Estado de Derecho de Elías Díaz busca tanto describir como prescribir a partir de la tensión que se produce en las relaciones entre el principio de derechos humanos individuales y el principio democrático, núcleo que se desdobla en cuatro reglas inmanentes al Estado de Derecho: imperio de la ley, ley como expresión de la voluntad general; separación y diferenciación de poderes, le-

---

[14] FERNÁNDEZ, Eusebio, «Merece la pena ser positivista...y algo más» en VV.AA., *Positivismo jurídico a examen. Estudios en homenaje a José Delgado Pinto,* Ediciones Universidad Salamanca, Salamanca, 2006, p. 894.

gislativo, ejecutivo y judicial; legalidad de la administración, regulación por la ley y control judicial; derechos y libertades fundamentales, garantía jurídico-formal y realización material. Este tema se discute en el capítulo segundo con la propuesta analítica de Francisco Laporta, quien argumenta que el *imperio de la ley* puede ser descrito, conceptualmente, al margen del problema del origen democrático o de horizontes históricos del poder y sin una vinculación necesaria con los derechos humanos individuales. Será preciso observar las dificultades con las que se enfrenta una teoría del Estado de Derecho que pretenda ser histórica-conceptual, como la de Elías Díaz.

Volviendo a la dimensión positiva de su idea, ésta se orienta hacia un proceso reconstructivo del Estado de Derecho: Estado liberal, Estado social y Estado democrático. Los dos primeros modelos son modelos históricos, se puede hacer una descripción de ellos. El último modelo da lugar a una postura prescriptiva. En el capítulo tercero, se clarifica un poco más el núcleo conceptual que orienta la idea de Estado de Derecho, se debate la relación entre Estado de Derecho y derechos humanos. Para este propósito tomamos textos de crítica y observaciones realizadas por Eusebio Fernández y los comentarios de otros autores. Se trata de averiguar qué derechos reconoce el Estado democrático de Derecho de Elías Díaz y con qué dificultades se enfrenta.

El Estado democrático de Derecho es propiamente su postura prescriptiva. Diremos que pretende una utopía/realista, porque trata de ajustar su modelo a unas características de Estado de Derecho que tienen como base las experiencias históricas. El capítulo cuarto trata de poner en relación el núcleo conceptual que se viene debatiendo en los capítulos anteriores con la seña de identidad de socialista democrático. Se abre paso al diálogo entre socialistas: Juan Ramón Capella, defensor de un socialismo marxista, y Peces-Barba, defensor de un socialismo liberal con fuertes tendencias socialdemócratas. Se busca responder qué socialismo defiende realmente Elías Díaz.

En el capítulo quinto se trata de analizar los problemas de la obediencia a las normas producidas en el contexto de un Estado democrático de Derecho. Se expone la postura de Elías Díaz en debate con la posición libertaria y positivista de Felipe González Vicén y con la comunitarista ética y iusnaturalista de Alberto Montoro Ballesteros. Se verá qué implicaciones tiene la exigencia de una más libre y más igual legitimidad en el Estado democrático de Derecho. No se olvide que también es Derecho, el Derecho no democrático o insuficientemente democrático.

En el epígrafe de las *conclusiones generales,* después del seguimiento y análisis de los debates, se da cuenta de los resultados finales de la investigación. Si mi interpretación de la idea de Estado de Derecho de Elías Díaz es acertada, esta idea se explica a partir de dos dimensiones: la dimensión negativa, la lucha contra la dictadura, y la dimensión positiva, la pretensión de un Estado democrático de Derecho que se identifique con un núcleo constituido por el principio de los derechos humanos y el principio democrático como doble participación. Y en general, toda modalidad que se preste al ajuste de las características del Estado de Derecho, para ser tal, requiere de ambos principios siempre en una relación de tensión permanente, dada la dialéctica histórica.

Elías Díaz (1934), es catedrático emérito de Filosofía del Derecho de la Universidad Autónoma de Madrid. Director de la revista *Sistema* desde su fundación en 1973. Hizo sus estudios de graduado en Derecho en la Universidad de Salamanca (España), el Doctorado en Filosofía del Derecho en la de Bolonia (Italia), con ampliación de estudios después en Friburgo y Munich (Alemania), habiendo sido posteriormente profesor en la Complutense de Madrid, Oviedo, Valencia y, como invitado, en la de Pittsburgh (EE.UU.) durante el curso 1969-1970. Ha sido discípulo y/o colaborador muy cercano, entre otros, de los profesores Joaquín Ruiz-Giménez, Enrique Tierno Galván, José Luis. L. Aranguren, Renato Treves y Norberto Bobbio. Formó parte del grupo fundador de la revista *Cuadernos para el diálogo* en 1963. Por este tiempo integra colectivos universitarios intelectuales de orientación socialista democrática en la oposición al franquismo: en dos ocasiones (1966 y 1975) tuvo que comparecer por ello ante el «Tribunal de Orden Público», siendo también detenido y confinado durante el «estado de excepción» de 1969. Ya en la España democrática, se dedica por entero a la docencia y a la investigación en la Universidad. Ha sido asesor de la Comisión Constitucional del PSOE y Director, después, del Centro de Estudios Constitucionales. Su relevancia intelectual ha sido reconocida por varias instituciones: premio Pablo Iglesias de Ciencias Sociales (1984) y premio Castilla y León de las Ciencias Sociales y la Comunicación (1986). Doctor *Honoris Causa* por la Universidad Carlos III de Madrid (2002). Propuesto y aceptado para tal título por las Universidades de Granada (2007) y Milano (Italia).

Así, en este marco del itinerario de la producción jurídico-política de Elías Díaz y desde un debate contemporáneo de sus ideas, en las líneas que vienen se trata de invitar a los lectores y lectoras a comprender un proyecto intelectual orientado a reconstruir el fenómeno del Estado de Derecho rescatando toda su relevancia para el razonamiento jurídico-político. Un libro abierto a los problemas de la teoría y atento a la razón práctica. Un juez, un abogado, un funcionario o un ciudadano común comprenderá que una decisión jurídica tiene implicancias ético-políticas y que el Estado democrático de Derecho adquiriría relevancia si logramos asumirlo desde dos ideales, ideales del constitucionalismo moderno: los derechos y el procedimiento democrático.

CAPÍTULO I
LO QUE NO ES ESTADO DE DERECHO

Digo «Bosque» y he perdido la geometría del árbol.
Hablo por hablar de asuntos que los años me borraron.
[...] (No puedo seguir: escucho los pasos del funcionario).

MARCOS ANA, poeta español.

En este capítulo se trata de enunciar dos aspectos: por un lado, descubrir una teoría, mostrar cómo se genera y desarrolla la idea de Estado de Derecho en Elías Díaz, una tarea sociológica e histórica; por otro lado, está el procedimiento consistente en validar una hipótesis justificativa, una valoración de las razones que llevan a nuestro autor a sostener su idea, esto requiere una tarea de argumentación objetiva y no sólo coyuntural [15].

La idea de Estado de Derecho en Elías Díaz surge en el contexto histórico de la dictadura franquista. A inicios de la década del 60 se inicia un debate jurídico-político en torno a dar respuesta a dos interrogantes: ¿es la dictadura franquista un Estado

[15] Esto es tomar en cuenta las diferencias entre contexto de descubrimiento y contexto de justificación. Al respecto, ver ATIENZA, Manuel, *Las razones del Derecho. Teorías de la argumentación jurídica,* Centro de Estudios Constitucionales (CEC), Madrid, 1993, pp. 22-26.

totalitario o un Estado autoritario? ¿Se sostiene el régimen en un Estado de Derecho?

Se producen diversas respuestas. A los efectos de este trabajo, interesa reconstruir el debate en el que intervienen Elías Díaz, la Comisión Internacional de Juristas y una versión del propio régimen. Es la época en que también autores como Arendt y Hayek, en sus escritos, empiezan a revelar los rasgos del totalitarismo. Frente a la instrumentalización totalitaria del poder y del Estado Arendt empieza hablar del mal radical y Hayek de una especie de camino de servidumbre. Más adelante, se hará unas breves referencias a la obra de estos autores, en aquello que sea pertinente.

El debate español sobre los límites institucionales al Estado no se caracterizó precisamente por el juego limpio de razones y argumentos en la búsqueda de respuestas. La represión política silenciaba las voces disidentes y usaba todo el poder a su favor.

Por eso, como cuestión previa, se dará cuenta de las motivaciones teóricas y prácticas que impulsaron a Elías Díaz para publicar *Estado de Derecho y sociedad democrática* en 1966, libro ligado a una historia nefasta de un «secuestro administrativo».

1. ESTADO DE DERECHO Y MEMORIA HISTÓRICA

La obra de Elías Díaz *Estado de Derecho y sociedad democrática* fue publicada en 1966, en un país dominado por la larga dictadura del general Franco (1939-1975), régimen que transitó entre los modelos del Estado totalitario y del Estado autoritario. Cuando salió a luz por primera vez, en aquella España, se mencionaba apenas, lejos de la vehemencia como después se hizo, respecto a las exigencias del Estado de Derecho, incluso no era raro encontrar en la izquierda un cierto menosprecio por estos temas[16]. Y no digamos de la derecha, del «fran-

[16] LAPORTA, Francisco, «Un libro de Referencia», *El País,* 7 de noviembre 1,998. Según Laporta, en los años 60, en cuanto a pensar la idea de Estado de Derecho, solo había algunos trabajos en torno al seminario de Tierno

quismo de cátedra», que trataba por todos los medios de explicar y justificar la legalidad y legitimidad de un Estado, ajustar los datos disponibles al servicio de una «causa».

Sin embargo, el «franquismo de cátedra» no lo tenía todo bajo control y «frente a una estructura de poder congelada, como en hibernación, una sociedad comenzó a ponerse de nuevo en movimiento, físicamente, ante todo, pero inevitablemente también en lo moral y cultural. La contradicción entre procesos seculares otra vez en marcha y la persistencia de un poder establecido para bloquearlos llenó de frustraciones e incertidumbres, pero también de expectativas y luchas, la España de los años sesenta y abrió desde comienzos de los setenta una rampante crisis de régimen, simbolizada en la larga agonía de su fundador» [17].

Galván en Salamanca, la figura señera de Eduardo García de Enterría en su lucha sin fisuras contra las inmunidades del poder. Y poco más. LEGAZ Y LACAMBRA, Luis, con «El Estado de Derecho» en *Humanismo, Estado y Derecho,* Bosch, Barcelona, 1960, intentaba volver a su humanismo jurídico cristiano de inicios del 30, después de haber escrito que el nacionalsindicalismo era la realidad concreta del personalismo y del humanismo totalitario, en su libro sino oficial, al menos oficioso, *Introducción a la teoría del Estado nacionalsindicalista,* Bosch, Barcelona, 1940.

[17] JULIÁ, Santos, «Edad contemporánea» en VALDEÓN, Julio, PÉREZ, Joseph y JULIÁ, Santos, *Historia de España,* Espasa, Madrid, 2004, p. 487. Santos Juliá, señala, que la dictadura del general Franco, en el 39, empezó como Estado totalitario implantado por la fuerza, como resultado de la guerra civil. Se presentó como negación del liberalismo del siglo XIX y de la democracia republicana del XX y como un intento de detener la historia y devolverla al mítico origen de la nación española, los Reyes Católicos, el Imperio, el Siglo de Oro. Que no aborrecía reconocerse como totalitario y que pretendió crear una sociedad cerrada a todo influjo exterior, autárquica, corporativa, homogéneamente católica, soñando con recuperar un pasado imperial. Que combinó instituciones de origen medieval y nostalgias coloniales, todo adobado en una retórica fascista. *ob. cit.,* p. 487. Colomer habla de la España de los sesenta y de Elías Díaz. Estos años, dice, fueron algo más fecundos en la formulación de proyectos democráticos y que el franquismo apenas dio ya de sí más que la utilización por Fernández de la Mora de algunos análisis de la politología norteamericana sobre la crisis de las ideologías para su apología de la tecnocracia. Que, frente al espectro del neocapitalismo tecnocrático, las alternativas de-

Se conoce que entre 1962 a 1969 tienen lugar ciertos hechos relativos a los intentos de institucionalización del sistema político y a la segunda fase de una liberalización económica del régimen. En la cultura de la disidencia se advierte una cierta evolución, en el campo del pensamiento cristiano y una presencia de la filosofía de la teoría crítica y del marxismo. Elías Díaz pretendió ejercer su influencia como crítico y opositor a la doctrina política y cultural dominante en la coyuntura que le tocó vivir [18].

En sus múltiples testimonios personales, Elías Díaz, ha tratado de reflejar la época en la cual surge su idea de Estado de Derecho. En los inicios de los años sesenta escribió sus primeros artículos sobre Estado de Derecho. Cuenta que lo que reinaba

---

mocratizadoras adoptaron en general un cariz moralizante. Así, empezaron a proliferar los programas que trataban de responder a la pregunta incisiva, después de Franco ¿qué? En este contexto, agrega, Elías Díaz diseñó el modelo de Estado democrático de Derecho que exigía ser construido sobre una organización económica y cultural de carácter socialista y que el propio Carrillo acabó dedicando sus energías a tratar de averiguar la posibilidad de democratizar el aparato del Estado capitalista sin revolución. COLOMER M., Josep, «Regeneracionismo y Estado. 50 años de pensamiento político», en el *País,* 17 de julio de 1986, p. 8. Es útil ver, también, CARRILLO, Santiago, *Memorias,* Planeta, Barcelona, 1993.

[18] Elías Díaz ha llevado a cabo una taxonomía de las etapas de la cultura española en la era del franquismo. La resume en seis etapas: (1.ª) De 1939 a 1945: fin de la Guerra Civil y de la Mundial. De la ruptura de la vida intelectual española al declive de la cultura imperial-totalitaria; (2.ª) De 1945 a 1951: aislamiento internacional. Los inicios de la reconstrucción de la razón y las primeras fases de la recuperación del pensamiento liberal de la anteguerra; (3.ª) De 1951 a 1956: liberalización intelectual y apertura política internacional. Diálogo con el exilio, primeras conexiones con el pensamiento europeo y crisis universitaria del 56; (4.ª) De 1956 a 1962: residuos del integrismo tradicional. El surgimiento de la ideología tecnocrática del desarrollo económico y la crítica científica al absolutismo ideológico; (5.ª) De 1962 a 1969: intentos de institucionalización del sistema y segunda fase de una liberalización. Evolución en el campo del pensamiento cristiano y en la filosofía dialéctica actual; (6.ª) De 1969 a 1975: estancamiento económico e involución política. Crisis total del sistema franquista y recuperación del pensamiento democrático español. DÍAZ, Elías, *Pensamiento español en la era de Franco (1939-1975),* Tecnos, Madrid, 1992. BAÑULS, se ha detenido en el análisis de esta clasificación, *La reconstrucción de la razón. Elías Díaz, entre la ética y la política,* pp. 117, 118.

en el entorno intelectual-universitario, en esa época, era precisamente, aquello que ya hemos hecho mención antes, un «franquismo de cátedra» [19]. Sería más preciso referirse, a la época en que publica su libro, como la época del segundo «franquismo de cátedra».

Habla de la primera mitad de los años sesenta, que es cuando en su opinión se fortalece en la oposición la edificación teórica democrática del Estado de Derecho que luego va a plasmarse en el artículo 1.1 de la Constitución española, mezcla del pensamiento social católico que destaca la relevancia del desarrollo de la «persona» y de la izquierda democrática, centrada

---

[19] Segundo «franquismo de cátedra», se usa esta expresión para señalar a aquellos profesores universitarios alineados con el discurso oficial del régimen. Elías Díaz, señala, que el socialismo de cátedra, dando sentido positivo a la expresión, había muy poco, Tierno Galván y algunos más. Había más demócratas de cátedra, Ruiz Giménez o liberales de cátedra con mayores o menores posibilidades de expresarse, pero socialistas de cátedra había muy pocos. Yo me consideraba un socialista, dice aquél, pero no de cátedra, un socialista sin cátedra y ello por ser socialista. DÍAZ, Elías, «Estado de Derecho «versus» Estado franquista», en *Estado & Direito. Revista semestral luso-española de Direito Público* n.° 3, 1er. Semestre, 1989, p. 37. Juan-Ramón Capella ha reseñado la expulsión de Manuel Sacristán de la universidad después de su participación en el movimiento estudiantil y docente de resistencia al régimen, lucha que también daba sentido a su militancia de dirigente comunista. CAPELLA, Juan-Ramón, *La práctica de Manuel Sacristán. Una biografía política,* Trotta, Madrid, 2005, p. 84. La lucha por la democratización de la universidad le costó también la expulsión a Aranguren, Tierno Galván, entre otros profesores. Merece remontarse a la represión universitaria del primer «franquismo de cátedra», una de sus primera víctimas fue Felipe González Vicén; RIVAYA GARCÍA, Benjamín, ha hecho un seguimiento de este caso, «En torno a la universidad y la guerra: el caso González Vicén (¿últimas consecuencias?)», *Sistema* n.° 121, julio, Madrid, 1984, p. 97 y *Filosofía del Derecho y primer franquismo (1937-1945),* CEPC, Madrid, 1998, pp. 40, 135, 217. Patricia Zambrana y Elena Martínez cuentan la vergonzante resolución de expulsión de la Universidad a Fernando de los Ríos, los argumentos denigraban su condición de socialista y masón. ZAMBRANA M., Patricia y MARTÍNEZ B., Elena, *Depuración política universitaria en el primer franquismo: algunos catedráticos de Derecho,* Cátedra de Historia del Derecho y de las Instituciones de la Universidad de Málaga, Editorial Cometa, Barcelona, 2001.

en la «participación de los trabajadores» en la organización política, económica y social[20]. Es a principios de esta década donde él también quiere insertar su idea de Estado de Derecho, justamente cuando el franquismo pretendía presentarse ante sus ciudadanos y la opinión pública internacional como Estado de Derecho y la oposición política y organizaciones de derechos humanos trataban de demostrar lo contrario[21].

El contexto del duro debate, viene —dice— de 1962, cuando la Comisión Internacional de Juristas, con sede en Ginebra, publicó su informe sobre *El Imperio de la ley en España;* en el que se explicaban y detallaban los incontrovertibles hechos y argumentos que determinaban la no consideración del Estado español de la época como un Estado de Derecho. Afirma que tomó como base esas mismas razones, y partiendo de una genérica posición democrática, escribió su artículo sobre *Teoría general del Estado de Derecho* que se publicaría en 1963. Dos años después,

---

[20] La concepción sobre el Estado de Derecho que venía siendo hegemónica estaba bajo dominio del «franquismo de cátedra». GONZÁLEZ PRIETO, Luis Aurelio, «El franquismo y el Estado de Derecho», *Sistema* n.º 187, Julio, Madrid, 2005, pp. 3-33. De este mismo autor: *Filosofía política y teoría del Estado en el primer franquismo (1936-1959). La justificación política del régimen,* Tesis doctoral, inédita, Universidad de Oviedo, 2002.

[21] DÍAZ Elías, «Estado de Derecho «versus» Estado franquista», p. 38. Sobre las inquietudes culturales y políticas de esta época existen interesantes trabajos: RUIZ-GIMÉNEZ, Joaquín, *El camino hacia la democracia. Escritos en «Cuadernos para el diálogo» (1963-1976),* CEC, Madrid, 1985; ARANGUREN, José Luis, *Ética y política,* 1963 y *Qué son los fascismos,* Editorial La Gaya Ciencia, Madrid, 1976; RIDRUEJO, Dionisio, *Escrito en España,* 1962 [2.ª Edición, G. del Toro Editor, Madrid, 1976]; TIERNO GALVÁN, Enrique, *La humanidad reducida,* Taurus, Madrid, 1970; CAPELLA, Juan-Ramón, *El derecho como lenguaje. Un análisis lógico,* Ariel, Barcelona, 1968; GARCÍA SAN MIGUEL, Luis, *Notas para una crítica de la razón jurídica,* Tecnos, Madrid, 1969; JIMÉNEZ DE PARGA, Manuel, *Los regímenes políticos contemporáneos,* Tecnos, Madrid, 1990; GIL ROBLES, José María, *Por un Estado de Derecho,* Ariel, Barcelona, 1969. García Manrique y Rivaya, han documentado la bibliografía sobre filosofía del Derecho de este periodo («C. Fase de apertura: 1960-1975»), GARCÍA MANRIQUE, Ricardo y RIVAYA, Benjamín, «Cronología comparada de la filosofía del derecho española durante el franquismo (1939-1975)», *Anuario de Filosofía del Derecho. Nueva época,* tomo XV, 1998, pp. 305-334.

se editaba en Madrid, como «réplica» oficial del régimen franquista al mencionado informe ginebrino, el anti-informe titulado, de modo suficientemente expresivo, *España, Estado de Derecho. Réplica a un Informe de la Comisión Internacional de Juristas.* Todo este material y las polémicas que en restringidos círculos políticos y universitarios, que a consecuencia de ello se suscitaron, le sirvió de estímulo para ponerse luego a redactar su libro *Estado de Derecho y sociedad democrática.*

«En este contexto temporal y concorde de manera flexible con ese plan general de trabajo, se sitúa el primer libro que yo publiqué: *Estado de Derecho y sociedad democrática,* editado por Cuadernos para el Diálogo en octubre de 1966. Nada más aparecer fue secuestrado por orden de la Dirección General de Información y denunciado por el ministerio fiscal por un presunto delito de propaganda ilegal: y todo ello se hizo precisamente invocando la Ley de Prensa e Imprenta de marzo de ese año (aunque también el Código Penal), ley que ilegítimamente sus autores —el ministro Fraga Iribarne y sus colaboradores— consideraban como pieza central que, según ellos, permitía considerar al régimen franquista como un Estado de Derecho. ¡Un libro sobre el Estado de Derecho secuestrado e inculpado en un supuesto Estado de Derecho!» [22].

En estas circunstancias, de tensión y discrepancia política, entre Ginebra y Madrid, Elías Díaz entra en la polémica. Su libro *Estado de Derecho y sociedad democrática,* de un modo más abstracto, por obvias razones, trataba de no hacer alusiones directas al Estado español. La vía conceptual y doctrinal no pudo evadir el «secuestro» [23].

---

22 DÍAZ, Elías, *Un itinerario intelectual. De filosofía jurídica y política,* Biblioteca Nueva, Madrid, 2003, p. 46.

23 «Había que hacerlo de otra forma, yendo más al fondo aunque sin menciones explícitas a la discusión entre Ginebra y Madrid, pero dejando claras las posiciones para sacar de ahí evidentes conclusiones. Por de pronto, antes de la réplica oficial, publiqué yo —en línea ginebrina— un artículo en 1963 que se llama *Teoría general del Estado y del Derecho* [...] en el que, en definitiva, hago coincidir aquel con el Estado democrático-liberal y cons-

El «secuestro administrativo» del libro *Estado de Derecho y sociedad democrática,* se llevó a cabo por orden de la Dirección General de Información, con fecha 2 de noviembre de 1966. Los autores de esta decisión alegaban, entre otros motivos, que no se había hecho el depósito previo obligatorio en el Ministerio. Tiempo después, el propio ministro Fraga reconoció que tal depósito se había producido el 28 de octubre. Las autoridades del gobierno estimaron que la publicación de este libro, por parte de la Editorial Cuadernos para el Diálogo, no había cumplido los preceptos legales en materia de pie de imprenta y depósito previo, establecido en el artículo 166 del Código Penal y en los artículos 12 y 13 de la Ley de Prensa e Imprenta, como también en el Decreto 755 de 1966, por lo que dicha obra tenía que considerarse un impreso clandestino.

---

titucional. Desde luego que había ya trabajos sobre estos temas de otros juristas españoles, administrativistas y constitucionalistas de manera principal, pero tendría objetivamente que señalar que se trataba de artículos interesantes desde el punto de vista científico, pero por lo general no muy clarificatorio desde el punto de vista político e ideológico; yo comprendo que no fuera así porque era entonces difícil hacerlo de otro modo o sencillamente porque no era ese el interés de tales estudiosos, pero en cualquier caso se puede decir que no fueron trabajos que tuvieran, ni se propusieran, una incidencia política, aunque ello es más cuestionable en el libro de Pablo Lucas Verdú, quien también habló de estos temas por aquellos tiempos. En cambio, ese fue ya mi propósito directo en el libro, continuación de aquel artículo, que publiqué en 1966 en la editorial «Cuadernos para el Diálogo»; esta —recuérdese— era la editorial que prohijaba, así como la revista de igual título, no estrictamente un «socialista de cátedra» pero si un «demócrata de cátedra» como es Joaquín Ruiz-Giménez, con el cual trabajábamos como ayudantes quien va a hablar de aquí mañana, el profesor Peces-Barba y yo mismo». DÍAZ, Elías, «Estado de Derecho «versus» Estado franquista», p. 40. Dice Peces-Barba que en su generación no causó efecto los golpes de pecho de Radbruch, *Leyes que no son derecho y derecho por encima de las leyes,* ni los de Maritain, *El impacto del empirismo en la cultura*. Su generación había visto los argumentos del iusnaturalismo español para justificar el levantamiento militar de Franco y además, habían sentido la censura y el bloqueo a su carrera académica por su disidencia ante tal iusnaturalismo. PECES-BARBA, Gregorio, *La democracia en España. Experiencias y reflexiones,* Temas de Hoy, Madrid, 1996, p. 88.

Según el profesor de la Autónoma de Madrid, el régimen franquista, tras los primeros resultados propios del desarrollo económico tecnocrático, se propuso, sobre todo, desde el cambio de Gobierno de 1962, una más firme y segura institucionalización jurídico-política, pretendiendo enmascararse y legitimarse con la fórmula del Estado de Derecho. Y que precisamente la Ley de Prensa e Imprenta de 18 de marzo de 1966 y la Ley Orgánica del Estado de 10 de enero de 1967 se veían por el régimen como la culminación de los dos grandes pilares en que definitivamente quería apoyarse de modo ilegítimo tal calificación del Estado franquista como Estado de Derecho.

Ante el hecho del «secuestro administrativo», la Editorial Cuadernos para el Diálogo replicó la versión oficial a través de Oscar Alzaga, secretario de la Editorial que presidía don Joaquín Ruiz Jiménez. La nota de prensa decía así:

«En relación con la noticia difundida en la prensa de ayer sobre el llamado secuestro administrativo del libro, rigurosamente doctrinal, del profesor doctor Elías Díaz, Estado de Derecho y sociedad democrática, la gerencia de la Editorial Cuadernos para el Diálogo se ve en el deber de puntualizar que: (1) No es exacto que dicho libro sea un «impreso clandestino», ya que en su colofón se expresa de un modo inequívoco que ha sido compuesto en el taller de artes gráficas Luis Pérez, cuyo domicilio social (San Bernardo, 82) es perfectamente conocido de las autoridades administrativas por lo que resulta irrelevante la circunstancia de que por mera inadvertencia, no se repitiera de modo explícito dichas señas, aparte de que en la contraportada del libro se consignan bien visiblemente las siglas de la editorial EDICUSA y su domicilio (Almirante, 30). (2) No es exacto que se haya omitido el «depósito previo», puesto que se realizó el pasado viernes, día 28 de octubre, a las diez de la mañana, en forma totalmente correcta, entregándose en el Ministerio de Información los ejemplares reglamentarios; de todo lo cual se tiene prueba fehaciente. (3) La editorial estima respetuosamente que este llamado «secuestro administrativo» sólo puede deberse a un error, y se reserva ejercitar las acciones y recursos pertinentes para la defensa, en justicia de su derecho» [24].

Las motivaciones formales del secuestro no explicaban del todo las razones del proceso administrativo contra la Editora Cuadernos para el Diálogo. Los 3 «Informes» emitidos en 1966 a instancias del Ministerio de Información y Turismo (Dirección General de Información) en relación con la orden de «secuestro previo a las medidas judiciales pertinentes» nos remiten a investigar otro tipo de motivaciones. (AGA, Archivo General de la Administración del Estado, Censura Cultural, Caja 17648).

Me centraré en el Tercer Informe, ya que éste deja traslucir de mejor modo las razones materiales del «secuestro administrativo». En tal Informe se reconoce que una atenta lectura del libro en cuestión lleva a concluir que el expediente administrativo incoado por la Delegación Provincial de Información y Turismo no puede reducirse a aspectos formales; con esta publicación se ha infringido cuestiones de fondo, al no atenerse a lo preceptuado en el artículo 12 del Fuero de los Españoles y en el artículo 2 de la Ley de Prensa e Imprenta, textos legales que reconocen a los españoles las limitaciones a que han de sujetarse el ejercicio de las publicaciones.

Se señala que las violaciones en que la obra de referencia incurre respecto de las leyes y principios antes mencionados se

---

[24] *Pueblo,* 4 de noviembre de 1966. Dice Elías Díaz que lo asombroso, lo curioso «es que bastantes años después, leyendo el libro de Fraga Iribarne *Memoria breve de una vida pública,* me encuentro escrito a modo de diario lo siguiente (textualmente): «Sábado 29 de octubre: aniversario de la fundación de Falange española. Se presenta el vidrioso libro de Elías Díaz, *Estado de Derecho y sociedad democrática*». ¡Qué tiempos! Si el 29 lo tenía don Manuel —claro, porque Oscar Alzaga, secretario de la editorial, lo había presentado el 28— ¿cómo es que el 2 de noviembre se alega por el Ministerio para su incriminación que no había depósito previo?». DÍAZ, Elías, *Un itinerario intelectual. De filosofía jurídica y política,* p. 48. La cita de Fraga se puede ver: FRAGA IRIBARNE, Manuel, *Memoria breve de una vida pública,* Planeta, Barcelona, 1980, p. 183. Al profesor Oscar Alzada le tocó enfrentarse jurídicamente al ministro Fraga Iribarne para la recuperación del libro secuestrado.

realizan por el autor siguiendo dos vías, del modo como a continuación se indica:

1.º Negativamente, para desembocar en la tesis de que el régimen político español creado por el Movimiento Nacional carece de las notas esenciales a un Estado de Derecho [25].

2.º Positivamente, para sostener que el único Estado actual de Derecho es aquel al que el autor califica de democrático y cuya más próxima encarnación real son los Estados socialistas de obediencia marxista, en particular la Unión Soviética [26].

Le parecía al autor de este Informe, como frecuente y mal intencionada la aplicación del vocablo español *caudillaje* al

---

[25] Se dice que la obra de D. Elías Díaz, a la que se contrae el expediente de censura, no respeta a la verdad ni a las instituciones al ejercer su crítica, y no acata a la Ley de Principios del Movimiento Nacional y demás Leyes Fundamentales. Que tampoco se endereza a cumplir con las exigencias de la seguridad del Estado y del mantenimiento del orden público interior. Se reconoce que el autor ha redactado el texto con la mayor circunspección posible, pero que ésta no es tanta como para evadir el espíritu del artículo 462 del vigente Código Penal según cuya letra «se comete el delito de calumnia o de injuria, no sólo manifiestamente, sino por alegorías, caricaturas, emblemas o alusiones». El «lector oficial» recuerda además la sentencia del Tribunal Supremo de 13 de abril de 1888 para afirmar que «no es preciso que al injuriado se le llame por su propio nombre para que pueda ejercitar la acción que le da la Ley, si se le alude de tal manera y con tales detalles que su persona queda tan determinada y conocida como si se hubiera pronunciado su verdadero nombre». Expediente de Censura Cultural n.º 6996/66, AGA, Archivo General de la Administración del Estado, Caja 17648.

[26] El censor y autor del «Tercer Informe» señalaba que «Para que pueda hablarse de Estado de Derecho, exige el autor (p. 26 y 27) ciertos requisitos entre los que figura el siguiente: «Derecho a la libertad de reunión y asociación (partidos políticos, sindicatos, etc.)». Es preciso recordar aquí que los partidos políticos son ilegales en España puesto que son organizaciones políticas al margen del sistema representativo constituido por los cauces que se han reconocido a la Familia, al Municipio y al Sindicato (Principio VIII de la Ley Fundamental de 17 de mayo de 1958); otro tanto puede decirse respecto a la libertad de asociación sindical preconizada por D. Elías Díaz (Principio XIII, apartado 3 de la Ley Fundamental del Fuero del Trabajo, promulgada como Decreto el 9 de marzo de 1938. Para el autor (p. 28) la ausencia de estos derechos «impide la existencia de un auténtico Estado de Derecho y favorece la implantación de un sistema político absolutista o totalitario»». *Ibíd.*, Caja 17648.

concepto germánico del *Führerstaat* o la innecesaria traducción de *Führer* por *caudillo*. Se dice que en el libro, además, aparecen profusas críticas a la teoría orgánica del Estado que contrastan con tantas manifestaciones del Jefe del Estado relativas a la democracia orgánica, como cuando habla expresamente de «lo orgánico en los Estados totalitarios (democracia orgánica, representatividad orgánica, etc.)» (pág. 44). Y que, también, se establece un juicio despectivo sobre el tradicionalismo que «sólo tiene sentido en el clima del siglo XIX como filosofía de la contrarrevolución o reacción» *(ibídem)*, sin tener en cuenta que el preámbulo del Fuero del Trabajo viene a renovar la *tradición católica* y que el preámbulo de la Ley Constitutiva de las Cortes las crea para *reanudar gloriosas tradiciones españolas*.

Este informante, tampoco deja de lado el capítulo tercero del libro, referido al Estado social de Derecho. Dice, ahí se insiste en la misma línea despectiva al rechazar «la expresión Estado Social de Derecho para ser aplicada a Estados que, en modo alguno, reúnen esas características de los Estados de Derecho, sino, que, más bien, se aproxima al tipo del Estado dictatorial o totalitario de corte fascista», por lo que el autor niega que tales Estados puedan utilizar el calificativo de *social* que «no sirve, ni debe servir, para hacer sin más, de todo Estado, un Estado de Derecho» (p. 68). Que el lector menos avisado ha de ver aquí una alusión al carácter de *social* que atribuye al Estado español («de acuerdo con su tradición») el artículo primero de la Ley de Sucesión en la Jefatura del Estado de 26 de julio de 1947.

En tal sentido, «sólo cabe señalar la extrema gravedad de los ataques que el libro *Estado de Derecho y sociedad democrática* contiene a la verdad y a las Leyes Fundamentales del Estado y la consiguiente repercusión que esta obra puede tener en contra del mantenimiento del orden público interior al afectar al prestigio de instituciones a las que no se presta el debido respeto, para concluir recordando el deber que la dispositiva de la Ley de Principios del Movimiento Nacional atribuye *a todos los órganos y autoridades* para la más estricta observancia de estos Principios, síntesis de las Leyes Fundamentales y que *son, por su propia naturaleza, permanente e inalterables*» [27]. [Las cursivas me corresponden].

Pese a las graves acusaciones y el tono temerario del «lectorado», el Tribunal de Orden Público ordenó con fecha 18 de noviembre el archivo de las actuaciones iniciadas contra la difusión del mencionado libro, por denuncia del Ministerio Fiscal. El tema de fondo no era el asunto del «depósito», sino el presunto delito de propaganda ilegal del art. 2 de la mencionada ley y correlativos preceptos del Código Penal ¿La España franquista, era un Estado de Derecho? El Tribunal de Orden Público había enmendado la plana a una orden administrativa de la Dirección General de Información y no dar la razón al Ministerio Fiscal (Sumario 327/66; delito, impresos clandestinos). Este tipo de paradojas se suceden en aquella organización estatal que Fraenkel denominó como Estado dual, a propósito del Estado fascista alemán [28]. Anomia del «lectorado» y solapamiento entre administración y jurisdicción penal.

Según Elías Díaz el control judicial de la administración, en un caso concreto, no es razón suficiente para hablar en la situación española de la época de un Estado de Derecho. Hace falta contar con las garantías del sistema en general y que se reflejen en el control de todas las instancias del poder ejecutivo. Además, el Estado español no permitía los partidos políticos, ni las elecciones para designar representantes y gobernantes, ni un auténtico parlamento, ni derechos humanos y libertades fundamentales. Aspectos de los que él, precisamente, hablaba en su libro.

El libro se autorizó. Se agotó una primera edición y muy rápidamente y casi enseguida una segunda [29]. Primera edición, octubre de 1966, expediente n.º 6969/66, 5000 ejemplares. Segunda edición, enero de 1967, expediente n.º 60/67, 4000 ejemplares.

---

27 *Ibíd.*, Caja 17648.

28 FRAENKEL, Ernst, *The dual state. A contribution to the theory of dictatorship,* Translated from the German by E.A. Shils, Oxford University Press, 1941.

29 DÍAZ, Elías, *Un itinerario intelectual. De filosofía jurídica y política,* p. 49.

1.1. Fascismo y Estado totalitario: crítica teórica y doctrinal

Fue el capítulo segundo, «II.—Fascismo y Estado totalitario» del libro de Elías Díaz, el que causaba mayor preocupación a los «informantes»: que en *Estado de Derecho y sociedad democrática* se indujera a pensar que el Estado franquista no sólo carecía de las notas esenciales de un Estado de Derecho, como había denunciado la Comisión Internacional de Juristas en 1962, sino que se radicalizara esta crítica y se hablase de Estado totalitario, de los sombríos rasgos de un Estado totalitario cercano al fascismo [30]. Efectivamente la crítica a los principios y leyes del Estado español a través de la vía negativa, podía «desembocar en la tesis de que el Régimen Político español creado por el Movimiento Nacional carece de las notas esenciales a un Estado de Derecho», pero no sólo esto, sino algo más.

El régimen franquista, como forma moderna de autoritarismo, buscaba legitimarse mediante una velada crítica a la dinámica de los derechos liberales y al ejercicio de la democracia representativa. En general, esta era la crítica fascista, para la cual, el Estado totalitario intentaba presentarse externamente como superador de las insuficiencias del estado liberal, cen-

---

[30] Según Habermas, el siglo XX está caracterizado por los sombríos rasgos de un totalitarismo que quiebra el proceso de civilización puesto en marcha por la Ilustración, y destruye la esperanza de una domesticación del poder estatal y una humanización de las relaciones sociales. Las diversas versiones del pensamiento crítico sobre el siglo XX, tienen algo en común: «dirigen la mirada a una época que ha «inventado» la cámara de gas y la guerra total, el genocidio estatalmente planificado y los campos de exterminio, el lavado de cerebro, el sistema de seguridad estatal y una vigilancia panóptica de poblaciones enteras». HABERMAS, Jürgen, *La constelación posnacional,* Paidós, Barcelona, 2000, p. 66. Una ampliación de estos criterios se puede ver: BORRADORI, Giovanna, *La filosofía en una época de terror. Diálogos con Jürgen Habermas y Jacques Derrida,* trad. Juan José Botero y Luis Eduardo Hoyos, Taurus, Madrid, 2003; THIEBAUT, Carlos, *La herencia ética de la ilustración,* Crítica, Barcelona, 1991, pp. 199-218; GINER, Salvador, «La urdimbre moral de la modernidad», *Anales de la Cátedra Francisco Suárez* n.º 36, Granada, 2002, pp. 63-100.

trando la crítica sobre los dos puntos que se consideran centrales en el liberalismo: a saber, el individualismo de la sociedad, y el abstencionismo del Estado. El individualismo liberal es sustituido por un transpersonalismo y organicismo social, la «democracia orgánica», en el caso español, mientras que el abstencionismo estatal viene a su vez sustituido por un Estado de estructura intervencionista, «Estado social autoritario».

En primer lugar, en cuanto al organicismo social, a través de una teoría de la sociedad de carácter organicista, el hombre individual desaparece absorbido por el gran «todo» que es el Estado o la nación. En el transpersonalismo se configura una sociedad y un Estado como un organismo que al igual que el hombre individual estaría compuesto por un elemento corporal y un elemento anímico o espiritual, y por lo tanto la sociedad se concibe también como un ente moral, y un organismo espiritual dotado de fines sustantivos propios, diferentes de los fines que corresponde a los hombres que componen la sociedad, diferente incluso a los fines a que aspira el conjunto de esas personas.

Según Elías Díaz:

«En cualquier caso, lo que parece cierto tanto en el organicismo como en el neorganicismo es la idea de que las partes del organismo son, claro está, simples miembros de él, miembros subordinados por entero al todo orgánico; y otra cosa bastante importante: que dichos miembros no están situados todos en un mismo plano de igualdad, sino, al contrario, en estructura rígidamente jerarquizada. Ambos datos, que valen en relación con los organismos vivos, adquieren un sentido muy especial cuando son artificiosamente trasladados para definir la sociedad humana: en ella llegan a significar realmente, primero, un total sometimiento de los hombres individuales (miembros) a la sociedad (cuerpo orgánico), y, segundo, una diferenciación jerárquica de los ciudadanos que hace adquirir a la sociedad un auténtico carácter elitista y antidemocrático» [31].

---

[31] DÍAZ, Elías, *Estado de Derecho y sociedad democrática,* p. 42. Nuestro autor, ya en 1963, escribía sobre este asunto, refiriéndose al fascismo y neofascismo, como concepción organicista y transpersonalista de la sociedad: «La

El segundo concepto, utilizado por la doctrina fascista y neofascista, que va a criticar Elías Díaz es su carácter de Estado totalitario, aquel concepto de Estado ético que coloca a la institución del Estado por encima del Derecho, no quedando limitado ni controlado por éste. Busca oponerse a la concepción liberal del Estado, a la doctrina de la naturaleza jurídica del Estado y a su «neutralidad». El Estado posee un valor por sí mismo, un valor de fin y no de medio, un valor ético y moral.

«Oposición al Estado liberal y *defensa del Estado totalitario* [...] en lugar de imperio de la ley, imposición carismática de un dictador; la ley deja de ser (incluso en teoría) producto racional emanado de un órgano democrático y representativo para convertirse en decisión irracional dictada, sin posible apelación, por un jefe absoluto, al servicio siempre de intereses económicos muy concretos. En un sistema de este tipo, donde la total concentración de poder sustituye a la anterior liberal distribución de poderes, se carece, por supuesto, de la necesaria garantía jurídica frente a las actuaciones del ejecutivo y de las autoridades administrativas (cuyos actos adquieren demasiado comúnmente carácter no fiscalizable de actos políticos) y en consecuencia, los derechos humanos vienen realmente limitados a niveles inadmisibles, cuando no salvajemente negados y ultrajados; la libertad, muy especialmente, viene práctica y teóricamente anu-

---

sociedad pensada a la manera de un Todo orgánico de carácter espiritual: éste sería el sentido de la teoría del Estado ético en la Italia fascista. O la idea de Comunidad en la filosofía del nazismo alemán. Ante esta «sustanciación de lo colectivo» la persona humana, simple miembro del Todo, es decir del Estado, viene realmente negada en su libertad y en su dignidad. Carece de los necesarios medios políticos y jurídicos para exigir el respeto de su personalidad [...] Sentido «aristocrático» de la sociedad y de la historia. La sociedad tajantemente dividida entre una «masa» amorfa, impersonal, necesariamente y fatalmente irrecuperable y, por otro lado, una élite, una minoría dirigente, protagonista y privilegiada. La única función de la masa es aclamar y dejarse gobernar. La única función de la élite es tener «estilo» y mandar». DÍAZ, Elías, «Fascismo y neofascismo», *Boletín Informativo del Seminario de Derecho Político de la Universidad de Salamanca,* n.º 28, 1963, pp. 68-69; véase también «Sustanciación de lo colectivo y Estados totalitarios», *Anuario de Filosofía del Derecho,* tomo VIII, Madrid, 1961, pp. 77-117.

lada. Junto a ello, la independencia del poder judicial con respecto al poder político desaparece totalmente, cuando resulta necesario, en los regímenes totalitarios; asimismo, actos perfectamente legales en un Estado de Derecho se transforman automáticamente aquí, en actos delictivos (delitos políticos) duramente perseguidos» [32].

Una función enmascaradora de la disociación real a través de una participación democrática ficticia, objetivo ideológico, fórmulas como la del *Stato ético* fascista y la *volksgemeinschaft* nacional socialista.

Claro está que en la sociedad temprano-burguesa, el Derecho a través de la seguridad formal de las expectativas jurídicas garantizaba la calculabilidad de las relaciones económicas, pero aún así, existía una dimensión «práctica» [33]. En su dimensión ideológica el Derecho no sólo legitimaba el orden social existente, sino que al mismo tiempo lo trascendía. El profesor de la Autónoma de Madrid critica a aquellos autores que no distinguen entre «Estado jurídico» y «Estado de derecho» y que dan lugar a una adjetivación del Estado fascista como Estado jurídico o que interesadamente confunden Estado de Derecho con sistemas liberales individualistas.

---

[32] DÍAZ, Elías, *Estado de Derecho y sociedad democrática*, pp. 31-32. La exaltación del Estado totalitario parte de la necesidad del control absoluto y total: «Partido y Estado en íntima identificación. Poder absoluto y único jefe de ambos. Organización rígidamente jerarquizada. El «*Führer*» o el «*Duce*» como encarnaciones auténticas de la voluntad de sus pueblos. La ley, el derecho, la justicia, como expresión de la pura voluntad del dictador [...] su voluntad se identifica así totalmente con la voluntad de su pueblo. No hay razón para que su poder no sea absoluto». DÍAZ, Elías, «Fascismo y neofascismo», *ob. cit.*, p. 68.

[33] «La cínica crítica ideológica del nacional-socialismo a la concepción liberal, condujo así, en el terrero del derecho y de la teoría jurídica, a un sistema de una muy amplia identificación entre derecho y poder fáctico, en el cual no sólo desapareció el momento dinámico de un mecanismo jurídico formal que regulara la resolución de los antagonismos sociales, sino también la seguridad estática frente al poder arbitrario». MAUS, Ingeborg, «Ideología jurídica y realidad social», *Anales de la Cátedra Francisco Suárez* n.º 17, Granada, 1977, pp. 270-271.

Por lo tanto, Elías Díaz ve la íntima relación entre la tesis de ciertos sectores del organicismo social y la existencia de un Estado de estructura totalitaria. El Estado totalitario se basa en la concepción aristocrática de la sociedad, presenta a ésta como radicalmente dividida entre una masa amorfa, impersonal y una elite o minoría dirigente, elegida y privilegiada. Y que el ataque realizado por el fascismo al Estado liberal a sus dos conceptos clave, como son el individualismo y el abstencionismo estatal, a través de los conceptos «organicismo social» y «estado totalitario», no se produce para superar el sistema capitalista y sus defectos, sino al contrario, para organizar totalitariamente la defensa del mismo, la facticidad social [34].

Elías Díaz ha venido utilizando, en su argumentación, la palabra «fascismo» como término genérico para designar al fascismo italiano y el nazismo alemán [35]. En el caso italiano destaca la conceptualización del estado ético, llevada a cabo por la ideología neohegeliana de Giovanni Gentile. Según Gentile, la libertad no es atributo del individuo abstracto sino de aquello que es todo individuo en concreto, el pueblo [36].

---

[34] Según Elías Díaz, el totalitarismo fascista no se entiende si no se descubre su *conexión íntima y profunda con el capitalismo*. DÍAZ, Elías, *Estado de Derecho y sociedad democrática,* p. 33. Al respecto, se puede ver, GOEBBELS, Paul Joseph (Ministro del Reich), *La verdad sobre España. Discurso pronunciado el 9 de septiembre de 1937 en el Congreso del Partido Obrero Alemán Nacional Socialista,* edición e introducción de Xavier Agirre Aramburu, Iralka, Bilbao, 1998.

[35] Elías Díaz, frente al riesgo del totalitarismo en el socialismo, advertía de los peligros del ejercicio ilimitado del poder por el Estado «comunista»: por esta vía puede llegarse «a una incorrecta representación de los intereses de los trabajadores y, en definitiva, puede llegarse a la sustitución de la marxista dictadura del proletariado por un minoritaria dictadura del partido comunista o de la elite (»nueva clase») que lo dirige. Algo de esto parece haber ocurrido en la época estaliniana con el «culto de la personalidad»». DÍAZ, Elías, «Sociedad de masas y sistemas políticos contemporáneos», *Boletín Informativo del Seminario de Derecho Político de la Universidad de Salamanca,* n.º 31, 1964, p. 136. Con esto cabe pensar que el Estado totalitario puede ser el resultado de una ideología tanto de extrema derecha como de extrema izquierda.

[36] Y ésta es precisamente la filosofía adoptada por la doctrina fascista, ya que cuando Mussolini, decidió que el fascismo necesitaba de una filosofía con-

En el caso del nazismo alemán, la comunidad constituye teóricamente la fuente originaria del Derecho, y en ella el *führer* asegura la *führung,* la dirección o guía del pueblo. El primero viene concebido en el nazismo como una realidad étnica basada en principios de carácter racista mientras que la idea de comunidad significa la entificación del pueblo, la sustanciación de lo colectivo. El *führer* para la realización de su función se sirve del partido y el Estado, mientras que el Derecho es instrumentalizado políticamente [37]. Frente al normativismo y formalismo liberal se alza el extremismo antinormativista y voluntarista, abierto a toda arbitrariedad e injusticia, frente al normativismo, el decisionismo, y así el derecho será pura y absolutamente la voluntad del *führer;* así se plasma la sugerencia de un Derecho sin reglas de C. Schmitt.

Si bien, para Elías Díaz, los rasgos de identidad del Estado totalitario estaban claramente relacionados con el Estado nacional-socialista alemán y el Estado fascista italiano, sin embargo, no dejaba de hacer referencia a «otras manifestaciones totalitarias a ellos asimilables» y que aparecen también «como la antítesis del Estado de Derecho» [38].

Este era el tema crucial para el autor o autores del «Tercer Informe» y por el que se empeñaban en advertir el peligro que

---

fió esa tarea a Giovanni Gentile. Su fórmula la resumía así: «todo en el Estado, y nada fuera del Estado, nada contra el Estado». DÍAZ, Elías, *Estado de Derecho y sociedad democrática,* p. 52. GENTILE, Giovanni, *Origins and Doctrine of fascism,* Transacción Publishers, New Jersey, 2002. (Traducido del italiano por James Gregor).

[37] Rüthers demuestra el estrecho entrecruzamiento entre la interpretación jurídica científica (literaria) fervorosamente realizada en el sentido nazi de la ideología y la disposición de acomodamiento de la praxis judicial. RÜTHERS, Bernd, *Carl Schmitt en el Tercer Reich,* trad. Luis Villar Borda, Universidad Externado de Colombia, Colombia, 2004, p. 61. La ideología nazi también se entrecruza con cierta corriente historiográfica, que entre su repertorio considera la guerra civil española como el ensayo de la Segunda Guerra Mundial y que sería, a su vez, expresión de la guerra civil europea iniciada contra el marxismo, en 1848. JIMÉNEZ SEGADO, Carmelo, «Carl Schmitt y el derecho internacional del Reich», *Revista de Estudios Políticos. Nueva época* n.º 127, Madrid, enero/marzo, 2005, p. 335.

[38] DÍAZ, Elías, *Estado de Derecho y sociedad democrática,* p. 63.

significaba la difusión de estas ideas en la opinión pública española y europea. Estaban empeñados en un aparente proceso teórico de destotalitarización del Estado español, después de haber modificado radicalmente, desde el año 39, una estructura fundada en la existencia de una pluralidad de grupos y de organizaciones autónomas.

Para Elías Díaz, la moral y la ética no son ni mera superestructura ni mera ideología por lo que las fuerzas motrices normativas de la izquierda no debían descuidar la crítica al totalitarismo, tanto como ir en ayuda de los intereses materiales de los oprimidos y explotados. Por estas razones, en 1966, este capítulo de su libro, «II.—Fascismo y Estado totalitario», daba más que preocupar a quienes creían que ya habían superado la línea de la destotalitarización del Estado español. Estos argumentos críticos de Elías Díaz daban continuidad y seguimiento al Informe de la Comisión Internacional de Juristas.

1.2. Informe de la Comisión Internacional de Juristas

Si bien Elías Díaz, desde el interior del país, y desde las páginas de su libro *Estado de Derecho y sociedad democrática* había logrado no dejar pasar por desapercibidos los principios legitimadores del Estado totalitario, sin alusiones directas al régimen franquista, la Comisión Internacional de Juristas (CIJ) a través de su Informe sobre *España* y el *imperio de la ley,* publicado en noviembre de 1962, significaba una de las críticas más directas al régimen español, inspirada en las disposiciones de la Declaración Universal de Derechos Humanos, de la Convención Europea de Derechos Humanos y la jurisprudencia que se venía desarrollando en el marco del Consejo de Europa y sus instituciones [39]. No cabe duda, que para el profesor de la Autó-

---

[39] Comisión Internacional de Juristas (CIJ), *El imperio de la Ley en España,* Ginebra, 1962. En adelante llamaremos «Informe CIJ». El Informe empieza dando cuenta que en «abril de 1960 el entonces secretario general de la

noma de Madrid, el impacto de este informe fue tanto académico como político.

«La Comisión Internacional de Juristas de Ginebra publicó, pues, ese libro en 1962: era un informe muy importante con el título de *El imperio de la ley en España* en el que se venía a decir que no, que en el Estado franquista no había «imperio de la ley», claro está, entendido como se entiende el «imperio de la ley»

Comisión realizó un viaje a España y entabló relaciones con juristas profesionales de Madrid, Barcelona y Sevilla. En marzo de 1961 el profesor Silverio Coppa, abogado del Colegio de Roma, siguió en calidad de observador de la Comisión el juicio del señor Tierno Galván, profesor de la Universidad de Salamanca, y de ocho procesados que tuvo lugar en Madrid. A lo largo de este tiempo, magistrados, jueces y abogados españoles, así como entidades académicas, manifestaban una y otra vez gran interés por la labor de la Comisión, interés reflejado en el aumento considerable de la lista de lectores españoles de la Comisión. Dos juristas españoles asistieron a la Conferencia Europea que la Comisión organizó en Viena en abril de 1957», p. 3. La CIJ, había seguido con interés lo que sucedía en España desde 1957. En el n.º 7 de su *Boletín,* octubre de 1957, trataba de los procesos políticos en España; en el n.º 8, diciembre de 1958, formulaba comentarios sobre detenciones y procesos judiciales y, en el n.º 9, agosto-octubre de 1959, se refería a algunas de las actividades desarrolladas por los Colegios de Abogados. La CIJ nace en Berlín, en el contexto de la posguerra. En 1953 se registró legalmente como organización no gubernamental internacional. Nace en memoria del Dr. Walter Linse, abogado de Alemania Federal que trabajó activamente en hacer públicas las violaciones a los derechos humanos cometidas en la zona soviética. El 8 de julio de 1952, agentes de la inteligencia de Alemania del Este lo secuestraron y lo entregaron a la KGB. El Dr. Linse fue ejecutado en Moscú un años más tarde por «espionaje». http://www.icj.org. Morodo cuenta las circunstancias en que McBride, antiguo ministro irlandés, tomó contacto con la oposición en Madrid para redactar el Informe CIJ y cuenta también de los vínculos de Emilio Cassinello con la CIJ. MORODO, Raúl, *Atando Cabos. Memorias de un conspirador moderado,* volumen I, Taurus, Madrid, 2001, pp. 240, 241. No siempre los informes de los juristas acompañaron a la defensa de los derechos humanos. Es conocido el caso del Colegio de Abogados de Santiago de Chile que se plegó a la dictadura de Pinochet o el del Colegio de Abogados de Madrid que se sumó a la defensa del régimen franquista ante la ONU, «Doc. IX. Alegato del Ilustre Colegio de Abogados de Madrid. Impugnados los recientes acuerdos adoptados contra España por la ONU, Madrid, 1946-47». LLEONART Y AMSELEM, A.J./CASTIELLA Y MAIZ, F.M., *España y ONU-I (1945-46),* CSIC, Madrid, 1978, p. 393.

en el Estado de Derecho; es decir, como ley creada por un parlamento democrático representativo, formado a partir de unas previas elecciones libres, con una crítica abierta y con un pluralismo de sindicatos, partidos políticos, renovación de gobernantes, suficientes garantías para los derechos fundamentales, etc. La conclusión del informe de Ginebra se desprendía con toda claridad: España, la España de Franco no era un «Estado de Derecho»» [40].

La Comisión llamaba la atención sobre los fundamentos ideológicos e históricos del régimen que se expresan en determinados actos perlocutivos al juramentar un cargo oficial, como «juro ante Dios y los Sagrados Evangelios obedecer incondicionalmente las órdenes del caudillo de España y también las leyes y disposiciones inherentes al ejercicio de mi cargo, sin otro motivo que el cumplimiento de mi deber y el bien de España»[41]. Parece difícil compaginar este juramento con los requerimientos de una administración de justicia recta e imparcial.

Sin embargo, consideraba que después de la Segunda Guerra Mundial, el general Franco ha tratado de «disimular» el carácter dictatorial y autoritario de su régimen mediante la promulgación de leyes de apariencia democrática y liberal, una de ellas, el Fuero de los Españoles, de 13 de julio de 1945, y la Ley de Referéndum, de 22 de octubre de 1945 [42]. En esta última se

---

[40] DÍAZ, Elías, «Estado de Derecho «versus» Estado franquista», p. 40. En el Informe de la Comisión Internacional de Juristas se criticaba duramente las limitaciones en el ejercicio de derechos civiles básicos y las extensísimas competencias de la jurisdicción militar.

[41] Cabe recordar que una de las funciones del lenguaje es la función perlocutiva o performativa. Pronunciar actos de habla perlocutivos supone realizar al mismo tiempo la acción a la que esos términos se refieren. Este acto de habla se produce cuando una persona, por ejemplo, jura o promete defender la «Constitución» ante determinadas autoridades. A partir de la emisión de tal juramento ya estamos ante la presencia de un nuevo cargo público. PECES-BARBA, Gregorio, FERNÁNDEZ, Eusebio, DE ASÍS, Rafael, *Curso de Teoría del Derecho,* Marcial Pons, Madrid, 2000, pp. 148-149.

[42] En el plano internacional el régimen de Franco tuvo que enfrentarse a dos procesos de aislamiento, la ONU y las Comunidades Europeas. HUGUET,

dispone que «para mejor servicio a la nación», podrá el jefe de Estado, someter a referéndum los proyectos de leyes elaborados por la Cortes, cuando su trascendencia lo aconseje o el interés público lo demande. La convocatoria del referéndum incumbe enteramente al jefe de Estado. Y que la Ley de sucesión de 7 de junio de 1947, introdujo el referéndum obligatorio para derogar o modificar (pero no para promulgar) las leyes denominadas fundamentales.

La Comisión considera que este referéndum obligatorio es la única institución auténticamente democrática del derecho

---

Montserrat, «La política exterior del franquismo (1939-1975)», PEREIRA, Juan Carlos (coord.), *La política exterior de España (1800-2003),* Ariel, Barcelona, 2003, pp. 495-515. Es conocida como la «cuestión española» en los anales de la ONU: el 12 de diciembre de 1946, la Resolución 39, luego de identificar al régimen franquista como un gobierno fascista, se le considera una amenaza para la paz y la seguridad internacionales. España queda excluida de los organismos internacionales de la ONU y se recomienda retirar a embajadores y ministros plenipotenciarios acreditados en Madrid. LLEONART Y AMSELEM, A.J./CASTIELLA Y MAIZ, F.M., *España y ONU-I (1945-46);* PEREIRA CASTAÑARES, Juan/MARTÍNEZ LILLO, Pedro, *La ONU,* Arcos, Madrid, 2001, p. 64; DEL RÍO CISNEROS, Agustín, *Política Internacional de España. El caso español en la ONU y en el mundo,* Aguado, Madrid, 1946; DE GAULLE, Jacques, *España y la Segunda Guerra Mundial,* Círculo de Amigos de la Historia, Barcelona, 1973. Los giros de política internacional, el apoyo del Papa y Estados Unidos a Franco, en clave de la «guerra fría» se puede ver VIÑAS, Ángel, *En las garras del águila. Los pactos con Estados Unidos, de Francisco Franco a Felipe González (1945-1995),* Crítica, Barcelona, 2003. Sobre las consecuencias funestas para las esperanzas de la oposición, cuando España entra de lleno a la lucha contra el «comunismo internacional» y por lo tanto objeto de confianza en la ONU, MARICHAL, Juan, «Las políticas del exilio (1939-1975)», VV.AA., *El exilio español de 1939,* Taurus, Madrid, 1976, pp. 227-236. De la lucha de la oposición al Régimen ante la ONU, por la restauración del Estado de Derecho en España, queda el testimonio de la intervención de Fernando de los Ríos. DE LOS RÍOS, Fernando, *Escritos guerra civil y exilio,* Obras Completas, tomo V, edición de Teresa Rodríguez de Lecea, Anthropos, Barcelona, 1997, p. 382. Para un registro de la lucha del exilio español en Europa contra el régimen, se puede ver las revistas: *Cuadernos de Ruedo Ibérico,* dirigida por Ramón BULNES, José MARTÍNEZ y Jorge SEMPRÚN, editada en París; *Realidad, revista de cultura y política,* dirigida por Vicenzo BIANCO, editada en Roma; *Ibérica por la libertad,* dirigida por Victoria KENT, editada en New York.

público español. Dicho esto, sin embargo, esta disposición carece de relevancia práctica, dado que la mayoría de los derechos fundamentales enunciados en el Fuero son menoscabados por la legislación y la práctica administrativa. No existía un medio imparcial que posibilitara el control de las decisiones electorales. El texto del Fuero consigna la posibilidad de «legalizar» las injerencias en los derechos fundamentales, puesto que el ejercicio de éstos venía limitado y supeditado a la «unidad espiritual, nacional y social de España», sin que para ello sea necesaria la vigencia del estado de excepción o de guerra.

Señala, como ejemplo esclarecedor de esta afirmación, el Decreto de 8 de junio de 1962, en virtud del cual se suspendió la libertad de residencia por dos años en la totalidad del territorio nacional. Se dictó este Decreto porque 80 españoles del interior se habían reunido en Munich con 38 compatriotas emigrados para concurrir juntos al Congreso del Movimiento Europeo, en el que se emitió una resolución política de crítica al régimen franquista. En la exposición de motivos de este Decreto se decía que había una necesidad urgente de responder a las «campañas que desde el exterior» vienen llevándose a cabo para dañar «el crédito y el prestigio de España» y que han encontrado eco y complicidad en algunas personas, las que habrían abusado de las libertades que el Fuero de los Españoles les reconoce [43].

---

[43] «Muy poco después de la firma del Convenio de Roma, el régimen a través del ministro Ullastres pide la adhesión formal, la entrada de la España de Franco en las Comunidades Europeas. Evidentemente el régimen sabía muy bien que esto no era posible en esas circunstancias no democráticas, pero la petición formal se hace y con tanta insistencia que, ante la mirada no tan desdeñosa de algunos sectores de la Europa conservadora, la ilegal oposición política española se ve obligada a organizar una importante reunión, el Congreso de Munich, la que fue calificada por el régimen «el contubernio de Munich», a fin de cortar tal operación. En esta reunión de Munich de junio de 1962 la oposición democrática del exilio y del interior tuviera que advertir a Europa de que aquella petición de la dictadura era, digamos, una petición no muy concordante con los presupuestos políticos democráticos que el Tratado de Roma exigía. La reacción del Régimen fue violenta, una reacción de un régimen que no podía, no debía, entrar en Europa, una reacción contra políticos demócra-

El Informe de la Comisión advierte que sería equívoco describir España como «Estado de partido único». Si fue cierto que la Falange Española, las JONS y los «carlistas» pasaron a ser una sola estructura y «nacionalizados» por Franco mediante Decreto de unificación, de 19 de abril de 1937, ésta lejos de dominar el Estado, fue y seguía siendo un instrumento de la dictadura ejercida por el jefe del Estado y del Partido. Y que el general Franco recurrió incluso al reclutamiento forzoso de miembros para consolidar su posición en la Falange con la modificación de su composición primitiva.

Sin duda que la Falange y la estructura oficial de la Iglesia Católica proporcionaron las fuentes legitimadoras al régimen. Uno a través del nacionalsindicalismo y la otra, a través del nacionalcatolicismo. Por el aporte de la teoría política falangista, cercana al fascismo italiano, el régimen español pudo describirse y prescribirse como «nacional sindicalista».

«El régimen español se describe a sí mismo como «nacional sindicalista», prueba de que la organización corporativa de su economía es una de las piedras angulares de la estructura constitucional de la España de Franco. El pretendido carácter representativo del Estado español, mencionado en varias leyes fundamentales, deriva principalmente de la función y organi-

---

tas-cristianos, socialistas, liberales, monárquicos». El encuentro de Munich tuvo más de un resultado positivo para los propósitos de la oposición. DÍAZ, Elías, «Estado de Derecho «versus» Estado franquista», p. 39. Una ampliación sobre este evento de la oposición, TUSELL, Javier, *La oposición democrática al franquismo,* Planeta, Barcelona, 1997, pp. 388-439. Respecto al fin del aislamiento de España de las Comunidades Europeas, en la década del 60, se vincula a dos momentos: al 9 de febrero de 1962, el gobierno de España solicita la apertura de conversaciones para su posible asociación, y al 29 de junio de 1970, España firma el Acuerdo Preferencial de España con la CCE. Para un análisis de estos hechos: POU SERRADEL, Víctor, *España y la Europa comunitaria,* Ediciones Universidad de Navarra, 1973; MORENO JUSTE, Antonio, *Franquismo y construcción europea (1951-1962),* Tecnos, Madrid, 1998; DEL HOYO BARBOLLA, Ana, *De desconocidos a socios de conveniencia: las relaciones entre España y la CEE (1964-67), Revista Universitaria Europea* n.º 4, AUDESCO-Centros de Documentación Europea, Madrid, 2004, pp. 75-95.

zación de los sindicatos verticales. Estos son organismos oficiales a los que trabajadores y patronos han de afiliarse obligatoriamente; son dirigidos por el Estado a través de la Falange, que a su vez forma parte integrante de la estructura del Estado y está sujeta a su autoridad» [44].

El Informe también pone de relieve la sólida posición de la Iglesia católica y de los derechos concedidos por el Concordato y la legislación. Constata que ésta goza de absoluta libertad y que el órgano *Eclesia* no está sujeto a censura del Estado. La iglesia le proporcionó al régimen la idea de comunidad ética, a partir de los argumentos de la escolástica iusnaturalista. En parte, de ella devendría, la idea de democracia «orgánica», inspirada en una noción ontológica y esencialista de familia, y que se extendía por las esferas de la sociedad civil y de la sociedad política, un catolicismo antiliberal y antilaico que tendía puentes al fascismo. La jerarquía de la Iglesia católica, jugó así un papel fundamental en la reproducción de una ideología totalitaria.

---

[44] *Ibíd.*, p. 89. El Informe CIJ, constata que los principios que presiden la ideología de la organización nacionalsindicalista se expresan en una totalidad de las fuerzas productoras, patronos-técnicos-trabajadores. Que para responder a las necesidades del nacional sindicalismo existe una ingente institución judicial de la magistratura del trabajo, independiente de los tribunales ordinarios. Cada colegio de abogados tiene en su seno a profesionales que ocupan puestos en el régimen. Un gran contingente de abogados se encuentra al servicio de la organización sindical. Reconoce, sin embargo, la valerosa actitud de colectivos de abogados, que intervienen en procesos jurídicos (políticos). El Informe recoge la queja de la Confederación Internacional de Organizaciones Sindicales Libres, queja que fue presentada contra el gobierno español, el 13 de agosto de 1956, en la Oficina Internacional del Trabajo. La organización sindical en España se había convertido en una organización impuesta y jerárquica. En este contexto, Comisiones Obreras empieza la lucha por el ejercicio autónomo de los derechos de los trabajadores. Sobre la lucha por el derecho a la asociación sindical se puede ver: RUIZ, David (dirección), *Historia de Comisiones obreras*, Siglo XXI, México-España, Madrid, 1994; BABIANO MORA, José, «Un régimen jurídico represivo para las relaciones laborales», *Emigrantes, cronómetros y huelgas. Un estudio sobre el trabajo y los trabajadores durante el franquismo (Madrid 1951-1997)*, Siglo XXI, Madrid, 1995, p. 47.

Sin embargo, la propia Comisión deja constancia de expresiones críticas al régimen en el interior del propio falangismo, como es el caso de Luis González Vicén, Secretario General de la Falange en 1956, quien advertía de las consecuencias perversas del modelo del *Führerstaat* y de la dictadura [45]. También da cuenta de sectores críticos al interior de la Iglesia católica. Decía que la «intervención de la Iglesia en las controversias sobre la política social se basa en las ideas expuestas en la encíclica *Mater et Magistra.* Esta encíclica, que tuvo enorme resonancia en España, reclama para la Iglesia la posibilidad de propagar sin trabas la doctrina social católica como parte de la función de apostolado, cuyo libre ejercicio garantiza el artículo 34 del Concordato» [46].

En este periodo, el régimen franquista se defendía de sus críticos desarrollando la ideología de la «guerra fría», justificando su sistema político y advirtiendo del peligro de la izquierda y el comunismo, incluidos los «defensores de derechos humanos». La democracia liberal y parlamentaria ya no era garantía, «porque la democracia inorgánica abre el camino y sir-

[45] La CIJ, en su Informe, reproduce una carta que Luis González Vicén, representante de la generación de los «camisas viejas». Éste en su calidad de secretario general del partido presidía una comisión, por encargo del general Franco, para preparar una reforma de las leyes fundamentales y los estatutos del partido. En una carta de 8 de junio de 1956, dirigida al Ministro-Secretario General, Arrese, se opuso al mantenimiento del *Führerstaat* y la dictadura. Advertía sus efectos negativos, coarta a los dirigentes, fomenta el servilismo y niega la libertad a los que desempeñan funciones de decisión y de acción, y «con el peligro de que cuando el jefe yerre (y éste yerra porque es un ser humano, a pesar de que tal vez yerre menos que otros), el error es defendido automáticamente por todos y puede cobrar dimensiones catastróficas». *Ibíd.,* p. 88. Cabe recordar que Luis González Vicén fue hermano del filósofo del Derecho Felipe González Vicén.

[46] *Ibíd.,* p. 90. En 1965, la Comisión Internacional de Juristas volvió a referirse al régimen español: «Es un hecho manifiesto que ha habido dentro del gobierno tendencias a lograr cierto grado de liberalización, pero la manifestación de esas tendencias ha sido angustiosamente lenta y vacilante». CIJ, «España, desde el último Informe de la Comisión», *Boletín de la Comisión Internacional de Juristas* n.º 23, agosto, Ginebra, 1965, p. 16.

ve de oportunidad para que el comunismo y la tiranía se establezcan». El gobierno se propuso dar una respuesta al Informe de la Comisión Internacional de Juristas, ésta no tuvo que esperar sino dos años.

1.3. La Réplica: España, Estado de Derecho

Elías Díaz afirma que el régimen, ante la difusión del Informe de la Comisión Internacional de Juristas, preparó la difícil, casi imposible contestación. Ésta se produjo en 1964. Aparecía un contrainforme oficial titulado *España Estado de Derecho. Réplica a un informe de la Comisión Internacional de Juristas.* Se pretendía demostrar que España era un Estado de Derecho [47].

La respuesta del régimen, muy típica, fue por de pronto la de calificar a dichos juristas ginebrinos, como ocurría con todos los que éramos discrepantes, señala Elías Díaz, de «comunistas», o de «compañeros de viaje» de ellos. A pesar de estas acusaciones el libro de la Comisión Internacional de Juristas tuvo su difusión, «se difundió entre nosotros —dice el profesor de la Autónoma— de manera clandestina, aunque la verdad es que no exageradamente clandestina. Quiero decir que se podía tra-

[47] Servicio Informativo Español, *España Estado de Derecho. Réplica a un Informe de la Comisión Internacional de Juristas,* Madrid, 1964, 200 pp. Fue publicado igualmente en francés. En adelante llamaremos, «Réplica». Según el profesor de la Autónoma de Madrid, la edición de esta Réplica estuvo a cargo del hasta entonces desconocido Servicio Informativo Español, que apenas ocultaba al Ministerio de Información y Turismo y, fundamentalmente, al profesor Fraga Iribarne, a la sazón, Ministro del ramo. DÍAZ, Elías, «Estado de Derecho «versus» Estado franquista», p. 40. La CIJ, en 1965, decía: «La Réplica del Gobierno español realizada por un grupo de juristas designados por el Instituto de Estudios Políticos de Madrid, a instancias del Ministerio de Justicia, se preocupa principalmente de justificar los actos de las autoridades españolas. La publicación en 1964 de dicha réplica al Informe de la Comisión de 1962, es bien recibida, pues, su realización demuestra que el estado de cosas que deploraba la Comisión requirieron justificación dos años más tarde». CIJ, «España, desde el último Informe de la Comisión», *ob. cit.,* p. 16.

er y, sino era descubierto, hacer entrar en España. Los amigos diplomáticos liberales y los profesores que salían, que salíamos fuera regresábamos con el libro: circuló, circuló un poco dicho informe entre juristas y políticos» [48].

La «Réplica», según sus mentores, así como debía necesariamente restablecer la verdad en lo que a legitimidad de origen y legitimidad de ejercicio del régimen se refiere, se proponía, también, exponer con toda «objetividad» el mecanismo de las instituciones que operan en el orden del Derecho reinante en el nuevo Estado español surgido hace veinticinco años. Y que una contestación de esta naturaleza exigía un estudio reposado, acometido por hombres de Derecho, para que se entienda el continuado e inacabado proceso de institucionalización iniciado en 1938 y el funcionamiento de los poderes legislativos, ejecutivo y judicial.

Decían, que su principal propósito, era poner de relieve los fundamentos del ordenamiento español que traen sus premisas de los principios del Derecho natural, de las nociones básicas del Derecho público cristiano y de la gran tradición de la jurispru-

---

[48] DÍAZ, Elías, «Estado de Derecho «versus» Estado franquista», p. 40. La «Réplica» se empeña en restar objetividad al «Informe CIJ». En ella se dice que, «debe quedar constancia de la forma anómala en que el Informe se ha elaborado, tanto en el seno de la propia Comisión de Juristas, irregularidad que ha dado lugar tanto a la desaprobación de algunos de los miembros más preeminentes de dicha Comisión, como respecto de las fuentes objetivas de información. Ya se ha hecho constar por las autoridades y portavoces del Gobierno español, que ni los órganos de la Administración de Justicia, ni las instituciones que tienen a su cargo el estudio y la elaboración científica del Derecho, ni los Colegios profesionales de la Abogacía, ni personalidades de reconocida competencia en una y otra rama del saber jurídico, han sido consultados por la Comisión informante que, arrogándose el derecho de inquisitoria, parece haberse querido arrogar también un dogmatismo jurídico, tanto más lamentable cuanto que, como se ha de ver, incluso al margen de todo juicio de valor, los errores en orden a la normativa vigente en España y a los criterios jurisprudenciales son verdaderamente importantes y en algunos casos ponen de manifiesto fallos espectaculares, incluso en el terreno científico». Servicio Informativo Español, *España Estado de Derecho. Réplica a un Informe de la Comisión Internacional de Juristas,* p. 8.

dencia española que se ha servido, con los nombres más preclaros y con creaciones doctrinales que forman parte esencial de la civilización del mundo libre.

Así, la «Réplica», tiene entre sus objetivos (se autoelogian sus autores) mostrarse como un buen ejemplo de estudio del Ordenamiento jurídico español, llevado a cabo con criterios rigurosamente científicos y bajo la regla de una objetividad frente al «panfleto» de la CIJ, al que se muestra cargado de una finalidad exclusivamente ideológica y de propaganda contra el orden político establecido en España, revestido de un falso ropaje legalista que sólo puede impresionar a las personas con insuficiente formación jurídica y política de la actual sociedad española.

«Únicamente cuando el Derecho se hace valer en su autoridad moral, por encima de ideologías y de políticas, liberándolo de servidumbres envilecedoras, puede cumplir realmente su función de cultura. Del fenómeno llamado «politización del Derecho», que preocupa hoy tan intensamente a la doctrina y a la jurisprudencia, ha dado el Informe de Ginebra una prueba alarmante de hasta dónde alcanza, en nuestros días y al menos en determinados círculos, la corrupción política del Derecho. El Informe de Ginebra mezcla e implica constantemente valoraciones políticas y conceptos jurídicos, dogmas jurisprudenciales y alegatos de propaganda, preceptos y criterios, exégesis normativas y corolarios ideológicos. Es así como el Derecho se pervierte, hundiéndose en un piélago de consideraciones extrajurídicas que tienen que jugar un papel inevitable en la polémica panfletaria, pero que no pueden tener acceso al ámbito moral y científico de la jurisprudencia» [49].

---

[49] Servicio Informativo Español, *ob. cit.*, p. 9. La «Réplica» señala las vías de una moralización «correcta» del Derecho: «El Derecho, que es el bien social superior, se concreta en un sistema de principios de justicia positiva y de orden social que constituyen un canon de civilización, al menos en aquellos pueblos que por su desarrollo cultural han conseguido, con el decurso de los siglos alcanzar un alto nivel moral. En esa perspectiva, todo ordenamiento jurídico positivo puede y debe ser examinado para comprobar hasta qué punto esos

Critica la idea de Estado de Derecho del Informe CIJ, «una concepción abstracta y estereotipada»: cualquier estudioso sabe que esta idea está íntimamente vinculada a determinada fase en la evolución del pensamiento europeo, a su vez muy condicionada por factores culturales, políticos y económicos perfectamente discutibles y discutidos, no es más que un racionalismo positivista, políticamente ligada a una concepción radicalmente individualista de la sociedad, en estrecha conexión con el desenvolvimiento inicial del capitalismo. Que la idea del Estado de Derecho ha tenido que desprenderse de esas adherencias deformadoras, para poder articularse en un sistema de conceptos éticamente valiosos y de entidad suprapolítica.

«La idea de libertad es la clave de la categoría ética del Estado de Derecho, pero la libertad no es un valor abstracto, sino una creación continua de formas de vida libre, que entre otros condicionamientos exige impedir, por una parte, la anarquía del orden público y por otra, crear las efectivas condiciones de justicia social, sin las cuales la libertad es más bien un sarcasmo. Toda la evolución social de nuestra época va dirigida, por derroteros acertados o erróneos, a integrar de contenidos sociales la vida libre del hombre y por eso la verdadera idea del Estado de Derecho es hoy una doctrina del Estado social de Derecho» [50].

---

principios presiden la normativa legal y la práctica jurídica, pues todo lo que sea contribuir a perfeccionar el bien entendido sentido del Derecho es contribuir al proceso civilizador. Pero el Derecho positivo es también el instrumento básico de organización social, la regla coactiva de la convivencia básica y la pauta de formalización de relaciones políticas, sociales y económicas que componen el repertorio de formas de vida de un pueblo. En esta segunda función, el verdadero Derecho tiene que producirse bajo una recta subordinación a los principios superiores de justicia, pero como ha de atemperarse también a las condiciones históricas peculiares de los pueblos, no puede esterilizarse en un mecánico uniformismo jurídico que no ha existido nunca a lo largo de la historia, ni es razonable pensar que pueda existir en un mundo de religiones, culturas y unidades políticas muy diversas». *Ibíd.*, p. 9.

[50] *Ibíd.*, p. 11. La «Réplica» empieza dando cuenta de los actos perlocutivos en el juramento de los cargos oficiales: «Nada hay en esta fórmula que llame la atención o que se salga de lo ordinario. Se exige en el juramento a que

Añaden que el Informe de Ginebra ignora las características del ordenamiento jurídico español, ya que el nuevo régimen es la expresión positiva de una Constitución abierta, de un proceso de ordenación fundamental abierto al tiempo y preocupado por la consecución progresiva de los más altos niveles de libertad y de justicia social, a partir de las condiciones reales de la sociedad española y tras la contienda civil, impuesta a los españoles precisamente como consecuencia fatal de una teoría agnóstica de libertades y de un verbalismo revolucionario enteramente demagógico.

Que hay una evolución. El ordenamiento jurídico español, dice, no está protegido por ningún telón de acero, los ciudadanos españoles cruzan con toda libertad las fronteras nacionales y la política cultural del Estado promueve eficazmente el conocimiento por parte de los jóvenes españoles de las realidades exteriores. Los extranjeros han venido recorriendo España sin trabas ni restricciones de ninguna clase y en los últimos años afluyendo masivamente con las corrientes turísticas. Que no se puede negar que la configuración política de las instituciones, como la acción de gobierno, está algo íntimamente ligado a las condiciones históricas, y entre las que ahora condicionan la vida de los pueblos no puede ignorarse el terrible reto de subversión comunista que amenaza la civilización.

La «Réplica llega a la conclusión» que el Estado de Derecho español se fundamenta tanto en una legitimidad de origen como en una legitimidad de ejercicio.

En cuanto a la legitimidad de origen, dice, que el actual Estado Español es el resultado de un proceso histórico que se inicia a principios del siglo XIX y culmina en 1936, cuando el pueblo español en uso de un legítimo derecho de defensa, se alzó contra la anarquía, el caos revolucionario y el ejercicio ilegítimo del poder por el Gobierno. El nuevo Estado, pues, no sólo

---

nos referimos, además de la obediencia a las Leyes, la adhesión al Jefe del Estado. Esta adhesión a que se refiere el juramento, es tradicional en nuestra Patria donde ya la Ley Orgánica del Poder Judicial, en su artículo 188, establecía en la fórmula del juramento de fidelidad al Rey». *Ibíd.*, p. 8.

está legitimado por este devenir, sino por su aceptación popular, su legítimo ejercicio del Poder y por el Referéndum nacional de 1947, que democráticamente, sancionó las Leyes fundamentales y las Instituciones del Reino. «El sentido de las cortes españolas es, en efecto, el tradicional español de la representación orgánica de la sociedad ante el Estado» [51].

Y en lo referente a la legitimidad de ejercicio, se habla de un Estado actual en período de perfeccionamiento constante, respondiendo a las exigencias modernas de lo que la teoría entiende por un Estado de Derecho. Añade que la función ejecutiva se ejerce sobre bases jurídicas preestablecidas, con garantías jurídicas para los ciudadanos y es exigible ante los Tribunales la responsabilidad en que puedan incurrir los órganos ejecutivos. Y que existe con carácter constitucional una tabla de derechos y deberes de los ciudadanos en la que se recogen, entre otras libertades, las de asociación, reunión, expresión, petición, sufragio y confesión religiosa, principios todos ellos que están siendo desarrollados en las correspondientes leyes sustantivas. Y que hoy resulta por ello incorrecto e inexacto referirse al Estado español como un cuerpo de doctrina estático, y menos aún caracterizado por normas aisladas, hoy derogadas o en desuso y que fueron dictadas por unas circunstancias totalmente superadas.

«En la Constitución Española, Constitución de tipo abierto, están dedicados a esa declaración dos Leyes fundamentales, que son el Fuero del Trabajo, de 9 de marzo de 1938, este último exclusivamente sobre los derechos de carácter social (...) [y] el Fuero de los Españoles, al tiempo que proclama los inviolables derechos de éstos, supone un mandato al legislador para que

---

[51] *Ibíd.*, p. 46. El principio de representación orgánica se define como el modo en que los españoles ejercen el derecho de sufragio, dentro de las agrupaciones en las que naturalmente se hallan situados para el desenvolvimiento de sus actividades, con el fin de designar a los que han de representar a los pertenecientes a esas agrupaciones en la realización de las tareas públicas, «tanto en las Cortes como en los Organismos de la Administración Local, el principio de la representación orgánica tiene una virtualidad evidente». *Ibíd.*, pp. 162, 163.

desarrolle sus preceptos. Ahora bien, ese mandato al legislador para permitir y asegurar su ejercicio tiene un límite: el de que el ejercicio de aquéllos no podrá atentar a la unidad espiritual, nacional y social de España, como se establece en el artículo 33. Sin embargo, este precepto parece servir en el Informe para afirmar, o insinuar al menos, que el Estado puede limitar el ejercicio de los derechos fundamentales en cuanto considere que menoscaba «la unidad espiritual, nacional y social de España», concepto excesivamente amplio. Ello supone desde luego un torcido entendimiento de los preceptos del Fuero» [52].

Resulta, también, llamativo que como parte de la argumentación de defensa del régimen se hiciese alusión al derecho de gracia. En la «Réplica» se dice, que la liquidación de las responsabilidades de la guerra civil, el rigor de la justicia ha sido atenuada constantemente por una política de generosidad practicada por el Gobierno de modo incesante. Se habla que el Decreto de 9 de octubre de 1945 concedió ya el indulto total de las penas impuestas por los delitos de rebelión militar, contra la seguridad interior del Estado o el orden público, con la sola excepción de los asesinatos, profanaciones, violaciones y otro hechos «que por su índole repugnan a todo hombre honrado cualquiera que fuere su ideología».

Que con ello quedaba saldada toda responsabilidad por delitos más o menos políticos derivados de la guerra: aún los delincuentes comunes exceptuados o aquéllos que delinquieron posteriormente pudieron beneficiarse de otros indultos parciales de

[52] *Ibíd.*, pp. 135, 138. Sobre la libertad de asociación y de reunión se dice que la ausencia de partidos políticos de signos diversos en la vida política del país, lejos de echarse de menos, se considera una gran ventaja porque se estima mucho más fácil el que los españoles manifiesten su voluntad a través de los grupos en que naturalmente se encuadran; familia, municipio, sindicatos, núcleos de la organización representativa española, antes que a través de agrupaciones artificiales, dominadas por pequeñas oligarquías, como lo son por lo general los partidos políticos, al menos por lo que la experiencia española en ese aspecto ha demostrado. *Ibíd.*, p. 139. En esta línea doctrinal escribía FRAGA IRIBARNE, Manuel, «El sindicalismo como fuerza política», *Revista de Estudios Políticos* n.º 115, enero/febrero, Madrid, 1961, pp. 5-39.

sus penas concedidos por los Decretos de 17 de julio de 1947, 9 de diciembre de 1949, 1.º De mayo de 1952, 25 de julio de 1954, 31 de octubre de 1958, 11 de octubre de 1961 y el último de 24 de junio de 1963, aplicables a todos los condenados por los Tribunales de las jurisdicciones ordinaria o militar. Que ha de unirse a ello la consideración de que a estos condenados sin discriminación de Tribunal que haya podido juzgarles, les son de aplicación los beneficios de libertad condicional una vez cumplidas las tres cuartas partes de su condena y, en caso de prestación de trabajo, voluntario o retribuido, los de redención de penas por el trabajo, por la que pueden conseguir una reducción en su condena de un día por cada dos de trabajo prestado, tanto a los efectos de libertad definitiva como de libertad condicional.

Pero quizá, se agrega, lo que no tenga precedentes, en el deseo de reintegrar a todos los ciudadanos españoles a la comunidad de la patria, fueron las normas dictadas en el año 1945 en orden a la repatriación de exilados durante la guerra civil. Que además, y como prueba de la máxima sinceridad y generosidad del Estado, si una vez autorizados a entrar en España se descubriera su participación en hechos excluidos de los beneficios de indulto, se concedía a los interesados opción para permanecer en territorio nacional sometiéndose al fallo correspondiente o ser de nuevo conducidos a las fronteras: «al amparo de estas disposiciones, millares de españoles se reintegraron a la Patria y contribuyeron con su trabajo al renacer de España» [53].

---

[53] *Ibíd.*, pp. 174, 175. En lo que hace a la aplicación de la pena de muerte, se señala que en los últimos cinco años, e incluyendo las llevadas a cabo en 1963, se registraron diez ejecuciones en total, tanto por la jurisdicción ordinaria como por la militar: «Ciertamente que en el escaso número de ejecuciones ha jugado un papel importante el indulto del Jefe del Estado, cuya solicitud es preceptiva conforme a la Ley, una vez que es firme la sentencia de muerte dictado por el Tribunal competente. Así en los referidos años de 1957 a 1963, hubo hasta 13 indultos, conmutando la pena de muerte por la de reclusión mayor». *Ibíd.*, p. 178. Referido al asunto del derecho de gracia en el franquismo, JULIÁ, Santos, «Echar al olvido. Memoria y amnistía...», *Claves de razón práctica,* n.º 129, enero/febrero, Madrid, 2003, pp. 14-24; En términos generales, SCHMITT, Carl, «Amnistía es la fuerza de olvidar», *El País,* 21 de enero de 1977.

En conclusión, que las razones del «Informe» referidas al régimen español están basadas más en motivos político-éticos que en razones técnicas administrativistas del Estado de Derecho. Que en España, el riesgo de arbitrariedad está limitado por el Derecho, que su legalidad se sustenta en normas legítimas tanto en su origen como en su ejercicio. Y que es precisamente, «un Estado de Derecho, un Estado en el que las libertades de la persona no sólo están garantizadas por las leyes sino en el que esas leyes se aplican cuando son violadas» [54].

Una actualización de la «Réplica» corrió a cargo de la *Revista de Estudios Políticos* n.° 152, siendo director Jesús Fueyo y como secretario José María Castán Vázquez, con el fin de despertar simpatías nacionales e internacionales respecto a la promulgación del Decreto 779/1967, de 20 de abril, por el que se aprueban los textos refundidos de las *Leyes Fundamentales del Reino,* entre ellas la *Ley Orgánica del Estado,* promulgada en enero de este mismo año. Destacan los artículos de Fernando Herrero y de Jorge Uscatescu. Ambos autores influidos por un vitalismo antiformalista retoman la crítica del falangismo a la tecnocracia del Opus Dei.

Para el primer autor, las *Leyes Fundamentales del Reino,* permiten definir el Estado de Derecho a partir de cuatro características: «1.° Imperio de la Ley. Legitimidad. 2.° Separación de poderes o funciones. Defensa contra los poderes sociales. 3.° Legalidad de la administración. 4.° Reconocimiento y garantía de los derechos de la persona humana y de sus libertades fundamentales». No presta interés a la legitimidad de origen sino a la de ejercicio; el Estado de Derecho puede tolerar el ejercicio de derechos políticos para una «oposición institucionalizada, siempre que se consiga eludir el peligro de su derivación en un sistema de partidos políticos», a fin de «que el principio de autoridad y el ejercicio del poder por el gobierno pueda ejercerse sin merma y al servicio de la libertad del hombre» [55].

---

[54] *Ibíd.*, p. 189.

[55] HERRERO, Fernando, «El Estado de Derecho en las Leyes Fundamentales españolas», *Revista de Estudios Políticos* n.° 152, marzo/abril, Madrid, 1967, p. 176.

Para el segundo autor, los cambios en la legislación española han sido el resultado de la prudencia política, la raíz ontológica del genio político que ha presidido la empresa, el genio político de Franco: «la prudencia política que lo inspira, es una posición intermedia, perfilada, acabada, entre el normativismo del Derecho y las varias formas de decisionismo político-estatal». En vez de «tecnocracia» habrá que hablar, por tanto, de proceso de «politización», proceso justificado desde Giovanni Gentile[56]. Uscatescu, era el Presidente de la Asociación Internacional de Filosofía Giovanni Gentile.

Mientras la derrota bélica de los totalitarismos jugaba a favor de las denuncias de la violación de derechos humanos en el régimen franquista, la «guerra fría» y el «anticomunismo» de las

---

[56] USCATESU, Jorge, «Filosofía de la libertad en la Ley Orgánica», *Revista de Estudios Políticos* n.º 152, pp. 316-317. Estas opiniones sobre los cambios legislativos venían a renovar las viejas ideas sobre el Estado totalitario de los primeros años del falangismo franquista. Sobre esto ver, DE ARRESE, José Luis, *El Estado totalitario en el pensamiento de José Antonio,* Ediciones de la Vicesecretaría de Educación Popular, Madrid, 1945. Uno de los trabajos que muestra las discrepancias del iusnaturalismo católico con el ideal del Estado totalitario del falangismo ha sido escrita por FRAGUEIRO, Alfredo, *El Derecho natural y el Estado totalitario,* Universidad Nacional de Córdoba, 1942. Un comentario sobre el Estado totalitario y el Estado autoritario se puede ver, DEL VALLE, Luis, *El Estado nacionalista totalitario-autoritario,* Editorial Atheneum, Zaragoza, 1940. Una explicación de las etapas jurídicas del régimen franquista, sobre todo de las reformas legales a partir de la Ley Orgánica del Estado, FERRANDO BADÍA, Juan, *El régimen de Franco: un enfoque político-jurídico,* Tecnos, Madrid, 1984. También, MORODO, Raúl, *La transición política,* Tecnos, Madrid, Madrid, 1988, pp. 50-51. Una explicación del franquismo en conexión con el totalitarismo, MORLINO, Leonardo, «Franquismo», BOBBIO, Norberto, MATEUCCI, Nicola, GIANFRANCO, Pasquino, *Diccionario de política,* Siglo XXI, México, 1998, pp. 680-683. Salvador Giner cree que es más acertado encontrar relaciones del franquismo con el despotismo político, GINER, Salvador, LAMO DE ESPINOSA, Emilio, TORRES, Cristóbal (eds.), *Diccionario de sociología,* Alianza Editorial, Madrid, 1998, p. 395. Y sobre el término más acertado para definir al régimen de franco, «franquismo» o «totalitarismo», uno de los últimos polemistas, NAVARRO, Vicenç, «¿Franquismo o fascismo?», *Claves de razón práctica* n.º 115, septiembre, Madrid, 2001, pp. 70-77. Este autor no tiene dudas, Franco fue totalitario.

democracias occidentales jugaba a favor de los ideólogos del régimen[57]. La «Réplica», tenía como mayor pretensión convencer a la opinión pública internacional que el régimen estaba bajo el curso del Estado de Derecho, con el respeto de los derechos, incluso los sociales, en la vía de la democracia, aunque tuviese que relanzar un engendro que venía ya de atrás, de mediados de la década del cuarenta, la llamada «democracia orgánica». En este periodo, las democracias occidentales jugaron a favor de los intereses estratégicos e instrumentales del régimen. No es lo mismo tener razón que tener éxito en la guerra o en el juego estratégico internacional. El exilio y los disidentes en el interior sabían bien y sufrían las consecuencias del cinismo verbal.

El ejercicio del derecho de gracia «benevolente», del que se jactaban los mentores de la «Réplica» muestra el entrecruzamiento dictatorial entre sociedad familiar y Estado paternalista que niega la fuerza igualadora de la Ley. La *justicia legal* del régimen franquista buscó regirse por la justicia arbitraria del caso por caso. Un gobierno basado en el principio de la «benevolencia» hacia sus ciudadanos no es sino una de las expresiones del despotismo[58].

2. ANÁLISIS DEL DEBATE Y CONSECUENCIAS PRÁCTICAS

Elías Díaz señala que el objetivo de su libro era dejar en claro lo que él consideraba que era un Estado de Derecho, sin «inventar» nada, apoyándose para ello en lo mejor de la doctrina

---

[57] CANFORA, Luciano, *La democracia. Historia de una ideología,* pp. 201-243. LEFORT, Claude, *La incertidumbre democrática,* trad. Esteban Molina, Anthropos, Barcelona, 2004; LEGROS, Robert, *El advenimiento de la democracia,* trad. Jesús María Ayuso Díez, Caparrós Editores, Madrid, 2003; MORADIELLOS, Enrique, *Franco frente a Churchill,* Madrid, 2005.

[58] BOBBIO, Norberto, «VII. ¿Gobierno de los hombres o gobierno de las leyes», *El futuro de la democracia,* trad. José F. Fernández Santillán, FCE, México, 1996, pp. 179,180.

alemana, italiana y francesa. Su propósito era definir allí al Estado de Derecho a través de una serie de notas ligadas a la tradición liberal, pluralista y democrática. Dejaba en claro la necesidad de partidos políticos, elecciones, crítica libre, libre opinión, derechos humanos, parlamento, ley producida en él como órgano democrático representativo [59]. Así, Elías Díaz daba continuidad a una teoría pero también a las denuncias tanto internas como internacionales, como el paradigmático Informe CIJ, respecto a la limitación de los derechos humanos y que la «Réplica» oficiosa pretendía desvirtuar y demostrar que la España de Franco era un Estado de Derecho.

La censura y el «secuestro administrativo» del libro *Estado de Derecho y sociedad democrática* es sólo una prueba más del sistemático paternalismo autoritario y la arbitrariedad con el que trataba el régimen franquista a intelectuales y ciudadanos disidentes [60]. Ese Estado franquista era, a estos efectos, un Es-

---

[59] DÍAZ, Elías, «Estado de Derecho "versus" Estado franquista», p. 42. El concepto de Estado de Derecho puede verse tergiversado a partir de cierta pragmática coyuntural de intereses. Determinados Estados, en situaciones de inestabilidad, de crisis o serias amenazas revolucionarias, corren presurosos a demostrar que son tales «Estado de Derecho», como si no hubiera mayor vergüenza política que ser tachados de no serlo. LÓPEZ CALERA, Nicolás María, «Mitificación y dialéctica en el Estado de Derecho», *Anales de la Cátedra Francisco Suárez* n.º 1, fascículo 1, 1971, Granada, p. 96. Es cierto, también, que términos como «totalitarismo», y «dictadura» corren el riesgo de ser aplicados indiscriminadamente a todo tipo de fenómenos políticos, como palabras «de recibo» para agredir al adversario. Sigue siendo un reto para el instrumental teórico el tratamiento adecuado: «Lo que en nuestro contexto resulta decisivo es que el Gobierno totalitario resulta diferente de las dictaduras y tiranías; la capacidad de advertir esta diferencia no es en manera alguna una cuestión académica que pueda abandonarse confiadamente a los "teóricos", porque la dominación total es la única forma de gobierno con la que no es posible la coexistencia. Por ello tenemos todas las razones para emplear escasa y prudentemente la palabra "totalitario"». ARENDT, Hannah, *Los orígenes del totalitarismo. Volumen 3. Totalitarismo,* trad. Guillermo Solana, Alianza Editorial, Madrid, 1999, p. 463. Una amplia discusión sobre este tema se encuentra en SCHAPIRO, Leonardo, *El totalitarismo,* trad. Eduardo L. Suárez, FCE, México, 1981.

[60] Frente a los procedimientos de la censura en prensa y en el mundo editorial, ciertas «élites del franquismo» se sintieron humillados y vivieron en

tado arbitrario. Como se sabe los funcionarios encargados de realizar tal tarea no poseían una personalidad pública, el anonimato en el que ejercían sus funciones era otro de los motivos de mayor preocupación, no respondían de sus acciones. Tampoco se conocía el nombre de los autores de los llamados «Informes» de lectorado. De igual modo como no se conoce con exactitud a los autores del libro oficioso denominado «Réplica» con el que se dio respuesta a las críticas de la Comisión Internacional de Juristas.

Elías Díaz vivió este régimen totalitario/autoritario no sólo desde su compromiso con ideas aprendidas como científico social sino también como respuesta ética ante la experiencia vital de sufrir la tiranía. Se le limitó, a él y a otros disidentes, en su libertad intelectual y profesional así como el ejercicio de su libertad individual en más de una ocasión. No es casual que el autor de *Estado de Derecho y sociedad democrática,* en aquel entonces, fuera víctima de uno de los confinamientos políticos, de trabas político-administrativas para acceder a la cátedra universitaria y por supuesto del intento de silenciar sus ideas [61].

Por eso, Pérez Luño tiene un especial interés en dejar establecido que la *obra* de Elías Díaz tuvo el mérito indiscutible de iniciar sus páginas con la afirmación «No todo Estado es Esta-

---

permanente zozobra. JULIÁ, Santos, *Historia de las dos españas,* p. 460. La «Réplica», trataba de justificar la censura afirmando que la «aplicación de la censura es tan liberal que no sería imposible que obras oficialmente autorizadas, es decir, dotadas de número de Registro, pudieran ser objeto de atención por un Tribunal si fueran denunciadas por algún ciudadano. Los trámites se han simplificado en todo lo posible, y, en lo no posible —en virtud de la exigencia estadística—, se ha acelerado. Desde el mes de julio del año 1962, y hasta julio de 1963, se han aprobado, en revisión promovida por los editores, 60 obras anteriores negadas. Esta cifra supone una autorización del 95 por 100 de las obras presentadas en revisión». Servicio Informativo Español, *ob. cit.,* p. 149.

[61] La arbitrariedad era más sentida en el mundo de vida y la cotidianidad de las personas con espíritu crítico: «puedo decirlo sin falsa modestia (más bien sería síntoma de lo «terrible» de los tiempos) que muchos amigos de mi edad y otros más jóvenes me han dicho a veces de la ayuda que les supuso entonces la lectura de ese libro mío». DÍAZ, Elías, «Estado de Derecho «versus» Estado franquista», pp. 43, 44.

do de Derecho» en un contexto de la vida política española en el que las exigencias del Estado de Derechos estaban ausentes. Que fue clara la intencionalidad política democrática que inspiraban al autor de *Estado de Derecho y sociedad democrática:* (1) *clarificación* ante los reiterados intentos del régimen franquista de autolegitimarse como Estado de Derecho; (2) *concienciación* sobre la necesidad de un cambio hacia los auténticos postulados de un Estado de Derecho; (3) *estímulo* para la lucha por una sociedad plenamente democrática[62]. Una especie de tres estrategias discursivas.

2.1. Clarificación conceptual: el Estado totalitario

El interés de Elías Díaz para dedicar un capítulo entero de su libro al análisis del Estado totalitario, tema que preocupó a los autores anónimos del «Tercer Informe», presuponía dos motivaciones. Por un lado, dejar en claro que era una salida en falso, «salida externa» a la lógica liberal ética, un falso modelo superador de las insuficiencias liberales, tanto del individualismo como del abstencionismo estatal, la lógica del fascismo seguía siendo dictatorial y capitalista. De otro lado, era importante reconstruir el devenir del régimen franquista no ajeno a la lógica totalitaria y si bien desde antes de la década del 60 se notaba tímidos intentos de evolución de tales presupuestos, la sombra del Estado totalitario estaba siempre presente.

«En etapas anteriores el régimen existente en España de 1939 se autoidentificaba, se definía con muy otros conceptos, desde otras muy opuestas perspectivas. Quiero decir, y todos lo sabemos, que existen los libros producidos por teóricos o políticos adeptos al antiguo régimen español y documentos oficiales en los que en los primeros años 40, por ejemplo, se definía al Estado, al llamado entonces «Estado nuevo, sin más como Esta-

62 PÉREZ LUÑO, Antonio-Enrique, *Derechos humanos, Estado de Derecho y constitución,* Tecnos, Madrid, 1995, p. 230.

do fascista y como Estado totalitario en sentido positivo, es decir, en el sentido de adhesión a la ideología fascista o totalitaria que en esos momentos se pensaba que era una superación del «decadente» liberalismo anterior. Había así como no pocos libros que definían laudatoria o descriptivamente a ese régimen como un Estado totalitario. Es verdad que luego, ya en la segunda parte de los años 40 y en los años 50, la expresión Estado totalitario va siendo sustituida por la expresión «democracia orgánica» o por la expresión «régimen autoritario» que no totalitario: eran, puede decirse, formas variables, y algo más «dulcificadas» de la misma, constante, dictadura» [63].

Los trabajos teóricos sobre la reconstrucción histórica vienen señalando que el fascismo se constituyó en enemigo no sólo del socialismo sino también del liberalismo ético y del republicanismo democrático, entre otros actores de la «antiespaña» [64]. Hannah Arendt, en 1951, fue una de las primeras autoras que trató de afinar el análisis y diferenciar entre un Estado dictato-

---

[63] DÍAZ, Elías, «Estado de Derecho «versus» Estado franquista», *ob. cit.*, p. 38.

[64] En la época de Franco, las fuerzas de la «antiespaña» estaban formadas por el liberalismo, masonería, socialismo, marxismo, comunismo. Se habían confabulado para hundir a la, sin embargo, «inmortal» y «eterna» España. Las celebraciones del primero de abril o la del dieciocho de julio daban curso al saludo providencial del caudillo redentor. Mientras se ratificaba la «unidad», «había que estar en guardia», «el enemigo no descansa». Campañas de información/miedo. Y de cara al exterior, una cruzada contra «terroristas» y «comunistas». Todo esto visto con resignación interesada y vergonzante por parte de los países norteamericanos y europeos, muy enclavados en la guerra fría. Era un régimen totalitario solapado. MORODO, Raúl, *La transición política,* Tecnos, Madrid, 1984, p. 62. De este mismo autor se puede ver: *Los orígenes ideológicos del franquismo,* Alianza Editorial, Madrid, 1985, pp. 100-107. Rivaya sostiene que la filosofía jurídica fascista que se recepcionó en España fue anti-liberal y anti-socialista. RIVAYA, Benjamín, «¿Fascismo en España? (La recepción en España del pensamiento jurídico fascista), *Derechos y libertades* n.º 7, Madrid, enero, 1999, p. 380. Sobre este tema se puede ver también, LÓPEZ PINA, José Antonio, *Estado y derecho en el franquismo. El nacionalsindicalismo: F.J. Conde y Luis Legaz Lacambra,* Centro de Estudios Constitucionales, Madrid, 1996. También, GUILLÉN KALLE, Gabriel, *Carl Schmitt en España. La frontera entre lo político y lo jurídico,* [editor s/n], Madrid, 1984.

rial autoritario de otro dictatorial totalitario. Y señalaba a España, expresamente, como un Estado autoritario y no totalitario[65]. Esta autora trató de seguir un canon reconstruido a partir de la experiencia de Alemania Nazi y la Rusia estalinista.

Para Hannah Arendt, la reivindicación de la dominación totalitaria, lejos de considerarse «ilegal» se remonta a fuentes de autoridad última, de la que las leyes positivas reciben su legitimidad, la ley de la Historia o la ley de la Naturaleza. Su desafío a las leyes positivas la deriva de una forma más elevada de legitimidad, inspirada por estas fuentes puede dejar a un lado esa insignificante legalidad. La ilegalidad totalitaria pretende haber hallado un camino para establecer la justicia en la Tierra, «promete liberar a la realización de la ley de toda acción y voluntad humana». Promete la justicia en la Tierra porque promete hacer de la Humanidad misma la encarnación de la ley[66]. Aquí empieza el inicio del Estado ético, para sacrificar las «partes» a favor del «todo».

Siguiendo, sólo en parte, el análisis de Arendt, Juan Linz, aplicó un estudio específico al caso español en 1964. Resultó ser una de las primeras conceptualizaciones de cierto peso académico, su propio autor definía su propósito «científico» de lo que fuera el franquismo, decía «como científico no debo expresar ningún juicio». Con esta seña de identidad típicamente «positivista» descartaba el carácter totalitario del régimen franquista. El esquema teórico y tipológico construido por Linz, que toma como ejemplo de «régimen de pluralismo limitado», du-

[65] Hannah Arendt estuvo convencida de haber encontrado el concepto «totalitarismo» para identificar la experiencia «única» que había experimentado la humanidad del siglo XX, el fenómeno político totalitario de Hitler y Stalin. Sólo a estos dos casos se le podía denominar totalitarios, las demás tiranías eran dictaduras. Decía, que dictaduras no totalitarias surgieron en la Rumania de preguerra, en Polonia, los Estados bálticos, Hungría, Portugal y la España de Franco. ARENDT, Hannah, *Los orígenes del totalitarismo,* p. 486. Una crítica a esta idea del totalitarismo como experiencia única, TODOROV, Tzvetan, *Los abusos de la memoria,* Paidós, Barcelona, 2000, pp. 42-43.

[66] ARENDT, Hannah, *ob. cit.,* p. 685.

rante un tiempo, en la cultura académica, fue hegemónico [67]. Incluso hoy, la taxonomía de los tipos ideales de regímenes elaborada por Linz, en la ciencia política, siguen siendo utilizados y ampliados (democracia, autoritarismo, totalitarismo, post-totalitarismo, sultanismo [68]), a propósito de los estudios sobre transiciones y consolidaciones de los Estados en Sudamérica y los Estados europeos post comunistas, entre otros.

---

[67] El estudio de Linz partía por señalar tres «tipos ideales» de Estado: el totalitarismo, la democracia y el autoritarismo. El Estado de Derecho, vinculado al liberalismo y a la democracia, algunos de sus elementos no son incompatibles con un Estado autoritario y ni siquiera con un Estado totalitario secularizado. La dictadura totalitaria supone una dominación total, borra la distinción entre Estado y sociedad: una ideología oficial, un partido único, un control casi total de los medios de comunicación, un control político de las fuerzas armadas y fuerzas policiales y un control total y centralizado de la economía. En tanto que, el canon «dictadura autoritaria», se define por un sistema político con un pluralismo político limitado, no responsable; sin una ideología elaborada y directora (pero con una mentalidad peculiar); carentes de una movilización ciudadana política intensa o extensa (excepto en algunos puntos de su evolución), y en los que un líder (o si acaso un grupo reducido) ejerce el poder dentro de límites formalmente mal definidos, pero en realidad bastante predecibles. Es un problema saber si los regímenes autoritarios pueden derivar de un Estado totalitario o de un Estado democrático. En el caso español, Linz no analiza expresiones difundidas por el franquismo, en el sentido que para la búsqueda de la unidad nacional los partidos políticos constituyen un peligro y una fuente de disensiones, luchas infantiles en las cuales se malgasta lo mejor de las energías nacionales. Guy Hermet da la impresión de radicalizar la idea de Linz: en el régimen de Franco no habría etapas, de inicio a fin este régimen habría sido un Estado autoritario y no totalitario. En otro extremo, Sergio Vilar: el régimen franquista fue siempre un Estado totalitario y fascista, las tendencias tecnocráticas del 60 del régimen serían sólo la continuación del fascismo por otros medios. HERMET, Guy, «La España de Franco: formas cambiantes de una situación autoritaria» y VILAR, Sergio, «Proposiciones metodológicas para el análisis del franquismo», en TUÑÓN DE LARA, Manuel y otros, *Ideología y sociedad en la España contemporánea. Por un análisis del franquismo,* EDICUSA, Madrid, 1977, pp. 117 y 134.

[68] LINZ, J. Juan y STEPAN, Alfred, *Problems of democratic-Transition and Consolidation: Sourthern Europe, South America, and Post-Communist Europe,* The John Hopkins University Press, Baltimore and London, 1996, pp. 44-45.

Para Javier Tusell, las elaboraciones tipológicas ideales elaboradas por Linz, resultan muy útiles en el estudio del régimen franquista. Aparte de la cuestión terminológica derivada de la conceptuación del régimen como autoritario, hay que advertir que tal definición, quizá por ser emitida por un sociólogo, es estática y se refiere fundamentalmente al momento en que fue enunciada y no a otro, anteriores o posteriores. No comparte la crítica de ciertos sectores de izquierda, respecto a que la interpretación de Linz podía parecer complaciente respecto del régimen desaparecido, cuando no exculpadora. «La interpretación de Linz, casi no es necesario decirlo, era tolerada pero no oficiosa»[69]. Linz, influido por la crítica, hizo después una ampliación de sus análisis y aportaciones.

Según Linz, una de las características de la mayoría de los regímenes autoritarios es la coexistencia en ellos de diferentes formas de legitimación. Los regímenes autoritarios pueden subir

[69] TUSELL, Javier, *La dictadura de Franco,* Alianza Editorial, Madrid, 1996, p. 90. Según Tusell, la mejor prueba del carácter no oficial de la tesis de Linz es que su artículo no fuera publicado hasta diez años después, en un volumen titulado *La España de los años setenta,* prologado por Manuel Fraga Iribarne, quien no indicó que compartiera esas tesis sino que eran un meritorio esfuerzo de comprensión del régimen. *ob. cit.,* p. 88. Creo que este dato que proporciona Tusell no es cierto. Existe una traducción elaborada por el Servicio de Publicaciones del Gabinete de Documentación del Ministerio de Trabajo de España. Por las notas aclaratorias que va haciendo el «traductor oficioso» al texto, se deduce que fue traducido y publicado entre 1965 y 1966. Ver: *Un régimen autoritario: España,* por Juan J. Linz, Columbia University, reproducido y traducido de *Cleavages, Ideologies and Party Systems. Contributions to Comparative Political Sociology,* editado por E. Allardt e Y. Littunen, Helsinki, 1964. He encontrado este documento en la Biblioteca de la Universidad Carlos III de Madrid, AR/FOLL 1302. Este dato no abona la idea de que Linz escribiera por encargo del gobierno español, simplemente hago la aclaración. José Álvarez Junco ha destacado otra cantera, no tan estática de los estudios de Juan Linz, de cara a la historia de España. Lo define como pionero y lúcido estudioso del nacionalismo español, que diagnosticó en 1973 el problema del siglo XIX como una «crisis de penetración» del Estado, incapaz de influir política y culturalmente en la sociedad por medio de instituciones educativas o de valores para el conjunto de los ciudadanos. ÁLVAREZ JUNCO, José, *Mater dolorosa,* Taurus, Madrid, 2003, p. 533.

al poder como autoridades *de facto,* con poca legitimidad, y desarrollar alguna instancia carismática; pero acaban en una mezcla de autoridad legal, carismática y tradicional. Que los sistemas autoritarios, aun los que pudiéramos llamar reaccionarios, «son modernizantes en el sentido de que representan una discontinuidad con la tradición, introducen criterios de eficacia y racionalidad, de mérito y valor personal y símbolos populistas» [70].

También Hayek, desde una perspectiva liberal conservadora ha prevenido del riesgo del totalitarismo, puesto que el mundo ha pagado tan caro el abandono del liberalismo, como criterio de legitimación y legitimidad. Los caminos que conducen al totalitarismo son: el «socialismo de Estado», la *«Realpolítik»,* la «planificación» científica o económica y el «corporativismo». El colectivismo no eleva nuestras normas morales, al contrario, las rebaja, son *totalitarias* «en el verdadero sentido de esta nueva palabra que hemos adoptado para describir las inesperadas, pero, sin embargo, inseparables manifestaciones de lo que en teoría llamamos colectivismo» [71]. Ludwig von Mises, en esta misma dirección, decía que en el fondo de las doctrinas totalitarias yace la creencia de que los gobernantes son más sensatos y tienen más visión que los gobernados y saben mejor que éstos lo que les conviene, este alegato le servía para defender la libre competencia en una economía de mercado y la soberanía del consumidor [72].

---

[70] LINZ, J. Juan, *ob. cit.,* p. 239.

[71] HAYEK, Friedrich, *Camino de servidumbre,* trad. José Vergara, Alianza Editorial, Madrid, 1995, p. 87. Se nota la diferencia entre un liberalismo economicista de Hayek y un liberalismo ético de Aron. En torno a la lucha contra el totalitarismo, «régimen en el cual una organización monopolística, la del partido, pretende a la vez extender su autoridad al conjunto de la existencia y negar a toda otra organización |el| |derecho| |a| |existir|» (sic). ARON, Raymond, *Ensayo sobre las libertades,* trad. Ricardo Ciudad, Alianza Editorial, Madrid, 1990, p. 226; Aron se refirió al carácter totalitario del Nuevo Estado español, se puede ver MOLINA, Jerónimo, «Raymon Aron y el Régimen de Franco», *Razón española* n.° 121, septiembre/octubre, Madrid, 2003, pp. 206-216.

[72] VON MISES, Ludwig, *Gobierno omnipotente. (En nombre del Estado),* trad. Pedro Elgoibar, Unión Editorial, Madrid, 2002, p. 13.

No debería llamar la atención que Hayek no hiciese ninguna alusión al régimen de Franco, como sí lo hizo Hannah Arendt. Escasamente encontramos una línea en la que se refiere a la «industria siderúrgica española», tan solo como ejemplo del contrasentido de una planificación burocrática internacional sobre la economía de cualquier país. La mención es irrelevante, habiendo escrito su texto en 1944[73]. *Camino de servidumbre* fue escrito para demostrar la esencial identidad de socialismo y totalitarismo, especies de un mismo género, el colectivismo; y la incompatibilidad irremediable entre colectivismo y libertad humana. Reconoce que las pretensiones del liberalismo del siglo XIX han fracasado dada la difusión del totalitarismo. Su temor es que el colectivismo pueda extenderse a todas partes. No le interesa la politización democrática de los sujetos, como es el caso de Arendt o Elías Díaz, su mirada está puesta en la libertad como no injerencia, la «libertad negativa». Es cierto que en el totalitarismo habita una dimensión holística, Hayek no re-

---

[73] HAYEK, Friedrich, *Camino de servidumbre,* trad. José Vergara, Alianza Editorial, Madrid, 1995, p. 66. En 1977, el español José Vergara, quien tradujo esta obra al español en 1946, cuenta que este libro no ejerció ninguna influencia sobre la *inteliguentsia* del régimen español, «porque aquel régimen no podía considerarse afectado por la denuncia de la ruta hacia el colectivismo, puesto que ni pretendía orientarse hacia ningún colectivismo, ni socialista ni totalitario, ni hacia un Estado planificado ni, por supuesto, hacia un Estado liberal. Era simplemente diferente». VERGARA, José, «Nota del traductor», *ob. cit.*, p. 14. José Vergara aquí es realmente confuso. Para ver la fuerte intervención en la economía durante el régimen franquista, APARICIO, Miguel Ángel, *El sindicato vertical y la formación del Estado franquista,* EUNIBAR, Barcelona, 1980, p. 154, aquí se pueden ver nociones diversas contra el capitalismo y liberalismo como categorías ideológicas del Estado Nacionalsindicalista; también, BARCIELA LÓPEZ, Carlos y otros, «La intervención del Estado en la industria alimentaria durante el franquismo (1939-1975), *Revista de historia industrial* n.º 25, Universidad de Barcelona, 2004, pp. 127 y ss. Subirats, dice que la transformación de España en un país industrial relativamente moderno se produjo durante el franquismo, bajo un mercado notablemente protegido. Aunque, «la debilidad de la sociedad civil en España viene acompañado de la debilidad del Estado». SUBIRATS, Joan (Editor), *¿Existe sociedad civil en España. Responsabilidades colectivas y valores públicos?,* Fundación Encuentro, Barcelona, 1999, p. 24.

para en que excesos individualistas pueden conducir también al totalitarismo.

Hannah Arendt como Juan Linz no niegan el intento totalitario del régimen franquista. De hecho, en determinados países europeos, entre ellos, España, dictaduras no totalitarias precedidas por movimientos totalitarios, apareció como si el totalitarismo fuera un objetivo demasiado ambicioso y aunque había servido bastante bien para organizar las masas hasta que el movimiento se apoderara del poder, el tamaño del país había forzado al posible jefe totalitario de las masas a marcos más familiares de dictaduras de clase o de partido[74]. Juan Linz, es más concreto, el régimen de Franco que subió al poder en la guerra civil española ha sido uno de los sistemas políticos europeos más anómalos dentro del siglo XX. Vinculado en alguna medida con el nazismo alemán y con el fascismo italiano, fue tratado hostilmente, le costó un corto período de aislamiento internacional después de la Segunda Guerra Mundial, pero a partir de 1945, evolucionó lenta y regularmente, en una dirección más moderada, despojándose de ciertos adornos fascistas de sus primeros años. Un ejemplo sobresaliente de un tipo de sistema político autoritario derechista, pero no totalitario, distinto a la vez del fascismo, del comunismo y de la democracia parlamentaria[75].

Se puede decir que la evolución del régimen la determinó el resultado de la guerra mundial, pero que éste siempre conservó sus caracteres totalitarios. La aportación crítica de Elías Díaz a los criterios de legitimidad de la legalidad franquista fue ge-

---

[74] ARENDT, Hannah, *Los orígenes del totalitarismo,* pp. 487-488. Véase también MORODO, Raúl, «Totalitarismo», en DÍAZ, Elías y RUIZ MIGUEL, Alfonso (Eds.), *Filosofía política II. Teoría del Estado,* Enciclopedia Iberoamericana de Filosofía, Trotta-CSIC, Madrid, 1996, p. 95-110.

[75] LINZ, J. Juan, *ob. cit.,* p. 205. En este mismo sentido, PRESTON, Paul, *Franco, caudillo de España,* trad. Teresa Camprodón y Diana Falcón, Debolsillo, Barcelona, 2004; en un tono más conservador, PAYNE, G. Stanley, *El franquismo. Primera Parte-1939-1950. La dura posguerra,* Arlanza Ediciones, Madrid, 2005.

neracional (generación del 56), más institucional, democrática y socialista, menos libertaria, como la del 68. Su trabajo en pro del Estado de Derecho, por de pronto, intentó dejar una cosa bien clara: el régimen de entonces no era para nada un Estado de Derecho, ni social, ni liberal, ni democrático ni de ningún tipo, sencillamente no era un Estado de Derecho. Un Estado, en el mejor de los casos, autoritario, pero incluyendo desde su origen formas más degenerativas que en cualquier momento podían volver a conducir a situaciones totalitarias y de pura y absoluta dictadura.

En su opinión, por ejemplo, la última etapa del franquismo significó otra vez un fuerte retroceso, sin prejuicio del aumento de disensiones internas que reclamaban espacios propios de actuación. Si el régimen del general Franco hubiera terminado en el momento de la expansión económica en los años sesenta, hubiese sido quizás más presentable la opinión de que aquello era más bien un Estado autoritario en evolución. Pero lo que ocurre en los años setenta, desde el estado de excepción del 69, es un endurecimiento de posiciones, una cierta vuelta atrás respecto a los sesenta, aunque es verdad que hay un choque más frontal de las fuerzas (ETA y demás) que utilizan la violencia. Pero el hecho es que la respuesta del régimen a esa violencia, fue indiscriminada y arbitraria, lo situaba otra vez fuera del «Estado autoritario», es de decir en zonas realmente más cercanas a la del «Estado totalitario».

A propósito de ello nos deja otra vez su testimonio:

«Recordaré simplemente lo ocurrido con el decreto-ley antiterrorista del verano del 75 que es aplicado, que intenta ser aplicado a personas que desde luego nada tenían de terroristas. De esto también puedo dar testimonio personal en la medida en que dicho decreto-ley llamado antiterrorista (realmente antidemocrático) estuvo a punto de serme aplicado —se me citó ante el TOP en base a dicha normativa y sólo me liberó de ello la muerte de Franco— como director de la revista «Sistema» por un número de homenaje a Pablo Iglesias, en el 50 aniversario de su muerte, que publicamos (núm. 11) justamente en septiembre de 1975. Este Estado terminó mucho peor de lo que había sido a mitad y finales de los años sesenta» [76].

En cualquier caso, vale terminar este acápite resaltando que el régimen no era para nada un Estado de Derecho. Los criterios de legitimidad que habían irrumpido en el terreno de la política buscaban ajustar los datos disponibles al servicio de una causa, que los ciudadanos y la comunidad internacional acabasen por aceptar lo inaceptable. Frente a este panorama, viene la aportación crítica de *Estado de Derecho y sociedad democrática:* contribuyó a clarificar ideas, contribuyó al debate en el marco de la generación del 56 y, por supuesto, a las que vendrían después.

2.2. Concienciación: hacia los postulados de un Estado de Derecho

Le interesaba a Elías Díaz la clarificación de ideas pero también, unido a ello, la clarificación político-ideológica. Este tema de la concienciación no era un tema que le interesara en ese momento al politólogo «científico» Juan Linz, quien describe el Estado autoritario de Franco con el «frío» talante del mero observador. En cambio, para Arendt, describir el Estado totalitario sin ira no es ser «objetivo» sino indultarlo. Escribir sin la cólera sería eliminar del fenómeno una parte de su naturaleza, una de sus cualidades inherentes: frente al totalitarismo, la indignación o la emoción no oscurece nada antes bien es una parte integrante del objeto [77].

---

[76] DÍAZ, Elías, «Estado de Derecho «versus» Estado franquista», pp. 43-44. Para un ampliación de estas afirmaciones, su artículo, «1975: otro aniversario (Franco contra Pablo Iglesias)», VV.AA., *Pablo Iglesias (1879-1925),* Fundación Pablo Iglesias, Madrid, 2000, pp. 169-172.

[77] Sobre la indignación o la emoción como obstáculos para un tratamiento adecuado del Estado totalitario, se puede ver la discusión de Arendt con Voegelin. ARENDT, Hannah/VOEGELIN, Eric, «Sobre el totalitarismo», trad. Agustín Serrano, *Claves de razón práctica* n.° 124, marzo/abril, Madrid, 2002, p. 4 y ss.

La capacidad de espectador comprometido, que todo agente político lleva dentro, lo hace en virtud de su capacidad de juzgar y actuar, el único prerrequisito esencial de todas las libertades. Este es el discurso que compromete a Elías Díaz, que el temor no acabe dominando de forma absoluta y que no se deforme el concepto mismo de lo que son los derechos humanos, ya que el gobierno totalitario no restringe simplemente el libre albedrío y arrebata las libertades, sino que aísla y con ello destruye el terreno público de la vida, a cambio del recurso aparente de la «seguridad pública».

Según Ricardo García Manrique, el supuesto Estado de Derecho franquista produjo una *deformación del concepto de derechos humanos,* que a través de dos líneas de pensamiento pretendía el ejercicio del poder e impedir el «liberalismo» y la «democracia»: «En primer lugar, el iusnaturalismo neoescolástico se basa en el modelo tomista medieval y es contrario a los supuestos propios del Derecho natural moderno (principalmente, a su racionalismo y a su subjetivismo). Los derechos humanos (naturales en todo caso) no son concebidos como traducción de la libertad individual, sino como derivación de un orden moral objetivo que debe regir la vida social. Es decir, el punto de partida está constituido por las relaciones de obligación a que los sujetos están ligados, y no por la natural autonomía de éstos [...] En segundo lugar, la influencia del catolicismo preconciliar contribuye también a la deformación del concepto de derechos humanos; por una parte, sacándolos de su contexto histórico, al vincularlos con el cristianismo protestante; por otra parte, alterando el sentido de la autonomía moral individual al vincular la libertad con la verdad y al identificar la ética individual con la ética pública, de modo que el reconocimiento de la dignidad humana que está en la base de los derechos resulta claramente insuficiente» [78].

---

[78] GARCÍA MANRIQUE, Ricardo, «El franquismo y los derechos humanos (uso y abuso de una idea)», *Sistema* n.º 154, Madrid, enero 2000, p. 78. Además, la convivencia entre las elaboraciones teóricas acerca de los

García Manrique coincide con Elías Díaz: la idea de Estado de Derecho no se puede identificar con la existencia de seguridad jurídica, el Estado de Derecho exige el origen democrático del poder y el reconocimiento de los derechos humanos fundamentales. Al Estado franquista se le juzgaba desde la oposición interna y desde organismos de derechos humanos europeos con el canon de Estado violador de los derechos humanos y del ejercicio de la soberanía democrática.

Desde 1956, frente a conflictos internos y externos del régimen, le tocó a una élite del Opus Dei desplegar argumentos a favor de un Estado administrativo como nuevos fundamentos políticos de aquel Estado. Esto lleva a pensar que habrá un incremento de la legalidad. Dotar al sistema con nuevos dirigentes y funcionarios, antes que con los «camisas viejas» de la

---

derechos y la Dictadura franquista exigía una utilización de los conceptos, en ocasiones burda y grotesca, para elaborar de forma apresurada y contradictoria el discurso único: «En este contexto, hablar de derechos no resultaba contradictorio, siempre que obedeciera a una visión del universo en la que todas la criaturas se hallasen subordinadas al orden objetivo de la creación. Lo importante, precisamente, es esa idea de orden eterno que parece seguir ahí, demandando a las personas el cumplimiento de un destino trascendente de perfección, con la ayuda del libre albedrío y la fe». RUIZ RESA, Josefa Dolores, «Derechos humanos y franquismo», *Derechos y Libertades* n.º 7, enero, Madrid, 1999, p. 439. Pareciera que Linz le resta fuerza motivadora a la doctrina del franquismo: caracteriza a los regímenes autoritarios la ausencia de ideología. Sólo tienen «mentalidad», dado que la fuente última de normatividad del régimen se escapa a las manos de Franco, la doctrina social de la iglesia de los años 60 dice que es un elemento poderoso de pluralismo «mental», donde la última decisión doctrinal se sale del terreno político, los intérpretes legítimos quedan en última instancia fuera de su control. Esto explicaría el «apoliticismo» de las masas en España. Ese «pluralismo mental» del régimen no permite un control social absoluto de la sociedad civil como de la sociedad política. Dada la distinción entre Iglesia y Estado y el internacionalismo de la Iglesia, así como la autoridad del Papa, el empleo de una ideología conservadora católica limita por sí sólo toda tendencia monolítica hacia el totalitarismo. Las dificultades del régimen de Franco frente a las recientes reivindicaciones obreras, inspiradas o apoyadas por la Iglesia, se deben en gran parte a esta heteronomía ideológica. LINZ, J. Juan, *ob. cit.,* p. 220.

primera etapa. La novedad era la tecnocracia ya que ponía de manifiesto el agotamiento previo de la fórmula católica tal como se conocía desde 1945, reforzada en 1951, es decir, con Falange como segunda fuerza: «Lo que el régimen necesitaba ahora para garantizar su continuidad no era ya la apertura al exterior, alcanzada en 1953 y confirmada por el ingreso en la ONU en 1955, ni su definición como Estado católico; lo que necesitaba era una administración racionalizada y una política económica que le permitiera desprenderse de la corza autárquica, controlar la inflación desatada en 1956 e integrarse en el mercado mundial corrigiendo el creciente déficit de la balanza comercial» [79]. No es casual que hoy el revisionismo histórico-conservador identifique franquismo con prosperidad, la dictadura asociada a éxito económico y al buen hacer administrativo.

En la primavera de 1957 se había firmado el Tratado de Roma para las Comunidades Europeas. Este hecho desencadena todo lo que vendrá en los años sesenta. El régimen franquista estaba intentando integrarse a las Comunidades Europeas, muestra esa necesidad de autodefinición desde una perspectiva diferente, queriendo presentarse como Estado de Derecho. ¿En función de qué? Una racionalidad legal instrumental. En la España de Franco —de la década del 60— es ver-

---

[79] JULIÁ, Santos, *ob. cit.*, p. 392. Este mismo autor cuenta que López Rodó, Catedrático de Derecho Administrativo, fue el primero que entendió que los combates culturales son nada en comparación con el manejo de la administración del Estado y que para manejar aquel Estado el camino más recto pasaba por la cooptación desde el mismísimo centro de poder. Ni democracia representativa ni totalitarismo, España había descubierto una «fórmula propia»: democracia orgánica en una monarquía tradicional y con un Estado administrativo legal. Así mermaron las propuestas totalitarias del falangismo. *Ibíd.*, p. 393. Una ampliación sobre estos acontecimientos, PAREJO ALFONSO, Luciano, «Introducción: surgimiento, desarrollo, consolidación y situación actual del Derecho Administrativo» en *Derecho Administrativo. Instituciones generales: bases, fuentes, organización y sujetos, actividad y control*, Ariel, Barcelona, 2003, pp. 40-41.

dad que se echaban de menos los derechos humanos democráticos pero existía un Derecho efectivo y con establecimientos semi-regulares de funcionamiento administrativo y Tribunales de justicia. A partir de este hecho van a forjarse unos argumentos oficiales cuyo fin es dar al régimen las señas de identidad de un Estado de Derecho. Por ejemplo, lo único que le faltó a la «Réplica» fue invocar explícitamente el legado de Kelsen, para dar cuenta que Franco había creado un Derecho efectivo y con ello la seguridad jurídica, evitando la «anomia social».

El Informe CIJ daba cuenta, efectivamente, de estos avances jurídicos. Apuntaba que en cuanto al derecho administrativo, las dos leyes más importantes a este respecto son la Ley de Procedimiento Administrativo de 17 de julio de 1958, que regula las relaciones entre la administración y los particulares, y la Ley Reguladora de la Jurisdicción Contencioso Administrativa de 27 de diciembre de 1956, que versa sobre la organización de los procesos administrativos, los órganos que ejercen dicha jurisdicción y el procedimiento que ha de seguirse ante ellos, normas que se promulgaron con el objeto de modernizar la administración, simplificar sus actividades y mejorar su eficiencia. Las decisiones administrativas, si afectan a los particulares, están sujetas a la fiscalización del poder judicial, en concreto a las salas de lo contencioso administrativo de las audiencias territorial y del tribunal supremo, y este sistema es en teoría más liberal en España que en la mayoría de los países de la Europa occidental. Sin embargo, se excluye específicamente de la fiscalización judicial la mayor parte de los numerosos actos administrativos que se consideraban *de carácter político.*

Agrega, el referido Informe, que ninguna disposición legal define la significación de la expresión, «actos políticos del gobierno», y la administración al darles la interpretación más amplia posible, consigue así situar muchos actos, fuera de la fiscalización judicial. Se trata principalmente de los actos del jefe del estado y del consejo de ministros que la ley califica como actos políticos. En la práctica, la fiscalización judicial de las decisiones de las autoridades de la administración local y de la administración central se ejerce de manera eficaz, sin embargo, las decisiones del jefe del Estado o las adoptadas por el consejo de ministros disfrutan de una inmunidad de facto [80].

En definitiva, los avances del autodenominado Estado de Derecho «administrativo» franquista se definen por su ajuste en términos de racionalidad legal instrumental, que atiende a resolver problemas concretos y singulares, quedando latentes sus presupuestos autoritarios de legitimidad, el orden normativo general y abstracto, las razones morales que son las que en última instancia justifican al orden jurídico. La teoría crítica se asume de otro linaje [81]. Elías Díaz, en medio de sus limitaciones y posibilidades, se vuelve contra el saber que sirve de apoyo seguro a la dictadura.

---

[80] Comisión Internacional de Juristas (CIJ), *El imperio de la Ley en España,* p. 30. Una innovación y uno de los méritos más importantes de la Ley de la Jurisdicción Contenciosa del 56 ha sido instaurar por primera vez en el Derecho español el *recurso directo contra los Reglamentos administrativos.* Pero el poder administrativo no es un poder soberano. Un grave motivo de censura a esta Ley es el intento de ofrecer una justificación teórica de este fenómeno de la impunidad jurisdiccional de los llamados *actos políticos:* «Al insistirse sobre la diferencia cualitativa entre Política y Administración se está diciendo algo obvio, pero una petición de principio pretender arrancar de esta diferencia material una diferencia de régimen jurídico, tan grave, además, como la de la definitiva exclusión del Derecho Administrativo de todo un sector de actos que inicialmente se nos presentan como actos propios del sujeto en que la Administración consiste». Este era el comentario de García de Enterría a propósito de la Ley de la Jurisdicción Contenciosa del 56. GARCÍA DE ENTERRÍA, Eduardo, *La lucha contra las inmunidades del poder en el derecho administrativo,* Civitas, Madrid, 1983, p. 56. El libro de CARRILLO SALCEDO, J. Antonio, *La recepción del recurso contencioso administrativo en la comunidad europea del carbón y del acero,* Universidad de Sevilla, 1958, muestra la relevancia del tema «administrativista» en el contexto no sólo nacional sino internacional. Elías Díaz ha vuelto a discutir estos temas en *Un itinerario intelectual de filosofía jurídica y política,* pp. 228-229.

[81] HORKHEIMER, Max, *El Estado autoritario,* Trad. Bolívar Echeverría, Argumentos, Bogotá, 1983, p. 124.

2.3. Estímulo: la lucha por el Derecho, los derechos humanos y la democracia

Lo que la definición de un gobierno siempre necesitaba era lo que Montesquieu denomina un «principio de acción» que, diferente en cada forma de gobierno, inspiraría al Gobierno y a los ciudadanos en su actividad pública y serviría como criterio, más allá de la medida simplemente negativa de la legalidad, para juzgar toda acción en los asuntos públicos. Tales principios y criterios orientadores de la acción serían el *honor* en la monarquía, la *virtud* en la república y el *temor* en la tiranía[82].

En el bagaje argumentativo de la «réplica», es curioso que quienes pretenden despreciar el Derecho, por medio de la doctrina totalitaria acabaran santificándolo. El culto por la acción eficaz, incluso violenta, despreció la vida jurídica por limitadora y poco atractiva[83]. La razón instrumental en los años 60 pretendía hacer un paréntesis en la reunificación de la moral católica oficial y el Derecho franquista, apuntalada con la crítica doctrinal a los derechos del hombre y del ciudadano modernos, y el cultivo de la noción de derechos naturales de la persona[84]. La articulación de las relaciones entre Derecho, moral y política, concierne a una labor intelectual y a una vocación cívica y no a una mera labor de tecnócratas que vuelven a reproducir el paternalismo.

---

[82] ARENDT, Hannah, *Los orígenes del totalitarismo,* p. 691. Un amplio estudio sobre Montesquieu y la tiranía se puede ver: BOBBIO, Norberto, *La teoría de las formas de gobierno en la historia del pensamiento político,* trad. José Fernández Santillán, FCE, México, 1987, p. 122. Las ideas de Montesquieu sobre la tiranía y el despotismo están contenidas en *Del espíritu de las leyes,* dos volúmenes (cap. XXI del libro VIII), trad. Mercedes Blázquez y Pedro de Vega, Sarpe, Madrid, 1984. Uno de los mejores trabajos sobre este autor, IGLESIAS, Carmen, *El pensamiento de Montesquieu. Ciencia y filosofía en el siglo XVIII,* Galaxia Gutemberg/Círculo de Lectores, Madrid, 2005.

[83] RIVAYA, Benjamín, «¿Fascismo en España? (La recepción en España del pensamiento jurídico fascista)», *Derechos y libertades* n.º 7, enero, Madrid, 1999, p. 400.

[84] DOLORES RUIZ RESA, Josefa Dolores, «Derechos humanos y franquismo», *Derechos y Libertades* n.º 7, enero, Madrid, 1999, p. 439.

Se producía una síntesis apresurada y confusa sobre los tres sectores normativos de la vida práctica, en la complicación de factores éticos e ideológicos en el desenvolvimiento de la experiencia jurídica. Para observar una politización autoritaria de la moral social a través del Derecho basta hacer una aproximación a la jurisprudencia de esta época. Ahí se puede comprobar un ropaje argumentativo pretendidamente universalista, argumentos que implícita o explícitamente se sustentan en la moral positiva dominante, construida sobre los principios de la moral católica, en su versión más integrista, y la ideología política inspiradora del Movimiento Nacional [85]. Las sentencias del Tribunal Supremo ahorran el debate sobre la real significación iusnaturalista del orden jurídico franquista. Según Pérez Luño, queda en entredicho la postura doctrinal que, desde perspectivas abiertamente reaccionarias y a través de una fraseología huera, pretendió legitimar al franquismo en cuanto encarnación política del derecho natural; pero, al propio tiempo, se descalifican las tesis de quienes, desde un «sedicente» progresismo, trazaron una identificación simplificadora entre el franquismo y la tradición iusnaturalista [86]. No es

---

[85] Según Pérez Luño, el celo por la vanguardia de las buenas costumbres llevó al Tribunal Supremo de la etapa franquista a convertirse en un auténtico «martillo de bikinis», no menos contundente que lo fuera Trento para los herejes. PÉREZ LUÑO, Antonio-Enrique, *Teoría del Derecho,* Tecnos, Madrid, 1997, p. 145. Estamos hablando del periodo en que surge *Estado de Derecho y sociedad democrática*. Históricamente no habría contradicción entre legitimidad totalitaria y legitimidad autoritaria del régimen, pues una era el anuncio de la otra. Se sabe que desde 1945 no era posible pensar la patria sin la religión. La retórica falanjo-católica fue una carga moral que cayó sobre la ciudadanía. JULIÁ, Santos, *ob. cit.,* 413. Una ampliación de este tipo de legitimidad se puede ver en RUIZ RICO, Juan José, *El papel político de la iglesia católica en la España de Franco,* Tecnos, Madrid, 1977; CASANOVA, Julián, *La iglesia de Franco,* Crítica, Barcelona, 2005.

[86] PÉREZ LUÑO, Antonio-Enrique, *ob. cit.,* p. 145. Un estudio detenido sobre la labor del Tribunal Supremo durante el franquismo, se puede ver BASTIDA, J. Francisco, *Jueces y Franquismo. El pensamiento político del Tribunal Supremo en la dictadura,* Ariel, Barcelona, 1986; PÉREZ RUIZ, Carlos, *La argumentación moral del Tribunal Supremo (1940-1975),* Tecnos, Madrid, 1987.

simplificadora, si la crítica es al iusnaturalismo que toma como fuente última de la validez de las normas jurídicas, a «Dios» y a la «Ley eterna». Otros cursos de acción tras normas jurídicas válidas son los que se derivan del iusnaturalismo racionalista y deontológico.

Es deseable que los grados de indeterminación con los que los jueces se enfrentan en situaciones de crisis del Estado de Derecho no se quede en manos del positivismo ideológico, ni en un iusnaturalismo esencialista, tampoco en posturas escépticas y relativistas, respecto de la relación Derecho/Moral. Son conocidas las mutuas acusaciones de iusnaturalistas y de positivistas sobre la responsabilidad de la doctrina complaciente con el totalitarismo. Se ha criticado y con razón, las simplificaciones excesivas de la vinculación entre doctrinas y regímenes políticos [87].

Para conocer el surgimiento de corrientes democráticas al interior del Poder Judicial durante el régimen franquista, es útil el trabajo de MARÍN GÁMEZ, José Ángel, «Vale más un buen juez que una buena ley». Apuntes a propósito de la corriente Justicia Democrática, en el XXV aniversario de la Constitución española de 1978», *Revista del Poder Judicial* n.º 70, segundo trimestre, Consejo General del Poder Judicial, Madrid, 2003, pp. 329-343. Señala que Barcelona, mediados y finales de 1960, acoge el nacimiento de lo que después fue y se denominó Justicia Democrática. Destaca en este proceso la labor pionera del juez Cesáreo Rodríguez-Aguilera. Dadas experiencias nefastas de «malos jueces» pero también gestos históricos de «buenos jueces», Atienza ha reflexionado en torno a la posibilidad de un código deontológico para jueces, que desarrolle los tres principios rectores de la *ética judicial:* independencia, imparcialidad y motivación de las decisiones. Cree que la búsqueda de un modelo de juez no es un ejercicio de autocomplacencia, sino de responsabilidad social y jurídica: «Así, el principio de independencia exige sobre todo autorrestricción, modestia y valentía; el de imparcialidad, sentido de la justicia y honestidad personal; y el de motivación se conecta especialmente con la virtud de la prudencia que, en términos aristotélicos, implica una capacidad (tanto intelectual como moral) para aplicar los principios a los casos concretos». ATIENZA, Manuel, «Ética judicial: ¿por qué no un código deontológico para jueces?», *Jueces para la democracia* n.º 46, marzo, Madrid, 2003, p. 44.

[87] Según García Amado, fue el positivismo jurídico formal el que recibió los ataques tanto en Weimar como en el nazismo y tras 1945. Reivindica al positivismo formalista como garantía frente al totalitarismo, GARCÍA AMADO, Juan Antonio, «Nazismo, Derecho y Filosofía del Derecho», *Anuario de Filosofía*

José Castán, Presidente del Tribunal Supremo, en la solemne apertura de los tribunales, celebrada el 15 de septiembre de 1958, no tenía ninguna duda que el Estado español era un «auténtico Estado de Derecho». Decía, «la ideología de nuestro Movimiento va unida a la consideración del Derecho», busca paliar los excesos del individualismo y del capitalismo sin caer en el abismo materialista marxista. De la consideración del hombre como ser *moral y racional* se desprende que las reglas jurídicas no pueden menos que tener su raíz en una ley natural, derivada de una «ley divina» y que de la consideración del hombre como ser *social* se deriva que esas reglas no pueden prescindir de las condiciones de la vida en sociedad. De este modo el régimen español, opone a la democracia liberal de sentido *individualista,* una concepción política de contenido *pluralista y orgánico,* que renunciando al dualismo Estado-individuo reconoce la existencia de otras comunidades naturales como la familia, municipio, organización profesional e Iglesia. Parafraseando a Oliveira Salazar, agrega: «el Estado totalitario habrá podido fracasar, pero la democracia continúa sujeta a revisión [88]». Toda esta argumentación concluía en una especie de judicatura de la guerra fría, se es comunista o se es anticomunista. La instru-

---

del Derecho, tomo VIII, 1991, p. 357. Esta es una reacción frente al giro iusnaturalista de Radbruch, quien había profesado un cierto tipo de «positivismo» hasta la tiranía nazi. RADBRUCH, Gustav, *Arbitrariedad legal y derecho supralegal,* Abeledo Perrot, Buenos Aires, 1962. Sobre este tema véase HART, H.L.A, *Derecho y moral. Contribuciones a su análisis,* Ediciones Depalma, Buenos Aires, 1962, p. 41; FULLER, L. Lon, «Appendix: The problem of the grudge informer», *The Morality of Law,* Yale University Pres, 1969, pp. 245-253; GARZÓN VALDES, Ernesto, «Derecho natural e ideología», *Derecho, ética y política,* CEPC, Madrid, p. 145 y ss.

[88] CASTÁN TOBEÑAS, José, *Perspectivas filosófico-jurídicas del pensamiento contemporáneo y de la Ley Fundamental española de 17 de mayo de 1958,* Instituto Editorial Reus, Madrid, 1958, p.126. Según Bobbio, el Estado totalitario se produce cuando la sociedad civil es absorbida completamente en el Estado, es un Estado sin opinión pública o con una opinión oficial solamente. BOBBIO, Norberto, *Estado, gobierno y sociedad,* trad. José Fernández Santillán, FCE, 1989, p. 44. Es conocido el «apoliticismo» de la cultura política pública en el franquismo.

mentalización absoluta, supuestamente apolítica, de los argumentos morales estaba servida.

Juan Cayón, últimamente, haciendo uso de gran parte de los argumentos de la «réplica» al Informe CIJ, concluye que el régimen franquista efectivamente se autolimitaba jurídicamente y que pretendía garantizar por medio de la legalidad los derechos y libertades reconocidos a los españoles, creando un sistema bajo el imperio de la ley en el que no sólo se hace referencia a criterios formales sino también a criterios materiales. No discute la ideología de la «democracia orgánica», en función de los cuerpos intermedios desarrollados en un tejido social vivo y organizado, sino su ineficiente aplicación. La falta de participación y de representación real de los ciudadanos en el legislativo le lleva a descartar el régimen de Franco como un Estado democrático de Derecho, pero no más, ya que virtudes a toda la labor del régimen tendente a constituir un Estado de Derecho con ciertas originalidades, le sobran [89]. Quiere acreditar que el ta-

---

[89] Cayón Peña trata de responder a pregunta de si el Estado franquista fue o no un Estado de Derecho. Al respecto, se propone emitir un juicio global: «sí, efectivamente el estado nacido el 18 de julio de 1936 puede entenderse como estado limitado en el que el poder de la administración se somete al imperio de la ley [...] Con sus carencias y equivocaciones, con su apego a la tradición mejor o peor entendida y sus resultados verdaderamente originales, sus errores manifiestos y sus virtudes aún hoy no igualadas, el régimen de Franco tenía las características de un auténtico Estado de Derecho». CAYÓN PEÑA, Juan, «El régimen de Franco y la falta de un Estado de Derecho», en VV.AA., *El Estado de Derecho en la España de hoy,* Editorial Actas, Madrid, 1996, p. 166. Pío Moa, en esta misma línea de quitar cualquier seña de identidad totalitaria al franquismo, no escatima esfuerzos, a veces agresivos, para deslumbrarnos con la figura de Franco: salvó a España de los revolucionarios, la libró de la guerra mundial, modernizó la sociedad y asentó las condiciones para una democracia estable. MOA, Pío, *Los mitos de la guerra civil,* La Esfera, Madrid, 2003, p. 531. Creo que es necesario ir en busca de otras voces para no dejarse deslumbrar por esta especie de «revisionismo» que tiene más de ideología que de historia. Álvarez Junco, señala que puede que la *democracia orgánica* que decían defender los ideólogos del Movimiento fuese algo más que un término hueco, que cabe imaginar franquistas que creyeron honradamente en límites al poder derivados de los *derechos* de los *organismos* sociales (no de las libertades individuales, pecado liberal), los de la Santa Madre Iglesia, en cuyo

lante del que fue Jefe del Estado no era el de un tirano y, parafraseando a Gonzalo Fernández de la Mora, ve la doble faz de la «magistratura de Franco», comisaria por su origen y comisaria por su ejercicio.

Para los defensores del régimen franquista, el problema que trataba resolver el «nuevo Estado» no era el principio de los derechos humanos ni el principio democrático; decían: «los españoles hemos experimentado la fórmula democrática, y ya sabemos a dónde nos llevó» [90]. En términos de ciudadanía cotidiana era mejor ponerse a buen recaudo y no «meterse en política». Una actitud de desconfianza de lo político y por supuesto a todas las formas de Estado. Pero no dejaba de ser una concepción militante de la historia, como lo es hoy el revisionismo conservador en España, para ir ganando cada vez más espacios sociales, hasta irrumpir en el terreno de la política.

Frente a esta situación, la aportación teórica normativa del discurso de Elías Díaz es indudable, a pesar que se haya dicho de él que no fue lo suficientemente crítico con la cultura en la

---

terreno ni Franco —totalitario mitigado, en este punto— podía meterse. ÁLVAREZ JUNCO, José, «Todo por el pueblo. El déficit del individualismo en la cultura política española», *Claves de razón práctica* n.º 143, junio, Madrid, 2004, p. 8. Y sobre la diferencia entre dictadura soberana y dictadura comisaria se puede ver: SCHMITT, Carl, *La dictadura. Desde los comienzos del pensamiento moderno de la soberanía hasta la lucha de clases proletaria,* trad. José Díaz, Revista de Occidente, Madrid, 1968. Franco, según sus defensores, habría sido una especie de dictadura comisaria, legal y legítima, de la época clásica.

[90] Tolosano hizo una especie de «réplica» a un completo libro de Arthur P. Whitaker, profesor de Historia de la Universidad de Pensilvania, *Spain and Defense of the West. Ally and Liability* (Haspers and Brothers, 1960), en el que concluía que el régimen español era «dictatorial y absoluto», donde no se respetaba los derechos y libertades. En la «réplica» de Tolosano se decía que es curioso que Whitaker considere tan endeble la contextura política de los Estados Unidos, capaz de desprestigiarse y contaminarse en el trato con España y en cambio no estime peligroso el trato con Yugoslavia, Polonia, Checoslovaquia, Rumania y Hungría. TOLOSANO, José Gabriel, «Réplica a unos ataques contra España», *Revista de Estudios Políticos* n.º 115, enero/febrero, Madrid, 1961, p. 164. En este periodo fue Director de esta revista Manuel Fraga.

época del franquismo [91]. O acaso que sólo criticaba a los totalitarismos de derecha pero no a los de izquierda [92]. De estas críticas nos ocuparemos más adelante.

Sin embargo, creo que es pertinente hacer mención aquí a aquella crítica que trata de llamar la atención en un aspecto del

---

[91] Este tipo de crítica ha recibido su libro *Pensamiento español en la era de Franco (1939-1975)*. Un análisis pormenorizado de las críticas a Elías Díaz por el contenido de este libro se puede ver BAÑULS, Fernando, *La reconstrucción de la razón. Elías Díaz, entre la ética y la política*, pp. 112-159.

[92] González critica a Elías Díaz por la «la enorme simpatía y reverencia con que trata a Hegel» y en no reparar que los razonamientos totalitarios de Larenz y Gentile nunca podían haberse dado si la sombra de Hegel no les hubiera hechizado y suministrado los mejores argumentos. GONZÁLEZ DÍAZ-LLANOS, Antonio Ezequiel, «Recensiones y noticias de libros», *Anuario de Filosofía del Derecho*, tomo XIII, 1967-1968, p. 499. Para ser precisos, Elías Díaz, recupera una interpretación hegeliana de «izquierdas», y no cualquier interpretación. Hegel fue parte de su aprendizaje de sus primeros encuentros con el socialismo. Valga su testimonio, «fue de gran importancia para mí aquel invierno del 62 en Munich: trabajé fuerte, leí mucho, comprendí mejor algunos cosas; por entonces y allá fue cuando me hice (internamente) socialista y cuando corté los últimos vínculos con la heredada religión y sus instituciones, pero sin dramatismo ni más complicaciones, consiguiendo —creo— una nueva serenidad». DÍAZ, Elías, «Autobiografía intelectual», *Anthropos*, n.º 62, Barcelona, 1986, pp. 12-13. Incluso no siendo todavía socialista no cesó en buscar encuentros entre cristianos disidentes y hegeliano-marxistas y otros demócratas. Santos Juliá proporciona un punto de inflexión interesante: «fue entre 1957 y 1958, en Salamanca y en meditaciones colectivas celebradas en el convento de San Esteban junto a Ignacio de la Concha, Germán Pedraz, José Luis Gotor, Elías Díaz, Fernando Ledesma y Jesús Díez Orallo, [nuestro autor afirma que no estuvo presente en esta reunión, en notas escritas dirigidas a mi persona, septiembre 2005] cuando por vez primera germinó en su interior el proyecto para forjar un cauce para el diálogo entre gentes de dispares creencias religiosas e ideologías sociales y políticas». JULIÁ, Santos, *Historia de las dos españas*, pp. 401, 451. Eran tiempos en que el proyecto socialista de Elías Díaz ya iba encontrando puntos de coincidencia con el marxista Tierno Galván y también con Joaquín Ruiz-Jiménez y Aranguren, éstos últimos críticos del régimen desde perspectivas ético-religiosas, con más energía a partir de la Encíclica *Pacem in terris* de Juan XXIII. Véase DÍAZ, Elías, «Para un diálogo catolicismo-marxismo», *Revista de Occidente* n.º 37, abril, Madrid, 1966, pp. 109-119. Sobre los vínculos de Elías Díaz con la revista *Cuadernos para el diálogo*, ver MUÑOZ SORO, Javier, *Cuadernos para el diálogo (1963-1976). Una historia cultural del segundo franquismo*, Marcial Pons, Madrid, 2006, pp. 119-126.

capítulo «II.—Fascismo y Estado totalitario» de *Estado de Derecho y sociedad democrática.* En él se puede encontrar algunos excesos verbales que no son de fácil recibo, como «el verdadero enemigo del fascismo no es el liberalismo, sino el socialismo» [93]. Históricamente, al totalitarismo han sucumbido también posiciones extremas de izquierda. El totalitarismo ha combatido al socialismo, al liberalismo y al republicanismo, aunque en el marco de la historiografía de la «guerra fría» se haya visto con nitidez su faz anticomunista.

3. CUESTIONES FINALES

En la relación entre Estado de Derecho y memoria histórica hay que afirmar que el gobierno de Franco rompió con toda Constitución democrática. Por eso, la Constitución de 1978 no fue ni podía ser una mera reforma de las leyes fundamentales franquistas, ni el Estado social y democrático de Derecho tiene relación alguna de continuismo con aquel Estado autoritario, antidemocrático y dictatorial [94]. No se puede tener Estado de De-

---

[93] DÍAZ, Elías, *Estado de Derecho y sociedad democrática,* p. 30. Expresión después matizada para el caso español. Las fuerzas de la antiespaña, no eran sólo los socialistas y comunistas sino también el liberalismo, la masonería, entre otros. Según el régimen, confabulados para hundir a la, sin embargo, inmortal «España eterna». Elías Díaz protesta contra el maltrato oficial y de la prensa, artículos y editoriales, «¡cuántas humillaciones en la prensa de esos años para casi todos los españoles!». El fascismo no logró romper del todo la tradición democrática y la tradición liberal en España. GRACIA, Jordi, *La resistencia silenciosa. Fascismo y cultura en España,* Anagrama, 2004.

[94] DÍAZ, Elías, «Tuñón de Lara: la oposición a la dictadura, la transición a la democracia» en *Los viejos maestros. La reconstrucción de la razón,* Alianza Editorial, Madrid, 1994, p. 80. Elías Díaz, en otro lugar, critica un cierto «materialismo vulgar» en el historiador Juan Pablo Fusi cuando sostiene que el pueblo español no fue mayoritariamente antifranquista, y que en los años 60 si surgen ideales sociales y liberales fue gracias al desarrollo económico. Dice el profesor de la Autónoma de Madrid, «habría mucho más que decir y matizar —incluso con Kelsen en la mano— para poder afirmar así tan tajantemente (y sobre todo con las consecuencias que él quiere sacar para la opo-

recho, ni tampoco mantenerlo, sin una democracia radical: el régimen franquista produjo una ruptura material y no sólo formal del Estado de Derecho.

El Estado franquista (dictatorial, totalitario, despótico, autoritario o como prefiera, en cada fase, denominársele) fue desde el principio y hasta el final, aunque no sin secundarias variaciones y conflictos grupales de hegemonía, un Estado antidemocrático, la negación misma de la democracia y de la libertad, lo más opuesto y contrario al Estado de Derecho, tanto en su forma de Estado liberal como en su posterior materialización del Estado social, fórmula que fue explotada como parte de los argumento de la «Réplica» bajofranquista [95]. Advierte Elías Díaz, que en los regímenes como el de Franco, el pueblo no es consultado ni elige a sus representantes, ni su opinión cuenta para nada. Es siempre considerado como un menor de edad, cuando no un incapacitado a perpetuidad [96].

A nivel más general, y desde la propia memoria histórica, nuestro autor comparte con Hannah Arendt la preocupación de que el Estado totalitario, como potencialidad y como peligro, no puede descartarse que permanezca «entre» nosotros, de la misma manera que otras formas de gobierno —monarquía, república, tiranía, dictadura, despotismo— surgieron en diferentes momentos históricos y han permanecido con la Humanidad al margen de sus derrotas temporales. De ahí que ambos nos estimulen a entender la historia como ese espacio, revelado justamente a contraluz de las experiencias históricas del totalitaris-

---

sición) que la transición fue «una reforma hecha desde el interior de la propia legalidad franquista»; con el mínimo responsable respeto de la forma —no se olvide de todos modos, que hubo un referéndum libre—, lo que a mi modo de ver, tuvo lugar fue una ruptura material (Constitución democrática) de esa legalidad antidemocrática [...] me parece que hay que cambiar radicalmente y con toda claridad el punto de inflexión y centrarlo más en la entera sociedad, con toda la complejidad que ello implica, a la hora de explicar esas transformaciones de la España de los sesenta». *ob. cit.*, p. 88-89.

95 DÍAZ, Elías, *Los viejos maestros. La reconstrucción de la razón*, p. 83.

96 DÍAZ, Elías, «Ejecutivo fuerte y ejecutivo incontrolado», *Cuadernos para el diálogo* n.º 35-36, Madrid, 1966, p. 23.

mo y de la banalidad del mal. Dado el acierto de Elías Díaz, en este sentido, Laporta llega a decir que el capítulo 2, donde Elías Díaz reflexiona sobre el Estado totalitario, el fascismo y el nazismo, «tendría que ser lectura obligada hasta en las escuelas» [97]. Hay necesidad de que nuevas narraciones de la historia tracen, por así decirlo, el mapa presente del espacio de la política, por el que las acciones deban orientarse» [98]. Sin caer en los abusos de la memoria, que critica Todorov, «el culto a la memoria no siempre sirve a la justicia», hay una necesidad de hacer frente a la potencialidad del mal en nuestro mundo contemporáneo.

En el Siglo XX, la experiencia de los totalitarismos ha hecho que el espacio público se vaya deshabitando y ya no ilumine, además dificulte la capacidad de juicio y de movimiento de las personas, así como el ejercicio de la libertad como «autonomía» responsable. Nuestra época ha tenido el «privilegio» de contemplar al Estado totalitario de la Raza en el nazismo germano, el de la Nación en el fascismo italiano y el de la Comunidad «productivista» en la Rusia estalinista. Todas estas son calamidades de nuestra época, sin olvidar el lanzamiento de la bomba atómica en Hiroshima por parte de Estados Unidos. Las conquistas de derechos humanos, como expresión de progreso moral, no son irreversibles. El terrorismo de Estado en América Latina, forma demencial de gobierno, merece ser tenido en cuenta también, junto al totalitarismo, en la clase de las calamidades institucionales [99]. Cabe estar alertas frente a situaciones nuevas y con parecidos de «familia».

---

[97] LAPORTA, Francisco, «Un libro de Referencia», el País, 7 de noviembre de 1998. Recientes trabajos sobre el peligro del totalitarismo: MINA, Javier, *El ojo del cíclope,* Editorial Regional de Murcia, Murcia, 2005; PAXTON, Robert, *Anatomía del fascismo,* trad. J.M. Álvarez Flores, Península, Barcelona, 2005.

[98] GÓMEZ RAMOS, Antonio, «Totalitarismo, historia y banalidad del mal», texto inédito, p. 10.

[99] Sobre el totalitarismo como calamidad: MARITAIN, Jacques, *El hombre y el Estado,* trad. Manuel Gurrea, Editorial Kraft, Buenos Aires, 1963, pp. 27-28. Sobre el terrorismo de Estado como otra calamidad: GARZÓN VALDÉS, Ernesto, *Calamidades,* Gedisa, Barcelona, 2004, pp. 137-175.

Pero la crítica al régimen franquista no es suficiente sólo desde la memoria histórica, requiere internarse en consideraciones de legitimidad social crítica; son los valores éticos objetivos los que justifican o no la validez de las normas jurídicas, validez que las capacita para justificar los cursos de acción [100]. Pero la legitimación social es a su vez la base en que se produce la existencia real de la validez jurídica, esta es una exigencia del realismo crítico. A la cultura disidente le tocó la tarea de denunciar el discurso moral oficial que buscaba por todos los medios legitimar la dictadura [101]. La dinámica interna de la disidencia y la preocupación de las organizaciones de derechos humanos a nivel internacional ante dos frentes: la vieja dictadura fascista con su culto a la memoria de la guerra y al «Estado pacificador» y, después, el autoritarismo modernizador desde la administración y no desde lo político, el «Estado de obras». Los datos disponibles de esta realidad ya estaban contenidos en la «Réplica» al Informe de la Comisión Internacional de Juristas [102].

---

[100] ¡No hay derecho a que el Derecho no reconozca nuestros derechos! Consigna válida para los disidentes ante un *gobierno de facto* o autocrático, coyunturalmente frente al régimen franquista, pero la misma exigencia es válida ya en un *gobierno de iure*. Los derechos humanos, «son exigencias éticas (llenas de contenido real) por las que los hombres han luchado duramente a lo largo de los siglos para convertirlas en Derecho, pero sobre todo, para hacerlas prácticamente existentes. Y si el Derecho no las reconoce, a la larga, y no tan larga (está demostrado), tanto peor para ese inicuo Derecho». DÍAZ, Elías, *La sociedad entre el Derecho y la justicia,* Salvat, Barcelona, 1982, p. 13.

[101] La pretensión de legitimidad por vía de la legalidad durante la dictadura, fue temprana, los sublevados establecieron las bases legales de una política sobre cultura y educación ya durante la guerra civil: la cosmovisión falangista de una España henchida de nacionalismo y de fe en un Estado fuerte, además de los valores católicos, que proclamaban una «unidad de destino» protegido por la trascendencia. SEVILLANO CALERO, Francisco, «Cultura y disidencia en el franquismo: aspectos historiográficos», *Pasado y memoria. Revista de historia contemporánea* n.º 2, Departamento de Humanidades Contemporáneas, Área de Historia Contemporánea, Universidad de Alicante, 2003, p. 13.

[102] Otro de los grandes momentos de indignación internacional contra el régimen fue la solidaridad con los comunistas españoles ante la tortura y pena de muerte de Julián Grimau. «La impotencia política de los comunistas se puso de nuevo de manifiesto en el terrible «caso Grimau»». CAPELLA, Juan-Ramón, *La práctica*

La relevancia de las fuentes últimas de normatividad se concreta en la capacidad de todo Estado de Derecho para orientar los cursos de acción que se adoptan. Es obvio, —como dice Nino [103]—, que en lo que difieren las normas de un gobierno democrático de las emanadas de uno autocrático, como el de Franco, es en el peso de las razones que podrían legitimarlas en virtud de su origen. Pero este es ya otro tema que será debatido en el próximo capítulo.

Declaración gubernamental del libro *Estado de Derecho y Sociedad Democrática* como «impreso clandestino»

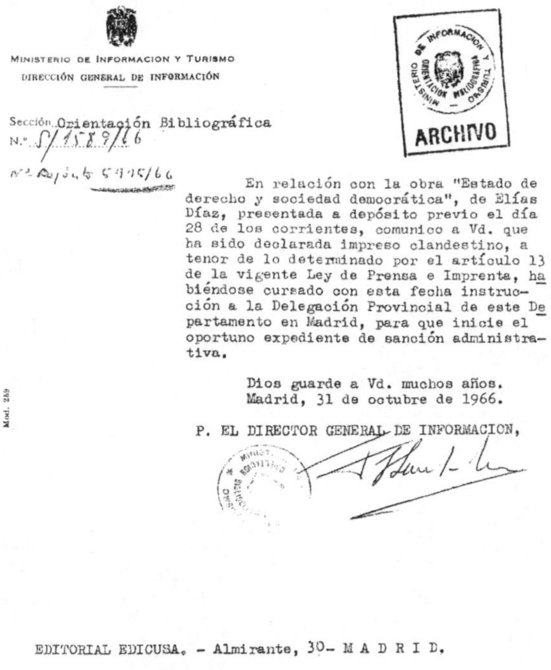

MINISTERIO DE INFORMACION Y TURISMO
DIRECCIÓN GENERAL DE INFORMACIÓN

Sección Orientación Bibliográfica
N.º S/1589/66

ARCHIVO

En relación con la obra "Estado de derecho y sociedad democrática", de Elías Díaz, presentada a depósito previo el día 28 de los corrientes, comunico a Vd. que ha sido declarada impreso clandestino, a tenor de lo determinado por el artículo 13 de la vigente Ley de Prensa e Imprenta, habiéndose cursado con esta fecha instrucción a la Delegación Provincial de este Departamento en Madrid, para que inicie el oportuno expediente de sanción administrativa.

Dios guarde a Vd. muchos años.
Madrid, 31 de octubre de 1966.

P. EL DIRECTOR GENERAL DE INFORMACION,

Mod. 259

EDITORIAL EDICUSA. - Almirante, 30 - M A D R I D.

---

de Manuel Sacristán. Una biografía política, p. 70. Sobre el problema de la arbitrariedad de los tipos penales en la represión penal franquista se puede ver, LAMARCA PÉREZ, Carmen, «El Régimen del General Franco», *Tratamiento jurídico del terrorismo,* Centro de Publicaciones del Ministerio de Justicia, Madrid, 1985, p. 125.

103 NINO, Carlos Santiago, «La validez de las normas «de facto»», *La validez del Derecho,* Astrea, Buenos Aires, 1985, pp. 89-105.

CAPÍTULO II
EL ESTADO DE DERECHO EN LA MODERNIDAD. HISTORIA Y PROBLEMA CONCEPTUAL

«El problema del establecimiento del Estado tiene solución, incluso para un pueblo de demonios, por muy fuerte que suene (siempre que tengan entendimiento), y el problema se formulara así: "ordenar una muchedumbre de seres racionales que, para su conservación, exigen conjuntamente leyes universales, aun cuando cada uno tienda en su interior a eludir la ley, y establecer su constitución de modo tal que, aunque sus sentimientos particulares sean opuestos, los contengan mutuamente de manera que el resultado de su conducta pública sea el mismo que si no tuvieran tales malas inclinaciones"».

KANT, *Sobre la paz perpetua,* PP. 38-39.

El presente capítulo, básicamente, mostrará el debate generado en torno al concepto de Estado de Derecho de Elías Díaz. Una buena entrada es la posición discrepante de Francisco Laporta, su postura analítica y su crítica liberal-ética ha dado pie a una interesante discusión con nuestro autor. El diálogo entablado trata de responder al problema y a la búsqueda de qué teoría sobre el Estado de Derecho hace probable la compatibilidad entre soberanía popular, derechos humanos básicos y seguridad jurídica. Una respuesta adecuada a este problema demanda, sin duda, un conjunto tanto de razones explicatorias, que dependen de determinados contextos, como de razones justificatorias, que dependen de su aceptabilidad bajo condiciones ideales.

El capítulo se desarrolla siguiendo los siguientes pasos: en primer lugar, se dará cuenta de los argumentos que sostienen la teoría del Estado de Derecho en Elías Díaz; en segundo lugar, se describirán los argumentos de la teoría del Estado de Derecho en Francisco Laporta; en tercer lugar, y ya para el análisis del debate, se recuperan ideas de Manuel Atienza, Liborio Hierro, entre otros. Siguiendo este curso, se concluye que lo que caracteriza a la teoría del Estado de Derecho de Elías Díaz es una concepción tanto formal como material, en la que la seguridad jurídica encuentra su fundamento en dos principios ético-políticos: el principio de los derechos individuales básicos y el principio de la soberanía popular, es decir en la autonomía, tanto pública como privada, y se afirma que la crítica de Francisco Laporta es parcial, ya que, metodológicamente, a este autor le interesa resaltar la problemática de la llamada «moral intrínseca del Derecho», aunque en una versión menos robusta que la sostenida por Fuller [104].

¿Por qué a Elías Díaz le interesa tanto establecer que la seguridad jurídica es condición necesaria pero no suficiente para la obligatoriedad de las normas establecidas en el marco del Estado de Derecho? ¿En qué medida influye en esta idea la expe-

---

[104] Laporta exige no ser identificado plenamente con la postura de Fuller, defensor de la llamada *moral interna del Derecho:* «Cuando yo pienso en el imperio de la ley no pretendo pronunciarme sobre la relación entre derecho y moral, sino afirmar que las exigencias del imperio de la ley son exigencias éticas, pero puede haber muchos derechos que no las satisfagan. Eso me distancia de Fuller». Carta personal, 21 de noviembre de 2005. Esta aclaración puede ser vista como un problema epistemológico. Sobre la región de la forma, la región del contenido y la región de la historia en la filosofía del Derecho, MÉNDEZ BAIGES, Víctor, «El territorio de la filosofía del Derecho» en CASTELLA, Josep María, *La constitución y el ordenamiento jurídico: 25 años de incidencia de la Constitución española de 1978 en las diferentes disciplinas jurídicas,* Editorial Ateleer, 2005, pp. 61-71.

riencia de la dictadura franquista? Según Rafael Escudero, no hubo experiencia más clara y directa para nuestro autor que el hecho de esta dictadura, en la que iusnaturalismo y seguridad jurídica fueron instrumentalizados, tanto que como conceptos, quedaron maltrechos. Esta es una explicación sociológica del porqué Elías Díaz habla más de definir la idea de Estado de Derecho a través de los principios de democracia y derechos humanos antes que la vía de la seguridad jurídica o de la «moral interna del Derecho» [105].

La observación de Escudero puede ser confirmada con los argumentos de María Carolina Rovira, profesora de filosofía del Derecho de la Universidad Santiago de Compostela. Esta autora afirma que las leyes franquistas se someten en su nacimiento, vigencia y extinción a principios de seguridad, y toda norma política —parafraseando a Elías de Tejada— cuando contiene ele-

---

[105] Escudero, frente al olvido de la teoría de Fuller en la doctrina española, explica lo siguiente: «quizá merezca destacarse una importante razón que sirva para explicar el olvido de la teoría de Fuller en todo lo referente a las cuestiones que afectan a las relaciones entre Derecho y moral. En nuestra doctrina, este tema ha sido siempre el centro de la polémica entre iusnaturalistas y positivistas jurídicos. Y, en los tiempos posteriores a la caída de la dictadura franquista, nuestra filosofía del Derecho se ha caracterizado por un importante rechazo al iusnaturalismo, debido fundamentalmente a su vinculación con la filosofía política que sustentó este régimen dictatorial. En este contexto, no es de extrañar que todo lo que sonara a iusnaturalista fuera inmediatamente puesto en cuarentena. Así, la teoría de Fuller —que el propio Summers, siguiendo las tesis de Hart, no dudó en calificar de «Derecho natural procedimental»— no llegaba, pues, en el mejor momento. De ahí que su análisis y estudio fuera obviado o, en el mejor de los casos, simplemente apuntado de una forma genérica. Tampoco los propios iusnaturalistas utilizaron el recurso que la teoría de Fuller les ofrecía para escapar de tales críticas. Éstas se centraron en la vertiente más clásica del iusnaturalismo, que era, por un lado, la que en mayor medida estaba suministrando un soporte ideológico al régimen franquista. Pues bien, muchos autores iusnaturalistas no dudaron en abandonar este iusnaturalismo, al que suele aplicársele el calificativo de ontológico, para pasar a abanderar una concepción deontológica del mismo». ESCUDERO ALDAY, Rafael, «Argumentos para la recuperación de la teoría de Lon L. Fuller» en *Anuario Filosofía del Derecho. Nueva Época*, tomo XIX, Madrid, 2003, pp. 316-317.

mentos éticos es norma jurídica; que el derecho natural a la seguridad jurídica está encuadrado en los derechos naturales derivados de la sociabilidad humana, y si hay opiniones críticas que dicen que la libertad está demasiado supeditada a la seguridad, ella acepta que estas opiniones sólo pueden referirse a casos muy puntuales y concretos, más no al sistema en general, ya que los «principios de seguridad jurídica del Estado español, en cuanto tales, son correctos» [106].

La razones explicatorias son necesarias pero no suficientes para entender la teoría del Estado de Derecho en Elías Díaz. En el primer capítulo de este trabajo hemos dado cuenta de la nefasta experiencia del franquismo como forma negativa de Estado. Esta dimensión negativa factual también se extiende a las razones justificatorias, es por eso que se sugieren determinadas exigencias jurídicas como límites al poder político. En este capítulo se trata de ir al encuentro de las razones justificatorias tanto negativas como positivas.

Para Elías Díaz, tiene mucha importancia dejar establecido un núcleo conceptual del Estado de Derecho vinculado tanto al proceso democrático como a los derechos humanos. Este núcleo conceptual se explica a partir de cuatro características: *Imperio de la ley,* ley como expresión de la soberanía popular; *separación de poderes:* legislativo, ejecutivo y judicial; *legalidad de la administración:* regulación por la ley y control judicial; *derechos y libertades fundamentales:* garantía jurídico-formal y realización material. La vía que transita nuestro autor nos conduce a razones justificatorias tanto internas como externas. Francisco Laporta, tiene el mérito de detenerse en la problemática de las razones justificatorias internas, destacando la relevancia de la seguridad jurídica como paso previo a exigencias de carácter ético-político. Su argumentación permite sacar a flote los difí-

---

[106] ROVIRA FLOREZ DE QUIÑONES, María Carolina, «Seguridad y Estado (A propósito del ordenamiento positivo español)», *Anales de la Cátedra Francisco Suárez* n.º 1, fascículo 1, Granada, 1971, p. 89; su tesis doctoral, *La filosofía jurídica de Felipe Clemente de Diego (1866-1945),* Porto y Cia., Santiago de Compostela, 1970.

ciles problemas con los que tiene que enfrentarse todo aquel que pretenda sostener una teoría del Estado de Derecho en el contexto moderno y contemporáneo y con ello muestra, no sólo puntos relevantes para su interés analítico sino también coincidencias básicas con los intereses de una teoría crítica como la que pretende nuestro autor.

1. LA TEORÍA DEL ESTADO DE DERECHO EN ELÍAS DÍAZ

1.1. Los límites al poder político absoluto y despótico

Desde el punto de vista histórico, de hecho, las ideas sobre el Estado de Derecho se desarrollaron precisamente como una doctrina sobre la limitación del poder absoluto y despótico, potencialmente ilimitado y paternalista. El Estado, si restringiese de forma autónoma el ejercicio de sus propios poderes podría convertirse en un Estado de Derecho. La exigencia de que el Estado fuera un Estado de Derecho o que la monarquía fuera o se convirtiera en constitucional, significa una exigencia, no simplemente que se respetara una Constitución por breve que fuera, sino que se aceptara un cierto tipo de marco y restricciones constitucionales [107].

El contexto de la vía occidental hacia el Estado de Derecho, la idea de que antes del control jurídico no hay un Estado como tal sino Estados absolutos, dio pie al profesor de la Autónoma de Madrid para afirmar que el Estado de Derecho «como Estado con poder regulado y limitado por la ley se contrapone a cualquier forma de Estado absoluto o totalitario, como Estado con poder ilimitado, en el sentido de no controlado jurídicamente o, al menos, insuficientemente regulado o sometido al

---

[107] MacCORMICK, Neil, «Law, Rule of Law and Democracy» en VV.AA., *La crisis del Derecho y sus alternativas,* Consejo General del Poder Judicial, España, Madrid, 1996, p. 399.

Derecho. La idea de control jurídico, de regulación desde el Derecho de la actividad estatal, de limitación del poder del Estado por el sometimiento a la ley, aparece, pues, como centrales en el concepto del Estado de Derecho, en relación siempre con el respeto al hombre, a la persona humana y a sus derechos fundamentales» [108].

Las limitaciones de carácter religioso, ético o iusnaturalista metafísico son insuficientes para dar lugar a un auténtico Estado de Derecho, ya que el Estado Absolutista se desliga del consentimiento de la voluntad colectiva como fuente democrática de la ley. Los límites no jurídicos no garantizan que los derechos de las personas individuales y el ejercicio de la autonomía pública se constituyan en criterios de legitimidad del poder político. En el *ancien régime*, «el absolutismo del príncipe estaba limitado por el respeto a la obediencia a unos preceptos religiosos, a la ley eterna de Dios, a la ley moral, incluso a la ley jurídica natural» [109]. Básicamente son controles de carácter moral privados y de puntos de vista omnicomprensivos personales. Aquí la relevancia de los controles y regulaciones marcados al Estado no vinieron dados por la ley positiva, como ley objetiva y formal.

Los Estados absolutistas, dice Elías Díaz, se caracterizan por la presencia de una autoridad que se basa en la voluntad caprichosa, arbitraria y asistémica. Este tipo de explicaciones no son contrarias a las explicaciones históricas de carácter liberal. Con la modernidad, el cuidado de todo conflicto relativo a los intereses de uno u otro es entregado por la sociedad al magistrado civil y no al representante de Dios. Remediar con leyes políticas y no con normas de carácter religioso el mal de los conflictos entre los hombres sobre bienes temporales, ahí está la función, los límites y el origen del poder legislativo (que es supremo) en cada Estado [110].

---

[108] DÍAZ, Elías, *Estado de Derecho y sociedad democrática*, pp. 7-8.

[109] DÍAZ, Elías, *ob. cit.*, p. 8.

[110] LOCKE, John, *Carta sobre la tolerancia*, edición a cargo de Pedro Bravo Gala, Tecnos, Madrid, 1998, p. 50. La explicación liberal como la de John Locke sobre el origen del Estado no será suficiente para un autor como Elías Díaz.

Los señores feudales en su afán por limitar el poder del monarca acudían a exigencias de carácter éticos, iusnaturalistas y religiosos. Hacían efectivos ciertos límites. El pueblo, en cambio, constituido por la incipiente burguesía, por artesanos y especialmente por campesinos, pese a su influencia social, carece de recursos y mecanismos para limitar los abusos del poder[111]. Pero ya empieza por reconocerse el carácter mundano y no metafísico de las relaciones sociales.

Sobre estas preocupaciones de Elías Díaz, Gregorio Peces-Barba ha investigado en el proceso del tránsito a la modernidad: el cambio de paradigma jurídico desde los límites al poder político, como criterio de legitimidad del poder político. Señala que hasta el tránsito a la modernidad la legitimidad del poder derivaba de la conformidad de su comportamiento con el Orden establecido por Dios en el Universo y que tenía su reflejo en la criatura racional que era el Derecho natural. «El principio «*Rex eris si recte facies*» significaba que lo recto, lo justo, era fijado por una autoridad, la de Dios, mediada por su Iglesia». Una moralidad divina, en forma de ley eterna y de ley natural, trasmitida e interpretada por la Iglesia, por medio de la Teología, señalaba el sentido de la moralidad política: la idea tomista de que la ley positiva que no se ajusta a la ley natural no es ley, sino corrupción de la ley; los límites del poder eran esos, junto con las leyes fundamentales de los

---

111 Desde una perspectiva histórica sociológica, dice Elías Díaz: «Hay que situar y entender el sentido de los textos legales que en esta época comienza a establecer una cierta protección jurídica de algunos derechos considerados como fundamentales, apareciendo así como precedentes de las modernas Declaraciones de derechos: podrían citarse, por ejemplo, en España el Decreto de Alfonso IX en las Cortes de León de 1188 ó, más claramente por su mayor amplitud de contenido y mayores garantías concedidas, la famosa *Magna Carta* del rey Juan II de Inglaterra de 1215. Constituyen estos textos legales medievales, concesiones otorgadas por los soberanos: son, en efecto, decretos y cartas otorgadas que emanan unilateralmente de la voluntad de los monarcas sin intervención alguna del pueblo». DÍAZ, Elías, *Estado de Derecho y sociedad democrática,* p. 14. Nuestro autor aquí hace referencia a la intervención *paternalista* del Estado en la libertad individual y colectiva.

Reinos, buscaban la legitimidad histórica de la naciente monarquía» [112].

Tanto Elías Díaz como Peces-Barba echan de menos en el Antiguo Régimen la idea de seguridad jurídica y de control del poder político: la exigencia de un soberano como autoridad jurídica suprema y como voluntad sometida a reglas públicas que necesite justificarse desde un criterio inclusivo de los derechos civiles, y que tolere a aquellos que son de opinión diferente en materia religiosa o en materia de ética privada. Es lo que Bobbio llama, *la ley sin pasiones,* refiriéndose a la preocupación aristotélica por la racionalización del imperio de la ley como límite a los abusos del poder, dado el contraste entre las pasiones de los hombres y el desapasionamiento de las leyes como fundamento de la identificación de la ley con la voz de la razón que es el principio y el fin de la teoría del derecho natural de la antigüedad hasta nuestros días [113].

No es del todo cierto que históricamente, en la teoría y en la práctica de las formas de gobierno anteriores a la modernidad, no haya dominado el principio de la supremacía de la ley sobre el poder político, el deber del detentador del poder supremo de gobernar de acuerdo con las leyes. Bobbio, tomando el dato

---

[112] La crítica de Peces-Barba al iusnaturalismo de raigambre medieval se circunscribe en el marco de un positivismo sensible a unos contenidos de moralidad. Sólo un positivismo —dice— que incluya una moralidad como elementos constitutivos de su propio concepto, no dificultará una visión plena de la idea de límites del poder. Así se puede tener una visión plena de la idea de límites del poder y porque no puede asumir una visión integral de los derechos fundamentales. En el seno de su modelo aparecen las ideas de la moralidad interna del Derecho, «derivada de la existencia de lo jurídico, y que se identifica con la idea de seguridad jurídica, inexistente en la Edad Media, y que supone un elemento importante para limitar el poder». PECES-BARBA, Gregorio, *Derechos sociales y positivismo jurídico,* p. 96. La crítica más reciente a esta concepción de Peces-Barba, se puede ver ESCUDERO ALDAY, Rafael, *Los calificativos del positivismo jurídico. El debate sobre la incorporación de la moral,* Civitas, Madrid, 2004, pp. 154 y ss.

[113] BOBBIO, Norberto, «El Poder y el Derecho» en Norberto BOBBIO y Michelangelo BOVERO, *Origen y fundamentos del poder político,* trad. José Fernández Santillán, Grijalbo, México, 1985, p. 31.

de los hermanos Carlyle, da cuenta de que en los siglos del IX al siglo XIII existió el juramento de rito en el momento de subir al trono de *servare leges;* Bobbio, también, da cuenta de la labor de Bracton, quien encontró que en los umbrales de la edad moderna, en Inglaterra, el rey tenía que estar sometido a la ley en virtud del principio de legalidad [114]. El caso de la *Rule of Law,* como expresión de la tradición constitucional inglesa, corresponde principalmente a la idea de límite que el poder de gobernar y de legislar recibe del *Law of the Country,* es decir, del Derecho consuetudinario acogido por la tradición jurisprudencial como fuente de normatividad [115].

Desde la mira de la sociología, Weber ha descrito tres formas de poder legítimo: la que corresponde al Estado moderno es la forma impersonal, mientras que en el poder tradicional se obedece ya sea a la persona del señor o al poder carismático del jefe [116]. El poder legítimo para Weber tiene que ver con una legalidad formal que se sostiene en una relación de gobernantes-gobernados. Los gobernantes tienen el monopolio de la fuerza pública y los gobernados asumen los mandatos legales no por existencia de una fuerza externa sino que tal mandato asume la máxima de su acción. Sin embargo, dice, Elías Díaz —comentando los modelos ideales presentados por Weber— no podemos perder de vista que detrás de la dinámica de la *legitimidad legal-racional,* del más formalizado modelo de Estado, están los intereses de la burguesía; que ahí se concede, sin duda, una par-

---

114 BOBBIO, Norberto, «El Poder y el Derecho», *ob. cit.,* pp. 31, 32.

115 BARATTA, Alessandro, «El Estado de Derecho. Historia del concepto y problemática actual», *Sistema* n.º 16, enero, Madrid, 1977, p. 17. Sobre los caracteres del Estado moderno, DE LA CUEVA, Mario, *La idea de Estado,* FCE, México, 1994, p. 61 y ss.

116 WEBER, Max, *Economía y sociedad,* trad. José Medina, Juan Roura, Eugenio Ímaz, Eduardo García Maynes y José Ferrater Mora, FCE, México, 1987, p.170 y ss. Habermas se aleja un poco de Weber cuando señala que la legalidad que sólo se basa en la corrección procedimental de lo positivamente estatuido sólo puede ser a lo sumo síntoma de una legitimidad subyacente. HABERMAS, Jürgen, *Problemas de legitimación del capitalismo tardío,* trad. José Luis Etcheverry, Amorrortu Editores, Buenos Aires, 1995, p. 119.

ticipación más amplia y más libre que en los modelos anteriores, pero que la legalidad queda todavía injustificadamente reducida a minorías dotadas de suficiente poder económico, social y/o cultural [117].

La seguridad jurídica, como una de las dimensiones y exigencias del imperio de la ley, tiene que ver con la estabilidad de las expectativas de las vidas privadas de los individuos. Se trata de evitar la arbitrariedad en el juicio para la solución de problemas como para la innovación y los cambios políticos de las reglas. También los actos privados, cotidianos y espontáneos constituyen límites al poder soberano. Dice Legaz y Lacambra que en la Edad Media ya hay una complicada malla de situaciones jurídicas estamentarias que se respeta. El rey juraba mantener los fueros y franquicias de los vasallos. Este juramento tiene un valor social justificado en valores religiosos [118]. No había un descontrol absoluto, pero como señala Elías Díaz, todavía no se puede hablar de Estado de Derecho dada la peculiar organización sociológica del feudalismo.

Ernesto Garzón Valdés ha hecho notar que la posibilidad de la limitación jurídica del poder soberano es un viejo problema de la teoría del Estado, y su importancia teórica no deriva de que sea una cuestión de larga data sino porque ha dado lugar a todo un repertorio de paradojas filosóficas. Suelen surgir paradojas como la de la omnipotencia, la de la libertad o la de la autoreferencia. Agrega que la cuestión se complica aún más por el carácter ambiguo de la palabra *soberano* [119]. A ello se añade que los

---

[117] DÍAZ, Elías, *Curso de filosofía del Derecho,* Marcial Pons, Madrid, 1998, p.99.

[118] LEGAZ y LACAMBRA, *El Estado de Derecho en la actualidad,* pp. 15 y 29. Sobre el pensamiento político de Legaz y Lacambra se puede ver Jesús Primitivo RODRÍGUEZ, *Filosofía política de Luis Legaz Lacambra,* Marcial Pons, Madrid, 1997.

[119] Ernesto Garzón pone algunos ejemplos de definiciones de soberano: «soberano como equivalente a autoridad jurídica suprema (Bodin, Austin); soberano como autoridad jurídica suprema en la medida en que también es una autoridad moral (Rousseau, Hegel); soberano como poder supremo coactivo ejercido por un determinado grupo de personas que posee, en virtud del dere-

problemas teóricos pueden seguir subsistiendo si no se deja claro el deslinde con la noción clásica de soberano absoluto: «Una de las críticas conceptuales más relevantes tiene su origen en la comparación de las nociones de soberano y de Dios (agente omnipotente). En efecto, ambos agentes tienen un poder supremo, ilimitado y único sobre un determinado dominio de acciones. Asimismo, han compartido argumentos justificatorios. Pero una vez señaladas sus semejanzas, parece conveniente mostrar que ambos conceptos son internamente inconsistentes. Esta inconsistencia ha sido señalada por medio de dos famosas paradojas: la paradoja de la omnipotencia y de la soberanía parlamentaria» [120]. Con la noción clásica de autoridad soberana se ha tratado de explicar dos fenómenos de autoridad que pare-

---

cho, el monopolio de ciertos instrumentos de coerción (Bryce); soberano como la instancia que decide en la situación de excepción (Carl Schmitt); soberano como poder supremo coactivo ejercido habitual y cooperativamente por todos o casi todos los miembros de una comunidad (Locke); soberano como autoridad, poder o influencia suprema permanente (Laski); soberano como unidad de decisión (Heller)». GARZÓN VALDÉS, Ernesto, *Derecho, ética y política,* pp. 181, 182. A la muestra de definiciones clásicas de soberanía realizada por Garzón hay que agregar la de Hobbes: soberano es el *titular* del poder del Estado y cada uno de los que lo rodean sólo son sus súbditos. HOBBES, Thomas, *Del ciudadano y Leviatán,* trad. Enrique Tierno Galván y M. Sánchez Sarto, Tecnos, Madrid, 1996, p. 146. La idea moderna de una soberanía jurídica monista del poder tiene que ver con las ideas de Hobbes. La pluralidad de poderes es una de las características de la política en el antiguo régimen. Según Hobbes ésta sería una de las causas por las que sobrevino la guerra civil en Inglaterra.

[120] PÉREZ TRIVIÑO, José Luis, *Los límites jurídicos al soberano,* Tecnos, Madrid, 1998, p. 20. Frente al concepto de soberanía y ante la muestra clasificatoria de Garzón, Pérez Triviño ha destacado la clarificación conceptual que proporciona su idea de soberano y la clasificación entre soberano 0 y soberano 1, una clasificación que da cuenta de la autoridad suprema que crea un orden jurídico y de la autoridad suprema en un orden jurídico. Sugiere el uso de la expresión *autoridad preinstitucional suprema* para el caso del soberano 0 y *autoridad jurídica suprema* para el soberano 1. *ob. cit.,* p. 192. Sobre estos problemas ver RUIZ MIGUEL, Alfonso, «El principio de jerarquía normativa», LAPORTA, J. Francisco, *Constitución: problemas filosóficos,* pp. 93-109; SAUCA CANO, José María, *Cuestiones lógicas en la derogación de las normas,* Fontamara, México, 2001.

cen excluirse y provocar el dilema normativo del regreso al infinito, sin solución.

Sugiere, que se debe distinguir entre una autoridad efectiva que crea un orden como legislador originario del sistema, al que denomina «soberano 0» y solamente una vez establecido el sistema jurídico estatal cabría hablar de soberano como última instancia de las disposiciones que reglan la conducta social dentro de un Estado, a este soberano llama «soberano 1». Agrega, que en el caso del soberano 0 no tiene sentido formular la pregunta por sus limitaciones jurídicas, en cambio, del soberano 1 sí se puede afirmar que está sujeto a limitaciones jurídicas por lo que respecta a su incompetencia para legislar sobre determinados asuntos; esto no implica negar que el soberano 0 no sea jurídicamente relevante, la cadena normativa termina ahí y se resuelve el problema del regreso al infinito. Concluye, «En los sistemas jurídicos de legislación positiva, el concepto de soberano 1 presupone el de soberano 0, tanto temporal como conceptualmente. Sin soberano 0 no existiría soberano 1. Es precisamente aquél quien determina la competencia de este último» [121]. Esta perspectiva analítica saca a luz los problemas de los sistemas normativos internos y externos vinculados al Estado de Derecho y el despliegue de la soberanía.

Elías Díaz, un autor que pretende una concepción del Estado de Derecho que se sustente en una legalidad democrática, va a reconocer que es posible que se produzcan dilemas conceptuales en el afán por limitar el poder soberano [122]. Por un lado, es probable que exista un Estado sometido a una insuficiente limitación jurídica, poco se diferenciaría del absolutismo de los príncipes; y, de otro lado, un Estado controlado a límites excesivos y que podría significar la negación e inexistencia efectiva del Estado. En este sentido sus ideas, en torno a una probable compatibilidad entre derechos humanos y una legalidad democrática, le deben mucho a Rousseau y a Kant, uno inspi-

121 GARZÓN VALDÉS, Ernesto, *Derecho, ética y política,* p. 198.

122 DÍAZ, Elías, *Ética contra política. Los intelectuales y el poder,* p. 32 y ss.

rador de la Revolución francesa y el otro, inquietado profundamente por este acontecimiento histórico.

1.2. El Estado de Derecho y su formación histórica: el impacto de la Revolución francesa y la Declaración de 1789

No faltan autores que ven el Estado de Derecho como la única innovación constitucional del ochocientos, innovación que atañe sólo a los países continentales [123]. Elías Díaz, a pesar de hablar de una triple tradición modernista en la formación histórica del Estado de Derecho, no ha escatimado argumentos para resaltar la influencia de la Revolución francesa [124], proceso en el

---

[123] MATTEUCCI, Nicola, *Organización del poder y libertad. Historia del constitucionalismo moderno,* trad. Francisco Javier Ansuátegui Roig y Manuel Martínez Neira, Trotta, Madrid, 1998, p. 285. Se puede ver también el trabajo analítico de Fioravanti: útil para una lectura desde el constitucionalismo de las revoluciones y las doctrinas sobre las libertades modernas. Su trabajo deja traslucir que quien se anime a privilegiar una de las tradiciones teóricas sobre los derechos y libertades, como es el caso de nuestro autor, se enfrenta a una serie de dificultades analíticas. Debemos a Fioravanti la reconstrucción analítica de tres fundamentaciones teóricas de las libertades: el modelo historicista, el modelo individualista y el modelo estatalista. De esta manera: «tenemos una doctrina individualista y estatalista de las libertades, construida en clave antihistoricista (en la revolución francesa); una doctrina individualista e historicista, construida en clave antiestatalista (en la revolución americana); y, finalmente, una doctrina historicista y estatalista, construida en clave antindividualista (en los juristas del Estado de Derecho del siglo XIX). FIORAVANTI, Maurizio, *Los derechos fundamentales. Apuntes de historia de las constituciones,* trad. Manuel Martínez Neira, Trotta, Madrid, 1998, p. 25.

[124] Para Elías Díaz, el advenimiento democratizador del Estado de Derecho, se remonta al siguiente proceso: 1) el *Bill of rights* inglés de 1689, tiene ya el carácter de pacto o convención entre el rey (Guillermo de Orange) y pueblo representado en el Parlamento, aunque las garantías para la protección de lo pactado sean todavía muy insuficientes. Todavía es un pacto muy condicionado a la voluntad del rey; 2) un paso más en esa línea de democratización, lo constituye la *Declaration of Rights* del Estado de Virginia, Estados Unidos, en 1776. Una declaración formulada y aprobada por los representantes del pueblo reu-

que la tensión democracia/derechos humanos aparece con claridad. ¿Acaso Elías Díaz toma en cuenta este ejemplo histórico, dada su vocación al cambio social democrático? ¿En que medida esta vocación no entra en conflicto con el concepto de imperio de la ley como seguridad jurídica, cuya potencialidad sólo alcanza reducir la injusticia con su limitación negativa?

Elías Díaz encuentra una directa relación literal del Estado de Derecho con el vocablo germánico *Rechtsstaat*[125]. Sin ruptura con el *Rechtsstaat* ni con la anglosajona *Rule of Law,* a su juicio, es en el contexto de la Revolución francesa y en el texto de la Declaración de derechos de 1789 donde se cristalizan los requisitos y elementos básicos del Estado de Derecho de mejor modo. Sin embargo, si se pretende resaltar los grandes procesos mo-

---

nidos en Convención o Asamblea. No se trata de «una carta otorgada por ningún soberano (como la *Magna Carta* de 1215) ni tampoco un pacto entre rey y pueblo (como el *Bill of Rights* de 1689), sino una declaración emanada del pueblo que es ahora considerado único soberano»; y, 3) luego, deviene el ideario político de la Revolución francesa, que se concreta en la famosa *Declaration des droits de l'homme et du citoyen,* de 26 de agosto de 1789, dada por «los representantes del pueblo francés constituidos en Asamblea Nacional». Y, tras el siglo XIX, como continuidad del ideario de la Revolución francesa deviene «la formalización del sistema político liberal en términos de Estado de Derecho». DÍAZ, Elías, *Estado de Derecho y sociedad democrática,* p. 15.

[125] Elías Díaz atribuye el uso pionero de la expresión *Estado de Derecho* al alemán Robert Von Mohl. Alessandro Pace, coincide con esta afirmación. El creador de la expresión Estado de Derecho Robert von Mohl, según Alessandro Pace, era un jurista liberal de Prusia que consideraba la naturaleza superior de las normas constitucionales frente a las leyes ordinarias. En esta época von Mohl (1799-1875) es la excepción y no la regla: en el siglo XIX la regla estaba dominada por las ideas *estatalistas no individualistas.* PACE, Alessandro, «la heterogénea estructura de los derechos constitucionales», *Revista Cuadernos de Derecho Público* n.° 3, INAP, Madrid, 1998. En el siglo XIX hay una ideología autoritaria del Estado en el II Reich, regido por una multiplicidad de derechos territoriales y personales, un fuerte régimen estamental de la organización social. Esto marcó el carácter autoritario de la doctrina alemana del Estado de Derecho, al respecto se puede ver VON MOHL, Roberto, «concepto de Policía y Estado de Derecho» en VV.AA., *Liberalismo Alemán en el siglo XIX (1815-1848),* trad. Joaquín Abellán y Gabriela Ossenbach, Centro de Estudios Constitucionales, Madrid, 1987, p. 139 y ss.

dernos de cambio, la crítica a las insuficiencias y problemas del proceso revolucionario francés implica que habría que dar el paso de una explicación histórica a las razones justificatorias: la democracia y los derechos humanos como núcleo universalista de la constitución del Estado de Derecho moderno, en variantes distintas. Pero este núcleo no puede ser atributo exclusivo de la Revolución francesa, es también una exigencia de la Revolución americana [126].

De la Revolución francesa, Elías Díaz destaca su relevancia no sólo como dato histórico sino también toma en cuenta las pro-

---

[126] HABERMAS, Jürgen, *Facticidad y validez*, p. 592. Esta idea no sólo está en Habermas la encontramos también en la «Introducción» que realizan Jon ELSTER y Rune SLAGSTAD como editores del libro *Constitucionalismo y democracia,* FCE, México, 1999, p. 40. Hay otros autores que han investigado la importancia del proceso constitucional norteamericano en el tema de los derechos humanos y la democracia. Resaltan su proceso democratizador, su profundo interés por la participación del pueblo en el gobierno. Que le es aplicable, también, el concepto de una libertad más positiva que negativa, ver HERRERA, Alejandro, «Estudio introductorio», en ELSTER, Jon y SLAGSTAD, Rune, *ob. cit.*, p. 12. Roberto Gargarella se hace cargo de presentar un panorama más analítico del proceso constitucional norteamericano. Se vale de dos analistas de este proceso. Por un lado Sustein y por otro Michelman. Sobre la lectura del *Federalista* de Sunstein (concepción procesalista y republicana de la democracia), dice que el propósito de las estructuras legales, incluyendo a la Constitución, no es implementar preferencias ya dadas sino perseguir su selección y cambio a la luz de la discusión. Sostendrá que no existen derechos prepolíticos sino que únicamente existen derechos como resultado del correcto funcionamiento del proceso político democrático deliberativo. Por su parte, Frank Michelman reflexiona en torno a un sistema institucional donde sea posible la *auto-revisión*. Si Sustein centra su atención en el Congreso, Michelman lo hará en la Corte Suprema, partiendo de que la Corte tendría más posibilidad de ser receptiva a las voces de los excluidos y estar abierta a nuestro discurso moral habitual. Roberto Gargarella da cuenta de la tensión entre democracia y derechos individuales y cree que las ideas de Sustein y de Michelman que analizan el sistema institucional norteamericano, el debate sobre los frenos y contrapesos y el federalismo, todavía resultan insuficientes. GARGARELLA, Roberto, «La revisión judicial y la difícil relación democracia-derechos» en *Fundamentos y alcances del control judicial de constitucionalidad. Investigación colectiva del Centro de Estudios Institucionales de Buenos Aires,* Centro de Estudios Constitucionales, Madrid, 1991, p. 203.

posiciones normativas que derivan de la *Déclaration des droits de l'homme et du citoyen* de la Asamblea Nacional francesa de 1789 [127]. Entre éstas, la noción de seguridad jurídica en relación con los límites del poder y el ejercicio de los derechos en el Estado constitucional. *Artículo 16:* «Toda sociedad que no asegura la garantía de los derechos, ni determina la separación de los poderes, no tiene Constitución». Justamente, la propuesta normativa de este Artículo es la que inspira a Elías Díaz para su afirmación de que no todo Estado es Estado de Derecho, que lo traduce ya contemporáneamente, como Estado constitucional: «No todo Estado es entonces Estado constitucional o, como hemos comenzado diciendo aquí, no todo Estado es Estado de Derecho» [128].

Ve, además, que el concepto de ley y el concepto de libertad prepolítica se articulan como un elemento eje en esta Declaración: *Artículo 4,* «La libertad consiste en poder hacer todo lo que no perjudica a otro; así el ejercicio de los derechos naturales de cada hombre tiene como límites sólo los que garantizan a los demás miembros de la sociedad el goce de esos mismo derechos. Estos límites sólo pueden ser determinados por la Ley». Elías Díaz, es consciente que esta es una de las proposiciones de mayor calado y dificultad para la filosofía del Derecho, ¿cómo es posible que el mismo poder estatal para cuyo límite surgen los derechos fundamentales prepolíticos sea, después de todo, el único que puede proteger eficazmente tanto la libertad civil como la libertad prepolítica?

No pocos pensadores han tratado de dar respuestas a esta paradoja no con soluciones sino con más preguntas. Habermas, por ejemplo, profundiza la pregunta, ¿cómo es posible la legitimidad por vía de la legalidad? Fioravanti, por su parte, ha comentado que la afirmación de los derechos naturales indivi-

---

[127] Las ideas principales Elías Díaz sobre la Revolución francesa están contenidas en «Libertad-igualdad en la «Declaración de Derechos del Hombre y del Ciudadano» de 1789», *Legalidad y legitimidad en el socialismo democrático,* Civitas, Madrid, 1978, pp. 69-88.

[128] DÍAZ, Elías, *Estado de Derecho y sociedad democrática,* p. 15.

duales y de la soberanía nacional en la Declaración de derechos, ambas se toman como hijas del *mismo proceso histórico,* que al mismo tiempo que libera al individuo de las antiguas ligaduras del señor-juez o del señor-recaudador, libera también al ejercicio del poder público en nombre de la nación de las nefastas influencias en sentido disgregante y particularista de los poderes feudales y señoriales. Esta es una *alianza entre las razones del individualismo y las razones del estatalismo* [129].

En Elías Díaz, este problema no está ausente. Él se pregunta cómo es posible que no todo Estado sea Estado de Derecho. Da cuenta de cómo en la Europa de los siglos XVII y XVIII la positivación de los derechos estaba ya en plena marcha [130]. Los teóricos del Derecho natural racional se vieron confrontados con el tipo de dominación que Max Weber describió como dominación legal, el entusiasmo por la razón y la voluntad humana. La convicción de que los individuos emancipados están llamados a convertirse en común, en autores de su destino y que en sus manos está el poder de decidir sobre las reglas y el modo de su convivencia heterónoma [131].

---

[129] FIORAVANTI, Maurizio, *Los derechos fundamentales. Apuntes de historia de las constituciones,* p. 58.

[130] En España, la Monarquía española, después de unos titubeos iniciales cerró filas contra Francia a partir de 1789, para que las ideas revolucionarias no se propagasen. Las ideas y doctrinas de la Revolución francesa afectaron al paso del Estado absoluto al Estado liberal, que sólo llegaría en el siglo XIX. PECES-BARBA, Gregorio y DORADO PORRAS, Javier, «Parte I: contexto social y cultural de los derechos. Los rasgos generales de evolución» en *Historia de los derechos fundamentales,* Tomo II, Siglo XVIII, Volumen I, *El contexto social y cultural de los derechos. Los rasgos generales de evolución* (Dirección) Gregorio PECES-BARBA, Eusebio FERNÁNDEZ y Rafael DE ASÍS, Universidad Carlos III de Madrid, Instituto de Derechos Humanos Bartolomé de las Casas-Dykinson, Madrid, 2001, p. 81.

[131] La formulación del principio general del Derecho en Kant está conectado con este principio de la Declaración francesa de 1789, que permite contar con exigencias de racionalidad y diferenciar moralidad y legalidad: «Una acción es *conforme a derecho* (*Recht*) cuando permite o cuya máxima permite a la libertad del arbitrio de cada uno coexistir con la libertad de todos según una ley universal». KANT, Immanuel, *La Metafísica de las costumbres,* trad.

Las ambivalencias de la Declaración francesa de derechos de 1789 tienen que ver con el paradójico funcionamiento de un Estado de Derecho: las exigencias de las libertades civiles y prepolíticas tienen que convivir con las exigencias de la soberanía popular. Esta paradoja se hace evidente en su *Artículo 3:* «El principio de toda soberanía reside esencialmente en la Nación. Ninguna corporación o individuo puede ejercer una autoridad que no emane de ella expresamente» [132].

En este aspecto, Elías Díaz reconoce ya una insuficiencia. Dice que la Ley aparece más como expresión de la soberanía nacional, la nación como un todo, que de la soberanía popular, la soberanía perteneciendo a todos y cada uno de los ciudadanos [133]. Cabe recordar que el Estado nacional y la democracia

---

Adela Cortina y Jesús Conill, Tecnos, 1994, p. 39. También Rawls empieza señalando que las libertades básicas no sólo se limitan mutuamente sino que además son autolimitantes: *toda persona* tiene igual derecho a un esquema plenamente adecuado de iguales libertades básicas que sea compatible con un esquema similar de libertades *para todos*. RAWLS, John, *Sobre las libertades,* trad. Jorge Vigil Rubio, Paidós, Barcelona, 1996, p. 32. Habermas, sobre este mismo asunto, señala que el concepto de ley aclara y explicita la idea de trato igual, contenida ya en el concepto de derecho: en la forma de leyes abstractas y generales competen a todos los sujetos los mismos derechos. Agrega, el Derecho moderno exonera moralmente a los individuos y el Derecho para suplir este déficit de moralidad recibe su legitimidad de un procedimiento legislativo que se apoya en el principio de soberanía popular: «Con ayuda de los derechos que aseguran a los ciudadanos el ejercicio de su autonomía política, ha de poder explicarse el paradójico surgimiento de la legitimidad a partir de la legalidad». HABERMAS, Jürgen, *Facticidad y validez,* p. 148.

[132] PECES-BARBA, Gregorio, HIERRO, Liborio, DE ÍÑIGUEZ, Santiago y LLAMAS, Ángel, *Derecho positivo de los derechos humanos,* Debate, Madrid, 1987, p. 113.

[133] DÍAZ, Elías, *Estado de Derecho y sociedad democrática,* p. 17. Sobre la construcción del Estado a partir de la idea de nación se puede ver SHULSE, Hagen, *Estado y nación en Europa,* trad. Ernest Marcos, Crítica, Barcelona, 1994. El Estado-plural como una alternativa al Estado-nación, es una propuesta de VILLORO, Luis, *Estado plural. pluralidad de culturas,* Universidad Nacional Autónoma de México, Paidós, Barcelona, 1998. Una problematización al Estado plural, BHIKHU, Prekh, *Repensando el multiculturalismo,* trad. Sandra Chaparro, Istmo, Madrid, 2005.

surgieron de la Revolución francesa como dos gemelos y se hallan bajo la sombra del nacionalismo, se fundó una estrecha conexión entre *ethnos y demos* [134]. Más allá de la Revolución francesa, la ciudadanía, conceptualmente, no tiene por qué depender siempre de la identidad nacional. Hoy, por ejemplo, frente al impacto social y político de las migraciones aparece ya como una exigencia ético-política el giro del fundamento de la ciudadanía de la *identidad nacional* hacia la *residencia,* para promover la igualdad política.

El profesor de la Autónoma de Madrid recupera el valor de la igualdad política como promesa de la Revolución francesa y de la Ilustración, pero advierte también de los riesgos de una concepción limitada a una soberanía popular formal como fuente normativa de la ley positiva, como si fuera suficiente que ésta tenga su fuente y su rango lógico e ilustrado en la Asamblea Nacional para que la ley prevalezca sobre los demás actos estatales administrativos, judiciales y legislativos de inferior rango y sobre la conducta de los individuos: *Artículo 6,* «La ley es la expresión de la voluntad general. Todos los ciudadanos tienen derecho a participar personalmente, o a través de sus representantes, en su formación. Debe ser la misma para todos, tanto cuando se protege, como cuando castiga. Siendo todos los ciudadanos iguales a sus ojos, son igualmente admisibles a todas las dignidades, puestos y empleos públicos, según su capacidad, y sin ninguna otra distinción que la de sus virtudes y sus talentos» [135].

En la *Déclaration des droits de l'homme et du citoyen,* efectivamente, se constata tradiciones y proyectos políticos en conflicto. Se puede ver, en primer lugar, una cantera republicana clá-

---

[134] Una explicación de la razones por las que, en 1789, aparecía como algo *casi natural* la interpretación de la soberanía nacional como soberanía popular, GARCÍA MANRIQUE, Ricardo, «Segunda Parte: sentido y contenido de la Declaración de 1789 y textos posteriores» (Dirección) Gregorio PECES-BARBA, Eusebio FERNÁNDEZ y Rafael DE ASÍS, *ob. cit.,* tomo II, volumen 3, pp. 307-308.

[135] PECES-BARBA Gregorio, HIERRO, Liborio, DE ÍÑIGUEZ, Santiago y LLAMAS, Ángel, *ob. cit.,* p. 114.

sica, entre sus presupuestos normativos la preocupación por el problema de la autoorganización de la comunidad jurídico-política y la referencia a los derechos de participación e intercomunicación política como elementos fundamentales del núcleo de la idea de ciudadanía [136]; un republicanismo hecho de ropaje y de frases romanas, como si la revolución necesitara de reminiscencias históricas para ocultar un contenido burgués limitado pero tratando de mantener una pasión a la altura de la gran tragedia histórica [137]. En segundo lugar, se puede constatar una potente cantera liberal que se expresa en las pretensiones de derechos de protección y seguridad jurídica para los planes individuales de vida; en el *Artículo 2,* se dice con claridad: «El fin de toda asociación política es la conservación de los derechos naturales e imprescriptibles del hombre. Estos derechos son la libertad, la propiedad, la seguridad y la resistencia a la opresión»; esta exigencia corre el riesgo de justificar el individualismo posesivo vía la seguridad jurídica para una fórmula típicamente burguesa, la inviolabilidad de la propiedad, contenida en *Artículo 17* [138]. Dice Elías Díaz, aquí se encuentra la expresión

---

[136] HABERMAS, Jürgen, *Facticidad y validez,* p. 625. Se ha destacado como uno de los efectos de la Revolución francesa la particular importancia que adquiere la participación ciudadana en los años 1793 y 1794. El gobierno jacobino orientó el sufragio universal hacia una democracia lo más directa posible: los ecos del republicanismo griego y romano no estuvieron ausentes. MARTÍNEZ ARANCÓN, Ana, «Estudio preliminar» en VV.AA., *La Revolución francesa en sus textos,* Tecnos, Madrid, 1989, p. XXXIII. DOMÈNECH, Antoni, ha llevado a cabo una defensa del programa *democrático-fraternal* robespierriano en su libro *El eclipse de la fraternidad. Una revisión republicana de la tradición socialista,* p. 85 y ss. Según GARCÍA MANRIQUE, Ricardo, los jacobinos fueron igualitarios en su contenido pero terroristas en su forma, véase «Segunda Parte: sentido y contenido de la Declaración de 1789 y textos posteriores», *ob. cit.,* tomo II, volumen 3, p. 378.

[137] MARX , Karl, *El 18 Brumario de Luis Bonaparte,* trad. O.P. Safont, Ariel, Barcelona, 1968, p. 13. Se puede ver también TIERNO GALVÁN, Enrique, *Antología de Marx,* Cuadernos para el Diálogo, Madrid, 1972, p. 196.

[138] Parte del espíritu burgués en la *Declaración de los derechos del hombre y del ciudadano* se ve reflejado en el *Artículo 17:* «Siendo la propiedad un derecho inviolable y sagrado, nadie puede ser privado de ella, salvo cuando lo

más clara del triunfo de la ideología burguesa, vía la Declaración, al fijar la propiedad como «un derecho inviolable y sagrado».

Nuestro autor, entra aquí a operar con la crítica socialista y marxista a la sociedad capitalista. Típicamente marxista, es la explicación de la «enajenación» a partir de la situación social generada por el establecimiento de relaciones de propiedad privada y por la división del trabajo dentro de la estructura política del Estado, expresión legal del dominio de una clase sobre otra [139]. La crítica se dirige a poner de manifiesto la explotación del trabajo ajeno, la instrumentalización del ser humano.

La escisión entre derechos del hombre/derechos del ciudadano es lo que Marx objeta a la Revolución francesa y a la Declaración. Denuncia la alienación e instrumentalización del espacio público desde los intereses privados de la burguesía. La positivación de derechos que en la *Déclaration des droits de l'homme et du citoyen* que la Asamblea Nacional de Francia llevó a cabo en 1789 habría seguido esté curso. El hombre en cuanto miembro de la sociedad burguesa, el hombre *apolítico,* tiene que aparecer como el hombre *natural.* Para la Revolución francesa: «la sociedad burguesa, el mundo de las necesidades, del trabajo, de los intereses privados, del derecho privado son la *base en que se apoya,* un último *presupuesto* y por consiguiente su *base natural*» [140]. Este es uno de los modos de crítica a la escisión entre los derechos del hombre y los derechos del ciudadano que influyen sobre Elías Díaz [141].

---

exija evidentemente la necesidad pública, legalmente comprobada y a condición de una indemnización justa y previa». PECES-BARBA, Gregorio, HIERRO, Liborio, DE ÍÑIGUEZ, Santiago y LLAMAS, Ángel, *ob. cit.,* p. 114.

[139] GARZÓN VALDÉS, Ernesto, *Derecho, ética y política,* Centro de Estudios Constitucionales, Madrid, 1993, p. 141.

[140] MARX, Karl, *La cuestión judía y otros escritos,* trad. José María Ripalda, Planeta Agostini, Barcelona, 1993, p. 51.

[141] Uno de los mejores trabajos analíticos de las ideas de Karl Marx sobre el tema de los derechos humanos: ATIENZA, Manuel, *Marx y los derechos humanos,* Mezquita, Madrid, 1983. En torno a Marx y la Revolución francesa se puede ver FURET, Francois, *Marx y la Revolución francesa,* trad. Eduardo L. Suárez, FCE, México, 1992 y, *Pensar la Revolución francesa,* trad. Arturo R. Firpo, Petrel, Barcelona, 1978.

La crítica de Aranguren al iusnaturalismo racional procedimental, que inspira a la Revolución francesa, sin ser ésta una crítica socialista pero dada su alto contenido ético también influyó sobre Elías Díaz. Aranguren, decía que al iusnaturalismo procedimental no le interesa la imposibilidad del acceso a la propiedad que de hecho sufre el proletariado o el colono. De este modo, el derecho natural cumplía una de sus posibles funciones, convertirse en instrumento político al servicio del orden establecido, o en pretexto de subversión como en vísperas de la Revolución francesa [142].

Para Aranguren el derecho natural cumple una función orientativa al aspirar a convertirse en Derecho positivo, lo que no sucede con las «exigencias morales» que no aspiran a plasmarse en algo dado. Muguerza comenta lo dicho por Aranguren, en lo que hace a la relación entre Derecho natural y la Declaración, que lo que se proclamó bajo la forma de *derechos del hombre y del ciudadano,* en vez de ser calificado de *natural* merecería el calificativo de *histórico,* dado que esta positivación de derechos sólo fue posible en el contexto sociocultural del siglo de las luces, impensable en la Edad Media [143]. De la crítica al iusnaturalismo procedimental no se deduce inmediatamente una salida integradora entre derechos individuales y poder político. La tensión entre derechos individuales naturales y derechos humanos positivados por el Estado de Derecho persiste.

---

[142] Dice Aranguren que una de las funciones que le tocó desempeñar al Derecho natural tras la Revolución francesa fue dar acceso *individual* a la propiedad a expensas de la propiedad jurídicamente constituida de personas colectivas: «Así llegaron a ser propietarios algunos hombres que antes no lo eran, pero no, ni mucho menos, todos. ¿Y los otros? Si la propiedad es de derecho natural, también ellos deberían ser propietarios. Eso se replica, sería revolucionario, subvertiría el orden social». ARANGUREN, José Luis, *Ética y política,* p. 40.

[143] MUGUERZA, Javier, «Polis sin politeia» en *Derechos y libertades* n.º 1, febrero/octubre, 1993, p. 300. En este artículo, Muguerza critica a Bloch y sus ideas sobre el iusnaturalismo progresista. Creo que el mayor interés de Muguerza es el de dejar bien establecida la diferencia entre espacios privados y espacios públicos.

Ernst Bloch, otro de los autores-fuente para Elías Díaz, parafraseando a Marx, critica los límites individualistas de la Revolución francesa. El hombre vivo, requiere de un concepto de «comunidad», entendida ésta como el espacio de *realización* de la libertad. «De tal suerte que el *citoyen,* que en la Revolución francesa vivía en un más allá moral-abstracto, es ahora rescatado de este más allá y retrotraído a la terrenalidad de la humanidad en sociedad. Pero la bandera de los derechos del hombre tiene que ser por doquier la misma, tanto la que alzan los trabajadores como derecho de resistencia en los países capitalistas, como la que enarbolan en los países socialistas como construcción del socialismo, como derecho e incluso como obligación a la crítica de esta construcción» [144].

Elías Díaz no niega que el iusnaturalismo progresista, como lo quiere Bloch o como lo explica desde la idea de función Aranguren, pueda ser concordante con un socialismo humanista que ponga en marcha la crítica a las insuficiencias del liberalismo, sin abandonar el ideal de la dignidad humana de la Declaración [145]. Sin embargo, esto no puede conducir a la identi-

---

[144] BLOCH, Ernst, *Derecho natural y dignidad humana,* trad. Felipe González Vicén, Aguilar, Madrid, 1980, p. 181. Cabe decir que Bloch no arriesga tanto a favor del Estado como lo hace Hegel. Dice Hegel que en el mundo moderno el hombre exige ser respetado en su interioridad, tiene derechos pero también deberes: «La unión de deber y derecho muestra la doble cara, por la cual lo que el Estado exige como deber es también inmediatamente derechos de la individualidad, pues no es otra cosa que la organización del concepto de libertad. Las determinaciones de la voluntad individual son llevadas por medio del Estado a una existencia objetiva, y sólo por su intermedio alcanzan su verdad y su realización. El Estado es la única condición para conseguir el fin y el bienestar particulares». HEGEL, Friedrich, *Principios de la filosofía del Derecho,* trad. Juan Luis Vermal, Edhasa, Barcelona, 1999, p. 383, &261. Bloch critica a Hegel, ya que en su juventud tuvo simpatía por la Revolución francesa, pero luego dio lugar a una imagen sobredorada del Estado lo que le valió una serie de objeciones, certeras algunas, otras desacertadas. BLOCH, Ernst, *Sujeto-objeto: el pensamiento de Hegel,* trad. Wenceslao Roces, FCE, México, 1962, p. 229.

[145] No se olvide, dice, Elías Díaz que el propio Bloch se ha autocalificado como «*menschliches Sozialismus,* socialismo humanista». DÍAZ, Elías, *Socialismo en España: El Partido y el Estado,* Mezquita, Madrid, 1982, p. 39.

dad entre existencia privada y existencia pública. A Bloch le pareció encontrar en el iusnaturalismo y en los ideales de la Revolución francesa el modo de encontrar una referencia para un giro de horizonte, hacia una utopía del derecho natural tras la verdadera *pólis,* la *pólis sin politeía* [146]. Dice Muguerza, que Bloch retoma aquí no sólo el concepto de la *verdadera democracia* de Marx sino también el antiguo imperativo rousseauniano de soberanía popular [147]; idea que ya estaba presente en la revalorización de la pólis griega como orden de armonía perfecta entre el *polítes* y el hombre [148]. Araguren no fue tan opti-

---

146 GARZÓN VALDÉS, Ernesto, *Derecho, ética y política,* p. 138.

147 A Rousseau le preocupó las causas de la miseria humana y el desencuentro entre el hombre y el ciudadano. Elías Díaz defiende la influencia de las ideas de Rousseau en la Revolución Francesa. La influencia fue decisiva a partir de sus conceptos sobre la voluntad general y la igualdad. En concreto el Artículo 6 de la Declaración estableció que la ley es la expresión de la voluntad general: constancia expresa del reconocimiento de esta herencia, aunque esta acogida no dejó der «moderada». DÍAZ, Elías, *Legalidad y legitimidad en el socialismo democrático,* 1978, p. 79. Jellinek, en 1902, inició una polémica que ha sembrado dudas sobre esta influencia. Cree: 1.º) que las Declaración de 1789 no deriva del *Contrato social,* ya que las ideas Rousseau son totalitarias y no democráticas; 2.º) la Declaración francesa en su fondo y forma sigue las huellas de los Estados particulares norteamericanos y 3.º) se remonta a las ideas de Locke, ya que la libertad religiosa es la característica originaria de las Declaraciones del siglo XVIII, el primer derecho natural inalienable reconocido; incluso la democracia, como proyecto humano, también tendría que ver, antes que con la Revolución francesa, con el contexto histórico, evolutivo y espontáneo de la experiencia constitucional norteamericana. JELLINEK, Georg, *La declaración de los derechos del hombre y del ciudadano,* trad. Adolfo Posada, UNAM, México, 2000, p. 77 y ss. En el fondo subyacen visiones discrepantes sobre la libertad. En todo caso, la Revolución francesa no lo inventó todo: es deudora del pensamiento ilustrado, en ese marco está Rousseau y por supuesto Kant, entre otros. Una crítica al conjunto de las ideas de Jellinek, se puede ver AMUCHASTEGUI, Jesús, «Introducción» en JELLINEK G., BOUTMY E., DOUMERGUE E., POSADA A., *Orígenes de la Declaración de derechos del hombre y del ciudadano,* edición preparada por Jesús González Amuchastegui, Editora Nacional, Madrid, 1984, pp. 9-55. Una línea de investigación basada en las ideas de Jellinek es la que lleva a cabo NAEF, Werner, *La idea del Estado en la Edad Moderna,* trad. Felipe González Vicén, Comares, Granada, 2005, p. 41 y ss.

148 MUGUERZA, Javier, «Polis sin politeia» en *Derechos y libertades* n.º 1, febrero/octubre, 1993, p. 302.

mista como Bloch, pensó que la democracia real nunca podrá realizar la promesa de un Estado democrático justo.

Las objeciones a la Revolución francesa y a la Declaración no sólo proceden de la teoría socialista, marxista y no marxista, sino también de liberales democráticos y de liberales conservadores. A Tocqueville, un liberal democrático, se le debe la perspectiva autorreflexiva de los propios franceses sobre su Revolución: no terminó por convencerle el cambio revolucionario; un gran esfuerzo compulsivo y doloroso, un proceso sin transición ni precaución no pudo evitar el aumento abusivo del poder político [149]. Con Burke, un liberal conservador, toma impulso en Gran Bretaña el debate sobre la Revolución francesa. Este autor discutió con Thomas Paine.

Algunos británicos veían en la Revolución francesa de 1789 acontecimientos parecidos a los ocurridos en los reinos británicos en el período de la Revolución Gloriosa. Al respecto, Burke y Paine tenían opiniones diferentes: Paine, consideraba que la Revolución Gloriosa no constituía un verdadero precedente de revolución o de creación de una constitución; Burke, en cambio, creía que los acontecimientos ocurridos en Gran Bretaña en 1688 habían significado la reinstauración de una práctica establecida, constitucional y tradicional, compatible con el respeto de los derechos anteriores, y que los franceses, por el contrario, se habían centrado en el abandono total de todos los derechos y tradiciones anteriores, y en la reconstitución de la sociedad *ab initio en términos estrictamente racionalistas;* «Lo que Paine consideraba loable en los acontecimientos franceses era exactamente lo que Burke deploraba» [150].

---

[149] DE TOCQUEVILLE, Alexis, *El antiguo régimen y la revolución,* volumen 1, trad. Dolores Sánchez, Alianza Editorial, Madrid, 1989, p. 66. Sobre este autor véase SAUCA CANO, José María, *La ciencia de la asociación de Tocqueville,* CEC, Madrid, 1995.

[150] MacCORMICK, Neil, «Law, Rule of Law and Democracy» en VV.AA., *ob. cit.,* p. 413. El debate Paine *versus* Burke tal vez sea la mejor muestra de la discordia entre liberales democráticos y liberales conservadores en la valoración de la Revolución francesa. Véase BURKE, Edmund, *Reflexiones sobre la Revolución francesa,* trad. Estaban Pujals, RIALP, Madrid, 1989; el libro

La crítica a la génesis histórica de la Revolución francesa y la Declaración, para Elías Díaz, no debe conducirnos a negar su relevancia para la constitución del Estado de Derecho, la democracia y los derechos básicos: «La Revolución francesa, revolución de la burguesía, marca el fin del antiguo régimen absolutista y el comienzo de la instauración de los regímenes liberales; sociológicamente significa el paso de una sociedad estamental a una sociedad clasista. Desde un punto de vista institucional jurídico, con ella se generaliza la fórmula de lo que después se llamaría en seguida Estado de Derecho» [151]. Peces-Barba ve en el pensamiento de Elías Díaz un entronque con toda la tradición del socialismo democrático que reclama continuidad con el liberalismo para convertir en reales los viejos ideales de la Revolución francesa [152].

Para terminar este acápite quiero dejar constancia que se ha observado el gran interés de Elías Díaz por la Revolución francesa y la Declaración. Tal vez se deba a aquello que los intelectuales de izquierdas desde siempre han destacado: mientras la Revolución americana, por así decir, fue *resultado* de los acontecimientos, la Revolución francesa fue obra de unos protagonistas que actuaban con plena conciencia de *estar ha-*

---

de Thomas PAINE, *Rights of Man,* ed. E. Forner and. H. Collins, Harmondsworth, Penguin Classics Ed., 1984. Sobre esta polémica ver FERNÁNDEZ GARCÍA, Eusebio, «La polémica Burke-Paine» (Dirección) Gregorio PECES-BARBA, Eusebio FERNÁNDEZ y Rafael DE ASÍS, *ob. cit.,* tomo II, volumen II, pp. 369-416.

[151] DÍAZ, Elías, *Estado de Derecho y sociedad democrática,* p. 15.

[152] PECES-BARBA, Gregorio, *Escritos sobre derechos fundamentales,* p. 78. Según Peces-Barba los ideales de la Revolución francesa llevaron a plasmar en la Declaración de 1789 una nueva legitimidad, la que expresa la fundamentación del naciente Estado liberal: frente al *quién* manda, sustituye al monarca por la soberanía nacional; frente al *cómo* se manda, estableciendo el imperio de la Ley como garantía de la libertad; y frente al *qué* se manda, señala unos contenidos materiales que son los derechos que el hombre de aquel tiempo consideraba fundamentales. PECES-BARBA, Gregorio, «Primera parte: fundamentos ideológicos y elaboración de la Declaración de 1789» (Dirección) Gregorio PECES-BARBA, Eusebio FERNÁNDEZ y Rafael DE ASÍS, *ob. cit.,* tomo II, volumen 3, p. 212.

ciendo una revolución [153]; aunque no han faltado intentos para restarle méritos a este hecho histórico desde algunos sectores del socialismo, vinculados a teorías jurídicas revolucionarias, dirigidos a destruir la doctrina del derecho natural a partir de un positivismo extremo, y que van desde una idea de revolución profética a otras de orientación voluntarista [154]. El interés de Elías Díaz por describir y construir una configuración histórica del Estado de Derecho no pasa por sacralizar ni la Revolución francesa ni el texto de la *Déclaration des droits de l'homme et du citoyen* [155].

1.3. Características y condiciones básicas para la realización de la libertad del hombre y del ciudadano en el Estado de Derecho

Se ha visto que el desarrollo del Estado de Derecho moderno significó, inicialmente, el dominio creciente de los dogmas iusnaturalistas. Además del concepto de ley, que se constituye en un elemento eje, la razón se torna intramundana, se predica

---

[153] HABERMAS, Jürgen, *Facticidad y validez,* p. 592

[154] Elías Díaz ha señalado la importancia que la escuela racionalista clásica del Derecho natural ha tenido como antecedente directo de la doctrina del imperio de la ley; y que en efecto, a través de la Revolución francesa, se produce el paso del iusnaturalismo racionalista de los siglos XVII y XVIII al positivismo liberal del XIX; la dignidad y racionalidad del Derecho natural del XVII-XVIII pasan a ser en el siglo XIX atributos del Derecho positivo. En este contexto, agrega: «autores como Grocio, Locke, Puffendorf, Rousseau o Kant constituyen, con sus peculiaridades variantes, puntos centrales de esa evolución que va desde el iusnaturalismo racionalista al imperio de la ley positiva propio del Estado de Derecho». DÍAZ, Elías, *Estado de Derecho y sociedad democrática,* p. 16.

[155] Christine Fauré menciona el contrasentido de toda sacralización de los postulados de la Declaración francesa de 1789. Dice que no se puede borrar las huellas de su contingencia y tampoco negar el ambiente en que se originó: «un efecto del mito «derechos del hombre» es el de considerar la Declaración de 1789 como algo no engendrado, que salió ya armado del cerebro de Dios». FAURÉ, Christine, *Las declaraciones de los derechos del hombre de 1789,* trad. Diana Sánchez y José Luis Núñez, FCE, México, 1995, p. 17.

de ella como algo común a todo hombre y ciudadano[156]. El Estado de Derecho, en cierta medida, cristaliza y desarrolla los presupuestos históricos y normativos de la modernidad[157]. Estos dogmas en la España de aquellos tiempos no eran precisamente favorecidos, los intereses sociopolíticos daban la espalda a los cambios que se venían produciendo en Europa, en la dirección marcada por la Revolución francesa, minando el absolutismo[158].

En Elías Díaz hay un punto de partida en la definición del Estado de Derecho moderno de tradición liberal-occidental: «El Estado de Derecho comienza —lógica e históricamente— con el «imperio de la ley»; antes del control jurídico no hay, en efecto, Estado de Derecho sino Estados absolutos»[159]. Esta definición se explica a través de ciertas características o condiciones básicas para la realización de la libertad del hombre y del ciudadano. Es un socialista que reconoce en la moderna so-

---

[156] Se ha insistido que en los siglos XVI y XVII está el germen para un clima favorable hacia la fundamentación de la Ley en el marco del racionalismo iusnaturalista. DÍAZ, Elías, *Sociología y filosofía del Derecho,* p. 270. Tanto Peces-Barba como Ricardo García Manrique insisten en señalar que la Declaración de 1789 supone el triunfo y culminación del iusnaturalismo imperante en la cultura europea y desde tal horizonte moral y político explican la vital importancia de los dos conceptos jurídicos principales de tal Declaración: el de *derecho subjetivo* y el de *ley*. PECES-BARBA y GARCÍA MANRIQUE, «Los textos de la Revolución francesa», *ob. cit.,* tomo II, volumen 3, pp. 115-217.

[157] PECES-BARBA y DORADO PORRAS, «Parte I: contexto social y cultural de los derechos. Los rasgos generales de evolución», *ob. cit.,* tomo II, volumen I, pp. 3-219.

[158] Manuel Martínez da cuenta que en la España de estos tiempos, la Revolución francesa y el derecho natural racionalista minaban los fundamentos del absolutismo. Ante esto se tomaban medidas desde el poder del Reino proponiendo la supresión de cátedras sobre iusnaturalismo fundado en la ilustración y proponiendo la enseñanza de cátedras de ética, «en las que se podía aprender un derecho natural conveniente al Estado y la religión. Un derecho natural, y esto interesa en esta sede, que primaba los deberes sobre los derechos». MARTÍNEZ NEIRA, Manuel, «la ilustración (jurídica) española» (Dirección) Gregorio PECES-BARBA, Eusebio FERNÁNDEZ y Rafael DE ASÍS, *ob. cit.,* tomo II, volumen I, p. 412.

[159] DÍAZ Elías, *Estado de Derecho y sociedad democrática*, p. 8.

ciedad burguesa una sociedad paradigmática en la que se ha institucionalizado un orden igualitario de libertad negativa, o también llamada libertad abstracta o formal, por eso su esfuerzo comprensivo no pasa por alto al Estado de Derecho que es. Su tarea, entonces, es reconstruir el Estado de Derecho, lógica e históricamente, hasta dar con sus elementos fundamentales e intrínsecos.

Ya se ha visto que en 1966, nuestro autor, decía que las características generales que corresponden como exigencias imprescindibles a todo «auténtico» Estado de Derecho, eran las siguientes: (a) imperio de la ley: ley como expresión de la voluntad general; (b) separación de poderes: legislativo, ejecutivo y judicial; (c) legalidad de la Administración: regulación por la ley y control judicial; (d) derechos y libertades fundamentales: garantía jurídico-formal y realización material [160].

No resulta tarea fácil precisar en que consiste o debe consistir cada una de estas características y, como todo concepto de Estado de Derecho postradicional, va a tener que confrontar el problema de separar o vincular dos esferas: la libertad negativa, propia de la sociedad civil y la esfera de la libertad pública «positiva», expresión de la sociedad política. Puede haber disputa si alguna de ellas juega un papel prioritario en la definición o goza de una vida propia al margen de las otras características, en algún sentido, explicarse por sí misma [161].

Elías Díaz conoce del hecho contextual de una sociedad burguesa según la cual la libertad negativa del individuo es una esfera de derecho especial que no está a disposición de ninguna voluntad común. Esta sociedad de «libertad negativa» exige condiciones políticas formales. Es un deber del Estado soberano proteger en cuanto sea posible a cada miembro de la sociedad contra la injusticia y la opresión de otro miembro y establecer una administración de justicia que dé solución a los conflictos

---

[160] DÍAZ, Elías, *ob. cit.*, p. 18.

[161] LAPORTA, J. Francisco, «Imperio de la ley-Reflexiones sobre un punto de partida de Elías Díaz», *Doxa* 15-16, Alicante, 1994, p. 138.

y ejerza hegemónicamente la acción coactiva [162]. La sociedad civil y la economía de mercado confían en un individuo egoísta, aunque prudente. Y para esto resulta relevante la predicción de la acción individual y colectiva a partir de datos que puede proporcionar la normatividad jurídica.

En los últimos años y frente a una supuesta crisis de la ley como causa de las transformaciones del Estado de Derecho hacia un Estado constitucional, nuestro autor viene insistiendo en centrar el debate en las dimensiones ético-políticas de legitimidad y justicia. Por un lado, viene a decir que el Estado de Derecho que él defiende está limitado por una concepción del «imperio de la ley como expresión de la voluntad general» y si la ley, el ordenamiento jurídico, carece de un origen democrático, podrá haber imperio de la ley pero no Estado de Derecho. Por otro, va hacia la raíz, al valor de la autonomía personal, de la autonomía moral y de las coherentes implicaciones y exigencias que la hacen más real y universal. El origen y fundamento es común, tanto a la afirmación del imperio de la ley como expresión de la soberanía popular así como la garantía por las leyes del respeto y desarrollo de los derechos fundamentales.

Es verdad, dice, que frente a reducciones e insuficiencias constatadas históricamente, el entendimiento actual de la Constitución como norma jurídica, le parece una conquista a todas luces muy positiva y por completo coherente con el mejor Estado de Derecho. Sin embargo, hace un llamado para dejar de lado aquella postura maniquea que quiere establecer radicales oposiciones entre «un casi perverso Estado legislativo de Derecho y un casi perfecto Estado constitucional de Derecho»; para él, Estado de Derecho es Estado constitucional legislativo y judicial de Derecho:

«Mis cautelas, lo reitero de modo expreso, y mis advertencias críticas ante el mimético y simplista entusiasmo actual por la muy respetable fórmula del Estado constitucional de Derecho

---

[162] SMITH, Adam, *La riqueza de las naciones,* trad. Carlos Rodríguez, Alianza Editorial, Madrid, 2002, p. 674.

únicamente derivan y aumentan en la medida —como digo— en que éste, por un lado, implique y favorezca una real infravaloración de algunas de las principales instituciones democráticas, especialmente del Parlamento, órgano político y órgano legislador, y, por otro, derivado de ahí, en cuanto que la interpretación y aplicación de los superiores principios y valores constitucionales pretendan atribuirse y reducirse de manera muy preferente y privilegiada a las meras instancias y criterios de los aparatos jurisdiccionales [...] En tal situación todos los conflictos sociales y todas las luchas políticas se trasladarían entonces (aún más) al interior del poder judicial [...] Pero el Estado de Derecho no es sólo cosa de jurista, única y exclusivamente una cuestión jurídica» [163].

En conclusión, el Estado de Derecho, caracterizado por el imperio de la ley, tiene que dar cuenta de un núcleo ético-político básico constituido por los derechos fundamentales y la democracia. Mientras que los derechos fundamentales son la razón de ser del Estado de Derecho (criterio de legitimidad objetiva), la democracia es el procedimiento para convertir en legalidad tales exigencias de legitimidad (legitimidad procedimental). La indagación de una más justa y ética legitimidad del Estado de Derecho lo ha llevado a este núcleo ético-político, no esencialista ni inmovilista y tampoco es una demanda aislada de la historia y la realidad social. Acaso este núcleo sea una especie de carta de navegación en la lucha por el respeto del Derecho y por el cambio de las condiciones reales de existencia de los menos favorecidos. La mejor defensa de la legalidad y la legitimidad «exige actuar siempre en el marco de la Constitución y del Estado de Derecho: no sólo esto es más justo, y más legal, sino que incluso —ésta es mi convicción— tanto a corto como a medio y largo plazo, preocupándose por contar con adhesiones sociales más fundadas e ilustradas, con una mayor y mejor legitimación,

---

[163] DÍAZ, Elías, «Estado de Derecho y legitimidad democrática», en DÍAZ, Elías y COLOMER, José Luis, *Estado, justicia y derechos,* Alianza Editorial, Madrid, 2002, p. 187.

será además mucho más eficaz para todo el sistema político social» [164].

2. LA TEORÍA DEL ESTADO DE DERECHO EN FRANCISCO LAPORTA

En este apartado se verán los argumentos de los que se sirve Francisco Laporta para afirmar que en la idea de Estado de Derecho de Elías Díaz hay una determinada perspectiva conceptual y en la que incluye aspectos y exigencias ético-políticas muy amplias [165]. Hechas estas advertencias dejará traslucir sus coincidencias teóricas y prácticas, que son de larga data [166]. De

[164] DÍAZ, Elías, «Estado de Derecho y legitimidad democrática», *ob. cit.*, p. 84.

[165] Lo que cree Laporta es que Elías Díaz incluye en su concepto de Estado de Derecho aspectos y exigencias ético-políticas muy amplias. Esto no es una deficiencia conceptual, sino una opción que, por lo demás, le parece aceptable: «Lo que sucede —dice— es que yo me ocupo de «imperio de la ley» que es sólo uno de los ingredientes de la noción de Estado de Derecho de Elías», *carta personal,* 21 de noviembre de 2005. En parecidos términos, Raz criticaba las conclusiones del Congreso Internacional de Juristas celebrado en Nueva Delhi en 1959: «Si estado de derecho es el imperio del derecho bueno, entonces explicar su naturaleza es proponer una completa filosofía social». RAZ, Joseph, *La autoridad del Derecho,* p. 264. Sobre las conclusiones del referido Congreso, *Revista de la Comisión Internacional de Juristas,* volumen II, n.° 2, invierno de 1959-verano de 1960 y *Revista de la Comisión Internacional de Juristas,* volumen IV, n.° 2, verano de 1963, Ginebra. La CIJ reflexionaba sobre el Estado de Derecho desde una teoría de la justicia jurídico-política. En estos términos fue elaborado el Informe sobre el imperio de la ley en España, analizado en el capítulo anterior.

[166] Francisco Laporta fue profesor ayudante en el Departamento de Joaquín Ruiz-Jiménez entre 1968 y 1972 y profesor adjunto en el Departamento de Filosofía del Derecho dirigido por Elías Díaz en la Universidad Autónoma de Madrid. Actualmente es catedrático de Filosofía del Derecho en esta misma universidad. Se doctoró en derecho con una tesis sobre Adolfo Posada, de esta investigación resultó su primer libro *Adolfo Posada: política y sociología en la crisis del liberalismo,* Cuadernos para el Diálogo, Madrid, 1974. Sus múltiples artículos dan cuenta de una preocupación básica, el imperio de la ley, además, de sus

nuestro autor, destaca dos aspectos: en primer lugar, el contexto sociológico en el que surge su pensamiento; y en segundo lugar, las nociones de teoría política y de filosofía del Derecho que están de por medio.

Dice que es preciso señalar el sistema político arbitrario e intolerante de la España de los sesenta, la década en la que cuaja la personalidad intelectual de Elías Díaz. Una España desarticulada por un sistema político autoritario, ignorante de las garantías individuales y en la que el poder sólo muy parcial y fragmentariamente estaba sometido al Derecho.

«Por eso no tiene nada de extraño que uno de los primeros estímulos que hirieran una sensibilidad tan viva como la suya fuera precisamente el de esa inmediata incertidumbre en que se vivía, y, en consecuencia, una de sus inquietudes más originarias fuera la relativa al aspecto más directamente garantista y protector que ofrece la visión moderna del derecho. Este repito, me parece uno de los más importantes puntos de partida de su pensamiento» [167].

---

estudios sobre derechos humanos y democracia. Otra de sus preocupaciones es la filosofía ético-política en relación con el Estado de Derecho: *Entre el Derecho y la moral,* Fontamara, México, 1993; *La corrupción política,* Alianza Editorial, Madrid, 1997, en coedición con Silvina Álvarez; ha tenido a cargo la dirección de la edición del *Anuario de la Facultad de Derecho de la Universidad Autónoma de Madrid 6 (2002), La Enseñanza del Derecho,* UAM-BOE, Madrid, 2003; y la edición de *Constitución: problemas filosóficos,* CEPC, Madrid, 2003. En el último Congreso Mundial de Filosofía del Derecho y Filosofía Social, celebrado en mayo de 2005 en Granada, España, expuso «Globalización e imperio de la Ley. Un texto provisional para el debate con algunas dudas y perplejidades de un viejo westfaliano», se puede ver *Anales de la Cátedra Francisco Suárez 2005. Law and justice in a global society,* Granada, España, pp. 231-252. Ha sido director del Centro de Estudios Políticos y Constitucionales.

[167] LAPORTA, Francisco, «Imperio de la ley. Reflexiones sobre un punto de partida de Elías Díaz», *Doxa* n.º 15-16, Alicante, 1994, p. 133. Laporta hace mención, explícitamente, a dos escritos iniciales y fundamentales de Elías Díaz. El primero, centrado en la teoría política, en la necesidad de ser gobernados por una voluntad democrática, «el Estado de Derecho es el Estado sometido al Derecho, o mejor, el Estado cuyo poder y actividad vienen regulados y controlados por la ley. El Estado de Derecho consiste fundamentalmente en el «imperio de la ley»: Derecho y ley entendidos en este contexto como expresión

Este contexto, habría ocasionado que Elías Díaz, en su concepto de Estado de Derecho, preste especial atención a su justificación en nociones de teoría política (la soberanía popular) y en nociones de filosofía jurídica (seguridad y garantía de los derechos humanos básicos), en desmedro de una atención, también necesaria y no menos importante, al propio concepto de imperio de la ley, que por sentido último tendría precisamente la protección de la autonomía del individuo frente al poder político.

Según Laporta, el Estado de Derecho comprende tres ideales.

«Estos ideales son: 1) El *Imperio de la ley,* 2) Los *derechos del hombre* y 3) El *principio democrático.* Son creo, los tres ideales que Elías Díaz ha pretendido englobar en uno solo mediante su noción amplia y ambiciosa de «Estado democrático de Derecho»: imperio de la ley, pero ley entendida como expresión de la voluntad general, es decir, principio democrático, y ley que posibilite el reconocimiento formal y la realización efectiva de los derechos del hombre. Yo, por el contrario, prefiero proceder a aislar el primero de esos ideales, asumiendo que puede tener vida propia al margen de los otros y reflexionar únicamente sobre él» [168].

Trata de evitar un concepto «insaciable» de Estado de Derecho. En uno de sus últimos escritos, su preocupación se extien-

---

de la «voluntad general»», *Estado de Derecho y sociedad democrática,* p. 7. El segundo, ya desde la perspectiva interna de la Filosofía del Derecho, y no tanto de la teoría política, «La contraposición y superación de la pura arbitrariedad (o la falta, sin más, de normas) a través de la legalidad, significa ya la posibilidad de una primera, aunque imprescindible y esencial, zona de seguridad jurídica. La legalidad engendra seguridad: el derecho establece y delimita el campo dentro del cual, en una determinada sociedad, los ciudadanos pueden sentirse seguros, sabiendo con certeza a qué atenerse en relación con sus derechos y deberes [...] El reino de la arbitrariedad es el reino de la total inseguridad; la lucha contra la arbitrariedad es, entre otras cosas, la lucha por la seguridad jurídica. La legalidad es siempre un progreso con respecto de la arbitrariedad», *Sociología y Filosofía del Derecho,* Taurus, Madrid, 1993 (primera edición, 1971), p. 42.

[168] LAPORTA, Francisco, «Imperio de la ley. Reflexiones sobre un punto de partida de Elías Díaz», *ob. cit.,* p. 138.

de a otros contextos y su crítica presta atención a una corriente de pensamiento que comparte ya una seña de identidad. Una concepción, dice, muy consolidada tanto en España, a través de Elías Díaz, como en otros países —Böckenforde (Alemania), Ferrajoli (Italia)— que ve el Estado de Derecho como un ideal articulado y coherente de instituciones y valores éticos políticos diversos que han ido sedimentándose en la cultura constitucional y en los ordenamientos jurídicos a lo largo de más de dos siglos.

Una perspectiva, en la que, «[e]l Estado de Derecho, como producto de esa evolución histórica desde sus orígenes ilustrados, no sería ya meramente un Estado sometido a normas jurídicas sino que habría ido incorporando y haciendo suyas exigencias cada vez más definidas sobre los derechos individuales, el proceso democrático y la igualdad social y económica de los ciudadanos. Como consecuencia de ello esa concepción tiende a percibir el Estado de Derecho como un universo dentro del que se contienen todos o casi todos aquellos principios ético-políticos que constituyen el canon de la legitimidad de los sistemas jurídicos. Una sociedad *bien ordenada* o un derecho *justo* sería así aquellos que se articulan institucionalmente con arreglo a esas exigencias del Estado de Derecho. Por tanto, Estado de Derecho, sociedad justa o legitimidad política vendrían a ser conceptos con un alcance valorativo equivalente» [169].

Se detiene, entonces, en aquello que falta y se dispone a analizar sólo uno de esos principios ético-políticos, acaso sea lo más básico desde un punto de vista lógico: aquél que se viene llamando comúnmente, a partir quizás de una tradición anglosajona, *Rule of Law,* «imperio de la ley». Así, Estado de Derecho es sobre todo un Estado o sociedad política en el que la ley como fuente de normas jurídicas tiene una posición dominante.

Es a las leyes así concebidas a lo que debe someterse el poder político y social según esa visión del Estado de Derecho:

---

[169] LAPORTA, Francisco, «imperio de la ley y seguridad jurídica» en DÍAZ, Elías y COLOMER, José Luis, *Estado, justicia, derechos,* Alianza Editorial, Madrid, 2002, p. 105.

«Lo que en su origen histórico pudo haber sido quizás un ideal a favor del sometimiento del poder del rey o de la nobleza al viejo derecho común basado en la costumbre o a los derechos pactados en los parlamentos medievales se transformó tras un largo proceso de racionalización en una clara exigencia de que la fuente primera de derecho y la superior jerarquía sea la ley, las leyes [170].

2.1. La noción de imperio de la ley como seguridad jurídica: rasgos formales y materiales de las reglas

Si bien, dice Laporta, la noción de *imperio de ley* tiene un carácter ético-político, también se puede predicar de ésta un carácter descriptivo, de lo que resulta un hecho y un universo ético, complejo. Como la conducta de los seres humanos no está sometida a leyes naturales, la mera existencia de reglas sociales y jurídicas es ya una seguridad fáctica y un primer grado de certidumbre; ir más allá de la mera existencia de reglas sociales o jurídicas implica introducirse en el territorio de lo jurídico en sentido estricto y en esa certidumbre especial que es la seguridad jurídica.

Para dar cuenta de esta certidumbre especial, piensa en un núcleo de reglas formales y materiales. Empieza con las de carácter formal, con la exigencia de una formulación *pública* de éstas que permita prevenir y conocer *ex ante* la probabilidad de esas reacciones críticas de la comunidad y con una tendencia a la *generalidad,* a la *abstracción,* y a la razonable *estabilidad,* con éstas concreta una demanda de información para conjeturar con certidumbre las reacciones positivas y negativas de la conducta de la mayoría. Las reglas con exigencias de contenido, se concretan en que éstas deben ser *claras,* que impongan acciones o conductas *posibles* y, además, no deberán ser *retroactivas,* ésta

---

[170] LAPORTA, Francisco, «imperio de la ley y seguridad jurídica», *ob. cit.*, p. 106.

última es quizás la más importante como exigencia interna del contenido de la norma para Laporta[171]. Con estas afirmaciones no hace sino dejar emerger en gran parte el ideario de Fuller.

Estas propiedades de las normas son condiciones necesarias para que se pueda hablar de seguridad jurídica en sentido estricto, pero es posible que no sean suficientes. Laporta, da un paso más, habla de un «sentido fuerte del imperio de la ley», que significa *prevenir* qué sucederá cuando surjan discrepancias sobre las normas existentes o conflictos de intereses entre los miembros del grupo, qué *agencia centralizada* tendrá que intervenir y tomar decisiones apelando a normas y *hacer uso de la fuerza* para hacer prevalecer sus decisiones. Ahí tenemos ya el conjunto de reglas sociales que se define como una organización. Esto no puede tenerse como mera existencia de órganos de aplicación de las normas sino que tiene que ser entendido como imperio de la ley en tanto sometimiento del poder al Derecho.

Considera que el imperio de la ley, en sentido fuerte, es una certidumbre cualificada. Con él, al lado de la existencia de jueces y tribunales, se satisfacen ciertas exigencias tanto en los órganos como en el procedimiento mediante el que se dirimen las controversias. Resume estas exigencias en tres grandes apartados: *accesibilidad, imparcialidad* y *racionalidad,* con las que se enfrenta al reto no sólo de la paradoja de la superfluidad moral de la autoridad democrática sino también a los supuestos de la paradoja de la indeterminación radical del lenguaje del Derecho.

La actividad de aplicar normas ha de estar constreñida por unas exigencias de racionalidad interna:

«Es obvio que la complejidad actual del sistema jurídico hace muy difícil tener en cuenta todas las variables normativas que pueden entrar en consideración de un caso, y es obvio también que quienes toman las decisiones, como seres humanos que son, mezclarán en ese proceso también sus convicciones o prejuicios personales, y ello contribuirá muchas veces a modular o distorsionar la solución, pero si esa complejidad hiciera

---

171 *Ibíd.*, p. 114.

imposible inferir de antemano una solución o un conjunto de soluciones posibles, y esa interferencia personal llegara a ser la condición determinante del contenido de la decisión del caso, al margen de las premisas normativas, entonces nos hallaríamos en el terreno de la arbitrariedad, lejos del imperio de la ley y, por supuesto, en plena inseguridad jurídica» [172].

Hasta aquí, Laporta todavía no ha hecho mención alguna al problema del origen de las normas jurídicas. Lo que más le interesa para su reflexión es el contraste con la arbitrariedad: que la autoridad esté prefigurada e identificada mediante normas jurídicas de competencia; normas que tienen como una de sus funciones definir los órganos dotados de autoridad y que con la práctica del imperio de la ley hacen que el gobierno golpista sea visto en principio ilegítimo porque todo poder ha de ser articulado de acuerdo con un conjunto preestablecido de normas jurídicas de competencia. La arbitrariedad, por un lado, se puede ver en el déspota que accede al poder sin título jurídico alguno y sólo mediante la violencia que pone en práctica, por otro, en el déspota que ejerce el poder extralimitándose en sus competencias aunque hayan accedido al poder legítimamente [173].

Con esta exigencia contra la arbitrariedad nos remite a la naturaleza estructuralmente procedimental del Derecho moderno: *procedimiento legislativo, procedimiento administrativo* y *procedimiento judicial.* Abre paso al ideario de Hart, al principio general de que el imperio de la ley en su dimensión normativa más genuina consiste precisamente en entramar tanto la

---

[172] *Ibíd.*, p. 120. Imperio de la ley es sobre todo y en su significado más relevante el sometimiento del poder al Derecho. Entre los clásicos del imperio de la ley cita en primer plano al inglés Dicey, quien señala que uno de los significados del *rule of law* resalta su contraste con el poder arbitrario: «In this sense the rule of law is contrasted with every system of government based on the exercise by persons in authority of wide, arbitrary, or discretionary powers of constraint». DICEY, V.A, *Introduction to the study of the Law on the Constitution,* Liberty Fund, 8th ed. London, 1982, p. 110.

[173] LAPORTA, Francisco, «imperio de la ley y seguridad jurídica», *ob. cit.*, pp. 124-126.

conducta de los ciudadanos como también las competencias que hacen a las agencias de poder.

2.2. Tensión entre seguridad jurídica, contenido de la justicia y democracia

Afirma Laporta, que el imperio de la ley es una condición necesaria pero no suficiente de la sociedad justa, que sólo es *uno* de los ingredientes del Estado de Derecho si se entiende éste como el conjunto articulado de todos los criterios de legitimidad o justicia: imperio de la ley, derechos del hombre y principio democrático. El imperio de la ley no es, pues, el imperio de la ley justa. Cabe pensar situaciones de vigencia del imperio de la ley en las que, por ejemplo: a) no se respete la libertad positiva como autonomía (libertad política); b) no se respete la libertad negativa como no impedimento (libertad prepolítica); c) tampoco las libertades de prestación (principio corrector de desigualdades sociales y económicas; d) o que se respete sólo una de ellas o dos de ellas, con todas las posibles combinaciones lógicas [174].

Agrega, que nada de estas insuficiencias autoriza a prescindir del ideal del imperio de la ley: condición necesaria o cons-

---

[174] Laporta en la relación entre imperio de la ley y el resto de libertades pretende seguir tanto a Rawls como a Raz. Según Raz, «un sistema jurídico no democrático, basado en la negación de los derechos humanos, en una gran pobreza, en segregación racial, en desigualdad sexual y en la persecución religiosa puede, en principio, conformarse a los requerimientos del imperio de la ley». RAZ, Joseph, *La autoridad del Derecho,* trad. Rolando Tamayo, UNAM, México, 1982, p. 264. Para Rawls, el ideal del imperio de la ley es un ideal del *Estado liberal,* de acuerdo con una situación hipotética inicial de igualdad que da confianza en lo que puede ser establecido y conocido por todos, «mantener el orden y la seguridad pública es un derecho que el gobierno ha de tener si ha de cumplir con su deber de asegurar imparcialmente las condiciones para que todos logren sus propios intereses sujetándose a las obligaciones correspondientes». RAWLS, John, *Teoría de la justicia,* trad. María Dolores González, FCE, México, 1997, p. 203.

trucción formal si se quiere alcanzar un estado de cosas que podemos reputar como «justo». De tal modo que si definimos los contenidos de la justicia mediante la apelación a exigenciasético-políticas como las de autonomía personal, libertad, igualdad, ello quiere decir simplemente que ni la libertad ni la igualdad pueden ser satisfechas en un grado razonable en una comunidad política que no esté gobernada con los principios y mecanismos del imperio de la ley: «Es decir, que con imperio de la ley puede que no haya ciertas libertades y que haya muchas desigualdades; pero también es preciso afirmar enfáticamente que sin él las libertades y la igualdad son ilusorias. La existencia previa de todo ese tejido institucional que pone en pie el imperio de la ley es lo que las hace posible» [175].

Si el ideal ético del imperio de la ley sirve así como prótesis institucional que suministra certidumbre y proyecta hacia el futuro los contenidos de la justicia, no los sustituye nunca. En este sentido, los objetivos críticos de Laporta, ya no van dirigidos a Elías Díaz, sino a otros destinatarios: por una parte, a los juristas teóricos que aún persisten en tratar de entender el derecho insularmente desde dentro del propio orden legal, y, por otra parte, a políticos que se vienen denominando neoliberales, «paleoliberales», que mantienen expresa o tácitamente que hay algunas libertades que deben estar por encima de la decisión soberana, y que la llamada «libertad de mercado» es una de ellas [176].

El estudio del imperio de la Ley, no prescinde de la necesidad analítica de la tensión entre democracia y derechos humanos, entre *lógica de las mayorías* y *lógica de la no interferencia* [177].

---

[175] LAPORTA, Francisco, «Imperio de la ley y seguridad jurídica», *ob. cit.*, p. 128.

[176] LAPORTA, Francisco, «Norma básica, Constitución y decisión por mayorías» en LAPORTA, Francisco (edit.), *Constitución: problemas filosóficos*, p. 75.

[177] Dice Laporta: al principio democrático llamaré «lógica de las mayorías» y al principio que afirma la exigibilidad de establecer un límite individual inviolable al ejercicio del poder, incluso del poder soberano, llamaré «lógica de la no interferencia». Agrega: «La tensión entre ambas lógicas surge, al

Laporta cree que esta tensión puede resolverse volviendo la mirada a una concepción clásica de la democracia. La teoría de la democracia del siglo XVIII, con Rousseau y Kant, con todo sus defectos, imprecisiones y mistificaciones, proporciona un concepto de principio de las mayorías no estrecho y que se corresponde con las más amplias libertades posibles en el proceso mismo de la decisión, un proceso de gran complejidad que incluye, entre otras cosas, las siguientes libertades: libertad ideológica, libertad de expresión, libertad de información, garantías frente a la detención arbitraria, libertad de circulación, libertad de reunión, libertad de asociación, libertad para proponer y difundir decisiones alternativas y en su caso, libertad para proponer candidatos alternativos para los cargos decisorios, libertad de voto, etc. «Por ello puede decirse que el proceso de decisión por mayorías, la "lógica de las mayorías", incluye también en muy amplia medida la "lógica de la no interferencia"» [178].

De este modo, el imperio de la ley conduce necesariamente al complejo fenómeno jurídico, político y ético del *Estado constitucional.* Conduce también a la posible justificación que puede haber para establecer sistemas rígidos de reforma que puedan incluso pugnar con la fuerza que tiene *prima faccie* el principio democrático. Las razones para atrincherar algunos

---

parecer, porque se dice que el funcionamiento de cada una de ellas, llevado a sus últimas consecuencias, produce supuestos que hacen imposible la presencia de los valores que defiende la otra. Se ha afirmado así que para la lógica de las mayorías una decisión aprobada por el principio mayoritario es legítima y «libre» aunque interfiera gravemente con el ámbito de la acción de los ciudadanos. Por su parte, se ha afirmado que para la lógica de la no interferencia, una decisión que respete o incremente ese ámbito de acción, aunque esté promulgada por un tirano, es una «ley de libertad». Un ejemplo patético del primer supuesto podría ser aquel grito popular de !vivan las «caenas»¡ Un ejemplo igualmente patético del segundo supuesto es el tratamiento de país especialmente libre que los economistas de la escuela de Chicago llegaron a dar al Chile de Pinochet en base a la nula interferencia de sus leyes con el mecanismo del mercado. En el primer caso, parece que una libertad puede ejercer de tirano; en el segundo, convivir con él». LAPORTA, Francisco, «Norma básica, Constitución y decisión por mayorías», *ob. cit.*, p. 88.

[178] LAPORTA, Francisco, *Ibíd.*, p. 89.

extremos han de ser razones sustantivas anteriores a cualesquiera circunstancias contingentes de la comunidad política, pero si no son de este calado, considera que no debemos aceptar que sean protegidas por ninguna rigidez constitucional y para hacerlo es preciso establecer una distinción clara entre lo que puede llamarse *principios* o exigencias ético-políticas, derechos articulados a *mecanismos institucionales* y derechos de *prestación.*

Laporta, después de hacer una consideración de prioridades de tipos de derechos, afirma como conclusión general que los límites y compromisos previos que se imponen al poder de las mayorías se fundamentan directa o indirectamente en el valor que atribuimos al ciudadano como individuo libre y autónomo, definido a través de sus derechos [179]. Esto no es sino la de-

---

[179] LAPORTA, Francisco, «El ámbito de la Constitución», *Doxa* n.º 24, Alicante, 2001, p. 477. Laporta, agrega: «Si hay algún extremo en el que el consenso sea casi unánime es éste. Recurriendo a la venerable idea de John Locke, puede decirse que los gobiernos y los Estado tienen su razón de ser en la protección de derechos individuales anteriores a ellos y al derecho positivo. En consecuencia, el documento solemne mediante el que se constituye una unidad política tiene que llevar en su frontispicio la misión de reconocer y proteger tales derechos. Esta idea propia del iusnaturalismo moderno de que hay derechos naturales anteriores a la comunidad política, puede hoy ser también aceptada, sin esas adherencias iusnaturalistas, recurriendo a una concepción de la Justicia entendida como un segmento de la moralidad o de la ética que se expresa a través de derechos morales individuales anteriores a cualquier establecimiento o incorporación al derecho positivo. Si se acepta esto, entonces puede concluirse que la Constitución de una comunidad política ha de *reconocerse* y garantizarse como derechos fundamentales aquellos derechos morales previos. La justificación de esa incorporación y especial «atrincheramiento» sería precisamente la apelación a la Justicia como complejo de razones morales justificatorias», *ob. cit,* p. 475. Según Garzón Valdés, la génesis de la moralidad ciudadana proviene, precisamente del atrincheramiento de un coto vedado y no al revés, cuando el dominio de la mayoría quedó sujeto a los límites impuestos por el «coto vedado» de los derechos inmunes. Limitaciones que «fueron impuestas por las constituciones liberales con sentido social. En ellas, la *rule of law* de procedencia anglosajona dio origen, primero, al *Estado de Derecho,* al sumar al principio de seguridad el respeto de los derechos individuales, y después al *Estado social de Derecho,* al incorporar los deberes estatales de protec-

fensa de un coto vedado ante la toma de decisiones de la mayoría: el coto vedado garantizaría la función moralizante del *imperio de la ley*.

Sin embargo, surge la *objeción democrática* formulada como una reivindicación de competencia para el legislador cotidiano y sirve de aviso constante frente a las tentaciones de amparar bajo la rigidez constitucional o coto vedado aspectos de la vida colectiva que no merecen hurtarse a la voluntad de la mayoría. Laporta, no excluye que la primacía de la Constitución pueda convivir perfectamente con el carácter democrático del ordenamiento. Rigidez constitucional y mayoritarismo no serían incompatibles, el atrincheramiento constitucional de algunos derechos individuales y algunos procedimientos políticos serían precisamente la garantía protectora de la naturaleza democrática del sistema.

«Con ello la objeción democrática habría perdido gran parte de su fuerza y sólo sería aplicable a los supuestos de extremada intangibilidad constitucional o vetos para-mayoritarios. ¿Sucedería lo mismo con la clásica «objeción contramayoritaria» que se opone a que sea un pequeño número de jueces, de sabios, no elegidos democráticamente, los que decidan sobre el alcance de la constitución? No me atrevo a decir que sí, pero tiendo a pensar que si los mecanismos de reforma constitucional son conformes a los procedimientos de decisión democrática no podría decirse, o no podría decirse en sentido estricto, que doce jueces se han impuesto a una mayoría» [180].

---

ción de los sectores sociales económicamente débiles». GARZÓN VALDÉS, Ernesto, «What is Wrong with the Rule of Law», SABA Robert (editor), *Estado de Derecho y democracia. Un debate acerca del rule of law,* Sela 2000, Editores del Puerto, Buenos Aires, 2001, p. 75.

[180] LAPORTA, Francisco, «El ámbito de la Constitución», *ob. cit.*, p. 483. Laporta, en estas conclusiones sigue en gran parte a las propuestas de Waldron: derechos y procedimientos hacen a las «circunstancias de la política». WALDRON, Jeremy, *Law and Disagreement,* Oxford, Clarendron Press, 1999; Fioravanti también es citado por Laporta; aunque este autor con su noción de «equilibrio» nos lleva a pensar que está más próximo a las preocupaciones de Elías Díaz, dice que en la democracia contemporánea parece estar contenida la aspiración a un *justo equilibrio* entre el *principio democrático* y los *límites de*

Pareciera sin embargo que la relación entre imperio de la ley y la «lógica de la no interferencia» es lo que está más presente en Laporta, y nos recuerda que «El documento histórico fundamental para contemplar en su origen ese ingrediente primario del Estado de Derecho es la *Déclaration des Droits de l'Homme et du Citoyen,* promulgada en París el día 26 de agosto de 1789. En ella, la Ley, *la Loi* (así, con mayúsculas), a la que se apela explícitamente doce veces en un texto de 17 artículos, aparece como la norma decisiva».

Los aspectos más importantes de la vida del ciudadano en la comunidad política son establecidos por la ley. Y ningún otro poder o norma puede llevar a cabo ese cometido. Sólo la ley puede hacer ciertas cosas: definir los límites comunes de los derechos individuales, lo que está prohibido y lo que está permitido, lo que es delito y lo que es pena.

A la ley le está reservado dibujar el círculo de la libertad en torno a los individuos; ninguna obligación y ninguna carga pueden hacerse gravitar sobre ellos sin la existencia previa de una ley que las defina. Al establecer así con carácter excluyente la función de definir todos esos ámbitos de convivencia diseña otra de las instituciones constitucionales derivadas del imperio de la ley: la llamada *reserva de ley* [181].

2.3. Defensa del legalismo como práctica convencional continua

Dice Laporta que es necesario establecer que el Derecho es una convención o que descansa en alguna convención social:

---

la política; equilibrio como aspiración gradual, ya que en la práctica constitucional resulta inestable y sometido a tensiones de distinto género, y si tal equilibrio gradual se rompiera, «con él caería también el tipo histórico de constitución que se ha afirmado en la segunda mitad del siglo XX. El nuevo siglo buscaría entonces una nueva forma constitucional, como otras muchas veces ha sucedido a lo largo de la historia». FIORAVANTI, Maurizio, *Constitución,* trad. Manuel Martínez Neira, Trotta, Madrid, 2001, p. 164.

[181] LAPORTA, Francisco, «Imperio de la ley y seguridad jurídica», *ob. cit.,* p. 106.

no es más que un conjunto de expectativas mutuas, expectativas futuras de la conducta o de las creencias de otros, una predicción y una práctica social. Esto es la predictibilidad, un corolario necesario de la existencia misma del Derecho y como exigencia del imperio de la ley es una cuestión de cómo *deben ser* las cosas para hacer posible ese mayor grado de predictibilidad, y por qué *deben ser* así.

«Para ser un convencionalista hay que pensar que en el estrato más básico de este fenómeno colectivo que llamamos derecho tiene que haber necesariamente una convención social, una práctica social que subyace a todas las demás manifestaciones y aspectos del derecho, tales como los soberanos, las legislaturas, los procedimientos o los rituales judiciales» [182]. Además hay que considerar que este aspecto de convención o práctica social se transforma en el núcleo del fenómeno jurídico, el corazón de lo que el derecho es, una condición de posibilidad del Derecho mismo: sin la existencia de una cierta práctica o convención social le resulta imposible pensar en la existencia del orden jurídico.

Así, la fuente del Derecho resultaría ser producto de una construcción racional deliberada y no algo que simplemente emerge o se produce a partir de fuentes misteriosas o de *hechos* de la historia, argucias para sacralizar la realidad. Laporta, a pesar de reconocer los límites de la racionalidad en su aplicación a las ciencias sociales y también en su aplicación a la legislación, no renuncia a que la organización de la sociedad a través de normas jurídicas se haga mediante pautas y medidas que incidan sobre aquello que *es* para tratar de alcanzar aquello que *debe ser*. No está dispuesto a abandonar la regulación de los conflictos sociales a inercias fácticas de costumbres o tradiciones. Desde luego no aceptamos, dice, que el procedimiento para crearlas «sea desconocido y el agente que las crea sea anónimo, sino que exigimos que quienes creen las normas sean

[182] LAPORTA, Francisco, «Derecho y predecibilidad. Una defensa del legalismo», *Themis,* Revista da Faculdade de Direito da UNL, Año II, n.º 3, 2001, p. 127.

conocidos y desarrollen un procedimiento visible para hacerlo, y nos oponemos por ello a que se nos impongan normas jurídicas surgidas de orígenes ignotos u oscuros, por ejemplo, de sedicentes fuentes transcendentes o mágicas» [183].

En definitiva, según Laporta, el déficit conceptual sobre el Estado de Derecho en Elías Díaz se entiende mejor reflexionando del siguiente modo: primero, el Estado de Derecho comprende tres ideales diferenciados analíticamente: *imperio de la ley,* derechos del hombre y principio democrático y, el *imperio de la ley,* formalmente, es observado cuando se respeta un reducido número de principios jurídicos; segundo, el *imperio de la ley* puede convivir con un Estado de Derecho injusto y no democrático; tercero, el *imperio de la ley* es una condición necesaria para la realización de valores ético-políticos en la práctica constitucional. Su confianza en la autoridad del legislador con límites constitucionales y su defensa del legalismo como práctica convencional continua le lleva a poner en cuarentena a algunas exageraciones de moda en el neoconstitucionalismo. Su ideario demanda menos neo-constitucionalismo y más codificación, algo en lo que coincide con Elías Díaz.

3. ANÁLISIS DEL DEBATE SOBRE ESTADO DE DERECHO A PARTIR DE UN NÚCLEO CONCEPTUAL

La certeza absoluta de compatibilidad entre el principio democrático y el principio de los derechos humanos básicos puede dar lugar a un concepto esencialista de Estado de Derecho, y que como tal, aspire a estar por encima de todos los calificativos. En la búsqueda de una interpretación adecuada de las ideas de Elías Díaz y del debate sostenido con Francisco Laporta, sirven las pautas analíticas de Manuel Atienza y Liborio

---

[183] LAPORTA, Francisco, «La reinvención de la ley», *Revista jurídica,* n.º 8, Universidad Autónoma de Madrid, Dykinson, 2003, p. 261.

Hierro [184]. Ambos son destacados discípulos de Elías Díaz que en sus escritos han seguido de cerca la caracterización ya clásica de su idea sobre Estado de Derecho.

---

184 Manuel Atienza, catedrático de Filosofía del Derecho en la Universidad de Alicante, junto a Juan Ruiz Manero, también catedrático, impulsa uno de los proyectos más serios y de largo alcance sobre teoría de la argumentación en España: al respecto se puede ver ATIENZA, Manuel y RUIZ MANERO, Juan, *Las piezas del Derecho. Teoría de los enunciados jurídicos,* Ariel, Barcelona, 1996. Tanto en su experiencia académica como en su experiencia vital ha estado cerca de las preocupaciones de Elías Díaz. Como editor del libro *Política y derechos humanos* (Editorial Fernando Torres, Valencia, 1976) le tocó vivir los últimos coletazos de la «democracia orgánica» de la dictadura franquista, en la Universidad de Oviedo, en el curso 1974-1975, lugar donde realizaba su labor docente. El mencionado libro tendría que haber sido el resultado de cinco conferencias sobre derechos humanos. Indica Atienza la prohibición de la segunda conferencia a cargo de Gregorio Peces-Barba: «Peces-Barba estaba entonces, lanzado hacia la consecución del «record» de «conferencias prohibidas»», «¡Por órdenes de Madrid»! (palabras mágicas para la lejana periferie asturiana)». Agrega, la siguiente persona que debía intentar dar su conferencia era el profesor Elías Díaz, «por razones de solidaridad hacia su compañero Peces-Barba (cuya visita aquél había gestionado) renunció a lo que podríamos decir constituía una incierta «expectativa de Derecho»». Atienza, finalmente, unas semanas más tarde, ya como conferenciante, tuvo que hacer frente a un sumario incoado por el Tribunal de Orden Público, auto de procesamiento contra los profesores Fernández Rozas y Atienza, por el delito de «propagandas ilegales» y la Dirección General de la Universidades e Investigación determinó prohibir a estos profesores la entrada y permanencia en los centros docentes. ATIENZA, Manuel y otros, *ob. cit.,* pp. 9-14. Liborio Hierro, catedrático de Filosofía del Derecho en la Universidad Autónoma de Madrid, gran conocedor de la teoría realista del Derecho, especialmente de Alf Ross. En sus escritos da cuenta de la influencia en su generación del libro de Elías Díaz aparecido en 1966. La definición *no todo Estado es Estado de Derecho* no se limita a una definición formal sino que implica una concepción sustantiva del Estado de Derecho. Fue tanto un libro de estudio del Derecho como un programa de filosofía política: «Elías Díaz no planteaba allí sólo la defensa del Estado de Derecho frente a las estructuras cuasitotalitarias de la dictadura del General Franco, sino que también proponía la superación de los dos primeros momentos históricos del Estado de Derecho, el Estado liberal de Derecho y el Estado social de Derecho, en un proyecto —el Estado democrático de Derecho— que habría de unir coherentemente las formas jurídicas del Estado de Derecho con una economía socializada». HIERRO, Liborio, *Estado de Derecho. Problemas actuales,* Fontamara, México, 1998, pp. 10-11.

Según Atienza, las señas de identidad de las premisas conceptuales de nuestro autor están en aquello de que el Estado de Derecho es por un lado, una realidad de carácter procesal, perfectible y abierta en el tiempo, y por otro, la explicitación de una serie de «necesarios caracteres generales» que le dan intención o connotación al concepto. Un concepto así, es inherente a cierta vaguedad y por lo tanto no inmune a disputas, habida cuenta de la carga emotiva de signo positivo que tiene la expresión *Estado de Derecho,* y que la hace especialmente apta para ser usada en definiciones persuasivas e identificar en la realidad casos dudosos de organizaciones estatales, puestos al frente del test de las características básicas. Sin embargo, los problemas de vaguedad y emotividad tienen límites ya que la expresión *Estado de Derecho* designa siempre un cierto tipo de organización política. Dicho de otra manera: «el concepto de «Estado de Derecho» puede que sea impreciso, pero al menos es unívoco: nadie parece haberlo usado para referirse a otra cosa que no sea un tipo de organización política que aparece en un determinado momento histórico y con características más o menos bien definidas» [185].

Los argumentos de Atienza van centrándose no tanto en el Estado de Derecho como tipo de realidad sino en su dimensión de idea regulativa, en cuanto ideal ético político. Le interesa la tesis de que el Estado de Derecho contiene en sí mismo, en sus características ideales una tensión a partir de la cual se puede explicar por un lado por qué la interpretación es vital en el Derecho y por otro, según como se resuelva esa tensión, la manera cómo habrá de proceder el intérprete. Toma de Elías Díaz la idea de que las exigencias valorativas de un «auténtico» Estado de Derecho giran en torno a un núcleo; núcleo constituido por el imperio de la ley (como expresión de la autoridad democrá-

---

[185] ATIENZA, Manuel, «Estado de Derecho, argumentación e interpretación», *Anuario de Filosofía del Derecho. Nueva Época,* tomos XIII-XIV, 1996-1997, Ministerio de Justicia-BOE, 1998, Madrid, p. 466.

tica) y los derechos fundamentales, del que derivan los caracteres propios de todo Estado de Derecho [186].

Cómo encontrar una mediación entre esos dos polos o cómo justificar que uno de esos dos polos tenga que jugar un papel dominante en relación con el Estado de Derecho. Este es un problema vital para Elías Díaz, también lo es para Atienza. Atienza asume que cualquier solución razonable tiene que pasar el filtro, por un lado de la razón instrumental o estratégica, y por otro, de la razón respecto de fines. Una decisión, que siga estas exigencias no se justifica simplemente en razón de la autoridad que las dicta, es preciso, además, que el órgano en cuestión aporte razones intersubjetivamente válidas, a la luz de los criterios generales de la racionalidad práctica y de los criterios positivizados en el ordenamiento jurídico. Es decir, la «necesidad de hacer justicia, de lograr el cumplimiento de ciertos valores respetando lo establecido por la autoridad». Si sólo hubiese autoridad o sólo hubiera la necesidad de hacer justicia, no sería necesaria —o apenas sería necesaria— la cuestión de la conexión entre argumentación, interpretación y Estado de Derecho [187].

Atienza ya en la búsqueda de argumentos que den cuenta de las relaciones entre imperio de la ley democrática y derechos

---

[186] DÍAZ, Elías, «Estado de Derecho: exigencias internas, dimensiones sociales», *Sistema* n.º 125, marzo, Madrid, 1995, p. 12. Según Atienza la cuestión esencial de la relación entre argumentación, interpretación y Estado de Derecho se explica a partir de dos polos que caracterizan al Estado de Derecho. El polo de la *autoridad,* representado por las dos primeras características del Estado de Derecho: el imperio de la ley y la división de poderes. Cita a Raz para argumentar la relevancia de la dimensión de la autoridad en el Derecho, ya que es ésta la que hace que la interpretación juegue en este campo un papel esencial, a diferencia de lo que ocurre, por ejemplo, con el de la moral. El segundo polo de tensión, se refiere al que se produce entre interpretación y la dimensión de los valores, el contenido de justicia que en el Estado de Derecho se expresa en las características restantes: la interdicción de la arbitrariedad de la administración y la garantía de los derechos y libertades. ATIENZA, Manuel, «Estado de Derecho, argumentación e interpretación», *ob. cit.,* p. 481. Atienza pone aquí de manifiesto una de las preocupaciones centrales de Elías Díaz.

[187] ATIENZA, Manuel, «Estado de Derecho, argumentación e interpretación», *ob. cit.,* p. 481.

fundamentales, ve reflejarse un análisis de esta tensión en los trabajos de Francisco Laporta y Liborio Hierro, al hilo de sus trabajos sobre el Estado de Derecho en Elías Díaz. En el trabajo de Francisco Laporta encuentra que éste «otorga a la nota del «imperio de la ley» un carácter de predominio dentro de la caracterización del Estado de Derecho, lo que lleva, lógicamente, a subrayar el elemento autoritativo de la interpretación de las normas. Laporta no lo dice explícitamente, pero me parece que ello está de alguna forma sugerido en su «tesis fuerte» de que «el principio del imperio de la ley exige que el núcleo de esa argumentación (la que lleva a cabo el juez al aplicar el Derecho) sea un razonamiento deductivo». Ese predominio del elemento de autoridad aparece, sin embargo, compensado por el hecho de que al «núcleo duro» del *rule of law* le atribuye la interdicción de la arbitrariedad y, reforzado también por el principio de división de poderes. Dice que Laporta, además, entiende el imperio de la ley como un ideal ético-político sustentado nada menos que en el valor de autonomía [188].

El otro trabajo es el de Liborio Hierro. En este trabajo, dice Atienza, se privilegia también el elemento del imperio de la ley pero distinguiéndose, en cuanto exigencia ética, dos interpretaciones: una débil y otra fuerte. La interpretación débil, atribuida a Laporta por Hierro, sería aquella que prescinde del origen de la ley y en la que las exigencias del imperio de la ley se limitan a determinados criterios estructurales en la formulación y aplicación de las normas jurídicas. La interpretación fuerte sería la de Elías Díaz, compartida por Hierro, aquella que introduce en la noción misma de «imperio de la ley» el «elemento democrático», favoreciendo un fundamento sólido a la pretensión moral de obediencia a la ley [189]. Esta breve taxonomía destacada por Atienza, sin duda, permite avanzar en el análisis [190].

---

[188] *Ibíd.*, pp. 481-482.

[189] *Ibíd.*, p. 482.

[190] Dice Liborio Hierro que su propósito de mostrar el concepto de *imperio de la ley,* «en su formulación clásica que en 1966 recogió Elías Díaz (y

Por tal motivo y a continuación se analizan los argumentos de Hierro, sin perder de vista la discusión iniciada con Atienza.

3.1. Interpretación débil del Estado de Derecho

Liborio Hierro, parte de la idea de ley como norma que expresa la voluntad general, versión ética clásica que vincula la autonomía de las personas —como fuente última de normatividad— a la obediencia del Derecho, recibida de la formulación de Locke, Rousseau y Kant y que alcanzó su primera realización en el modelo liberal de Estado. Constata el dato contemporáneo de la llamada «crisis actual de la ley», ante la cual algunas respuestas tanto teóricas como prácticas han pretendido salidas a través de socavar justamente el ideario clásico. Ante este debilitamiento, él cree que hay otras respuestas y que aún compartiendo el ideal ético del imperio de la ley, éstas no son uniformes. Por eso admite que en esta idea del «imperio de la ley» como exigencia ética cabe dos interpretaciones, una débil y otra fuerte, según sean las exigencias de legitimidad del Estado de Derecho.

La interpretación débil prescinde de cual sea el origen de la ley, limitando las exigencias del «imperio de la ley» a determinados criterios estructurales en la formulación y aplicación de las normas jurídicas. «Esta es —me parece— la tesis que, entre otros, ha mantenido recientemente Francisco Laporta al calificar la posición de Elías Díaz como «amplia y ambiciosa» y proponer, en su lugar una distinción entre el «imperio de la ley» y el «principio democrático», reduciendo el imperio de la ley a la existencia de un conjunto de normas que cancelen el ámbito de

que luego ha sido recogida por el preámbulo de nuestra Constitución), resulta hoy problemático [...] Partimos de dos concepciones, ambas normativas, del imperio de la ley, una débil y otra fuerte. Ambas se ven afectadas con diferente intensidad por los cuatro factores [...] La concepción débil, lógicamente, en mucha menor medida por cuanto es menos exigente». HIERRO, Liborio, *ob. cit.*, p. 40.

las decisiones arbitrarias, lo que requiere una cierta estructura de esas normas (competencia, generalidad, no retroactividad y publicidad) y un cierto procedimiento institucional de aplicación de ellas (el «due process of law») [191]. Sin negar en absoluto la dimensión ética que esta tesis más débil implica supone sin embargo, mayores dificultades para justificar la obediencia a la autoridad de las normas del Derecho.

Es cierto que en sus escritos de la década del 60 Elías Díaz no formuló de manera clara el «núcleo» del que hoy habla, por eso, en parte, tiene razón Laporta de criticar cierto exceso en la formulación de la dimensión democrática del concepto mismo de Estado de Derecho. Recordemos, Laporta critica a Elías Díaz por vincular directamente al *imperio de la ley* el principio democrático, «(a) Imperio de la ley: ley como expresión de la voluntad general». Como dice Atienza, la tesis de Laporta sugiere que el principio del *imperio de la ley* exige que el núcleo de la argumentación, la que realiza el juez al aplicar el Derecho, sea un razonamiento deductivo, «gobierno de leyes» como pautas objetivas, Estado de Derecho con implicancias morales como condiciones para la protección de la autonomía del individuo frente al poder político. Pretende, lo que a otros liberales preocupa: que el ser humano tenga la posibilidad en el más alto grado posible de prever las consecuencias de sus acciones trazadas por una lógica de seguimiento de reglas, la autoridad del Derecho.

Laporta resume su concepción: «El «rule of law» es un ideal ético-político que afirma que el ordenamiento jurídico *debe* vertebrarse en torno a un conjunto de *normas* emitidas por una *autoridad reconocida, generales, prospectivas, estables, claras y ciertas*. Ese núcleo «duro» del ordenamiento así establecido establece un marco de convivencia basado en un contexto de decisión cuyos datos más importantes son conocidos y razonablemente firmes» [192]. Atienza encuentra en el discurso de Laporta

---

[191] HIERRO, Liborio, *ob. cit.*, pp. 19 y 20.

[192] LAPORTA, Francisco, «Imperio de la ley. Reflexiones sobre un punto de partida de Elías Díaz», *ob. cit.*, p. 142.

ciertos elementos compensatorios que no le permiten alejarse totalmente del *núcleo* propuesto por Elías Díaz. Ya se hizo referencia al hecho de que para Atienza la exigencia de racionalidad *deductiva* pertenece a la interdicción de la arbitrariedad, y en cierto sentido también al principio de división de poderes; sobre todo, porque Laporta siempre entiende que el *imperio de la ley* es «un ideal ético-político sustentado nada menos que en el valor de la autonomía».

Laporta se pregunta, «¿De dónde extrae una noción tan aparentemente cercana al mundo de lo jurídico como la de imperio de la ley esa su condición esencialmente moral? Pues a mi juicio —dice— del principio ético de la autonomía de la persona» [193]. El fundamento último del *imperio de la ley* se encuentra, entonces, en el principio de la autonomía de la persona. Creo que aquí es pertinente la crítica de Eusebio Fernández, a quien le parecen muy interesantes las referencias que hace Laporta al ideal de la persona humana como ser autónomo, respaldo de su dignidad y acicate de su libertad y responsabilidad. Pero, cree que el objetivo prioritario del imperio de la ley no es la autonomía individual sino la seguridad: «Precisamente es el prioritario porque *es la seguridad la que favorece la autonomía individual y no al revés*» [194]. Laporta, en otros escritos ha tratado de dar una respuesta adecuada a este tipo de críticas, cuando dice por ejemplo, que el *imperio de la ley* en tanto seguridad jurídica, es condición necesaria pero no suficiente de la sociedad justa [195].

---

193 *Ibíd.*, p. 135.

194 Eusebio Fernández, «Hacia un concepto restringido de Estado de Derecho» en José Antonio LÓPEZ GARCÍA y J. Alberto DEL REAL (Eds.), *Los derechos: entre la ética, el poder y el derecho,* Dykinson, Madrid, 1999, p. 117.

195 Según Laporta ni la libertad ni la igualdad pueden ser satisfechas en un grado razonable en una comunidad política que no esté gobernada con los principios y mecanismos del imperio de la ley. LAPORTA, Francisco, «Imperio de la ley y seguridad jurídica» en Elías DÍAZ y José Luis COLOMER (Eds.), *ob. cit.,* pp. 127 y 128. Pertenece a Rawls la idea de *imperio de la ley* en el sentido de constricciones formales del concepto de lo justo, sin embargo, pareciera que Rawls está más cerca de Elías Díaz que de Laporta. Según Wellmer, el primer

En general, hay un cierto consenso en el argumento de que el *imperio de la ley* posibilita un conocimiento previo y cierto de la acción del Estado (contemplado legalmente) para brindar al ciudadano un campo de certeza y seguridad como protección de su autonomía frente al poder político.

El mérito de Laporta, en su crítica a Elías Díaz, ha estado en detenerse y llamar la atención sobre aspectos procedimentales del Estado de Derecho. Por un lado, un orden estructuralmente procedimental: procedimiento *legislativo,* procedimiento *administrativo* y procedimiento *judicial,* como límites al ejercicio de todo poder; por otro, el de vincular directamente el principio democrático al concepto mismo del Estado de Derecho no garantiza que las decisiones de la *autoridad* legal no sean arbitrarias, de donde resulta relevante la valla del coto vedado de los derechos humanos. Sin embargo, según Hierro, esto no es suficiente para el ejercicio de los derechos: «La tesis débil parece seguir defendiendo la superioridad moral de la legalidad frente a la arbitrariedad, lo cual no parece estar hoy en cuestión; la tesis fuerte parece seguir defendiendo la superioridad moral de la voluntad general (democracia) frente a cualquier forma de autoritarismo (tiranía u oligarquía), lo que todavía está, desgraciadamente, en cuestión» [196]. Las razones que tenemos para seguir los cursos de acción decididos por una autoridad legal democrática tienen su peso respectivo en el razonamiento práctico de obediencia al Derecho.

3.2. Interpretación fuerte del Estado de Derecho

Hierro resume así las ventajas que la *interpretación fuerte* tiene sobre la *débil:* a) para la *interpretación fuerte* el imperati-

---

principio de justicia, el primer principio de igual libertad, conduce directamente a un principio de igualdad de derechos de participación política. WELLMER, Albrecht, «Modelos de libertad en el mundo moderno» en Carlos THIEBAUT (Ed.), *La herencia ética de la ilustración,* Crítica, Barcelona, 1991, p. 129.

196 HIERRO, Liborio, *ob. cit.,* p. 21.

vo ético de la autonomía es el que ha sido satisfecho con la institucionalización contemporánea del poder legislativo, en tanto poder democrático[197]; b) para la *interpretación fuerte* históricamente hoy el *imperio de la ley* ya no trata de justificarse frente al despotismo, mas bien se enfrenta a los problemas que todavía están sobre la mesa como la universalización de la democracia. Hierro aclara que si bien ambas posiciones son diferentes no se contradicen. Lógicamente, la concepción fuerte asume el universo ético de la concepción débil[198].

Esta *interpretación fuerte* se encarga de dotar de un fundamento sólido a la pretensión moral de obediencia a la ley: «La ley puede así, y sólo así, ser concebida como norma suprema en cuanto expresión de la potestad normativa última (la soberanía) que reside en el pueblo y puede entonces esgrimir un fundamento moral a su pretensión de obediencia»[199]. Hierro, bajo este supuesto normativo formula, también, lo que es una concepción formal[200]. La coincidencia con Elías Díaz rebasa el mar-

---

[197] Se debe notar la diferencia entre «la interpretación fuerte de la noción ética del imperio de la ley» en Liborio Hierro y el «sentido fuerte del imperio de la ley» en Laporta. El sentido fuerte para Laporta significa *prevenir* qué sucederá en caso de conflicto de intereses entre los miembros del grupo y qué *agencia centralizada* tendrá que intervenir y *hacer uso de la fuerza* para ejecutar su decisión.

[198] *Ibíd.*, pp. 41 y 42.

[199] *Ibíd.*, p. 20.

[200] Hierro dice que el concepto de Estado de Derecho, formalmente, se identifica con los siguientes caracteres: «(1) la ley es *única* y, por ello toda ley tiene la misma legitimación y la misma fuerza normativa (la denominada «fuerza de ley»); (2) la ley es la potencia normativa *originaria,* por cuanto es expresión de la voluntad normativa última que reside en los miembros del cuerpo social; (3) la ley es la máxima potencia creadora del Derecho y, por ello, la fuente *suprema* de creación de normas en su ordenamiento jurídico, a la que se encuentran sometidas cualesquiera otras fuentes como las costumbres, los principios o las decisiones judiciales; (4) la ley es *incondicional* en cuanto es soberana; su capacidad para regular la vida social y limitar la autonomía individual no está condicionada —como lo están las disposiciones reglamentarias— por su finalidad, porque la ley es autolimitación soberana de la autonomía individual. En resumen, la ley es la fuente única, originaria, suprema y omnipotente de creación del Derecho». *Ibíd.*, p. 22.

co formal[201]. Su pensamiento también discurre con más naturalidad por los procesos contemporáneos, incluso su realismo trata de orientar el problema del concepto del Estado de Derecho hacia los problemas de la obediencia; no descuida las serias dificultades con las que tiene que hacer frente una teoría fuerte del imperio de la ley, retos de la llamada *crisis de la ley,* ya que como dice Atienza, «(L)a obediencia o la deferencia al legislador pueden ser un límite —incluso *el* límite— de la interpretación, pero no su objetivo. En la autoridad puede estar la respuesta al por qué interpretar, pero no al para qué interpretar»[202].

Si el imperio de la ley como expresión de la soberanía popular es una cuestión formal y material de identificación y seguimiento de las pautas que rigen una práctica, vinculado al reconocimiento y garantía de los derechos humanos, como una cuestión de límites materiales y de mejora del ejercicio de esta práctica, la perspectiva procedimental interna del *imperio de la ley* de Laporta, no consigue aislar totalmente el elemento democrático. Es evidente que a Laporta como a Elías Díaz les interesa dar una respuesta a concepciones alarmistas respecto de la «crisis de la ley», a propósito del Estado social de Derecho, «pérdida del carácter general y abstracto de las leyes» o si «han dejado de ser racionales las leyes».

A Laporta, también le interesa diferenciar con cierta precisión el concepto de imperio de la ley de concepciones políticas del Estado de Derecho. Un concepto requiere cierta abstracción y generalidad en el que puedan tener cabida concepciones políticas razonables, que aprueben el filtro de exigencias ético-

---

201 Afirma Hierro: «Lo que nos importa es que las leyes sean expresión de la voluntad general y, por ello, que en cada escalón de las constituciones o desenvolvimiento de las comunidades políticas, las decisiones normativas estén originariamente legitimadas democráticamente. Una soberanía escalonada sigue siendo un ejercicio colectivo de la libertad negativa mediante técnicas de instrumentación de la libertad positiva». *Ibíd.*, p. 43.

202 ATIENZA, Manuel, «Estado de Derecho, argumentación e interpretación», *ob. cit.*, p. 483. Se reserva para el capítulo 5 el desarrollo del debate sobre la obediencia al Derecho.

políticas como las de autonomía personal, libertad e igualdad. Este propósito de Laporta deberá tener en cuenta las recomendaciones de otros autores para no olvidar que la «idea del *carácter argumentable del Derecho* parece echar un jarro de agua fría a la idea de certeza o seguridad jurídica» [203]. Como ejemplo, el concepto mínimo de Estado de Derecho que instala en el debate Elías Díaz presta atención a la seguridad jurídica, pero no hasta el límite de hacer irrelevante el elemento dinámico y transformador del Derecho a través del método democrático. Laporta tiene una estrategia teórica que da cuenta del principio democrático, aunque con un límite infranqueable, la existencia de derechos morales individuales: coto vedado o veto a las mayorías [204].

Pero, la tensión normativa entre derechos humanos y democracia, también se explica en las relaciones paradójicas entre libertad negativa y libertad positiva, ya que no hay una conexión necesaria y absoluta entre la libertad individual y el

---

[203] MacCormick, desde el horizonte ético de Hume, sobre la aparente antinomia entre Derecho como aquello que es argumentable y el Derecho como aquello que garantiza la seguridad y estabilidad en la vida social de un *Rechtsstaat,* frente a los excesos normativistas, cree que es posible una vía de reconciliación entre el aspecto dinámico del carácter argumentable y el carácter estable de la certeza del Derecho. MacCORMICK, Neil, «Retórica y Estado de Derecho», *Isegoría* n.º 21, Madrid, 1999, p. 5.

[204] Sobre el concepto de libertad y su relación con los derechos humanos y la democracia en LAPORTA se puede ver «Sobre el uso del término «libertad» en el lenguaje político», *Sistema* n.º 52, enero, 1983, p. 23-43; «Sobre el concepto de Derechos Humanos», *Doxa* n.º 4, Alicante, 1987, pp. 23-65; «Sobre teoría de la democracia y el concepto de representación política: algunas propuestas para el debate», *Doxa* n.º 6, Alicante, 1989, pp. 121-141. La defensa de una concepción de la democracia procedimental y representativa por parte de Laporta ha quedado aún más precisada en la polémica suscitada con Roberto Gargarella y Félix Ovejero, teóricos de una democracia participativa y deliberativa. Se puede ver *Claves de razón práctica,* n.º 99, 2000, p. 20 y ss. Para una ampliación de la ideas de Laporta sobre concepto y justificación de la democracia representativa, se puede ver RÓDENAS CALATAYUD, Ángeles, *La fundamentación de la democracia en la filosofía del Derecho española e iberoamericana contemporánea,* Tesis de Licenciatura, Universidad de Alicante, 1990, pp. 65-78.

gobierno democrático, sin embargo, se predica del Estado de Derecho como una técnica de la libertad contra el poder arbitrario[205]. Para poder explicar este paradójico surgimiento de la legitimidad a partir de la legalidad, se hace necesario, en un mundo posmetafísico y moderno, acudir a la fuerza argumentativa de los derechos que aseguran a los ciudadanos el ejercicio de su autonomía.

No se trata, pues, de trazar de una vez por todas, el equilibrio entre la esfera de la libertad negativa y la esfera de la libertad positiva, aunque conceptualmente se recomiende su separación. La libertad en el mundo moderno *sólo* es concebible como una forma de mejoramiento moral de nuestra existencia. La libertad negativa o «libertad abstracta» que en el Estado burgués sólo puede existir como forma de vida ética, es decir en la sociedad civil que gira en torno al individualismo y a la propiedad privada, esta libertad en el modelo de Elías Díaz requiere de la libertad positiva para evitar la disolución de la solidaridad social y la igualdad material.

El procedimiento democrático presupone la autonomía de personas racionales y razonables, y que por esta misma razón, cualquier decisión por más democráticas que esta sea, tendrá que estar abierta a la crítica y a su posible revisión. Incluso, la privatización o socialización de los medios de producción, la instrumentalización de la economía, como veremos en el próximo capítulo, son opciones que desde el ejercicio de la autonomía para nuestro autor no están clausuradas, pero esta es ya una propuesta propiamente prescriptiva y no el mínimo ético, el núcleo conceptual de Estado de Derecho que hemos analizado. Con la dosis necesaria de cierto pragmatismo democrático trascendental de Elías Díaz, unido al naturalismo débil de Laporta se hace obligada una concepción epistemológica realista del Es-

---

[205] Isaiah Berlín, implacable defensor de la separación conceptual entre libertad negativa y libertad positiva, dice que es bueno que así se reconozcan, aunque no niega que «en la práctica haya que establecer compromisos entre ambas, porque las dos realizan demandas absolutas». BERLIN, Isaiah, *Dos conceptos de Libertad,* trad. Ángel Rivero, Alianza Editorial, Madrid, 2001, p. 107.

tado de Derecho [206]. Esta es la lección que sacamos del debate siguiendo los aportes tanto de Manuel Atienza como de Liborio Hierro.

4. CUESTIONES FINALES

En el marco del debate descrito y analizado, como parte final del capítulo se procede a realizar un balance general a partir de las diversas funciones que cumple el concepto de Estado de Derecho, en el marco de tres grandes campos de la raciona-

---

[206] La crítica de Pérez Luño tanto a Laporta como a Elías Díaz la realiza desde premisas iusnaturalistas. Ha visto en el pensamiento de Laporta la emergencia de no pocas premisas iusnaturalistas, con las que coincide. Sin embargo, dice que no comparte su poca atención a la historia. Y que una postura iusnaturalista, o moralista como gusta definirse Laporta, no tiene por qué ser contraria a una visión contextualizada e histórica del Estado de Derecho y los derechos. PÉREZ LUÑO, Antonio-Enrique, «Concepto y concepción de los derechos humanos. (Acotaciones a la Ponencia de Francisco Laporta)», en *Doxa* n.º 4, Alicante, 1987, p. 54. Respecto de Elías Díaz, dice que la cuestión de la soberanía popular, en el marco del Estado de Derecho, está penetrantemente sugerida en sus estudios, pero que quedan muchas preguntas sin respuesta, precisamente porque prescinde de la aportación que para ello cabe desprender de la función histórico-crítica del derecho natural. Agrega, «el reconocer que determinadas posturas iusnaturalistas han podido servir de apoyatura teórica para defender posiciones políticas autoritarias o antidemocráticas (aunque habría que analizar, en cada caso, si la apelación de las mismas al iusnaturalismo no era sino un recurso retórico ajeno a la función histórica del derecho natural) no creo que deba ser motivo suficiente para aislar la noción de la soberanía popular del *humus* histórico en el que se gestó, que no es otro que el de la tradición iusnaturalista». PÉREZ LUÑO, Antonio-Enrique, «Soberanía popular y Estado de Derecho» en LAPORTA, Francisco, *Constitución: problemas filosóficos,* p. 72. La crítica de Pérez Luño, en tanto iusnaturalista y defensor del *principio de soberanía popular,* resulta interesante, dado que otras críticas no positivistas parten por debilitar al mínimo este principio, incluso dicen que la fase del Estado dominada por el *principio de soberanía popular* ha concluido, esto se puede ver en ZAGREBELSKY, Gustavo, *El derecho dúctil,* trad. Marina Gascón, Trotta, Madrid, 1997, pp. 21-40 y FIORAVANTI, Maurizio, «Estado y constitución» en FIORAVANTI, Maurizio (editor), *El Estado moderno en Europa,* trad. Manuel Martínez Neira, Trotta, Madrid, 2004, p. 43.

lidad: la racionalidad teórica o instrumental, la racionalidad práctica o normativa y la racionalidad valorativa.

La racionalidad teórica, busca explicar la realidad y asegurar el éxito (individual y/o colectivo) de nuestras acciones en ella. El debate conceptual se hace cargo de explicar el Estado de Derecho a partir de la *existencia* de normas que son aplicadas y realizadas en una sociedad histórica y determinada. Se trata de considerar que las normas constituyen realidades sociales y humanas, que en ellas hay un tejido válido para el razonamiento, pero además, son normas que protegen fines y valores vinculados históricamente a intereses reales y concretos [207]. Su vinculación con la *ontología jurídica,* es lo que Elías Díaz llama el estudio del *ser del Derecho,* la comprensión totalizadora del sentido del Derecho en el mundo, en la realidad humana y social. La ontología del Derecho desde una «concepción trascendental crítica», o lo que es lo mismo en lenguaje habermasiano, «pragmática trascendental». Laporta cree que para adentrarse en la ontología del Derecho es necesario establecer que el derecho es una convención o que descansa en alguna convención social: una convención social no es más que un conjunto de expectativas mutuas. La función explicativa de un concepto de Estado de Derecho da cuenta de nuestro vínculo con la realidad, con el ser, con lo que es el Derecho y el Estado, sólo después se puede

[207] Elías Díaz articula un *concepto de Derecho* como sistema o conjunto de normas reguladoras de algunos comportamientos humanos en una determinada sociedad. *Sociología y Filosofía del Derecho,* Taurus, Madrid, 1980. Tomo la reimpresión de 1993, p. 11. Aquí Elías Díaz realiza un concepto descriptivo («científico») de Derecho, luego nos hablará de legitimación y legitimidad del Derecho, su filosofía prescriptiva del Derecho y del Estado. Al respecto, Eusebio Fernández ha expresado que el «derecho se mueve dentro de la dialéctica entre lo legal y lo justo» y que comparte con Elías Díaz en que el problema fundamental del Derecho radica en su axiología, tarea del filósofo del Derecho. FERNÁNDEZ, Eusebio, *Teoría de la Justicia y derechos humanos,* p. 31. La axiología del Derecho es un problema fundamental para Elías Díaz. Sin embargo, no ha prescindido del problema conceptual, como a veces sucede con ciertas posturas que caen en excesos utópicos y que no resisten un mínimo razonamiento descriptivo y lógico.

formular una utopía social para el futuro, siempre que se quiera construir una «utopía realista».

En este plano, hemos descrito algunos aspectos de carácter histórico, de los cuales se ha servido Elías Díaz para darnos a conocer el origen del *hecho social* del Estado de Derecho moderno. Elías Díaz ha tratado de combinar una perspectiva analítica con el devenir histórico. Laporta es menos optimista en este tipo de combinaciones, esto explica en cierta medida su talante analítico. Los modelos de Estado de Derecho pueden ser formulados ya sea en clave analítica o en clave histórica, aunque nunca faltan las combinaciones de perspectivas, que parecen presentarse en la mayoría de casos[208]. Elías Díaz hace uso de una perspectiva mixta, es decir, histórico-analítica, enfrentándose a no pocas dificultades, como veremos más adelante.

Nuestro autor describe la producción social del Derecho. Trata de dar cuenta que el Estado y la producción social del Derecho se vinculan a relaciones de poder. Se entrecruzan varios poderes, conectados y diferenciados entre sí: el poder social (sociedad), el poder político (Estado), el poder jurídico (Derecho) y el poder económico (economía). Este tipo de poderes reproducen pugnas por la autonomía de cada espacio normativo y pueden dar lugar a un ordenamiento dinámico y abierto pero descontrolado y caótico. Ya Bobbio advertía que un poder sin Derecho es ciego, pero el Derecho sin poder es vacío[209]. Las nor-

---

[208] DE ASÍS ROIG, Rafael, *Una aproximación a los modelos de Estado de Derecho,* Dykinson, Madrid, 1999, pp. 17-39. Peces-Barba ha hecho notar la relación dialéctica entre hecho y valor, una reflexión sobre la realidad que está formada por hechos históricos da lugar a la aparición de valores que, a su vez, generarán derechos; Para Elías Díaz las revoluciones sociales modernas y las declaraciones de derechos tienen un papel configurador tanto en lo que hace a los derechos como a la democracia, núcleo conceptual del Estado de Derecho moderno.

[209] Norberto Bobbio señalaba que el poder sin derecho es ciego y el derecho sin poder queda vacío, pero también es verdad, decía, «que la teoría política no puede dejar de tomar en consideración primeramente el nulo poder, independientemente de los llamados principios de legitimidad, es decir, de las razones que lo transforman en un poder legítimo, así como la teoría jurídica

mas sociales, sin más, no se pueden confundir con las normas que han pasado a constituir parte del *status* jurídico. Frente a la complejidad social, en la que se expresan poderes sociales no imparciales, el rol mediador del Estado y del poder político puede ser instrumentalizado, por eso a Elías Díaz le parecen negativos y muy insuficientes «los enfoques interioristas de la Dogmática que con metodologías acríticas neoformalistas y/o cientificistas tienden también hoy a aislar, a clausurar, a separar al Derecho de ese contexto real, histórico, sociológico y también cultural y ético» [210]. Esta crítica es compartida, entre otros, por Laporta [211].

En torno a la *racionalidad práctica,* Laporta reconoce que en toda la obra de Elías Díaz se hace evidente la tensión entre el Derecho positivo o la realidad y las exigencias ético-políticas [212]. También Peces-Barba ha señalado que el horizonte utópico de

---

no puede dejar de tomar en consideración el sistema normativo en su conjunto, como una serie de normas una a otra vinculadas según un cierto principio de orden, independientemente del aparato de la fuerza predispuesto para su actuación». BOBBIO, Norberto, «El poder y el Derecho» en BOBBIO, Norberto y BOVERO, Michelangelo, *Origen y fundamentos del poder político,* trad. José Fernández Santillán, Grijalbo, México, 1985, p. 22.

210 DÍAZ, Elías, *Curso de filosofía del Derecho,* Marcial Pons, Madrid, 1998, p. 89.

211 MacCORMICK dice que el Estado es una cuestión fundamental para la política, es el lugar para el ejercicio del poder, un órgano de toma de decisiones y la principal forma de comunidad política en el mundo actual. Y ante las relaciones entre política y poder agrega: «Politics is about power. The study of politics is essentially about the power of decision-making in human communities on matters of communal importance. It is the study of how this power is allocated and exercised, and of how people compete for, and obtains, the power to make the effective decisions on matters that concern the well-being of the community and its members». MacCORMICK, Neil, «Law, Rule of Law and Democracy», VV.AA., *ob. cit.,* pp. 381 y 382.

212 Francisco Laporta señala que en toda la obra de Elías Díaz se hace evidente la tensión entre Derecho positivo o la realidad dada y las exigencias ético-políticas. Pero, inmediatamente, deja constancia de su crítica, la apelación a la historia que hace nuestro autor. Dice, «hay en su obra una frecuente apelación al sentido de la historia como generadora de instrumentos críticos de valoración [...] dicho sea de paso, es ésta una de las zonas menos convincentes

Elías Díaz nunca ha descuidado la realidad[213]. La realidad puede ser tan dura y obligarnos a admitir, frente a algunos casos, que el imperio de la ley no es contradictorio con un Estado autoritario y paternalista.

Sin embargo, la función normativa de un concepto de Estado de Derecho aspira a algo más, a una utopía normativa: a una legalidad democrática y al respeto de los derechos básicos, como condiciones mínimas, en el marco de un Estado de Derecho moderno. Esto explica su tesis fundamental: «El Estado de Derecho es el Estado sometido al Derecho, o mejor el Estado cuyo poder y actividad vienen regulados y controlados por la ley; El Estado de Derecho consiste así fundamentalmente, en el «imperio de la ley»: Derecho y ley entendidos en este contexto como expresión de la «voluntad general»»[214].

Así, Elías Díaz da lugar a una visión del Estado de Derecho donde el concepto y el fundamento no están desligados totalmente pero tampoco son idénticos: «Teoría del Derecho, Filosofía del Derecho, y las cuestiones que respectivamente alojan no reenvían a mundos esencialmente escindidos entre sí: la filosofía es también teoría (no sólo utopía) y la teoría no prohíbe ni se cierra ante esas últimas razones; son sólo diferenciadas y comunicadas zonas que permiten una más correcta división del trabajo para, en definitiva, a través aquí del Derecho, mejor comprender y ayudar a transformar la realidad»[215]. De esta ma-

---

de su pensamiento». LAPORTA, Francisco, «Elías Díaz: pensamiento jurídico y compromiso democrático», en *Anthropos* n.º 62, Barcelona, 1986, p. 41. Este autor agrega: «En toda su obra la tensión entre el Derecho positivo o la realidad dada y las exigencias ético-políticas fue entonces y es todavía muy evidente. En este sentido eran, sin duda, mucho más positivistas, ramplonamente positivistas, aquellos iusnaturalistas conservadores de su gremio, que él mismo. Y esa vertiente crítica de su pensamiento se expresa con rotunda claridad en su teoría política y en el compromiso de su teoría política con la lucha antifranquista». *Ibíd.*, p. 41.

[213] PECES-BARBA, Gregorio, «El profesor Elías Díaz», *Anthropos* n.º 62, Barcelona, 1986, p. 48.

[214] DÍAZ, Elías, *Estado de Derecho y sociedad democrática*, p. 7.

[215] DÍAZ, Elías, *Curso de filosofía del Derecho*, Marcial Pons, Madrid, 1998, p. 90.

nera el Estado de Derecho es un hecho, un poder real pero también la construcción de formas permanentes de autoridad[216].

En definitiva y siguiendo a Elías Díaz, todo Derecho, todas las normas y todos los derechos tienen sus precedentes en demandas sociales e históricas y como tales tienen su propia dinámica, la dinámica que corresponde a una moral social positiva y disruptiva. Así mismo, el poder político que filtra estas exigencias, casi siempre está regido por una lógica instrumental y sólo en el ordenamiento jurídico es donde las demandas sociales recobran su carácter normativo, normas que constituyen el *imperio de la ley,* y que limitan tanto a la burocracia estatal como a los individuos en sus relaciones mutuas. Además, teniendo en cuenta el fenómeno del poder, no sólo cabe hablar de poderes públicos sino también de grupos políticos, sociales, y económicos privados y también de las restantes fuerzas de los particulares ejercidas, incluso, a través de los derechos fundamentales[217]. Poderes no siempre respetuosos del espacio público y que muchas demandas sociales de éstos no logran pasar el filtro del poder político legítimo para ser luego vinculantes. Desde la perspectiva del Derecho, tanto las políticas como las leyes y medidas han de menester de una fundamentación normativa; en tanto que éstas, desde la perspectiva del poder, funcionan como medios y restricciones para la reproducción del poder[218]. Y como dice Laporta, «Sólo se ejerce poder normativo

---

[216] McCORMICK, Neil, «Law, Rule of Law and Democracy», VV.AA., *ob. cit.,* p. 387. También Juan Carlos Bayón ha dicho que tomar en serio la interdependencia de los planos conceptual y normativo puede ser una buena vía o guía para enfrentarse con la noción de autoridad y más aún tratándose del caso de la autoridad estatal que viene a constituir el «supuesto más importante de autoridad práctica». BAYÓN, Juan Carlos, *La normatividad del Derecho: deber jurídico y razones para la acción,* Centro de Estudios Constitucionales, Madrid, 1991, p. 624.

[217] DE ASÍS ROIG, Rafael, *Las paradojas de los derechos fundamentales,* Debate, Madrid, 1992, p. 137.

[218] Habermas trata de evadir la aparente paradoja del Derecho y el poder: «el análisis conceptual de la recíproca constitución de derecho y poder político muestra que en el medio a través del cual habría de discurrir esta actuación

jurídico sobre alguien cuando se emite una norma cuya existencia o contenido ingresa en su deliberación práctica y se constituye en una razón para su acción» [219].

En la racionalidad valorativa, el devenir y la orientación es importante para dar sentido a la vida tanto individual como colectiva. El devenir de los valores de autonomía privada, autonomía pública, e imperio de la ley, exige pasar de una asociación impuesta por una necesidad histórica a otra basada en la libertad de los implicados. No resulta nada fácil superar la paradoja de un historiador-conceptualista del Estado de Derecho [220].

En cuanto al devenir, el paso del Estado Absoluto al Estado de Derecho moderno parece no estar suficientemente explicado en Elías Díaz, ya que la dinámica de la tensión entre derechos humanos y democracia no sólo emerge a partir del liberalismo. Perry Anderson recomienda detenerse en un paso histórico singular, el *Renacimiento en el Derecho,* a fin de evitar malos entendidos de una historia lineal [221].

---

de la sociedad sobre sí misma, programada por vía de leyes, viene ya inscrito o bosquejado también un *sentido inverso u opuesto,* a saber, el de *una circulación autoprogramada del poder*». HABERMAS, Jürgen, *Facticidad y validez,* p. 607.

[219] LAPORTA, Francisco, «Poder y Derecho» en GARZÓN VALDÉS, Ernesto y LAPORTA, Francisco (editores), *El derecho y la justicia,* Enciclopedia Iberoamericana de Filosofía, CSIC-Trotta, Madrid, 2000, p. 451.

[220] Este de tipo de paradoja también ha sido atribuida al pensamiento de Bobbio: RUIZ MIGUEL, Alfonso, «Bobbio: las paradojas de un pensamiento en tensión» en LLAMAS, Ángel (Editor), *La figura y el pensamiento de Norberto Bobbio,* Universidad Carlos III de Madrid-BOE, Madrid, 1994, p. 63. Nuestro autor trata de evadir los extremos de la analítica y del historicismo, insinúa «las limitaciones y/o contradicciones internas de [la] reducción analítica, vistas desde las exigencias de la razón práctica». *Los viejos maestros. La reconstrucción de la razón,* p. 166. Luego, anima a buscar en la seguridad jurídica un contenido de justicia, «expresado en términos de derechos y libertades que la conciencia humana e histórica considera que ha de estar suficientemente protegidos y realizados a la altura del tiempo en que se vive». *Sociología y Filosofía del Derecho,* p. 45.

[221] ANDERSON, Perry, *El Estado absolutista,* trad. Santos Juliá, Siglo XXI de España Editores, Madrid, 1989, p. 435. Para este autor en el *Renacimiento* la astronomía de Copérnico, la filosofía de Montaigne, la política de Maquiavelo, la historiografía de Clarendon, la jurisprudencia de Grocio, de di-

El Estado Absoluto, creación del Renacimiento, pudo desarrollarse gracias a la larga historia anterior que se extiende más allá del feudalismo y que fue invocada de nuevo en los albores de la modernidad. El pasado clásico volvió a despertar en el seno del presente feudal para asistir a la llegada del futuro capitalista, a la vez inimaginablemente distante y extrañamente vecino a él, fue el legado clásico del derecho romano lo que facilitó y codificó este avance decisivo. Perry Anderson cita a Marx para dar cuenta de la complejidad social del Estado de Derecho moderno, que retrata en cierta medida cambios sociales que tie-

---

ferentes formas, todas eran deudoras de los mensajes de la antigüedad: «El Renacimiento fue simultáneamente el momento en que el encuentro de la Antigüedad y el feudalismo produjo de repente sus frutos más originales y sorprendentes, y el momento histórico decisivo en que Europa dejó atrás en dinamismo y expansión a todos los demás continentes». *ob. cit.,* p. 440. En este aspecto, Elías Díaz, en su primer escrito de 1963, sobre el ideal del Estado de Derecho, era más claro: «es cierto que ese ideal no llegó a institucionalizarse suficientemente, pero existe indudablemente (en Aristóteles, por ejemplo; más tarde, en Cicerón, por citar algún autor de primera línea), como pretensión, como ideal, la exigencia de ser gobernados por leyes antes que por el puro arbitrio y voluntad de los hombres». DÍAZ, Elías, «Teoría General del Estado de Derecho», *Revista de Estudios Políticos* n.° 131, septiembre/octubre, Madrid, 1963, p. 25; en 1966, se limitaba a decir, «El Estado de Derecho se institucionaliza de modo coherente por vez primera y con un cierto carácter general tras la Revolución francesa en los Estado liberales del pasado siglo. Existen, no obstante, precedentes más o menos imprecisos de esa idea del «imperio de la ley» en la Antigüedad, Edad Media y *ancien régime*». DÍAZ Elías, *Estado de Derecho y sociedad democrática,* p. 11. Dice Elster que «Los florentinos y los griegos resolvieron el problema mediante el procedimiento experimental de prueba error: sus regímenes sobrevivieron durante un tiempo porque encontraron recursos estabilizadores que limitaban las fuerzas autodestructivas inherentes a toda democracia sin restricciones. Como ya he dicho, los enfoques modernos han sido más conscientes, pero los problemas a los que se han enfrentado son, en gran medida, los mismos». Jon ELSTER, «Introducción» en Jon ELSTER y Rune SLAGSTAD (Eds.), *Constitucionalismo y democracia,* trad. Mónica Utrilla, FCE, México, 1999, p. 45. Los matices a que dan lugar Anderson y Elster evitan un exceso de «progresía» en lo que hace a la modernidad. En este aspecto es útil también ver MATTEUCCI, Nicola, «La herencia del constitucionalismo medieval y el desarrollo del Estado absoluto», *ob. cit.,* pp. 29-43; NAEF, Werner, «El Estado del Renacimiento», *ob. cit.,* pp. 19-45.

nen su antecedente en el Estado Absoluto europeo. La cita de Marx, escrita en su madurez: «La libertad consiste en convertir al Estado de órgano que está por encima de la sociedad en un órgano completamente subordinado a ella, y las formas de Estado siguen siendo hoy más o menos libres en la medida en que limitan la «libertad» del Estado» [222].

Sin embargo, la reacción de Elías Díaz frente al neoconstitucionalismo, que al modo de una historia lineal pretende convertir el Estado constitucional en la «negación» del Estado democrático de Derecho, es más acertada. En este sentido Laporta, también contribuye a desmitificar esta supuesta linealidad y «superación», cuando dice que el «moderno Estado de Derecho no es sino una inicial respuesta a la exigencia ética de dignidad humana que alienta en nuestra cultura jurídica desde el Renacimiento y se va desenvolviendo paulatinamente a través de la Ilustración hasta alcanzar su manifestación política en el Estado constitucional y legislativo» [223].

El Renacimiento trata de reconciliar la dignidad humana con lo mejor de la tradición republicana, cantera en la que la teoría de la democracia adquiere toda su relevancia. Es verdad —como dice Peces-Barba— que a veces los ilustrados creen llevar a los monarcas absolutos a sus posiciones liberales, cuando en realidad éstos utilizan las leyes para reforzar su poder soberano frente a los poderes tradicionales que todavía subsistían. Tampoco las transformaciones del Estado de Derecho en Estado constitucional democrático se puede interpretar como un salto totalmente nuevo,

---

222 ANDERSON, Perry, *ob. cit.*, p. 5. Una argumentación de los aportes del republicanismo clásico se puede ver en LISI Francisco, «El origen del Estado de Derecho», VV.AA., *Los griegos Otros y Nosotros,* editora Ana María González de Tobia, Ediciones al Margen, La Plata, Argentina, 2001, p. 34. Aristóteles formuló el dilema ¿Es más conveniente ser gobernados por el mejor hombre o por las leyes? Y resolvió a favor de ser gobernados por las leyes con el argumento de que: «es malo que sea un hombre y no la ley quien ejerza la soberanía, estando sujeto a las pasiones que afectan al alma». La ley manda y decide lo mejor. ARISTÓTELES, *La política,* trad. Manuela García Valdés, p. 138, 1281a.

223 LAPORTA, Francisco, «El deterioro de las leyes», *Claves de razón práctica* n.º 142, mayo/junio, Madrid, 2004, p. 29.

ya que éste aparece ya en autores como Sièyes o Montesquieu. Incluso, los antecedentes de la separación de poderes ya están en la idea de gobierno mixto en Polibio: la Roma republicana, con la dimensión monárquica en los Cónsules, la aristocracia en el Senado y la democracia en las Asambleas populares[224].

Además de estos precedentes, un buen argumento, usado por Elías Díaz, Laporta y Peces-Barba, frente a la supuesta «negación» y «superación» del Estado de Derecho por el Estado constitucional es el Artículo 16 de la *Declaración de los derechos del hombre y del ciudadano:* «Toda sociedad en la cual la garantía de los derechos no está asegurada, ni la separación de poderes determinada, carece de Constitución».

Sería un grave error suponer que los ideales del «imperio de la ley» se reducen a la idea de Estado constitucional e interpretación por los nuevos «señores de la ley», los jueces.[225]. Una teoría del Estado de Derecho tiene que responder a la cuestión que radica en saber a partir de qué momento, es decir, a partir de qué condiciones, «el grado de limitación existente autoriza a hablar de Estado de Derecho [...] se trata, pues, de una cuestión de límites: el Estado de derecho existe cuando se instaura el «imperio de la ley», es decir, cuando se crean las instituciones y mecanismos necesarios y adecuados y cuando se realizan las condiciones por él exigidas»[226]. Aquí surgen las divergencias

---

[224] PECES-BARBA, Gregorio, «El paso del Estado absoluto al Estado liberal en la ilustración» en Virgilio ZAPATERO (editor), *Horizontes de la filosofía del Derecho. Homenaje a Luis García San Miguel,* tomo 2, Universidad de Alcalá, Alcalá, 2002, p. 641.

[225] John Locke señala que hay dos clases de contiendas entre los hombres, unas resueltas por la ley y otras por la fuerza y donde la una termina la otra siempre empieza. Pero a continuación agrega: «no es asunto mío examinar el poder del magistrado en las diferentes constituciones de las naciones. Yo solamente sé lo que usualmente ocurre cuando las controversias surgen sin que haya juez que las resuelva. Usted dirá, entonces, que siendo el magistrado el más fuerte impondrá su voluntad y logrará su objetivo. Sin duda; pero la cuestión no trata del resultado, sino de la norma del derecho». LOCKE, John, *Carta sobre la tolerancia,* trad. Pedro Bravo Gala, Tecnos, Madrid, 1998, pp. 55.

[226] DÍAZ, Elías, «Teoría general del Estado y del Derecho», *ob. cit.,* p. 22.

respecto del *Rule of Law* y del *Rechtsstaat,* cuando se interroga qué modelo de Estado de Derecho, con su correspondiente tradición histórica, ofrece mejores garantías tanto a la autonomía privada como a la autonomía pública, en tanto valores que alumbran estructuras políticas.

Se vio en la introducción del capítulo cómo Rafael Escudero trataba de explicar los motivos que llevaron a Elías Díaz a no interesarse por Fuller y su teoría de la «moral interna del Derecho». Acaso, también se pueda señalar la escasa atención que, en general, han prestado los juristas españoles al *rule of law* [227]. Sin duda, el concepto de Estado de Derecho de Elías Díaz, se inscribe en la tradición continental del *Rechtsstaat* y

---

[227] Los juristas españoles, últimamente, vienen ocupándose del *Rule of Law,* y lo hacen con diversos fines: Rafael ESCUDERO, en el marco de sus estudios sobre la teoría de Fuller y la moral interna del Derecho, para traducirlo por *imperio de la ley* y dar relevancia a la certeza jurídica en el Estado de Derecho, sin que se haga referencia al origen de la ley: *Positivismo y moral interna del Derecho,* CEPC, Madrid, 2000, p. 456; Rafael DE ASÍS, para explicar que el *Rule of Law* es un ejemplo de modelo estricto de Estado de Derecho: *Una aproximación a los modelos de Estado de Derecho,* p. 54; Federico ARCOS, para resaltar que *Rule of Law* exige un límite negativo de la seguridad jurídica, para reducir la injusticia, nunca una aspiración directa de justicia: *La seguridad jurídica. Una teoría formal,* Universidad Carlos III de Madrid-Dykinson, Madrid, 2000, p. 403 y ss.; Francesc DE CARRERAS, para señalar que la tradición del *Rule of Law,* en el fondo y como sistema, no es muy contradictoria con la tradición del Estado de Derecho continental: *Estado de Derecho como sistema,* Cuadernos y Debates n.º 1, CEC, Madrid, Madrid, 1996, p. 15; Antonio-Carlos PEREIRA MENAUT, para indicar que, ante la crisis del principio de legalidad en los procesos de integración interestatal como la Unión Europea, el *Rule of Law* es el que está mejor preparado para hacer frente a estas transformaciones dado que en sus conceptos fundamentales no está la idea de Estado ni el de soberanía, lo que no sucede con el Rechtsstaat: *Rule of Law o Estado de Derecho,* Marcial Pons, Madrid-Barcelona, 2003, p. 104; finalmente, Eduardo GARCÍA DE ENTERRÍA, para señalar que el *Rule of Law* expresa la autonomía del *common law* y de sus tribunales y un límite a la autoridad política, sin embargo, señala que en la última centuria se ha producido un acercamiento entre éste modelo y el modelo continental del «reino de la ley» francés y del *Rechtsstaat* alemán: *La lengua de los derechos. La formación del derecho público europeo tras la Revolución francesa,* Alianza Editorial, Madrid, 1999, p. 151.

del «reino de la ley» de la Revolución francesa. Laporta, cuando del análisis del imperio de la ley se trata, hace acopio de sus mejores argumentos en la tradición del *Rule of Law,* en tanto que los otros elementos del Estado de Derecho los remonta a los aportes de la Revolución francesa y la Declaración de 1789. Es decir, la *tesis débil* de Laporta sigue manteniéndose más cerca de la idea clásica del *Rule of Law,* tal como fue formulada por Dicey.

Finalmente, este capítulo no puede sino concluir como empezó. Para un intelectual de izquierdas como Elías Díaz, que le tocó vivir la dictadura franquista, el Estado de Derecho contiene un devenir, pero éste sólo será capaz de alumbrar estructuras en tanto proyecto normativo. El horizonte de este proyecto normativo sólo se verá un poco más claro cuando nuestro autor concrete las relaciones que considera adecuadas entre Estado de Derecho y derechos humanos, tema que se desarrolla en el capítulo siguiente. El próximo capítulo, además, tendrá como propósito ordenar y analizar los argumentos que dan cuenta del debate sostenido entre Elías Díaz y Eusebio Fernández.

CAPÍTULO III
ESTADO DERECHO Y DERECHOS HUMANOS

«*El* liberalismo, *que tiene su origen en el pensamiento de Locke, ha conjurado el peligro de las mayorías tiránicas y ha postulado la prioridad de los derechos humanos [...] esos mismos derechos por sí mismos deben constituir límites legítimos que impidan a la voluntad soberana del pueblo intervenir en la esfera intangible de la libertad subjetiva*».

HABERMAS, *La inclusión del otro*, P. 253.

«*El derecho del gobierno a mantener el orden y la seguridad pública es un derecho que el gobierno ha de tener si ha de cumplir con su deber de asegurar imparcialmente las condiciones para que todos logren sus propios intereses sujetándose a las obligaciones correspondientes*».

RAWLS, *Teoría de la justicia*, P. 202.

Si el Estado de Derecho es uno de los grandes inventos de la civilización, lo son también los derechos humanos, ya como necesidad de límites negativos a una estructura organizacional formal o como exigencias positivas de legitimidad. Esto implica plantearse qué derechos debe reconocer el Estado democrático de Derecho como proyecto social humano y si es relevante el dato histórico de la crisis de los derechos en el Estado social de Derecho. Hay que plantearse también en qué modelo de Estado de Derecho (Estado liberal, Estado social o Estado democrático de Derecho) se da una mejor respuesta a la garantía jurídica de los derechos humanos.

En este capítulo se sostiene que Elías Díaz asume el Estado democrático de Derecho como la mejor respuesta frente a ciertas insuficiencias e incoherencias de los derechos en el Estado social; además, para evitar caer en la paradoja de la irrelevancia moral del Estado democrático de Derecho prestará atención a los derechos humanos como una categoría que transita entre la justicia y la política. En su intento por el reconocimiento positivo (exigencia de legalidad) de los derechos humanos (exigencia ética) para conseguir una cierta moralización del Estado de Derecho a través de la democracia (exigencia política), no está ajeno a la imputación de cierto perfeccionismo moral, imputación que proviene de Eusebio Fernández. Precisamente el seguimiento de esta crítica es lo que da sentido al presente capítulo.

En este capítulo se retoma la relación paradójica entre derechos humanos y poder soberano en el Estado moderno. Será Hobbes el teórico que dará cuenta de esta nueva situación enmarcada en el Estado-Leviatán: fuera del Derecho positivo del Estado no existe derecho alguno. El mismo poder estatal para cuyo límite surgen los derechos fundamentales es, a la postre, el único que puede protegerlos eficazmente. Por eso, con razón, se dice que es muy frecuente incluir «entre los requisitos que implica el funcionamiento del Estado de Derecho el que se refiere a la defensa de los derechos fundamentales. Sin embargo, no siempre se recuerda la correlativa parte que le corresponde a la teoría de los derechos humanos en la formación del concepto de Estado de Derecho. De ahí que parezca tema obligado de una exposición general de los derechos humanos el estudio del condicionamiento mutuo existente entre ambas nociones» [228].

---

[228] PÉREZ LUÑO, Antonio Enrique, *Derechos humanos, Estado de Derecho y Constitución,* p. 213.

Los derechos humanos y el Estado de Derecho forman parte de una tensión permanente. Los derechos humanos son *presupuestos* del Estado de Derecho. Por ellos se garantiza el *status* jurídico de los ciudadanos como titulares de libertades; pero son también el *resultado* del proceso discursivo de comunicación intersubjetiva de hombres libres e iguales que contribuyen a conformar ese marco jurídico de convivencia, la impronta de sujetos que ejercen su capacidad de elección, un uso instrumental del poder político, pero limitados por las exigencias de razonabilidad, la exigencia moral de una generalización de los intereses de todos. Según Elías Díaz, «la justicia en su realización también acaba enlazando con cuestiones relativas al origen, autonomía moral del individuo, y hasta con cuestiones de procedimiento, mientras que por su parte la legitimidad también alude, desde luego, a valores de fondo (fundamentalmente la libertad) y a confrontaciones de contenido en su posterior ejercicio» [229].

Así, el Estado de Derecho nació como una fórmula de compromiso entre garantías formales dadas por la democracia y garantías materiales proporcionadas por los derechos humanos; por esta razón, incluso, se ha llegado a afirmar en las formulaciones iniciales del Estado de Derecho que la noción de legalidad suponía una síntesis de la idea liberal manifestada en la defensa de los derechos individuales y de la idea democrática concretada en la concepción de la ley como producto de la voluntad general. Aunar diversas garantías formales, proclamadas por una Constitución que consagra la división de poderes y el principio de legalidad con una serie de garantías materiales, nos proporciona la idea de que el primado de la ley reposaba y reposa hoy en la defensa de los derechos y libertades de los ciudadanos [230].

Corresponde a Elías Díaz la idea de que los derechos de la persona humana, en tanto «exigencias éticas», constituyen un

[229] DÍAZ, Elías, *Ética contra política. Los intelectuales y el poder,* p. 21.

[230] PÉREZ LUÑO, Antonio Enrique, *Derechos humanos, Estado de Derecho y Constitución,* p. 220.

elemento esencial del sistema de legitimidad y también exigencias contingentes e históricas de una legalidad concreta[231]. Cuando hablamos de derechos humanos nos referimos a normas para la esfera de la acción. Los derechos humanos sólo pueden desenvolver su pleno vigor cuando se les garantiza a través de normas de derecho positivo, incorporados como derecho obligatorio en el catálogo de derechos fundamentales de una Constitución. Para entonces, en los derechos humanos se distingue un problema de forma y otro de contenido. El problema de contenido aborda la cuestión de cuáles derechos humanos son necesarios, el problema de forma, la necesidad de transformación de este contenido en derecho positivo. He ahí la necesidad del Derecho frente a un problema de conocimiento, a un problema de ejecución y a un problema de organización.

El problema del *conocimiento* jurídico requiere un procedimiento que permita en un número limitado de operaciones alcanzar siempre de manera muy exacta un resultado. Esto lleva a la necesidad de decisiones en procedimientos reglados jurídicamente, y el principio de la mayoría es uno de ellos. El problema de la *ejecución* da cuenta de que el conocimiento de la corrección o la legitimidad de una norma es algo distinto a su cumplimiento. Finalmente, el problema de *organización* da lu-

---

[231] DÍAZ, Elías, *Estado de Derecho y sociedad democrática,* p. 25. Según Habermas, en la validez del Derecho positivo intervienen dos componentes: el *componente racional* que la pretensión de legitimidad comporta se une el *componente empírico* de la imposición del Derecho. La validez del derecho *(Rechtsgeltung)* ha de poder fundar, en lo tocante a sus destinatarios, dos cosas a la vez: ha de fundar la expectativa cognitiva de que, llegado el caso, se urgirá coactivamente la observancia general de las distintas normas jurídicas (he ahí que al Derecho le baste con la legalidad del comportamiento, es decir, con un comportamiento conforme con las normas); a la vez la validez del derecho ha de fundar el componente normativo de que el sistema jurídico en conjunto merezca reconocimiento por contar a su favor con buenas razones internas. De ahí que el Derecho haya de hacer posible en todo momento algo más que la legalidad, es decir, haya de hacer posible una obediencia basada en la convicción de que el orden jurídico es legítimo. HABERMAS, Jürgen, *La necesidad de revisión de la izquierda,* trad. Manuel Jiménez Redondo, Tecnos, Madrid, 1991, p. 177.

gar a numerosas exigencias morales y fines extremadamente valiosos; puede ser el caso del subsidio a los desempleados o la ayuda a un país indigente, éstos no pueden llenarse suficientemente o alcanzarse sólo a través de acciones individuales o cooperación espontánea. La renuncia a las instituciones sociales en forma de Derecho, fundada en los argumentos de conocimiento, ejecución, y organización, sería anarquía: la necesidad del Derecho puede fundarse no sólo en consideraciones de utilidad sino también en los derechos humanos[232].

La idea de Estado de Derecho, como hemos visto en el capítulo 2, tiene una dimensión conceptual. Se trata de un concepto «técnico», además de una dimensión de «amplia y clara significación ideológica y política». Para Elías Díaz, el «imperio de la ley» constituye la nota primaria y fundamental del Estado de Derecho. Sin embargo, ingresar en las razones del Estado democrático de Derecho forma ya parte de un programa ético-político y, en el caso de nuestro autor, un programa socialista. En esta instancia ya no se trata del concepto del Estado de Derecho sino que implica su sentido en términos de «lucha», de «conquista» de derechos. Entre lo «dado» y la utopía, surge un programa de utopía realista. Su esfuerzo por poner las bases teóricas de un programa socialista, forma ya parte de la lucha razonable por la realización de los derechos de los menos favorecidos, además de una amplia crítica al frío interés de la burguesía que se mueve «en las aguas heladas del cálculo egoísta»[233].

---

[232] ALEXY, Robert, *Teoría del discurso y derechos humanos,* trad. Luis Villar Borda, Universidad Externado de Colombia, Colombia, 1995, pp. 98-100. Según Laporta, «El mero altruismo espontáneo o la frágil idea de beneficencia que tratan de proponer los nuevos darwinistas no es bastante para saldar satisfactoriamente nuestras cuentas con los demás. La ética exige de nosotros una auténtica política social». LAPORTA, Francisco, «Ética y política» en MORENO, Luis y PÉREZ YRUELA, Manuel (comp.), *ob. cit.,* p. 135. Sobre estos problemas del altruismo y la ética pública ver COHEN, Gerald, *Si eres igualitarista ¿cómo es que eres tan rico?,* Paidós, Barcelona, 2002, pp. 201-241.

[233] MARX, Karl y ENGELS, Friedrich, *Manifiesto del Partido Comunista (Manifest der Kommunistischen Partei,* 1848), trad. Editorial Progreso, Editorial Mestas, Madrid, 2001, p. 26.

A pesar del discurso prevalente hoy sobre una supuesta «maldad estatal», Elías Díaz vuelve una y otra vez sobre el concepto y las modalidades de Estado de Derecho, retomando, revisando y actualizando sus postulados. También las polémicas forman parte de un aprendizaje en él. Frente al anhelo de un orden espontáneo, «el mercado», por parte de los neoliberales o liberales conservadores, se critica aquellos argumentos que van de vuelta a la anarquía neoconservadora, al *status naturalis,* o a lo sumo al Estado cosificado a tareas mínimas, puesto que el «Estado atenaza al individuo e impide su libre desarrollo», el «Estado asfixia la libre iniciativa e impide el desarrollo del capital». Incluso los propios liberales conservadores o ciertos libertarios no pueden evitar el concepto de Estado de Derecho, aunque sea reducido a su contenido mínimo y formal. Es evidente que hoy nos enfrentamos a la consolidación de una sociedad compleja que altera los principios fundamentales del Estado de Derecho, pero la idea de mercado a lo sumo da cuenta de un subsistema y no puede monopolizar la tarea de reducir la complejidad social en un tiempo de transiciones.

Por eso, frente a los riesgos de una globalización homogeneizadora, el Estado de Derecho recobra su importancia, aunque ya no se trate de plantear la protección y desarrollo de la democracia y los derechos humanos única y exclusivamente a través del Estado-nación, si no que así como se reconoce que la mayor parte de las organizaciones protagonistas del nuevo orden mundial adolecen de déficit democráticos muy serios, también se puede señalar ciertos avances en las estructuras transnacionales para la protección y promoción de los derechos como límites a la soberanía popular y al monopolio de la violencia —a veces patológica— de los Estados nacionales [234].

---

[234] Sobre los problemas del nuevo orden mundial en relación con el Estado de Derecho, la democracia y los derechos humanos se puede ver: HELD, David, «¿Hay que regular la globalización? La reinvención de la política» en *Claves de razón práctica* n.º 99, enero/febrero, Madrid, 2000, pp. 4-11; de este mismo autor, también, *La democracia y el orden global. Del Estado moderno al gobierno cosmopolita,* trad. Sebastián Mazzuca, Paidós, Barcelona, 1997;

En este capítulo se pretende arribar a una de las conclusiones más importantes de la idea de Estado de Derecho en Elías Díaz, al núcleo de tensión permanente del que derivan los caracteres propios de todo Estado de Derecho constituido por el imperio de la ley como expresión de la soberanía popular y los derechos fundamentales. Pero para llegar a esta conclusión tenemos que transitar por los diversos acápites que contiene el presente trabajo. Primero, se hará una presentación del modo en que Elías Díaz asume tanto el concepto de derechos humanos como el de Estado de Derecho, en sus posturas descriptivas y prescriptivas. Segundo, se desarrolla la crítica que hace Eusebio Fernández a la postura de Elías Díaz; siguen las críticas de Marina Gascón, Gerardo Pisarello y Rafael de Asís en torno a las opiniones sugeridas por el profesor Eusebio Fernández. Y, tercero, se procede a realizar un balance general del estado de la discusión.

JÁUREGUI, Gurutz, «Globalización y democracia», *Claves de razón práctica* n.º 99, enero/febrero, Madrid, 2000, pp. 12-20. También Manuel Castells habla de un *Estado red,* una forma de Estado emergente, y probablemente sea la característica más importante de la *era de la información.* Estado red, un Estado caracterizado por compartir la autoridad, la capacidad de imponer la violencia legitimada, a lo largo de una red. Una red por definición tiene nodos, no un centro. Pone como mejor ejemplo de este Estado red a la Unión Europea. Agrega, que los datos disponibles y los debates recientes de la teoría política parecen sugerir que el Estado red, con su soberanía de geometría variable, es la respuesta de los sistemas políticos a los retos de la globalización. CASTELLS, Manuel, *La era de la información. Vol. 3. Fin de milenio,* Alianza Editorial, Madrid, 2001, pp. 400-401. A este ritmo, seguramente, no tendremos que andar mucho para que se hable de los *derechos humanos red* o de la desnacionalización de los derechos humanos, al respecto, ver DEL REAL ALCALÁ, J. Alberto, «Del Estado-nación de Derecho al Estado de Derecho postnacional. Análisis de la tesis de L. Ferrajoli sobre la desnacionalización de la teoría de los derechos humanos», *Derechos y Libertades* n.º 13, enero/diciembre, Madrid, 2004, pp. 361-383; FARIÑAS DULCE, María José, «Sociedades postnacionales *versus* democracia transnacional. La acción política y jurídica en la era de la globalización» en BONETTO, Susana y PIÑERO, Teresa, *Ciudadanía y costos sociales. Los nuevos marcos de regulación,* Instituto Internacional de Sociología Jurídica de Oñati, Dykinson, Madrid, 2004, pp. 179-189. Dado los augurios de un Estado red o los derechos humanos red, para entonces, ¿habrá norma que valga ante este definitivo extravío?

1. ELÍAS DÍAZ, LA EXIGENCIA DE LOS DERECHOS HUMANOS ANTE EL ESTADO DE DERECHO

Le interesa a Elías Díaz indagar qué papel cumplen las libertades fundamentales en la concepción política de la justicia socialista, es decir, el Estado democrático de Derecho. Una opción política y ética que exige armonizar las demandas de igualdad social con el respeto de la libertad individual; reconoce, además, las motivaciones económicas del individuo, pero estableciendo los límites a los excesos iusnaturalistas de la idea de mercado. Así, el Estado democrático de Derecho pretende ser un factor positivo para el impulso, protección y realización de los derechos fundamentales de todos. Para nuestro autor, los derechos fundamentales son la «razón de ser» de las pretensiones de esta modalidad de Estado de Derecho.

Entre las dimensiones del pensamiento político de Elías Díaz están el socialismo y el humanismo real. Elías Díaz ha permanecido en una línea de crítica al individualismo «posesivo» a través de explicaciones sociológicas y cuestiones éticas, argumentando que una de las razones fundamentales para el socialismo es que los derechos y libertades constituyan «la base para una real dignidad y progresiva igualdad entre todos los seres humanos» [235]. Pues sólo así se puede hablar de humanismo real y no de meras abstracciones [236]. Es decir, que las luchas por las

---

[235] DÍAZ, Elías, «Derechos humanos y Estado de Derecho» en José Antonio LÓPEZ GARCÍA y J. Alberto DEL REAL, *Los derechos: entre la ética, el poder y el Derecho*, Dykinson, Madrid, 2000, p. 129.

[236] El humanismo real es el hombre: «los seres humanos, hombres y mujeres, quienes hacen y deben hacer la historia y quienes, a su vez, constituyen el objetivo, la finalidad de la historia: protagonismo, por así decirlo, en las decisiones y también en los resultados, correlativamente a esa doble participación democrática que con ella se interrelaciona. Lo que en la modernidad va progresivamente ganando terreno, es por un lado, esa exigencia de mayor participación por parte cada vez más amplios sectores, de un mayor poder de creación en todos los ámbitos de la acción humana (Renacimiento, Racionalismo, incluso —con mayor acento voluntarista— algunas tendencia de Reforma) y también, por tanto, en el campo de la creación de las normas jurídicas y la toma de decisiones políticas». DÍAZ, Elías, «Derechos humanos y Estado de Derecho», *ob. cit.*, p. 132.

reivindicaciones sociales no deban dejar de lado al Derecho. El socialismo, a través del Estado democrático de Derecho, manifiesta cierto optimismo frente a una función social y no sólo represora del Derecho. Nuestro autor, reconoce que todas las expresiones teóricas del socialismo vienen a coincidir en la búsqueda de igualdad entre todos los hombres, pero que uno de los grandes desacuerdos es precisamente la función del Derecho y los derechos humanos positivados.

1.1. Los derechos humanos como criterio de legitimidad y como criterio de eficacia del poder político

Dice Elías Díaz que los derechos humanos pretenden ser el contenido concreto e histórico de valores éticos y políticos como son la libertad, la igualdad y la solidaridad y que estos valores pueden sintetizarse en lo que hoy llamamos justicia. Sin que derechos positivos sea sinónimo de justicia. Los derechos permiten exigir un cierto contraste de coherencia entre esa legitimidad del poder político y la verdadera situación de los derechos humanos que los Estados dicen querer respetar. Por lo tanto, los derechos humanos, como discurso en construcción, no sólo sirven para resolver conflictos sociales sino para criticar el orden social dado, aunque también pueden ser usados como discurso de alienación por sectores sociales interesados en la conservación del orden social existente.

Se tiene que reconocer que en determinados contextos y circunstancias, los derechos humanos «proclamados solemnemente en la Constitución, no son después efectivamente reconocidos en la legislación ordinaria, ni por tanto garantizados y amparados por las correspondientes resoluciones judiciales. Semejante comprobación haría, por supuesto, patente en esa situación concreta, el propósito meramente enmascarador de tal ideológica proclamación de los derechos humanos»[237]. Incluso

---

[237] DÍAZ, Elías, *Legalidad-legitimidad en el socialismo democrático*, p. 127.

se tiene que reconocer la limitada garantía jurídica de los derechos proclamados en la mayor parte de Declaraciones internacionales.

Sin embargo, es el discurso normativo de los derechos humanos el que permite superar la parálisis del escepticismo ético-político. Un poder político puede ser legítimo pero no justo. También, puede suceder que no todo poder político sea legítimo. Y, hay algunos que no son ni legítimos ni justos. En todas estas circunstancias los derechos humanos cumplen su función de integración social y también de crítica, bajo una pretensión de justicia social mínima[238]. Los derechos no se identifican con la totalidad de la esfera de la justicia. Y en las cuestiones ideológico-valorativas entre los derechos, para el profesor de la Autónoma de Madrid, la *libertad crítica,* es la base de todo, «el necesario requisito para la democracia y para la existencia de los derechos humanos».

La libertad crítica, como expresión de la razón, no puede quedar como un recurso formal, abstracto, y en manos de unos

---

[238] El profesor Elías Díaz ha diferenciado entre legalidad, legitimidad y legitimación: legalidad como sinónimo, sin más, de Derecho, de ordenamiento jurídico; legitimidad, como término equivalente al de justificación del Derecho y del Estado; y con legitimación se alude al hecho social de la aceptación o no de la legitimidad. *De la maldad estatal y la soberanía popular,* p. 26. Al respecto el apunte de Alexy es esclarecedor: «Un derecho es un derecho positivo, cuando la norma que lo concede vale social o jurídicamente. Aquí sólo debe interesar la validez jurídica. Un derecho que se basa en una norma que vale jurídicamente, debe ser designado como «derecho jurídico-positivo». La adscripción de los derechos morales al ámbito de la legalidad en sentido kantiano, tiene la ventaja de que los derechos humanos pueden ser transformados en derechos jurídico-positivos, esto es: en derecho positivo, primero, sin ningún cambio de su contenido, y segundo, sin pérdida de su validez moral. Con la positivación, se les suma a ellos, solamente la validez jurídica como un fundamento adicional de validez, el que, desde luego, constituye el fundamento de validez decisivo en la discusión jurídica. Así, el carácter moral de los derechos humanos no se opone a su institucionalización como derechos jurídico-positivos». ALEXY, Robert, «La institucionalización de los derechos humanos en el Estado constitucional democrático», *Derechos y Libertades* n.º 8, enero/junio, Madrid, 2000, p. 27.

cuantos. Sus exigencias éticas tienen que aterrizar como «conquistas históricas de sentido progresivo para todos los hombres» y a través de la participación política lograr su concreción jurídico-positiva. La libertad crítica y la eficacia se nutren del procedimiento político. Si éste es justo lo demás viene de suyo, asegura las reglas de juego para que las asimetrías se resuelvan favorablemente para todos. Nuestro autor agrega que lo ético no puede ser algo *previo* a lo procedimental, ni viceversa: lo ético es concomitante con lo procedimental. Elías Díaz busca evitar, en todo caso, una *verdad previa* que prescinda de la vía procedimental de la libertad y la democracia. Va configurando una cierta perspectiva procedimentalista, que permite la conexión de las funciones de legitimidad y eficacia de los derechos humanos en el Estado democrático de Derecho [239].

¿Cómo evitar que los derechos humanos resulten ser sencillamente los derechos de la burguesía? [240]. Marx describió y valoró los derechos reconocidos en la Revolución francesa: éstos no fueron abstractos ni universales sino muy concretos, derechos burgueses, expresados, sobre todo, en la sacralización de la propiedad privada. Elías Díaz, sin embargo, no comparte los argumentos de algunas teorías socialistas de raíz marxista, según las cuales, las libertades básicas en una sociedad capitalista serían ideales vacíos y meramente formales. Para que los derechos humanos no se reduzcan a meros principios programáticos de la razón, es básico e imprescindible su reconocimiento y amparo legal; pero es preciso, que tal reconocimiento legal se ubique en la contingencia histórica de una sociedad capitalista, en la que existen explotados y explotadores.

---

[239] También para HABERMAS, el principio de soberanía popular constituye la bisagra entre el sistema de derechos y la estructura de un Estado democrático de Derecho. *Factividad y validez,* p. 238. Del mismo modo, sólo en filosofía política cabe la síntesis entre Derecho, moral y política. Se ha dicho, asimismo, que sólo en la práctica cabe la vinculación entre Derecho, moral y política.

[240] DÍAZ, Elías, *Estado de Derecho y sociedad democrática,* p. 25.

Según Elster, la «explotación» es un concepto crítico y normativo frente a las desigualdades sociales. Cree que Marx se niega a defender una concepción de la justicia, ya que éste consideraba que las teorías de la moralidad y la justicia son construcciones ideológicas, únicamente para justificar y perpetuar las relaciones de propiedad existentes. Hay raíces teleológicas y hegelianas en este pensamiento: el desarrollo histórico gobernado por leyes del movimiento que operaban con férrea necesidad, a tal punto que las condenas morales resultan inútiles o superfluas. Así el comunismo no tiene por qué acontecer antes de que las condiciones estén objetivamente maduras para ello, y cuando lo estén, el capitalismo caerá por sí mismo, en tanto la explotación siga siendo históricamente necesaria, permanecerá; tan pronto como su tiempo haya pasado, desaparecerá. Elster cree que en la teoría de la «explotación» de Marx no queda sitio para la censura moral[241]. Elías Díaz, con cierta distancia respecto de las afirmaciones de Elster, viene sosteniendo que existen elementos básicos para encontrar indicios de una teoría de la justicia en la vasta obra intelectual de Carlos Marx. La teoría de la justicia no se agota en la obra de Marx, por supuesto.

Uno de los rasgos básicos de identidad del socialismo, marxista y no marxista, ha sido la demanda de igualdad, para evitar la explotación, en el sentido de igual asignación de bienes y recursos para la satisfacción de necesidades básicas[242]. Una política igualitaria acepta la legitimidad de reducir sus propias libertades. Acepta colocarse en el punto de vista ajeno, sobre todo en el de los menos favorecidos.

---

[241] ELSTER, Jon, *Una introducción a Karl Marx,* trad. Mario García Aldonate, Siglo Veintiuno Editores, México, 1991, p. 97. Sobre el debate de los marxistas analíticos en torno a la teoría de la justicia en Marx se puede ver FARRELL, Diego Martín, *Análisis crítico de la teoría marxista de la justicia,* Centro de Estudios Constitucionales, Madrid, 1989.

[242] LAPORTA, Francisco, «Los problemas ideológicos del socialismo» en Alfonso GUERRA y otros, *El futuro del socialismo,* Editorial Sistema, Madrid, 1986, p. 218.

Elías Díaz, al respecto, dice:

«El Derecho actual deberá ser igual en lo que se refiere al fundamental respeto de la libertad y la seguridad personal; pero deberá ser desigual para lograr la igualdad, para superar la *necesidad*. Es decir, será un Derecho desigual a favor del explotado, en lo que se refiere a los factores económicos, sociales y culturales que dificultan o impiden tal igualdad. Sobre esas bases, lo determinante será la creación de tales condiciones sociales y económicas que *—acabando con la propiedad privada de los grandes medios de producción—* hagan en verdad posible la satisfacción de las *reales necesidades* de todos los hombres y con ella la igualdad (objetivo base), así como la efectiva realización de los derechos humanos» [243]. [Las cursivas me corresponden].

«Acabar con la propiedad privada de los grandes medios de producción», esta expresión hoy está más matizada por Elías Díaz. «Limitar», «controlar» a la gran propiedad, son sus expresiones de uso más actual. Sin embargo, mantiene la idea de que para la vigencia de los derechos humanos no basta con la democracia jurídico-política, hace falta su profundización, una democracia económico-social. Lo explica así: existe una ineludible interconexión entre libertad e igualdad, y entre libertad e igualdad real. Y va más allá. Los obstáculos a la igualdad son también obstáculos a la libertad y viceversa. Agrega, «El liberalismo conduce así coherentemente al socialismo», o lo que es lo mismo «sin libertad no hay vías hacia la igualdad». Aquí pareciera exagerar cierto optimismo. Veremos más adelante los problemas de una posición que no reconozca el conflicto entre derechos y que vea a la libertad crítica causalísticamente, como emergiendo en las entrañas del capitalismo, que lleve de modo

---

243 DÍAZ, Elías, *Legalidad-legitimidad en el socialismo democrático*, pp. 136 y 137. En este texto, de fines de la década del setenta, claramente, Elías Díaz ya empieza a mostrar sus coincidencias y por supuesto, discrepancias, respecto de la teoría de la justicia de John Rawls. Es sugerente el tratamiento que hace Rawls de la propiedad privada, su modelo de democracia liberal-igualitaria de propietarios.

ineludible a la destrucción del dominio, manipulación y explotación de su propio progenitor, el capitalismo[244].

Uno de los riesgos de la teoría socialista es que ésta no sea enfocada con razones morales y que se haga uso de ella para justificar salidas economicistas. Está latente el riesgo de un igualitarismo «necesario». De algún modo, son los riesgos de asumir la historia como filosofía y como un gran sistema. Esta perspectiva, está un tanto desacreditada, por sus débiles argumentos frente a los requerimientos éticos de los derechos humanos. La perspectiva que elige Elías Díaz, en parte es histórica, pero no lejos del «racionalismo». La pregunta de Kant, «si el género humano está en constante progreso hacia mejor», resume el dilema moderno: los derechos entre la «razón» y la «historia».

Se anticipa que Elías Díaz no es un defensor dogmático del progreso irresistible, tampoco un defensor dogmático de la idea

---

[244] Dice Elías Díaz que el capitalismo genera sus propias antinomias: «En las sociedades capitalistas, escindidas en clases (pero no sólo en ellas), la libertad crítica lleva en sí el germen para la destrucción de ese dominio y de esa manipulación y explotación: primero, con la crítica a la clase dominante y a los valores de la clase dominante; después, con la expresión libre y eficaz de la voluntad popular; y como fondo, con una praxis política y social derivada de aquella libertad que exija la efectiva realización de todas las implicaciones contenidas en las jurídicas declaraciones de libertad e igualdad (de las que —recordemos— ningún Estado hoy quiere teóricamente prescindir) y que, a su vez, contribuya a una transformación realmente democrática (socialista) de aquéllas». *Ibíd.*, p. 140. Me pregunto, ¿acaso Elías Díaz, en esta época, está pretendiendo parafrasear expresiones contenidas en el *Manifiesto comunista:* «Las armas de que se sirvió la burguesía para derribar al feudalismo se vuelven ahora contra la propia burguesía», «la burguesía proporciona a los proletarios los elementos de su propia educación, es decir, armas, contra ella misma», o aquello de que la burguesía produce sus propios sepultureros, de tal modo que «su hundimiento y la victoria del proletariado son igualmente inevitables». MARX, Karl y ENGELS, Federico, *Manifiesto del Partido Comunista,* p. 37. Creo que Elías Díaz tomó, más de la cuenta, elementos descriptivos causalistas de cierto marxismo como el de su maestro Tierno Galván: «el capitalismo genera sus propias antinomias como ideología y como instituciones y la principal de estas antinomias son los derechos humanos». TIERNO GALVÁN, Enrique, «Ética y derechos humanos» en su libro *Democracia, socialismo y libertad,* Ediciones Paulinas, Madrid, 1977, p. 51.

opuesta. En el capítulo anterior, se vio el contexto del que nacen las exigencias de los derechos naturales racionales, contexto que estaba constituido por aquellas luchas y movimientos que le habían dado sentido: luchas y movimientos de los que si se quiere comprender su razón, es necesario buscarla no ya en la hipótesis del estado de naturaleza sino en la realidad social de una determinada época, en sus contradicciones y en los cambios que fueron provocados por éstos [245]. Una hipótesis que va del análisis racional al análisis de la sociedad real, al terreno de las necesidades, entre un derecho que es reconocido y protegido y un derecho que debe ser. El paso del *deber ser* al *ser* tiene que ser colmado por las fuerzas políticas, transformarse en el objeto de una asamblea y en objeto de decisión de un órgano legislativo dotado de legitimidad.

Lo único que se puede decir de las metas humanas es la realización progresiva de la idea de libertad y de justicia entre los hombres, esfuerzo progresivo que se consigue sustrayendo al ser humano de la esclavitud y la opresión y de las necesidades

---

[245] BOBBIO, Norberto, *El tiempo de los derechos,* trad. Rafael de Asís, Editorial Sistema, Madrid, 1991, p. 120. Bobbio dice que por prudencia ha usado siempre en el transcurso de sus escritos la palabra «exigencias» antes que «derechos»: «cuando me refería a derechos no constitucionalizados, esto es, a meras aspiraciones, aunque justificadas con argumentos plausibles, a derechos (positivos) futuros [...] «Derecho» es una figura deóntica y, por consiguiente, del lenguaje normativo, esto es, de un lenguaje en el que se habla de normas y sobre normas [...] La figura del derecho tiene por correlativo la figura de obligación [...] Se puede hablar de derechos morales sólo en el ámbito de un sistema normativo moral, donde existen obligaciones cuya fuente no es la autoridad dotada de fuerza coactiva, sino Dios, la propia conciencia, la presión social, según las distintas teorías de la moral [...] Obligaciones morales, obligaciones naturales y obligaciones positivas, y respectivamente los derechos relativos, pertenecen a sistemas normativos distintos. Para dar sentido a términos como obligación y derecho es preciso insertarlos en un contexto de normas, no importa cuál sea la naturaleza de este contexto [...] Desde el punto de vista de un ordenamiento jurídico los llamados derechos morales o naturales no son propiamente derechos: son solamente exigencias para ser eventualmente transformadas en derechos de un nuevo ordenamiento caracterizado por un distinto modo de protección de las mismas». *ob. cit.,* pp. 124-125.

materiales aún no satisfechas para la mayoría [246]. El discurso de los derechos humanos, según Elías Díaz, podrá cumplir su función crítica ante la sociedad, si transita entre una teoría de la legitimidad y una teoría de la justicia, además de la eficacia. La acción social y la acción estatal que sigue los cursos de acción de los derechos humanos tendrá que ser capaz de no perder de vista que «la ética de la legitimación, conformada desde esa teoría crítica de la legitimidad y de la justicia, actuada desde el *Estado* democrático y de la correlativa *sociedad [civil]* puede romper tal *mecánica determinación* y acabar transformando esa lógica capitalista de la acumulación» [247]. Así, Elías Díaz evita que sus ideas deriven en un modelo de fundamentación legalista de derechos humanos, donde sin leyes positivas ni Estado no pueden existir derechos.

1.2. Objeto de los derechos: necesidades y autonomía de los menos autónomos

Desde un punto de vista formal se recomienda diferenciar entre derechos a algo, libertades y competencias [248]. La necesidad

---

[246] ROSSELLI, Carlo, *Socialismo liberal,* trad. Diego Abad de Santillán, Editorial Pablo Iglesias, Madrid, 1991. Carlo Rosselli, un liberal socialista y crítico del marxismo, decía que el marxismo presupone una concepción determinista de la historia, «el sistema marxista es determinista o no es nada». El socialismo, es un ideal, un fin posible, indica una tendencia o meta, pero no necesaria: «El socialismo, más que un programa externo a alcanzar, es para el individuo la realización de un programa de vida». *ob. cit.,* p. 76.

[247] DÍAZ, Elías, *Ética contra política,* p. 99.

[248] Alexy, dice que los derechos humanos son *derechos* y, que los derechos pueden clasificarse de acuerdo a diferentes criterios. Bajo el punto de vista formal recomienda diferenciar entre derechos a algo, libertades y competencias. Aquí deben interesar solamente los derecho a algo. Derechos a algo son relaciones normativas entre tres elementos: «el *titular* (*a*), el *destinatario* (*b*), y el *objeto* (G) del derecho. Esta relación triádica debe ser expresada a través del operador del derecho «D». La forma más general de un enunciado sobre un derecho a algo puede ser expresada como sigue: D*ab*G». ALEXY, Robert, «La institucionalización de los derechos humanos en el Estado constitucional demo-

de explicar y justificar la estrecha conexión entre derechos humanos y organización del Estado, planteada por Elías Díaz, coloca en un plano de mucha importancia al objeto de los derechos humanos, al interés por los *derechos a algo*. En el ámbito del Estado de Derecho, el concepto de imperio de la ley y derechos humanos evoca la interconexión y condicionamiento mutuo entre normas que integran un ordenamiento jurídico.

Según Elías Díaz, la limitación del objeto de los derechos humanos a lo básico para la existencia y para el ejercicio de la autonomía se articula con una concepción mínima de justicia. El socialismo tiene que ser entendido como el desarrollo consecuente del liberalismo. Del hecho de que el socialismo lleve a la práctica el ideal de luchar a favor de los sectores oprimidos no nos puede llevar a pensar que los fines sociales de igualdad no sean a la vez fines del individuo en tanto que personalidad moral, personas libres e iguales que contribuyen a conformar un marco jurídico de convivencia y que discuten sus intereses y necesidades básicas participando en el espacio público, ejerciendo su autonomía.

Se afirma que los derechos humanos por su estatuto normativo no constituyen categorías axiológicas cerradas y estáticas sino que se hallan abiertos a continuos y sucesivos cambios de las necesidades que los hombres experimentan en el devenir de su historia. Por eso los distintos derechos humanos singulares suponen otras tantas especificaciones espacio-temporales de los valores básicos de la dignidad, la libertad y la igualdad en el marco del consenso y las necesidades [249]. Las necesidades para

---

crático», trad. María Cecilia Añaños Meza, *Derechos y Libertades* n.º 8, enero/junio, Madrid, 2000, p. 22.

[249] PÉREZ LUÑO, Antonio Enrique, «Sobre los valores fundamentadores de los derechos humanos», *El fundamento de los derechos humanos,* p. 287. Opina que nociones tales como las de la situación comunicativa ideal, la teoría consensual de la verdad, o la anticipación de una forma ideal de vida, podrían desembocar en el más abstracto formalismo de no hallarse apoyadas en determinadas categorías empíricas. Y el sustrato o referente empírico común, que hace posible el consenso, lo aportan precisamente las necesidades básicas, que son compartidas por todos y pueden, por tanto, ser entendidas por todos: «el consenso tiene como presupuesto un «contenido experimental» que ga-

estar vinculadas a derechos requieren ser «necesidades cualitativas y auténticas» y los valores, «modos de preferencia conscientes». Una articulación entre derechos, Estado de Derecho y calidad de vida a través de la satisfacción de necesidades y el ejercicio de la autonomía.

La orientación del objeto de los derechos fundamentales hacia la existencia y la autonomía del ser humano, obliga a apelar a una ética del socialismo, sin igualitarismos «necesarios», pero también hacia el encuentro de resultados concretos frente a las necesidades y desigualdades de clase, género, razas y cultura[250]. En Elías Díaz hay una teoría crítica o teoría ética del socialismo. La ética del socialismo es, desde luego, una «ética de principios»: valores de libertad, igualdad y solidaridad. Pero es también una ética que se asume responsable en cuanto a sus resultados, cálculos, utilidades y objetivos. Depende, entonces, de una inteligente y bien fundada articulación entre principios y resultados, entre convicciones y responsabilidades, una vez más entre ética y política[251].

Entre estas vertientes sustenta su teoría crítica, tomando distancia de igualitarismos «injustos»: «los valores éticos de solidaridad, de libertad, de igualdad (convertidos en hechos efec-

---

rantiza la objetividad de las normas y valoraciones en la medida en que las necesidades e intereses que las justifican pueden ser generalizadas [...] la posibilidad de razonar intersubjetivamente sobre necesidades generalizables es condición necesaria para conseguir un consenso universal». PÉREZ LUÑO, *ob. cit.*, p. 167. De esta forma tanto el enfoque del consenso como el de las necesidades resultan complementarse. El suelo empírico de las necesidades evitará que la ética dialógica degenere en una entelequia excesivamente etérea y formalista. Sólo sometiendo el proceso de identificación y jerarquización de necesidades a las reglas de la argumentación racional y el debate democráticos se evita el riesgo de que la política asistencial se deslice hacia un subjetivismo decisionista o un dirigismo platonizante, la determinación de las necesidades sociales por una élite de esclarecidos. Lo que Ágnes Heller ha llamado «dictadura sobre las necesidades». CONTRERAS PELÁEZ, Francisco, *Derechos sociales: teoría e ideología*, p. 90.

250 DÍAZ, Elías, *Ética contra política*, pp. 90-91. La libertad puede ser vista, también, como el *resultado* de una buena organización social por las leyes.

251 DÍAZ, Elías, *Ética contra política*, p. 94.

tivos sin igualitarismos injustos y paralizantes, pero con amplias necesidades básicas cubiertas para todos y con el debido reconocimiento al esfuerzo y al trabajo), más el derecho a las diferencias, al pluralismo y a la libre creación de la propia vida sean los valores fundamentales hacia los que debe orientarse toda la organización pública y privada de la común convivencia; estos objetivos, y otros a ellos íntimamente vinculados, son los considerados como determinantes cuando un poco antes, en este mismo párrafo, se hablaba de lograr la mayor democratización «posible»»[252].

El profesor de la Universidad Autónoma de Madrid plantea la construcción del socialismo como un sistema político en el que se dé prioridad a las necesidades y derechos de los peor situados en el sistema económico, entre ellos, la «clase obrera», por ser quienes disponen hoy de menores posibilidades de defensa y de mucha menor resistencia para hacerse respetar y ejercer sus derechos. Además del problema de la subsistencia está el de la autoestima, el autorespeto. Son los que carecen de los medios suficientes para la satisfacción de sus reales necesidades y para acceder plenamente a derechos humanos de cultura, sanidad, vivienda, descanso, etc. La teoría y la praxis del socialismo pretende contribuir a resolver los dos grandes problemas contemporáneos: la pobreza y la guerra. El socialismo es una modalidad para orientar el Estado de Derecho, no la única, ni la «negación de la negación» de otros modelos. Es un problema de elección y no de determinismo histórico. Si hay dos sistemas políticos que satisfacen las necesidades básicas habrá que preferir aquél que asegure una mayor libertad individual, no hay un único modelo de progreso y desarrollo. Se piensa que una sociedad es homogénea cuando todos sus miembros gozan de los derechos directamente vinculados con la satisfacción de sus necesidades básicas[253].

---

[252] DÍAZ, Elías, *ob. cit.*, p. 90.

[253] GARZÓN VALDÉS, Ernesto, «El problema ético de las minorías étnicas» en CARBONELL, Miguel, CRUZ PARCERO, Juan, VÁZQUEZ, Rodolfo (Compiladores), *Derechos sociales y derechos de las minorías*, Universidad Nacional Autónoma de México, México, 2000, p. 162.

Hay cambios en el mercado capitalista tardío pero también en las formas de vida socializadas. Se trata de ampliar el horizonte de la satisfacción de necesidades a los nuevos sujetos de los movimientos sociales contemporáneos y no privilegiar a uno de ellos, como hacía antes cierta izquierda socialista, el «proletariado» o la «clase obrera». El trabajo asalariado ya no es un principio de estructuración directa de la sociedad. Los sindicatos, por ejemplo, están llegando al límite de sus posibilidades. Esto es importante ya que el sujeto de las necesidades es también el sujeto del cambio. Se trata, entonces, de reinventar el socialismo. Está el dato de un modo de producción capitalista, generador de pobreza y de violencia estructural en amplia medida, pero no es la única causa de las desigualdades de clase, géneros, razas y etnias. El «socialismo real» no puede sentirse ajeno a los problemas de nuestro tiempo y tiene que asumir sus responsabilidades por lo que hizo y por lo que no hizo cuando tuvo la oportunidad de poner en juego sus premisas en el espacio público. Hoy el socialismo tiene que ser reflexivo [254].

A Elías Díaz, le parece que una de las principales insuficiencias de la acción socialista en las actuales democracias tal vez provenga del relativo aislamiento y del déficit de comunicación, cuantitativo y cualitativo que pudiera estar produciéndose e incluso incrementándose, entre, por una parte, las instituciones jurídico-políticas de aquéllas (Parlamento, partidos políticos, etc.,) y, por otra, los sectores más jóvenes, abiertos y progresivos de la denominada «sociedad civil». Ello supondría no sólo una disminución de potencial en términos de participación, adhesión y legitimación, sino, unido a ello, un mayor riesgo de alejamiento, olvido o ilegítima subordinación de las necesidades sociales vinculadas, por un lado, al mundo más tradicional del trabajo y de la acción sindical (también en trans-

---

[254] Según Elías Díaz, habrá que reconocer que las deformaciones leninistas-estalinistas, por un lado, y capitalistas-reaccionarias, por otro, han frustrado en nuestro siglo, sin saber por qué tiempo, lo mejor de la democracia avanzada y del socialismo democrático. «Justificación de la democracia», *Sistema* n.º 66, mayo, Madrid, 1985, p. 16.

formación) y, por otro, al campo de las importantísimas metas y objetivos —pacifistas, ecológicos, feministas— de que son hoy exponentes, todavía muy primerizos e incipientes, los designados como «nuevos movimientos sociales» [255].

Por eso, la concepción socialista de los derechos humanos que Elías Díaz propugna se orienta en favor de los postulados centrales de la libertad y la igualdad, en medio de una cierta complejidad social. Los valores de la democracia tienen que estar expresados en términos de *necesidades reales* de los seres humanos y en especial de los hasta ahora *menos favorecidos,* los menos libres, los menos autónomos. Los derechos humanos se derivan y se orientan a la satisfacción de necesidades reales individuales y colectivas. No se trata de defender, como lo pretenden los liberales conservadores, los intereses y necesidades de la apropiación privada de los medios de producción, liberales exclusivamente economicistas, para lo que requieren de unos derechos de libertad negativa y de un Estado como «instrumento neutro». El socialismo de Elías Díaz implica al Estado en un rol fundamental, está comprometido como un destinatario fundamental de cargas y obligaciones que generan los derechos.

En definitiva nuestro autor afirma que es muy válida e importante la postura de mediación crítica, propuesta por Pérez Luño para una posible fundamentación de los derechos humanos, entre «la teoría consensual de la verdad elaborada por el último de los teóricos de la Escuela de Francfort, Jürgen Habermas, y la filosofía de las necesidades radicales defendida por la Escuela de Budapest y, de modo especial, por Ágnes Heller» [256].

---

[255] DÍAZ, Elías, *Ética contra política,* pp. 87-88.

[256] DÍAZ, Elías, «Justificación de la democracia», *Sistema* n.º 66, Madrid, mayo 1985, p. 12. Elías Díaz está intentando una articulación entre derechos, necesidades y consenso. Otros vienen tratando de ver entre las necesidades y los derechos dos paradigmas contradictorios e irreconciliables. ALFAGEME, Erika, CANTOS, Raquel y MARTÍNEZ, Marta, *De la participación al protagonismo infantil,* Plataforma por la Infancia, Madrid, 2003, p. 99. En la discusión ética contemporánea se dice que hay dos puntos de partida no conectados necesariamente a los que suele recurrirse en el intento de formulación de principio y reglas de validez universal que aseguren la protección de estos bienes.

Si se admite que la satisfacción de necesidades básicas es indispensable para la actuación del individuo como agente moral, su no satisfacción está éticamente prohibida. Sin embargo el consenso trata de evitar lo que Ágnes Heller ha denominado la «dictadura sobre las necesidades». Elías Díaz no ha dado mayores explicaciones sobre su toma de postura. La fundamentación de los derechos humanos en el vínculo entre necesidades y consenso, dicho de manera muy general no puede quedar en una expresión muy concreta y sin un desarrollo argumentativo. En la medida en que esta postura necesita ser debatida y dado que está relacionada con el consenso democrático se amplía su discusión en el capítulo 4.

1.3. Derechos humanos como razón de ser del Estado de Derecho

Vimos que la forma más general de un enunciado sobre un derecho a algo puede ser expresada como: «D*ab*G» [257]. Esta for-

---

Uno de ellos es el del consenso en sus dos versiones: fáctico (Habermas) e hipotético (Rawls); el otro es el de las necesidades básicas. Garzón se inclina por el de las necesidades. Las necesidades no dependen del pensamiento sino de cómo es el mundo. Toma de Mario Bunge la idea de que existe una vinculación necesaria entre valores y necesidades humanas, valoramos algo porque justamente lo necesitamos. Ruth Zimmerling, por su parte, ha afirmado que hay que incluir en la categoría «necesidades básicas» tanto las llamadas «necesidades naturales» como las «derivadas» de las respectivas estructuras sociales. Dice Garzón que aquí si juega un papel importante la diversidad cultural y puede hablarse de «relatividad» contextual. GARZÓN VALDÉS, Ernesto, «El problema ético de las minorías étnicas» en CARBONELL, Miguel, CRUZ PARCERO, Juan, VÁZQUEZ, Rodolfo (Compiladores), *ob. cit.*, p. 161.

[257] Según Alexy, tiene mucha importancia lo que se coloque en *a, b,* y G: «Si se escoge para *a,* el titular, a una persona natural; para *b,* el destinatario, al Estado; y para G, el objeto, la abstención de intervenir en la vida, libertad, propiedad, se obtiene un derecho de defensa dirigido al Estado, propio de la tradición liberal. Si, en cambio, se interpreta G como una acción positiva en forma de una prestación de ayuda médica o de asistencia, aparece así un derecho de prestación, como lo recomienda la línea del Estado social y lo enfa-

mula permite dar cuenta de la estrecha conexión entre derechos humanos y organización del Estado. Da cuenta también del interés y las discrepancias ideológicas por llenar de contenido a esta fórmula, como es el caso de Elías Díaz y Eusebio Fernández. Si bien se ha dicho que «el liberalismo es la ideología creadora de las reglas de juego en las democracias modernas», o que «el Estado de Derecho moderno nace con la forma de Estado legislativo de Derecho», al mismo tiempo se puede agregar que en las sociedades actuales el pluralismo ideológico lleva a pensar en un Estado constitucional cuya imparcialidad vaya más allá de la propia ideología liberal. Es decir que liberalismo no es sinónimo de «neutralidad». Hoy el Estado de Derecho tiene que ser diseñado desde un contenido de principios y derechos que condicionan de manera decisiva su acción normativa, por eso son exigencias para un diseño racional y razonable de las instituciones políticas y de la sociedad en la que se constata injusticias de hecho.

Para Elías Díaz los derechos humanos constituyen una condición necesaria de legitimidad y eficacia del poder político y del Derecho positivo. Corresponde ver su relevancia en el marco organizativo de un Estado de Derecho. La cierta *prioridad* de los derechos humanos frente al Derecho positivo viene dada, por un lado, porque constituyen exigencias éticas, principios normativos y programáticos, pero por otro lado, porque es básico e imprescindible su reconocimiento y amparo legal[258]. No

---

tiza la línea socialista. Si finalmente, se permite tomar para *a*, el titular, también a Estados o pueblos, entonces sólo se tendrá que representar G como prestación para la promoción del desarrollo, a fin de obtener los llamados derechos humanos de la tercera generación o dimensión. De este modo, el esquema es neutral frente a las diferentes concepciones de derechos humanos». ALEXY, Robert, «La institucionalización de los derechos humanos en el Estado constitucional democrático» en *ob. cit.*, p. 23.

[258] Elías Díaz es consciente que el Estado de Derecho no debe diluirse en meras afirmaciones retóricas y declamatorias de los derechos humanos. Para evitar una «gran retórica humanista» que pueda servir como cobertura ideológica, primero, los derechos tienen que hacerse efectivos en garantías formalizadas e institucionalizadas en un ordenamiento jurídico positivo, «sin

se olvide que la *soberanía popular* es la otra dimensión que suministra legalidad y legitimidad a la institución que ejerce la acción legisladora[259]. En el núcleo del Estado de Derecho está «el imperio de la ley y los derechos fundamentales», cooriginariamente. Y cuando se trata de justificar un principio de satisfacción de necesidades en el terreno de la justicia y de las políticas sociales, tenemos que hacer frente a los problemas de un orden normativo de las mismas. El objeto de los derechos humanos (necesidades y consenso) significa proporcionar razones que justifiquen su vinculatoriedad o su obligatoriedad. Sin descuidar que el razonamiento de Elías Díaz, es común a aquellas concepciones normativas de la persona, la persona como agente moral, responsable y libre, la idea de un derecho, por tanto, remite a principios morales del bien de los seres humanos y acerca de la distribución del mismo»[260].

El reto para elevar a categoría de derechos el objeto de las necesidades a través del consenso (ejercicio de la autonomía),

---

esto los derechos humanos son únicamente «grandes palabras»; segundo, vinculado a lo anterior, que los mecanismos socio-económicos se dirijan y planifiquen con vistas a lograr para todos los hombres la realización efectiva material de esos derechos. Las contradicciones entre el sistema económico realmente operante y las declaraciones de derechos han sido frecuentes en la historia, impidiendo la realización práctica y, a la vez, la protección jurídica de esos derechos humanos». DÍAZ, Elías, *Estado de Derecho y sociedad democrática*, p. 26.

[259] DÍAZ, Elías, «Derechos humanos y Estado de Derecho», *ob. cit.*, p. 128. Tanto los derechos humanos como el Estado de Derecho son invenciones humanas. Elías Díaz nos recuerda que el Estado de Derecho es una invención, una construcción, un resultado histórico lento y gradual, dual y bifronte. En tal construcción están comprometidos individuos, sectores sociales que frente a poderes despóticos buscan las seguridad para sus personas, sus bienes y propiedades, espectro de necesidades, que luego se van ampliando como manifestaciones de la libertad. El Estado está entre la intervención en los asuntos públicos como en la no intervención en proyectos de vida privada. El problema para un Estado que monopoliza el uso de la fuerza pero que sin embargo pretende legitimidad radica que en la práctica lo público y lo privado tienen más encuentros que desencuentros. *ob. cit.*, p. 126.

[260] AÑÓN ROIG, María José y GARCÍA AÑÓN, José (coordinadores), *Lecciones de derechos sociales*, Tirant lo Blanch, Valencia, 2002, pp. 138-140.

es alcanzar grados de racionalización de condiciones de vida, aquellas que de no ser tomadas en consideración y articuladas desde una perspectiva de la justicia, desproveen de contenido a la condición humana misma. El «ciudadano» será una de las primeras especificaciones respecto del abstracto sujeto hombre. Luego vendrán los criterios de igualdad respecto al género, a la clase social, a la raza, a las etnias, etc., también a las distintas fases de la vida, a estados normales o estados excepcionales de la existencia humana. Estas necesidades se constituyen en un reto, sobre todo para un Estado de Derecho de libertades, cuando las garantías de su satisfacción resultan siempre complejas, difíciles y conflictivas. Cuando de garantías legales se trata, se sabe, que la protección internacional es más difícil que la del Derecho interno. Nuestro análisis básicamente sigue las explicaciones dadas por Elías Díaz desde las especificidades de un Derecho interno.

Para Elías Díaz, los derechos humanos son la razón de ser del Estado de Derecho: «El complejo mecanismo, construido y mejorado a lo largo del tiempo, que llamamos Estado de Derecho surge para intentar una mejor protección de los derechos humanos: protección de libertades y aspiraciones de mayor participación (empezando por las libertades de opinión y religión, así como por la exigencia de *no taxatión without representation*) frente al poder ejecutivo, frente a la corona; luego enseguida, se le irán añadiendo otra serie de derechos y libertades derivados, en definitiva, de la autonomía moral que debe reconocerse en todos los seres humanos» [261].

Uno de los grandes giros en el reconocimiento de los derechos del hombre se produce cuando se pasa de la esfera de las relaciones económicas interpersonales a las relaciones de poder entre príncipe y súbditos, y nacen así los llamados derechos públicos subjetivos, que caracterizan al Estado de Derecho. Dice Bobbio que hay varios giros en el objeto y reconocimiento de los

---

[261] DÍAZ, Elías, «Derechos humanos y Estado de Derecho» en *ob. cit.*, p. 123.

derechos del hombre. En el Estado despótico los individuos aislados tienen sólo deberes y no derechos. En el Estado absoluto los individuos ostentan en su relación con el soberano derechos privados. Es con el Estado de Derecho en que el individuo tiene frente al Estado no sólo derechos privados, sino también derechos públicos. El Estado de Derecho es el Estado de los derechos ciudadanos [262].

1.4. Los derechos humanos y las modalidades de Estado de Derecho

Junto a aportaciones imprescindibles del Estado liberal de Derecho y el Estado social de Derecho, éstos constituyen dos modelos históricos que han demostrado grandes insuficiencias en la satisfacción de necesidades y derechos así como en el ejercicio de la autonomía individual y colectiva, dejando latente desigualdades diversas, entre ellas las desigualdades de clase social. El proceso dinámico de democratización material y de garantía jurídico-formal de los derechos humanos, ha dado lugar, como se verá más adelante, el paso del sistema liberal capitalista al neocapitalista Estado social de Derecho.

Para el profesor de la Autónoma de Madrid, «El liberalismo clásico con su fondo de individualismo burgués constituye (y esto se ha puesto de relieve desde muy diferentes e incluso contrapuestas motivaciones y actitudes ideológicas) insuficiente garantía para esa realización y protección de los derechos y li-

---

[262] BOBBIO, Norberto, *El tiempo de los derechos,* trad. Rafael de Asís, Editorial Sistema, Madrid, 1991, p. 109. También Bayón sostiene que afirmar que un sujeto tiene un derecho supone afirmar que cierta situación o estado de cosas se considera moralmente una necesidad o un aspecto del bienestar de cada uno de ellos, suficientemente importante como para garantizar el acceso al mismo, protegerlo en la permanencia en él, inmunizarlo frente a los obstáculos o intromisiones e imponer obligaciones a terceros sujetos. BAYÓN, Juan Carlos, *La normatividad del Derecho: deber jurídico y razones para la acción,* p. 442.

bertades de todos los hombres. En efecto, en la ideología del Estado liberal burgués los «derechos naturales» o derechos humanos resultan ser sencillamente los derechos de la burguesía, derechos que sólo de manera formal y ficticia se conceden también a los individuos de las clases inferiores: una ampliación de la zona de aplicabilidad de esos derechos —pero sin alterar los supuestos básicos económicos— se produce con el paso del Estado liberal de Derecho al Estado social de Derecho; constituido éste como intento de superación del individualismo, a través de la primacía que se concede a los llamados derechos sociales, lo que pretende es la instauración de una sociedad o Estado del bienestar *(Welfare State)*»[263].

En cualquier caso, Elías Díaz en varios de sus escritos ha dejado establecido que, a pesar de todas las insuficiencias del liberalismo y el *Welfare State* con respecto a la protección de los derechos humanos, ellos constituyen puntos válidos de arranque para ese proceso de democratización. El Estado liberal, por ejemplo, tiene base suficiente para ser considerado como Estado de Derecho, en función también de esa lucha, sostenida frente al absolutismo, en pro de los derechos y libertades fundamentales del hombre y del ciudadano.

Después de estas tesis descriptivas, para Elías Díaz el Estado guarda la más estrecha relación con la historia de la economía política. Recordemos su insistencia en definir la democracia como doble participación: participación en decisiones político-jurídicas y participación en los resultados socioeconó-

---

[263] DÍAZ, Elías, *Estado derecho y sociedad democrática,* p. 25.

[264] Elías Díaz reconoce que no hay democracia sólo formal jurídico-política ni sólo material económico-social; ambas, en grados y según los casos, tienen que estar presentes en la democracia. Sin embargo, «dentro de esa conflictiva conjunción, es preciso reconocer que la primera, la participación libre en decisiones, que se concreta y actúa en participadas instituciones jurídico-políticas, aparece, y cada vez más en nuestro tiempo, como condición imprescindible, necesaria (aunque «en abstracto» no suficiente) para la efectiva realización de la segunda, la participación en los resultados económicos, sociales y culturales, en la satisfacción de derechos y necesidades a ellos vincu-

micos y culturales[264]. Su visión crítica del principio de legalidad lo lleva a coincidir con Ferrajoli cuando éste señala que frente al Estado de Derecho «real» caben dos vías de reforma: una relativa a la dimensión liberal del Estado de Derecho, la otra relativa a su dimensión social[265].

1.4.1. Estado liberal de Derecho

Elías Díaz muestra que las características del Estado de Derecho, a las que nos hemos referido antes, surgen en el marco del liberalismo. Es una conquista irreversible pero en el sentido de un proyecto inacabado y sujeto a crítica. Tiene insuficiencias. Las insuficiencias del Estado liberal de Derecho se reflejan tanto en el plano de los derechos como en la democracia. Insuficiencias que ya estaban presentes en la Declaración francesa de 1789, expresión ideológica del triunfo de la burguesía que sacralizó la propiedad privada para una sociedad individualista. La ciudadanía era desigual, activos y pasivos, en razón precisamente de su contribución tributaria tomando como base impositiva la propiedad privada y sólo los primeros propietarios contribuyentes y hombres formarán parte del cuerpo electoral»[266]. Baja participación tanto en las decisiones como en los resultados.

El paradigma «formal» liberal supone que sólo la justicia individualista garantiza la solidaridad social y que la libertad

---

lados». DÍAZ, Elías, «Derechos humanos y Estado de Derecho», *ob. cit.*, p. 124.

[265] FERRAJOLI, Luigi, «Pasado y futuro del estado de derecho», *Revista Internacional de Filosofía Política* n.° 17, julio, Madrid, 2001, p. 37.

[266] DÍAZ, Elías, *Estado de Derecho y sociedad democrática*, p.17. Se entiende por *Liberalismo*, básicamente, la corriente de pensamiento caracterizada por defender las mayores cotas posibles de libertad individual bajo unas instituciones de gobierno que han de procurar ser neutrales. MOLINA, Ignacio (en colaboración con Santiago DELGADO), *Conceptos fundamentales de ciencia política*, Alianza Editorial, Madrid, 1998, p. 69. Se puede sostener, también, que existe un liberalismo en singular que precede y sostiene a los liberalismos en plural. SARTORI, Giovanni, *Elementos de teoría política*, trad. M.ª Luz Morá, Alianza Editorial, Madrid, 1999, p. 139.

de contrato asegura la protección de los derechos. Donde realmente puede decirse que tal Estado liberal era de verdad abstencionista es en su despreocupación por derechos sociales, económicos y culturales vinculados a necesidades básicas de salud, enseñanza, vivienda, trabajo, seguridad, entre otras, para las grandes mayorías. La autodeterminación individual se constituye en el ejercicio de derechos que se derivan de normas *producidas* desigualitariamente. En tanto sociedad individualista la participación política no es una virtud que deba ser cultivada. Fue la impronta individualista la que caracterizó los inicios del Estado de Derecho moderno. Aunque no pudo evitar abrirse a fines colectivos con la política de reclutamiento militar y la política de impuestos, no se entusiasmó con los derechos sociales bajo la justificación de la «neutralidad» estatal.

El profesor Díaz ha sintetizado las características del Estado liberal de Derecho del modo siguiente:

Estado, construcción liberal de éste, recelo a la participación de todos y al sufragio universal; abstencionista en el mundo del trabajo y los derechos sociales económicos y culturales pero fuerte intervencionismo en pro de la propiedad privada, del capital.

Sociedad, sociedad burguesa, individualista; una sociedad que excluye a sectores *obreros* y otros grupos sociales, necesitados de sobrevivencia y desfavorecidos en las relaciones sociales.

Economía, sacralización de la propiedad privada individual y de la función de equilibrio de intereses mediante la lógica de la competencia en el orden «natural» del mercado.

Derecho y derechos, declaración y protección jurídica de libertades y ciertos derechos fundamentales, *civiles y políticos*. Libertad de pensamiento, expresión, religión, participación pública, aunque restringida. Todo esto no quiere decir que las conquistas liberales se reduzcan a derechos «de y para la burguesía», lo que le permite tomar distancia respecto de algunos radicalismos de izquierda, en el balance del despliegue histórico de los derechos humanos.

El déficit del Estado liberal, históricamente, se constata en el individualismo burgués y en la insuficiencia en derechos y libertades para ciertos *sectores que sufren la marginación*. La democracia pretende ser censitaria, su consecuencia, una baja participación tanto en decisiones como en resultados. En esta descripción Elías Díaz se está refiriendo al liberalismo como hecho. Lo que no implica negar que el liberalismo sea también una propuesta normativa. Según Hayek, el liberalismo es una doctrina sobre lo que debiera ser la ley[267]. El Estado liberal nació como expresión de la desconfianza frente al poder estatal. La evidencia histórica no siempre garantiza claridad analítica. En este sentido, los esfuerzos de síntesis de Elías Díaz, muchas veces no contribuyen a la deseada claridad.

Elías Díaz, en un primer momento parecía insistir con su crítica en el liberalismo «real». El hecho de la ineficacia del liberalismo clásico como sistema capaz de resolver los difíciles y complejos problemas en el marco de una moderna sociedad industrial. Se planteaba una crítica tanto a nivel de su expansión de desarrollo económico como a nivel de la acción ejecutiva y administrativa de los órganos de gobierno. En concreto, señala el profesor Díaz, que son dos los puntos del liberalismo que parecen someterse a una mayor crítica y revisión: el individualismo y el abstencionismo estatal[268]. Esto hace que el reconocimiento de derechos en el marco social y económico de propiedad privada fuese desigual e insuficiente. Por eso, en el siglo XIX empiezan a surgir los indicios de un «estatalismo» débil y liberal igualitario, que quería para la Europa posrevolucionaria restituir la seguridad jurídica y autonomía de la sociedad civil, además de la confianza y estabilidad a los poderes constituidos, como factores orientadores para una más justa organización

---

[267] HAYEK, Friedrich, *Los fundamentos de la libertad*, p. 127. Hayek acusa al positivismo jurídico de identificarse simple y llanamente con la ideología socialista y con la omnipotencia del legislativo, como una ideología encaminada a controlar en su integridad a todo el orden social y que arranca del supuesto de que resulta posible manipular cualquier aspecto del mismo. *Derechos, legislación y libertad,* II, p. 104; Véase también su libro *La fatal arrogancia. Los errores del socialismo,* trad. Luis Reig, Unión Editorial, Madrid, 1988, pp. 117-148.

[268] DÍAZ, Elías, *Estado de Derecho y sociedad democrática,* p. 67.

social e institucional. Los indicios de un Estado social de Derecho se verán más claramente con las exigencias de los movimientos obreros, movimientos sindicales y partidos políticos genéricamente socialistas, sobre la base de «las luchas por las condiciones reales de existencia». Es decir que se empieza a echar mano de las potencialidades igualitarias del Estado liberal, recordando la lucha de los liberales frente a los privilegios y fraccionamientos medievales y feudales.

Existen otros momentos, en los que Elías Díaz resulta ser más claro respecto de los valores del Estado de Derecho liberal. Observa ya en las propias revoluciones burguesas un rol mediador del Estado y orientador en la satisfacción de las necesidades públicas y que le permiten definir al Estado de Derecho en un marco de hechos y valores, de legalidad y legitimidad, el Estado de Derecho como «institucionalización jurídica de la democracia liberal» [269]. El Estado de Derecho, que no puede reclamar para sí una validez moral privatista o iusnaturalista, reclama la voluntad racional de los ciudadanos como creadora de Derecho y poder. Deducimos esto de su concepción de la ley positiva, aquel producto que no depende del arbitrio personales ni de inspiraciones metafísicas sino del reclamo de la institucionalización de la autonomía pública, encaminada activamente hacia la garantía y realización de los derechos de los individuos. El Estado es un poder mediador activo y no sólo presta seguridad formal sino que organiza y articula todo el tejido social [270].

El Estado de Derecho liberal sufrió en el siglo XIX un amplio proceso de erosión e impugnación: «Eran, pues, necesarios grandes cambios en todos estos condicionantes y en el propio Estado liberal a fin de que el Estado de Derecho y la incipiente democracia pudieran asumir eficazmente tales demandas de los menos favorecidos y avanzar así hacia una mayor generalización de esas exigencias (haciéndolas reales para todos) con la con-

---

269 DÍAZ, Elías, «Derechos humanos y Estado de Derecho», *ob. cit.*, p. 127.

270 DÍAZ, Elías, *Curso de filosofía del Derecho,* Marcial Pons, Madrid, 1998, p. 92.

secuente ampliación de ellas al campo también de los derechos económicos, sociales y culturales»[271].

Pero esto ya no es sólo un problema conceptual del Estado de Derecho sino de establecer y discutir la construcción participativa del poder político. El Estado liberal de Derecho, cuya vigencia dura desde fines del siglo XVIII hasta inicios del siglo XX, por ejemplo, asentó la idea de la limitación del poder político desde una construcción ideal de los derechos y la libertad individual. Asentó, también, la idea de la subordinación de la política al Derecho y la creación de instituciones procedimentales jurídico-políticas para evitar la arbitrariedad. Así, desde una perspectiva liberal ética, también se entiende la afirmación de por qué una teoría del poder y una teoría del Derecho, en el intento de compaginar la fuerza social con la libertad, resultan complementarias: una innegable moralización del Derecho y de la política[272]. Ya el Estado liberal no puede ser confundido con el Estado en general.

1.4.2. Estado social de Derecho

La *república social* apareció como frase, como profecía, en el umbral de la revolución de febrero, Francia, 1848[273]. El Es-

[271] DÍAZ, Elías, «Derechos humanos y Estado de Derecho», *ob. cit.*, p. 136.

[272] FERNÁNDEZ, Eusebio, *Filosofía política y Derecho,* Marcial Pons, Madrid, 1995, p. 23.

[273] MARX, Carlos, *El 18 Brumario de Luis Bonaparte,* trad. O.P. Safont, Ariel, Barcelona, p. 138. Se cita al hegeliano Lorenz von Stein (*Geschichte der sozialen Bewegung,* 1850) como precursor de la idea de Estado social aunque como autor de una noción más precisa se le reconozca al socialdemócrata Hermann Heller (*Escritos políticos* y *Teoría del Estado,* primeras décadas del siglo XX). Hermann Heller reparó sobre las posibilidades *igualitarias* de la Constitución *liberal* de Weimar. Luego, la juridización del Estado social fue constitucionalizada en Alemania por primera vez en 1949 por la Ley Fundamental de la República Federal Alemana, su artículo 20 define un Estado democrático y social de Derecho. GARCÍA PELAYO, Manuel, *Las transformaciones del Estado contemporáneo,* Alianza Editorial, Madrid, 1975, pp. 14-17. Jellinek afirma que el Estado social tuvo su origen en la Ley del Imperio del

tado social de Derecho es un intento de superación del individualismo, a través de la *primacía* que se concede a los llamados derechos sociales. En este Estado de la democratización material, más allá de las garantías jurídico-formales de los derechos humanos, para sus propósitos adquiere un rol protagónico y no abstencionista la administración estatal. Se advierte un «activismo» del Ejecutivo, es decir de la administración y sus técnicos. Aquí radica el punto central de la polémica, dice Elías Díaz, dado el riesgo de un «Ejecutivo incontrolado» en desmedro de la protección de los derechos y libertades de la persona y del ciudadano.

El Estado social aparece reivindicando la necesidad de complementar la defensa de los valores e intereses individuales con un programa de intervención pública en diversas esferas: «como alternativa dual y gradual —con firme rechazo de las falsas salidas totalitarias impuestas por el comunismo burocrático y por las dictaduras fascistas— ante la grave crisis y las insostenibles carencias e insuficiencias del modelo liberal, patentes ya con toda claridad desde, al menos, los años de la primera guerra mundial, 1914-1918. Colaborarán en la construcción de aquél, proponiendo cambios, tanto algunos sectores más abiertos e inteligentes defensores de dicho orden económico (para su saneamiento y fortalecimiento) como otros —partidos socialdemócratas y movimientos sindicales— que se proponían una más

---

27 de diciembre de 1848, pero luego una decisión Federal de 23 de agosto la declaró nula. Este dato nos proporciona DE CASTRO CID, Benito, *Los derechos económicos, sociales y culturales. Análisis a la luz de la teoría general de los derechos humanos,* Universidad de León, 1993, p. 52. La constitucionalización de los derechos sociales en México en 1917, también se cuenta como un hito. PECES-BARBA y GONZÁLEZ AMUCHASTEGUI, refieren que el origen más remoto de los derechos sociales está en la acción de los socialistas franceses de 1848, legalizado en la Constitución francesa de 4 de noviembre de 1848. PECES-BARBA, Gregorio, *Derechos sociales y positivismo jurídico. (Escritos de filosofía jurídica y política),* Cuadernos Bartolomé de las Casas n.º 11, Dykinson, Madrid, 1999, p. 40; GONZÁLEZ AMUCHASTEGUI, Jesús, *Louis Blanc y los orígenes del socialismo democrático,* Siglo XXI, Madrid, 1989, pp. 56 y ss.

progresiva y profunda transformación. John Maynard Keynes y Herman Heller, cada uno en su área, podrían ser un buen símbolo de tal aproximación dual»[274].

Algo ineludible para la existencia de un Estado de Derecho no es el calificativo *social* o *no social* sino el que la fiscalización se realice desde la ley y, además, que la voluntad popular —el electorado— aparezca como fuente primaria de la legislación y como último y decisivo órgano de control político[275]. De este modo el procedimiento adquiere relevancia por la participación de todos en la justa distribución de oportunidades vitales so-

---

[274] DÍAZ, Elías, «Derechos humanos y Estado de Derecho», *ob. cit.*, pp. 136-137. Keynes, como crítico del liberalismo clásico y del principio económico *equilibrio con pleno empleo,* decía que la tendencia constante hacia el pleno empleo *no existe siempre, ni necesariamente.* Impulsó la intervención del Estado en la economía para alcanzar objetivos de mejor redistribución. Su idea normativa era que la economía puede mantenerse en una posición de *equilibrio con desempleo.* Consideraba que el individualismo liberal para ser realmente el salvaguarda de la libertad personal tenía que ser corregido, ampliar el campo de elección personal. El Estado tenía que ajustar la propensión a consumir para que la *demanda efectiva* sea eficiente. Decía en lo que «ha fallado el sistema actual ha sido en determinar el volumen de empleo efectivo y no su dirección». KEYNES, John Maynard, *Teoría general de la ocupación, el interés y el dinero,* trad. Eduardo Hornedo, Fondo de Cultura Económica, Barcelona, 2004, p. 394. En el análisis de Keynes sigo a VERGARA, Francisco, *Introducción a los fundamentos filosóficos del liberalismo,* trad. Francisco Javier Cid, Alianza Editorial, Madrid, 1999, p. 127. Herman Heller, frente a los intentos autoritarios de responder ante la anarquía del mercado y las desigualdades que éste causa, planteaba la sumisión de la economía a las leyes bajo el Estado social de Derecho, como garantía de la sumisión de los medios a los fines de la vida. Decía que el «futuro de la cultura occidental no está amenazado por la ley y por la extensión de ésta a la economía, sino justamente por la anarquía y por la forma de manifestarse ésta en la política, por la Dictadura, así como por el frenesí anárquico de esta producción capitalista que padecemos, que ni a los trabajadores manuales ni a los intelectuales deja el ocio y la oportunidad que reclama una actividad cultural creadora. Al caer en la cuenta de todo esto y ante el parloteo irresponsable de racionalistas sin sangre en las venas y de irracionalistas sedientos de sangre, debería invadirles una misma náusea invencible y entonces habría al fin recaído la decisión en el dilema entre Dictadura fascista y el Estado social de Derecho». HELLER, Hermann, *Escritos políticos,* trad. Salvador Gómez de Arteche, Alianza Editorial, Madrid, 1985, p. 301.

[275] DÍAZ, Elías, *Estado de Derecho y sociedad democrática,* p. 71.

cialmente producidas. Este modelo no estuvo ajeno al riesgo de «reducir» la justicia a *justicia distributiva* y de limitar la «garantía de la libertad» que tienen los derechos al no promover que los individuos participen en la práctica de la autoorganización de una comunidad de «ciudadanos» libres e iguales. En los últimos años se ha producido una profunda crítica a los presupuestos intervencionistas del Estado social de Derecho, en el plano social, económico y cultural. Desde el liberalismo conservador se incide en la falta de motivación económica del individuo y desde los socialistas, en la falta de motivación participativa en la política.

Elías Díaz resume las características del Estado social de Derecho del siguiente modo:

Estado, decididamente intervencionista ante las demandas sociales de mayor participación e igualdad real, fortalece la legitimación y la doble democrática participación, en decisiones y en resultados; las tareas expansivas de acción social del Estado conducen a una preeminencia del poder ejecutivo que se convierte en poder legislador, lo que suscita serias dudas y reservas del respeto de los cauces constitucionales y democráticos; el ser receptivo de las demandas sociales no quiere decir que las instituciones y los poderes públicos desborden el desarrollo progresivo de la Constitución.

Sociedad de masas, mayor presencia y protagonismo de corporaciones económicas y profesionales, asociaciones patronales y sindicales; se potencia la legitimación y la paz social, no sin riesgo de que los intereses generales, por los que debe velar el Estado social, se subordinen a los intereses corporativos de los más fuertes.

Economía del Estado social, creación y potenciación de un sector económico público y acción de los poderes públicos hacia objetivos de una mejor redistribución; sin romper con el modo de producción capitalista pero no renunciando a reformas, correcciones, regulaciones y redistribuciones progresivas que transformasen realmente el sistema.

Derecho y *derechos,* el Estado social pretendía hacer más coherente la democracia buscando hacer reales e iguales las libertades y derechos civiles y políticos para todos; además del reclamo de universalizar *los derechos sociales, económicos y culturales*.

Elías Díaz no olvida los límites que conlleva la financiación de políticas sociales en el marco del sistema capitalista, los graves problemas que puede acarrear el comprometerse con expansivas políticas sociales, desde el punto de vista de política fiscal y de garantías jurídicas de los derechos. Aún así asume las conquistas en el Estado social en el plano de los derechos y confía en que progresivamente contribuirá a profundizar y hacer más real la doble participación en que consiste la democracia. Sin embargo, ya en 1966, advertía que el Estado social de Derecho no pretendía romper con el modo capitalista de producción, por lo tanto, como socialista, le resultaba poco atractivo. Esta idea ha tenido sus cambios como veremos más adelante [276].

La gran labor en pro de la justicia (el «Estado social») realizada por las izquierdas en Europa, aunque sea por apremio del modelo alternativo que dependía de la URSS (en los años treinta, con toda seguridad), consiguió importantes logros, acercar los principios de la democracia y el socialismo, poner límites a la propiedad privada por interés general y límites al imperialismo colonial. El fruto de las luchas y de las conquistas de la primera mitad de siglo, es lo que se intenta verter en las constituciones que se están redactando a partir de 1946. En Italia, Francia y Alemania Federal se introducen importantes ele-

[276] Desde las exigencias del Estado de Derecho, del principio de legalidad y del control y responsabilidad de la Administración, se suscitan problemas y reservas ante el riesgo de que tales disposiciones jurídicas y acciones políticas y sociales puedan debilitar y llegar a romper o hacer caso omiso del sistema parlamentario y constitucional. Tenemos que reconocer que «el liberalismo es la ideología creadora de las reglas de juego en las democracias modernas». VALLESPÍN, Fernando, «El Estado liberal» en Rafael DEL ÁGUILA (ed.), *Manual de ciencia política,* Trotta, Madrid, 2000, p. 53. El socialismo, por su parte, pugna por un cierto control de los resultados hasta que la igualdad de oportunidades no se haya materializado.

mentos de la democracia social, gracias a las coincidencias en esta decisión tanto de las izquierdas como de los partidos católicos [277].

Igual que en el caso del Estado liberal de Derecho cabe entender también el Estado social en términos tanto descriptivos como normativos. Según Peces-Barba el Estado social es un presupuesto no ajeno a contenidos normativos de libertad. Por eso la crisis del Estado social «real» no agota el modelo como propuesta normativa. Elías Díaz, en los últimos tiempos, ha reaccionado frente a las críticas que buscan restarle potencia al Estado social, sobre todo frente a las críticas neocorporativas y neoliberales. Sostiene que los argumentos igualitarios a favor del Estado social es un argumento de libertad. El argumento de libertad permite sostener que la libertad *jurídico-formal* de hacer u omitir algo carecería de todo valor sin la libertad *fáctica,* esto es, sin la posibilidad real de poder elegir lo que está permitido [278]. Sólo que ya en el Estado social se llega a satisfacer los derechos, unos por acción y otros por omisión: ahí las responsabilidades por omisión cumplen una función relevante [279]. Normativamente se busca justificar el Estado social apelando tanto a la libertad (Alexy, Peces-Barba, Nino) como apelando a la igualdad (Prieto). El Estado social está vinculado a normas jurídicas fundamentales que dan cobertura a la acción estatal, a las pautas interpretativas de disposiciones legales o constitucionales y a los recursos para el control de las políticas públicas y de los actos del legislador.

El riesgo es que la explotación no se reduce al trabajo privativo de las clases sociales ni a individuos privados: el Estado también puede constituirse en un explotador. En la coerción física y económica y en otras formas de limitación de la libertad, en di-

---

[277] CANFORA, Luciano, *La democracia. Historia de una ideología,* p. 204.

[278] ALEXY, Robert, *Teoría de los derechos fundamentales,* p. 488.

[279] NINO, Carlos Santiago, *Ética y derechos humanos,* Ariel, Barcelona, 1989, p. 349.

ferentes circunstancias, el Estado puede verse involucrado [280]. El Estado puede promover la eficiencia de la explotación proporcionando bienes públicos que los explotadores privados no encuentran rentable producir, puede estar entre bastidores para asegurar la libertad de contratación y garantizar la propiedad privada o puede manipular su poder para disimular cualquier forma de explotación del mercado. Las relaciones de poder, las relaciones de clase y las de explotación son tres fenómenos estrechamente vinculados. El riesgo entonces de instrumentalizar al ser humano mediante la explotación también está presente en el Estado social [281].

[280] El concepto de explotación, en términos neoclásicos, se definía como un salario menor que el valor del producto marginal del trabajo, mientras que Marx diría que hay explotación cuando el salario es inferior al producto medio del trabajo. El explotador no tiene por qué ser un individuo, en muchas sociedades el Estado está implicado en la explotación: «Marx en el *Dieciocho Brumario* y otros escritos sobre Francia afirmó que el aparato burocrático del Estado era un parásito, un vampiro, que vivía del trabajo del pueblo llano. También pensaba, sin embargo, que en última instancia el Estado bonapartista era un instrumento al servicio del mantenimiento de la dominación del capital sobre el trabajo. El Estado, aparentemente independiente, actúa como una varilla pararrayos, que atrae sobre sí parte de la oposición que de otra manera se dirigiría directamente contra el capital [...] Con mayor generalidad, existen varios modos en los que el Estado participa activa o pasivamente en la explotación. En las sociedades agrarias burocráticas, el Estado ha sido el principal explotador, y la burocracia, la clase dominante. En la Roma antigua, los impuestos fueron ampliamente trasvasados a las clases económicamente dominantes, cuya base principal, sin embargo, era la propiedad de la tierra y de los esclavos. En el capitalismo, según Marx, el Estado es el garante de la explotación, protegiendo a la clase de los explotadores frente a los explotados y frente a sus propios miembros individuales. La protección frente a los explotados puede tomar la forma de opresión directa, la forma indirecta de actuar como varilla pararrayos ante la oposición a la forma aún más indirecta de promulgar medidas a favor de los explotados para ofrecer una apariencia de legitimidad». ELSTER, Jon, *Una introducción a Karl Marx,* trad. Mario García Aldonate, Siglo Veintiuno Editores, México, 1991, p. 92.

[281] Marx critica a los socialdemócratas por promover la creación de cooperativas de producción con la ayuda del Estado y bajo el control democrático del pueblo trabajador. Según Marx en los socialdemócratas la «organiza-

Decía Tierno Galván que la explotación tiene efectos psicológicos, puede inducirnos a no luchar contra ella sino limitarnos a pedir una administración mejor[282]. El ser humano como ser de fines no constituye solamente una preocupación de Marx («pasar del reino de la necesidad al reino de la libertad») sino también de liberales como Kant y Wilhelm von Humboldt, teóricos de un Estado limitado por el Derecho como garantía de las libertades de los ciudadanos. Creo que estas preocupaciones también están presentes en la crítica al Estado social por parte

---

ción socialista de todo trabajo» no resulta del proceso revolucionario de transformación de la sociedad, surge de la «ayuda del Estado». «¡Esta fantasía de que con empréstitos del Estado se pueda construir una nueva sociedad como se construye un nuevo ferrocarriles digna de Lasalle!». Democrático quiere decir en alemán, gobernado por el pueblo, *volksherrschaftlich.* Agrega Marx, ¿qué es eso del «control gobernado por el pueblo del pueblo trabajador»? Y, además, tratándose de un pueblo trabajador que, por el mero hecho de plantear estas reivindicaciones al Estado, exterioriza su plena conciencia de que «¡ni está en el Poder ni se halla maduro para gobernar!». Marx critica el republicanismo democrático de aquella época: «Eso de «educación popular a cargo del Estado» es absolutamente inadmisible. ¡Una cosa es determinar, por medio de una ley general, los recursos de las escuelas públicas, las condiciones de capacidad del personal docente, las materias de enseñanza, etc., y velar por el cumplimiento de estas prescripciones legales mediante inspectores del Estado, como se hace en los Estado Unidos, y otra cosa, completamente distinta, es nombrar al Estado educador del pueblo! Lejos de esto, lo que hay que hacer es substraer la escuela a toda influencia por parte del gobierno y de la Iglesia. Sobre todo en el imperio prusiano-alemán (y no vale salirse con el torpe subterfugio de que se habla de un «Estado futuro»; ya hemos visto lo que es éste), donde es, por el contrario, el Estado el que necesita recibir del pueblo una educación muy severa. Pese a todo su cascabeleo democrático, el programa está todo él infestado hasta el tuétano de la fe servil de la secta lassalleana en el Estado; o —lo que no es mucho mejor— de la superstición democrática; o es más bien un compromiso entre estas dos supersticiones, ninguna de las cuales tiene nada que ver con el socialismo». La propuesta del *Programa de Gotha,* según Marx, no se sale de los límites burgueses. MARX, Carlos, *Crítica del Programa de Gotha,* Ricardo Aguilera Editor, Madrid, 1968, p. 40. Hegel, también, hace explícita su crítica al paternalismo de Estado, *Principios de la filosofía del Derecho,* trad. Trad. Juan Luis Vermal, Edhasa, Barcelona, pp. 360 y 383.

[282] TIERNO GALVÁN, Enrique, *La humanidad reducida,* Taurus, Madrid, 1970, p. 88.

de Elías Díaz, por supuesto con su particular análisis de la socialdemocracia, no necesariamente coincidente con el de Carlos Marx. La reconstrucción de un Estado de Derecho, a partir del Estado social, requiere hoy que la distribución de sus prestaciones se haga mediante la lógica universalista de las garantías de los derechos sociales en vez de intervenciones discrecionales y selectivas de tipo burocrático[283]. El reto de la refundación del Estado social: sujeción a la ley, igualdad de los ciudadanos e inmunidad de éstos frente a la arbitrariedad.

1.4.3. Modelo reconstructivo de Estado Democrático (socialista) de Derecho

«Situar la razón» de los derechos humanos en los modelos históricos de Estado de Derecho ha sido la primera tarea de Elías Díaz. A continuación, se trata de ver el modo en que programa las tareas normativas, respecto a prácticas sociales constitutivas de formas de vida deseables y posibles en el Estado democrático de Derecho. ¿Cuál es la razón por la que se necesita la construcción de un Estado democrático de Derecho? ¿En qué difiere de la concepción liberal de la sociedad que ha justificado la aparición del Estado de Derecho desde un punto de vista funcional: el desorden potencia una incertidumbre que erosiona los motivos del individuo? ¿En qué capacitan a una coerción centralizada la estructura de un Estado democrático de Derecho y el concepto de derechos humanos básicos?

El Estado democrático de Derecho, como acto reconstructivo de la historia y la razón, discurre en razones de un procedimiento formal para el futuro, pero no sólo eso, se apoya también en razones sustanciales. Como consecuencia de esto pesa sobre las instituciones el deber de respetar los límites formales y sustanciales que la Constitución establece[284].

---

[283] FERRAJOLI, Luigi, «Pasado y futuro del estado de derecho», *ob. cit.*, p. 38.

[284] PRIETO, Luis, *Justicia constitucional y derechos fundamentales*, Trotta, Madrid, 2003.

En los primeros escritos de Elías Díaz se ve un análisis y comprensión de las insuficiencias y contradicciones del sistema económico y del sistema ideológico derivado del capitalismo y neocapitalismo en cuanto a los derechos humanos. Ante esto, se asiste a una especie de «superación» del Estado social de Derecho por parte del Estado democrático de Derecho: que la democracia política exige como base la democracia socio-económica, el socialismo. La democracia real y el neocapitalismo no son términos conciliables, sobre todo, en el plano internacional.

En cambio, el socialismo y la democracia tienden a coincidir y «sólo a través de la democracia y el socialismo» puede el Estado de Derecho dar cumplimiento efectivo y real a los derechos y libertades del hombre. Pareciera que el Estado democrático de Derecho se refunde como «superación» de modelos históricos socio-económicos e ideológicos desigualitarios, siguiendo en gran parte los paradigmas metodológicos de Hegel y Marx. Eran los tiempos en que daba acogida a aquel discurso de Tierno Galván que iba dirigido a impugnar el humanismo tecnocrático y el paternalismo neocapitalista[285].

Para Elías Díaz el socialismo tenía que ser entendido como: «un factor decisivo para la progresiva liberación del hombre, para la salida ideológica y material de la enajenación, en definitiva para la construcción en nuestro tiempo de una sociedad democrática y de un Estado democrático de Derecho donde cada vez más plenamente se institucionalicen jurídicamente y se realicen materialmente todas las posibilidades y dimensiones del hombre real»[286]. El hombre real necesita de una libertad real para todos.

---

[285] TIERNO GALVÁN escribía en los años 60 que la sociedad paternalista es una sociedad de cualidades administradas: así fue bajo Augusto y así ha sido bajo De Gaulle y así en la España actual, *La humanidad reducida,* Taurus, Madrid, 1970, p. 27.

[286] DÍAZ, Elías, *Estado de Derecho y sociedad democrática,* p. 127. El profesor Díaz se refiere a una concepción flexible, amplia, y dialéctica del «socialismo científico», dice que parte de la «consideración del proceso de constitución teórica del socialismo desde la perspectiva Hegel-Marx» y que «el reconocimiento de la validez general del análisis marxista, no significa ne-

La satisfacción de necesidades está relacionada con la forma en que se construye y se distribuye el excedente social. Decía Marx que «sólo en comunidad con los demás» cada individuo posee los medios para desarrollar en todos los sentidos sus disposiciones y para ser más precisos, en la «comunidad real» los individuos adquieren su libertad en su asociación y a través de ella. La «comunidad aparente» sería la que se edifica sobre la base de la plusvalía capitalista, la apropiación privada del excedente social. Elías Díaz, parafraseando a Bloch, dice que Marx [a diferencia de Hegel] fue desplazándose triunfalmente del espíritu al hombre, de la idea a la necesidad y a sus avatares sociales, a los intereses económicos[287]. La superación real de la sociedad burguesa individualista sería ya precisamente obra de Marx. No obstante, el profesor Díaz advertía que con su modelo de Estado democrático de Derecho no se proponía alcanzar la «gran síntesis»[288]. Ya se reclama no esencialista.

En escritos posteriores, desde la década del 70 y luego siguiendo el curso del debate sobre el Estado de Derecho en la España constitucional, ha tenido especial interés en aclarar que capitalismo y socialismo no son esencias cerradas y absolutas, totalmente aisladas e incomunicadas entre sí. Son más bien momentos, partes o sectores de un siempre abierto e inacabable

---

gar, a su vez, validez y eficacia a otro tipo de auténtico socialismo», *ob. cit.*, p. 125. Se dice que la filosofía del Derecho de Hegel es, bien entendida, la forma más acabada de una teoría material iusnaturalista. Que Hegel no quiere construir un Estado ideal, sino concebir el Estado real como algo racional en sí: «el principio rector para aquel *a priori* es el *a posteriori*». WELZEL, Hans, *Derecho natural y justicia material,* trad. Felipe González Vicén, Aguilar, Madrid, 1957, p. 223. Acaso esto nos lleve a ecos en la teoría democrática de Elías Díaz cuando habla de participación en decisiones y participación en resultados.

[287] DÍAZ, Elías, *Estado de Derecho y sociedad democrática,* p. 119.

[288] El profesor Díaz habla continuamente de que el «Derecho igual» sólo podrá legitimarse perdiendo progresivamente su carácter ideológico (ideológico: conocimiento deformado), en la medida en que un nuevo conocimiento objetivo contribuya a superar democráticamente la desigualdad. Una nueva cultura con base en el nuevo criterio de racionalidad y de legitimidad, la liberación real de todos los hombres.

proceso histórico [289]. Aparece un discurso en el que el calado moral adquiere mayor relevancia. Aparece con mayor nitidez en el lenguaje de Elías Díaz, la discusión sobre el ejercicio de la autonomía y no sólo el problema de la satisfacción de necesidades, ya que éstas pueden ser satisfechas bajo un paternalismo no justificado, como fue la experiencia franquista de la década del 60 y las dictaduras del «socialismo real». Una orientación por el aprendizaje moral, una orientación por la inclusión continua y progresiva de nuevos derechos y nuevos actores sociales en el proceso humano hacia el «reino de los fines» [290]. Esto lo lleva a tener que acercarse a los presupuestos históricos de Kant con mayor frecuencia que antes.

Elías Díaz se apoya en Kant para afirmar que el Derecho, siendo inevitablemente heterónomo, puede y debe incrementar sus niveles de producción más autónoma a través de una efectiva participación posible de los ciudadanos en la creación, aplicación, crítica y control de las normas jurídicas, así se acercará progresivamente a la ética, «una ética que, a su vez, tenga su origen y fundamento no en normas superiores impuestas, sino en una libre y real autonomía de la voluntad» [291]. Kant da el paso

---

[289] DÍAZ, Elías, *Curso de filosofía del Derecho,* Marcial Pons, Madrid, 1998, p. 117.

[290] Se dice que los florentinos y los griegos resolvieron el problema de su aprendizaje institucional mediante el procedimiento experimental de prueba error: sus regímenes sobrevivieron durante un tiempo porque encontraron recursos estabilizadores que limitaban las fuerzas autodestructivas inherentes a toda democracia sin restricciones. Que los enfoques modernos han sido más conscientes, pero los problemas a los que se han enfrentado son, en gran medida, los mismos. Jon ELSTER, «Introducción» en ELSTER, Jon y SLAGSTAD, Rune (eds.), *Constitucionalismo y democracia,* trad. Mónica Utrilla, FCE, México, 1999, p. 45. Zagrebelsky cree que el aprendizaje por error-casos es algo como inherente a la experiencia del *rule of law.* Que los progresos del Derecho no dependían de una cada vez más refinada deducción a partir de grandes principios racionales e inmutables sino de la inducción a partir de la experiencia empírica ilustrada por los casos concretos. ZAGREBELSKY, Gustavo, *El derecho dúctil,* trad. Marina Gascón, Trotta, Madrid, 1995, p. 26.

[291] DÍAZ, Elías, *Curso de filosofía del Derecho,* Marcial Pons, Madrid, 1998, p. 51.

hacia una relevancia plena de la moralidad subjetiva. La autonomía moral del individuo se convierte en la «ley fundamental del mundo moral», el principio de la voluntad libre y el principio del *cómo* de la acción[292]. Implica también abrir el concepto de Estado democrático de Derecho a la fuerza trascendental de la razón, a la que no se puede llegar sólo por la experiencia de los Estados concretos ni por el análisis de las actividades que podría o debería realizar[293]. Las pretensiones subjetivas tampoco marchan de espaldas a exigencias de corrección y objetividad, tienen que ser justificadas argumentativamente ante los otros, para dar pie al consenso y a la intersubjetividad en un mundo compartido. Y esto ya no es sólo Kant.

En la legalidad de inspiración liberal y democrática, incluido el Estado social, no sin tensiones y conflictos, ya hay una expresión de respeto a ese ámbito ético de la autonomía de la voluntad. El contenido que pertenece en exclusividad a la moral y el que puede corresponder al Derecho se delimita con más claridad. Esta limitación se justifica sobre la base del valor de la conciencia y de la libertad. Pero estos límites no pueden estar al margen de las exigencias de la participación real y concreta de todos los ciudadanos y de las exigencias de exclusión de cualquier forma de paternalismo fundado en la supuesta falta de «ilustración» o «inmadurez» del pueblo para gobernarse así mismo.

Al profesor Díaz le preocupa dejar bien sentada la idea de que el Estado democrático de Derecho no puede eludir el aprendizaje moral del liberalismo y del Estado social. El progreso hu-

---

[292] Kant en lugar de los problemas ético-materiales objetivos, que había sido la preocupación primaria de la investigación iusnaturalista durante dos milenios da el gran giro hacia el problema de la moralidad subjetiva: Kant atribuye validez *a priori* a un fin material: la persona moral. El nuevo soporte del orden ético universal es la autonomía de la libertad: la autonomía es el fundamento de la dignidad de la naturaleza humana y de toda naturaleza racional. Ello significa que el hombre, es decir, la persona autónoma, no puede ser considerado solo como medio, sino como fin en sí mismo. WELZEL, Hans, *Derecho natural y justicia material,* p. 218.

[293] ABELLÁN, Joaquín, «sobre el concepto de República» en KANT, Emmanuel, *Sobre la paz perpetua,* Tecnos, Madrid, 2001, p. XXIV.

mano no era para Kant necesario, era solamente posible en tanto ejercicio de la libertad»[294]. La modernidad no ha estado libre del absolutismo ilustrado, fundado en el principio paternalista de la beneficencia, de comprender como actividades del Estado aquéllas dirigidas al bienestar y felicidad de los súbditos, englobadas en el concepto y la práctica de «*Policía*», lo que lleva a considerar, en el lenguaje kantiano, como el «mayor despotismo»[295].

Según Elías Díaz tanto el Estado liberal de Derecho como el Estado social de Derecho son manifestaciones internas al liberalismo. Las insuficiencias del Estado liberal de Derecho que ha intentado corregir parcialmente el llamado Estado social de Derecho parece «encontrar su más coherente y completa superación» en el Estado democrático de Derecho. Eusebio Fernández nos recuerda que mientras los dos primeros modelos ejemplifican dos modelos reales, el tercero es un modelo ideal, aunque no indiferente a la evolución histórica del Estado de Derecho. Se trata de una alternativa surgida del intento de superar los defectos e insuficiencias de los dos anteriores[296].

Las características del Estado democrático de Derecho, vistas por Elías Díaz, son las siguientes:

Estado, se trata de evitar un intervencionismo indiscriminado. El Estado tendrá que intervenir pero de forma mucho más cualitativa y selectiva; relevancia del Estado, de las instituciones jurídico-políticas frente a los liberales de derecha y frente a los libertarios de izquierda.

Sociedad civil, su relevancia se despliega en dos sentidos: una sociedad civil como organización (ajuste de las piezas) y como justicia (ajuste ético). No sólo corporativismo sino tam-

---

294 BOBBIO, Norberto, *El tiempo de los derechos,* trad. Rafael de Asís, Editorial Sistema, Madrid, 1991, p. 111.

295 ABELLÁN, Joaquín, «sobre el concepto de República» en KANT, Immanuel, *ob. cit.,* p. XXV.

296 FERNÁNDEZ, Eusebio, «Hacia un concepto restringido de Estado de Derecho», *ob. cit.,* p. 112.

bién cooperativismo. Una sociedad donde se compense y complemente la presencia de las corporaciones económicas, profesionales, laborales con los nuevos movimientos sociales (ecologistas, feminista, antirracistas) o la de las plurales organizaciones no gubernamentales con su tan decisiva acción altruista a través del voluntariado social. A partir de la reivindicación de la sociedad civil y los movimientos libertarios, junto a la socialdemocracia y el Estado social se da lugar a la hipotética conjunción que Elías Díaz denomina hoy como *socialismo democrático*. Un nuevo pacto entre instituciones jurídico-políticas y organizaciones de la sociedad civil.

Economía, extender la doble participación democrática al campo de la economía y de la producción para evitar la dictadura y/o anarquía del mercado; la propuesta de una economía mixta, donde el Estado se las tenga que ver con un sector público pero sin ahogar el rol del mercado [297]. El Estado en relación con la economía puede cumplir una triple función: de producción (selectiva y cualitativa), de redistribución (proporcional y progresiva) y de regulación y organización (flexible y revisable).

Derecho y derechos fundamentales, es un hecho complejo, ya que hay que asumir «los derechos civiles y políticos (incorporados en el Estado liberal), así como los derechos sociales, económicos y culturales (objeto prevalente, junto a aquellos, del denominado Estado del bienestar o, mejor, del Estado social), ahora son nuevos derechos —tercera generación— los que reclaman de un modo u otro su presencia: derechos de las minorías étnicas, sexuales, lingüísticas, marginadas por diferentes causas, derechos de los inmigrantes, ancianos, niños, mujeres, derechos en relación con el medio ambiente, las generaciones futuras, la paz, el desarrollo económico de los pue-

---

[297] Esta propuesta marca cierta distancia de sus propuestas de la década del 60: «El Estado democrático de Derecho tiene que ser hoy un Estado estructura económica socialista»; o la estructura económica socialista es «necesaria para la construcción actual de una verdadera democracia». *Estado de Derecho y sociedad democrática,* p. 92.

blos, la demografía, las manipulaciones genéticas, las nuevas tecnologías, etc., en una lista todo menos que arbitraria, cerrada y exhaustiva» [298]. Pero apelar a la utopía exige sensatas dotes de realismo.

Los derechos de tercera generación son los *nuevos derechos,* las nuevas exigencias éticas que interpelan con mayor complejidad su reconocimiento legal, su eficacia y su realización en el marco del Estado democrático de Derecho [299]. Este es el problema central del debate cuando se habla de la relación entre derechos humanos y Estado de Derecho en la segunda posguerra mundial, una alternativa ante el asistencialismo paternalista del siglo XIX, por un lado, y la reivindicación de las luchas de los trabajadores por otro lado, cuando liberales, socialistas y socialdemócratas pactan que la reconstrucción económica europea debe hacerse con seguridad social para los trabajadores.

Hay muchos derechos que, hoy por hoy, no son por completo susceptibles de juridificación como rigurosos derechos subjetivos. El reconocimiento de los derechos tiene que ser gradual y realista en el accionar social, político y jurídico, y con participación de todos los ciudadanos. Esta amplitud de derechos es justamente lo que preocupa a Eusebio Fernández, ya que un concepto expansivo de Estado de Derecho puede dar lugar a resultados no deseados, a mayor deslegitimación del sistema político. A posiciones como las de Elías Díaz se las puede ver como optimistas, asumiendo que la expansión de los derechos del hombre y del ciudadano son un signo de progreso moral de la humanidad, pero su propósito tendrá que vérselas con las exigencias de imparcialidad que las reglas generales de un Estado de Derecho tienen que asumir, uno de los requisitos formales de la corrección moral.

La fuerte carga histórico-sociológica en la configuración de los derechos humanos en el marco del proceso de desarrollo del

---

[298] DÍAZ, Elías, *Curso de filosofía del Derecho,* pp. 124-125.

[299] DÍAZ, Elías, «Estado de Derecho: exigencias internas, dimensiones sociales», *Sistema* n.º 125, marzo, Madrid, 1995, p. 20.

Estado de Derecho, es una vía útil pero hasta cierto sentido, puesto que no profundiza en el descubrimiento de los argumentos por los que resulta racional exigible dicho reconocimiento [300]. Elías Díaz, corre el riesgo de situar el fundamento de los derechos en la propia historia de las necesidades humanas. El carácter cambiante y variable de las necesidades y los valores que las sostienen favorece cierto positivismo y cierto relativismo, pero también es cierto que abre vías al discurso escéptico, respecto de una fundamentación objetiva de los derechos humanos, aquella idea de que todo discurso sobre derechos humanos carece de fundamentación como cualquier otro.

2. EUSEBIO FERNÁNDEZ, CRÍTICA EN TORNO AL CONCEPTO Y MODALIDADES DEL ESTADO DE DERECHO

En la doctrina española, Eusebio Fernández, es uno de los defensores de la necesaria evaluación objetiva y ética de la política y el Derecho desde una teoría de la justicia liberal igualitaria [301]. Considera de vital importancia estar vigilantes ante

---

[300] JUNQUERA, Rafael, «La fundamentación de los derechos humanos: un intento de sistematización», *Derechos y libertades* n.º 11, enero/diciembre, Universidad Carlos III de Madrid, BOE, Madrid, 2002, p. 407.

[301] Eusebio FERNÁNDEZ GARCÍA, es catedrático de Filosofía del Derecho de la Universidad Carlos III de Madrid. Su tesis doctoral estuvo destinada a criticar los argumentos positivistas en el marxismo, en ella concluía que «el socialismo no es científico ni tampoco inevitable»: *Marxismo y positivismo en el socialismo español,* CEC, Madrid, 1981. Realizó uno de los primeros trabajos que en España reflexionaron sobre el fundamento de los derechos humanos: *Teoría de la justicia y derechos humanos* (1984). Cuenta con uno de los trabajos de cita obligada en el análisis de la obediencia al Derecho: *La obediencia al Derecho,* Civitas, Madrid (1987). Actualmente forma parte de la dirección de un proyecto de investigación que se lleva a cabo en la Universidad Carlos III de Madrid, *Historia de los derechos fundamentales,* Dykinson, Madrid (1998, 2001). Su último libro: *El observador comprometido,* Universidad Externado de Colombia, Bogotá, 2004. Formó parte de una generación estudiantes de Derecho, que a finales de los años sesenta y comienzos de los setenta entraron en

aquellas definiciones que al incluir modalidades del Estado de Derecho concretas, con sus respectivas exigencias, reducen el campo conceptual del Estado de Derecho. Cree que esto ha tenido lugar tanto en el ámbito contemporáneo del neoliberalismo como en el del socialismo democrático. En el primer caso, se refiere al pensamiento de Hayek. En el segundo, se centra, con cierta extensión, en las aportaciones de Elías Díaz[302].

Antes de entrar, propiamente, en el debate Elías Díaz/Eusebio Fernández haré una presentación de las ideas fundamentales, tanto respecto de los derechos humanos como del Estado de Derecho, del profesor Eusebio Fernández, presupuesto desde el cual tendrán lugar sus críticas.

2.1. Los derechos como razones de legitimidad del Estado de Derecho

A Eusebio Fernández se le debe su interés por la búsqueda remota del concepto y fundamento de los derechos humanos. En sus trabajos se remonta a dos «ficciones»: la teoría del contrato social y la teoría de los derechos naturales. Desde estos principios racionales explica el fundamento filosófico «originario» de los derechos humanos. Ficciones que sacaron a luz las desigualdades de la estructura social del medioevo y reestructuraron la modernidad en su dimensión social, política y jurídica. A estas ficciones les correspondió la conquista de un peldaño más, que es la que corresponde con la modernidad occidental, irreversible en la historia de los derechos humanos. A propósito se ha venido orientando el análisis de Elías Díaz hacia una preocupación por las necesidades humanas y la autonomía, como ob-

---

contacto con el libro de Elías Díaz, *Estado de Derecho y sociedad democrática*, y encontraron en él una forma de reflexionar distante de los cánones oficiales. Es uno de los discípulos de Joaquín Ruiz-Giménez, José Luis Aranguren, Gregorio Peces-Barba y Elías Díaz.

[302] FERNÁNDEZ, Eusebio, «hacia un concepto restringido de Estado de Derecho», *Sistema* n.º 138, Mayo, Madrid, 1997, pp. 102-103.

jeto y como meta de los derechos humanos en la modernidad. Las preocupaciones de Eusebio Fernández se orientan a la búsqueda de los orígenes doctrinarios de los derechos humanos, a los jalones filosóficos, a los constructos ideales, a las «ficciones» prácticas. Aquí radica su fortaleza teórica.

Hace hincapié que los derechos humanos son un concepto histórico del mundo moderno. Es en este contexto: «El poder político nacido del pacto social va a obtener la legitimidad de su origen y ejercicio en el reconocimiento, defensa y protección de unos derechos naturales cuya procedencia se encuentra en una situación presocial o estado natural, y cuya justificación filosófica se halla en la existencia de un Derecho deducido de la naturaleza racional del hombre, anterior en el tiempo a todo Derecho elaborado por las sociedades políticas realmente existentes y superior cualitativamente a las leyes positivas (tan superior, que les otorga su validez moral y jurídica)» [303].

2.2. Necesidades y derechos morales

Eusebio Fernández describe la forma de como una fundamentación historicista de los derechos humanos hace uso del argumento de las necesidades como manifestaciones de tal o cual época y señala que, la radicalización del historicismo nos puede llevar a la contingencia y al relativismo de las necesidades [304].

---

303 FERNÁNDEZ, Eusebio, *Teoría de la justicia y derechos humanos,* Debate, Madrid, 1984, p. 169.

304 Eusebio Fernández distingue entre una visión histórica y otra, historicista. La fundamentación historicista sería aquella que no toma en cuenta la relevancia del iusnaturalismo racionalista en la fundamentación de los derechos. FERNÁNDEZ, Eusebio, *ob. cit.,* p. 102. Sin embargo, es un error creer que «ontológicamente» acompaña al iusnaturalismo racionalista un aire renovador. Si bien es cierto que con su lenguaje fueron redactadas las declaraciones de derechos del hombre en América y en Francia, es cierto, también, que fue un instrumento utilizado por el absolutismo. GARCÍA DE ENTERRÍA, Eduardo, *La lengua de los derechos. La formación del Derecho público europeo tras la revolución francesa,* Alianza Editorial, 1999, Madrid, p. 56.

Llama la atención de este riesgo, por eso precisa: las necesidades para que sean consideradas derechos humanos tienen que referirse a las necesidades más importantes y relevantes de la vida humana; tal relevancia debe conllevar una exigencia de derechos, es decir, de valores integrados en normas jurídicas con pretensiones universalizables [305].

Asume que la defensa de los derechos humanos no se agota en su reconocimiento jurídico. La amplitud del concepto «derechos morales» permite mayor dinamicidad y adecuación a las necesidades humanas y sociales frente a la normal y algunas veces justificada lentitud del Derecho [306]. Por un lado, los derechos morales nacen como respuesta a las necesidades humanas más importantes, y por otro, tales necesidades se configuran o se desarrollan históricamente. De esta forma, como dice Alexy, se puede diferenciar un *núcleo de los derechos humanos,* que en su centro se vuelve crecientemente más insensible ante la historia y un marco que, al alejarse del centro, se hace en medida creciente susceptible a las variaciones históricas [307].

Para Eusebio Fernández, superando las debilidades tanto del iusnaturalismo ontológico o del historicismo, se puede reconocer en las necesidades humanas un argumento que ayuda a aclarar el fundamento ético de los derechos humanos: «Los derechos humanos tienen su fundamento antropológico en la idea de necesidades humana» [308]. Para el desarrollo de una vida dig-

---

[305] FERNÁNDEZ, Eusebio, *Teoría de la justicia y derechos humanos,* p. 103.

[306] FERNÁNDEZ, Eusebio, *ob. cit.,* p. 159. El iusnaturalismo racionalista es una especie de lengua bifronte.

[307] ALEXY, Robert, «La institucionalización de los derechos humanos en el Estado constitucional democrático», trad. María Cecilia Añaños Meza, Revista *Derechos y libertades,* n.º 8, enero/junio, Madrid, 2000, p. 29.

[308] FERNÁNDEZ, Eusebio, *Teoría de la justicia y derechos humanos,* p. 79. Liborio Hierro llevó a cabo una de las primeras reflexiones en torno a la relación entre derechos humanos y necesidades. Siguiendo a MacCormick, decía que sólo «podemos sostener como derechos aquellas necesidades humanas que exigen su satisfacción de forma incondicional, cual si se tratase de un fin

na se requiere de la satisfacción de una serie de necesidades, exigencias que para tener sentido en el marco de un Estado de Derecho tienen que estar vinculadas al reconocimiento, ejercicio y protección de los derechos humanos.

La vigencia de los derechos humanos fundamentales constituye la piedra de toque de la justicia del Derecho y de la legitimidad del poder. Las necesidades son diversas y establecer una jerarquía entre ellas no es tarea sencilla, hay que recurrir a los fines que se quieren conseguir con su satisfacción. En gran parte seguirá las reglas y principios liberal-igualitarios formulados hace ya más de tres décadas por Rawls [309]. En la tarea de priorización, ésta es compleja y difícil, dado el conflicto entre libertad y los diversos criterios de igualdad. De ahí, que la defensa de los derechos humanos fundamentales, como satisfacción de necesidades, se presente como un «auténtico reto moral de nuestro tiempo», también un reto para la autonomía de cada uno, ya que se trata de justificar con razones valores últimos, qué deseamos como objetivos o ideales y qué *elegimos* frente a la negociación y por encima de otros valores más secundarios. Para esta evaluación habrá que poner en primer plano la satisfacción de necesidades [310]. Para el profesor Fernández no se puede hablar de una única fundamentación ética válida para todos los derechos humanos, con la excepción de la idea de dignidad humana.

Es su preocupación principal definir el concepto de derechos humanos a partir de la idea de humanidad como fin: «Para la elaboración de la Filosofía de los derechos humanos habría que tener en cuenta no sólo las aportaciones de la Filosofía moral o ética, sino también las de la Filosofía política (en el senti-

---

en sí mismo, y sólo cuando existen posibilidades de satisfacerlas, cuando podamos imponer sobre otros los correlativos deberes «según sus posibilidades». Y esto no contradice mi más profunda convicción de que entre las necesidades del hombre se encuentra, entre las primeras, la de vivir como un hombre libre». HIERRO, Liborio, «¿Derechos humanos o necesidades humanas? Problemas de un concepto», *Sistema* n.º 46, enero, Madrid, 1982, p. 61.

[309] FERNÁNDEZ, Eusebio, *ob. cit.*, pp. 226-227.

[310] *Ibíd.*, p. 117.

do de que la consecución de un poder político justo se halla estrechamente enlazada con el respeto, reconocimiento y garantías de los derechos humanos fundamentales, y en el sentido también de que los derechos humanos puedan ser considerados, según ha apuntado Elías Díaz, como «el criterio de legitimidad del poder político» y la Filosofía del Derecho (ya que el contenido de la teoría de la justicia o axiología jurídica, que debe animar y fortalecer la lucha por el Derecho justo, puede ser justificadamente identificado con la defensa de los derechos humanos)» [311].

Eusebio Fernández se hace eco de la exigencia de un contenido mínimo del Derecho natural [Hart] o de una mínima concepción de justicia cuando se habla de derechos humanos. Los derechos humanos son ideales y exigencias, que consideramos deseables e importantes y algo bueno para el desarrollo de la vida humana. Algo fundamental para la supervivencia y para la autonomía del hombre. Sin esta suposición, no tiene sentido preguntarse por los derechos humanos ni por su fundamento. La idea de que su negación, su no reconocimiento ni respeto ni garantía, o la prohibición de su ejercicio, ponen en tela de juicio la idea de dignidad humana [312]. Esta idea que será definida como individualismo moral.

Universales, absolutos, inalienables, son las características formales en las que encuentran cabida los derechos humanos: «analizar el fundamento ético de los derechos humanos fundamentales es plantear también la posibilidad de la racionalidad y universalidad de ese fundamento, y hablar de racionalidad y universalidad del fundamento ético de los derechos humanos no es hablar de derechos absolutos, atemporales e invariables, sino de derechos morales que puedan ser justificados racionalmente y cuenten con la pretensión de ser universalizados en un momento histórico concreto» [313].

---

311 *Ibíd.*, p. 114.
312 *Ibíd.*, p. 116.
313 *Ibíd.*, p. 118.

Ante la experiencia histórica de la doble cara del poder político, garante y trasgresor de los derechos humanos fundamentales, el ejercicio de los derechos fundamentales, tanto por sus titulares como por los destinatarios, reconocidos por el Estado no es ilimitado, sino que «puede ser restringido» a lo más básico, la dignidad, la seguridad, la libertad o la simple convivencia social. Si la posesión y el ejercicio de los derechos fundamentales corresponden al hombre y a los grupos sociales, su reconocimiento, garantía y condiciones para su efectiva puesta en práctica en el sentido jurídico-político atañe a los distintos Estados (poder político, instituciones, grupos de presión, etc.).

Arguye una fundamentación ética de los derechos humanos para rechazar las injusticias del pasado y del presente, favoreciendo, *por el momento,* a los de abajo, pero sin olvidar por razones de justicia y para prevenir y no tener que lamentar *a posteriori,* a los de arriba. De tal manera que unos y otros no puedan pretender, fraudulentamente, un ejercicio exclusivo de los derechos humanos, «olvidándose de que se trata de derechos universales, para todos, y fundamentales, solamente realizables y efectivos si se crean e imponen deberes simultáneos, también para todos» [314].

Ante este argumento, María José Añón sugiere que la tesis de los derechos morales como derechos humanos sólo podría justificarse si se acude al criterio de las necesidades o bienes básicos y le parece interesante que en la posición de Eusebio Fernández aparezca tal idea, aunque indirectamente. Le parece más plausible atribuir directamente un nivel justificatorio o fundamentador a las necesidades básicas sin recurrir como criterio mediador al de los derechos morales, ya que las necesidades básicas permiten discriminar entre los derechos morales, cuáles podrían ser calificados como derechos humanos; de esta manera, las necesidades aportan razones fuertes, aunque los «teóricos de los derechos morales detienen aquí su examen y no

---

[314] FERNÁNDEZ, Eusebio, *Estudios de ética jurídica,* Debate, Madrid, 1984, p. 72.

explicitan a qué necesidades hacen referencia» [315]. Esta explicitación requiere tomar en cuenta, dice, situaciones concretas y condiciones reales, exigencias aludidas muchas veces por Elías Díaz, exigencias y criterios de justicia y legitimidad [316].

2.3. Necesidades, autonomía y consenso

Eusebio Fernández da cuenta de varios encuentros con la propuesta de Elías Díaz y también con la fundamentación intersubjetiva de los derechos humanos por parte de Pérez Luño, que incluyen como hemos visto, las necesidades y el consenso, en pos de la autonomía. Cree en la posibilidad de que a) esas buenas razones que alegamos puedan ser expresadas a otras personas, es decir, puedan ser objeto de diálogo y contrastación con las que otras personas argumenten también como buenas razones; y de que también b) se centraría en la posibilidad, como fruto de lo anterior, que buenas razones obtuvieran un reconocimiento general o lo más general posible [317]. Al respecto, se podría compartir la idea de que entre la fundamentalidad de los derechos humanos y su validez moral hay una conexión, pero las dos cosas no son idénticas [318]. Un derecho, mientras más fácil pueda ser justificado frente a todos, es más fundamental; el amplio consenso sobre el derecho a la vida es un claro ejemplo.

---

[315] AÑÓN ROIG, María José, *Necesidades y derechos. Un ensayo de fundamentación,* Centro de Estudios Constitucionales, Madrid, 1994, p. 282. Justamente el esfuerzo teórico de María José Añón está orientado a demostrar que se puede explicitar directamente la justificación o la razón de ser de los derechos humanos en las necesidades humanas.

[316] DÍAZ, Elías, «La justificación de la democracia», *Sistema* n.° 66, 1985, pp. 12-13. También, «Notas (»concretas») sobre legitimidad y justicia» en Javier MUGUERZA y otros, *El fundamento de los derechos humanos,* edición preparada por Gregorio Peces-Barba, Debate, Madrid, 1989, p. 148.

[317] FERNÁNDEZ, Eusebio, *Teoría de la justicia y derechos humanos,* p. 118.

[318] ALEXY, Robert, «La institucionalización de los derechos humanos en el Estado constitucional democrático», *ob. cit.,* p. 28.

Asumir la historicidad de las necesidades humanas no quiere decir que haya una fundamentación histórica de los derechos humanos: «Para Pérez Luño cualquier intento de justificar los derechos humanos «no puede prescindir de las condiciones antropológicas de los sujetos que y para los que se formulan tales derechos», es decir, de las exigencias y necesidades de la naturaleza humana. La satisfacción de las necesidades humanas, de las exigencias que son, no se olvide tanto biológicas (o naturales) como culturales (o históricas) se vuelve la más importante justificación de los valores encarnados en el concepto de los derechos humanos. Si esas necesidades son compartidas, la fundamentación podrá ser generalizada y universalizable. La elaboración teórica de la fundamentación intersubjetiva que nuestro autor propugna es una «mediación crítica» entre la teoría consensual de la verdad de J. Habermas y la escuela de Budapest» [319].

Sin embargo, la vertiente por la que mejor transita Eusebio Fernández no es por la de Habermas y Ágnes Heller, como lo hacen Elías Díaz y Pérez Luño, sino a través de las propuestas neokantianas de Rawls. Considera que las ventajas de una ética comunicativa no soluciona el problema del fundamento sino sólo la posibilidad de la aceptación universal de los argumentos a favor del o de los fundamentos de los derechos humanos pero no da una solución adecuada al *por qué* de los derechos humanos [320]. Dice, que los derechos morales no son producto de ningún contrato: «Las decisiones contractuales, el modelo de legitimidad contractual como legitimidad de origen de un sistema jurídico-político, sirven para elaborar el mejor marco para la realización de los derechos humanos, pero no para crearlos» [321]. Habermas, podría replicar a alguien que defiende argumentos como los sostenidos por Eusebio Fernández diciendo que la de-

---

[319] FERNÁNDEZ, Eusebio, *Teoría de la justicia y derechos humanos,* pp. 222-223.

[320] FERNÁNDEZ, Eusebio, *Estudios de ética jurídica,* p. 70.

[321] FERNÁNDEZ, Eusebio, «Acotaciones de un supuesto iusnaturalista» en Javier MUGUERZA y otros, *El fundamento de los derechos humanos,* p. 160.

fensa de un *naturalismo débil* evita someter o subordinar el «punto de vista interno» del mundo de la vida al «punto de vista externo» del mundo objetivo y que «más bien conecta en el plano metateórico ambas perspectivas teóricas —que continúan manteniéndose separadas—, gracias al supuesto de una continuidad entre naturaleza y cultura» [322].

Evidentemente, los límites de una fundamentación consensual se han puesto de relieve en numerosas ocasiones pero como instancia crítica parece ineludible [323]. María José Añón afirma que el diálogo intersubjetivo no puede decidir cuáles son las necesidades, pero puede establecer que determinadas necesidades precisan de una satisfacción que ha de quedar sujeta a normas sociales vinculantes. Las necesidades proporcionan razones, argumentos en favor de una respuesta jurídico-normativa, esto mismo da lugar a que no todas las necesidades se cristalicen en derechos. Al respecto, Luis Prieto se manifiesta a favor de conservar la fuerza moral y política de una fundamentación basada en los principios de autonomía y universalización, pero abierta a las necesidades variables e históricas; esta sería la vía para una concepción unitaria e integral de los fines jurídicos en el marco de una Estado social y democrático de Derecho [324].

2.4. Sobre el fundamento de los derechos humanos

Se afirmó antes, que Eusebio Fernández, en el contexto de la filosofía del Derecho española, es uno de los que sostienen una justificación ética de los derechos humanos [325]. Sostiene la

---

322 HABERMAS, Jürgen, *Verdad y justificación*, trad. Pere Fabra y Luis Diéz, Trotta, Madrid, 2002, p. 38.

323 AÑÓN ROIG, María José, *Necesidades y derechos. Un ensayo de fundamentación*, p. 285.

324 PRIETO, Luis, *Estudios sobre derechos fundamentales*, p. 61.

325 FERNÁNDEZ, Eusebio, «Acotaciones de un supuesto iusnaturalista», *ob. cit.*, pp. 156-157. Según Eusebio Fernández: «los derechos humanos aparecen como derechos morales, es decir, como exigencias éticas y derechos

idea de que la *fundamentación ética* (y el concepto de los *derechos humanos como derechos morales*) permite dar una solución más adecuada al *por qué de los derechos humanos* que la fundamentación iusnaturalista tradicional o la mera dimensión positivista-historicista de este asunto. Que los derechos morales pueden encontrarse en una de las tres situaciones siguientes: a) pueden ser exigencias morales aún no reconocidas jurídicamente, pero que cuentan a su favor con importantes y fuertes razones de orden moral y político que hacen especialmente deseable su positivación y esa es su pretensión; b) pueden estar ya reconocidos jurídicamente, pero con un reconocimiento insuficiente para posibilitar su auténtico ejercicio, debido tanto a motivos técnico-jurídicos o garantías particulares de política legislativa como a barreras propias de las estructuras socioeconómicas dominantes, como sucede con gran parte de los dere-

---

que los seres humanos tienen por el hecho de ser hombres y, por tanto, con un derecho igual a su reconocimiento, protección y garantía por parte del poder político y el Derecho; derecho igual, obviamente basado en la propiedad común a todos ellos de ser considerados seres humanos, y derecho igual de humanidad independiente de cualquier contingencia histórica o cultural, característica física o intelectual, poder político o clase social». *Teoría de la justicia y derechos humanos*, p. 107. En este asunto, el profesor Eusebio Fernández, se muestra cercano a las ideas desplegadas por Carlos Santiago Nino y por Francisco Laporta, impulsores de un liberalismo igualitario. Parte del canon liberal, entre otras cosas, es creer que nadie debe ser forzado a perseguir su propio bien, la capacidad de elección asimila la idea de dignidad humana. A partir de aquí, estos autores introducen el concepto moral de los derechos. Según Bobbio: «Por lo que se refiere al significado de «derecho» en la expresión «derechos humanos», el debate es permanente y confuso. A aumentar la confusión ha contribuido el encuentro cada vez más frecuente entre juristas de tradición y cultura continental y juristas de tradición anglosajona, que utilizan a menudo expresiones distintas usando las mismas palabras. La distinción clásica en el lenguaje de los juristas continentales es entre derechos naturales y derechos positivos. De Inglaterra y de los Estados Unidos, creo que por influencia sobre todo de Dworkin, se añade la distinción entre *moral rights y legal rights* [...] En la distinción entre *moral rights y legal rights*, el criterio es el fundamento, en la distinción entre «derechos naturales» y «derechos positivos» es el origen». BOBBIO, Norberto, *El tiempo de los derechos*, pp. 19-20.

chos económicos, sociales y culturales. Se agregan a las razones morales razones prudenciales; c) pueden estar reconocidos jurídicamente y contar con garantías generales y particulares suficientes para su efectivo ejercicio, es decir, tratarse de derechos jurídicos plenos: los derechos de autonomía, de seguridad jurídica y de las libertades cívicas y políticas dentro del contexto de las sociedades de tradición liberal-democrática.

Dentro de estas tres situaciones todos los derechos morales posibles que se reivindiquen justificadamente son auténticos derechos humanos fundamentales: la situación c) es la ideal y es preferible la situación b) a la situación a). La propuesta de Eusebio Fernández es separar teóricamente el plano de la fundamentación del plano de la positivación de los derechos humanos.

Debo dejar constancia de las observaciones de Norberto Bobbio a toda pretensión de fundamentación «absoluta» de los derechos humanos, por la indeterminabilidad y la relatividad de éstos. Todos los derechos, dice, son refutables y resistibles [326]. Bobbio sostiene dos tesis: a) no es posible encontrar un fundamento absoluto, o irresistible, a la afirmación de este

---

[326] BOBBIO, Norberto, «¿Existen derechos fundamentales? Conversación con Giuliano Pontara» en *El tiempo de los derechos,* p. 90. Según Pontara, contra la idea de Bobbio, es posible un argumento «irresistible» a favor de ciertos derechos fundamentales del hombre, y por lo tanto la investigación del fundamento absoluto de los derechos humanos no es ilusoria, que existen ciertos derechos que pueden ser fundamentados sobre argumentos irresistibles. *Ibíd.,* p. 91. En este mismo sentido van las críticas últimas de Eusebio Fernández a Bobbio: «la historia también nos puede ayudar a distinguir entre lo menos fundamental, aunque importante, y lo fundamental, por imprescindible, con lo cual el propio relativismo histórico se encuentra en sí mismo relativizado. Creo que, entre nosotros —agrega—, un autor conocedor de la historia de las ideas, como FRANCISCO J. LAPORTA, cuando ha utilizado la expresión derechos morales no lo ha hecho desde supuestos inmutables, ni desde la ilusión de búsqueda de ningún fundamento absoluto, sino desde la apertura a lo histórico, pero a partir de una selección que da una fuerza especial a ciertas exigencias morales [...] cuando asigna a los derechos humanos «los rasgos fundamentales» de tratarse de derechos universales, absolutos e inalienables». FERNÁNDEZ, Eusebio, *El observador comprometido (Reflexiones jurídico-políticas),* pp. 70-71.

o aquel derecho humano, y por consiguiente lo importante no es ya fundamentarlos, sino protegerlos; b) una prueba suficiente de su importancia en la sociedad de hoy reposa en el hecho de que no ya solamente este o aquel Estado, como había ocurrido en el pasado, sino todos los Estados existentes habían declarado de común acuerdo, comenzando por la Declaración Universal de Derechos Humanos (1948) y en otras nuevas declaraciones sucesivas, un consenso, una especie de nuevo contrato social.

El mundo moral para Bobbio, punto de vista no metafísico, se concreta en una función primaria, *evitar el mal* que un hombre puede causar a otro. Bobbio encuentra que históricamente, «la ilusión del fundamento absoluto de algunos derechos establecidos ha sido un obstáculo para la introducción de nuevos derechos, en todo o en parte incompatibles con aquéllos. Piénsese en las pegas puestas al progreso de la legislación social por la teoría iusnaturalista del fundamento absoluto de la propiedad: la oposición casi secular contra la introducción de los derechos sociales ha sido hecha en nombre del fundamento absoluto de los derechos de libertad. El fundamento absoluto no es solamente una ilusión; alguna vez es también un pretexto para defender posiciones conservadoras» [327].

No puede ser ajeno a la discusión entre Elías Díaz y Eusebio Fernández el tema concerniente a qué derechos valen moralmente como derechos humanos. No se olvide la equivocidad, ambigüedad y emotividad de los valores cuando se trata de la expresión «derechos humanos». «El sustantivo «derechos» expresa la idea de que los derechos humanos están a caballo entre las exigencias éticas y los derechos positivos» [328]. Este es el problema de la fundamentación de los derechos humanos. Este es el problema más importante pero el más difícil en toda discusión filosófica: el derecho a tener derechos. El tema de la fundamen-

---

[327] BOBBIO, Norberto, *ob. cit.*, p. 60.

[328] FERNÁNDEZ, Eusebio, *Teoría de la justicia y derechos humanos*, pp. 108 y 109.

tación de los derechos lo dejo aquí sólo mínimamente descrito, en aras de una mayor concentración en el tema de la institucionalización de los derechos humanos.

2.5. Institucionalización de los derechos humanos fundamentales

Una de las conclusiones que saca el profesor Eusebio Fernández, de lo expuesto anteriormente, es que no debe resultar extraño ni sorprendente que el conjunto de los derechos humanos fundamentales sea más amplio que los derechos recogidos y protegidos jurídicamente. Los derechos humanos fundamentales como «derechos morales» se sitúan prioritariamente pero no de forma exclusiva, en un plano moral, previo al jurídico, con la pretensión de encontrar en el Derecho su acomodo. El ámbito de la justificación moral de los derechos es el ámbito de su fundamentación y de su concepto en tanto el reconocimiento jurídico constituye el ámbito de los *medios* que el Derecho aporta para su eficaz y posible protección [329].

---

[329] FERNÁNDEZ, Eusebio, *Filosofía política y Derecho,* pp. 50-51. Eusebio Fernández trata de diferenciarse del texto de Peces-Barba, en el que se dice que los derechos morales sin su positivación son derechos humanos fundamentales imperfectos, el reconocimiento estatal no es un simple medio: como «valores surgen en el ámbito de la racionalidad moral, y el poder político los integra, pero no los crea [...] Como valores políticos suponen el referente para aglutinar a los miembros del poder [...] la aceptación, en todo o en parte, de los valores de libertad, seguridad jurídica, igualdad y solidaridad supone una limitación del poder político, o mejor dicho una autolimitación [...] Los valores que forman la identidad del poder político democrático como hecho fundante básico informan el sentido de la norma básica, que forman ya parte del Derecho positivo [...] En definitiva, sin los valores políticos señalados, asumido por el poder como hecho fundante básico, no cabe un sistema jurídico de derecho fundamentales, y sin la incorporación de esos valores a la norma básica y a su desarrollo, tampoco se puede hablar plenamente de derechos. Ni basta su dimensión ética, ni tampoco política, es necesario el perfeccionamiento con la positivación jurídica, pero ésta es arbitraria o se sitúa en el positivismo ideológico si los valores morales y políticos no la informan».

Cuanto más se recurre al Derecho como medio de regulación y control políticos y de configuración social, tanto mayor es la carga de legitimación que la génesis democrática del Derecho ha de soportar, si quiere responder a las exigencias de «autonomía» de los individuos. Esta exigencia, es por supuesto, parte de una concepción de un Estado de Derecho limitado. Cabe la inquietud de si es la aplicación del poder político el medio más adecuado para alcanzar el fin sustancial de mejorar y consolidar formas de vida más dignas y emancipadas, más autónomas, frente al dato real de las necesidades, las desigualdades y egoísmos sociales. Se trata también de evitar la paradoja de que por medio de la intervención estatal se haga que las injusticias y desigualdades sociales sean cada vez mayores.

El reto para una concepción del Estado de Derecho es la combinación de los valores de libertad e igualdad. Las tensiones entre estos dos valores no desaparecen. Puede llegar un punto en que un exceso de deberes positivos para promover la autonomía de los menos autónomos quite a los individuos toda posibilidad de desarrollar autónomamente un plan de vida [330]. Se pretende acoplar legalidad y legitimidad, por eso la conflictiva relación entre derechos y Estado de Derecho y entre Estado de Derecho y sus modalidades [331].

PECES-BARBA, Gregorio, *Curso de derechos fundamentales. Teoría general,* Universidad Carlos III de Madrid-BOE, Madrid, 1995, pp. 358-351. Una crítica al razonamiento de Peces-Barba véase RUIZ MIGUEL, Alfonso, «Derechos liberales y derechos sociales», *ob. cit.,* p. 655.

330 NINO, Carlos Santiago, *Ética y derechos humanos,* p. 192.

331 La generalización democrática de intereses y necesidades y justificación universalista de normas para convertirlas en parte de un sistema político es una difícil tarea. Los derechos negativos de libertad y los derechos sociales pueden venir otorgados en términos paternalistas. Esto quiere decir que Estado de Derecho liberal y Estado de Derecho social, son también, en principio posibles sin democracia o con niveles insuficiente de democracia: «Los derechos liberales que, considerando las cosas históricamente, cristalizaron en torno a la posición social de propietario privado, pueden entenderse desde puntos de vista *funcionales* como la institucionalización de un sistema económico regulado por el mercado, mientras que desde puntos de vista normativos garantizan determinadas libertades subjetivas privadas. Los derechos sociales significan des-

Dice Prieto Sanchís que los derechos civiles y políticos son concebibles sin Estado, sin necesidad de instituciones sociales que los definan, o que al menos, así han sido tradicionalmente concebidos, mientras que los económicos, sociales y culturales ni siquiera pueden ser pensados sin alguna forma de organización política. Son para la filosofía política liberal derechos naturales la vida, la propiedad, la libertad, anteriores a cualquier manifestación institucional y es por esta misma razón de que si el Estado existe es con el único fin de protegerlos. Así, «el Estado puede resultar necesario para garantizar dicha protección, pero en ningún caso para definir lo esencial del contenido de los derechos» [332].

A Eusebio Fernández le interesa una defensa del liberalismo igualitario y una fundamentación liberal de los derechos humanos fundamentales como la teoría y la práctica más acorde con el respeto a la dignidad, autonomía, libertad e igualdad humanas. Un liberalismo que se recrea en razones rawlsianas. Busca sentar las bases de la legitimidad del Estado de Derecho en los derechos subjetivos liberales-políticos. Veremos si el mínimo

---

de puntos de vista *funcionales* la instalación de las burocracias del Estado benefactor, desde puntos de vista normativos garantizan títulos y pretensiones (de carácter compensatorio) concernientes a una participación justa en la riqueza social. Ciertamente, tanto las libertades subjetivas como tales derechos sociales pueden considerarse como base jurídica de esa autonomía social que es la que empieza haciendo efectiva la realización de los derechos políticos. Pero éstas son relaciones empíricas, no relaciones conceptualmente necesarias. Pues los derechos de libertad y los derechos sociales pueden asimismo significar la cuasi-renuncia privatista a un papel de ciudadano, que se reduce entonces a relaciones de clientelas con unas administraciones que otorgan sus prestaciones en términos paternalista [...] Los sistemas que son la economía y la administración tienen la tendencia a cerrarse contra sus propios entornos y sólo obedecer ya a los propios imperativos dimanantes del dinero y del poder administrativo [...] La tensión entre una ampliación de la autonomía privada y ciudadana, por un lado, y la normalización foucaultiana que representa el goce pasivo de derechos paternalísticamente otorgados, por otro, viene inscrita en el propio *status* de los ciudadanos de las democracias de masas, articuladas en términos de Estado social». HABERMAS, Jürgen, *Facticidad y validez,* pp. 143-144.

332 PRIETO SANCHÍS, Luis, *Ley, principios, derechos,* Cuadernos Bartolomé de las Casas n.º 7, Dykinson, Madrid, 1998, p. 73.

ético de los derechos liberales y políticos que él sostiene es suficiente para dar cuenta de la complejidad y de los retos de un Estado de Derecho propio de nuestro tiempo. Cuán tolerantes pueden resultar los pensadores liberales en la defensa de una «ficción» como la idea del *a priori* de la autonomía privada frente a la exigencia de que el Estado de Derecho democrático tenga la obligación de limitar las libertades de quienes se negaran a cooperar en la medida y en el tiempo necesario para remediar una carencia de libertad en los desposeídos.

Los liberales tienen que dar razones frente a otras concepciones, a aquellas, por ejemplo, que buscan un sentido intersubjetivo de las libertades de acción subjetivas jurídicamente conferidas y que pretenden una relación entre autonomía privada y autonomía ciudadana en la que pudiesen hacerse valer sin recortes ni mermas ambos momentos: la idea de los derechos liberales y los derechos democráticos como complementarios y no como competidores. Según Habermas, lo que caracteriza al canon liberal y al canon republicano es que ambos ven a la autonomía privada y a la soberanía popular en una relación de conflicto y de competencia permanente. Son los problemas derivados de un insuficiente análisis del *principio de garantía de una comprehensiva protección de los derechos individuales* [333].

Los liberales, también tienen que dar razones a los socialistas-democráticos que buscan darle otro sentido a la intervención estatal. Acaso el pretexto de la llamada «crisis del Estado social» o «crisis de los derechos sociales» nos tenga que llevar hasta los umbrales del liberalismo clásico [334]. Tenemos que re-

---

[333] HABERMAS, Jürgen, *Facticidad y validez,* p. 240.

[334] Dice Pedro de Vega, en tono crítico al liberalismo clásico que «la igualdad formal ante la ley (como norma jurídica general que regula las relaciones entre particulares) sólo tiene sentido en la medida en que esa igualdad abstracta no queda destrozada socialmente por la desigualdad material y económica de las posiciones de los individuos que deberán ejercitarla». DE VEGA, Pedro, «Crisis de los derechos fundamentales en el Estado social» en Javier CORCUERA y Miguel Ángel GARCÍA (editores), *Derecho y economía en el Estado social,* Tecnos, Madrid, 1988, p. 134.

conocer que el liberalismo clásico como forma de organización de la sociedad sólo fue un momento en la historia de Occidente. Que estuvo precedido por un dirigismo de tipo mercantilista o despótico y seguido luego por una forma de organización en la cual el Estado interviene mucho más de lo que proveían los clásicos. Y que en todo caso es casi imposible que los Estados modernos actuales retrocedan y retornen al ideal del liberalismo clásico. Incluso en el Reino Unido, donde el thatcherismo se mantuvo durante más de diez años, el retorno al pasado fue muy limitado[335]. Pero los socialistas tienen también el reto de emplearse más a fondo para no caer en el error de exagerar, más allá de la cuenta, la importancia de las constricciones estructurales y minimizar el alcance de la elección racional[336].

Para Eusebio Fernández, la plena realización de los derechos humanos formaría parte del ideal de la asociación para la libertad: como ideal su justificación no puede encontrarse en el Derecho positivo mismo sino en el orden de la justicia, en el discurso moral. Un orden justo no es identificable, sin más, con un orden jurídico existente. El reto para el canon moral liberal-igualitario son los derechos sociales que van más allá del

---

[335] VERGARA, Francisco, *Introducción a los fundamentos filosóficos del liberalismo,* Alianza Editorial, Madrid, 1999, p. 134. Se afirma que las fisuras que desequilibran un Estado democrático-liberal pueden darse: cuando se requiere *más* democracia a expensas de *menos liberalismo,* o cuando se requiere más liberalismo a costa de menos democracia. Ver SARTORI, Giovanni, «Liberalismo», *Elementos de teoría política,* trad. M.ª Luz Morán, Alianza Editorial, Madrid, 1999, p. 145.

[336] Marx da la impresión de sostener la maldad del capitalismo que ata cualquier intención de cambio por parte del Estado. Según el individualismo metodológico toda la teoría económica tiene, en última instancia, que surgir de la teoría de las decisiones económicas individuales. Marx creía que la relación entre los valores trabajo y los precios era un corolario de la teoría hegeliana de la esencia y la apariencia. A veces da la impresión de que Marx fabricó un capitalismo demasiado perverso e irracional, una especie de «mal radical», más de lo que éste podía razonablemente ser. Y resulta paradójico que la fuerza impulsora del capitalismo —su incesante tendencia a la innovación— sea también causa de su destrucción. ELSTER, Jon, *Una introducción a Karl Marx,* trad. Mario García Aldonate, Siglo Veintiuno Editores, México, 1986, pp. 71-80.

«liberalismo basado en la neutralidad». En Eusebio Fernández, los derechos sociales pareciera que no forman parte del canon moral sino de lo político con lo que entra en conflicto con un socialismo democrático que incluye como exigencias morales tanto a los derechos sociales como a las libertades individuales. Esto no quiere decir que se ponga al margen de las posturas liberales que apuestan moralmente por un Estado liberal-democrático y políticamente por un Estado social liberal-democrático[337].

Por eso los derechos humanos y el Estado de Derecho mantienen una relación a veces paradójica. La teoría de los derechos fundamentales precede a la formulación doctrinal de la noción del Estado de Derecho, no se puede desconocer la dependencia histórica del Estado de Derecho de las declaraciones de derechos humanos, pero éstas tampoco alcanzan su efectividad positiva al margen del ordenamiento jurídico del Estado[338]. Los derechos fundamentales cumplen una misión de fundamento y límite de todas las normas que organizan el funcionamiento de los poderes públicos, y, en suma, de todas las experiencias concretas de juridicidad, surgidas en el seno del ordenamiento en que se formulan. Desde un punto de vista ético, los derechos humanos pueden verse por tanto como el reconocimiento positivo de valores comunes y también como fines a los que tiende una sociedad, las garantías de libertad que debe consignar el Derecho existente y los valores por alcanzar en una sociedad plenamente justa por construirse[339]. Y ya desde un punto de vista del sistema jurídico los derechos expresan de mejor modo su relación con el Estado de Derecho por la vinculación

---

337 Bruce ACKERMAN apuesta por el Estado social liberal-democrático, aconseja un uso del poder del gobierno para golpear las raíces de la explotación, al mismo tiempo que es consciente de los riesgos de la tiranía burocrática. Su postura sería una variante liberal que se identificaría mas como liberal-republicano. *La justicia social en el Estado liberal,* trad. Carlos Rosenkrautz, CEC, Madrid, 1993, p. 63.

338 PÉREZ LUÑO, Antonio, *Derechos humanos, Estado de Derecho y Constitución,* p. 213.

339 VILLORO, Luis, *ob. cit.,* pp. 302-303.

que existe entre función objetiva y función subjetiva de los derechos humanos[340].

Eusebio Fernández, viene defendiendo un *concepto restringido de Estado de Derecho:* en primer lugar, imperio de la ley, que es subordinación de todos, incluido el propio Estado y sus representantes a la legalidad; en segundo lugar, la ley no es cualquier modalidad de ley, sino la que cuenta con el consentimiento de los gobernados. Estas serían las señas de identidad de un Estado de Derecho a la altura de las exigencias éticas de la modernidad. Planea definir una serie de exigencias morales, políticas y jurídicas que delimitarían lo básico del Estado de Derecho, independientemente de las modalidades que se elijan.

A partir de estas señas de identidad pasa a criticar tanto a Hayek como a Elías Díaz. Critica a ambos, puesto que serían quienes identifican Estado de Derecho con una modalidad concreta. Esta modalidad sustentada en una concepción de política económica determinada. Böckenforde ha dicho que al margen de las diversas formas en que se interprete su contenido, el concepto de Estado de Derecho se caracteriza en general por una cierta incomodidad de cara al fenómeno del dominio político[341]. El concepto de Estado de Derecho se aferra a un contenido: a la garantía de la libertad personal y a la limitación del poder del Estado. Hayek va a radicalizar este concepto, en tanto que para Elías Díaz tal modelo formal sólo significa seguridad jurídica.

---

[340] BARRANCO AVILÉS, María del Carmen, *La teoría jurídica de los derechos fundamentales,* Dykinson, Madrid, 2000. Böckenförde también cree que una nueva interpretación de los derechos fundamentales viene diluyendo un concepto tradicional (formal) de Estado de Derecho: «si los derechos fundamentales se interpretan como una garantía que delimitaba la libertad individual frente al Estado, ahora, junto a esa función de defensa o incluso quizá de forma más acentuada, aparecen como instituciones objetivas o bien como una definición de valores cuya función no es ya tanto delimitar y controlar al Estado como legitimar y estimular la realización de objetivos y tareas materiales por éste». BÖCKENFÖRDE, Ernst Wolfgang, *Estudios sobre el Estado de Derecho y la democracia,* trad. Rafael de Agapito, Trotta, Madrid, 2000, p. 32.

[341] BÖCKENFÖRDE, Ernst Wolfgang, *ob. cit.*, p. 32.

En este sentido, Eusebio Fernández, pretende destacar: «que las definiciones del Estado de Derecho del tipo de la propuesta por Hayek se quedan muy cortas. Sin embargo, también hay que estar vigilantes ante aquellas definiciones que al incluir modalidades de Estado de Derecho concretas, con sus respectivas exigencias, reducen el campo del Estado de Derecho. Y creo que esto ha tenido lugar tanto en el ámbito contemporáneo del neoliberalismo, como en el del socialismo democrático. En el primer caso, voy a volver al pensamiento de Hayek. En el segundo me centraré, con cierta extensión, en las aportaciones de Elías Díaz» [342].

Eusebio Fernández tratará de diferenciar propuestas conceptuales de propuestas de política-económica. La búsqueda del «concepto» de Estado de Derecho no es tarea nada sencilla [343]. Se puede hablar del Estado como pura fuerza, del Estado como fuerza regulada por la ley y del Estado como autoridad. Sin duda en este apartado lo que interesa es el concepto de Estado desde la perspectiva del imperio de la ley, empleando la palabra «ley» en un sentido distinto de «leyes de la naturaleza». Estas «leyes» como creaciones humanas. Individuos que han creado y querido crear un «orden» en sus relaciones para la consecución de determinados fines. Por eso cuando se hace alusión a la política-económica como meramente instrumental, resulta para-

---

342 FERNÁNDEZ, Eusebio, «Hacia un concepto restringido de Estado de Derecho», *ob. cit.*, p. 105. En definitiva, dice, que cabe hablar de «Estado de Derecho, en contra de la opinión de los neoliberales, con una economía social de mercado y derechos económicos sociales, sociales y culturales. De la misma manera que cabe hablar de Estado de Derecho, en contra del parecer de los socialistas democráticos, con una economía libre de mercado y con ausencia de ciertas prestaciones estatales importantes. Sin embargo, no es posible hablar de Estado de Derecho sin imperio de la ley, división de poderes, legalidad de la Administración y derechos de autonomía, seguridad jurídica, cívicos y políticos. Incluso podríamos hablar de democracia auténtica (directa o asamblearia) y de sistemas sociales muy igualitarios en el terreno social y económico que no cumplen los requisitos de un Estado de Derecho». *Ibíd.*, p. 119.

343 PASSERIN D'ENTREVES, Alessandro, *La noción de Estado. Una introducción a la teoría política*, Ariel, Barcelona, 2001, p. 21.

dójico, ya que para un concepto moderno de Estado de Derecho ya no es irrelevante la soberanía popular y donde lo económico es también una elección, racional y razonable. Ya hemos visto que los derechos humanos en su articulación con el Estado de Derecho se sitúan tanto en un plano moral como instrumental. No cabe duda que reducir neoliberalismo o socialismo sólo al ámbito económico, es un error, las posturas de Hayek y Elías Díaz se basan en premisas que superan lo económico, sus propuestas son también, ético-políticas.

2.5.1. Estado de Derecho, derechos humanos y liberalismo conservador

Se afirma, que para los verdaderos padres fundadores, desde Locke a los autores de los *Federalist Papers,* y desde Montesquieu a Benjamín Constant, el liberalismo significa *rule of law* (imperio de la ley) y Estado constitucional, y la libertad era la libertad política (la libertad *de* la opresión política) no el libre comercio, el libre mercado y (en los desarrollos spencerianos) la ley de la supervivencia del más capacitado. El liberalismo político nació mucho antes que el liberalismo económico [344]. Eusebio Fernández se sitúa en la crítica al liberalismo económico, dentro de una nueva variante teórica liberal, el «liberalismo igualitario.» Trata de superar algunas concepciones liberales tradicionales y neoliberales contemporáneas, tipo F. Hayek, que solamente servirían para fundamentar un tipo de derechos, los de carácter individual, pero estancados en la incompatibilidad entre libertad e igualdad.

Indica las distancias entre liberalismo conservador y liberalismo igualitario: «La característica principal de este liberalismo igualitario es que defiende una relación adecuada entre los ideales de la libertad y los ideales de la igualdad, sin absolutizar ninguno de ellos, y pretende dar contenido tanto a los de-

---

[344] SARTORI, Giovanni, «Liberalismo», *ob. cit.,* pp. 139-140.

rechos individuales como a los derechos de tipo económico, social y cultural [...] Por tanto a partir de ahora voy a distinguir entre un liberalismo conservador, que correspondería a liberalismo clásico, aparte de los movimientos neoliberales y a los neoconservadores, y un liberalismo igualitario, que parte del liberalismo democrático en el terreno jurídico-político y pretende extender la democracia a los planos económico social. Creo que esta distinción coincide con la que ha hecho el profesor Elías Díaz entre liberalismo economicista y liberalismo ético» [345].

El profesor Eusebio Fernández da cuenta de la existencia de dos intentos de solución liberal ante el dilema entre los derechos del individuo y la intervención del Estado: el liberalismo clásico u ortodoxo y el liberalismo defensor del Estado. El liberalismo clásico u ortodoxo situado cronológicamente en los comienzos del liberalismo, en el siglo XVIII, con Locke; el segundo tipo de liberalismo es típico del siglo XX que da lugar al paso del Estado liberal clásico al Estado social o Estado de bienestar

---

[345] FERNÁNDEZ, Eusebio, *La obediencia al Derecho,* pp. 189-190. Se dijo antes, que el canon básico en el liberalismo viene dado por dos ideas: la primera, la idea del Estado liberal como un Estado que debe ser neutral desde un punto de vista moral, que cada individuo o grupo social persiga libremente sus fines y elija su modo de vida; la segunda idea, sería la defensa de la primacía del individuo frente al poder social o político, el reconocimiento de un valor autónomo y de una libertad de la que es depositario el individuo. *Ibíd.,* p. 197. El principal alegato de Elías Díaz contra el liberalismo, pero del economicista, está dirigido a sacar a luz el supuesto de un Estado como un «instrumento neutro». Dice, el Estado no es para los liberales exclusivamente economicista un mecanismo neutro sino, con toda evidencia, un mero instrumento al servicio del capital. No es pues de extrañar que el objetivo común de los movimientos neoliberales y neoconservadores contemporáneos sea la crítica al Estado social. Agrega, que por fortuna, hay también liberales éticos, *aunque no sin alguna zona de confusión,* «que empieza siendo libertad crítica, de expresión y participación política, sostiene con toda coherencia y plena fuerza moral la libertad asimismo para decidir, y para hacerlo soberanamente, incluyendo por supuesto la libertad para tomar la decisión de cambiar los modos de producción y de organización económica social: es decir, libertad política incluso para limitar y hacer más real para todos la libertad económica». DÍAZ, Elías, «La justificación de la democracia», *Sistema* n.º 66, mayo, Madrid, 1985, pp. 18-19.

social. En el primer caso hay una total y absoluta primacía del individuo en relación con las injerencias del Estado y la sociedad. En el segundo tipo de liberalismo no se niega esa primacía pero aparece limitada por las intervenciones de los poderes públicos y de la sociedad, que tienen lugar con el objeto de aplicar políticas de bienestar general. Caracteriza a nuestro tiempo el renacer de los postulados del liberalismo clásico u ortodoxo pero mediado por un liberalismo conservador (neoliberalismo) paralelo al declive del *Welfare State*.

Se critica a los neoliberales por su corolario político: la planificación colectivista encontraba su inevitable complemento en una dictadura totalitaria, planificación y libertad en tanto incompatibles. La crítica liberal al Estado de bienestar «sigue unas características que en general pueden resumirse en una absoluta defensa de la iniciativa privada frente a toda intervención del Estado, argumentando que toda intervención estatal estaría limitando y reduciendo el marco de libertad a que todos los individuos tienen derecho, y en una apología del sistema capitalista puro. En estos presupuestos convergen hoy una serie de movimientos intelectuales, políticos, económicos y su importancia no debe ser pasada por alto. Ese es el caso del neoliberalismo de autores como von HAYEK o Ludwig von MISES, del anarco-capitalismo de David FRIEDMAN y de la influyente obra de Robert NOZICK, *Anarchy, State and Utopía*. Cabe plantearse como reflexión crítica en torno a estos movimientos, y como ha señalado Elías DÍAZ, si en la práctica el Estado es un instrumento neutral»[346].

Para Eusebio Fernández el liberalismo puede coexistir con el Estado social, pero diferenciado de un Estado social «real» que más se aproxima al Estado «asistencial», vertical y autoritario, más cerca de una caridad pública dirigida a los menos favorecidos que de un sistema de políticas públicas. Tal Estado social «asistencial» tiene problemas de compatibilidad con el liberalismo ético y político. Paradójicamente, los instrumentos admi-

---

346 FERNÁNDEZ, Eusebio, *La obediencia al Derecho*, pp. 197-199.

nistrativos con que se pone en marcha los programas del Estado social se ha ido cerrando como un subsistema centrado en sí mismo y regido por el medio «poder» desplazando procesos de legitimación, lo que hace menester una distinción en el concepto mismo entre un Estado «asistencial» en el que se otorgan ayudas indiscriminadas y un Estado social en el que la justicia distributiva se dirige a los individuos más desfavorecidos. En parte esto ha sido motivo de crítica por los liberales conservadores, como Hayek, por supuesto, no para darle nuevas energías utópicas sino para eliminarlo, so pretexto de sus flaquezas. Lo cierto es que el Estado social de Derecho somete a crítica y revisión el individualismo y el abstencionismo estatal del liberalismo clásico. Para salir de las críticas del liberalismo conservador el «Estado y la sociedad civil» deben intervenir y cooperar entre sí para que sea posible la realización de las libertades por parte de los ciudadanos y los objetivos mínimos de justicia social, vía el «reconocimiento de los derechos de tipo económico, social y cultural» [347].

Dice Eusebio Fernández, que Hayek es un autor que opera con un concepto de libertad en sentido negativo, libertad del individuo ante las interferencias externas y, la función del Estado de Derecho es ajustarse a la protección de este tipo de libertad. Cualquier acto positivo estimulado por el Estado rompería con los efectos espontáneos del desarrollo de las ideas de libertad. La justicia social no es más que un rezago atávico.

Para Hayek, la justicia distributiva o justicia social no entraría dentro del campo de las relaciones sociales y de las conductas económicas justas, porque no puede aplicarse a los resultados de una economía de mercado. La ingerencia en la libertad económica ya sea desde argumentos del Estado social o desde el socialismo genera un despotismo general. Cree que se ha llegado, sobre todo en el caso del socialismo, a una constatación, después de un siglo de auge, *1848-1948,* al periodo que denomina *siglo del socialismo europeo,* donde «en lugar de la mayor libertad

[347] FERNÁNDEZ, Eusebio, *ob. cit.*, p. 203.

prometida» se ha originado un nuevo despotismo [348]. Para que los resultados sean justos, en una sociedad de hombres libres, siempre dependerán de las acciones espontáneas de los individuos y no de las circunstancias artificiales inventadas ya sea por el Estado o la sociedad, aunque éstas lleven la membresía de la democracia, ya que «democracia no es igualitarismo». En síntesis, no se puede aspirar a satisfacer necesidades colectivas que el mercado no puede atender.

El pensamiento de F. Hayek, en relación con los derechos humanos, ha sido resumido por el profesor Eusebio Fernández del siguiente modo:

«Si aplicamos el conjunto de ideas de F. HAYEK a una fundamentación de los derechos humanos no es difícil extraer la conclusión de que, desde una perspectiva contemporánea de lo que sería el contenido de estos derechos, no nos sirve más que para argumentar a favor de los derechos individuales clásicos y, por tanto, como fundamentación resultaría insuficiente. Pero, además, existe otro aspecto mucho más problemático y es que, para nuestro autor, el reconocimiento y la garantía de los derechos individuales clásicos es incompatible con el mismo reconocimiento de los derechos de tipo económico social [...] advertirá que «los viejos derechos civiles y los nuevos derechos sociales y económicos no pueden simultáneamente prevalecer, por ser de hecho incompatibles. No cabe imponer legalmente los nuevos derechos sin conculcar al mismo tiempo ese orden liberal que los viejos derechos civiles propician» [...] Olvida F. HAYEK que, aunque los derechos de tipo económico, social y cultural declarados, y concretamente los por él citados, no se definen de manera que un tribunal puede protegerlos eficazmente como ocurre con los derechos tradicionales de tipo personal y cívico-político, en cambio si pueden ser objeto de reconocimiento,

---

348 HAYEK, Friedrich, *Los fundamentos de la libertad,* trad. José Vicente Torrente, Unión Editorial, Madrid, 1998, p. 343. Este autor, también ha dicho que prefiere un gobierno no democrático pero sometido a la ley a otro democrático, pero no sujeto a ella, *Democracia, justicia y socialismo,* Unión Editorial, Madrid, 1977, p. 16.

de realización y de intento real de protección por parte de políticas concretas de gobierno tanto en el ámbito nacional como internacional, y que estas políticas, por ejemplo, con su reconocimiento y refuerzo constitucional, pueden hacer posible un marco social y económico donde también los tribunales de justicia ordinarios tengan una labor positiva y activa en relación con ellos. Que F. HAYEK tema o intente que esto no ocurra es un problema distinto» [349].

Cuando Eusebio Fernández se propuso diferenciar entre las correctas señas de identidad que definen «el concepto» de Estado de Derecho y no a sus modalidades o «concreciones contingentes», su punto de partida fue la «buena descripción del concepto de Estado de Derecho» llevada a cabo por Hayek [350].

---

[349] FERNÁNDEZ, Eusebio, *La obediencia al Derecho,* pp. 224-229. Nino se ha pronunciado contra el liberalismo conservador. Dice que *es más conservadora que liberal.* Que se basa en la pauta limitativa de los deberes positivos para justificar una concepción muy «flaca» de los derechos humanos, según la cual ellos sólo se violan por actos positivos, con la consiguiente visión abstencionista del Estado. NINO, Carlos Santiago, *Fundamentos de Derecho constitucional,* p. 191. En otro texto señala que aumentar siempre la autonomía de los menos autónomos, no supone imponer una estricta igualdad entre los individuos. Esta es, en todo caso, una idea de igualdad no como equiparación sino como no explotación: la mayor autonomía que resulta ilegítima es la obtenida a costa de una menor autonomía de otros. Nino retoma el concepto de necesidades básicas: «El concepto de necesidades básicas no sólo sería central en una concepción liberal de la sociedad, sino que haría de puente —al permitir su satisfacción simultánea— entre las dos ideas básicas del liberalismo: la de que los fines de los individuos deben ser respetados y la de que todo individuo es un fin en sí mismo». NINO, Carlos Santiago, «Autonomía y necesidades básicas», *Doxa* n.º 7, Alicante, 1990, p. 34.

[350] Para Hayek, la expresión *Estado de Derecho* significa que todas las acciones del Estado están sometidas a normas fijas y que por ser fijas pueden ser conocidas de antemano por cada individuo. Es importante que cada uno sepa con suficiente certidumbre de cómo usará la autoridad en cada circunstancia su poder coercitivo. Lo que permite anticipar a la gente cuál será la conducta del Estado y de los demás son *reglas formales*. Pero además de ser fijas, «reglas de juego conocidas», en el caso de un sistema liberal, es característica de tales *reglas formales* la imposibilidad de prever los efectos particulares. Hayek re-

Pero para Eusebio Fernández la definición del Estado de Derecho llevada a cabo por Hayek se queda muy corta ya que cree que debe haber una propuesta claramente conceptual del Estado de Derecho. Al final resulta que el pretendido concepto formal de Hayek termina siendo una concepción que se reduce al Estado liberal de Derecho como contrapartida a la intervención en la economía por parte del Estado social de Derecho. La propuesta neoliberal de Hayek se queda muy mezquina en el plano de los derechos sociales. Considerar que el Estado social sea el destructor del Estado de Derecho no deja de ser una acusación injusta. Hayek no hace sino identificar plenamente los principios del Estado liberal con los principios del Estado de Derecho.

Eusebio Fernández asevera que la exigencia del respeto de las normas no nos libra de un Estado autoritario ya que los derechos liberales pueden ser garantizados paternalístamente. Un

---

conoce que toda ley restringe hasta cierto punto la libertad individual, y que el ideal de un Estado de Derecho que se rige por reglas formales nunca puede *alcanzarse plenamente,* por estar confiada la administración de la ley a hombres falibles. Pero hay una cuestión esencial: «debe reducirse todo lo posible la discreción concedida a los órganos ejecutivos dotados de un poder coercitivo». El individuo es *libre dentro de las reglas de juego fijas y conocidas,* para procurarse sus fines y deseos personales, y el individuo está seguro de que los poderes del Estado no se usarán deliberadamente para frustrar sus esfuerzos y planes. HAYEK, Friedrich, *Camino de servidumbre,* trad. José Vergara, Alianza Editorial, Madrid, 1995, pp. 103-120. Para completar su propuesta, como sabemos, su idea del *mercado* como reglas de juego naturales y espontáneas que están más allá del propio esfuerzo constructivista de la idea de Estado de Derecho. Zintl Reinhard ha puesto en tela de juicio la propuesta normativa liberal de Hayek, dice que al final de sus días invirtió explícitamente el argumento, la libertad deja de ser un valor en sí mismo para resultar instrumental en favor del orden natural extendido, las personas sólo deben estar interesadas en el ingreso esperado y, deben ser completamente neutrales con respecto al riesgo, la única razón es la maximización del crecimiento agregado, y este es ya un *criterio colectivista.* Agrega, que a «veces el comportamiento requerido para el progreso material defendido por los liberales parece en efecto implicar restricciones a la libertad individual». REINHARD, Zintl, «Neoliberalismo y Estado social», *Doxa,* n.° 13, 1993, p. 46.

Estado autoritario, fiel cumplidor de su legalidad, podría garantizar muy satisfactoriamente la disposición libre de los asuntos individuales y alcanzar, además, un más que suficiente grado de seguridad y certeza para sus ciudadanos. Cree que este Estado se queda muy corto en relación con las exigencias que adornan el Estado de Derecho. La ley no es cualquier modalidad de ley, sino que debe contar con el consentimiento de los gobernados, la participación en la construcción de las normas sociales es fundamental. La prueba de todo esto es que el proceso histórico —dice— hacia la construcción del Estado de Derecho es un proceso paralelo al liberalismo político, a las declaraciones de derechos y a una configuración democrática del Estado y la sociedad. [351]. El consentimiento tiene una enorme importancia en la vida social para evitar el conflicto de derechos. Sólo un determinismo normativo es capaz de negar su validez. La dignidad de las personas es la que concede relevancia moral a este consentimiento.

No hay una relación conceptual directa entre Estado de Derecho y libertad económica. Conviene no olvidar, dice el profesor Eusebio Fernández, que la definición de Estado de Derecho de Hayek antes mencionada, está pensada en el contexto de su libro *Camino de Servidumbre,* de 1944, y más concretamente en el marco de un capítulo titulado «La planificación y el Estado de Derecho», en el que dice: el camino recto hacia la servidumbre es el camino de la planificación económica de tipo colectivista y el olvido de la economía de mercado como regulador social. La planificación es incompatible con normas generales y formales, y la arbitrariedad está al acecho. La planificación del Estado imposibilita la planificación del individuo, principal característica de un sistema de libertad. Con esto, Friedrich Hayek trata de identificar plenamente los principios del Estado liberal con los principios del Estado de Derecho. De tal manera que si el legislador no sigue los criterios del Estado liberal, por

---

[351] FERNÁNDEZ, Eusebio, «Hacia un concepto restringido de Estado de Derecho», *ob. cit.*, p. 104.

ejemplo cuando lleva a cabo políticas intervencionistas, no solamente actúa en contra del liberalismo sino que, y esto es claramente una exageración de Hayek y un error de apreciación, está destruyendo el Estado de Derecho.

«Sorprende una condena tan rotunda, aunque obviamente se deriva de los postulados paleoliberales, de cualquier intervención de la legislación que incluya finalidades de justicia social o distributiva. Por otro lado, Hayek parece desconocer, y se manifiesta una vez más la careta liberal como filtro, que también hay derechos inviolables en el terreno social y económico que, si no se garantizan, pueden limitar extremadamente el uso efectivo de las libertades individuales. Además, tachar al Estado de bienestar social de destructor del Estado de Derecho es una acusación injusta. Lo que es válido como crítica de los sistemas comunistas no puede trasladarse sin más al Estado social, que es una modalidad de Estado de Derecho en cuyo desarrollo no se ha seguido el camino de servidumbre presagiado por F. Hayek» [352].

---

[352] *Ibíd.*, p. 106. Si la preocupación primaria de Hayek era la defensa del *rule of law,* en tanto autoridad del Derecho e igualdad ante la ley, se describe la paradoja del desorden social que ha provocado el neoliberalismo en la sociedad actual, además de la brecha abismal de desigualdades económicas abierta entre el Norte y el Sur. MONTES, Pedro, *El desorden neoliberal,* Trotta, Madrid, 1996. Además, otra paradoja, en la que se entrecruzan neoliberalismo y globalización: por un lado se constata un nuevo *medievalismo* que ha puesto en cuestión la lealtad al Derecho estatal, una politización mediante la despolitización de los Estados, «el globalismo neoliberal diluye el esqueleto institucional nacional de la primera modernidad»; por otro lado, la política del mercado mundial crea a la fuerza ataduras y estructuras sociales transnacionales de *rejuvenecimiento,* «en la medida en que la política estatal entiende —y aprende a utilizar— la globalización como una cura». El diagnóstico de la sociedad actual ha variado: «El diagnóstico de Max Weber es el siguiente: la modernidad se convierte en una caja de hierro en la que los hombres, al igual que los *fellah* del antiguo Egipto, deben hacer sacrificios en los altares de la racionalidad. La teoría de la sociedad de riesgo mundial desarrolla el siguiente contraprincipio: se ha abierto la jaula de la modernidad». BECK, Ulrich, *¿Qué es la globalización? Falacias del globalismo, respuestas a la globalización,* trad. Bernardo Moreno y Rosa Borrás, Paidós, Barcelona, 2002, p. 144 y, *La democracia y sus enemigos,* Paidós, Barcelona, 2000.

Cabe recordar, con Nino, que el liberalismo igualitario, en principio no se compromete con ningún sistema económico, sino que la elección entre las varias alternativas económicas posibles depende, en buena medida, de cuestiones instrumentales sobre cuál de ellas asegura con más probabilidad una distribución igualitaria de la autonomía. Esta elección demanda conocer las condiciones empíricas de la sociedad en cuestión y ciertas hipótesis generales sobre el comportamiento humano. *A priori* queda excluida una colectivización completa de los recursos económicos porque afecta la autonomía individual. Igualmente, una santificación de la propiedad privada, puede llevar al sacrificio de la autonomía de los menos autónomos. El amplio abanico de alternativas tendría que ser explorado democráticamente, sobre la base de las consideraciones instrumentales y empíricas [353]. Frente a esto, Hayek estaría tratando de convalidar un régimen de propiedad capitalista existente, con su conocido déficit igualitario.

2.5.2. Estado de Derecho, derechos humanos y socialismo democrático

Si se recuerda, para Eusebio Fernández, la estricta definición conceptual del Estado de Derecho y los derechos está impuesta por los valores de la tradición liberal-democrática que posibilitó el nacimiento del moderno concepto de Estado de Derecho, tradición que, en algún sentido, está siendo puesta en cuestión por los planteamiento neoliberales de Hayek y por las exigencias del socialismo democrático de Elías Díaz. Respecto a Elías Díaz, señala que cabe la crítica por expresar un concepto de Estado de Derecho demasiado exigente, exigente en la participación ciudadana y exigente en la lista de los derechos a ser garantizados, sin imponer una restricción mínima en cuanto a los titulares de éstos. Si los derechos sociales carecen de una

---

[353] NINO, Carlos Santiago, *Fundamentos de derecho constitucional,* Astrea, Buenos Aires, 1992, p. 193.

formalidad universal, esto demanda una nueva estructuración jurídico-positiva de estos derechos, sólo en el marco de una modalidad concreta de Estado de Derecho.

Eusebio Fernández parte por realizar una valoración positiva de la obra *Estado de Derecho y sociedad democrática* de Elías Díaz dado sus efectos prácticos y pedagógicos sobre las generaciones de estudiantes españoles de los años sesenta y setenta que tuvieron que sufrir las reglas impuestas por un Estado dictatorial. El modelo de Estado de Elías Díaz se veía tan respetuoso de las libertades y como una alternativa en la lucha contra las desigualdades sociales y económicas, proyectaba una luz de compromiso ético y político. Comenta que *Estado de Derecho y sociedad democrática* les permitía sentirse vinculados a otra vía, la del Estado democrático de Derecho allí proyectada, exigente en la vigencia de las libertades y exigente en la lucha contra las desigualdades sociales y económicas. Confiesa que con la lectura del libro de Elías Díaz tuvo la impresión de que había conseguido dar contenido a un compromiso ético y político que aún, hasta ese momento, no había encontrado su vía de desarrollo[354].

Sin embargo, más allá del rol práctico-pedagógico que le tocó desempeñar a Elías Díaz, el interés de Eusebio Fernández, en estos nuevos tiempos, es reinventar otra lectura del modelo *Estado democrático de Derecho*. Bajo el puente de los años sesenta a la fecha muchas cosas han ocurrido y cambiado, sobre todo, dos fenómenos principales de sumo interés para la filosofía jurídico-política: el derrumbe del socialismo «real» y la crisis del Estado social[355]. Sin embargo, hay algo en el citado libro que sigue te-

[354] FERNÁNDEZ, Eusebio, «Hacia un concepto restringido de Estado de Derecho», *ob. cit.*, p. 107.

[355] Eusebio Fernández ha tratado con amplitud el tema del Estado social de Derecho y ha discutido la postura de Elías Díaz respecto a este modelo de Estado en su libro *Filosofía política y Derecho,* Marcial Pons, Madrid, 1995, pp. 101-133. También Fernando Bañuls ha hecho un análisis pormenorizado de las discusiones de Elías Díaz tanto con Eusebio Fernández como con Pérez Luño sobre los problemas teóricos y prácticos, además del análisis de algunas paradojas, respecto del Estado social de Derecho. BAÑULS SOTO, Fernando, *La reconstrucción de la razón. Elías Díaz, entre la Ética y la política,* pp. 198-215.

niendo la misma actualidad y que coincide con la definición del concepto y características del Estado de Derecho. Frente a tres formas de Estado de Derecho: la liberal, la social y la democrática sigue firme el tronco común a todas ellas, las cuatro características establecidas por el profesor Díaz: *Imperio de la ley,* ley como expresión de la voluntad general/ *Separación de poderes,* legislativo, ejecutivo y judicial/ *Legalidad de la administración,* regulación por la ley y control judicial/ *Derechos y libertades fundamentales,* garantía jurídico-formal y realización material. De tal modo que/ *No todo Estado es Estado de Derecho*. [Las cursivas y barras me corresponden].

Dice Eusebio Fernández:

«Opino —que estas cuatro características cumplen perfectamente con la función encomendada, no obstante considero que la cuarta puede dar lugar a equívocos, derivados de la falta de precisión con la que está enunciada. ¿Cuáles son los derechos y libertades fundamentales, de los que se exige «garantía jurídico formal y efectiva realización material»?, ¿Entran aquí todos los derechos que hoy se incluyen en las declaraciones al uso?, ¿Es posible elaborar una jerarquía de importancia variable de los derechos desde el punto de vista del concepto de Estado de Derecho y no desde cualquiera de sus modalidades?, ¿Cómo afecta al Estado de Derecho la falta de garantías jurídicas y de efectiva realización material de, por ejemplo, los derechos económicos, sociales y culturales? [...]

—agrega—, mi respuesta es que:

[...] mientras la falta de garantías jurídicas o la ineficacia en el ejercicio de los derechos de autonomía, seguridad jurídica y cívicos políticos dejan sin contenido, es decir, afectan profundamente al concepto de Estado de Derecho, en cambio un caso similar en cuanto a los derechos económicos, sociales y culturales hace peligrar el Estado social de Derecho, es decir, una modalidad del Estado de Derecho, pero no al propio Estado de Derecho. Sobre este punto, la postura de Elías Díaz creo que no está certeramente delimitada ni en el libro «Estado de Derecho y sociedad democrática» ni en trabajos actuales» [356].

---

[356] FERNÁNDEZ, Eusebio, «Hacia un concepto restringido de Estado de Derecho», *ob. cit.,* pp. 108-109.

Si se ve, cuando Elías Díaz desarrolla la cuarta característica del Estado de Derecho, enuncia los principales derechos «que en cuanto conquistas históricas, cabe considerar hoy como exigencias humanas fundamentales», está tratando de sintonizar con el desarrollo histórico e intergeneracional de los derechos humanos. Trata de asumir los derechos civiles y políticos, incorporados en el Estado liberal; los derechos socioeconómicos y culturales, objetivo prevalente, junto a aquellos, del Estado social; ahora, asume que los nuevos derechos, derechos de tercera generación, los que reclaman de un modo u otro su presencia: «derechos de las minorías étnicas, sexuales, lingüísticas, marginadas por diferentes causas, derechos de los inmigrantes, ancianos, niños, mujeres, derechos en relación con el medio ambiente, las generaciones futuras, la paz, el desarrollo económico de los pueblos, la demografía, las manipulaciones genéticas, las nuevas tecnologías, etc. En una lista todo menos que arbitraria, cerrada y exhaustiva» [357]. Pero en medio de esta sintonización histórica aparece una frase, que efectivamente no es tan feliz, y que llama la atención de Eusebio Fernández; en tal frase señala que la «falta o arbitraria y abusiva limitación [de estos derechos] impide la existencia de un auténtico Estado de Derecho y favorece la implantación de un sistema político absolutista, autoritario o totalitario» [358].

Eusebio Fernández muestra sus «temores» ante una concepción tan «expansiva» del Estado de Derecho. *Primero,* tiene la impresión de que el reconocimiento jurídico y la realización efectiva de ese conjunto amplio de derechos sea una condición imprescindible para hablar de Estado de Derecho, es decir, se vuelve a confundir una modalidad, la del Estado social y democrático de Derecho, con la configuración básica e inamovible del propio Estado de Derecho, es decir del imperio de la ley y el sometimiento del Estado y sus poderes en todas

---

[357] DÍAZ, Elías, «Estado de Derecho: exigencias internas, dimensiones sociales», *Sistema* n.º 125, marzo, Madrid, 1995, p. 20.

[358] DÍAZ, Elías, *Estado de Derecho y sociedad democrática,* pp. 27-28.

sus actuaciones a la más estricta legalidad. *Segundo,* que una «generosa amplitud» e imprecisión del concepto de Estado de Derecho diluye la idea de democracia entendida y aplicada a los ámbitos del Estado, la sociedad, la economía, el Derecho y los derechos. *Tercero,* un riesgo de perfeccionismo moral, ya que de acuerdo con la concepción de Elías Díaz, tendríamos que asumir —dice— que ni existen ni han existido nunca verdaderos Estados de Derecho y que no parece que haga justicia a los hechos.

Recuerda que la convivencia pacífica se consigue con la seguridad que nos proporciona la existencia del Estado y de un ordenamiento jurídico que toma en cuenta un *contenido mínimo ético-político*. También para Nino, al liberalismo igualitario le está vedado justificaciones *perfeccionistas* de la democracia, que fundan su valor en el hecho de que el sistema democrático de gobierno fortalece virtudes de carácter y satisface ideales de excelencia humana. Según algunas posiciones que apoyan un «republicanismo cívico», como Mill, la democracia promueve el interés ciudadano por la cosa pública, genera actitudes de solidaridad, fomenta disposiciones igualitarias, fortalece el autorespeto y la afirmación de la individualidad de los ciudadanos. Hasta cierto punto, la promoción de estas virtudes tiene especial relevancia para el sistema democrático. Pero, si en lugar de promovérselas en la medida «justa» se procede al revés y se justifica el sistema democrático como un medio para promover esas virtudes, que se convierten en un fin en sí mismo, se incurre en un enfoque perfeccionista contrario al principio de la autonomía de la persona. De tal manera que la «imposición estatal de virtudes cívicas por su valor intrínseco implica dar prelación a ciertas formas de vida sobre otras, prefiriéndose al ciudadano volcado a la participación política e inmerso en los asuntos públicos, sobre quien prefiere atender su familia, sus comunidades voluntarias o sus asuntos privados en general» [359]. Por

---

[359] NINO, Carlos Santiago, *Fundamentos de Derechos constitucional,* pp. 199-200. También Calsamiglia se ha referido al perfeccionismo en los si-

más que el ideal de civismo sea considerablemente atractivo no es misión del Estado abrazarlo como válido sino en la medida que sea instrumentalmente necesario para el buen funcionamiento de las instituciones democráticas. Quedan excluidas, por tanto, del proceso democrático cuestiones morales que no están resueltas por principios intersubjetivos básicos sino por ideales del bien personal o de excelencia humana.

La preocupación de Elías Díaz está centrada en la tradición de izquierdas que critica la igualdad formal del Estado burgués. Cuenta con el dato de una sociedad capitalista, donde el mercado genera exclusiones y desigualdades y el Estado democrático de Derecho tiene que hacer valer los intereses generalizables de todos los individuos, en la que todos los intereses legítimos puedan ser satisfechos mediante la autodeterminación y la participación y los resultados, tienen que pasar el test del interés de todos los afectados. Se trata de hacer razonable el poder social. La orientación de actuar hacia los valores institucionalizados no resultaría problemática sólo si la distribución, normativamente prescrita, de las oportunidades de satisfacción legítima de las necesidades se basara en un consenso efectivo de los participantes. De tal manera que el ciudadano no se reduzca a un «cliente» o a un «consumidor» en el Estado benefactor capitalista. El Estado democrático que propone Elías Díaz lleva en sí un potencial crítico.

Por cierto, no faltan argumentos, en base a las desigualdades sociales para justificar cierto paternalismo jurídico-estatal, que enfrentan al reto de una línea divisoria entre derechos *a priori* y *a posteriori,* o sea derechos que son precondición del

---

guientes términos: «El demócrata tiene una concepción de lo bueno, pero no pretende que el Estado garantice con la coacción esa concepción de lo bueno. Únicamente pretende encontrar reglas de juego que permitan convivir a ciudadanos con distintas concepciones del bien y por eso no es fundamentalista [...] Ya no se trata de usar los ideales de justicia individuales como criterio de decisión, sino los colectivos». CALSAMIGLIA, Albert, «Teoría del participante *versus* teoría general del Derecho: una aproximación», *Anuario de Filosofía del Derecho* XIV (1997), p. 504.

procedimiento democrático y los que se determinan mediante él. Para Nino, el derecho a la vida parece ser *a priori* puesto que si él no se satisface no se garantiza la participación continua en el procedimiento democrático; lo mismo ocurre con la libertad de expresión y con la igualdad en el goce de derechos electorales; es difícil no aceptar que el derecho a la educación deba ser un derecho *a priori*.

La línea divisoria se hace más confusa cuando pensamos en derechos como el derecho a la salud o a ciertos bienes y recursos económicos. Alguna satisfacción de estos derechos es necesaria para que se pueda participar en relativa igualdad de condiciones en el proceso democrático. Pero ya el alcance preciso de estos derechos, que generalmente entran en agudo conflicto con otros, parece que tiene que ser objeto del mismo proceso democrático. Elías Díaz, ha tratado de justificar la compatibilidad entre el socialismo y la democracia, y *aun con todas sus imperfecciones* considera al socialismo el medio más apto para alcanzar los principios de la justicia social, comprometiendo en esta tarea no sólo al Estado sino también a la sociedad civil.

La crítica de Eusebio Fernández, también, ha sido motivo para que deje constancia de dos interesantes novedades en los últimos escritos de Elías Díaz. En primer lugar, dice que trata de forma más benévola y más justa al Estado social, que reconoce sus conquistas y matiza su lectura exclusiva en términos socioeconómicos. En segundo lugar, señala que han desaparecido prácticamente las referencias a una estructura económica socialista como «base social» del Estado democrático de Derecho. En tercer lugar, ha disminuido su confianza en la función promocional del Estado a favor de un mayor protagonismo de ciertos agentes, grupos y movimientos sociales, «la sociedad civil». El profesor Elías Díaz sigue llamando a su propuesta como socialismo democrático y lo hace en el sentido de una postura cercana al liberalismo igualitario, aunque siempre reclamando mayor homogeneización social[360]. Son otros los tiem-

[360] Elías Díaz persiste en llamar a su proyecto *socialismo democrático*, lo que otros han rotulado como *liberalismo igualitario:* «puestos a rotular, algu-

pos en que el encuentro de la estructura jurídico-política democrática con la base económica del socialismo parecía más directa [361]. Que hoy más bien ha puesto el acento en la tensión entre ética y política.

Una preocupación adicional de Eusebio Fernández tiene que ver con los problemas de legitimación y gobernabilidad. Dice que el Estado de Derecho se encuentra con enormes obstáculos para asumir todas las demandas propuestas por Elías Díaz:

«El Estado de Derecho perdería mucha legitimación social si pretendiera crear la esperanza en los ciudadanos de que estos nuevos derechos, lo mismo que los económicos y sociales, se van a conseguir por artes especiales, dando pie a promesas llamadas a no ser cumplidas. Por ello quizá lo más adecuado, aunque también lo menos popular y electoralista, sea reducir en el contenido la lista de los derechos que han de incluirse en la cuarta de las características del Estado de Derecho. La selección se puede hacer tomando como criterios básicos aquellos derechos que pueden ser garantizados efectivamente con la existencia del Estado liberal democrático. Los derechos económicos, sociales y culturales y estos nuevos derechos serían objetivos o

---

nos de los amigos iusfilósofos (Ernesto Garzón Valdés, Carlos Nino, Rodolfo Vásquez y bastantes más) han preferido hablar más bien, pero no sin diferencias con aquél, de un liberalismo igualitario. Se trataría de actitudes, unas y otras, en cualquier caso muy lejanas de los dogmas neoliberales que derivan, entre otras cosas, de la beatífica total preeminencia del mercado y de la acumulación privada del capital, así como de la exclusiva práctica de la individualista y agresiva competitividad». DÍAZ, Elías, *Curso de Filosofía del Derecho*, p. 122.

361 Esperanza Guisán, despliega una *ética de bienes,* desde una matización utilitarista, pretende hacer realidad las necesidades, deseos e intereses de toda la comunidad. Busca el símil entre socialismo democrático y democracia ética. No se conforma con la idea de Elías Díaz de politizar la democracia sino etizarla y desarrollar al máximo «la formación cultural y educación en libertad». [Estos enunciados forman parte de un comentario al libro de Elías Díaz, *Ética contra política. Los intelectuales y el poder* (1990)]. GUISÁN, Esperanza, «De cómo etizar la democracia», *Anuario de Filosofía del Derecho-Nueva Época,* tomo VIII, Ministerio de Justicia-BOE, Madrid, 1991, p. 509.

metas morales y políticas a conseguir por el Estado de Derecho, pero nunca presupuestos de su definición» [362].

Sin embargo añade, que sus precisiones no buscan enfrentarse ideológicamente al Estado social de Derecho o al Estado democrático de Derecho, según es definido por Elías Díaz [363]. Dice que su objetivo primario en sus páginas es rescatar lo que le parece imprescindible para delimitar el alcan-

---

[362] FERNÁNDEZ, Eusebio, «Hacia un concepto restringido de Estado de Derecho», *ob. cit.*, pp. 112-113. Hay quienes necesitan de los derechos sociales y otros, no. La universalidad de los derechos económicos sociales y culturales no sería una exigencia para la estructura jurídico positiva de los derechos de prestación. FERNÁNDEZ, Eusebio, «No toméis los derechos económicos, sociales y culturales en vano», *Derechos y libertades* n.° 6, Madrid, 1998, p. 76. Pérez Luño, dice que las generaciones de derechos humanos no implican la sustitución global de un catálogo de derechos por otro. La aparición de nuevos derechos puede producirse como respuesta a nuevas necesidades históricas, o también, supone la redimensión o redefinición de derechos anteriores para adaptarlos a los nuevos contextos en que deben ser aplicados. El catálogo de libertades nunca podrá ser una obra cerrada y acabada: «Una sociedad libre y democrática deberá mostrarse siempre sensible y abierta a la aparición de nuevas necesidades, que fundamenten nuevos derechos. Mientras esos derechos no hayan sido reconocidos en el ordenamiento jurídico nacional y/o internacional, actuarán como categorías reivindicativas, prenormativas y axiológicas. Pero los derechos humanos no son meros postulados de «deber ser». Junto a su irrenunciable dimensión utópica, que constituye uno de los polos de su significado, entrañan un proyecto emancipatorio real y concreto que tiende a plasmarse en formas históricas de libertad, lo que conforma el otro polo de su concepto. Faltos de su dimensión utópica, los derechos humanos perderían su función legitimadora del derecho; pero fuera de la experiencia y de la historia perderían sus propios rasgos de humanidad». PÉREZ LUÑO, «La evolución del Estado social y la transformación de los derechos fundamentales» en Enrique OLIVAS (edit.), *Problemas de legitimación en el Estado social,* Trotta, Madrid, 1991, p. 105.

[363] En otros escritos Eusebio Fernández reconocía que el liberalismo igualitario que él defiende se aproximaba más al *socialismo liberal* de Carlo Rosselli y al socialismo democrático expuesto por Elías Díaz como por Gregorio Peces-Barba. Tomaba distancia de aquella socialdemocracia que se caracteriza por insistir en una casi beatífica intervención del Estado: «liberalismo igualitario está también emparentado con el socialismo democrático, según ha sido expuesto por los profesores Elías DÍAZ y Gregorio PECES-BARBA». FERNÁNDEZ, Eusebio, *La obediencia al Derecho,* p. 194.

ce, pero también la importancia y grandeza, del Estado de Derecho como fórmula jurídico-política. «Establecido esto —agrega— cada sociedad ha de elegir democráticamente la modalidad de Estado de Derecho que prefiere». Y en esto parece coincidir también Elías Díaz cuando se refiere a la Constitución española, en la que caben, según su parecer, diferentes opciones: una en dirección hacia el neocapitalismo y otra hacia el socialismo.

Corresponde a la «voluntad popular soberana» determinar el sentido y la intensidad de la orientación prevalente en cada situación concreta [364]. A los problemas de un Estado clientelar se les enfrentan con las razones últimas de la autonomía, lo que implica que los sujetos que gozan de prestaciones ellos mismos tienen que implicarse en la definición de los criterios conforme a los cuales ha de definirse la libertad jurídica en vista de las desigualdades fácticas, asumiendo que las soluciones a veces resultan paradójicas y que no todo depende de una direccionalidad voluntaria, paradoja puesta de manifiesto por Bobbio: mientras una sociedad es más libre es menos justa; en tanto que, cuando una sociedad es más justa es menos libre. Es un deber permanente el tener en cuenta las consecuencias de nuestras decisiones.

2.5.3. Concepto restringido de Estado de Derecho, derechos humanos y liberalismo igualitario

Eusebio Fernández, después de haber hecho la crítica tanto a Hayek como a Elías Díaz, pasa a explicar su «concepto restringido de Estado de Derecho» [365]. Para cumplir con este propó-

---

[364] DÍAZ, Elías, *Socialismo en España: el Partido y el Estado*, p. 239.

[365] Dice Eusebio Fernández que, en definitiva, se puede hablar de Estado de Derecho «en contra de la opinión de los neoliberales, con una economía social de mercado y derechos económicos, sociales y culturales. De la misma manera que cabe hablar de Estado de Derecho, en contra del parecer de los socialistas democráticos, con una economía libre de mercado y con ausencia de

sito se apoya en la concepción del Derecho justo de K. Larenz[366]. Le interesa la relación de inclusión que establece este autor entre principios del Estado de Derecho y principios del Derecho justo, además de la explicitación antropológica de la necesidad de la certeza y la seguridad jurídica dado la constante de un marco de estructuras de «dominación» política, entre los que mandan y los que obedecen, y aquella tendencia humana cuasinatural de abusar del ejercicio del poder[367]. Se involucra así con una versión de cierto pesimismo antropológico que explica los abusos del poder a partir de la propia naturaleza del ser

---

ciertas prestaciones estatales importantes. Sin embargo, no es posible hablar de Estado de Derecho sin imperio de la ley, división de poderes, legalidad de la administración y derechos de autonomía, seguridad jurídica, cívicos y políticos. Incluso podríamos hablar de democracia auténtica (directa o asamblearia) y de sistemas sociales muy igualitarios en el terreno social y económico que no cumplen los requisitos de un Estado de Derecho». FERNÁNDEZ, Eusebio, «Hacia un concepto restringido de Estado de Derecho», *ob. cit.*, p. 119.

366 Eusebio Fernández reconoce que a Karl Larenz no se le ha prestado mucha atención en España. Esto tal vez se deba a que Larenz es una figura problemática en el campo de la filosofía jurídica. Para Elías Díaz, por ejemplo, es un hegeliano de derecha, pro-nazi. García Amado, piensa igual, ve en Kart Larenz un totalitario que atacó la idea de derecho subjetivo como columna vertebral del entramado jurídico: «(recuérdese los ataques a esta idea bajo el nazismo) de modo muy destacado por obra de Karl Larenz, como han mostrado los estudios de Massimo La Torre)». GARCÍA AMADO, Juan A., «Los derechos fundamentales y las enseñanzas de la historia. Breve comentario al volumen I de la Historia de los derechos fundamentales, titulado *Tránsito a la modernidad. Siglos XVI y XVII*», *Derechos y libertades* n.º 8, enero/junio, Madrid, 2000, p. 643. Rafael de Asís, dejando de lado estos comentarios, reconoce que «el modelo de Larenz es significativo ya que, por un lado, destaca la existencia de unos contenidos que se sitúan por encima del Derecho y que son por un lado, en cuanto a la función que desempeñan, consecuencia lógica del modelo, y por otro, en cuanto a su significado, expresión de una idea de justicia mantenida por la sociedad. En realidad, Larenz sitúa el problema de la justicia por encima del de la legitimidad, esto es, los derechos por encima de la democracia». DE ASÍS, Rafael, *Una aproximación a los modelos de Estado de Derecho,* p. 119.

367 Para Larenz, donde existen relaciones de poder se produce, en todos los tiempos, el peligro del abuso, «peligro que tiene fundamentos muy profundos en la naturaleza humana». LARENZ, Karl, *Derecho justo. Fundamentos de ética jurídica,* trad. De Luis Díez-Picazo, Civitas, Madrid, 1985, p. 151.

humano [368]. Una especie de mal radical, que elevado a filosofía política se ha traducido en un *principio de limitación y control del poder,* dando lugar a una utopía de larga data, el gobierno de las leyes y no de los hombres.

Esto no quiere decir, que este principio de limitación y control del poder, reivindicado por el liberalismo, no sea compatible con versiones moderadamente optimistas del ser humano como creo que es la versión de Elías Díaz [369]. Para Elías Díaz los derechos humanos forman parte de la construcción del concepto de Estado de Derecho, pero de un Estado que desde sus inicios requiere de la democracia. Creo que la democracia participativa o deliberativa requiere de ciertos fundamentos antropológicos optimistas para trascender normativamente a la instrumentalidad del poder. Eusebio Fernández, da cuenta de la función instrumental del poder político, pero su «modelo restringido de Estado de Derecho» no deja de lado exigencias básicas morales, políticas y jurídicas, que el poder tenga un marco de certidumbre en el que los individuos ejerciten su autonomía. Exigencias que tienen mejor acomodo en la tradición kantiana y en ilustres liberales como Weber, Popper, Berlin o Aron, antes que en la problemática figura de Larenz, quien alguna vez pensó en la armonía entre ética y política, facilitando una estrategia del poder totalitaria.

---

368 Eusebio Fernández, sí toma en cuenta la relevancia de las contingencias históricas: «En caso de conflicto entre las exigencias de la libertad y las de la igualdad, y contando siempre con el marco de una sociedad desarrollada que tiene solucionados los problemas cotidianos de su subsistencia, se admitiría la solución liberal de dar precedencia al ejercicio de las libertades». FERNÁNDEZ, Eusebio, *La obediencia al Derecho,* pp. 240-241.

369 Elías Díaz intenta resolver la paradoja de la irrelevancia moral del Estado democrático de Derecho. Por eso, busca en su modelo los términos en los que esté enunciada la relación entre democracia y derechos fundamentales, soberanía popular y derechos humanos, Constitución y democracia, democracia y derechos, autonomía pública y autonomía privada, poder constituyente y poder legislativo. En todas estas díadas acercar la ética al poder político y al Derecho. Cabría recordar que para los realistas es importante la *desmoralización* de la política, sus explicaciones de los fenómenos sociales se reducen a relaciones de poder. Eusebio Fernández ha realizado un interesante resumen de las relaciones entre ética y política estudiadas por Aranguren, ver *El observador comprometido (Reflexiones jurídico-políticas),* pp. 20-24.

Eusebio Fernández, cuando elige la «postura dramática», sugerida por Aranguren, como alternativa a la armonía entre ética-política trata de evitar, «desde el plano moral y básicamente humano», las inconsistencias teóricas de fundamentalismos y totalitarismos, por sus gravísimas consecuencias prácticas, directos responsables en el siglo XX, de millones y millones de víctimas. Frente a este pasado y el futuro, ¿qué contenido son los que marcan la vereda y los límites de la política? Su respuesta, necesariamente hace referencias a una ética cívico-política de mínimos: «El hecho de hablar de una ética de mínimos (o concepción de la justicia o de lo justo) lo es en contraposición con una ética de máximos (que incluye toda una concepción de lo bueno o del bien humano)» [370].

Esto implica una triada de razones. Primero, entre el campo de la ética y el campo de la política no hay una coincidencia total. Segundo, no hay una renuncia a la moralización de la política, por eso la política debe permanecer dentro del ámbito de la ética cívico-política de mínimos, llamada a imponerse sobre la política, representada «hoy por los derechos humanos fundamentales y por los deberes básicos que de ellos se desprenden. Entendidos estos derechos como fundamentales para el desarrollo de una vida digna (donde la dignidad humana se considera plasmada en el derecho a tener derechos) y como exigencias universales del género humano». Tercero, el quehacer político debe regirse por y estar subordinada al derecho: «De esta manera —añado hoy, porque esta idea no se encuentra en el trabajo originario de 1990— se logra *la moralización de la política a través del derecho*» [371]

---

370 FERNÁNDEZ, Eusebio, *ob. cit.*, p. 25.

371 *Ibíd.*, p. 26. Esta nueva afirmación, la de una *moralización de la política a través del derecho,* deja entrever la influencia de los últimos debates producidos en la filosofía del derecho española en torno a Fuller y la moral interna del Derecho [Rafael ESCUDERO: «La legitimidad por vía de la moral interna del Derecho», en *Positivismo y moral interna del Derecho,* pp. 460 y ss; también, Federico ARCOS: «La seguridad jurídica en el Estado social de Derecho», en *La seguridad jurídica: una teoría formal,* pp. 329 y ss.]. En *Filosofía política y Derecho* (1995), si bien no aparece explícitamente esta afirmación, ya empieza a usar un lenguaje cercano al de Fuller, al señalar que la ética cívico-política de máximos pertenece a una «ética de aspiraciones».

Resulta interesante este enfoque basado en la «la moralización de la política a través del derecho». En la historia, es frecuente que gobiernos dictatoriales recurran con mucha frecuencia al argumento de la seguridad jurídica sin importarles la violación de derechos humanos. Eusebio Fernández habla de la seguridad como un derecho subjetivo básico y no sólo como derecho que cumple una función objetiva. Dice, «no es posible hablar de Estado de Derecho sin imperio de la ley, división de poderes, legalidad de la administración y derechos de autonomía, seguridad jurídica, cívicos y políticos» [372]. Creo que la seguridad jurídica en la versión de Larenz tiene una orientación más objetivista en contraste con otras versiones que mantienen una relación dinámica entre certeza del derecho y carácter argumentable de éste, versiones como las de MacCormick, Atienza o Pérez Luño. La seguridad jurídica es uno de los componentes del Estado de Derecho. Pero, un Estado democrático de Derecho no puede verse simplemente como una cuestión de identificación y seguimiento de pautas que rigen una práctica, sino también como una cuestión de mejora y crítica de esa práctica.

El profesor de la Carlos III de Madrid, en conclusión, cree que los principios del Estado de Derecho tienen pretensiones de justicia, *giran en tono a un valor preponderante, aunque no exclusivo, la seguridad jurídica*. La seguridad jurídica afecta no sólo a las funciones que el Estado debe cumplir sino también al reconocimiento de su autoridad, a su pretensión normativa, y también, hace posible que los ciudadanos sepan con certeza a qué atenerse en cuanto a la organización de su vida y al conocimiento de los derechos y deberes que tienen. Intenta destacar que «el imperio de la ley protege la seguridad antes que la autonomía (de la misma forma que los derechos del hombre y el principio democrático desarrollan el ideal moral de autonomía)» [373]. Pero, del hecho de captar con claridad la condición

---

[372] FERNÁNDEZ, Eusebio, «Hacia un concepto restringido de Estado de Derecho», *ob. cit.*, p. 119.

[373] *Ibíd.*, p. 117.

necesaria del Estado de Derecho no exime una explicación del significado ético del proyecto histórico de cada modalidad de Estado de Derecho, para que sea posible la moralización de la política a través del Derecho.

Para terminar este acápite, no podemos dejar de articular el concepto restringido de Estado de Derecho con la fundamentación moral de los derechos humanos que defiende Eusebio Fernández. Como se ha visto, deriva de la idea de dignidad humana unos valores que han de fundamentar los distintos derechos humanos. Estos valores son la seguridad-autonomía, la libertad y la igualdad. El valor «seguridad-autonomía» fundamenta los derechos personales y de seguridad individual y jurídica; el valor «libertad» fundamenta «los derechos cívicos políticos», y, finalmente, el valor «igualdad» fundamenta los derechos económico-sociales y culturales».

Es con el valor «seguridad», con el que estarían entrelazados más directamente la limitación-control del poder y el imperio de la ley. Con esto se quiere decir que los derechos personales y derechos de seguridad responden al valor seguridad, y expresan derechos de la persona considerada como individuo autónomo, libre y responsable. Se refiere aquí a los derechos a la vida y a la integridad física, a la libertad de conciencia y de pensamiento, al derecho al honor y a la fama, a las garantías procesales y a la legalidad de las penas, entre otros.

Aunque esta clasificación de los derechos en *derechos personales y de seguridad, derechos de libertad y derechos de igualdad* no tiene la intención de generar compartimentos estancos [374]. Creo que esta clasificación permite entender de mejor modo su preocupación tanto por una fundamentación moral de los derechos humanos como por un concepto restringido de Estado de Derecho, así como las razones que le llevan a elegir un liberalismo igualitario, dice, tan lejos del liberalismo conservador como de un socialismo de raíz marxista» [375].

---

374 FERNÁNDEZ, Eusebio, *Teoría de la justicia y derechos humanos,* p. 124.
375 FERNÁNDEZ, Eusebio, *La obediencia al Derecho,* p. 236.

Finalmente, habrá que admitir cierta explicitación histórica de los derechos humanos en relación con el poder. Dice Bobbio, aun cuando las demandas de derechos puedan ser dispuestas cronológicamente en distintas fases o generaciones, las especies son dos y siempre respecto a los poderes constituidos: o impedir sus maleficios u obtener sus beneficios. Eusebio Fernández ha admitido que su modelo requiere el marco de una sociedad desarrollada que tiene solucionados los problemas cotidianos de su subsistencia, para que tenga sentido la jerarquía y precedencia del ejercicio de las libertades. Expreso mis dudas en torno a su afirmación de que los derechos económicos, sociales y culturales nada tienen que ver directamente con el concepto de Estado de Derecho, tal vez desde su génesis histórica, pero no desde un punto de vista normativo, más si se tiene la pretensión de vincular el concepto de «Estado de Derecho» con los principios de un «Estado justo».

2.6. Crítica de la crítica a Elías Díaz

La difusión del artículo «Hacia un concepto restringido de Estado de Derecho» (publicado por primera vez en la revista *Sistema* n.º 138, en mayo de 1997, Madrid), suscitó diversas opiniones y comentarios, sobre todo porque su autor daba la impresión de estar defendiendo una concepción demasiado débil en la defensa de los derechos sociales y culturales y una reducción excesiva de las tareas del Estado, tópicos que preocupan a versiones conservadoras y no a un liberalismo igualitario al que él se adscribe.

Tal situación le llevó a tener que escribir una segunda versión y en la que incluyó un *Apéndice*. En dicho apéndice señala que «De los trabajos que se han referido al mío, opino que Marina Gascón ha visto bien mi mensaje, pero no así, y quizá quepa incorporar la hipótesis de que no me haya explicado de manera suficiente, Gerardo Pisarello y Rafael de Asís» [376]. Su

---

[376] FERNÁNDEZ, Eusebio, «Hacia un concepto restringido de Estado de Derecho», *ob. cit.*, p. 120.

intención, dice, fue definir y describir un concepto restringido de Estado. Sin embargo, agrega, algunos trabajos publicados, en los que se hace mención a él, y algunas opiniones recibidas acerca de su contenido, «me han hecho ver que me encontraba confundido», concluye.

2.6.1. Marina Gascón Abellán, imperio de la ley y motivos para el desencanto

Marina Gascón escribió «El imperio de la ley. Motivos para el desencanto» [377]. En este trabajo considera dos posibles significados jurídicos del *imperio de la ley:* por un lado, la *legalidad en sentido amplio* y por otro, la *legalidad en sentido estricto,* la ley en el principio democrático. Y respecto del valor ético del *imperio de la ley* proyecta tres posibilidades: a) un valor ético de la eficacia del Derecho; b) un valor moral del Estado de Derecho en su contenido mínimo [378]; c) un valor moral de la democracia. En este sentido la democracia es un valor añadido a los otros valores. De tal manera que el concepto restringido de Estado de Derecho aspira a una legalidad en el más amplio sentido de la expresión y constituye el «contenido mínimo de Estado de Derecho».

En este artículo no se aboca directamente al origen o fuente de las normas del Estado de Derecho ni su adecuación a ciertos criterios de justicia o moralidad, sino que va a lo que ella considera decisivo: que los órganos del Estado actúen con sometimiento a una ley previa. En suma, que la eficacia del Derecho se proyecte no sólo sobre los ciudadanos, ordenando las relaciones sociales, sino también sobre el poder que es la fuente del mismo Derecho. Insiste en que el sometimiento del poder a la ley en el marco del Estado de Derecho no es a cualquier ley, sino

---

[377] GASCÓN ABELLÁN, Marina, «Imperio de la ley. Motivos para el desencanto», *Jueces para la democracia* n.° 32, julio, Madrid, 1998, pp. 25-35.

[378] Cita a Eusebio Fernández para apoyar su argumento.

sólo a aquella norma que reúna ciertos requisitos formales, requisitos que los resume en dos: generalidad y abstracción. Esto es, que «la vinculación del poder a normas generales y abstractas [sea] garantía de seguridad y previsibilidad, pero también de igualdad formal y de justicia imparcial. No en vano, el principio de legalidad así entendido constituye el «contenido mínimo» del Estado de Derecho, es decir, de un Estado enemigo de los excesos del poder, ideología jurídica que traduce el modelo de legitimidad del mundo moderno: la legitimidad por vía de la legalidad» [379].

Entonces, el Estado de Derecho moderno se mueve entre una concepción de un «contenido mínimo» y exigencias de legitimidad. En este sentido, para Marina Gascón la bondad ética atribuible al principio de legalidad no es independiente del principio democrático. No es indiferente que la soberanía se predique del Estado o del Pueblo. En los Estados democráticos, el «imperio de la ley» goza de un valor añadido: «se refuerzan las razones morales que sostienen la obligación de obediencia al Derecho en general y a la ley formal en particular y las que fundan la necesidad de que los poderes del Estado respeten los límites jurídicos en general, y legislativo en particular» [380]. Para

---

[379] GASCÓN ABELLÁN, Marina, «Imperio de la ley. Motivos para el desencanto», *ob. cit.*, p. 28.

[380] *Ibíd.*, p. 28. Marina Gascón, cree que los valores morales que en distinto grado parece proteger y realizar todo Derecho, y que constituyen otras tantas razones para su obediencia, adquiere mayor fuerza en el marco de un sistema democrático: se parte de que sólo la conciencia puede ser fuente de obligaciones morales absolutas, las únicas instituciones político-jurídicas legítimas en sentido fuerte serán las construidas conforme a un modelo según el cual obedecer en ellas no difiere en realidad obedecer los imperativos que uno se da a sí mismo. Sin embargo, da cuenta de que existe cierta diferencia con lo anterior cuando se afirma que la obligación de actuación conforme a Derecho por parte de los órganos del Estado, «contenido mínimo del Estado de Derecho», salvaguarda la seguridad jurídica. *Ibíd.*, p. 29. A Marina Gascón se le debe uno de los mejores trabajos escritos en España sobre la obediencia al Derecho. GASCÓN ABELLÁN, Marina, *Obediencia al Derecho y objeción de conciencia,* CEC, Madrid, 1990. El tema de la obediencia al Derecho será tratado en el capítulo 5.

resaltar el componente de legitimidad democrática del Estado de Derecho cita textualmente a Elías Díaz.

Marina Gascón retoma la idea del «contenido mínimo» para dar cuenta del valor de la seguridad jurídica. Entiende la preocupación conceptual de Eusebio Fernández, que se vincula a la defensa de aquella versión más limitada de Estado de Derecho y para quien la democracia política y social es una saludable circunstancia histórica del actual Estado de Derecho, pero no parece representar un elemento conceptual del mismo. En última instancia para la versión de un contenido mínimo del Estado de Derecho es relevante que el individuo goce de un ámbito de inmunidad y garantía. Y si el Estado, a través de una democracia social, se orienta al reconocimiento de derechos y a la protección y realización de la libertad, la igualdad y el pluralismo político, no se tiene que olvidar que es el individuo el que constituye la finalidad de la asociación moderna del Estado de Derecho.

El liberalismo de Marina Gascón admite diversos grados de cumplimiento de los derechos sociales, evitando caer en lo que ella llama los motivos para el desencanto, la «crisis de la ley» [381]. Así, los derechos sociales pueden ser condición de la libertad en el marco del Estado de Derecho, pensados normativamente. Sin embargo, las circunstancias de la crisis de la ley obedece también, paradójicamente, «a que la intervención estatal en problemas de la vida económica y social que antes eran competencia de la autonomía privada ha provocado una *inflación legislativa,* con el consiguiente peligro no sólo para la certeza de la ley sino también para su justicia y racionalidad» [382].

---

[381] Marina Gascón entra en el balance que se hizo y se hace hoy de las relaciones entre Estado social de Derecho y seguridad jurídica. El debilitamiento del principio de legalidad en relación con todos los poderes del Estado ha dado lugar, dice, a que se hable de abandonar «el imperio de la ley para pasar al imperio de los jueces». GASCÓN ABELLÁN, Marina, «Imperio de la ley. Motivos para el desencanto», *ob. cit.,* pp. 34-35.

[382] GASCÓN ABELLÁN, Marina, *ob. cit.,* p. 34. Ansuátegui, constata que ahora es cierto que la norma general y abstracta es la Constitución, pero que también es cierto que hoy la Ley ha perdido sus tradicionales rasgos de generalidad y abstracción: «Dicha pérdida posiblemente puede explicarse a la luz

2.6.2. *Gerardo Pisarello, contra la «retórica» de la dignidad humana*

Gerardo Pisarello, ha criticado el excesivo celo formalista de Eusebio Fernández, aquel intento por encontrar un concepto restringido de Estado de Derecho y, en cambio, defiende la postura de Elías Díaz, el perfil sustantivista, «no hay Estado de Derecho sin derechos». Afirma que no se trata de confundir los principios del Estado de Derecho ni con el Estado liberal (Hayek) o con los del Estado social (Elías Díaz), como cree Eusebio Fernández, sino que en las actuales condiciones históricas ya no se puede eliminar el «mínimo social» si tratamos de construir una democracia constitucional en la que los derechos de autonomía se puedan realizar efectivamente, donde la elección de planes de vida personales no se frustre por la insatisfacción de necesidades básicas[383].

---

del desarrollo del Estado social, en el marco del cual la necesidad de constante intervención y decisión se manifiesta necesariamente en la puesta en marcha de un proceso de multiplicación de normas —leyes en este caso, pero no sólo— lo cual redunda no sólo en la calidad técnica del «producto», sino también en su falta de generalidad y abstracción». ANSUÁTEGUI, Javier, «Estado de Derecho, crisis de la ley y Estado Constitucional» en ZAPATERO, Virgilio (editor), *Horizontes de la filosofía del Derecho. Homenaje a Luis García San Miguel,* tomo 1, p. 270.

383 PISARELLO, Gerardo, «Por un concepto exigente de Estado de Derecho. (A propósito de un artículo de Eusebio Fernández)», *Sistema* n.º 144, Madrid, 1998, p. 98. Javier Ansuátegui, también, ha hecho un análisis sobre la inevitable articulación normativa entre Estado de Derecho y derechos fundamentales, aunque él personalmente no haga ningún alegato en torno a los derechos económicos sociales, deja entrever su simpatía por la noción garantista del modelo democrático constitucional de Ferrajoli. «Las definiciones del Estado de Derecho y los derechos fundamentales», *Sistema* n.º 158, Madrid, 2000, pp. 91-114. Elías Díaz reconoce la certera crítica de Pisarello al «polémico» concepto restringido de Estado de Derecho de Eusebio Fernández, reafirmando su posición: «No hay Estado de Derecho sin derechos. No hay Estado de Derecho que no sea, a la vez y a la altura de los tiempos, un Estado de derechos, incluidos pues los derechos sociales y estos otros novísimos derechos. El Estado de Derecho no es, no tiene por qué ser, un Estado de derechas». DÍAZ, Elías, *Un itinerario intelectual. De filosofía jurídica y política,* pp. 240-241.

En este sentido, Pisarello, encuentra una veta común entre Elías Díaz y Carlos Santiago Nino, ya que Nino siendo un liberal-igualitario nunca pensó en la irrelevancia de la función de los derechos económicos sociales en el marco de un Estado de Derecho con pretensiones de justicia[384]. Por lo que todo Estado liberal-democrático debería promover la autonomía de los individuos y no contentarse con el ejercicio de la libertad negativa, como claramente sostienen neoliberales como Hayek, quien se lamenta del descuido de las democracias contemporáneas del viejo ideal del Estado de Derecho, del imperio de la ley en términos de defensa de los intereses del individuo. Hayek es quien debilita la soberanía del Parlamento existente, como si ésta sólo consistiera en hacer y deshacer cuanto los representantes de la mayoría creen conveniente para seguir conservando el apoyo que necesitan, disfrazando esta compra de votos con la falacia de la justicia social. Es cierto que toda pretensión de ser soberano y gobernar sin sujeción a ley alguna ha resultado una perversidad tanto para la libertad individual como para la democracia. Lo que ocurre, —agrega Pisarello— es que Hayek confunde democracia con igualitarismo y esto lo lleva a exage-

---

[384] NINO, Carlos Santiago, «Autonomía y necesidades básicas», *Doxa,* n.º 7, Alicante, 1990, p. 21. Para Nino está claro que el principio de dignidad humana de la persona es un ideal que tiene que estar presupuesto, *indirectamente,* en una *estructura económica* de un modelo liberal igualitario. Pero no hay una relación lógica y directa entre estructura económica y dignidad humana. *Toda estructura económica es instrumental.* Dice que es importante destacar «que ningún sistema económico está lógicamente implicado por una concepción dirigida a expandir igualitariamente la autonomía de la gente, y que la validez de uno u otro sistema estará dada por su eficacia como instrumento para satisfacer ese ideal». Se trata en todo caso de un alegato a favor de un paternalismo estatal despojado de connotaciones perfeccionistas. *Ética y derechos humanos,* primera edición, 1984, pp. 350-351. También Baldasarre habla de una conexión entre derechos sociales y dignidad humana para alcanzar la *libertad igual:* «el principio de la dignidad humana se interpreta, con respecto a la persona, tanto como valor ético moral o espiritual como en cuanto correspondiente al ser inmerso en la concreta existencia social y síntesis ideal de un ordenamiento democrático-pluralista». BALDASARRE, Antonio, *Los derechos sociales,* trad. Santiago Perea, Universidad Externado de Colombia, Bogotá, 2001, p. 78.

rar que las necesidades políticas de la estructura institucional vigente generan convicciones morales inviables o incluso letales[385]. Este pensamiento neoconservador de Hayek censura los derechos de igualdad por considerarlos un atentado a las libertades, un seguro «camino de servidumbre».

Para evitar estas exageraciones en torno a los derechos sociales, en el marco del Estado constitucional moderno, plantea una metodología analítica que nos ayude a salir del diván entre «politicistas» y «jurisdiccionalistas», descartando concepciones monolíticas de las funciones del Estado de Derecho en el derecho constitucional, tanto las que postulan una absoluta condena «ideológica» de sus posibles usos como aquéllas, acaso más frecuentes, proclives a la absolución «técnica» o a una apresurada defensa de su supuesta «neutralidad»[386]. Aborda este vínculo

---

[385] HAYEK, Friedrich, *Democracia, justicia y socialismo,* Unión Editorial, Madrid, 1977, p. 23

[386] Pisarello reconoce en los derechos sociales retos para la legitimidad política y ética de todo ordenamiento jurídico y para los diversos actores del ordenamiento jurídico. Discrepa de un lado de aquellos que sostienen la primacía de la política sobre el Derecho, de la democracia (derecho legislado) sobre los derechos constitucionales, basando una preferencia por el Parlamento como lugar privilegiado de la vida jurídico-política del Estado, falacia politicista que desdeña la influencia de las decisiones jurisdiccionales en la transformación del ordenamiento constitucional. Discrepa también de aquellos que por razones profesionales (jueces, abogados en ejercicio, fiscales, asociaciones pro-derechos humanos) o por razones ideológicas muestran su desconfianza de la política representativa en sus versiones neoliberal o ingenua y postulan la primacía del Derecho sobre la política que se traduce en una subordinación de las mayorías legislativas a los derechos constitucionales jurisdiccionalmente protegidos, falacia juridicista que tiende a reducir el funcionamiento del ordenamiento constitucional a las decisiones jurisdiccionales. Este autor ofrece, un modelo que trabaja con dos variables independientes: *intervención legislativa e intervención jurisdiccional.* Con una combinación adecuada de estas variables trata de dar una imagen no devaluada de los derechos sociales en cuanto a su protección y desarrollo tanto en sede política como jurisdiccional. PISARELLO, Gerardo, «Los derechos sociales en el constitucionalismo moderno: por una articulación compleja de las relaciones entre política y derecho» en CARBONELL, Miguel, CRUZ PARCERO, Juan, VÁZQUEZ, Rodolfo (Compiladores), *Derechos sociales y derechos de las minorías,* Univer-

de forma dinámica y señala sus posibles variaciones en relación con determinados contextos históricos objetivos y con las diferentes pretensiones subjetivas que puedan animar a los actores involucrados. Y frente a consideraciones escépticas en torno a los posibles mecanismos de garantía constitucional de los derechos sociales, pone de manifiesto múltiples y complejas estrategias legislativas y jurisdiccionales, que podrían a pesar, de sus límites, llegar a utilizarse como vías de maximización de los mismos. Según esta aproximación distingue hipótesis conflictivas e hipótesis cooperativas.

Entre las hipótesis conflictivas entre el legislador y la justicia constitucional enumera las siguientes:

Desarrollo legislativo que maximiza los derechos + activismo jurisdiccional que los minimiza.

Desarrollo legislativo que minimiza los derechos + activismo jurisdiccional que los maximiza.

Omisión legislativa que maximiza los derechos + activismo jurisdiccional que los minimiza.

Omisión legislativa que minimiza los derechos + activismo jurisdiccional que los maximiza[387].

---

sidad Nacional Autónoma de México, México, 2000, p. 111 y ss. Gargarella, hace un llamado para meditar contra una creencia habitual dentro de los ámbitos jurídicos progresistas: «no es tan claro que la inclusión de más y más derechos dentro de la Constitución constituya una medida genuinamente «progresista». En efecto —agrega— incorporar más derechos (especialmente derechos sociales) dentro del texto constitucional implica, antes que nada, transferir más poder al poder con menos legitimidad democrática dentro de nuestra estructura institucional: el poder judicial [...] El poder judicial (en lugar de dedicarse a «poner en funcionamiento» *ambos* tipos de derechos [derechos individuales y sociales], debiera asumir, frente a ambos tipos de derechos un rol distinto, más deferente ante la discusión, a la cual, en todo caso, debiera contribuir a activar (en lugar de reemplazarla, a través del ejercicio de sus funciones)». GARGARELLA, Roberto, «Primeros apuntes para una teoría sobre los derechos sociales. ¿Es posible justificar un tratamiento jurídico diferenciado para los derechos sociales e individuales?», *Jueces para la democracia* n.º 31, Marzo, Madrid, 1998, p. 15.

[387] Dice Pisarello que incluso en aquellos ordenamientos que no admiten un amparo directo de derechos sociales (como el español) este podría articularse

Entre las hipótesis cooperativas, las más frecuentes, ya que el legislador y los jueces tienden a actuar como un mismo bloque de poder dentro del aparato estatal, sin agotar las múltiples funciones que legisladores y jueces pueden desempeñar en relación con los derechos sociales, enumera las siguientes:

Desarrollo legislativo que minimiza + deferencia jurisdiccional que también minimiza

Desarrollo legislativo que maximiza + deferencia jurisdiccional que también maximiza

Omisión legislativa que minimiza + deferencia jurisdiccional que también minimiza

Omisión legislativa que maximiza + deferencia jurisdiccional que también maximiza

Pisarello, en definitiva, cree que en el modelo democrático de Elías Díaz se mantiene el cuidado por la seguridad jurídica y el imperio de la ley, aún con la inclusión de los derechos sociales. Lo que sucede es que con ello los controles y límites no sólo están dirigidos a los poderes del Estado sino también a los poderes privados, para poner límites a las desigualdades que la lógica del libre mercado provoca. Pues, se trata de no descuidar derechos sociales, como parte de un conjunto de derechos básicos, mínimos pero innegociables para dotar de un contenido real a las libertades civiles y políticas y que posibiliten a todas las personas participar democráticamente e involucrarse en el rumbo de la sociedad.

Este filósofo del Derecho argentino trata de encontrar explicaciones ante la insistencia en la necesidad de certeza y se-

---

por conexión con un derecho civil constitucionalmente amparable. *ob. cit.*, p. 127. Para una ampliación de la discusión sobre Constitucionalismo, democracia y derechos sociales ver PISARELLO, Gerardo, «Del Estado social legislativo al Estado social constitucional. Por una protección compleja de los derechos sociales», *Isonomía* n.º 15, Octubre, 2001; Luis PRIETO SANCHÍS también ha analizado las dimensiones del constitucionalismo en relación con los derechos sociales, «Los derechos sociales y el principio de igualdad sustancial» en *Ley, principios y derechos,* Madrid, Instituto Bartolomé de Las Casas n.º 7, Dykinson, Madrid, 1998, p. 102; de igual modo AJA, Eliseo (ed), *Las tensiones entre el Tribunal Constitucional y el legislador en la Europa actual,* Ariel, Barcelona, 1998.

guridad de los ciudadanos frente al poder por parte de Eusebio Fernández. No son las mismas razones que acompañan a posiciones liberales conservadoras como la de Hayek sino más bien una preocupación por hacer hincapié en el riesgo de gobiernos o administraciones con legitimidad democrática que vulneren la legalidad y, por tanto, en la posibilidad de que una democracia ilimitada pueda convertirse en tiranía de las mayorías, incluso su diálogo con Karl Larenz tiene que ver con el pesimismo antropológico, la tendencia al abuso del poder político. Y que sin ánimo de incurrir en un abuso de la sociología del conocimiento, le parece que «es probable que estén también en mente —junto a otras cuestiones teóricas— las recientes reflexiones del autor acerca de la razón de Estado y sus límites, en las que cobra especial relevancia la experiencia cercana, en la política española, de los llamados Grupos Armados de Liberación (GAL)» [388].

Creo que Pisarello comparte la preocupación de Eusebio Fernández en torno a prevenir los abusos del poder, incluso considera que es válido retomar los oportunos elogios que Norberto Bobbio prodigara a la concepción kelseniana del Derecho como una técnica social destinada a organizar el poder coactivo, un primer paso para asegurar la eficacia de una norma tiene que ver con su precisión técnica. Lo que no comparte es el destierro que hace Eusebio Fernández de los derechos sociales a la esfera incierta de la política. Pisarello cree que hay un *mínimo social* que tendría que ser objeto de un pacto constitucional, excluido del regateo de la política y del mercado. Candidatos a este mínimo, cinco derechos sociales: educación, vivienda, salud, ingreso y un ambiente sano. Este mínimo social no sólo es relevante para la organización de la técnica jurídica de las garantías sino también para la legitimidad de la propia fuerza normativa de la Constitución, la función promocional del Estado de Derecho, fundamental en los presupuestos socialistas de Elías Díaz. Pero reconoce que esta idea tiene que presupo-

---

[388] PISARELLO, Gerardo, «Por un concepto exigente de Estado de Derecho. (A propósito de un artículo de Eusebio Fernández)», *ob. cit.*, p. 144.

ner la inevitable tensión entre derechos y democracia que entraña el constitucionalismo [389]. Su «concepto exigente de Estado de Derecho» así como el Estado democrático de Derecho de Elías Díaz, en este sentido, es probablemente un ideal inalcanzable. «Pero se trata —dice— en todo caso, de un ideal en sentido kantiano: regulador, no ilegítimamente utópico, inalcanzable pero siempre aproximable» [390].

2.6.3. Rafael de Asís, el componente funcional y normativo del Estado de Derecho

Según Rafael de Asís, la crítica de Gerardo Pisarello a Eusebio Fernández se realiza desde una concepción de la justicia, desde un modelo Estado social de Derecho, con ello no estaría implicándose directamente con el problema conceptual del Estado de Derecho. Por eso, el trabajo de Rafael de Asís pretende ser una mirada más amplia: una idea de Estado de Derecho susceptible de ser defendida desde una determinada concepción sobre el Derecho y su relación con el poder, así como con el papel que en la misma desempeñan los derechos fundamentales [391].

---

[389] PISARELLO, Gerardo, «Los derechos sociales en el constitucionalismo democrático», *Boletín Mexicano de Derecho Comparado* n.º 92, UNAM, mayo-agosto, México, 1998, p. 448. Frente a un cierto liberalismo igualitario de Eusebio Fernández, Pisarello se refiere más a un «constitucionalismo igualitario», que significa, por un lado, que los derechos sociales son una prolongación necesaria de los derechos de libertad, y por otro, reconocer la garantía de estos a través de una doble participación democrática: política y judicial, de todos los ciudadanos. Suenan ecos del concepto de democracia propuesta por Elías Díaz: participación en decisiones y participación en resultados.

[390] PISARELLO, Gerardo, «Por un concepto exigente de Estado de Derecho. (A propósito de un artículo de Eusebio Fernández)», *ob. cit.*, p. 106.

[391] DE ASÍS, Rafael, *Una aproximación a los modelos de Estado de Derecho,* Dykinson, Madrid, 1999, p. 13. Rafael de Asís trata de defender un modelo democrático procesal desde la teoría del Derecho, una concepción propia de un discurso positivista del Derecho [funcionalmente, no interesan unos contenido concretos, sino que exista un órgano que diga la última palabra sobre diferentes cuestiones] que busca conexiones entre el poder y el Derecho, abierto

No descuida el componente funcional y normativo de la expresión Estado de Derecho.

Desde una perspectiva iusfilosófica, el catedrático de la Universidad Carlos III de Madrid, no está ajeno a dos puntos de vista en el estudio del Estado de Derecho: un punto de vista interno y otro externo. Por el primero, opta un uso del *modelo restringido,* propio para la *teoría del Derecho,* como disciplina que se encarga de las preguntas por el *qué es el Derecho y qué es el Estado de Derecho,* haciendo abstracción de cualquier ordenamiento jurídico concreto, es la perspectiva común a todo «científico» del Derecho, un cierto positivismo, no ajeno a sus propias disputas internas en torno a la unidad, coherencia y plenitud del Derecho, su obediencia y su «moral interna», la fuente de validez de los «valores juridificados» por el «órgano competente». Por el segundo, articula una opción normativa, *una teoría de la justicia,* es decir, sobre *qué debe ser el Derecho y qué debe ser un Estado de Derecho,* y, específicamente, la teoría de la justicia que da normatividad al modelo democrático de Jürgen Habermas, con ciertas reservas, por supuesto [392].

Según Rafael de Asís, el modelo de Estado de Derecho defendido por Eusebio Fernández no es un modelo totalmente definido, tanto en el componente descriptivo como prescriptivo. Hay momentos en que parece acercarse a quienes defienden un

---

a un punto de vista externo, a presupuestos ético-políticos que permitan justificar intereses relevantes con los que ser solidarios y elaborar políticas igualitarias, un marco moral en el que funcione la libertad de elección en relación con las necesidades y, unas exigencias básicas: autonomía moral, satisfacción de necesidades y participación. Rafael de Asís se decanta, también, por un uso de los modelos de Estado de Derecho en el orden siguiente: «por el modelo restringido como modelo de Teoría del Derecho, y por el modelo democrático como modelo de Teoría de la Justicia». DE ASÍS, Rafael, *ob. cit.,* p. 152.

392 Esto, según LÓPEZ GARCÍA, permite entender el interés del profesor De Asís por la diferencia entre modelos descriptivos y modelos prescriptivos. Se pone a la altura de las exigencias del conocimiento científico, ya que hoy nadie se atrevería a sostener —con argumentos razonables— modelos puramente descriptivos, «Algunas reflexiones a propósito de los modelos de Estado de Derecho», *Derechos y Libertades* n.° 9, julio/diciembre, Madrid, 2000, p. 381.

modelo restringido [al formalismo Kelseniano, por ejemplo] y en otros momentos se muestra partidario de un modelo relativamente más amplio, en el que los únicos derechos que quedarían fuera del mínimo ético cívico-político serían los económicos, sociales y culturales. Prescriptivamente, parece que le es suficiente un *Estado democrático de Derecho;* De Asís afirma, en este aspecto, la misma crítica que realiza Eusebio Fernández a Elías Díaz se le puede también plantear a él respecto a los derechos de participación, esto es, el «no reconocimiento [de los derechos de participación política] afectaría al Estado democrático que podría ser entendido como una modalidad del Estado de Derecho»[393].

Esta crítica a Eusebio Fernández me parece consistente, más si se tiene en cuenta su horizonte ético-político, el liberalismo-democrático que defiende, con primacía del liberalismo. Aunque a veces parece partidario de un liberalismo que intenta un equilibrio y síntesis entre el Estado liberal y el Estado democrático[394]. Lo que está claro es que existe una relación práctica entre derechos liberales y derechos democráticos, lo que no sucede con los derechos sociales. La jerarquía normativa de los derechos individuales sobre los sociales parece ser un tema zanjado para E. Fernández. Los derechos sociales no alcanzan la jerarquía moral de los derechos morales liberales como para funcionar como límites *a priori* del contrato o como límites *a posteriori* de la democracia.

---

393 DE ASÍS, Rafael, *Una aproximación a los modelos de Estado de Derecho,* p. 81.

394 En todo caso, la propuesta de equilibrio y de síntesis entre el Estado liberal y el Estado democrático se resuelve a favor de los derechos individuales. Los derechos de carácter personal o de autonomía, los de seguridad y algunos derechos cívicos actúan como barreras, fronteras o coto vedado en relación con la democracia o con cualquier otra forma de gobierno. En cambio, «los derechos políticos y los derechos económicos, sociales y culturales, una vez reconocidos se desarrollan a través de la propia evolución de un sistema de democracia política, social y económica». Recoge la idea de democracia de Sartori: la democracia como el gobierno de la *mayoría limitada.* FERNÁNDEZ GARCÍA, Eusebio, *Filosofía política y Derecho,* Marcial Pons, Madrid, 1995, p. 95.

La observación del profesor De Asís implicaría que la pretensión conceptual-objetiva del profesor Fernández no es ajena a una cierta perspectiva ética-política. El primer paso de su preocupación «Hacia un concepto restringido del Estado de Derecho» se consigue descriptivamente y es efectivo. El segundo, es su modalidad prescriptiva, entendida como una modalidad del Estado de Derecho pero no «el concepto» mismo [395]. En todo caso, el propio Eusebio Fernández ha reconocido que el formalismo abstracto tiene que servir para algo, sino se convierte en «positivismo ético». Así como el modelo prescriptivo, como ideal, sirve para criticar lo existente y para adecuar lo presente al ideal de lo justo, definido nunca por convención [396]. No se equivoca Rafael de Asís al ubicar a Eusebio Fernández en el marco del canon liberal del Estado de Derecho, y como tal no deja de ser un «modelo amplio» que se mueve en un eje descriptivista y moral.

El profesor De Asís también ubica en el gran formato del «modelo amplio» a Elías Díaz. Sin embargo, para ser más específico, lo enmarca en el «modelo exigente» como una variación del modelo amplio. El «modelo exigente» es un constructo, como sabemos por líneas más arriba, usado por Gerardo Pisarello. Para Rafael de Asís, existen dos posiciones de otros tantos iusfilósofos españoles que admiten ser incluidos en este modelo, se trata de las concepciones de Elías Díaz y de Gregorio Peces-Barba [397].

Rafael de Asís reconoce que en Elías Díaz, descriptivamente, está claro que todo Derecho genera y produce normas jurídicas y que las utiliza para organizar el grupo social, un Estado de Derecho, son todos o casi todos. Pero, prescriptivamente,

---

[395] DE ASÍS, Rafael, *Una aproximación a los modelos de Estado de Derecho,* p. 81. Desde su punto de vista, «es perfectamente posible mantener una posición positivista y una defensa del modelo restringido de Estado de Derecho y contemplar la coherencia y la plenitud como exigencias del Derecho válido en términos de Ferrajoli», *ob. cit.,* p. 101, pie de página 299.

[396] FERNÁNDEZ, Eusebio, *La obediencia al Derecho,* p. 180.

[397] DE ASÍS, Rafael, *Una aproximación a los modelos de Estado de Derecho,* p. 83.

«no todo Estado es Estado de Derecho», ya que la mera existencia de un orden jurídico no autoriza a hablar sin más de Estado de Derecho. Prescriptivamente, sólo algunos reúnen condiciones necesarias de legalidad y de legitimidad para ser denominados Estado de Derecho.

De ahí que desde el modelo *Estado democrático de Derecho* busque hacer posible la legitimidad por vía de la producción democrática de la legalidad, donde la soberanía popular no es un principio formal que se entiende sin conexión tanto con los derechos liberales como con los sociales, incluso, abierto a nuevos derechos, impulsados como necesidades por nuevos movimientos sociales. Rafael de Asís, agrega que la posición de Elías Díaz, su modelo de Estado de Derecho, es una cuestión abierta tanto al «modelo democrático», sobre todo al de Habermas, como a la versión del «modelo garantista» impulsado por Ferrajoli y Zagrebelsky, en los que los derechos sociales no sólo son una cuestión de política sino también de justicia, de jerarquía moral igual que la de los derechos liberales. Sin embargo, creo que Rafael de Asís no le presta mucha relevancia al horizonte ético-político socialista de Elías Díaz, aspecto que si es resaltado por Gerardo Pisarello.

3. ANÁLISIS DEL DEBATE

3.1. Análisis descriptivo/prescriptivo y modelo reconstructivo

Los desacuerdos sobre los rasgos básicos del concepto de Estado de Derecho entre Eusebio Fernández y Elías Díaz, parecen ocurrir, que entre las partes en contienda se está utilizando definiciones de distinto tipo[398]. Según Javier Ansuátegui,

[398] Javier Ansuátegui no ha dejado pasar por desapercibido, en el debate entre Eusebio Fernández y Elías Díaz, el problema epistemológico. Diferencia entre definición léxica, estipulativa y explicativa. La definición léxica mira al pasado. La estipulativa, al futuro. La explicativa, parte de los usos lin-

un buen punto de partida a la hora de incluir los derechos fundamentales en la idea de Estado de Derecho tiene que considerarse la clásica aportación de Elías Díaz: «No todo Estado es Estado de Derecho», es decir que para hablar de Estado de Derecho hace falta más que un sistema de legalidad, es necesaria la presencia de una dimensión sustancial que se identifica básica y principalmente con la protección y garantía de derechos fundamentales. Sin embargo, no comparte la idea de Pisarello en el sentido que la definición del profesor de la Carlos III de Madrid careciera de una dimensión sustancial, y que sólo hiciera referencia al Estado de Derecho como sinónimo de la más estricta legalidad. «La diferencia entre la propuesta de Eusebio Fernández y la de Elías Díaz radicaría, en lo que aquí nos interesa, en el contenido que se atribuye a esa legalidad. Y en este punto perspectivas ideológicas diferentes pueden ofrecer soluciones distintas» [399].

La solución socio-liberal de Eusebio Fernández, impulsora de un *concepto restringido de Estado de Derecho* que sólo incluye a derechos básicos y personales como punto de partida, toma cierta distancia de la aspiración socialista de Elías Díaz, no comparte la idea de que el concepto de Estado de Derecho traiga consigo necesariamente a los derechos sociales y culturales. Eusebio Fernández distingue entre programa (metas políticas) y definición del Estado de Derecho. Los derechos sociales son válidos como programa político de una de las visiones del Estado de Derecho y que, a diferencia de los liberales conservadores, bien puede ser impulsado desde posiciones liberales igualitarias y socialistas democráticas, pero

---

güísticos del pasado para dirigirse a los usos lingüísticos del futuro, pero mejorados en su forma y función. Estas últimas se dirigen también en dos direcciones: reales y nominales. Reales, búsqueda de la esencia de las cosas; nominales, márgenes para la libertad del investigador y no sujeción a la «cosa misma». ANSUÁTEGUI, Javier, «Definiciones del Estado de Derecho y los derechos fundamentales», *Sistema* n.º 158, Madrid, 2000, p. 97.

[399] ANSUÁTEGUI, Javier, «Definiciones del Estado de Derecho y los derechos fundamentales», *ob. cit.*, p. 102.

no constituyen parte de su definición «justa», válida para todas las ideologías razonables por su imparcialidad objetiva, ya que incorpora solo un «contenido mínimo moral», la protección de la autonomía individual. Sin embargo, el problema está en que en las ciencias sociales, todo intento de imparcialidad objetiva, como sabemos desde Max Weber, corre el riesgo de echar una sombra sobre los juicios de valor del investigador[400].

Cabe preguntarse ¿cuánto hay de «objetividad» o de «liberalismo igualitario» en la propuesta del «contenido mínimo moral» de Eusebio Fernández? Él mismo reconoce que el liberalismo es una concepción moral, política y epistemológica. También Elías Díaz se conforma con el «contenido básico» de una justicia política de un Estado de Derecho que permita la expresión de la voluntad general de derechas y de izquierdas. Por ejemplo, no es contradictorio que la Constitución española de 1978 contenga tanto la «libertad de empresa» como la «iniciativa pública en la actividad económica»; no niega a ninguna de las dos posibilidades: lo que legítimamente se tiene que hacer es primar más una u otra, según la fuerza electoral y social que en

---

[400] José Antonio LÓPEZ GARCÍA, nos recuerda que Weber pide al investigador un gesto de humildad científica, declarando sus puntos de partida en la valoración de la realidad: en las ciencias sociales es difícil sostener un conocimiento «imparcial» y total de la realidad, «Algunas reflexiones a propósito de los modelos de Estado de Derecho», *Derechos y libertades* n.º 9, julio/diciembre, Madrid, 2000, p. 388. Noberto Bobbio señala que cualquier teoría de las formas de gobierno presenta dos aspectos: uno descriptivo y otro prescriptivo y no hay tipología que solamente tenga una función descriptiva. A diferencia del botánico el escritor político no se limita a describir: se plantea cuál de las formas de gobierno descritas es buena, cuál es mala, cuál mejor y cuál peor, y eventualmente también cuál es la óptima y cuál la más correcta. *La teoría de las formas de gobierno en la historia del pensamiento político,* p. 9. Eusebio Fernández, en uno de sus últimos escritos también es consciente de estos problemas: el Derecho es al mismo tiempo una opción moral y política, que es necesaria tener en cuenta para poder comprender su significado, alcance y límites, «Merece la pena ser positivista... y algo más» en *VV.AA., El positivismo jurídico a examen. Estudios en homenaje a José Delgado Pinto,* Ediciones Universidad de Salamanca, Salamanca, 2006, p. 893.

cada tiempo venga a prevalecer pero sin quebrantar el consenso básico[401]. «Contenido básico», que también tiene que considerarse bajo el aspecto del poder: el principio de soberanía popular constituye el puente entre el sistema de los derechos y la estructura de un Estado democrático de Derecho.

Una dirección hacia el neocapitalismo y otra hacia el socialismo, en términos de praxis política, será la «voluntad popular soberana quien en cada momento y circunstancia determine el sentido y también la intensidad de la orientación prevalente». El criterio de «la libertad y de las mayorías» puede no llegar en todas sus determinaciones a lo que se considera, y tal vez es, «objetivamente justo» pero constituye la mejor vía para, por un lado, establecer un orden jurídico-político (basado en la libertad), para impulsar las transformaciones que le hagan lo más justo posible y hasta para acercarse libremente a la justicia y a la verdad. Dice Elías Díaz que vincula de modo explícito, aunque no por completo, el problema jurídico-político de la regla de decisión en la democracia, y sus exigencias de fondo, con el criterio de objetividad[402]. La participación de todos es valiosa porque reconoce la dignidad, la autonomía y la capacidad de autogobernarse de las personas[403]. También en el liberalismo

---

[401] DÍAZ, ELÍAS, *Socialismo en España: el Partido y el Estado,* p. 235. También García Pelayo considera que al Estado de Derecho acompañan dos conceptos no contradictorios como son la legalidad y la legitimidad: el Estado formal, es único, tiene su origen en la estructuración de los postulados liberales como técnica jurídica, el principio de legalidad; en cambio el Estado material es propiamente un concepto político, expresión de la relación Estado-ciudadano y de los valores jurídico-políticos vigentes en una época; se conocen dos modalidades, el Estado liberal y el Estado social. GARCÍA-PELAYO, Manuel, *Las transformaciones del Estado contemporáneo,* p. 54.

[402] DÍAZ, Elías, «Para una teoría de la legitimidad», *De la maldad estatal y la soberanía popular,* Debate, Madrid, 1984, pp. 61-62.

[403] La libertad consiste en actuar de acuerdo con una ley que nos damos a nosotros mismos. Este fue el objetivo principal de Kant, objetivo profundizado y justificado desde Rousseau. Esta concepción de libertad «no nos lleva a la moral de una orden austera, sino a una ética de mutuo respeto y autoestimación». RAWLS, John, *Teoría de la justicia,* p. 240. Pero Rawls también ha planteado la pregunta, pertinente desde el liberalismo, sobre los riesgos de un

igualitario de Eusebio Fernández, se plantea que «una vez satisfechas las necesidades básicas de subsistencia y seguridad social, y logrado un bienestar generalizado también básico, habría que ir pensando en un modelo de persona y ciudadano más autónomo y libre, con más capacidad e iniciativa, con más «tensión moral» que la posibilitada por el Estado de Bienestar» [404]. Bobbio reconoce la existencia de un conflicto entre la libertad negativa y los derechos sociales (igualdad sustancial), en tanto que la libertad política y la igualdad política son perfectamente compatibles [405].

Frente al Derecho positivo del Estado, la lengua de los derechos cumple una función de orientar las necesidades e intereses materiales como las necesidades e intereses morales. Para Elías Díaz lo que asegura la justicia de la ley es su génesis democrática, y no principios jurídicos *a priori* a los que la ley hubiera de corresponder y acomodarse [406]. Sin embargo, se puede

---

exceso del principio participativo en la democracia para garantizar la autonomía de las personas y el ejercicio de sus derechos: ¿qué grado de participación de los ciudadanos en la política es necesario para la seguridad de las libertades básicas y de qué modo se consigue mejor la participación requerida? Esta preocupación no llega al extremo de sugerir la participación en las elecciones una vez en la vida y que la condición de ciudadano se alcance a los cuarenta años de edad, tesis sugerida por Hayek. Diversas tesis sobre republicanismo y liberalismo se puede ver en OVEJERO, Félix, MARTÍ, José Luis, y GARGARELLA, Roberto (compiladores), *Nuevas ideas republicanas. Autogobierno y libertad,* Paidós, Barcelona, 2003; CEREZO GALÁN, Pedro (editor), *Democracia y virtudes cívicas,* Biblioteca Nueva, Madrid, 2005; BERTOMEU, DE FRANCISCO, DOMÈNECH (compiladores), *Republicanismo y democracia,* Miño y Dávila, Buenos Aires, 2005.

[404] FERNÁNDEZ, Eusebio, *Filosofía política y Derecho,* p. 118.

[405] BOBBIO, Norberto, *El tiempo de los derechos,* p. 51.

[406] Dice Bobbio que frente al Derecho positivo del Estado formulado por Hobbes, varias corrientes políticas, relevantes hoy, se han opuesto: «La *doctrina liberal* de origen iusnaturalista revaloriza, frente al Derecho positivo del Estado, los *derechos naturales* de los individuos. Estos derechos, en cuanto dictados por la naturaleza y no impuesta por una autoridad externa, son anteriores al Estado y constituyen, por tanto, para la autoridad política un límite insuperable. El *constitucionalismo,* nacido de la experiencia política inglesa, contempla la soberanía en su aspecto de poder unitario y busca hacerla inofensi-

arriesgar y atribuir un cierto «republicanismo débil» a Elías Díaz, ya que éste afirma que si el Derecho positivo es realmente más progresivo, aunque haya sido producido por una minoría «ilustrada» no tardará en lograr la adhesión de las mayorías, con lo que escapa de un consenso público absoluto en el reconocimiento de los derechos. La legitimidad subjetiva no es la única fuente de una presunción de validez moral de las decisiones adoptadas[407]. También cuentan los resultados. En este sentido, Elías Díaz coincide parcialmente con Eusebio Fernández en reconocer principios morales a los que necesariamente se debe acudir para justificar y adscribir validez a las normas jurídicas producidas democráticamente, sin olvidarse de la voluntad general, ya que toda fundamentación moral tiene que ser apoyada voluntariamente y en ciertas normas objetivas. Estos problemas hacen necesario tomar en serio la interdependencia de los planos conceptual y normativo, lo descriptivo y lo prescriptivo. De esta necesidad da cuenta, también, Juan Carlos Bayón[408].

---

va, no limitándola por el exterior, sino descomponiéndola en el interior: de aquí nace la célebre teoría de la *división de poderes. Las doctrinas democráticas* desplazan la soberanía de uno a muchos, idealmente a todos, de modo que cada uno tenga participación en el poder estatal y, por consiguiente, obedeciendo a todos no se obedezca de hecho a ninguno: se trata de la no menos célebre teoría de la *soberanía popular* [...] el *socialismo científico,* considerando al Estado como el instrumento de dominación de la clase dominante, afirma que la abolición de las clases en la sociedad socialista llevará inevitablemente a la extinción del Estado, esto es, al *autogobierno de la sociedad* [...para el *pluralismo jurídico*] La doctrina pluralista quiere, como la doctrina liberal, una limitación del Estado, pero una limitación que no derive del Derecho natural de los individuos aislados, sino del Derecho positivo de los grupos. [Del anarquismo y el marxismo —dice que— priorizan los medios]. BOBBIO, Norberto, *El tiempo de los derechos,* pp. 30-35.

407 DÍAZ, Elías, *Sociología y filosofía del Derecho,* p. 387.

408 Bayón se toma en serio la interdependencia de los planos conceptual (explicativo) y normativo. Señala que puede ser una buena vía o guía para enfrentarse con la noción de autoridad y más aún tratándose del caso de la autoridad estatal que viene a constituir el «supuesto más importante de autoridad práctica». BAYÓN MOHINO, Juan Carlos, *La normatividad del Derecho: deber jurídico y razones para la acción,* pp. 621, 624.

Con Eusebio Fernández vimos el rol de los derechos morales, previos a la democracia. Aunque no deja de reconocer que la legislación democrática es fundamental para el gobierno adecuado de una sociedad pluralista en un continuo proceso de cambio social y económico, sin embargo, comparte la idea de que una concepción formal es aquella que no dice nada respecto de cómo debe ser creado el derecho: por tiranos, mayorías democráticas, o de cualquier otra forma[409]. Sabemos que su concepto de Estado de Derecho tiene como punto de partida a Hayek, depositario de una «buena descripción del concepto de Estado de Derecho». Pero frente a liberales excesivamente formales, entre ellos, Hayek, sabe tomar distancia. Cree que el valor seguridad-autonomía fundamenta los derechos personales y de seguridad individual y jurídica; el valor libertad, los derechos cívico-políticos y, el valor igualdad, los derechos económico-sociales y culturales. Da cuenta de un contenido de derechos: el Estado formal tiene límites subjetivos y objetivos.

De ser así, Ansuátegui, no cree que normativamente pudiera haber una contradicción fuerte entre ambos autores. Lo que sí le parece claro es que hay un desacuerdo en la definición del Estado de Derecho. Eusebio Fernández se compromete con una definición léxica, la concepción clásica del Estado de Derecho, entendido éste como estructura jurídico-política sometida al Derecho, un rasgo que tiende a prevalecer sobre el otro componente básico, la garantía de los derechos, que en este caso se reduce a la concepción mínima y liberal de los mismos. Por el contrario, la definición de Elías Díaz puede ser caracterizada como explicativa, en la que, si bien coincide con la anterior en la aceptación de elementos comunes, introduce dimensiones prospectivas (las referidas a los derechos sociales) cuya materialización implicaría

[409] Raz dice que en el sentido literal, concepción formal de Estado de Derecho, significa dos aspectos: (1) que las personas deben ser regidas por el derecho y deben obedecerlo, y (2) que el derecho debe ser de tal manera que la gente pueda ser guiada por él: «si el derecho debe ser obedecido *tiene que ser capaz de guiar el comportamiento de sus súbditos.* Debe ser de tal manera que los súbditos puedan encontrar lo que es y actuar en base a él». RAZ, Joseph, *La autoridad del Derecho,* p. 267.

un modelo más avanzado, y por tanto, tendría todas las ventajas propias de una definición explicativa de Estado de Derecho[410].

Además de esta diferencia, parece que es preferible denominar al modelo de Elías Díaz como *modelo reconstructivo* para diferenciarlo de un modelo puramente futurista e ideal y para articular, también, de mejor modo tanto la perspectiva descriptiva como la prescriptiva de la que habla Rafael de Asís. O con Pérez Luño, para dar cuenta de la estrecha correlación existente entre concepto y componente ideológico, con sus exigencias para la razón práctica basada en los derechos fundamentales de libertad e igualdad y su estructura técnico-formal, cuyo principal objetivo es la creación de un clima de seguridad jurídica en el desarrollo de la acción estatal[411].

Y ya en la búsqueda de una instrumentalización jurídico-política del socialismo, como una línea de acción política, el profesor Peces-Barba indica que Elías Díaz aporta «elementos valiosos para robustecer aquella corriente más positivista para los derechos fundamentales en la cultura jurídica europea y también española»[412]; de Eusebio Fernández, a diferencia de otros

---

[410] ANSUÁTEGUI, Javier, «Definiciones del Estado de Derecho y los derechos fundamentales», *ob. cit.*, p. 105.

[411] PÉREZ LUÑO, Antonio Enrique, *Derechos humanos, Estado de Derecho y Constitución*, p. 243.

[412] PECES-BARBA, Gregorio, *Escritos sobre derechos fundamentales*, p. 78. Ricardo García Manrique señala que Elías Díaz, en sus inicios, opta por un iusnaturalismo deontológico y personalista frente al derecho natural ontológico y conservador vigente, para luego transitar hacia los postulados básicos del positivismo jurídico. GARCÍA MANRIQUE, Ricardo, «Positivismo, Estado de Derecho y Socialismo. (La aportación de Elías Díaz a la formación de un concepto democrático de derechos humanos en nuestra filosofía jurídica)», *Doxa* n.º 15-16, Alicante, 1994, pp. 112-113. Aunque quepa decir que en torno a los derechos humanos hoy parece tener un tono, si bien positivista, más normativista que en 1966, en aquella ocasión se notaba un afán por articular positivismo con la realidad sociológica: «Primero, necesidad que los derechos humanos se concreten y se hagan efectivamente vigentes a través de su protección formalizada e institucionalizada en el ordenamiento jurídico positivo: sin esto los derechos humanos son únicamente «grandes palabras» [implica participación política en la positivización de los derechos], segundo, vinculado a lo

defensores de los derechos morales, preceptos constitucionales de los que derivan el Estado de Derecho, dice que no descuida la apertura de los derechos a la evolución y a la historia, siempre con sus reservas ante cualquier exceso optimista[413].

En este sentido, se debe tomar en cuenta el acierto de Pérez Luño, que al poner límites al positivismo y al normativismo, permite entender de mejor modo este complejo asunto de la relación entre derechos humanos y Estado de Derecho: «En su perspectiva histórica la teoría de los derechos fundamentales precede a la formulación doctrinal de la noción del Estado de Derecho [...] es innegable la dependencia histórica del Estado de Derecho de las declaraciones de derechos humanos, no es menos cierto que éstas no pueden alcanzar su formulación positiva al margen del ordenamiento jurídico del Estado. Si bien los derechos fundamentales encarnan, a su vez, los principios inspiradores de toda la política estatal. Por lo que cumplen una misión de fundamento

---

anterior, que los mecanismos socio-económicos se dirijan y planifiquen con vistas a lograr para todos los hombres la realización efectiva material de esos derechos». DÍAZ, Elías, *Estado de Derecho y sociedad democrática*, p. 26.

413 PECES-BARBA, Gregorio, *Curso de derechos fundamentales. Teoría General*, p. 202. La expresión *modelo reconstructivo* tomo prestado del lenguaje habermasiano que está muy cerca de lo que entienden Rawls y Nino por *Utopía realista*. Miguel Ángel Ramiro, un estudioso de los lenguajes utópicos, señala que la aportación de Elías Díaz, en un cierto sentido no es una utopía propiamente, porque le falta un elemento formal, el que da originalidad al pensamiento utópico, la literatura. Elemento formal o literatura y filosofía política o elemento material hacen al pensamiento utópico, conjuntamente continente y contenido. Sin embargo, en otro sentido, Elías Díaz si sería un autor utópico, lo utópico está precisamente en trascender la realidad e imaginar otra sociedad: «la lucha por la positivación de los derechos humanos o por su generalización bien puede explicarse, por lo tanto, como reivindicaciones con espíritu utópico pues en ellas se expresan exigencias éticas que pretenden mejorar la vida de las personas. En este ámbito encuadraría, por ejemplo, la propuesta de Estado democrático de Derecho que desde 1966 viene defendiendo el profesor Elías Díaz en su libro *Estado de Derecho y sociedad democrática*». RAMIRO, Miguel Ángel, «La función y actualidad del pensamiento utópico. (Respuesta a Cristina Moreneo)», *Anuario de Filosofía del Derecho. Nueva época*, tomo XXI, 2004, Ministerio de Justicia-Ministerio de la Presidencia, Madrid, 2005, p. 444.

y límite de todas las normas que organizan su funcionamiento de los poderes públicos, y, en suma, de todas las experiencias concretas de juricidad surgidas en el seno del ordenamiento en que se formulan» [414]. Es común a Elías Díaz y a Eusebio Fernández la idea de que los derechos fundamentales son un elemento imprescindible del concepto de Estado de Derecho.

3.2. Estado de Derecho, derechos humanos y perfeccionismo moral

El profesor Eusebio Fernández tiene razón cuando señala que la definición de Estado de Derecho de Elías Díaz adolece de cierto perfeccionismo, reñido con el principio liberal de autonomía de la persona y con la configuración «básica e inamovi-

---

[414] PÉREZ LUÑO, Antonio Enrique, *Derechos humanos, Estado de Derecho y Constitución,* p. 213. Otros de sus argumentos van en esta misma dirección: «Uno de los problemas principales, si no el principal, de la teoría jurídico-política reside en la conciliación entre derechos de los particulares y la soberanía del Estado. La doctrina de los derechos fundamentales del Estado de Derecho se ha presentado como un modelo articulador de las exigencias, en principio antagónicas, que reflejan las ideas de libertad y de ley, en cuanto imperativo de la comunidad social. La superación de esta antinomia sólo podía llegar a partir de una síntesis entre ambas nociones. Para ello era necesario concebir la ley no como un producto del arbitrio, sino de una voluntad general encaminada directamente a garantizar los derechos fundamentales de los individuos. Hacia esa síntesis se dirigió la idea guía del Estado de Derecho, en el que los derechos fundamentales no aparecen como concesiones, sino como el corolario de la soberanía popular, a través de cuyo principio la ley no sólo implica un deber, sino también un derecho para el individuo. Se cumplía así el axioma a tenor del cual el hombre sólo puede ser libre en un Estado libre, y el Estado sólo es libre cuando se edifica sobre un conjunto de hombres libres». *ob. cit.,* p. 213. En este mismo sentido también se pronuncia HABERMAS: «El hermanamiento conceptual de producción del derecho y formación del poder vuelve a aclarar una vez más retrospectivamente por qué el sistema de los derechos, que constituyen una respuesta a esa cuestión, ha de aparecer a la vez como derecho positivo, sin poder reclamar para sí una validez moral o iusnaturalista antecedente a la formación de la voluntad de los ciudadanos». *Facticidad y validez,* p. 216.

ble» del propio Estado de Derecho: el imperio de la ley y el sometimiento del Estado y sus poderes en todas sus actuaciones a la más estricta legalidad. La crítica tiene cierta consistencia, pero parcial. La moralización cívica limitada no puede ser confundida con perfeccionismo. Aunque resulte paradójico: ¿Cómo puede el Estado de Derecho que surge para tutelar constitucionalmente el pluralismo y los derechos humanos, que tienen una de sus insoslayables raíces en el principio de la tolerancia, imponer una determinada visión del mundo? El orden jurídico es legítimo en la medida en que asegura la cooriginaria autonomía privada y autonomía ciudadana de sus destinatarios. El progreso moral implica la realización de una mayor protección de los derechos del hombre en conexión con el desarrollo global de la civilización humana, como algo posible. «El progreso humano no era para Kant necesario. Era solamente posible» [415]. Y tenemos que reconocer que la lucha por una des-moraliza-

---

[415] BOBBIO, Norberto, *El tiempo de los derechos,* p. 111. Las disputas tienen que ver con paradigmas. Según el paradigma del Estado liberal, esta economía funcionaría de modo que daría satisfacción a la expectativa de justicia social precisamente a través de la persecución privada u autónoma de los intereses individuales. Bastaría un *status* negativo de autonomía protegido jurídicamente, basta con garantizar la autonomía privada mediante derechos de libertad; en tanto, en la autocomprensión del Estado social, esta economía reduce a nada la justicia social. La autonomía privada no puede producirse si no se asegura jurídicamente el otorgamiento de derechos relativos a prestaciones sociales. La disputa se reduce a presupuestos fácticos del *status* de personas jurídicas en su papel de destinatarios y falta el presupuesto normativo de la autonomía. Los individuos autónomos sólo lo son en la medida en que puedan entenderse a la vez como autores del Derecho al que están sometidos como destinatarios «autónomos». En ambos paradigmas se pierde de vista la interna conexión entre autonomía privada y autonomía ciudadana y, por tanto, el sentido democrático de la autoorganización de una comunidad jurídica. Las debilidades tanto el Estado social como del Estado liberal radica en que ambos paradigmas comparten un análisis economicista de la sociedad. Falta formular un paradigma que tenga en cuenta que una autonomía privada asegurada sirve a «asegurar el surgimiento» de la autonomía pública, al igual que, a la inversa, la adecuada puesta en práctica de la autonomía pública sirve a «asegurar el surgimiento y despliegue de la privada». HABERMAS, Jürgen, *Facticidad y validez,* p. 490.

ción de los conflictos públicos hoy está en plena efervescencia. Los intereses no generalizables parecen imponerse. Por eso la realización de los derechos fundamentales tiene que formar parte de un proceso que sólo puede asegurar la autonomía privada de los ciudadanos dotados de los mismos derechos y si va de la mano de una activación de la autonomía ciudadana, de la autonomía pública.

Si para Elías Díaz, el reconocimiento de los derechos liberales, democráticos y sociales constituye el «cuadro de los derechos y libertades que deben ser reconocidos y jurídicamente garantizados a todo hombre; solamente se ha indicado el núcleo central de aquellos cuya falta o arbitraria limitación impide la existencia de un *auténtico* Estado de Derecho y favorece la implantación de un sistema político absolutista o totalitario»[416]. [La itálica me corresponde]. Pues bien —dice— Eusebio Fernández, esto no es así. Los derechos sociales, económicos y cul-

---

[416] DÍAZ, Elías, *Estado de Derecho y sociedad democrática,* pp. 27-28. Repite esta aseveración en «Estado de Derecho: exigencias internas y dimensiones sociales», *Sistema* n.º 125, marzo, Madrid, 1995, p. 9. Los principios del Estado democrático de Derecho de Elías Díaz están inmersos en la tensión entre justicia y política. Existen ciertos derechos que constituyen exigencias lógicas internas de la regla de decisión mayoritaria (como reglas objetivas), de la soberanía popular y de la propia legitimidad democrática, pero no en el sentido de un *prius* ni un límite que se imponga desde fuera a la soberanía popular. Las mayorías, por su propio interés y por el interés general, ahí empieza su responsabilidad e inteligencia de la práctica política, conscientes de las reales limitaciones jurídicas y políticas que ellas mismas deben imponerse en su legítimo poder de decisión. Con esto, lo que pretende Elías Díaz es que los supuestos de un contrato social o de un consenso «no limiten más allá de la cuenta ni la soberanía popular ni la regla de las mayorías más o menos cualificadas». Para esto es sin duda relevante los principios del neocontractualismo rawlsiano. Prieto Sanchís también apunta a conjugar el principio democrático con el principio constitucional. En este sentido, los derechos sociales, pese al conflicto de principios, han de tener un núcleo irreductible e intangible, pero tampoco la justicia constitucional puede abdicar de su competencia de configuración sobre los derechos sociales, competencia naturalmente compartida con el legislador. PRIETO SANCHÍS, Luis, «Los derechos sociales y el principio de igualdad sustancial» en CARBONELL, Miguel, CRUZ PARCERO, Juan, VÁZQUEZ, Rodolfo (Compiladores), *Derechos sociales y derechos de las minorías,* pp. 64 y 65.

turales nada tienen que ver directamente con el Estado de Derecho; su falta o limitación no nos autorizan a dudar sobre la vigencia del Estado de Derecho: «Como mucho podríamos decir que en el primer caso no se han cumplido los objetivos del Estado social, y en el segundo caso que no hemos alcanzado uno de los fines del Estado democrático de Derecho (en la versión de Elías Díaz). En caso contrario, si ignoramos lo anterior, deberíamos aceptar la conclusión de que ni existen ni han existido nunca verdaderos Estados de Derecho. Y tamaña postura perfeccionista no parece que haga justicia con los hechos» [417].

Se debería entender que el concepto de «Estado de Derecho» como *normas técnicas,* a secas, no es ni burgués ni socialista. Un «auténtico Estado de Derecho» para Elías Díaz supone el Estado democrático de Derecho, y como tal viene a constituir la instrumentalización jurídico-política del socialismo. Sin embargo, la relación entre derechos humanos y Estado democrático de Derecho no deja de ser paradójica: cuanto más se amplíen los derechos como prerrequisitos éticos a fin de que el resultado de la deliberación democrática sea lo más justa posible, el reconocimiento de derechos *a priori* restringe lo que es materia de decisión mediante el método democrático, hasta el punto de hacerlo irrelevante, como propone Ferrajoli, el propio «*presupuesto de la nación*» dejaría de ser ya una discusión de las mayorías.

Esta paradoja podría resolverse si se ve la aportación de Elías Díaz desde otro ángulo, desde el espacio intersubjetivo: cuando hace explícita su definición de los derechos humanos como exigencias ético-políticas, públicas y privadas y no sólo privadas. Es decir que el contenido mínimo de los bienes básicos no sólo son principios morales para «tiempos liberales» sino que también tienen su expresión en la búsqueda de resultados a través de la política y la democracia y la satisfacción de las necesidades de los menos favorecidos, para tiempos de «políticas públi-

---

417 FERNÁNDEZ, Eusebio, «Hacia un concepto restringido del Estado de Derecho», *ob. cit.*, pp. 109-110.

cas», tiempos en los que se trate de utilizar mejor nuestras capacidades[418]. Es decir que los principios que orientan la garantía de los derechos transitan en ejes tanto de la justicia como de la política. El eje básico de los derechos morales que defiende Eusebio Fernández transita en el eje de la justicia liberal-igualitaria pero desde una concepción de la persona basada en la idea de dignidad humana, tratando de seguir a Nino en la concepción de la persona, pero creo que la concepción del filósofo del Derecho argentino es más robusta.

El liberalismo igualitario de Nino considera a la persona moral desde tres principios: autonomía, inviolabilidad, y dignidad de la persona, de ahí que considere que su liberalismo no es adversario de los llamados «derechos sociales» sino una extensión natural de los derechos individuales y se opone tanto a quienes sostienen que los derechos individuales, también llamados «negativos» tienen mayor jerarquía que los sociales, o «positivos», como a quienes sostienen que el reconocimiento de estos últimos derechos sociales —a través de, p.ej., el constitucionalismo social— supone una superación del liberalismo tradicional[419]. En este tipo de liberalismo igualitario las reglas

---

[418] Touraine, reconoce dos etapas históricas en la segunda mitad del siglo XX: 1945-1975, desarrollo del capitalismo con intervención fuerte del Estado (Estado de economía social de mercado en Alemania o Estado de bienestar en Inglaterra); 1975-2005, capitalismo neoliberal y globalización. Hoy, corresponde asumir la postura ética de la ciudadanía: «debemos volver a ser ciudadanos. O tal vez sea más eficaz utilizar el nuevo vocabulario de Amartya Sen y decir que debemos utilizar mejor nuestras capacidades». TOURAINE, Alain, «Después del neoliberalismo», *El País,* 24 de septiembre, Madrid, 2005, p. 16.

[419] NINO, Carlos Santiago, *Fundamentos de derecho constitucional,* p. 193. El liberalismo igualitarista sostiene por un lado que toda persona debe ser libre de imposiciones externas sobre cómo debe vivir, pero por otro subraya la necesidad de hacer efectiva también una libertad frente al «mundo de la necesidad» y reclama como pertinente políticas sociales redistributivas. Considera a Mill como el precursor. No obstante la más importante fundamentación filosófica de la autonomía moral de la persona está en Kant, no lo deduce de la utilidad sino *a priori* de la *libertad.* VALLESPÍN, Fernando, «El Estado liberal» en DEL ÁGUILA, Rafael (editor), *Manual de Ciencia Política,* Trotta, Madrid, 2000, p. 66.

básicas del Estado de Derecho no tienen por qué ser *a priori* ni estatista ni privatista.

Si la meta es expandir la autonomía de cada uno sin poner en situación de menos autonomía a otros, el rol que puedan jugar organismos estatales o corporaciones privadas es una cuestión de ingeniería social, aunque el mercado tenga una clara ventaja funcional: permite conocer de mejor modo la intensidad de las preferencias subjetivas y evita involucrar una concepción perfecccionista, que implica imponer al individuo una cierta jerarquía de intereses. Agrega, Nino, que buena parte del desarrollo acerca de las *necesidades humanas* tiene este sesgo perfeccionista, aunque es rescatable, el legítimo ejercicio de un paternalismo estatal, despojado de connotaciones perfeccionistas. El peligro de esta tesis, dice Nino, es que seríamos responsables de prácticamente todos los infortunios del mundo por omisión, y también por comisión[420].

---

[420] La conclusión de Nino, respecto de la causación a través de omisiones, parece implicar una posición intermedia entre posiciones tan extremas como las de Nozick, por un lado y Glover, por el otro, acerca del alcance de los derechos. No sería verdad, dice Nino «por una parte, que las violaciones de derechos básicos consista siempre en actos comisivos y no también, en algunos casos, en la omisión de proveer lo que Bentham llamaba «servicios positivos»; pero, por otra parte, tampoco sería verdad que toda omisión que sea el antecedente necesario de la violación de un derecho involucre, ella misma, violar ese derecho: debe de haber una expectativa definida, fundada en regularidades o normas sociales, de que el derecho sea satisfecho por el individuo en cuestión. Dadas las expectativas vigentes en nuestras sociedades, el Estado violaría los derechos básicos de la gente —en realidad los mismos derechos «clásicos», tales como el derecho a la vida y el derecho a la integridad corporal— si no satisfaciera las necesidades mínimas de alimentación, vivienda, atención médica, etc., que son precondiciones para la preservación de los bienes protegidos por esos derechos básicos. Esto es compatible con decir que —dado que la contribución causal a un resultado es una cuestión de grado por depender de factores que, como el de la anormalidad, tienen ese carácter — la violación de los derechos en cuestión en estos casos es *menos* que la que se produce cuando los órganos del Estado matan o torturan por actos positivos». *Ibíd.*, pp. 333-334. Sobre este tema es interesante ver dos aportaciones de LAPORTA, Francisco: «Ética y política social» en MORENO, Luis y PÉREZ, Manuel (Comp.), *Política social y Estado del Bienestar*, Ministerio de Asuntos Sociales, Madrid, 1992 y «On The Universality of Human Rights and Our Duties to Remote People», *Associations* 7 (2), 2003, pp. 313-325, Duncker & Humblot, 12165 Berlín.

Desde el punto de vista liberal, la idea de unas necesidades objetivamente determinables, al margen de las declaraciones del individuo sobre sus propios intereses, es interpretada como una amenaza para la autonomía personal. John Stuart Mill y antes Bentham y A. Smith sostenían que cada uno es el mejor juez de sus propios intereses y debe ser considerado el único juez sobre aquello que constituye el propio bienestar, las preferencias de los sujetos se forman en el ejercicio de la autonomía y por ello son racionales[421]. Ágnes Heller desde una teoría crítica vincula las necesidades a la vida cotidiana de las personas, pero no las necesidades como lo «dado», sino que son los propios hombres quienes transforman su estructura de necesidades y de valores en el proceso permanente de objetivación.

Habermas, en el marco de su teoría discursiva, ha manifestado que una dinámica de autocorrección no puede ponerse en marcha sin moralización, sin una generalización de intereses efectuado desde puntos de vista normativos, en términos más o menos discursivos en los espacios espontáneos de opinión pública de las culturas políticas liberales. En consecuencia, «las necesidades humanas no son el producto de un determinismo mecanicista en forma de instintos o impulsos, sino que antes bien constituyen una expresión de la capacidad del ser humano para trascender los límites de su existencia y dejar su impronta en el mundo exterior, formado de acuerdo a sus fines elegidos. Por otra parte, las necesidades no pueden identificarse con sus modos de satisfacción o con los objetos hacia los que se dirigen. Estas dos esferas deben permanecer separadas, por cuanto ello tiene importantes consecuencias a la hora de atender al problema del alcance normativo de las necesidades»[422]. Se abre así —como dice Pérez Luño— un importante reto para la legislación, la jurisprudencia y la ciencia del Derecho dirigi-

---

[421] AÑÓN ROIG, María José y GARCÍA AÑÓN, José (coordinadores), *Lecciones de derechos sociales,* Tirant lo Blanch, Valencia, 2002, p. 131.

[422] AÑÓN ROIG, María José y GARCÍA AÑÓN, José (coordinadores), *ob. cit.,* p. 129.

do a clarificar, depurar y elaborar las reivindicaciones cívicas y las necesidades humanas, para establecer cuáles de ellas incorporan nuevos derechos y libertades dignos de tutela jurídica y cuáles no pasan de ser meras pretensiones arbitrarias[423].

En general, se puede afirmar que tanto Elías Díaz como Eusebio Fernández tratan de prevenir el *perfeccionismo* en la configuración jurídica de los derechos, en la medida en que la «unidad social» es un bien necesario, y éste no puede fundarse en preferencias ideológicas sino en la idea de una justicia compartida. Se trata de mantener la voluntad de cooperación de las personas y la autonomía de cada uno. Aunque, Eusebio Fernández ha dejado sentado cierto pesimismo moral respecto a la capacidad «natural» de abuso del poder político, propio de la condición humana[424].

En Rawls se puede encontrar pautas para construir un índice de *bienes básicos* en relación con las necesidades públicas, sin los riesgos de un *perfeccionismo moral*. Considera que la teoría de los

---

423 PÉREZ LUÑO, Antonio Enrique, «La evolución del Estado social y la transformación de los derechos fundamentales» en OLIVAS, Enrique (edit.), *Problemas de legitimación en el Estado social,* Trotta, Madrid, 1991, p. 97.

424 El profesor Eusebio Fernández, en su libro *Obediencia al Derecho* [ha criticado las tesis de Luis Prieto expuestas en «Ideología liberal y fundamentación iusnaturalista de los derechos humanos. Observaciones y críticas», *Anuario de Derechos Humanos* n.º 4, p. 291 y ss.], respecto a los requisitos de una teoría contractual de la justicia, ha señalado que «si los derechos morales son previos al contrato, esto quiere decir que son anteriores a cualquier legislación o convención, incluida la que aquí se considera la más legítima y que es la democrática. Si los derechos morales son previos al sistema democrático, ello quiere decir también que los derechos morales tienen prioridad axiológica sobre la democracia. Aunque un sistema democrático se caracteriza generalmente, y entre otros rasgos, por el respeto a los derechos morales de los individuos, lo anterior quiere decir, como última conclusión, que pierde justificación, por injusta, cualquier decisión o disposición tomada democráticamente que atente contra los derechos morales de las personas. Los derechos morales funcionan, así, como límites a priori del contrato y como control a posteriori de la democracia. La última conclusión no expresa desconfianza en la democracia, sino más bien tomarla en serio, como una forma de organización política de la convivencia de los ciudadanos, que materializa los contenidos morales de autonomía, libertad e igualdad», pp. 176 y 177. Ver también, del mismo autor, *Teoría de la justicia y derechos humanos,* p. 175 y ss.

bienes primarios es una extensión de la noción de necesidades, las cuales son distintas de las aspiraciones y deseos. En tanto ciudadanos, los miembros de una *sociedad bien ordenada* colectivamente son responsables de relacionarse justamente sobre la base de *una medida* de necesidades *pública y objetiva*. Además, en tanto *individuos y miembros de asociaciones,* son responsables de *sus preferencias y devociones* [425]. De este modo la autonomía privada y pública queda en tensión pero a buen recaudo filosófico.

Sólo queda por recuperar un cierto tono escéptico respecto a un orden tan estructurado de las generaciones de los derechos humanos presentado por Elías Díaz. Si bien este orden puede tener un efecto de claridad en la explicación pedagógica o facilitar el análisis de los derechos humanos conectados con modelos estatales diferenciados [426]; sin embargo, plantea importantes problemas a la hora de su devenir y de su funcionamiento práctico. De estos problemas han dado cuenta tanto Javier Ansuátegui como Eduardo Rabossi [427]. Este último autor ha criticado el orden de las generaciones de los derechos humanos como exageradamente constructivista, y la denomina como «concepción canónica de los derechos humanos» [428]. La crítica que hace Habermas a T.H. Marshall puede extenderse a Elías Díaz y en menor medida también a Eusebio Fernández.

Dice Habermas, que Marshall para sostener la tesis del *status* de ciudadanía usó una secuencia que lleva dos o tres siglos

---

[425] RAWLS, John, *Justicia como equidad. Materiales para una teoría de la justicia,* trad. Miguel Ángel Rodilla, Tecnos, Madrid, 1986, capítulo 9, «Unidad social y bienes primarios», pp. 187-209.

[426] RODRÍGUEZ PALOP, María Eugenia, *La nueva generación de derechos humanos. Origen y justificación,* Universidad Carlos III de Madrid, Dykinson, Madrid, 2002, p. 75. De esta autora es importante su idea de que los derechos fundamentales no son necesariamente derechos subjetivos en cuanto a su estructura y forma jurídica, sin embargo, posiblemente, ella no comparta en su integridad la crítica de Rabossi a una visión lineal de las generaciones de derechos.

[427] ANSUÁTEGUI, Javier, «Derechos, Constitución, democracia», *ob. cit.,* p. 171.

[428] RABOSSI, Eduardo, «Los derechos humanos básicos y los errores de la concepción canónica», *Revista IIDH* n.º 18, 1993, pp. 30 y ss.

básicamente recurriendo al ejemplo de la historia de Inglaterra, proponiendo una división de los derechos en derechos «civiles», derechos «políticos» y derechos «sociales», en una evolución histórica casi lineal, dejando muchas interrogantes ya que es una descripción que permanece neutral frente a los incrementos y las pérdidas de autonomía y es ciega «frente a la cuestión de la utilización efectiva de un *status* activo de ciudadano, a través del cual el individuo puede ejercer una influencia democrática sobre el cambio de su propio *status* o situación; puesto que sólo los derechos de participación política fundan la posición jurídica de ciudadano, es decir, una mediante una posición jurídica reflexiva, referida a sí misma. Los derechos negativos de libertad y los derechos sociales pueden, en cambio, venir otorgados en términos paternalistas. Estado de Derecho y Estado social son también en principio posibles sin democracia» [429]. El valor de un cierto tono escéptico respecto a un orden tan estructurado de las generaciones de los derechos humanos presentado por Elías Díaz no nos puede llevar a hipótesis más o menos escépticas, como parece derivarse de la posición de Eusebio Fernández, acerca de la débil o no justicialidad de los derechos sociales en el ámbito de una ética mínima cívico-política. Abramovich y Courtis han presentado un amplio abanico de intervenciones y estrategias «directas» e «indirectas» de satisfacción de los derechos sociales en el marco de una estructura común a los distintos tipos de derechos fundamentales [430].

4. CUESTIONES FINALES

Los discursos sobre fundamentación e institucionalización de los derechos humanos tanto de Elías Díaz como de Eusebio Fernández buscan una respuesta racional a la pregunta de qué derechos tenemos que reconocernos los unos a los otros si que-

---

[429] HABERMAS, Jürgen, *Facticidad y validez*, p. 143.

[430] ABRAMOVICH, Víctor y COURTIS, Christian, *Los derechos sociales como derechos exigibles*, Prólogo de Luigi Ferrajoli, Trotta, Madrid, 2002.

remos regular nuestra convivencia de forma legítima con los medios del derecho positivo. Intento procedimental de poner en la mejor consonancia posible la idea de los derechos humanos con el principio de soberanía popular. La crítica de Eusebio Fernández quiere demostrar la aparente paradoja de la relación entre Estado democrático (socialista) de Derecho y Estado de Derecho (concepto restringido). Elías Díaz pretende salir de los aprietos en que le ponen discursos como los del profesor Fernández incluyendo la dimensión del tiempo histórico, proponiendo un programa que perpetúa el acto fundacional como un proceso constituyente que se prosigue de generación en generación. Una alternativa, que se puede considerar, como básicamente habermasiana [431]. Bajo esta premisa, con cada acto fundacional se abre también la posibilidad de un proceso de intentos de desarrollar cada vez mejor el sistema de los derechos, corrigiéndose asimismo cuando sea necesario.

Eusebio Fernández, ha dado cuenta del vínculo existente entre Estado de Derecho y derechos humanos, y que este vínculo en Elías Díaz, tiene la característica de un índice demasiado elevado de bienes básicos, que pone a su modelo de Estado democrático de Derecho y al propio concepto de Estado de Derecho al borde del perfeccionismo moral. Un perfeccionismo cívico que «desnaturaliza» el concepto de Estado de Derecho y que pone en grave riesgo a la autonomía moral de los individuos. No cabe duda que llamamos «Estado de Derecho» a los Estados en los que funciona regularmente un sistema de garantías de los derechos humanos, y sin duda, también, los derechos sociales traen consigo un aumento del poder público. El reto para un modelo de Estado de Derecho democrático es cómo articular democracia y derechos. Hacia esa síntesis se dirigió la idea

---

[431] Según Habermas, si queremos hacer plausible la idea de que democracia y Estado de Derecho (derechos fundamentales) no están entre sí en una relación paradójica, «tendremos que explicar en qué sentido los derechos fundamentales *en su conjunto,* y no sólo los derechos ciudadanos políticos, son constitutivos para el proceso de la autolegislación». HABERMAS, Jürgen, *Tiempo de transiciones,* trad. Rafael de Agapito, Trotta, Madrid, 2004, p. 156.

guía del Estado de Derecho, en el que los derechos fundamentales no aparecen como concesiones, sino como el corolario de la soberanía popular, a través de cuyo principio la ley no sólo implica un deber, sino también un derecho para el individuo [432].

Vimos antes, apoyándonos en Nino, que se habla de justificaciones *perfeccionistas* cuando un Estado democrático pretende fundar su valor en el hecho de que el sistema democrático de gobierno fortalece virtudes de carácter y satisface ideales de excelencia humana, un cierto «republicanismo cívico». Se vio también, que para Eusebio Fernández, que el Estado imponga virtudes cívicas por su valor intrínseco implica dar prelación a ciertas formas de vida pública, sobre quien prefiere atender su sus intereses más cercanos. El ideal cívico-político para Eusebio Fernández tiene que ser mínimo en la medida que sea instrumentalmente necesario para el buen funcionamiento de las instituciones democráticas, y esto tiene, obviamente consecuencias para cuestionar obligaciones y deberes de solidaridad en el espacio público. De tal modo que la justificación perfeccionista del Estado democrático de Derecho de Elías Díaz se torna inasequible para una concepción liberal de la sociedad: el procedimiento democrático ya no obtiene su fuerza legitima-

---

432 *El Estado de derecho:* «es aquella forma política que supone la más completa sujeción del poder a la legalidad; pero no a una legalidad neutra abierta a cualquier contenido sino a una legalidad legítima, en cuanto necesariamente orientada a garantizar los derechos fundamentales. El Estado de derecho entraña la fundamentación del poder político en la soberanía popular; soberanía que se ejerce a través de la ley. Por eso, la ley que garantiza la seguridad de los ciudadanos y a la que éstos, en reciprocidad, deben obediencia no es el dictado de una voluntad arbitraria o despótica, sino la expresión de la voluntad general. A ello se añade que el bloque de legalidad del Estado de derecho no es axiológicamente neutro. Dicha legalidad se halla legitimada formalmente por el principio de imparcialidad de su origen (voluntad mayoritaria del pueblo) y de sus destinatarios (igualdad ante la ley); y materialmente por poseer un contenido moral básico perfectamente delimitado: el reconocimiento en términos de normas positivas (bajo la forma de derechos fundamentales) de los derechos naturales o derechos humanos». PÉREZ LUÑO, Antonio Enrique, *Teoría del Derecho,* Tecnos, Madrid, 1997, p. 169.

dora en normas jurídicas que garantizan la expectativa de unos resultados racionalmente aceptables para todos y que respetan la dignidad de las personas, el derecho a tener derechos.

Elías Díaz, afirma que su búsqueda no es perfeccionista sino equilibrante, dado que entre los propios caracteres del Estado de Derecho habita un núcleo interno de tensión permanente: el imperio de la ley (ley como expresión de la soberanía popular) y los derechos fundamentales [433]. Se puede operar con una tensión entre libertad y democracia si se reconoce que ambos valores responden a estructuras diferentes pero complementarias. En este sentido el concepto de *ciudadanía* es un buen complemento, por supuesto no reducido a una condición de pertenencia ni a una condición económica ¿Por qué y en nombre de qué demandar nuevos derechos y nuevas libertades? En término de los «derechos de ciudadanía» [434]. Recordemos que los derechos sociales no son definidos de una vez por todas, sino que su desarrollo depende, en parte, de las relaciones de fuerza que luchan por procurarse una mayor cantidad de recursos, contienen una cierta voluntad fundante.

---

[433] Revista *Sistema* n.º 125, mayo, Madrid, 1995, p. 12.

[434] MARSHALL T.H. y BOTTOMORE, Tom, *Ciudadanía y clase social,* trad. Pepa Linares, Alianza Editorial, Madrid, 1998. También, Pietro Barcellona, sobre el concepto de ciudadanía dice: «la ciudadanía se compone de tres momentos: la *ciudadanía política,* que corresponde al reconocimiento del derecho a elegir a los propios representantes en los órganos del Estado, en las asambleas legislativas; la *ciudadanía civil,* que coincide más o menos con la capacidad para actuar, es decir, con la posibilidad de estipular contratos y vincularse mediante el propio consenso a obligaciones y prestaciones en las relaciones con los otros sujetos; y, según la anterior observación, la *ciudadanía social,* tal y como ha sido definida previamente». BARCELLONA, Pietro, «Los sujetos y las normas. El concepto de Estado social» en OLIVAS, Enrique (editor), *Problemas de legitimación en el Estado social,* p. 29. Un buen ejercicio de fundamentación, recuperando la noción de ciudadanía, es el que viene llevando a cabo, últimamente, GONZÁLEZ AMUCHASTEGUI, Jesús, *Autonomía, dignidad y ciudadanía. Una teoría de los derechos humanos,* Tirant lo Blanch, Valencia, 2004. También, CEBEIRA MORO, Ana, «Estado de Bienestar y ciudadanía social: los derechos sociales como derechos de ciudadanía» en BONETTO, Susana y PIÑERO, Teresa, *ob. cit.,* pp. 113-130.

La propia historia de la sociedad burguesa prueba que la institucionalización tanto de los derechos ciudadanos como de los derechos privados constituyó el elemento fundamental de las demandas burguesas de emancipación. De otro lado, la justicia de un derecho significa disfrutar, en parte, del hecho de que los intereses queden eximidos de las incertidumbres de los ciclos económicos o de la competencia dura de la política. No en vano se habla de que la política distributiva está expuesta a argumentos de justicia social. Elías Díaz, no deja de mantener la tensión entre derechos humanos y Estado democrático de Derecho, como diría Fernando Bañuls, entre ética y política. Mantiene su crítica tanto al individualismo abstracto que se agota en un pseudoneutralismo como de aquella imagen bondadosa del «hombre situado» en el interior de las instituciones y grupos en los que se integra[435]. La realización de los derechos humanos exigida por Marx, la emancipación humana que se produce cuando el hombre y el ciudadano se funden, exige una relectura, y ya no sólo desde la perspectiva del Estado nacional sino desde un Estado en tiempo de transiciones. Parece haber

---

[435] Dice Elías Díaz que la teoría crítica de la justicia está en íntima conexión con la teoría democrática de la legitimidad. Ambas son dimensiones valorativas, configurándose la legitimidad democrática como la mejor vía para la justificación ética del Derecho y del Estado. Tales valoraciones no son indiferentes respecto a modos concretos de producción y autoreproducción de la vida real. Critica el «difuso» eticismo de los derechos fundamentales como «fundamentalista», agotadora elucubración moral pero reacia a la historia y a la sociología. Agrega, «comprendo que los abusos simplificadores del marxismo —especialmente del marxismo estructuralista que es tal vez el que más tuvo que sufrir la «generación fundamentalista»— dejaron este tema intratable, con las aventuras y desventuras del «capitalismo monopolista» como eje único de la historia, como explicación mágica y traumatúrgica de todo lo avenido y lo por avenir. Pero, ello, este mal pasado, no es —creo— razón suficiente para justificar, por otro lado, las ocultaciones y escrupulosas asepsias de ese ahistórico y antisociológico fundamentalismo ético [de los derechos humanos] actual». DÍAZ, Elías, «Notas (»concretas») sobre legitimidad y justicia» en MUGUERZA, Javier y otros, *El fundamento de los derechos humanos,* edición preparada por Gregorio PECES-BARBA, Debate, Madrid, 1989, pp. 148-149.

una tensión irreductible entre ciudadanía civil y ciudadanía social, el propio Marshall infravaloró esta tensión[436].

Eusebio Fernández, mantiene su programa mínimo ético cívico-político como sinónimo de un concepto restringido de Estado de Derecho, que garantizaría por un lado la pluralidad de concepciones autocomprensivas razonables y la legitimidad democrática. Su déficit en lo tocante a teoría de la democracia, aquejado de un planteamiento que aloja todos los contenidos morales en derechos humanos prepolíticos, como la dignidad humana, con signos de un individualismo casi metafísico, últimamente ha tratado de dar un giro a fin de que su teoría del Estado de Derecho tenga mayor flexibilidad ante los problemas del acelerado cambio de los sistemas jurídicos desarrollados bajo el efecto de nuevas necesidades humanas en un Estado de Derecho en tiempo de transiciones. Hoy sustenta su teoría, en cuanto a la institucionalización de los derechos humanos, bajo el signo de la «moral interna del derecho», con la que pasa a operar de un modo más claro con un concepto procedimental de justicia efectivamente formal. De tal manera que su concepto de Estado restringido de Derecho ya no es sinónimo de Estado liberal igualitario de Derecho. Éste, es un campo abierto que puede ser ocupado por programas socialistas como el de Elías Díaz o programas de Estado social, modelo que es de su preferencia.

Lo que resulta interesante para una teoría crítica es que este «mínimo ético cívico-político», es condición necesaria de filosofías no metafísicas, autocomprensivas pero razonables. De tal manera que también es un límite al despliegue de posiciones neoconservadoras que no tienen un concepto de individualismo ético. Y si en la época franquista, en la teoría crítica y en la práctica disidente, resultaba irrelevante pensar la seguridad jurídica, concepto apropiado por la retórica dictatorial y el ius-

---

[436] AÑÓN, José María, «El test de la inclusión: los derechos sociales» en *Trabajo, derechos sociales y globalización. Algunos retos para el siglo XXI*, ANTÓN, Antonio (coordinador), Talasa, Madrid, 2000, p. 187.

naturalismo tradicional, está claro que poco tenía que ofrecer «la moral interna del Derecho» [437]. La justicia procedimental, extrapolada a la época actual, como «moral interna del Derecho», en términos de exigencias de igualdad formal, es teórica y políticamente, una forma de crítica al neoliberalismo y a las políticas de globalización instrumental, que constituyen una amenaza para la vigencia de los derechos humanos y el despliegue de la soberanía popular y en las que, la seguridad jurídica es una condición necesaria en tanto que garantiza el desarrollo de un mercado «naturalizado»; de tal manera que quien es económicamente más fuerte no sólo se beneficia por el establecimiento de un mercado libre sino también de la protección por parte del Estado más que aquel que es económicamente más débil [438]. La «moral interna del Derecho» para que adquiera su pleno sentido tiene que desdoblarse en autonomía privada y autonomía pública.

En tal sentido, tanto en Eusebio Fernández como en Elías Díaz, hay un ajuste de piezas teóricas, un aprendizaje, al fin. Para Elías Díaz las exigencias de una democracia como moral,

---

[437] Al hilo de las investigaciones de Escudero ya antes aludido, y que se considera necesario reiterarlo, durante los últimos años de la dictadura franquista, la labor de autores como Elías Díaz resultó decisiva a la hora de desenmascarar la estrategia del supuesto Estado de Derecho en España, un Estado que decía que sus operadores jurídicos actuaban conforme a normas jurídicas pre-establecidas y sujetos a mecanismos legales de control. Constituía parte del alegato de Elías Díaz: sólo puede predicarse seguridad jurídica de un Derecho en el que exista democracia y se respeten los derechos humanos, lo contrario no es más que la seguridad de la inseguridad.

[438] HOERSTER, Norbert, *En defensa del positivismo jurídico*, trad. Ernesto Garzón Valdés, Gedisa, Barcelona, 2000, p. 164.También se puede ver: DE ASÍS, Rafael, *Sobre el concepto y fundamento de los derechos: una aproximación dualista*, Cuadernos «Bartolomé de las Casas» n.º 17, Dykinson, Madrid, 2001, p. 92; PECES-BARBA, Gregorio (con la colaboración de Rafael de Asís Roig y María del Carmen Barranco Avilés), *Lecciones de derechos fundamentales*, Dykinson, Madrid, 2004. El positivismo de estos autores no defiende la idea de un Estado de Derecho como institución neutral. Es un viejo equívoco del positivismo radical sostener la neutralidad de la institución del Estado en el ejercicio práctico de los intereses de la política.

tienen que estar articuladas a la democracia como política y como institucionalización jurídica, y ya consciente de su breve «desliz perfeccionista»; el filtro de la juridicidad no es irrelevante en el programa de moralización del Estado de Derecho a través del ideario socialista democrático y los derechos fundamentales. Para Elías Días, su programa deseable es el Estado socialista democrático, y su «segunda posibilidad mejor», el Estado social democrático de Derecho.

Para Eusebio Fernández, el concepto restringido de Estado de Derecho ya no es la encarnación histórica del derecho ético liberal. Toda exigencia ética liberal tiene que ser flexible ante el dato empírico de la pluralidad teórica y social. Su programa como aspiración es el liberalismo-igualitario, y como un programa de una «segunda posibilidad mejor», el Estado social democrático de Derecho. Se sabe que los derechos liberales y los derechos sociales pueden ser reconocidos sin democracia, dictatorialmente; ahí, que en ambos autores, pese a las discrepancias en filosofías autocomprensivas, vean en el Estado social y democrático de Derecho, un modelo realizable y más próximo a las exigencias de una justicia como equidad. Mientras que las normas morales, solucionan imparcialmente conflictos de acción, son fines en sí, las normas jurídicas son también medios para objetivos políticos, para poner en marcha programas políticos igualitarios. Por eso, los objetivos colectivos y las medidas políticas que traducen las exigencias éticas de los derechos humanos a la práctica jurídica de las garantías deben su fuerza vinculante a su forma jurídica.

Una concepción «mínima» de Estado de Derecho no es igual a concepción «minimalista» de justicia social. De tal manera que ni el «concepto restringido de Estado de Derecho» de Eusebio Fernández, ni las cuatro características que definen al Estado de Derecho «básico» en Elías Díaz son contrarios al Estado social de Derecho. Dice Garzón Valdés, que si interpretamos la expresión *rule of law* en un sentido minimalista resulta insuficiente para garantizar un sistema que pueda gozar de una aprobación moral incondicionada. Si, en cambio, la interpretamos de acuerdo con la concepción del constitucionalismo liberal del Estado social de Derecho, obtenemos una respuesta en la que *nothing is wrong with the rule of law*. En este devenir de una moral incondicionada se solapan la institucionalización, de un lado «la *rule of law* de procedencia anglosajona [que] dio origen, primero, al «Estado de Derecho», al sumar al principio de seguridad el respeto de los derechos individuales, y después al «Estado social de Derecho» [de origen continental], al incorporar los deberes estatales de protección de los sectores sociales económicamente débiles» [439].

Una concepción «mínima» de Estado de Derecho tampoco implica una crítica a un proyecto igualitario, o acusar a los proyectos igualitarios, identificados en algún sentido con la insti-

---

[439] GARZÓN VALDÉS, Ernesto, «What is Wrong with the Rule of Law» en SABA, Robert (editor), *Estado de Derecho y democracia. Un debate acerca del rule of law,* p. 75. Según Neil Mac CORMICK, el Estado de Derecho es guía teórica para la acción, y además tiene una pretensión de corrección: «El imperio del Derecho constituye una garantía de que el poder del Estado está limitado. El concepto alemán del *rechtsstaat* es una de las expresiones históricamente más importante de esta idea. Esta teoría que se originó en el siglo XIX, desarrolló una diferenciación entre tipos de Estado, por ejemplo, los orientados hacia políticas de bienestar general según la discreción arbitraria de sus dirigentes, en contraposición a aquellos en los que la búsqueda de los fines gubernamentales estaba limitada por el derecho público y el respeto de los derechos privados [...] El imperio del Derecho es la expresión político-constitucional que quizás más se aproxima al tipo de valor expresado por el *rechsstaat,* pero la terminología utilizada en el Continente tiene la virtud de centrarse en la cualidad del tipo concreto de Estado que existe bajo el imperio del Derecho, en vez de hacerlo en la situación puramente ideal y abstracta que denota nuestro término». MacCORMICK, «Law, Rule of Law and Democracy» en VV.AA., *La crisis del Derecho y sus alternativas,* Consejo General del Poder Judicial, España, Madrid, 1996, p. 389. El Estado tiene que ser entendido como una asociación compuesta de ciudadanos que aspiran a una igualdad en libertades. RAWLS, John, *Teoría de la justicia,* p. 203. El Estado no se ocupa de doctrinas filosóficas y religiosas, sino que regula la búsqueda que hacen los individuos de sus intereses morales y espirituales conforme a principios con los que ellos mismos estarían de acuerdo en una situación inicial de igualdad, éste es el marco rawlsiano para concretar instituciones respetuosas de los derechos humanos, reconociendo la contingencia de la injusticia en las desigualdades sociales.

tucionalización del Estado social de Derecho, como causantes de la llamada «crisis de la ley» o de los problemas de legitimación del Estado en el capitalismo tardío. La denominada «crisis de la ley» pone mayores retos para una concepción fuerte del Estado de Derecho como la de Elías Díaz, exigencias de un haz de transiciones, y que «tiene mucho ver con el problema de la soberanía, con la organización de los estados, con la fuerza normativa de las constituciones, con la fuerza normativa de los principios y con la función de los jueces, pero muy poco que ver, si es que tiene algo que ver, con el problema de la igualdad» [440].

Pero esta protección jurídica igualitaria y «diferenciada» de los sectores sociales económicamente débiles todavía resulta insuficiente para una teoría de la justicia como equidad, ya que el Estado de Derecho siempre será incompleto frente a la promesa moral de justicia y el respeto de la dignidad humana. No en vano, Eusebio Fernández opina que «existe una obligación moral de obedecer al Derecho justo, originada en la obligación moral general que tenemos de ser justos y en el mismo plano que otras obligaciones derivadas» [441].

Para Elías Díaz, mientras la justicia real para todos esté pendiente, el Estado de Derecho tiene que estar abierto a la disidencia y a la crítica; además, en un tiempo de transiciones, en el Estado de Derecho no sólo caben exigencias intergeneracionales de derechos humanos sino también proyectos de una mayor democratización.

¿Qué tipo de democracia constituye un buen argumento ético-político para la construcción de un Estado de Derecho conforme al proyecto socialista? Esta es la pregunta pen-

---

[440] Según HIERRO, la generalidad de la ley nada tiene que ver con la igualdad. La generalidad se relaciona con la seguridad jurídica, «Igualdad, generalidad, razonabilidad y crisis de la ley», *Doxa* n.º 26, Alicante, 2003, p. 474. Sobre estos mismos problemas se puede ver: ROLDÁN MARTÍNEZ, Luis, «El Derecho y la crisis de la ley», *Derechos y libertades* n.º 13, enero/diciembre, Universidad Carlos III de Madrid, BOE, 2004, pp. 109-145; RODRÍGUEZ URIBES, José Manuel, *Formalismo ético y constitucionalismo*, Tirant lo Blanch, Valencia, 2002, p. 205 y ss.

[441] FERNÁNDEZ, Eusebio, *La obediencia al Derecho*, p. 26.

diente y que se trata de analizar en el próximo capítulo. De este modo, la investigación permite avanzar con el despliegue del núcleo conceptual de Estado de Derecho en Elías Díaz: derechos humanos y democracia. El debate que nos espera es el de Elías Díaz con Juan Ramón Capella y Gregorio Peces-Barba.

Capítulo IV
ESTADO DE DERECHO Y DEMOCRACIA

> «*El concepto de* soberanía popular *se debe a la apropiación y transvaloración republicanas de la noción de soberanía emprendida en los albores de la modernidad y vinculada, ante todo, al príncipe que gobierna de modo absolutista [...] El* republicanismo, *que hunde sus raíces en Aristóteles y en el humanismo político del Renacimiento, ha concebido siempre prioridad a la autonomía pública de los ciudadanos frente a las libertades prepolíticas de las personas privadas*».
>
> HABERMAS, *La inclusión del otro,* pp. 244, 252.

> «*El constitucionalismo, en este sentido robusto, aparece como la síntesis de las ideas aparentemente en conflicto de Rousseau y Locke*».
>
> NINO, *La constitución de la democracia deliberativa,* p. 19.

La concepción liberal de las libertades se levanta sobre dos pilares que la hacen factible: la defensa de los derechos individuales fundamentales y la existencia del *imperio de la ley*[442]. La

[442] FERNÁNDEZ, Eusebio, *La obediencia al derecho,* p. 230. Es típicamente liberal rastrear la legitimidad democrática en la lógica del contrato, en

concepción democrática demanda la socialización de las libertades y se dirige a poner el acento del *imperio de la ley* en tanto imperativo de la comunidad social[443]. Por ambas vías, con distintos argumentos, incluso conceptualmente paradójicos, se llega a la afirmación de que *la más libre y justa organización estatal es el Estado de Derecho democrático*. Hacia esa síntesis práctica se dirigió la idea guía del Estado de Derecho, en la que los derechos fundamentales no aparecen como concesiones sino como corolario de la soberanía popular[444].

En este capítulo se trata de debatir la relevancia del principio democrático en la constitución del Estado de Derecho. Además, las garantías que proporciona el Estado democrático de Derecho para que los derechos humanos, como respuesta a las necesidades humanas, se discutan y pasen el filtro deliberativo, de tal manera que las necesidades e intereses subjetivos se moralicen en pos de un interés general. ¿Qué significado tiene para los socialistas que los derechos humanos tengan su sustento en las necesidades humanas básicas y en el consenso democrático? ¿Qué relevancia tiene en las luchas de los socialistas los medios del Derecho positivo y la institucionalización de la democracia en el contexto de un Estado democrático representativo?

En el Estado de Derecho moderno, el principio del ejercicio del poder parece imponer ciertos límites a la autodeterminación soberana del pueblo. Es decir, que el *imperio de la ley* exige que la formación de la voluntad democrática no vulnere los derechos humanos positivados como derechos fundamentales[445].

---

el consentimiento individual, en el consentimiento de las partes. La ficción del contrato no es suficiente, tiene que combinarse con exigencias de responsabilidad. Para una crítica a la lógica del contrato véase CORTINA, Adela, *Alianza y contrato. Política ética y religión,* Trotta, Madrid, 2001.

443 DÍAZ, Elías, *Estado de Derecho y sociedad democrática,* p. 18.

444 PÉREZ LUÑO, Antonio Enrique, «Soberanía popular y Estado de Derecho» en LAPORTA, Francisco (ed.), *Constitución: problemas filosóficos,* pp. 45-73.

445 HABERMAS, Jürgen, *Tiempo de transiciones,* pp. 141, 142.

Desde un punto de vista de la igualdad formal los derechos individuales son triunfos políticos en manos de los individuos[446]. ¿Están dispuestos los socialistas a aceptar que los individuos tienen derechos cuando, por alguna razón, una meta colectiva carece de una justificación suficiente como para negarles lo que, en cuanto individuos, desean tener o hacer, o cuando injustificadamente se les imponga alguna pérdida o perjuicio en la satisfacción de sus necesidades? Al hilo de las ideas sobre las relaciones entre Estado de Derecho y democracia de Elías Díaz, veremos la respuesta socialista, en diálogo con Juan Ramón Capella y Gregorio Peces-Barba.

1. ELÍAS DÍAZ: LA EXIGENCIA DE LA DEMOCRACIA ANTE EL ESTADO DE DERECHO

1.1. La democracia como participación y otras condiciones

La participación es un predicado positivo de la democracia[447]. Sirve como un ideal. Como tal, Elías Díaz hace un uso regulati-

[446] DWORKIN, Ronald, *Los derechos en serio,* trad. Marta Guastavino, Ariel, Barcelona, 1995, p. 37.

[447] Es acaso éste un concepto analítico de democracia. Analíticamente se dice que el predicado no entiende nada que no esté ya en el concepto de sujeto (democracia), pertenece al concepto mismo de igual modo a como el predicado «equilátero» pertenece al concepto «triángulo equilátero». HARTNACK, Justus, *La teoría del conocimiento de Kant,* trad. Carmen García y J.A. Lorente, Cátedra, Madrid, 1992, p. 151. La «participación», según Elías Díaz, también se define por dos predicados «decisiones» y «resultados»: participación en decisiones y participación en resultados. Por cierto, este tipo de concepción de la democracia tiene que sortear el reto que suponen concepciones formales que entienden por democracia a «un procedimiento para adoptar decisiones mediante el cual resulta elegida la alternativa que cuenta con el apoyo de la mayoría de los electores». FARRELL, Diego Martín, *Utilitarismo, liberalismo y democracia,* Fontamara, México, 1997, p. 96. Sin embargo, el propio Farell reconoce que la democracia no es un sistema de justicia puramente procesal y que sus resultados pueden ser considerados justos o injustos de acuerdo a cá-

vo, algo que sirve como supuesto y base de toda determinación de los objetos de la experiencia política, por lo que no es lo mismo que una ficción. Afecta a lo que existe, como por ejemplo a la carencia mayor o menor de participación en las democracias que conocemos. La experiencia envuelve el uso de conceptos.

Se entiende que el horizonte de una sociedad democrática está en el ideal de una sociedad igualitaria y solidaria. Toda organización social busca autodeterminarse: hacerse libre por su propio esfuerzo, regular las relaciones entre sus miembros a fin de asegurarse alguna esfera de autonomía y libertad frente a posibles intervenciones. Hay cosas que no se pueden hacer a los ciudadanos, ni siquiera por su propio bien. Esta «autodeterminación» tiene carácter moral, se construye sobre la base de derechos y deberes de sus miembros. La sociedad democrática ejerce un poder coactivo sobre sus ciudadanos pero con el consentimiento de éstos. Cada individuo debe cultivar sus propias virtudes y la sociedad promoverlas en el marco de la tolerancia.

Participar es formar parte de algo dado y/o formar parte de un proyecto (construcción). Entrar juntos con otros en un asunto común. Surge así para las interacciones que tienen lugar entre pertenecientes al mismo grupo social. El valor de la participación en la obediencia a los resultados del Estado de Derecho forma ya parte de una suposición ideal de construcción del poder.

La participación puede ser un valor operativo. Con ella podemos construir nuestra libertad o nuestra opresión. Si todo

---

nones independientes del procedimiento democrático mismo. Entre los mejores trabajos que se conocen para articular un concepto de democracia se cuenta: SARTORI, Giovanni, *Qué es la democracia,* trad. Miguel Ángel González Rodríguez y María Cristina Pestellini Laparelli, Taurus, Madrid, 2003; ARBLASTER, Anthony, *Democracia,* trad. Adriana Sandoval, Alianza Editorial, Madrid, 1991; TOURAINE, Alain, *¿Qué es la democracia?* Temas de Hoy, Madrid, 1994; BOBBIO, Norberto, «Democracia» en BOBBIO, Norberto y MATTEUCCI, Nicola, *ob. cit.,* volumen 1, pp. 493-507; CANFORA, Luciano, *La democracia. La historia de una ideología,* trad. María Pons Irazazábal, Crítica, Barcelona, 2004; GREPPI, Andrea, *Concepciones de la democracia en el pensamiento político contemporáneo,* Trotta, Madrid, 2006.

depende de la participación para que nazca una decisión o un resultado institucional no es algo que se pueda asumir sin mayor problematización. Hay algo de autorrestricción en la sociedad democrática: no todo es intencional y objeto de voluntad participativa.

Lo público depende de una contribución colectiva: un individuo puede actuar-participar con la intención de contribuir a crear o mantener una determinada práctica social, pero el que esa práctica se cree o se mantenga es algo que rebasa toda intención. El resultado institucional ya queda fuera del control de cualquier agente. El socialismo tiene que tener muy buenas razones para que resulte justificado que en torno a la democracia se transformen los intereses de las personas y que sea el proceso de discusión participativa y decisión mayoritaria lo que nos permita prever un probable resultado igualitario. En tal caso, el resultado no debe perjudicar a los menos favorecidos.

En sus escritos Elías Díaz ha tenido especial interés en no descontextualizar. Si se trata de analizar la democracia —o cualquier otro tema— es importante no olvidar tanto las circunstancias históricas-sociales como las económico-culturales desde las que se habla. Entiende que estas precisiones metodológicas, si tomadas con modestia, es decir sin exageración, nos pueden ayudar a entender mejor las cosas. Esto no implica para él negar la pretensión de universalidad que los conceptos, metas y objetivos de la democracia se proponen. También los conceptos y valoraciones condicionan y transforman la realidad. En cierto sentido es una concepción epistemológica moderadamente realista.

Por ejemplo, si las condiciones reales, culturales y económicas del capitalismo son problemáticas, las exigencias de la ética, de la justicia y de los derechos humanos están llamadas a cumplir su función para el cambio de tales circunstancias y en este proceso radica la evolución de nuestro mundo social. Se activa el vocabulario del aprendizaje social, lo que implica ya activar nuestra perspectiva de participantes. En este sentido, la soberanía popular como principio se orienta a proteger y/o promocionar la participación y los derechos políticos como bienes sociales.

Dice Elías Díaz que la actual sociedad industrial es una sociedad de masas y que como tal, ha supuesto un indudable paso adelante en ese proceso de democratización en relación con las sociedades tradicionales [448].

La técnica nivela y el desarrollo industrial democratiza [449]. Esto simplemente tiene que ser reconocido como tal. Así se admite un naturalismo débil y no una concepción totalitaria de un determinismo normativo. La sociedad industrial de masas es un hecho: entender este hecho. No obstante, puede venir orientado desde muy diferentes motivaciones y pretensiones, siempre y en todo momento limitadas por fuerzas reales. El hecho de que exista un sistema político que oriente y dirija el desarrollo industrial y tecnológico no quiere decir que derive de preferencias psicológicas ideales, sino de la organización real de las fuerzas y elementos de la producción.

En este sentido, «la sociedad de masas ha supuesto, en relación con las sociedades tradicionales, un indudable paso ade-

---

[448] La categoría «masas» tiene en Elías Díaz una connotación sociológica, como una característica de la sociedad industrial. Sin embargo el concepto de sociedad de masas ya no es influyente en la sociología. Esta categoría puede ser interpelada moralmente desde los conceptos individuo/ciudadano o desde hombre/mujer como existencia de la personalidad. «Masas», desde la izquierda, a veces fue usada como sinónimo de pueblo, y en concepciones vanguardistas, se usó para marcar la diferencia y para poner a buen recaudo a la «vanguardia» del Partido. «Masas», desde sectores conservadores y desde algunos aristócratas progresistas, se le ha dado una connotación peyorativa: sector de la población inculta, de mal gusto, propensa a la violencia y de fácil manipulación. Véase, *Sociedad de masas* en ABERCROMBIE, Nicholas, HILL, Stephen y TURNER, Bryan S., *Diccionario de Sociología,* Cátedra, Madrid, 1998, p. 218.

[449] A Esperanza GUISÁN le parece que con Elías Díaz aprendemos que así como hay condiciones mínimas naturales (externas) también hay exigencias éticas de mínimos exigibles por la naturaleza o la condición humana: no desdeña el *contenido mínimo natural* defendido por Hart, tampoco el peculiar iusnaturalismo de Giner de los Ríos, la tensión entre el mínimo *natural* y sus múltiples modos de realización cultural e histórica; y la confianza en la razón y en sus posibilidades de transformación de la sociedad y de los hombres, propia del krausismo. GUISÁN, Esperanza, «Derecho, razón y ética en el pensamiento de Elías Díaz», *Anthropos* n.º 62, Barcelona-Madrid, 1986, p. 36.

lante en ese proceso de democratización. Ahora bien, el problema es ver si basta con el desarrollo tecnológico e industrial; éste siempre es positivo, ya lo hemos dicho, pero no siempre es suficientemente democrático» [450]. Elías Díaz a esto llama «democracia progresiva», refiriéndose explícitamente a las sociedades industriales típicas de los países desarrollados occidentales.

Estas sociedades industriales de «masas» pueden ser democráticas o insuficientemente democráticas, aunque no siempre libres de modernas dictaduras y/o totalitarismos.

Pero hay algo nuevo: los propios modernos totalitarismos requieren de legitimación social. Los monarcas absolutos o los antiguos tiranos podían prescindir —al menos en gran parte— de las «masas». Los modernos dictadores no pueden hacerlo; se ven obligados a contar con su presencia constante, a tener en cuenta sus pretensiones de participación, aunque sólo ficticiamente. En tal caso, hay una utilización, desde la retórica y la demagogia contra sus propios intereses. No hay aquí sociedad democrática. La ficción se hace necesaria frente a los requerimientos de legitimación, las pretensiones de legitimación se desarrollan en un ambiente de temor y manipulación colectiva.

La participación *real* en el control de las decisiones y en los rendimientos de la producción evitaría esta situación; sin esta participación real no hay sociedad democrática: «La participación ficticia aparece, así, en diferentes grados y niveles, como característica central de las sociedad no democráticas; es preciso señalar que esta ficción no es algo accesorio y contingente en la doctrina de las sociedades no democráticas; al contrario, es algo totalmente necesario, algo de lo que, desde sus presupuestos, no cabe prescindir; la incorporación ficticia de las masas es un expediente insustituible para las sociedades de masas no democráticas o insuficientemente democráticas. Y esto por una

---

[450] DÍAZ, Elías, *Estado de Derecho y sociedad democrática,* p. 99. Una valoración positiva de la democracia participativa se encuentra en RAMÍREZ, Manuel, *La participación política,* Tecnos, Madrid, 1985; una crítica, SARTORI, Giovanni, «En defensa de la representación política», *Claves de razón práctica* n.° 91, Madrid, 1999, pp. 2-6.

razón muy elemental: porque *hoy no cabe estabilidad permanente* [el subrayado es mío] de ningún sistema político que prescinda de las masas y se oponga *explícitamente* a sus pretensiones de participación»[451].

Hay claras diferencias entre los intentos de camuflarse como democracia, propio de los sistemas totalitarios fascistas y la «democracia formal» que corresponde a los sistemas demoliberales. Dice, el profesor Díaz, que lo común en ambos sistemas ha sido el capitalismo y la ruptura *real* entre individuo y sociedad, pero lo profundamente divergente es que en uno hay libertades y en el otro, totalitarismo. La «democracia formal» es una democracia insuficiente, pero desde ella, y a pesar de todos los obstáculos, puede posibilitarse el paso hacia una «democracia real». Hay un movimiento interno que va del Estado liberal de Derecho al Estado social de Derecho y concluye en el Estado democrático de Derecho. El Estado totalitario fascista queda fuera de este movimiento ya que constituye en su mismo fundamento una farsa radical de toda concepción democrática.

Elías Díaz vincula el Estado liberal al desarrollo industrial clásico de los siglos XVIII, XIX y primeras décadas del siglo XX y el Estado social de Derecho al neocapitalismo o capitalismo tardío y ve que en el capitalismo tardío hay una sociedad de consumo de masas. Aquí también se produce un giro «natural» a favor de la democracia. La movilidad social basada en la libertad y en el bienestar neocapitalista da lugar a un dinamismo y a una cierta tendencia nivelatoria en el marco de la moderna sociedad industrial. Éste sigue siendo un giro insuficiente, por eso, hay que dar el paso del capitalismo al socialismo, cuya implicación sería pasar de la democracia formal a la democracia real. Dice que lo «decisivo» es el sistema concreto de relaciones

---

[451] DÍAZ, Elías, *ob. cit.*, p. 100. Los movimientos totalitarios son organizaciones de masas de individuos atomizados y aislados, y la característica principal del hombre-masa no es la brutalidad y el atraso, sino su aislamiento y su falta de relaciones sociales normales. ARENDT, Hannah, *Los orígenes del totalitarismo. Totalitarismo,* volumen 3, p. 497.

de producción. Así es como se configura las formas de organización social y política. No basta con el desarrollo industrial y tecnológico por importante que éste sea.

Esta última alusión del profesor Díaz al socialismo, como la expresión de nuevas formas de relaciones de producción, necesarias para la realización de la democracia, hace recordar la idea marxista que las relaciones de producción son necesarias e independientes de la voluntad del individuo. Ya se dijo que el naturalismo sociológico en Elías Díaz es débil[452]. No hay algo externo a la propia actividad de la ciudadanía que nos conduzca «naturalmente» a la democracia. La superficial y aparente «socialización» que produce el neocapitalismo no coincide con la democracia real. El socialismo de Elías Díaz, inscrito en ciertas ideas socialistas del legado marxista, no nos induce a pensar que la «democratización» devendrá como resultado de la nueva técnica y nuevas relaciones de producción socialistas; ya sin más, la democracia. El socialismo tiene que estar vinculado a la voluntad de los individuos, a la voluntad general como voluntad de todos.

Así llega Elías Díaz a la formulación de una de sus tesis más importantes: «La democracia exige participación *real* de las masas; podemos, en efecto, definir la sociedad democrática como aquella capaz de lograr una efectiva *incorporación* de los hombres, de todos los hombres, en los mecanismos del *control de las decisiones* y una *real participación* de los mismos en los rendimientos de la producción. Sin estos elementos una sociedad puede ser sociedad de masas —aunque sea en ese nivel mínimo del infradesarrollo y del infraconsumo—, pero no será, en modo alguno, sociedad democrática»[453].

---

[452] El problema de la relación entre el naturalismo y la libertad humana siempre fue un gran problema. Según Tierno Galván, incluso Marx, inicia su actividad intelectual intuyendo el problema que le acuciará toda su vida ¿Cómo incluir en una unidad el determinismo natural y la libertad humana? TIERNO GALVÁN, Enrique, *Antología de Marx,* Cuadernos para el Diálogo, Madrid, 1972, p. 19.

[453] DÍAZ, Elías, *Estado de Derecho y sociedad democrática,* p. 98.

1.2. La democracia como participación en decisiones

La participación libre e igualitaria en el ejercicio y construcción del poder político es lo que, según Elías Díaz, permite diferenciar entre sociedad de masas y sociedad democrática[454]. La participación es la que evita la despersonalización y deshumanización de éstas. La sociedad democrática pretende sustituir la cultura de masas, mediocre y enajenadora. Nuestro autor agrega que el reto de la participación democrática es una auténtica cultura popular, racional y clarificadora. En el contexto del Estado ilustrado la democracia tiene un valor epistémico: la democracia tendrá mayor potencialidad de legitimación y de legitimidad cuando más ilustrada y consciente sea.

La participación ciudadana es relevante por ser una condición necesaria para cambiar pacífica y democráticamente la situación de la que hay que partir, los intereses personales en pos de un interés generalizable legítimo. Según Elías Díaz, la necesidad de seguridad y de igualdad tanto jurídico-política como económico-social y cultural deriva con aplicación imparcial de la libertad de todos. Se trata de afirmar la libertad, no como valor iusnaturalista, *prius* axiológico impuesto a la humana voluntad, sino como voluntad razonable, actuando como tal, internamente.

La exigencia ética de libertad individual, formal y material para todos, lleva a Elías Díaz a plantear la participación democrática como medio capaz de ir introduciendo cambios cualitativos y cuantitativos en el modo de producción capitalista y en el conjunto de las instituciones políticas y culturales, en un cierto tipo de socialismo abierto y en «transición» permanente.

El concepto de democracia en Elías Díaz incluye la participación de todos los que han de ser afectados por la decisión o por sus representantes, incluye, también la idea de que será este

---

[454] Según John RAWLS, cuando el principio de participación se cumple todos tienen el mismo *status* de ciudadano igual. Véase *Teoría de la justicia*, p. 215.

procedimiento el que produzca los mejores resultados para todos los participantes, esta exigencia consecuencialista pareciera tener una relación con la idea deliberativa de la democracia y no un vínculo directo con la idea de democracia en tanto toma mayoritaria de decisiones.

1.2.1. Crítica a la teoría elitista de la democracia

Elías Díaz considera que la idea de una participación real de las mayorías es vista como un peligro por un sector ideológicamente conservador, aristocratizante y elitista de la sociedad. Ve como una necesidad superar la enajenación de las «masas». En este aspecto se acerca a las opiniones de Habermas [455]. Al parecer, también a las de Bachrach [456]. Esperanza Guisán sugiere

---

[455] Habermas constata que hay un pesimismo ante los ideales burgueses. Se puede notar en el retroceso de la teoría de la democracia, que desde el comienzo tuvo una variante radical y otra proclive al liberalismo. Últimamente hay una reacción a la teoría de la democracia radical como «reacción frente a la crítica marxista a la democracia burguesa: la democracia ya no se asocia con la igualdad política en el sentido de una distribución igual del poder político, de las oportunidades de *ejercer* poder. La igualdad política sólo significa ahora el derecho formal al *acceso* al poder con iguales posibilidades: el derecho igual a ser elegido en posiciones de poder. Se abandona también la sustancia de la teoría clásica de la democracia, sólo las decisiones del sistema de gobierno *definidas como políticas* deben someterse a los mandatos de la formación democrática de la voluntad. Un pluralismo de las élites sustituye a la autodeterminación del pueblo: «a) los electores pueden optar entre élites competidoras; b) las élites no logran que su poder se vuelva hereditario ni consigue impedir a nuevos grupos sociales el ascenso a posiciones de élite; c) las élites se ven obligadas a apoyar coaliciones cambiantes, de manera que no puede imponerse una forma de poder excluyente, y d) las élites que dominan en los ámbitos de la sociedad —p. ej., en la economía, la educación y el arte— no pueden forjar una alianza». HABERMAS, Jürgen, *Problemas de legitimación en el capitalismo tardío*, pp. 148 y 149.

[456] BACHRACH, Peter, *Crítica de la teoría elitista de la democracia*, Amorrortu Editores, Buenos Aires, 1973. Una variante de la democracia elitista es la concepción que considera que el papel de los votantes no es el de decidir cuestiones políticas; es, más bien el de elegir a los hombres que adoptarán las de-

que nuestro autor mantiene una postura de crítica al elitismo democrático muy parecida a la adoptada por Bachrach. Cabe decir, que las ideas de Bachrach se dieron a conocer con posterioridad a la publicación de *Estado de Derecho y sociedad democrática*[457]. Este autor, que sigue las huellas de Kornhauser, Lipset, Truman y Dahrendorf, ha descrito un interesante proceso de reducción conceptual en la teoría democrática. La democracia ya no se define por el contenido de una forma de vida que hace valer los intereses generalizables de todos los individuos. Ya no es más que el método de selección de líderes y de los aditamentos del liderazgo. Por democracia ya no se entienden las condiciones en que todos los intereses legítimos pueden ser satisfechos mediante la realización del interés fundamental en la autodeterminación y la participación.

Con la exigencia de participación política de todos se pretende poner freno a los intereses y privilegios de grupos minoritarios que tienen en sus manos el control total de la decisión del poder político y económico. Si los elitistas hablan del concepto de «masas» sólo es para darle una mayor carga expresiva a esa supuesta despersonalización que caracteriza a las mayorías carentes de recursos económicos.

La democracia es una de las ideas más perdurables de la política, pero la arrogancia elitista ha pretendido ponerla a buen

---

cisiones. Según Macpherson esta sería la concepción de Schumpeter. La democracia sería sencillamente un mecanismo de mercado político, con la consecuencia que el mercado político produciría los mejores resultados. Para esta concepción la participación política es irrelevante como presupuesto moral, critica Macpherson. MACPHERSON, C.B. *La democracia liberal y su época,* trad. Fernando Santos, Alianza Editorial, Madrid, 1981, p. 98. Según Sartori, la teoría competitiva de la democracia de Schumpeter es sólo descriptiva y no prescriptiva. SARTORI, Giovanni, *Elementos de teoría política,* p. 47. Schumpeter, viene a decir que el método democrático es el mecanismo institucional para llegar a decisiones políticas en las que algunas personas adquieren el poder de decidir mediante una lucha competitiva por el voto del electorado. SCHUMPETER, Joseph, *Capitalismo, socialismo y democracia,* Aguilar, Madrid, 1968.

[457] GUISÁN, Esperanza, «Derecho, razón y ética en el pensamiento de Elías Díaz», *ob. cit.,* p. 37.

recaudo en manos de minorías, «las masas vienen rechazadas y denigradas por su acción «masificadora» y «despersonalizadora» del hombre y la sociedad; los filósofos intimistas se lamentan del robo de su yo, los filósofos aristocráticos se asustan de que la masa lo llene todo y los filósofos «apolíticos» dictaminan que lo «social» es indiscriminadamente lo inauténtico y lo impersonal»[458].

Estos teóricos parten de una pretendida intención antimasificadora y, sin embargo, respaldan un tipo de sociedad capitalista que enajena al ser humano. Un resultado paradójico: «individualismo» y «alienación de masas». Técnicamente la simulación ideológica es casi perfecta. Estos teóricos intentan comparar a las «masas» con las «élites» con el afán de proclamar una «superioridad natural».

Elías Díaz critica a los elitistas porque no diferencian entre «sociedad de masas» y «sociedad democrática». Identifican democracia con «masas». Ahí el temor de aquellos a que se pierda el modelo de hombres selectos y egregios entre los nuevos valores y nuevas personalidades que procederían de un activismo de las «despreciadas masas». Estos augurios del fin de los tiempos se maquillan bajo un discurso «humanista».

El profesor de la Autónoma de Madrid, cree que este discurso humanista-elitista es alienante, y que en cambio, con la democracia participativa saldrá fortalecido un humanismo real, el mundo de todos los hombres. Afirma que esta alienación es un hecho y que se puede constatar como un mal: «En la sociedad capitalista y neocapitalista las masas vienen intencionadamente sujetas a una manipulación económica e ideológica que asegura su necesaria vaciedad y su despersonalización; es incoherente e irrazonable que la minoría culta que apoya el sistema se lamente al mismo tiempo de esa necesaria vaciedad y despersonalización de las masas; cabe pensar que en lo que en realidad les preocupa no es esta situación alienada de las masas, sino —al contrario— el comienzo de su real desalienación. Ante

[458] DÍAZ, Elías, *Estado de Derecho y sociedad democrática*, p. 104.

ésta, es decir ante la democracia, las actitudes del humanismo elitista han sido como sabemos, divergentes: una posición, admitiendo la libertad, ha posibilitado una cierta evolución y salida del elitismo (sistemas demoliberales); otra, negando la libertad, ha impedido toda salida y evolución de aquél (sistema fascista)» [459].

Según nuestro autor, lo que precisamente pretende la sociedad democrática a la que él defiende, es sustituir esa cultura de masas, mediocre y enajenadora, propia del elitismo por una auténtica cultura popular, racional y clarificadora: la participación real de las masas es precisamente lo único que evita la despersonalización y deshumanización de éstas. Otra vez, la alienación se articula con pretensiones económicas [460].

---

[459] DÍAZ, Elías, *ob. cit.*, p. 106. La crítica a la ideología de la burguesía en Marx empezó siendo una denuncia contra ciertos intereses y necesidades «de clase» que se tratan de justificar como generales a través de las instituciones del Estado y del Derecho. Una defensa de esta tesis marxista se puede ver en SÁNCHEZ PEREYRA, Adolfo y VALENCIA ARAUJO, Ever, *Ideología, Estado y Derecho,* Coyoacán, México, 1994, p. 109 y ss. Una crítica al concepto de ideología de clase véase MANNHEIM, Karl, *Ideología y utopía,* trad. Eloy Terrón, Aguilar, Madrid, 1973 y SARTORI, Giovanni, *Elementos de teoría política,* p. 137. Para estos dos autores, las ideologías, en plural, incluyendo al marxismo, se vinculan a motivos psicológicos, ya que es un instrumento crucial de las *élites* con el objeto de manipular y movilizar a las masas en pos de intereses ocultos. La ideología cuando desciende a la solidaridad interna se torna más pragmática. Ya no todo es traducible a manipulación. La ideología en términos marxistas, pero matizando una idea débil de intereses diversos y no sólo de clase, sigue siendo útil para una teoría crítica, y para sacar a flote, en cierta medida, el interés general y las necesidades de todos.

[460] Elías Díaz atribuye a Carlos Marx el haber precisado la inevitable alienación humana en el contexto capitalista: «La alienación del hombre, como resultado *necesario* de las relaciones de producción del sistema capitalista basado precisamente en la propiedad privada de los medios de producción». *Estado de Derecho y sociedad democrática,* p. 120. Marx y Engels, decían, si se ve en el poder el fundamento del Derecho, como hace Hobbes, el Derecho y la ley son solamente el signo de otras relaciones más profundas en las que descansa el poder del Estado. La vida concreta y material de los individuos, que en modo alguno depende de su simple voluntad. El modo de producción y la forma de intercambio, que se condicionan de forma mutua, constituyen la base real del Estado. MARX, Karl y ENGELS, Friedrich, *La ideología alemana,* Léina Edi-

Se ha puesto en duda si Elías Díaz presta la atención debida al sujeto de la voluntad general: no es suficiente contraponer las «élites», criticando a la teoría elitista» y la cuestión de la tecnocracia, a las masas, orteguianamente inarticuladas [461]. Las masas, el sujeto de la voluntad general, se articulan primero en clases y luego en organizaciones de clase y de poder. Para Elías Díaz, como veremos más adelante, el problema de quién gobierna no es todo.

1.2.2. Contra la tiranía de la mayoría

Elías Díaz señala que la defensa de la mayoría como regla formal de decisión democrática sólo tiene sentido y significado si va acompañada de la idea de defensa de la libertad de

---

torial, Barcelona, 1988, p. 346. Así, el interés general bajo la forma de Estado capitalista resulta ilusorio y alienante. Sin embargo, estas conclusiones tienen que ser debilitadas para no dar lugar al determinismo.

[461] CAPELLA, Juan Ramón, *Materiales para la crítica de la filosofía del Estado,* Fontanella, Barcelona, 1976, p. 19. Ortega y Gasset, se definió en una oportunidad como socialista por amor a la aristocracia, que aristocracia quiere decir estado social donde influyen decididamente los mejores: el socialismo tiene como misión histórica producir aristocracias verdaderas, ya que la misión del capitalismo es producir capitalitas, no en cualidades internas de los hombres sino en el poder material, que ésta es la clara y honda crítica de Marx. ORTEGA Y GASSET, José, «socialismo y aristocracia» en sus *Obras Completas,* tomo X, Alianza Editorial y Revista de Occidente, Madrid, 1983, p. 238. Este autor también decía: «las minorías son individuos o grupos de individuos especialmente cualificados. La masa es el conjunto de personas no especialmente cualificadas». Véase *La rebelión de las masas,* Revista de Occidente, Madrid, 1970 (primera edición, 1929), p. 64. Elías Díaz se ha referido a Ortega como un intelectual individualista e interindividualista, de joven, cercano al socialismo liberal y, en general, cercano al institucionismo del krausismo español. DÍAZ, Elías, *Los viejos maestros. La reconstrucción de la razón,* Alianza Editorial, Madrid, 1994, p. 27. El análisis del carácter elitista de Ortega ha sido analizado en amplitud por Fernando Bañuls, en discusión con los escritos sobre democracia y elitismo de Elías Díaz, y no sólo sobre Ortega y Gasset , también sobre el aristocratismo intelectual de Unamuno. Véase BAÑULS, Fernando, *ob. cit.,* p. 170.

las personas [462]. Las mayorías sólo saben que lo son cuando han dejado expresarse libremente y con abierta participación a los individuos y a las minorías. Esto implica articulación entre democracia y derechos. Sin libertad individual y sin libertad de las minorías, las mayorías no pueden probar que, efectivamente, son mayoría ni pueden legitimarse como tales. La libertad crítica es así la base de todo, el necesario requisito para la democracia y para la existencia de los derechos humanos.

La justicia, entonces, no es sólo subjetividad colectiva. Lo objetivo es la libertad, la libertad individual, la de todos y cada uno: libertad de expresarse y de participar activamente en la decisión colectiva, lo que supone reconocimiento de la conciencia y la voluntad individual —y la vida humana— como base de toda construcción. La libertad nos permite conocer la justicia política y llegar a la mejor decisión democrática: tanto la justicia como la soberanía popular tienen su base en el presupuesto de la libertad.

La transformación de los intereses de las personas a través del proceso de discusión participativa y decisión mayoritaria se entiende con límites internos, con autorrestricciones y deliberación [463].

---

[462] Elías Díaz expresa la convicción de que los votos mayoritarios, por sí solos, no garantizan la justicia de los resultados establecidos. Las mayorías pueden equivocarse, pero esta equivocación exige ser demostrada en cada caso, ya que por coherencia interna se presume que las mayorías democráticas, en el ejercicio de la autonomía pública, no pueden negar la libertad, de la que ella misma deriva. Esto justifica, justificación interna, que las decisiones mayoritarias se conviertan en Derecho, en ley. DÍAZ, Elías, *Ética contra política,* p. 57. Según esto el Derecho democrático se impulsa y se autolimita desde la libertad.

[463] Para el profesor Díaz las mayorías no pueden justificarse como tales en la creación del Estado y del Derecho positivo si previamente no han dado base a que la libertad crítica se ejerza. DÍAZ, Elías, «Discusión sobre la ponencia del profesor López-Calera», *Anales de la Cátedra Francisco Suárez* n.º 16, Granada, 1976, p. 74. Cuando un grupo de individuos iguales tiene que tomar una decisión acerca de una cuestión que les concierne a todos, y cuando la distribución inicial de opiniones no obtiene consenso, se puede sortear el obstáculo de tres maneras: discutiendo, negociando o votando. La toma de decisiones políticas incluye habitualmente los tres procedimientos, por la necesi-

La libertad está en la base de toda decisión democrática[464]. Según Elías Díaz, en los sistemas democráticos, basados en la soberanía popular, se crean valores derivados de la libertad humana. La soberanía popular no se entiende a su vez en modo alguno si no se la conecta con valores básicos, inviolables por coherencia interna del sistema, como es fundamentalmente el valor de la libertad. Legalidad y legitimidad no se confunden. El consenso democrático es importante en la medida que deje lugar, también, al disenso.

Resulta importante, recorrer el desarrollo de la idea de democracia desde sus principios griegos, avanzando por la teoría de la soberanía popular, que es de elaboración medieval y que se remonta al derecho público romano[465]. Además, la teoría moderna, conocida como teoría maquiavélica, nacida con el surgimiento del Estado moderno[466]. Las ideas sobre Esta-

---

dad de alcanzar una decisión lo antes posible. Es decir que «la votación pura fue la concepción rousseauniana de la toma colectiva de decisiones. Los ciudadanos tenían que definir sus preferencias aislados unos de otros para evitar ser contaminados por la elocuencia y la demagogia [...] En los sistemas políticos reales este ideal nunca se logra». ELSTER, Jon (comp.), *La democracia deliberativa,* trad. José María Lebrón, Gedisa, Barcelona, 2001, p. 18.

[464] Referente al debate sobre libertad negativa y libertad positiva, la libertad negativa no está por encima de la soberanía popular. La libertad negativa se sitúa más bien en el interior mismo de la soberanía popular, en la lógica interna de la libertad y de la legitimidad democrática. Por eso se explica que incluso cabe la abstención a ejercer el derecho subjetivo a participar en los procesos democráticos, se trata en todo momento del ejercicio de la libertad crítica: «La libertad crítica es la base de todo, el necesario requisito para la democracia y para la existencia de los derechos humanos». DÍAZ, Elías, *De la maldad estatal y la soberanía popular,* p. 60. Los republicanos, afirman que la dicotomía entre libertad negativa y libertad positiva descuida una tercera libertad fundamental, *la libertad como no dependencia,* ésta es la que permite desarrollar talentos y virtudes ciudadanas para prevenir que las personas no caigan en la abyecta condición de aletargamiento y atonía. SKINNER, Quentin, «El tercer concepto de libertad», *Claves de razón práctica* n.º 155, septiembre, Madrid, 2005, pp. 4-8. Una ampliación sobre este debate véase SASTRE ARIZA, Santiago, «La recuperación de la política», *Claves de razón práctica* n.º 156, octubre, Madrid, 2005, pp. 30-41.

[465] SARTORI, Giovanni, *Elementos de teoría política,* p. 37.

[466] BOBBIO, Norberto, «Democracia», *ob. cit.,* p. 493.

do de Derecho, democracia, así como sobre soberanía popular sólo han podido llegar a prevalecer «en la historia en virtud precisamente de los valores y las exigencias éticas que están en su base: entre ellas, en primerísimo lugar —repite—, la libertad, núcleo central, origen y fundamento de todo lo demás»[467].

El profesor Díaz vincula de modo explícito el problema jurídico político de la regla de decisión (y sus exigencias de fondo) con un cierto criterio de objetividad, criterio propio, dice, de una teoría crítica de la justicia. Metodológicamente, por lo tanto, ésta debe poder siempre diferenciarse, y no agotarse, en las concretas determinaciones expresadas legalmente, sobre lo que es justo, por la regla mayoritaria. Esto da pie a Rafael de Asís para afirmar que el pensamiento de Elías Díaz está mucho más cercano al iusnaturalismo deontológico o renovado que al positivismo renovado o corregido, dada su permanente posición sobre la posibilidad crítica a la legalidad, incluso, la democrática y dada también su defensa de una ética material, aunque sea ésta en sentido mínimo[468].

La democracia ya no trata solamente de un procedimiento para adoptar decisiones mediante la alternativa que cuenta con el apoyo de la mayoría de los electores. No implica surgir solamente de una toma de decisiones y de la adopción de normas públicas como es el Derecho, sino de una toma responsable de

---

[467] DÍAZ, Elías, *ob. cit.*, p. 57.

[468] DE ASÍS, Rafael, «Laudatio a D. Elías Díaz con ocasión de su nombramiento como Doctor Honoris Causa por la Universidad Carlos III de Madrid», Getafe, Madrid, 15 de febrero de 2002, p. 9. El profesor Díaz reconoce un sistema normativo objetivo desde el cual juzgamos las decisiones democráticas. Lo objetivo, eso a lo que en rigor llamamos justicia, aquello que sirve de base y justificación a ese reconocimiento de lo subjetivo: «la libertad de expresarse en libertad y de participar activamente en la decisión colectiva, lo que supone reconocimiento de la conciencia y la voluntad individual —y la vida humana— como base de toda la construcción». DÍAZ, Elías, *De la maldad estatal y la soberanía popular,* p. 62. Esta concepción es propia de un socialismo humanista.

decisiones [469]. Esto lleva el presupuesto del reconocimiento de una capacidad de conciencia crítica individual de todos y cada uno de los componentes del grupo social. Es una propuesta normativa. La teoría democrática que no parte de la «debilidad ética y la estupidez humana» individual o colectiva, parte de la obligación moral de respetar normas públicas que derivan del ejercicio de la autonomía de la voluntad de cada uno de los individuos afectados.

La propuesta del profesor Díaz, para dejarnos guiar por las decisiones adoptadas democráticamente, agrega una razón de cierta historicidad, en el sentido de una vinculación entre historia y razón, sobre la relevancia del proceso de modernización. Advierte: «el criterio democrático de las mayorías se constituye en verdad como una conquista histórica, como resultado —añado yo también— de un largo, larguísimo proceso de madurez, tanto individual como social, que exige a su vez [...] sentido del pacto, del compromiso, del acuerdo necesario, pero también sentido de responsabilidad y de libertad: lo contrario, pues, de los simplones e interesados reduccionismos de los temores fingidos de no pocos de esos filósofos elitistas y de sus alegatos despectivos hacia la soberanía popular» [470].

Decir que la fiabilidad en la democracia, su despliegue, favorece una buena y amplia formación cultural y humana tiene un sentido reconstructivo; es algo que nos está sucediendo y

---

[469] Nino piensa que desde el punto de vista conceptual, el «principio guía» para evaluar la democracia es que «gobierno de la mayoría» no significa gobierno de un grupo de ciudadanos, cualquiera sea el número. Significa: «el gobierno de lo que es esencialmente una construcción conceptual: el mayor número de manos levantadas a favor de cierta solución para ciertos problemas, sin tener en cuenta de quien son las manos que se levanta y cómo se combinan los votos cuando ellas se aúnan detrás de otro asunto bajo circunstancias diferentes». Pero no reduce el problema de la democracia a lo descriptivo. Por eso en él reconocemos la teoría de la democracia como un sucedáneo del discurso moral. NINO, Carlos Santiago, *La constitución de la democracia deliberativa,* p. 60. La concepción de Elías Díaz y Nino están muy próximas, en este sentido, pero distantes en otros aspectos, como veremos más adelante.

[470] DÍAZ Elías, *De la maldad estatal y la soberanía popular,* p. 138.

no algo ilusorio. Nuestro autor no acepta la presunta maldad antropológica y estatal. La democracia tiene que tomar como presupuesto básico antropológico un ser humano con capacidad racional y razonable. Aunque pueda resultar una exageración hablar de un ciudadano como modelo de madurez personal, de análisis crítico racional, de sana conciencia ética, de formación cultural y de conocimiento científico, así como la necesaria radicación en la realidad, partícipe de un diálogo sereno y un fuerte sentido de solidaridad social. En estos elementos no creen —con cierta razón— los pensadores realistas de la democracia[471].

Elías Díaz prefiere afincarse en un optimismo ético realista. No da por supuesto que estemos rodeados del ciudadano «modelo» y que los valores ciudadanos en democracia pueden existir en mucho mayor grado que en otros sistemas sociales no democráticos. En general, por imperfecto o insuficiente que sea un régimen democrático, su valor epistémico supera a cualquier despotismo ilustrado o elitismo ilustrado que siempre serán paternalistas por no permitir la libre crítica o la libre participación.

---

[471] Es difícil hacer un canon de las *ideas realistas fuertes* sobre la democracia, pero se destaca su pesimismo a partir del dato de las motivaciones del ser humano en su desenvolvimiento egoísta y en la ambición del poder cuando participa en la toma de decisiones democráticas. Analíticamente cabe la diferencia entre realismo y pesimismo. Un buen ejemplo de ideas realistas de la democracia lo representa tanto Danilo Zolo como Niklas Luhmann. Véase: ZOLO, Danilo, *Democracia y complejidad, un enfoque realita,* Nueva Visión, Buenos Aires, 1992 y LUHMANN, Niklas, *Teoría política en el Estado de Bienestar,* Alianza Editorial, Madrid, 1997. Como modo diferente de ver la cosa pública se presentan los argumentos expuestos por Habermas y Rawls: la elección política, para ser legítima, debe ser el resultado de una *deliberación acerca de los fines entre agentes libres, iguales y racionales.* Por eso en cierto sentido la crítica de Elías Díaz como del marxismo de una supuesta alienación de masas tiene que ser entendida con matices. Desde el punto de vista normativo no es posible sustentar la participación ciudadana partiendo de una lógica de ciudadanos manipulables, agentes instrumentados por otros. Es factible sustentar un concepto marxiano de ideología como descripción de una falsa conciencia, pero en sentido débil.

Agrega que desde la conciencia y el conocimiento individual, además de orientar las decisiones propias, se puede contribuir a mejor formar y transformar las decisiones colectivas. La democracia no significa dejar de pensar por uno mismo; sólo exige que sea capaz de comunicar las razones de cada uno y de hacerlo en libertad, sin olvidar, por supuesto, los condicionamientos reales y socioeconómicos. El principio democrático en favor del criterio de las mayorías no tiene nada que ver con un fácil populismo y menos aún con una aceptación complaciente y beatífica de la ignorancia, la irresponsabilidad o la improvisación.

Esperanza Guisán resalta el acierto con el que Elías Díaz fija la réplica a los que temen los «desmanes» de las mayorías y afirma que la democracia exige buena y amplia formación cultural y humana, lo que no sucede con cualquier tipo de paternalismo político[472].

---

[472] Según Esperanza GUISÁN podría achacarse desde posiciones elitistas que «hoy por hoy, los participantes en el diálogo social ni son todo lo ilustrados, ni todo lo reflexivo e imparciales que fuera deseable. Pero a quienes así argumentan habría que recordarles con Aristóteles que el hombre se hace justo practicando la justicia». GUISÁN, Esperanza, «Derecho, razón y ética en el pensamiento de Elías Díaz», *ob. cit.*, p. 38. Con Elías Díaz diríamos que para ser parte de una decisión, no es suficiente participar, se requiere de la razón y la deliberación: «la legitimidad democrática lo que exige y fomenta —para mejor fundar la decisión colectiva— es una mayor formación personal, política, ética y científica, un más sólido conocimiento de todas las dimensiones de la realidad (natural y social), así como un aumento y difusión de esa cultura y ese conocimiento a sectores sociales que tradicionalmente venían relegados y, con toda intención, dejados al margen precisamente, y en muy amplia medida, por el escaso o nulo interés en contribuir a la formación de gentes que (según los mismos idearios elitistas del conservadurismo tradicional o de las dictaduras carismáticas) tan poca intervención e influencia iban a tener después en la dirección de la cosa pública. El círculo era ahí realmente vicioso: no se educaba a la gente y después no se la dejaba participar por no estar educada». DÍAZ, Elías, *De la maldad estatal y la soberanía popular,* p. 70. Duverger y Chomsky también hablan de las patologías de la democracia cuando se limita la participación: DUVERGER, Maurice, *La democracia sin el pueblo,* trad. Juan Ramón Capella, Ariel, Caracas-Barcelona, 1968; CHOMSKY, Noam, *El miedo a la democracia,* trad. Mireia Carol, Crítica, Barcelona, 1992.

1.3. Democracia como participación en resultados

1.3.1. Valoración y crítica a la democracia como igualdad formal

Elías Díaz quiere significar la insuficiencia de la llamada democracia como igualdad formal, característica de los sistemas políticos demoliberales. En tanto que en el caso de la democracia de los sistemas totalitarios fascistas, «democracia ficticia», la considera de modo tajante como pseudo democracia, en la que no cabe ni siquiera la igualdad ante la ley. Los liberales, como Locke, definen la igualdad legal como el no estar «sujetos a la inconstante, incierta, desconocida y arbitraria voluntad de otro hombre» [473]. Para Hobbes, el ámbito de la libertad política quedaba fijado en la fórmula «ausencia de impedimentos externos» [474].

Por eso el asunto está en criticar pero, también, en saber diferenciar entre liberalismo y fascismo. Mientras que en el primero hay una preocupación por la libertad individual, en el otro caso, no hay pretensiones ni de libertad individual ni colectiva, es el totalitarismo, ni más ni menos: «La «democracia formal» [sistema liberal] es una democracia insuficiente, pero desde ella, y a pesar de todos los obstáculos, puede posibilitarse el paso hacia una «democracia real» [...] en cambio la «democracia ficticia» de los sistemas fascistas constituye en su mismo fundamento un falseamiento radical de toda concepción democrática» [475].

---

473 LOCKE, John, *Segundo Tratado sobre el Gobierno Civil,* trad. Carlos Mellizo, Alianza Editorial, Madrid, 2000, p. 53.

474 HOBBES, Thomas, *Leviatán,* cap. 21.

475 DÍAZ, Elías, *Estado de Derecho y sociedad democrática,* p. 101. Sartori, realiza una defensa de la igualdad formal como garantía de la libertad política, sobre la «idea-base» de «no-impedimento», en los siguientes términos: la autonomía, así como la autorrealización, son ideales de superior libertad; eso sí, no rebasan al Estado liberal democrático, lo presuponen. SARTORI, Giovanni, *Elementos de teoría política,* p. 50. Igualmente, Chueca sostiene que se puede defender la democracia en tanto aplicación de la regla de la mayoría; pero como regla estrictamente aritmética, ya implica igualdad de *status* fundamental para formular la propia opción. CHUECA RODRÍGUEZ, Ricardo, *La regla y el principio de la mayoría,* Centro de Estudios Constitucionales, Madrid, 1993, p. 153.

Entonces, si queremos avanzar hacia una participación real de todos en los asuntos públicos, tenemos que seguir la ruta abierta por el liberalismo, avanzando a través de la crítica a lo existente [476]. Elías Díaz critica al ultraindividualismo, la competitividad salvaje, la moral del éxito y la insolidaridad; valores en los que se sustenta la pervivencia, la agresividad y el fortalecimiento del capitalismo actual. Además, hay que destacar su distinción entre liberalismo y librecambismo económico.

En este contexto, no puede estar ajeno a un cierto realismo político: la constatación de la pobreza y el hambre, su persistencia e incluso su incremento en amplias zonas del mundo actual; el suyo es un pesimismo obligado, pero moderado. Ya que no todo se reduce a problemas del capitalismo, las soluciones siempre serán complejas para evitar caer en versiones monocausalistas, sobre todo cuando las soluciones tienen que pasar por el filtro del proceso democrático en un mundo plural. Al respecto, Bobbio ha dejado ver que una de las funciones de la filosofía política es evitar las soluciones demasiado fáciles y demasiado simples, como por ejemplo, creer que el capitalismo es la causa de todos los males de la humanidad. Esta idea crea una funesta ilusión: basta eliminar el capitalismo para que los problemas de la humanidad se vean resueltos. Esta idea está destinada a fracasar y a crear paradojas. Junto a un exceso de optimismo puede aparecer la desilusión, el escepticismo y la falta de compromiso. Así como el capitalismo no lo es todo, tampoco lo es la democracia, la esfera de lo político. Una segunda función de la filosofía política debe servirnos para prevenir que la política no lo es todo, porque la política es esencialmente la esfera donde se ejercitan las relaciones de dominio. La ter-

---

[476] A Elías Díaz le parece que la declaración de igualdad jurídico política de los Estados liberales democráticos ha servido como crítica *utópica* de aquella, como conciencia de la necesidad de cambio y como exigencia de una efectiva realización de la igualdad jurídica, lo cual implicaba necesarias transformaciones económico sociales de carácter, genéricamente, socialista. *De la maldad estatal y la soberanía popular*, p. 186. Esta es una forma de recuperar la crítica de Marx al Estado capitalista, crítica amplia y con exigencias de mayor análisis y complejidad.

cera función de la filosofía política es no olvidar que tiene también un fin práctico, no es pura teoría[477].

Creo que las preocupaciones de no caer en monocausalismos en teoría política no siempre acompañaron a Elías Díaz. Sólo basta detenerse en algunos párrafos de su libro *Estado de Derecho y sociedad democrática,* en los que afirmaba, que el paso del capitalismo al socialismo aparece como el paso de la democracia formal a la democracia real. Lo decisivo era poner el acento en el sistema concreto de relaciones de producción, porque configura las normas de organización social y política. Parecía reducir un problema tan complejo como es el de la democracia al inefable poder económico de la burguesía y el capitalismo.

Luego vendrá a argumentar de otro modo cuando, razonando junto a Herman Heller, identifica la condición de una relativa homogeneidad material como un requisito para la estabilidad política. Esto implica plantear restricciones a la sociedad civil burguesa desde una lógica de participación en resultados, no tanto como igualación económica sino en el sentido de evitar la explotación y de desplegar un principio de justicia distributiva. La participación en resultados como la constatación de la existencia de necesidades reales de los seres humanos. Una defensa de la libertad-igualdad pero evitando la tentación del perfeccionismo[478].

---

[477] RUIZ MIGUEL, Alfonso, «Marxismo, capitalismo y socialismo. Entrevista a Norberto Bobbio», *Sistema* n.º 29-30, mayo, Madrid, 1979, p. 5.

[478] Nuestro autor vincula la participación en resultados a la realización de derechos: «La libertad entendida como eje y fundamento es, en efecto, reconocimiento y respeto de las diferencias personales, pero, a la vez, implica como lógica exigencia una básica igualdad —la libertad es diferencia más igualdad—. Y ello tanto en el ámbito de la «igualdad en la libertad» como en el de la «igualdad en la realidad»: ambas, pues, con variables contenidos concretos económicos-sociales y ético-culturales, que, juntos, hasta podrían servir para definir y redefinir hoy, en esos limitativos términos, algo parecido a lo que sería en verdad la felicidad. La realización práctica de aquéllas en un grupo social precisa, pues, entre otras cosas, de una coordinación de libertades y una proporcionalidad de igualdades, no de abstractos y absolutos «libertarismos» e «igualitarismos» de frustrante carácter «perfeccionista»». DÍAZ, Elías, «La justificación de la democracia», *Sistema* n.º 66, mayo, Madrid, 1985, p. 5.

Es válido el argumento cuando se dice que las demandas de igualdad se satisfacen cuando asumimos que el principio de *inviolabilidad de la persona* es infringido no sólo por actos positivos sino también por omisiones que causan daño. De ahí viene la necesidad del derecho a las contribuciones positivas del Estado para garantizar igual autonomía, igual trato e igual libertad frente a discriminaciones políticas y jurídicas ilegítimas[479].

1.3.2. Participación en resultados desde una perspectiva ética

La idea de democracia no se agota en los derechos de participación política que se concreta en la participación en decisiones. Elías Díaz dice que su empeño está en sustentar una ética y una política de principios que sean ambas, en sus resultados concretos y en sus aplicaciones prácticas, consecuentes con el valor de la responsabilidad. Trata así de prevenir: a) de cierto fundamentalismo ético, apolítico o antipolítico, ajeno del todo a los resultados; b) de un perfeccionismo dogmático complaciente con cualquier tipo de intolerancia concreta; c) de un pragmatismo político «realista» y amoral, que lo justifica todo en razones de oportunidad.

En cierto modo, lo que Elías Díaz quiere es conciliar o acercar lo que se dice y lo que se hace, sin negar por ello ni la utopía ni la realidad. Sigue en este aspecto a Weber[480]. En las re-

---

[479] NINO, Carlos Santiago, *La constitución de la democracia deliberativa,* p. 298.

[480] La crítica de Elías Díaz se dirige a los componentes ideológicos de la ética de la convicción y a los ilegítimos condicionantes empíricos de la ética de la responsabilidad: «acercar lo que se dice y lo que se hace, sin negar por ello ni la utopía ni la realidad, o sea teniendo siempre en cuenta a Weber aunque sin reducir el problema a estricta constatación». *Ética contra política. Los intelectuales y el poder,* p. 29. Weber parece rechazar la idea de que de medios buenos resulten fines buenos y, viceversa: no es posible decretar éticamente qué fines pueden justificar tal o cuales medios. La ética absoluta santifica o sepulta. Parece proponer objetividad y relativismo, complejidad y cierto sentido de paradoja. WEBER, Max, *El político y el científico,* trad. Francisco Rubio Llorente, Alianza Editorial, Madrid, p. 166.

laciones entre derechos humanos y decisiones mayoritarias se trata de buscar el acercamiento de los dualismos: ética y política, principios éticos y consecuencias políticas, ética de la convicción y ética de la responsabilidad, derechos humanos y decisiones mayoritarias, libertad negativa y libertad positiva, exigencias críticas de la justicia y postulados de la legitimidad democrática, que no descuiden la libertad como realización.

El profesor Díaz resume su argumento: «en lugar de insistir tanto como hoy se hace —prevalencia del punto de vista conservador— en la hipotética maldad de las decisiones mayoritarias, de la libertad positiva o de la misma democracia, y sin ocultar para nada todo eso, y sus corrupciones concretas, se trabaje mucho más (teórica y prácticamente) en el señalamiento, por ejemplo, de las condiciones reales, culturales y económicas, para que aquéllas no sean contrarias a las exigencias de la ética, de la justicia y de los derechos humanos» [481].

Hay una íntima vinculación entre teoría de la justicia y teoría democrática de la legitimidad, configurándose la legitimidad democrática como la mejor vía para la consecución de resultados sociales más justos y, por lo tanto, para la mejor justificación ética del Derecho y del Estado. La democracia tiene, pues, mucho que ver con la ética: y no sólo en ese «a priori» fundamental, la libertad, sino también en cuanto a las consecuencias y responsabilidades jurídicas y políticas frente a las decisiones que se adoptan en democracia.

1.4. Crítica a la idea de doble participación

El problema que tiene que afrontar la idea de Elías Díaz de una democracia como participación en decisiones y en resultados es la racionalidad colectiva. Ésta no puede controlar el resultado final porque no sabemos cómo decidirán nuestros contemporáneos ni los que vienen. Es cierto que aquí Elías Díaz

---

[481] DÍAZ, Elías, *Ética contra política. Los intelectuales y el poder*, p. 31.

pierde valor analítico. Corre este riesgo cuando acentúa el carácter económico de los resultados, pero luego recupera la importancia de este concepto desde exigencias internas para los participantes comprometidos con valores de racionalidad e imparcialidad; No puede dejar de atribuir exigencias a la parte deliberativa de la democracia. Esto implica un cambio de las preferencias individuales desde los valores de libertad por y para todos y de justicia distributiva como principios, presupuestos, para orientar el establecimiento de instituciones políticas como el Estado de Derecho.

Laporta ha criticado en Elías Díaz su afán por el sincretismo que lleva a formar parte de una misma teoría moral todos los aspectos valiosos, principios o derechos de una ética deontológica y todos los aspectos valiosos de una ética consecuencialista de bienes y preferencias, las exigencias de una justicia procedimental y todas las virtudes de una justicia material, todas las garantías que ofrecen las exigencias morales formales y todas las garantías de las exigencias morales sustantivas. Agrega que «sabemos ya con cierta seguridad que la participación de todos en la decisión no tiene por qué coincidir necesariamente con la participación en los resultados y beneficios de la decisión. Y entonces tenemos que decidir si dejar al mecanismo participativo en libertad o imponerle una cuotas mínimas de reparto en función de unos criterios que son ajenos a la participación» [482].

Se puede partir del hecho de que usamos principios que otorgan un valor a las acciones fundadas en unos resultados finales preconcebidos, pero no podemos producir esos resultados a través de nuestras propias acciones. Necesitamos la cooperación de otras personas a quienes nosotros no podemos controlar. Este tipo de racionalidad limitada por elecciones hechas por otros en un trabajo colectivo puede ser llamada «segundo mejor», porque ella acarrea a menudo un abandono pro-

---

[482] LAPORTA, Francisco, «Coincidencias y reticencias» en VV.AA., *Ética pública y Estado de Derecho*, Fundación Juan March, Madrid, 2000, p. 116.

gresivo del modelo ideal, con el deseo de mejorar la acción colectiva o el trabajo como un todo[483]. Según esto, sólo mediante un proceso de discusión participativa se puede transformar los intereses de las personas.

Elías Díaz ha justificado la necesidad de mantener este concepto de democracia como doble participación en el sentido de valores de autonomía y de autolegislación, así como desde la noción material de dignidad humana como no explotación, que justifica mantener la idea de participación en la producción y distribución de los resultados, medidos en términos de satisfacción de necesidades y de reconocimiento de derechos y libertades. Los derechos fundamentales son demandas políticas y exigencias éticas, sobre la base de las «luchas por las condiciones reales de la existencia»[484]. Trata de captar la intersección de dos elementos extensionales: primero, la participación en las decisiones jurídico-políticas, que —junto a las instituciones— también implica participación en el tejido social; segundo, la participación en los resultados, medidos tanto en consecuencias más directamente económicas como en reconocimiento de derechos y libertades de muy diversa índole.

Alega que existe una íntima vinculación entre teoría de la justicia y teoría democrática de la legitimidad en su configuración como mejor vía para la consecución de resultados sociales más justos y, por lo tanto, para la mejor justificación ética del

---

[483] NINO, Carlos Santiago, *La Constitución de la democracia deliberativa,* p. 54.

[484] Quien ha hecho una afirmación clarificadora sobre la relación entre principios y resultados ha sido Victoria CAMPS. Las consecuencias se miden con el criterio de los bienes básicos o de los derechos fundamentales, la atención a las consecuencias merece plenamente el nombre de «ética» en el mejor sentido del término: «la dignidad de la acción no radica en los principios o en las consecuencias, sino en el valor real de ambos». *Ética, retórica, política,* Alianza Editorial, Madrid, 1995, p. 107. Para Eusebio Fernández, en medio de las tensiones propias de la condición humana, la «idea de *ese compromiso razonable* entre la ética de la convicción y la ética de la responsabilidad, sugerido por la prudencia», le parece una salida muy aconsejable». *El observador comprometido,* p. 43.

Derecho y del Estado. Se puede compartir la idea de que el proceso democrático actúa como el método más confiable para reconocer derechos individuales fundamentales, pero a la vez, el respeto de esos derechos es el que promueve el valor epistémico del procedimiento democrático de discusión y toma de decisiones [485].

Para el profesor Díaz, por definición, la soberanía popular tiene que contemplar participación en consultas y comicios. Cuanto más real y extendida sea, más auténtica y firme será, pero a condición de que tal participación tanto en decisiones como en resultados sea producida libremente, empezando como mínimo por la libertad crítica de expresión. Esto es lo que Elías Díaz llama legitimidad democrática [486].

Sólo habrá que tener cuidado con los excesos alusivos a decisiones y resultados justos desde la democracia como institución. La justicia mantiene una tensión con la democracia establecida: la tensión entre democracia como decisiones y resultados institucionales y la *democracia como moral,* aspiración perpetua pero insatisfecha de justicia [487].

---

[485] NINO, Carlos Santiago, *La constitución de la democracia deliberativa,* p. 302.

[486] Según Elías Díaz, la legitimidad democrática no tiene por qué suponer negación de lo que denomina legitimidad crítica, ni debe llevar por otro lado a una recaída en ninguna de las viejas y perniciosas confusiones entre validez formal (vigencia) del Derecho y legitimidad o justicia del mismo, con ilegítima intromisión de ésta en aquella. Y que la soberanía popular se construye y se va forjando a través de la crítica de todos ejercida de modo constante. *De la maldad estatal y la soberanía popular,* p. 58.

[487] La fórmula aranguereniana, *democracia como moral,* sirve para mantener la tensión de la aspiración permanente del ser humano por la justicia. El fundamento de la democracia es la democracia como moral: «Moral, en tanto que compromiso sin reserva, responsabilización plena. Y moral en tanto que instancia *crítica* permanente, actitud crítica siempre vigilante. Crítica de todo lo establecido en tanto que establecido, lo mismo o casi lo mismo si viene de la izquierda que si viene de la derecha, porque lo *establecido* es lo *hecho* ya y no lo *moral,* es decir, lo que está aún por hacer, lo que es, todavía, una incumplida exigencia. Con lo cual ya vemos que la moral que ha de servir de base a la democracia, en tanto que instancia crítica siempre tras un régimen «ideal»,

Elías Díaz ha sintetizado las relaciones entre democracia, ética, política y Estado de Derecho del modo siguiente: «(a) la *ética* hoy (la democracia como moral) es, ha de ser —en sus dos dimensiones—, primero, autonomía individual en libertad pero también —como exigencia coherente— autorrealización personal (el ser humano como ser de fines) [dignidad humana], es decir autorrealización de todos sin exclusiones. Por su parte (b) la *política,* la democracia política, se identifica en cuanto legitimidad fundamental, y se concreta correlativamente como vías y modos para la efectiva participación, en una doble vertiente: como participación en (la formación y toma de) las decisiones y como participación en (la producción y distribución de) los resultados, medidos en términos de satisfacción de necesidades y de reconocimiento de derechos y libertades. Precisamente para asegurar tales exigencias éticas y políticas (c) el *ordenamiento jurídico,* la institucionalización jurídica de la democracia, el Estado de Derecho, lo que hace es legalizar, convertir en principio de legalidad, con la eficaz fuerza coactiva detrás, tales valores éticos (libertad-igualdad identificación en el valor justicia) y políticos (doble participación como síntesis del valor legitimidad)» [488].

Cabe sugerir una lectura de la democracia participativa de Elías Díaz desde una vinculación y no identificación entre ética y política. Por un lado, para la participación en decisiones lo que cuenta es la autonomía pública, la voluntad de los ciuda-

---

es asimismo *utópica*». ARANGUREN, José Luis, «La democracia como moral», *Obras completas,* volumen 5, Trotta, Madrid, 1996, p. 398. En otra parte, escribió que la democracia no es un *status* en el que pueda un pueblo cómodamente instalarse, es una «conquista ético-política de cada día, que sólo a través de una *autocrítica* siempre vigilante puede mantenerse. Es más una *aspiración* que una *posesión*». ARANGUREN, José Luis, volumen 3, *Ética y sociedad,* Trotta, Madrid, 1995, p. 111. Elías Díaz ha reconocido el talante crítico e inconformista de Aranguren, pero también su «proclividad ácrata», el distanciamiento del intelectual que no ha sentido la menor apetencia por el ejercicio práctico de la política. «Aranguren: la democracia como moral», Revista *Saber Leer* n.º 90, diciembre, 1995, p. 9.

[488] DÍAZ, Elías, *Un itinerario intelectual. De Filosofía jurídica y política,* Biblioteca Nueva, Madrid, 2003, p. 148.

danos, «la soberanía popular», no ajena a la autonomía individual; por otro, la participación en resultados, la necesidad del respeto de la dignidad humana, el ser humano como ser de fines, lo que exige la realización de todos sin exclusiones.

Como se verá más adelante, Juan Ramón Capella compartiría este tipo de lectura sólo parcialmente, ya que el respeto de los derechos y libertades fundamentales no puede ser un asunto de pura exigencia ética, más bien tiene que plantearse en el marco de las condiciones sociales que la hacen posible, es decir, se trata de superar la *necesidad,* ya que la sociedad capitalista viola los derechos humanos, *porque no puede hacer otra cosa* [489]; tampoco se podría hablar de «una real participación» en los «rendimientos de la producción» bajo un Estado capitalista. Una tesis como la de Elías Díaz sería un caso más de una fórmula «mejorada» pero tan ambigua como otras propuestas que ya fueron criticadas en su tiempo por Marx, con clara alusión al texto *Crítica al Programa de Gotha*.

En el absurdo de una sociedad sin instituciones explícitas de poder han caído tanto Marx como los anarquistas [490]. Sobre este absurdo también se apoya la idea de una democracia como mero procedimiento y a la medida de un pseudo individualismo, individualismo centrado en la dinámica de unos vínculos económicos.

A pesar de las circunstancias, las condiciones económicas sociales no pueden asfixiar el frágil espacio de los principios que deben guiar la construcción y ejercicio de las instituciones de Derecho a partir de la participación. Principios que Elías

---

[489] Capella cree que «afirmar que algo, la democracia, sea *primero* en el orden de los valores cuando se admite que puede no serlo en el *tiempo,* en la realidad, es relegar la conquista de la democracia en esa realidad y en el terreno de los valores a un segundo lugar, aceptando que el primero continúe ocupado por meras «vigencias» sin contenido ético». *Materiales para la crítica de la filosofía del Estado,* Fontanella, Barcelona, 1976, p. 23.

[490] CASTORIADIS, Cornelius, «La democracia como procedimiento y como régimen», trad. Mariano Maresca y Pedro Mercado, *Jueces para la democracia* n.° 26, julio, Madrid, 1996, p. 50.

Díaz, en sus últimos escritos, considera parte de una teoría de la justicia y que partieran del rechazo de una situación de exclusión real, sea o no objeto de consenso [491]. No importa sólo el resultado, sino también cómo se llega a él [492]. En fin, el Estado de Derecho como institucionalización jurídica de las exigencias de la democracia como moral, tesis seguida, en parte, por Elías Díaz a partir de Aranguren.

Todavía es posible dar un rodeo por otra fórmula democrática que aclarase de mejor modo la intención del planteamiento del profesor Díaz, sin que implique un alejamiento pleno. Elster se ha encargado de poner en relación la participación en decisiones y la participación en resultados a través del concepto de democracia deliberativa. Tal concepto incluye a) la toma colectiva de decisiones con la participación de todos los que han de ser afectados por la decisión o por sus representantes: esta es la parte democrática; b) la toma colectiva de decisiones por medio de argumentos ofrecidos por y para los participantes que están comprometidos con los valores de racionalidad e imparcialidad: esta es la parte deliberativa [493]. Es un concepto de de-

---

[491] Las normas que rigen la vida de una asociación para ser justas deben conceder a cada quien la misma libertad para determinar y realizar sus fines e impidan, al mismo tiempo, que la libertad de unos interfiera en la de otros: esta es la función de la ley, según Villoro. Que la ley establezca «los límites en que debe darse la acción de cada sujeto (libertad negativa), en que cada uno puede participar en la «voluntad general» (libertad positiva de decidir) y la manera de propiciar que todos tengan las mismas oportunidades para realizar lo que quieren (libertad de realización). La justicia, por medio de la ley, ejerce la función de asegurar un trato equitativo a todos los sujetos que componen la asociación, al especificar los deberes y derechos de cada uno en relación con los demás y con el todo». VILLORO, Luis, *El poder y el valor. Fundamentos de una ética política*, FCE, México, 1997, p. 302. Creo que Elías Díaz concordaría con esta noción de libertades ya que guarda cierta relación con su propuesta del Estado democrático de Derecho, recordando su propuesta normativa/fáctica que «no todo Estado es Estado de Derecho».

[492] FARRELL, D. Martín, «Sobre la justificación de la democracia», *Sistema* n.º 74, Madrid, septiembre, 1986, p. 112.

[493] ELSTER, Jon (comp.), *La democracia deliberativa*, trad. José María Lebrón, Gedisa, Barcelona, 2001, p. 21.

mocracia que se basa en Rawls, Habermas y Dworkin, una democracia restringida por la discusión racional pública con implicaciones para la acción y la elección política. Esto no quiere decir que exista una relación directa entre participación en resultados y participación en decisiones. Los efectos de contagio de la participación son esencialmente subproductos[494].

1.5. Democracia, socialismo y Estado de Derecho

En 1966 una de las tesis principales de Elías Díaz era que la democracia y el socialismo se institucionalizacen de acuerdo con los principios basados en el *imperio de la ley*. Consideraba que tanto la democracia como el socialismo eran compatibles con las exigencias centrales del Estado de Derecho. Partía del hecho de que sólo en el marco de la democracia y del socialismo cabía dar cumplimiento efectivo y real a los derechos y libertades del hombre[495]. Esto es, un socialismo moderado y democrático que mira las cosas y las gentes desde la perspectiva de la persona humana y de la mediación política. En este sentido no ha habido rupturas radicales en su «biografía intelectual»[496].

---

494 ELSTER, Jon, *Juicios salomónicos,* trad. Carlos Gardini, Gedisa, Barcelona, 1991, p. 157.

495 El humanismo, decía Elías Díaz, si no quiere romper la conexión con el proceso histórico de democratización de los derechos humanos deberá insistir: primero, necesidad de que los derechos humanos se concreten y se hagan efectivamente vigentes a través de su protección formalizada e institucionalizada en el ordenamiento jurídico positivo; segundo, que los mecanismos socio-económicos se dirijan y planifiquen con vistas a lograr para todos los hombres la realización efectiva material de esos derechos. Las contradicciones entre el sistema económico realmente operante y las Declaraciones de derechos han sido frecuentes en la historia, impidiendo la realización práctica y, a la vez, la protección jurídica de esos derechos humanos. *Estado de Derecho y sociedad democrática,* p. 25.

496 LAPORTA, Francisco y RUIZ MIGUEL, Alfonso, «Entrevista a Elías Díaz», *Revista Doxa* n.º 15-16, Alicante, 1994. Entrevista que ha sido reproducida en uno de sus últimos libros y que es por el cual cito, *Un itinerario intelectual. De filosofía jurídica y política,* Biblioteca Nueva, Madrid, 2003, p. 75.

Su fórmula de un *Estado democrático de Derecho* exigía que éste fuese construido sobre una organización económica e ideológica de carácter *socialista* como forma más correcta de llegar a una auténtica democracia, pero respetando los derechos y libertades de la persona humana: «la democracia y el socialismo se institucionalicen de acuerdo con los principios, basados en el imperio de la ley, que hemos considerado como propios de todo Estado de Derecho; y en efecto, ambos pueden perfectamente compatibilizarse con esas exigencias centrales del Estado de Derecho; es más, sólo a través de ellos, sólo a través de la democracia y del socialismo, cabe dar cumplimiento efectivo y real a los derechos y libertades del hombre, objetivo éste que constituye, como se sabe, la pretensión central del Estado de Derecho, pretensión a la cual están dirigidas sus otras notas características y que sirven precisamente como elemento justificativo de aquel frente a todo Estado absoluto o totalitario» [497].

1.5.1. Democracia y socialismo

Según Elías Díaz, el sistema de legitimidad está inspirado en una concepción democrática y socialista de la realidad social. Por eso es necesario que la libertad-participación sustituya a la libertad-alienación del capitalismo liberal [498]. Es aquí cuando ar-

---

[497] DÍAZ, Elías, *Estado de Derecho y sociedad democrática,* p. 92.

[498] Sobre las relaciones entre democracia y liberalismo, Bobbio se ha encargado de realizar un trabajo más analítico que la simple relación entre democracia y capitalismo. No sólo el liberalismo es compatible con la democracia, sino que la democracia puede ser considerada como el desarrollo natural del Estado liberal, a condición de que no se considere la democracia desde el punto de vista de su ideal igualitario sino el punto de vista de su fórmula política, la soberanía popular, la atribución al mayor número de ciudadanos del derecho de participar directa e indirectamente en la toma de decisiones colectivas, la mayor extensión de los derechos políticos. Que hoy no se concibe Estados liberales que no sean democráticos ni Estados democráticos no liberales: liberalismo y democracia son compatibles, que es diferente a creer que liberalismo y democracia están ligados necesariamente, descartando toda re-

ticula democracia y socialismo: el objetivo y la justificación del socialismo vienen dados en función de la instauración de una sociedad realmente democrática. El problema de las relaciones entre socialismo y democracia fue siempre un debate que se ha mantenido vivo [499].

Elías Díaz ha hecho afirmaciones que conllevaban el riesgo de una total identificación entre democracia y socialismo. Decía que socialismo y democracia vienen así en nuestro tiempo a coincidir y que los problemas actuales del socialismo son los problemas actuales de la democracia. Además, afirmaba que el Estado democrático de Derecho tiene que ser hoy un Estado de estructura económica socialista [500]. Luego aclaraba su concepción de socialismo: una concepción flexible, amplia y dialéctica. Estos giros lingüísticos pueden dar lugar a discursos con-

---

lación entre democracia y socialismo. En suma, para Bobbio, la relación necesaria se da entre derechos y democracia: «existen buenas razones para creer: a) que hoy el método democrático es necesario para salvaguardar los derechos fundamentales de la persona que son la base del Estado liberal; b) que la salvaguardia de estos derechos es necesaria para el funcionamiento correcto del método democrático». BOBBIO, Norberto, *Liberalismo y democracia*, FCE, México, 1992, p. 46. Siguiendo esta lógica, las relaciones entre democracia y socialismo son de compatibilidad pero no de una relación necesaria y suficiente. De este modo la democracia, como forma de gobierno, se conjuga tanto con el liberalismo como con el socialismo.

[499] Dice Adolfo SÁNCHEZ que el debate sobre democracia y socialismo no es un tema nuevo, baste, «recordar los famosos debates entre Rosa Luxemburgo y Kautsky al comenzar el presente siglo, así como los enfrentamientos, desde diversos ángulos de Rosa Luxemburgo y Kautsky con Lenin [...] en el fondo se trataba de concepciones diametralmente opuestas sobre el significado de la teoría de Marx, sobre la idea del socialismo y sobre la estrategia de la socialdemocracia y del bolchevismo en su opción práctica por el socialismo». SÁNCHEZ VÁSQUEZ, Adolfo, «Once tesis sobre el socialismo y la democracia», *Sistema* n.° 83, Marzo, Madrid, 1988, p. 3.

[500] DÍAZ, Elías, *Estado de derecho y sociedad democrática*, p. 123. Era parte de su discurso: «democracia real y neocapitalismo no son en modo alguno términos conciliables». Argumento para sustentar la crítica a la separación *democracia política/democracia económica*, bajo el riesgo de hacer irrelevante uno de los factores. Así pareciera entenderlo GARCÍA BECEDAS, Gabriel, *Democracia y relaciones laborales*, Akal, Madrid, 1982, p. 24.

tradictorios. Surge una cuestión: ¿es el socialismo un discurso ético, un sinónimo de socialización de la economía, o una combinación de factores diversos?

Ha sido una tarea permanente en nuestro autor aclarar si la democracia y el socialismo mantienen su compromiso con la igualdad, el autogobierno y los lazos comunitarios; acaso proyectar formas vitales completas y formas de vida concretas, no sea lo más adecuado para mantener los valores socialistas. En algunos pasajes de *Estado de Derecho y sociedad democrática,* Elías Díaz fue ambivalente. Decía, por ejemplo, que teníamos que entender su idea de «el paso de la democracia formal a la democracia real» como el paso del sistema económico capitalista al sistema económico socialista, atribuyendo una síntesis entre socialismo y democracia. Dicho de otro modo, teníamos que aspirar a la «identidad» entre democracia y socialismo económico, con lo cual se reduce el concepto de democracia, ya que la economía socialista se convierte en condición necesaria y suficiente de ésta, para dar coherencia a la doble participación. Sin embargo, esta socialización tenía que ser gradual. En esto, coincidía con Herman Heller [501].

Socialización como algo diferente de estatalización de la economía o de totalitarismo. El profesor Díaz se definió como no comunista. Por eso tomó distancia de cierto sector marxista de izquierda en el balance del Estado democrático de Derecho, que centrado, también, en el factor económico le parecía más pertinente la democracia directa que la democracia representativa [502]. No todo es condicionamiento eco-

[501] Herman HELLER veía en el socialismo aquella concepción de la sociedad que fija en la propiedad privada la raíz de cierto mal, la socialización de ésta era necesaria, aunque sea parcialmente. *Escritos políticos,* Alianza Editorial, Madrid, 1985, p. 270. De este mismo autor también se puede ver *Teoría del Estado,* trad. Luis Tobio, FCE, México, 1998; *La soberanía. Contribución a la teoría del derecho estatal y del derecho internacional,* trad. Mario de la Cueva, FCE, México, 1995.

[502] Bobbio se ha encargado de realizar un canon de tres argumentos centrales en la literatura socialista de este siglo: a) mientras la democracia liberal nació como democracia representativa en la que los representantes elegidos toman las decisiones sin obligación de mandato, la democracia socialista será

nómico social, ni ocultación de las relaciones de clase de dominación: hay espacios institucionales para la expresión de intereses que no corresponden a la clase económicamente dominante. Incluso, hace uso de una interpretación heterodoxa de Marx para apoyar sus afirmaciones. Entiende que Marx se expresó a favor del sufragio universal, cuando en 1852 escribió sobre los «cartistas» ingleses y su lucha por el voto universal en el marco de un Estado capitalista. En estos escritos, Marx decía que imponer el sufragio universal es una medida socialista[503].

En la teoría socialista se ha elaborado un canon de tres compromisos éticos que el socialismo tiene que mantener a favor del avance de sus propios valores. Roberto Gargarella y Félix Ovejero han tratado de ordenar este canon básico: 1) el compromiso con la idea de autogobierno; 2) el compromiso con una

---

una democracia directa; b) mientras la democracia burguesa ha permitido la participación hasta el límite del ejercicio del poder político central y local, la democracia socialista permitirá la participación popular también en la toma de decisiones económicas, nuevos espacios para el ejercicio de la soberanía popular como esencia de la democracia; c) mientras que en la democracia liberal la atribución al pueblo del derecho de participar directa o indirectamente es sólo en las decisiones políticas, en la democracia socialista se vuelve uno de los objetivos fundamentales el cambio de régimen económico, transformar el poder formal de participación en un poder sustancial, el de mayor igualdad entre los hombres. BOBBIO, Norberto, *Liberalismo y democracia,* p. 93. Para este autor lo que define a la democracia es la libertad política, principalmente, el sufragio universal.

[503] Carlos Marx decía que el sufragio universal equivale al poder político para la clase obrera de Inglaterra. Que donde el proletariado constituye la gran mayoría de la población, donde en el curso de una soterrada guerra civil este proletariado ha adquirido conciencia clara de su posición como clase, y donde en los distritos rurales no se conocen ya más que las figuras del terrateniente y del jornalero, además del capitalista industrial. Imponer el sufragio universal en Inglaterra —concluía Marx— sería una medida mucho más socialista que todas las que se han honrado con este nombre en el continente. MARX, Carlos, *El cartista,* New York Daily Tribune, 25 de agosto de 1852; texto incluido en la antología, *Sociología y Filosofía social,* preparada por T.B. BOTTOMORE y M. RUBEL, trad. de Jordi Solé-Tura, Península, Barcelona, 1967, p. 220.

cierta comunidad; 3) el compromiso con una idea fuerte de igualdad social[504].

1.5.2. Sentido histórico-sociológico del Estado de Derecho

La valoración del Estado liberal de Derecho es uno de los temas cruciales en la izquierda. Dice Elías Díaz que todo Estado de Derecho es, como mínimo, liberal (limitación del poder, protección de derechos y libertades, etc.). Si se le define, además, como «social» y, sobre todo, como «democrático», es para añadir algo a ese núcleo inicial: intervención positiva estatal, derechos sociales, entre otras cosas. En conclusión, el Estado de Derecho es un instrumento útil para la garantía de derechos y tiene su sentido como norma directiva para el cambio social.

Cuando los liberales ponen los reparos a una extensión desmedida de la participación democrática les preocupa la seguridad de las libertades básicas, sobre todo en una sociedad plural, con intereses individuales diversos. Elías Díaz constata la existencia de una sociedad plural pero su noción de libertades básicas no tiene que ver tanto con una concepción defensiva como con una idea de transformación de intereses, una moralización de éstos para encontrar un interés común y un consenso básico en torno a ello.

Dada la pluralidad de concepciones del mundo y de ideologías políticas diversas, la pluralidad de criterios axiológicos in-

---

504 Roberto Gargarella y Félix Ovejero dicen que estos tres compromisos socialistas se refieren a lo siguiente: «el primero, a la idea de autorrealización tradicionalmente defendida por Marx que se extiende, también, a una defensa enfática del «principio mayoritario»; el segundo, fundamentalmente, es la necesidad de que exista un cierto *ethos* compartido por los miembros de la sociedad; y el tercero, a una defensa de lo que G.A. Cohen denomina una «radical igualdad de oportunidades» (y que implica corregir todas las desigualdades debidas a diferencia de nacimiento o aquellas que surgen en razón de vivir en condiciones sociales desafortunadas y no escogidas». GARGARELLA, Roberto y OVEJERO, Félix (comp.), *Razones para el socialismo,* Paidós, Barcelona, 2001, p. 49.

dividuales y de criterios de justicia de cada cual hay que preguntarnos ¿cómo hacer para determinar y concretar esa voluntad general, esa soberanía popular en medio de una pluralidad de proyectos de vida, de intereses y necesidades diversas?

La virtud pública suprema del modelo de sociedad liberal es la *tolerancia* [505]. Al no existir un «bien común» superior al que cada individuo decida perseguir, el Estado mantiene una postura neutral frente a cualquier proyecto de vida y a cualquier concepción del bien. El fin principal de la asociación política es la protección y mantenimiento de las libertades individuales y el igual reconocimiento en todo ciudadano de la capacidad de autodeterminación, los derechos humanos en su condición de no interferencia.

Dice nuestro autor que la crítica al modo de producción capitalista no debe arrastrar a los valores y postulados del modelo ideal humanista y liberal: «La democracia liberal y la democracia socialista van más conectadas —en la historia, en la teoría y en la realidad actual— de lo que piensan quienes ven al socialismo como irremediablemente estatista y totalitario y también, en el polo opuesto, de quienes califican peyorativamente a la primera de democracia «garantista» (que se ocupará sólo de las libertades «formales») y que, en consecuencia, dan de la segunda una imagen, en mi opinión, muy dudosa e insuficientemente democrática» [506].

---

[505] Según Villoro, el canon del modelo ideal de un *liberalismo* sin adjetivos se define así: 1) el fin principal de la asociación política es la protección y mantenimiento de las libertades individuales; 2) la igualdad se entiende como reconocimiento en todo ciudadano de la capacidad de autodeterminación; 3) el Estado no sólo debe conceder igual valor a cualquier elección de vida, sino también evitar proponer alguno. Según esta concepción el Estado no interviene en la sociedad más que en un sentido negativo y reclama la igualdad de oportunidades, la imparcialidad en el juego competitivo del mercado. «El Estado neutral no puede menos que consagrar, e incluso acrecentar, las desigualdades existentes». VILLORO, Luis, *El poder y el valor,* p. 313. Esta crítica al liberalismo es compartida por Elías Díaz.

[506] DÍAZ, Elías, *legalidad y legitimidad en el socialismo democrático,* p. 155.

La relación entre democracia y socialismo es una relación tan compleja, tanto como la relación entre liberalismo y democracia. Como recuerda Bobbio, no se debe olvidar que los liberales puros, hasta principios del siglo XX, consideraron a la democracia, a la simple democracia formal, como la vía hacia la pérdida de la libertad, a la revuelta de las masas contra las élites, no muy distinto a como los demócratas puros (liberales-demócratas) consideran al socialismo. En esta disputa está de por medio el problema fundamental del hombre moderno. Se puede afirmar que Marx no lo ha resuelto y que Rousseau, ambiguamente, lo dejó planteado: cómo haría el individuo para enajenar su propia libertad al cuerpo político, al todo del que forma parte, y ser «más libre que antes» [507]. Para Legaz y Lacambra existe una antítesis entre democracia y derechos de la persona insalvable [508].

Elías Díaz afirma que entre democracia y socialismo hay una relación de complementariedad progresiva, y por eso le resultan demasiado antiliberales expresiones como las de Lucio Colletti que se empeñan en hacer ver que la «liberaldemocracia» es la «antítesis exacta de la democracia», sin diferenciar entre

---

[507] BOBBIO, Norberto, «Democracia representativa y teoría marxista del Estado», *Sistema* n.º 16, enero, Madrid, 1977, p. 23.

[508] Legaz y Lacambra habla de una especie de destino trágico del Estado de Derecho, que comenzó venciendo al absolutismo monárquico pero acabó siendo derrotado por la democracia. Dos supuestos en el que descansa el Estado de Derecho: 1) la salvaguardia de la persona como fin último, límite natural del formalismo, contenido mínimo de liberalismo, libertad dentro de la ley, cuyo único contenido es reconocer y establecer las garantías de esa libertad; 2) el principio de las mayorías, pero no es posible un concepto puramente democrático de la juricidad: «semejante concepto, o es un desplazamiento ilegítimo del legítimo formalismo gnoseológico al orden político, o encubre (en la mayoría de los casos) una profunda hipocresía». LEGAZ Y LACAMBRA, Luis, *El Estado de Derecho en la actualidad. Una aproximación a la teoría de la juricidad,* Reus, Madrid, 1934, pp. 52-53. Estos argumentos variaron cuando este autor pasó a defender el Estado nacionalsindicalista en la etapa totalitaria de Franco (1940). Para Elías Díaz esta forma de argumentar forma parte de las contradicciones internas del modo iusnaturalista conservador de legitimación, véase *De la maldad estatal y la soberanía popular,* p. 95 y ss.

liberales economicistas y liberales democráticos. Dice Colletti que la democracia liberal combate el poder popular, la soberanía popular, el ejercicio *directo* del poder por parte de las masas, un poder despótico, nivelador e igualitario. Además, agrega, que la democracia liberal viola la libertad individual y la arrolla, introduciendo uniformidad e igualación cuando la libertad es variedad y pluralidad; no se trata de una armonía monótona sino contraste, lucha, selección y concurrencia: «He aquí los temas fundamentales de la polémica antidemocrática. Y he aquí los temas que iluminan, por contraste, el significado real y la función efectiva del Estado liberal o de derecho, esto es, el gobierno parlamentario, con su sistema de equilibrios, de contrapesos; con su *balance de pouvoirs o garantismo constitucional*» [509].

Elías Díaz advierte que cuando habla de democracia (poder del pueblo) y de socialismo (socialización del poder político y de los medios de producción) los entiende no como esencias cerradas y absolutas, evitando cualquier tipo de perfeccionismo de Estado. Así como vimos antes, la democracia se define por los principios de participación en decisiones y en resultados. Asimismo, la ética del socialismo exige una ética de principios, de los valores de libertad, igualdad y solidaridad, pero también, consecuente y responsable. Lo que viene a implicar una articulación entre principios y resultados, entre convicciones y responsabilidades, una vez más entre ética y política [510]. Pero éste más que un acercamiento al liberalismo puro es un acercamiento al liberalismo igualitario, como el propuesto por Rawls [511].

---

509 COLLETTI, Lucio, «Estado de derecho y soberanía popular», VV.AA., *Para una democracia socialista,* trad. Juan-Ramón Capella, Anagrama, Barcelona, 1976, p. 16.

510 DÍAZ, Elías, *Ética contra política. Los intelectuales y el poder,* p. 94.

511 Rawls entiende que las ideas del *canon liberal* frente a los derechos y la democracia contiene tres elementos principales: «a) una lista de ciertos derechos, libertades y oportunidades fundamentales (de las familias a las democracias constitucionales), b) una alta prioridad para tales libertades fundamentales, especialmente con respecto a reivindicaciones del bien general y de valores perfeccionistas y c) medidas para asegurar a todos los ciudadanos los

Para socialistas democráticos y liberales igualitarios el Estado no se reduce a un instrumento neutro. Lo de la neutralidad, como valor absoluto del Estado, fue siempre ya ideología. Dice Elías Díaz: «Por supuesto, y por fortuna, que hay y siempre ha habido también —podríamos llamarles liberales éticos— que no son así, meramente oportunistas y economicistas. Aunque no sin alguna zona de confusión, el auténtico liberalismo basado en el valor de la tolerancia o, mejor aún, en el de la plena libertad y en el de la libertad de los demás, que empieza siendo libertad crítica, de expresión y de participación política, sostiene con toda coherencia y total fuerza moral la más amplia libertad, asimismo, para decidir, y para hacerlo soberanamente, incluyendo, por supuesto, la libertad para tomar la decisión de cambiar los modos de producción y de organización económica y social; es decir, defiende la libertad política incluso para limitar la libertad económica en caso de mayoría socialista que así lógicamente lo estatuyera, aunque él disienta en mayor o menor medida de tal limitación» [512].

En cierto sentido, nuestro autor, como intelectual socialista ante todo ha defendido el Estado de Derecho de raíces liberales [513]. Llenarlo de contenidos nuevos, es una tarea permanente, pero mediante el filtro democrático y la soberanía popular

---

medios de uso efectivo de sus libertades». Rawls trata de diferenciarse de este *canon liberal* indicando que la *justicia como equidad* posee *cualidades igualitarias más fuertes* [las cursivas me corresponden]. RAWLS, John, «El derecho de gentes» en SHUTE, Stephen y HURLEY, Susan (eds.), *De los derecho humanos,* Trotta, Madrid, 1998, p. 55.

512 DÍAZ, Elías, *Ética contra política. Los intelectuales y el poder,* p. 76.

513 En *Estado de Derecho y sociedad democrática,* Elías Díaz, daba la impresión de desplegar un discurso sencillamente marxista en su crítica al Estado liberal. Afirmaba que en el Estado liberal burgués, los «derechos naturales» resultaban ser sencillamente derechos de la burguesía reproduciendo casi textualmente tesis de Marx aparecidas en su primer artículo sobre «La cuestión judía» de 1844. Luego, hay afirmaciones en las que parece conceder más de la cuenta al liberalismo, es una «conquista histórica irreversible». Esta observación la realiza Juan Ramón Capella, con la que coincido parcialmente. CAPELLA, Juan Ramón, *Materiales para la crítica de la filosofía del Estado,* Fontanella, Barcelona, 1976, p. 14.

para evitar el riesgo de que estos nuevos contenidos terminen siendo nuevos instrumentos de desigualdad y de opresión. No se ha dejado seducir por la tentación de transformar el Estado en sentido autoritario. Como refiere Bobbio, la defensa del Estado de Derecho se constituye en una tarea teórica y práctica. Si los liberales éticos consideran que el binomio democracia-mercado optimiza de mejor modo las motivaciones de los individuos pero no como algo que sea definitivamente obligado y obligatorio, de igual manera el binomio democracia-socialismo busca optimizar la relación entre libertad-igualdad. En este objetivo la socialización de la economía no es la única alternativa al capitalismo: ya no es ninguna herejía la idea de un socialismo de mercado o la idea de la renta básica para la construcción del Estado democrático de Derecho en un tiempo de transiciones complejas que causan más de una perplejidad [514]. No se puede olvidar que la deplorable historia de la planificación central en el «socialismo real» fue la panacea para superar los males que aquejan al capitalismo.

1.6. Estado de Derecho y teoría marxista del Estado

A Elías Díaz no le interesa la tesis marxista de la extinción del Estado en una sociedad sin clases sociales, el comunismo, tal vez porque su fórmula política no llega a tal exigencia. Le interesa aprovechar de otros materiales marxistas. Dice que es

---

[514] ELSTER, Jon y OVE MOENE, Karl (Comps.), *Alternativas al capitalismo,* trad. Esther Rabasco, Ministerio de Trabajo y Seguridad Social, Madrid, 1992. Además del socialismo de mercado, otras de las alternativa que se viene discutiendo es la renta básica, «un ingreso básico incondicional individual», es una alternativa de izquierdas que surge de un análisis entre el capitalismo óptimo y el socialismo óptimo, en un siglo veintiuno y en un mundo post-neoliberal» y post-«socialismo real», ver VAN PARIJS, Philippe, *La libertad real para todos. Qué puede justificar al capitalismo (si hay algo que pueda hacerlo),* trad. Francisco Álvarez, Paidós, Barcelona, 1992, p. 273; RAVENTÓS, Daniel, *La renta básica: por una ciudadanía más libre, más igualitaria y más fraterna,* Ariel, Barcelona, 2001.

fascinante vivir sin necesidad del poder estatal y tiene el mayor aprecio por esta utopía, pero su programa no llega a esos límites. Más bien, habría que diferenciar la ley de la opresión y no pasar por alto la tesis clásica-realista de que el poder político (Estado) no puede ser sino el detentador de una potencia injusta y otra tesis, aquella que sostiene que la generalidad de la ley es la condición de posibilidad de la libertad dentro de la *polis*.

Según Garzón Valdés, el concepto límite ideal de una sociedad sin clases y sin explotados, vuelve superfluo al mismo Estado ya que la dignidad humana no requiere la protección jurídica del orden objetivo. La libertad se «descubre» como el contenido mismo del orden. Ésta vendría a ser la idea de una supuesta *polis,* la *polis sin politeia,* que no comparte [515]. Capella, en cambio, parte del convencimiento de que todo Derecho es un mal, y dice que trata de arrojar leña o fuerza a la hoguera de su consunción y que las cenizas del Derecho acaso sólo se conserven como piezas de museo, junto a la rueca y el hacha de bronce [516]. Afirma además que la ciencia de la historia muestra que el Derecho no ha existido siempre.

Al profesor Díaz le parece crucial discutir el problema de la organización del poder en la teoría marxista. Insiste, por ejemplo, en que es necesario distinguir entre los conceptos marxistas de «república democrática» y «dictadura del proletariado». Al respecto, cree que hay dos interpretaciones fundamentales a las que han dado lugar los textos marxistas. Una, la más libertaria, lleva a conclusiones extraídas de la experiencia de la Comuna de París (1871); otra, la que Elías Díaz elige, es la noción

---

515 GARZÓN VALDÉS, Ernesto, *Derecho, ética y política,* Centro de Estudios Constitucionales, Madrid, 1993, p. 138.

516 Para Capella, es sólo una astucia de la razón afirmar que el Derecho es necesario para acabar con el Derecho. *Materiales para la crítica de la filosofía del Estado,* p. 43; o aquello de que el Estado «pueda extinguirse por sí mismo», error de Marx y Engels, al Estado hay que extinguirlo, no se extingue por sí mismo. CAPELLA, Juan Ramón, *Entre sueños,* p. 60. Sobre estos problemas se discutirá más adelante.

de una nueva democracia situada, como un paso más, en la vía progresiva de la «república democrática» [517].

La verdad, dice Elías Díaz, no es fácil arribar a un juicio conclusivo: si es la «Comuna» o la «república democrática» la que presenta mayores concordancias de fondo con la marxiana «dictadura del proletariado». Él se inclina por aquella interpretación que exige una profundización de la «república democrática» [518]. Es consciente de que no resulta del todo fácil aclarar la ambigüedad de la noción «dictadura del proletariado» ni decantar totalmente las dos vertientes, la libertaria, y la que prefigura un «Estado de transición» como una nueva democracia.

Sin embargo, afirma que la versión autoritaria o totalitaria de la dictadura del proletariado impuesta por Stalin no encuentra cobijo en ninguna de estas dos interpretaciones, dado que fue Lenin quien abrió el camino a Stalin, dejando de lado el sentido que Marx y Engels habían dado a la dictadura del proletariado. Nuestro autor piensa que hoy es preferible «rehabilitar» y transformar en profundidad la república democrática y transformarla en un Estado democrático de Derecho, en lugar de insistir en algún tipo de dictaduras.

Apunta que la noción «dictadura» en Marx tiene que entenderse en el contexto histórico del siglo XIX, en el que el sufragio universal fue una laboriosa conquista de la clase obrera, para incorporarla a las democracias actuales. Bobbio se propone encontrar otro tipo de justificación sobre la noción po-

---

[517] DÍAZ, Elías, *Legalidad y legitimidad en el socialismo democrático*, p. 174. Como se sabe, a Marx siempre le interesó la dinámica de la política francesa. La Revolución francesa acabó con el feudalismo e instauró la dominación de la burguesía, bajo una forma violenta como en ningún país de Europa. Y le interesó también la lucha del proletariado contra la burguesía, a veces violenta y otras, democrática. El interés demostrado por Marx a este país rindió sus frutos con diversas obras: *La lucha de clases en Francia* (1850), *El 18 Brumario de Luis Bonaparte* (1851-1852), *La guerra civil en Francia* (1871, aquí es donde se hace alusión a la trágica experiencia de la Comuna de París), y *El programa del Partido Obrero Francés* (1880).

[518] DÍAZ, Elías, *De la maldad y la soberanía popular*, p. 197.

lémica de «dictadura de clase» y la encuentra en la concepción realista del poder de Marx que despoja al Estado de sus atributos divinos para acentuar su carácter de organización de fuerza[519].

1.7. La crítica central del marxismo al Estado moderno

Según Elías Díaz, Marx observa que con anterioridad a las revoluciones burguesas en los ordenamientos sociales premodernos, antiguos y medievales se daba una puntual correspondencia entre situaciones sociales (de desigualdad) y situaciones político-jurídicas (también de desigualdad), correspondencia entre estamentos y privilegios, respectivamente. La sociedad civil coincidía entonces con la sociedad política.

Lo que define la situación creada por las revoluciones liberal burguesas es la ruptura de esa identidad. La sociedad civil, cada vez más fuertemente conformada por el modo de producción capitalista, va a continuar caracterizándose, aunque con

---

[519] Bobbio sostiene que «Marx tiene una concepción instrumental del Estado —el Estado como aparato al servicio de la clase dominante— que es la inversión radical de la concepción ética según la cual la fuerza del Estado es ante todo una fuerza moral y espiritual (el antihegelianismo del joven Marx está fuera de duda). La originalidad de Marx consiste en el hecho de que es quizá el primer escritor político que conjuga una concepción realista del Estado con una teoría revolucionaria de la sociedad. Los realistas, han sido por lo general, conservadores que han justificado el Estado-fuerza como mal necesario, partiendo de una concepción pesimista del hombre. Los dos mayores escritores políticos del Renacimiento, Maquiavelo y Lutero, son realistas pesimistas: el Estado no puede dejar de estar fundado sobre la fuerza (o sobre el engaño) porque tiene que habérselas con súbditos indóciles y falsos. Marx es realista: comparte con los escritores realistas la idea de que el Estado es el dominio de la fuerza. Pero no tiene una concepción pesimista de la naturaleza humana o de la historia». BOBBIO, Norberto, «Democracia representativa y teoría marxista del Estado», *Sistema* n.º 16, enero, Madrid, 1977, p. 23. De este mismo autor véase: *Estado, gobierno, sociedad,* trad. José F. Fernández Santillán, FCE, México, 1998, p. 176 y ss. y *Ni con Marx ni contra Marx,* trad. Lía Cabbib Levi y Isidro Rosas Alvarado, FCE, México, 2000.

avances, por la desigualdad y la explotación. En tanto que la ley proclama, dirá Marx, la ficción de la igualdad.

Es así, por tanto, como cobra existencia propia el Estado, separado y escindido de la sociedad civil. Se produce aquí, sin duda, una ocultación: al distanciarse realmente el Estado de la sociedad civil, se inicia una vida separada, abstracta e ideológica, tan abstracta como la del «ciudadano» que forma parte de él.

Elías Díaz agrega que es en esta ruptura donde hay que situar «los elementos centrales de la crítica de Marx al Estado, dejando ahora a un lado otros problemas paralelos importantes en la exégesis marxiana. Adviértase que, para Marx, lo específico del Estado (moderno) no radica tanto en la opresión (antes en las sociedades medievales y antiguas también la había y aun mayor), sino en la ocultación, en ese carácter abstracto y separado de la sociedad civil [...] suele señalarse que en el modo de producción capitalista se consumaría la ficción de esa abstracción de la igualdad en tres niveles: en la vida económica a través del mercado; en la vida jurídica a través del contrato; en la vida política a través de la *fraternité* y del armonismo entre las clases (pero también se da a veces, más en ciertos marxistas que en Marx, una crítica al «voto igual», con implicaciones enormemente ambiguas, cuando no claramente negativas, hacia la democracia representativa)» [520].

A esta heterogeneidad de la desigualdad social y la igualdad política, tendrá que sucederle —según Marx— la nueva homogeneidad de la igualdad social y la igualdad política. Dada la libertad negativa, «libertad abstracta«, que en el Estado burgués sólo puede existir como forma de vida ética, es decir en la sociedad civil que gira en torno al individualismo y a la propiedad privada, esta libertad en el modelo de Elías Díaz requiere de la libertad positiva para evitar la disolución de la solidaridad social y la igualdad material. Ya Rousseau creía que lo que provoca la miseria humana es la contradicción entre nuestro deber y nuestros apetitos; entre la naturaleza y las instituciones socia-

---

[520] DÍAZ, Elías, *De la maldad estatal y la soberanía popular,* p. 183.

les; entre el hombre y el ciudadano. Conducir a la identidad entre existencia privada y existencia pública, entre el «ser hombre» y el «ser ciudadano», son consecuencias, tal vez no deseadas: una desmedida revalorización de la polis griega como orden de armonía perfecta entre el *polítes* y el hombre[521].

La identidad entre Estado de Derecho y sociedad civil no se sostiene por principio, pero sí su acercamiento. Está claro para Elías Díaz, con las tesis de Marx no se agota la problemática de una teoría política socialista[522].

El proyecto emancipatorio de la Revolución francesa consistía en centrarse en liberar al hombre como ciudadano. La democracia socialista no puede detenerse ante las fronteras de la propiedad privada y la desigualdad de una sociedad dividida en clases sociales. Habermas considera que Marx y Engels no le dieron mucha relevancia a la Revolución francesa y con ello perdieron una oportunidad para reflexionar sobre problemas de la democracia: se contentaron con referencias a la Comuna de París y dejaron más o menos de lado cuestiones relativas a la teoría de la democracia. Agrega que cuando se toma en consideración el trasfondo de formación filosófica de ambos autores, quizá su sumario rechazo del formalismo jurídico e incluso de la esfera del Derecho en general, se deba a que leyeron a Rousseau y a Hegel con ojos demasiado aristotélicos, desconociendo la sustancia normativa del universalismo de Kant y del universalismo de la Ilustración y malentendieron en términos concretistas la idea de una sociedad liberada. Acaso entendie-

---

[521] MUGUERZA, Javier, «Polis sin politeia», *Derechos y libertades* n.º 1, febrero/octubre, 1993, p. 302.

[522] Para Eusebio Fernández la identificación entre socialismo y marxismo es indefendible. El concepto de socialismo es un concepto genérico. Se puede hablar de socialismos anteriores a Marx, como existieron socialismos no marxistas contemporáneos a Marx y Engels y que existen en la actualidad socialismos de poca o nula inspiración marxista. FERNÁNDEZ, Eusebio, *Marxismo y positivismo en el socialismo español,* Centro de Estudios Constitucionales, Madrid, 1981, p. 304. Véase también BRAVO GALA, Pedro (ed.), *Socialismo premarxista,* Tecnos, Madrid, 1998.

ron el socialismo como una forma históricamente privilegiada de eticidad concreta y no como conjunto de las condiciones necesarias para formas de vida emancipadas, formas de vida sobre las que habrían de entenderse los implicados *mismos* [523]. Habermas agrega que tampoco la estrategia de Lenin de la toma del poder por parte de revolucionarios de profesión pudo sustituir la falta de teoría política.

Bobbio también considera que Marx y Engels, y con mayor razón un jefe revolucionario como Lenin, no dieron importancia a la teorización de las instituciones jurídico-políticas para dar más relevancia a los sujetos privilegiados del cambio social: al problema de quién manda y no de cómo se manda. Por eso, sus indicaciones sobre la organización de las instituciones políticas fueron siempre genéricas y sumarias y por tanto, su teoría del Estado resultó incompleta.

Elías Díaz pareciera no darle toda la razón a Bobbio y Habermas en sus críticas a Marx, aunque no deja duda de que es aconsejable dejar de lado la noción «dictadura del proletariado» por la confusión a que da lugar y por el aprovechamiento que sectores totalitarios han hecho de ella y que podrían seguir haciéndolo. Es preferible, dice, que una teoría socialista del Estado de nuestro tiempo profundice y autentifique las instituciones políticas y jurídicas dentro de un proceso abierto de real democratización, en lugar de intentar readaptaciones de cualquier tipo de la vieja y canónica fórmula «dictadura del proletariado». Se resiste a dejar de lado totalmente a Marx. Cree que en su construcción hay elementos válidos para una teoría democrática socialista y advierte que si algún marxólogo conspicuo le probase que Marx no es demócrata, él se quedaría con el socialismo que es libertad en el Estado democrático de Derecho y no con la filosofía de Carlos Marx [524].

Manuel Atienza y Ruiz Manero reconocen que hay una forma de entender el aporte de la teoría marxista a la teoría con-

---

523 HABERMAS, Jürgen, *Facticidad y validez,* p. 604.

524 DÍAZ, Elías, *Ética contra política,* p. 198.

temporánea del Derecho y del Estado: reconocer el carácter clasista del Derecho en una «forma débil», en el sentido de que cabe aplicar al Derecho el principio de la diferencia. Según la preocupación de Marx en la *Crítica del Programa de Gotha,* el Derecho no tendría que ser igual sino desigual. Esta crítica permite mantener la preocupación por quienes ocupan una posición social menos favorecida sin hacer irrelevante el Derecho. Esto justificaría que una parte importante del programa marxista como la crítica al formalismo y la superación de la tendencia «aislacionista» del saber jurídico, sigue estando en el centro del debate contemporáneo de la ciencia jurídica. Sin embargo, reconocen la insuficiencia de la postura de Marx frente a los derechos humanos, que se interesó en ellos por razones políticas pero no éticas. Estos autores también hacen una valoración de las objeciones de Kelsen a las posturas marxistas [525]. En todo esto,

525 ATIENZA, Manuel y RUIZ MANERO, Juan, *Marxismo y filosofía del Derecho,* Fontamara, México, 1993, p. 14. Atienza y Manero creen que justamente la incomprensión del marxismo por parte de Kelsen fue no reparar en las consecuencias respecto de la relación entre Derecho igual y situaciones sociales desiguales. Que Kelsen parece pensar que la opinión de los marxistas es que la teoría burguesa del Derecho presenta el Derecho burgués como un Derecho igual, siendo así que —a juicio de los marxistas— este Derecho sería un Derecho desigual, caracterizado por sancionar ventajas para las clases menos favorecidas. Señalan: «lo que los marxistas afirman es más bien que el Derecho burgués, precisamente en tanto que efectivamente es «Derecho formalmente igual», genera necesariamente desigualdad social, al otorgar un tratamiento formalmente igual a individuos socialmente ubicados en posiciones desiguales». *ob. cit.,* p. 191. Sugieren que Kelsen excluye al Derecho de la producción de ideología y que sólo puede ser pensado en su dimensión de técnica coactiva, bloqueando así la posibilidad de encarar la importante dimensión de técnica de legitimación y de generación de consenso. Pero poner de relieve estas inconsistencias no lleva a rechazar la crítica kelseniana al ideal anárquico del marxismo ni su caracterización del Estado soviético como autocrático. Kelsen objetaba que la teoría marxista identificara el concepto de Estado en general con un caso histórico particular, con el Estado de los explotadores. KELSEN, Hans, *Socialismo y Estado,* trad. Alfonso García Ruiz, Siglo Veintiuno, México, 1982, p. 370. Sobre marxismo y derechos humanos se puede ver EYMAR, Carlos, *Karl Marx, crítico de los derechos humanos,* Tecnos, Madrid, 1987.

frente a los problemas del marxismo, dicen que Elías Díaz siempre supo mantener la distancia justa.

García Santesmases señala que Marx está lejos de ser un defensor del despotismo pero que, sin embargo, no fue lo suficientemente claro para poner a buen recaudo el proyecto emancipatorio. La interpretación de Elías Díaz, que describe un «Marx maduro, prudente y cauto», no hace justicia ante los riesgos de un Estado totalitario. Para él, tampoco son de recibo las interpretaciones marxista que siguen apegadas a la fórmula sacral de la dictadura del proletariado y al dogmatismo de la extinción del Estado. Cree que las interpretaciones de Sotelo, de Kolakowsky, de Balibar, de Miliband, se ajustan más al pensamiento de Marx [526]. Santesmases trata de responder a estas preguntas: ¿la teoría de Marx sobre el Estado se corresponde con las dictaduras burocráticas que el mundo ha conocido? ¿Era Marx el creador teórico del Gulag ruso?

Ante las tradiciones marxistas fuertes y marxistas débiles, todavía no hay reposo ante una pregunta fundamental: se plantea la democracia en un sentido de democracia libertaria o como defensa de la república democrática parlamentaria, profundización y avance en el Estado democrático de Derecho, sin perder de vista un horizonte emancipatorio. De Santesmases, se puede deducir una preocupación más libertaria, problema que también inquieta a Juan Ramón Capella. Elías Díaz, se adelan-

---

[526] GARCÍA SANTESMASES, Antonio, *Marxismo y Estado,* Centro de Estudios Constitucionales, Madrid, 1986, pp. 66, 70. En esta investigación de Santesmases aparecen como fuentes básicas los trabajos de Miliband y Poulantzas, considera los estudios más innovadores para investigar la naturaleza del Estado capitalista. Véase RALPH, Miliband, *El Estado en la sociedad capitalista,* trad. Francisco González Aramburu, Siglo XXI, México, 1976 y POULANTZAS, Nicos, *Hegemonía y dominación en el Estado moderno,* trad. María T. Poyrazián, siglo XXI, México, 1975. En el debate actual sobre el Estado y la teoría marxista se entrecruzan teorías instrumentalistas, teorías estructuralistas, teorías de la crisis fiscal del Estado, y teorías políticas sobre la alienación y la crisis de legitimidad. Véase GOLD, D., CLARENCE, H., WRIGHT, E., «Recientes desarrollos en la teoría marxista del Estado capitalista» en VV.AA., *Capitalismo y Estado,* Editorial Revolución, Madrid, 1985, pp. 171-204.

ta en una conclusión prudente: «Basta, y no es poco con ser socialista»[527].

2. LA CRÍTICA SOCIALISTA Y LOS PROBLEMAS DE LA INSTITUCIONALIZACIÓN DE LA DEMOCRACIA

En esta sección se tratará de desarrollar la reconstrucción de un debate interno. Se dice interno para referirse a la corriente socialista de la filosofía jurídica española actual. Las mayores o menores exigencias de democracia directa en el contexto del Estado democrático representativo planteadas por Elías Díaz es uno entre otros temas de lo que va a ser objeto de críticas y comentarios formulados por Juan Ramón Capella y Gregorio Peces-Barba. Estos autores en algunos de sus trabajos de investigación se han referido de modo explícito a las formulaciones del profesor Díaz. Seguiré en parte el canon de pensadores socialistas elaborado por Ricardo García Manrique[528].

2.1. La crítica de Juan Ramón Capella

Juan Ramón Capella se inscribe en una de las tradiciones más importantes del marxismo español[529]. Para el profesor Ca-

---

[527] DÍAZ, Elías, *Socialismo en España: el Partido y el Estado,* Mezquita, Madrid, 1982, p. 164.

[528] Ricardo GARCÍA MANRIQUE considera dentro de la corriente socialista de la filosofía jurídica española actual a Elías Díaz, Luis García San Miguel, Gregorio Peces-Barba y Juan Ramón Capella, como los más relevantes. *La filosofía de los derechos humanos durante el franquismo,* Centro de Estudios Constitucionales, Madrid, 1996, p. 511. Dejo de lado a GARCÍA SAN MIGUEL porque en sus últimos trabajos estuvo más próximo al discurso libertario: en un primer momento libertario-socialista; últimamente, libertario-liberal. Véase de este autor «Anarquismo, socialismo y comunismo», *Persona y derecho* n.º 43, Pamplona, 2000, pp. 303-339.

[529] Juan Ramón Capella está originariamente vinculado al pensamiento de Manuel Sacristán, un marxista crítico del eurocomunismo e iniciador del

pella, la cuestión de las relaciones entre democracia y Estado de Derecho y sociedad socialista quedan planteadas por Elías Díaz como una afirmación humanista, dejando pendiente el problema de la relación entre democracia representativa y estructura social. Se habla —dice— de «compatibilidad», de «paralelismo» y de correspondencia pero no se plantea el carácter de condición necesaria que para el logro de instituciones políticas democráticas tiene la construcción del socialismo.

Asevera que hay dos usos distintos de la palabra «democracia» que subrayan dos aspectos del ideal que, al actualizarse, se configurará en una realidad única. El primero de estos usos responde a una concepción *garantista,* jurídico-pública, de la democracia, argumentada inicialmente por Montesquieu y Locke (el sistema de «pesos» y «contrapesos»). El segundo uso subra-

---

diálogo entre marxismo y los nuevos movimientos sociales en España. Capella, miembro fundador de la revista *Mientras Tanto,* una revista de izquierdas que desde 1979 centra sus esfuerzos por revitalizar la tradición marxista con el aporte de la problemática medioambiental, con la preocupación por los problemas de la guerra y de la paz y con los problemas del movimiento feminista. GARCÍA-SANTESMASES, Antonio, «¿El futuro es el mestizaje?, *Revista Internacional de Filosofía Política* n.º 9, Madrid, junio, 1997, p. 135. Trazando el perfil comunista libertario de Capella, Elías Díaz dice que Juan Ramón Capella nunca tuvo ningún tipo de condescendencia hacia una u otra especie de dictadura». DÍAZ, Elías, «Juan Ramón Capella: la identidad comunista-libertaria», *Revista Internacional de Filosofía Política* n.º 9, Madrid, junio, 1997, p. 148. Juan Ramón Capella es Catedrático de Filosofía del Derecho en la Universidad Central de Barcelona. En los últimos tiempos ha publicado *Grandes esperanzas* (Trotta, Madrid, 1996), libro en el que plasma su crítica al Partido Socialista Obrero Español (PSOE), partido en el que el profesor Díaz milita, aunque con cierta ironía, según sus propias palabras, «no simpatiza». Capella, en sus primeros trabajos estuvo influido por la filosofía analítica, *El derecho como lenguaje. Un análisis lógico,* Ariel, Barcelona, 1968. Luego dio un giro a la filosofía práctica. Acaba de publicar uno de los mejores trabajos sobre la vida y obra de Manuel Sacristán: *La práctica de Manuel Sacristán. Una biografía política,* Trotta, Madrid, 2005. En el XXII Congreso Mundial de Filosofía del Derecho y Filosofía Social, expuso sobre «La globalización: ante una encrucijada político-jurídica», *Anales de la cátedra Francisco Suárez,* número extraordinario, Granada, 2005, pp. 13-25.

ya el aspecto igualitario de la democracia, teorizado inicialmente por Rousseau y, sobre todo, por Marx; Elías Díaz sólo atiende al primero [530].

Capella toma como válida la concepción de Marx contenida en la *Crítica del Programa de Gotha* (1875) en la que dice que la aportación del trabajo es desigual entre diferentes miembros de la sociedad cuando hay un modo de producción capitalista en el que «el derecho *igual* es un derecho desigual para un trabajo desigual». Este sería el problema auténtico y real del Estado de Derecho. Desde este argumento, señala que Elías Díaz no toma en cuenta las relaciones entre garantías e instituciones democráticas y estructura social democrática.

Esto se manifiesta cuando al hablar de la realización del «Estado democrático de derecho» se limita a repetir acríticamente las características del Estado liberal: «Ya en la primera de las citadas características, la ley, como expresión de la voluntad general, se percibe —a menos de volver a una análisis del derecho público anterior a Rousseau— un problema, que es de los nudos, las mediaciones a través de las cuales, excluida por impracticable la democracia directa para la elaboración y aprobación de la ley, la voluntad general llegue a quedar expresada en ella. Y éste es un problema *abierto,* escondido por la degradación del consenso a obediencia, directamente expresado en el de la función actual del parlamento y los partidos políticos al que el autor de *Estado de Derecho y sociedad democrática* alude en su libro» [531].

El profesor Capella reconoce en el Derecho un mal necesario y paradójico: por un lado desarticula las energías sociales y por otro guía a éstas en su lucha por obtener derechos de tutela jurisdiccional. Critica al «modelo clásico» de Kelsen, ya que convierte las demandas sociales triunfantes en derechos y atribuye a los Tribunales Constitucionales una reserva de poder constituyente que permite el cambio gradual de las reglas de

---

[530] CAPELLA, Juan Ramón, *Materiales para la crítica de la filosofía del Estado,* Fontanella, Barcelona, 1976, p. 19.

[531] CAPELLA, Juan Ramón, *ob. cit.,* p. 19.

juego político-jurídico sin recurso directo al constituyente legítimo: tiende a la juridificación estatalista de todo conflicto en término de monopolio jurídico político estatal, desarticulando las energías sociales [532]. Por eso, la fuerza del cambio no se puede situar al interior del propio Derecho sino fuera; se sitúa en la esfera de la sociedad civil y de su organicidad, para que sea capaz de reabsorber en su seno las instituciones y funciones hasta ahora necesariamente separadas de ésta [533].

Reconoce que su esbozo es utopista, pero sirve para dar una idea de la reabsorción del Derecho por la sociedad. Una reabsorción fuerte difícilmente se puede mantener hoy después de las experiencias totalitarias de extrema derecha y de extrema izquierda. Mantener el principio de separación entre sociedad civil, Estado y mercado, como sostiene Elías Díaz, parece lo más adecuado. En este sentido, es pertinente la crítica de Elías Díaz cuando Capella parece cerrar la posibilidad, frente a los problemas del sistema democrático, de una transformación interna y no sólo externa [534].

Se trata de construir un aparato manipulable por el poder social y que habrá que retomar la idea del *referéndum permanente* for-

---

[532] CAPELLA, Juan Ramón, «Democratización y neonaturalismo. La ambigüedad de la democratización contemporánea», *Doxa* n.º 17-18, Alicante, 1995, p. 182. Capella usa «neonaturalismo» para referirse a la imaginería política burguesa que considera a la sociedad civil constituida como sociedad de propietarios y no de seres humanos. La sociedad civil así constituida es condición de legitimación del poder político.

[533] Capella reconoce que incluso en el socialismo se puede presentar el problema de la burocratización del poder desarticulado de la sociedad civil: las masas inarticuladas pueden ser *objeto* de política pero no *sujeto* de ella, un ejemplo, la adhesión acrítica de las masas a Stalin. CAPELLA, Juan Ramón, *Materiales para la crítica de la filosofía del Estado,* p. 111. Le interesa resaltar la organización social y el control del poder por ésta.

[534] Dice Elías Díaz que quienes más daño de verdad hacen a la democracia no son quienes arriesgan su desvalorización, reduciendo el Estado de Derecho a dependencias políticas y económicas (nacionales y/o transnacionales), sino quienes la utilizan para su beneficio personal o de clan: quienes violan desde dentro el Estado de Derecho. DÍAZ, Elías, «Juan Ramón Capella: la identidad comunista-libertaria», *ob. cit.,* p. 147.

mulado por Antonio Gramsci[535]. Así se pondría en manos de una asamblea emanada directamente del poder social la decisión de la política económica, eje principal de la vida social, superando el viejo principio formal de la división de poderes. Esta propuesta no se circunscribe a espacios locales, a municipios ni a unidades regionales solamente. Una asociación sería democrática en la medida en que el Estado es controlado por la sociedad civil[536].

Se trataría de la creación de un «parlamento» como cámara económica y social al lado de la asamblea de representación política. Ésta sería el intento de devolver al pueblo real y heterogéneo la capacidad de participación activa de todos los aspectos colectivos que afectan su vida. Toda propuesta de democracia radical no es un ideal lejano: como ideal ético puede orientar la práctica política.

La idea de participación democrática directa de Capella parece requerir una previa salida de las condiciones de *escasez* y

---

[535] Según Gramsci toda la ideología liberal se resume en un núcleo estatal: en el principio de la división de poderes. En este núcleo se ve una de las causas de la debilidad del liberalismo: la burocracia. Esta burocracia se cristaliza en el personal dirigente que ejerce el poder coercitivo y luego se convierte en casta. Esta función coercitiva burocrática no niega el rol educativo que todo Estado ejerce para generar consenso. GRAMSCI, Antonio, «El príncipe moderno» en *La política y el Estado moderno,* trad. Jordi Solé, Planeta Agostini, Barcelona, 1985, p. 158.

[536] Según Villoro la noción que predomina en Marx, que hereda de Hegel, es la idea de un escenario de oposición de intereses particulares, en lucha permanente, cuyos conflictos el Estado sería el encargado de resolver. La sociedad civil corresponde al nivel de la competencia económica. Pero, en este siglo el concepto de sociedad civil, es usado también en un segundo sentido: «Gramsci lo separó, por primera vez, no sólo del aparato del Estado sino también de la estructura económica. Lo volvió más operativo para comprender ciertos fenómenos tanto de las sociedades «socialistas», en las que el Estado había absorbido la sociedad civil, como de las sociedades capitalistas, en que la esfera económica dominaba la social y la política. Es esta noción de «sociedad civil» la que se ha convertido hoy, de hecho, en preponderante. Ella ha servido para interpretar muchos movimientos en las transiciones actuales hacia la democracia». VILLORO, Luis, *El poder y el valor,* p. 351. Sobre este tema véase BOBBIO, Norberto, «Gramsci y la concepción de la sociedad civil», VV.AA, *Gramsci y las ciencias sociales,* Cuadernos Pasado y Presente, México, 1974.

una noción de comunidad, donde la abundancia de bienes se corresponda con el principio de justicia comunista: «De cada cual según sus capacidades; a cada cual según sus necesidades», incluido por Marx en la *Crítica del Programa de Gotha*[537]. La democracia no significa necesariamente expropiación de los medios de producción por el Estado: cabe un signo contrario, un socialismo democrático, donde la meta sea que el pueblo participe en los lugares que trabaja, en las decisiones que le afectan y en los beneficios de su labor[538]. Este tipo de propuesta requiere un tipo de sociedad no sólo fundada en valores de orden y libertad, sino también, en valores de comunidad participativa. La democracia participativa es una vía a la comunidad y cualquiera sea el origen del Estado, el poder particular nace del conflicto o de la lucha que rompe el consenso de la comunidad. Marx y Hobbes lo vieron así[539].

---

537 Dice Capella que la regla de justicia de la sociedad comunista, «a cada uno según sus necesidades», sólo puede concebirse en una sociedad de la abundancia, supuesta una transformación social. La concepción de la justicia *pierde carácter político* para convertirse en virtud, «la consecución de hombres virtuosos, justos, no es mera cuestión de esfuerzos de perfección individuales sino de cambio de estructuras sociales». CAPELLA, Juan Ramón, *Materiales para la crítica de la filosofía del Estado,* p. 178. Concepciones como las de Capella requieren de una concepción muy optimista o muy pesimista de la antropología humana, y esto es muy discutible. Sin embargo, tiene razón cuando afirma, que toda comunidad necesita de grados de virtud ciudadana. Dice Villoro que la «comunidad no es obra de la ley sino de la gracia. Por eso su valor supremo es la fraternidad». Este filósofo mejicano considera que la famosa fórmula de justicia propuesta por Marx en el *Programa de Gotha,* no responde a un principio de justicia, «a cada quien según sus necesidades», sino a una relación de comunidad, ya que sólo quien se identifica con el otro es impulsado por un sentimiento de fraternidad hacia él, puede cumplirlo. VILLORO, Luis, *El poder y el valor,* p. 364. Una ampliación sobre este debate, CAPELLA Juan Ramón, «Cien años después de Gotha», *Entre sueños. Ensayos de filosofía política,* Icaria, Barcelona, 1985, pp. 41-61

538 VILLORO, Luis, *ob. cit.,* p. 354.

539 Dice Villoro, «una democracia radical conduciría al poder de las personas situadas, sujetos de redes sociales concretas, en los lugares donde vive y trabajan. Un conjunto de personas situadas, ligadas por vínculos de pertenencia común a una totalidad, pueden formar una comunidad». *Ibíd.,* p. 359.

Laporta observa que hoy la mayoría de comunitaristas que se confiesan demócratas comparten la noción de un tipo de democracia muy especial, de moda en la teoría, pero inédito en la realidad, y que se viene llamando «democracia participativa» [540]. Aunque habría que diferenciar entre un comunitarismo totalitario y otro no totalitario, como lo hace Elías Díaz, criticar el comunitarismo y organicismo social de los Estado fascistas que la historia ha conocido. Capella diferencia entre un comunitarismo conservador y otro no conservador, en el que se inscribe. Está claro que para Capella es en la comunidad donde se realizan los valores de la asociación para la libertad. Es muy difícil que un comunitarista democrático niegue el valor de la libertad individual como una condición humana para realizarse a sí mismos, sin descuidar la afirmación de los «otros».

La crítica de Laporta puede abarcar tanto a la concepción de Capella como a la de Elías Díaz. Sin embargo, hay ciertas diferencias. En el discurso del profesor Capella no está clara la relación de compatibilidad entre la democracia representativa y la democracia directa en tanto que para el profesor Díaz existe una cierta «compatibilidad», ya que su noción de comunidad participativa es más débil. En su defensa, tal vez, los autores in-

---

[540] LAPORTA, Francisco, «Comunitarismo y nacionalismo», *Doxa* n.º 17-18, Alicante, 1995, p. 60. Rodríguez Uribes ha construido modelos contextuales, entre otros, para explicar las propuestas de democracias comunitaristas y nacionalistas fuertes y débiles. Las democracias comunitaristas y nacionalista fuertes, incluye en este canon a Barber y MacIntyre. Ha atribuido a Barber ser el portavoz de una *democracia participativa comunitaria fuerte* cercano al republicanismo *virtuoso-aristotélico* de democracia de Alasdair MacIntyre. En tanto que en las democracias comunitaristas y nacionalistas débiles, que se justifican en el valor de la solidaridad, está la posición de Charles Taylor, de Robert Young, el personalismo de Mounier o el republicanismo de Sandel y Pettit, éste último con su idea de la libertad como no dominación. Todos exigen comportamientos no neutrales del Estado. RODRÍGUEZ URIBES, José Manuel, «Notas sobre democracia y opinión pública», *Anales de la Cátedra Francisco Suárez,* Granada, 2000, pp. 128, 129. Una ampliación de estos temas, de este mismo autor, se puede ver: *Opinión pública. Concepto y modelos históricos,* Marcial Pons, Madrid, 1999.

terpelados podrían responder que de lo que tratan es de construir un período de «transición». Uno del capitalismo al comunismo y otro, del capitalismo al socialismo: el grado de propuesta normativa es diferente.

Dice Capella que el Estado de transición no puede ser un poder especializado, sustraído al control de la sociedad civil, ahí radica la clave del socialismo, sólo realizable si se ponen los dos aparatos, el de la producción y el del poder, en las mismas manos. Elías Díaz no comparte esta idea y sigue manteniendo el concepto de separación de poderes de raíz liberal para evitar el riesgo de la arbitrariedad. Creo que Capella ha tenido que reconocer, últimamente, en su libro *Los ciudadanos siervos,* que es preferible entrelazar dos prácticas, pero no identificarlas. Una práctica estatal e institucional, otra no estatal de actividad social realizada por agentes voluntarios organizados, la creación de zonas no estatales. La extensión de los poderes sociales parece ser hoy la alternativa para avanzar hacia el reino de los fines de los seres humanos, frente a la burocratización tecnocrática del mundo.

Otra diferencia importante entre Capella y Elías Díaz es que el profesor Capella le reconoce a Lenin méritos teóricos a favor de la democracia, por supuesto en el contexto del impulso a la democracia directa. Dice que hay una coincidente reflexión entre Marx y Lenin, cuando este último en su obra *El Estado y la revolución,* trata de desarrollar, a la luz de la experiencia de la fracasada Revolución rusa de 1905, las tesis de Marx a propósito de la Comuna de París[541]. El Estado que nace de la revolu-

[541] En una entrevista personal (Barcelona, 8 de noviembre de 2005), el profesor Capella, trató de explicarme su diferencia con la opinión de Elías Díaz, respecto a la clausura de las instituciones de la democracia representativa por parte de Lenin en plena revolución. ¿Por qué no fue relevante la asamblea constituyente para Lenin? ¿Era la asamblea constituyente realmente representativa? Sus respuestas se dirigen a criticar la democracia como procedimiento y a llamar la atención sobre la necesidad del realismo político, de las circunstancias de una revolución, en la que las decisiones tienen que ver con el manejo consistente de las correlaciones de fuerza a favor de la democracia consejista. Una ampliación sobre este tema, DOMÈNECH, Antoni, «Interrogantes sobre la concepción bolchevique del asalto al poder», *El eclipse de la fraternidad,* p. 284 y ss.

ción socialista ha de ser un Estado no independizado de la sociedad civil. Creo que la experiencia de la Revolución rusa no demostró la realización de dos propósitos: a) que la génesis de la decisión política se busque en asambleas deliberantes y ejecutivas a la vez, y no en los parlamentos deformadores de la voluntad popular; b) la eliminación de la profesionalización de la política mediante la elegibilidad y revocabilidad directas de todos los cargos públicos. La concepción marxista del Estado interpretada por Lenin no resolvió los problemas del Estado del período de transición.

2.1.1. Sobre el mito de la soberanía popular

Capella refiere que soberanía es un concepto acuñado en torno al Estado y no en torno a la sociedad. Que históricamente el Estado representativo apareció en la forma de Estado-nación [542]. La «soberanía» entonces tiene connotaciones de índo-

[542] En el plano conceptual, según el profesor Capella, la soberanía es un concepto de transición: pre-moderno y moderno, culturalmente feudal y políticamente mercantil. En Bodin, señala, es un concepto que se refiere al poder absoluto y perpetuo del Estado. En el feudalismo, la soberanía comprende los dominios políticos, económicos e ideológicos, en una sola «substancia». En el concepto contemporáneo de soberanía popular el Estado representativo sólo lo detenta por delegación ya no es el Estado sino el pueblo, el titular último de la soberanía. Capella dice que la soberanía popular es uno de los elementos conceptuales básicos del paradigma institucional del Estado representativo, hoy en crisis. Habla de una crisis de la soberanía del Estado-nación y que el proceso de democratización política ha entrado en clara involución a favor del autoritarismo. Los estados ya no son «soberanos supremos» de las sociedades que gobiernan, están sometidos a un sistema imperial del poder político y a la ley del mercado mundial. Esta crisis se proyecta *hacia dentro* generando la dificultad siguiente: «los poderes estatales, con soberanía recortada, tienen que privar a la población de voluntad política en determinadas materias (de defensa, de política económica, fiscal y tecnológica, fundamentalmente) al tiempo que afirman que la población mantiene capacidad de formar esa voluntad política, libertad de pensamiento y de expresión, etc.». CAPELLA, Juan Ramón, *Los ciudadanos siervos,* Trotta, Madrid, 1993, p. 108. La «soberanía» puede ser vista como un concepto teológico secularizado: soberano

le nacional y de índole popular, es de tal índole que no puede tener sino un devenir paradójico.

El hecho que el Estado representativo opere hoy con exclusiones de ciertos sectores sociales no quiere decir que neguemos que el concepto de ciudadanía sirviera originalmente como proceso de homogeneización del Estado-nación. La constatación de las exclusiones: de las mujeres, de las personas jóvenes y la exclusión de los derechos políticos al extranjero es un dato que daña el valor de la soberanía popular. Tiene razón Capella, cuando argumenta a favor de admitir que el proyecto del Estado-nación moderno es la asimilación de todas las comunidades y culturas diversas a una forma de vida dominante. Sigue teniendo más poder el Estado que la sociedad civil auto-organizada, en sus formas concretas [543]. El núcleo central del mito de la soberanía popular del Estado representativo excluye el poder político directo de las masas en la organización de la producción y de los restantes aspectos de la vida social [544].

---

es aquel poder que no reconoce superior. Véase BODINO, Juan, *Los seis libros de la república* (1575), trad. Gaspar de Añastro Isunza, Centro de Estudios Constitucionales, Madrid, 1992; Hoy se habla de una fuerte crisis de la «soberanía» como principio. Véase BERGALLI, Roberto y RESTA, Eligio (compiladores), *Soberanía un principio que se derrumba,* Paidós, Barcelona, 1996.

543 Dice Villoro que la igualdad como homogeneidad moderna se justifica en razones éticas, las revoluciones democráticas se generaron en la lucha contra los privilegios. Estas fueron exigencias de un estatuto común: la ciudadanía, el «pueblo» en el que el Estado-nación hace recaer la soberanía es el conjunto de ciudadanos, pero no repara en los ciudadanos concretos y esta situación conduce a la paradoja de la dominación del pueblo por el pueblo, el desvío de las democracias a un nuevo sistema de dominio. VILLORO, Luis, *El poder y el valor,* p. 340. Para tener una visión de la soberanía popular como parte del imaginario social moderno véase TAYLOR, Charles, «8. The Sovereign People», *Modern Social Imaginaries,* Public Planet Books, Duke University Press, Durham and London, 2005, pp. 111 y ss.

544 CAPELLA, Juan Ramón, *Materiales para la crítica de la filosofía del Estado,* p. 208. Según Capella, la fase de parlamentarización del Estado representativo del capitalismo se configura así: a) exclusión de la elección de mandatarios, sólo se admite la elección de representantes; b) distanciamiento del sistema de representación entre los centros de decisión y la base; c) exclusión de toda posibilidad de control por parte de los electores; d) la profesionalización de la política, alejando la virtud de los asuntos ciudadanos. *ob. cit.,* p. 208.

Así, la soberanía popular en el Estado representativo cumple dos funciones ideológicas. Por un lado, genera la creencia, la justificación ideológica, de que el ciudadano común es relevante dentro de ese Estado para la formación de la voluntad político-estatal. Por otro, elimina la participación política real. En conclusión: «Justificación del Estado, eliminación de la participación real, creación de participación ficticia». Está en el poder social conservar el núcleo racional de la soberanía popular como medio para la superación de la política representativa, contra la corporativización fascista de la sociedad.

En sentido totalmente contrario al de Capella, aunque compartiendo la crítica realista de la democracia, Schumpeter concluyó que «voluntad general» es un mito irrealizable. La democracia es un procedimiento pragmático para regular la competencia entre múltiples grupos con intereses distintos en unas redes de poder, en el cual los más exitosos mantienen su poder, es un lenguaje de cómo funciona realmente la democracia, no hay valores en tal concepto [545]. Hay que reconocer que el «análisis de Schumpeter tuvo el mérito de hacer ver con claridad el alejamiento entre la democracia realmente existente y el convenio ético que pueda justificarla [...] En estos años, Richard Rorty, desde otro punto de vista, ha vuelto a poner en duda la pertinencia de acudir a una doctrina filosófica para justificar los procedimientos democráticos reales. Rorty pretende defender la democracia sin recurrir a un discurso fundamentador racional» [546].

---

[545] Schumpeter ha adoptado los siguientes criterios para definir la democracia: a) la democracia no significa ni puede significar que el pueblo gobierna efectivamente, en ninguno de los sentidos de las expresiones «pueblo» y «gobernar»; b) la democracia significa tan sólo que el pueblo tiene la oportunidad de aceptar o rechazar los hombres que han de gobernarle; c) la libre competencia entre los pretendientes al caudillaje por el voto del electorado; d) la democracia es el gobierno del político. SCHUMPETER, Joseph, *Capitalismo, socialismo y democracia,* p. 362.

[546] VILLORO, Luis, *El poder y el valor,* p. 336. Para una ampliación de la discusión sobre pragmatismo y democracia véase CRITCHLEY, Simon, DERRIDA, Jacques, LACLAU, Ernesto y RORTY, Richard (compilación de MOUFFE, Chantal), *Desconstrucción y pragmatismo,* trad. Marcos Mayer, Paidós, Barcelona, 1998.

¿Cómo puede evitar Capella caer en el pragmatismo en su crítica al Estado representativo? Ha tenido que incluir elementos normativos a tal crítica, para diferenciarse de reacciones intelectuales y prácticas fragmentarias, conservadoras o progresistas pero sin dimensión moral, y que se articulan en torno a discursos pragmáticos privados y particularistas que se reconocen carentes de toda posibilidad de universalización.

2.1.2. El ciudadano siervo

Para Capella la noción de «ciudadano» tiene dos caras, como Jano: es fuente de legitimidad y fuente de poder.

Como fuente de legitimidad:

«el «ciudadano», con su manto de «derechos», está dotado, pues, de pretensiones *legítimas*. Merece la pena detenerse en esto, lo mejor del concepto de ciudadanía [...] con razón han defendido los ciudadanos sus «derechos de libertad»: como garantías materiales no son gran cosa, pero sí son eficaces como legitimadores de la acción de las personas que aspiran a vivir en libertad».

Como fuente de poder:

«Como cuestión histórica, cada uno de los «derechos» de la ciudadanía ha sido *arrancado* al poder estatal. O, dicho por su reverso, cada uno de los *deberes* que corresponden a los derechos de libertad le han sido *impuestos* al Estado [...] El «derecho de libertad» es fruto del acopio de *poder* de las personas, de sus agrupamientos» [547].

---

[547] CAPELLA, Juan Ramón, *Los ciudadanos siervos,* Trotta, Madrid, 1993, p. 148. Rodríguez narra dos episodios políticos como encrucijadas de la democracia participativa reciente: primera experiencia, el Consejo del Gran Londres (1981-1986); segunda experiencia, el Presupuesto Participativo de Porto Alegre (derrotado electoralmente el 2004). Después de estos intentos de democracia directa fracasados, se habla de *posdemocracia,* dado que existe «un control sin límites sobre la ciudadanía que afecta gravemente a los derechos humanos y sitúa el beneficio ilimitado de unos pocos sobre el bienestar de la mayoría de la población», RODRÍGUEZ, Rafael, *Ciudadanos soberanos. Participación y democracia directa,* Almuzara, España, 2005, p. 42.

La ausencia del ejercicio de los derechos de ciudadanía como fuente de poder es lo que ha dado lugar a la existencia de ciudadanos-siervos, sujetos de derechos sin poder. Se ha producido una delegación del poder en el Estado y el mercado, de la privatización individualista a la burocratización tecnocrática, con el grave riesgo de una fascistización del Estado.

Los ciudadanos siervos facilitan al poder político privado modelar la «voluntad estatal», facilitan el crecimiento, supraestatal y extraestatal, de ese poder privado. Es una ciudadanía que reclama su ejercicio cuando el Estado ha dejado de ser un Estado soberano. Facilita un cierto discurso legitimador de la democracia, un discurso iusnaturalista, la idea de que el capitalismo es el «estado natural» de la sociedad [548].

El profesor Capella se plantea si es posible reinventar libremente un universo de *comunidades voluntarias*. Hoy, los objetivos generales del nuevo movimiento emancipatorio se inscriben, dice, en el nuevo ecosocialismo internacionalista, con el cual no se produce un divorcio entre el socialismo y los intereses de la especie humana como tal. Discurso emancipatorio que ya venía anunciado en Manuel Sacristán [549].

Desde la perspectiva del ecosocialismo demanda revisar el concepto mismo de necesidades. El concepto programático de necesidades ha de ser elaborado y definido con mesura por los movimientos de intencionalidad emancipatoria dada las condiciones del presente: «tal vez haya que formular un catálago de necesidades humanas básicas, convencionalmente sostenido, de la misma manera que es un catálogo de derechos convencional, por ejemplo el de las Naciones Unidas. Un movimiento

---

548 CAPELLA, Juan Ramón, «Democratización y neonaturalismo. La ambigüedad de la democratización contemporánea», *Doxa* n.º 17-18, Alicante, 1995, p. 178.

549 SACRISTÁN, Manuel, *Pacifismo, ecología y política alternativa,* Icaria, Barcelona, 1987; «Sobre los problemas presentemente percibidos en la relación entre la sociedad y la naturaleza y sus consecuencias en la filosofía de las ciencias sociales. Un esquema de discusión», *Papeles de filosofía,* Icaria, Barcelona, 1984, pp. 453-467.

emancipatorio tendría que elaborar algo así» [550]. Se trata de exigencias de una nueva moral de la especie humana, sin descuidar las relaciones de poder.

Frente a un panorama actual de ciudadanos siervos se requiere de *Comunidades* que reúnan personas y no sólo ciudadanos, de cooperantes voluntarios que construyan bienes *públicos* sin tener que delegar necesariamente ese cuidado en funcionarios profesionales. Esto implica construir una esfera pública *dual*. De un lado, la tradicional esfera estatal (de los «derechos de libertad»); de otro, la *esfera pública voluntaria* (no se persigue afianzar sólo derechos sino también poderes) [551].

Capella se ve impelido a aceptar la soberanía popular como principio normativo del Estado democrático representativo y de la democracia directa, pero es en ésta última donde radica la piedra de toque para la construcción del poder social.

¿Acaso la falacia de identidad entre democracia representativa y capitalismo está en las tesis de Capella?

Según Elías Díaz cuando se funde o se confunde capitalismo y democracia representativa se corre el riesgo de caer en la falacia de identidad entre «sistema político democrático» y «modo capitalista de producción» [552]. Se trata por lo tanto de no identificar sin más democracia y capital, democracia y mer-

---

[550] CAPELLA, Juan Ramón, *Entre sueños. Ensayos de filosofía política*, p. 121. Según Ángeles RÓDENAS, la expresión «catálogo de necesidades básicas» recuerda bastante a la de «coto vedado de los bienes básicos» acuñada por Ernesto Garzón, véase su tesina *La fundamentación de la democracia en la filosofía del Derecho española e iberoamericana* contemporánea, p. 160. Efectivamente, en ambos autores está la exigencia de poner coto a la expansión de necesidades no legítimas.

[551] En la esfera pública voluntaria, «la población como tal, recompone poderes sociales públicos capaces de contrarrestar el poder privado y particularista del capital, buscando, además, resolver el equilibrio en la esfera pública estatal o en la *sociedad* internacional». CAPELLA, Juan Ramón, *Los ciudadanos siervos,* Trotta, Madrid, 1993, p. 153.

[552] Sobre esta falacia de identidad entre «sistema político democrático» y «modo capitalista de producción», Elías Díaz se ha referido en sus libros *De la maldad estatal y la soberanía popular* (1984, cap. IV) y luego en *Ética contra política. Los intelectuales y el poder* (cap. II, 1).

cado. Esto es no confundir economía capitalista con política, tanto si es para «sacralizarla», como hace la derecha conservadora, como si es para satanizarla, como hace la izquierda más radical. Para Capella el capitalismo mundial con sus grandes centros de decisión mina la soberanía de los Estados, los poderes transnacionales caen como losas sobre las instituciones jurídico-políticas de la democracia[553]. Dice que este panorama no nos puede conducir a la conclusión de Capella, muy cerca de la vieja tesis del «reflejo» (la economía determina la superestructura), para negarle a la democracia representativa posibilidades de interna y externa transformación.

Elías Díaz no deja de reconocer el valor de la crítica izquierdista de Juan Ramón Capella al Estado de Derecho actual y a su posición, en particular. Sin embargo, insiste, en que el error del profesor Capella estaría en identificar el Estado de Derecho como sinónimo de estructura capitalista. Esto implicaría no valorar el potencial progresista que significa contar con exigencias como el impero de la ley, resultado de la voluntad popular o la no concentración totalitaria del poder, la responsabilidad y no arbitrariedad del Gobierno y la efectividad de los derechos humanos y libertades[554]. Democracia representativa y socialismo no son conceptos antagónicos. No acepta tampoco que las «iniciativas populares» sean el único factor eficaz para la ruptura del modo de producción capitalista ya que las instituciones políticas no tienen sólo como función la de asegurar logros y conquistas progresistas, sino también la de colaborar activamente en la labor de transformación social. En este aspecto,

---

553 DÍAZ, Elías, «Juan Ramón Capella: la identidad comunista-libertaria», *Revista Internacional de Filosofía Política* n.º 9, Madrid, junio, 1997, p. 147.

554 DÍAZ, Elías, *Legalidad y legitimidad en el socialismo democrático,* p. 160. Elías Díaz ha tratado también de marcar sus diferencias con otro crítico de la democracia representativa como es Offe. Aunque reconoce que la absoluta identidad entre modo de producción capitalista y democracia representativa se deja notar, no con entera claridad. Reconoce en Offe un talante *anarquista-libertario,* que se puede aunar fructíferamente al socialismo democrático. *De la maldad y la soberanía popular,* p. 249.

Manuel Atienza, reconoce que el esfuerzo de Elías Díaz se dirige a trazar los contornos del socialismo democrático y que la postura socialista de Elías Díaz es abierta y no se identifica fácilmente con algún proyecto político concreto [555].

El profesor Capella no está de acuerdo con la lectura de sus ideas que hace Elías Díaz. No hay en él tal identificación entre democracia representativa y capital [556]. Su propósito es no convertir la democracia en un mito útil al poder conservador. Su crítica va dirigida a desarrollar la idea de que todo proceso de democratización debe servir para fortalecer al poder social, sobre todo en un mundo globalizado, en el que las instituciones democráticas representativas se someten y se subordinan a un *difuso soberano imperial*. Quiere dejar constancia de una época paradójica: por un lado, se produce «un ajuste entre la voluntad del soberano supraestatal difuso y los limitados soberanos populares», y por otro, «la despolitización de grandes masas de ciudadanos, su apatía política, su reflujo participativo, ya que su exclusión es percibida como ineficacia de la participación misma» [557]. Y esto, no es ni más ni menos, la regresión de la democracia y con ella, la democracia directa.

El ecosocialismo, en el discurso último de Capella, plantea serias críticas a la hegemonía capitalista y al poder difuso imperial en el contexto de la globalización. Esta veta crítica está clara. Sin embargo, frente a los problemas del Estado democrático representativo, está ausente en él una alternativa válida diferente, algo más concreto que el mero anuncio de un «referéndum permanente del poder social», o acaso una alternativa complementaria. Dice Sauquillo que la mayor objeción a alter-

---

[555] ATIENZA, Manuel, «Elías Díaz: De la maldad estatal y la soberanía popular», *Antrophos* n.º 62, 1986, p. 60.

[556] CAPELLA, Juan Ramón, «Respuesta a las críticas», *Revista Internacional de Filosofía Política* n.º 9, Madrid, junio, 1997.

[557] CAPELLA, Juan Ramón, «La globalización: ante una encrucijada político-jurídica», *ob. cit.*, p. 21. También véase «Notas sobre la repugnancia hacia la política», *Mientras tanto* n.º 86, primavera, Barcelona, 2003, pp. 31-45; «La constitución tácita», *Mientras tanto* n.º 88, otoño, Barcelona, 2003, pp. 49.

nativas como la de Capella es su afán de sustituir a las políticas representativas —que desde la modernidad, en sociedades en grandes escalas y sociedades complejas, resultan inevitablemente burocráticas— por un difuso y desestructurado poder social [558].

Si con la organización del Estado de Derecho, el sistema de derechos forma ya un orden constitucional, el Derecho opera como un transformador encargado de reforzar el flujo sociointegrador de los movimientos sociales, pero ya no sólo es un freno sino también un factor de cambio. Hay dos aspectos: por un lado el Estado de Derecho institucionaliza el uso público de las libertades públicas y por otro regula la transformación del poder social en administrativo.

Creo que, mientras Elías Díaz ha concentrado su crítica al Estado capitalista, desde exigencias éticas externas e internas a las instituciones del Estado de Derecho, ha dejado anunciado temas como la democracia directa vinculadas a la dinámica de la sociedad civil, sin considerar una separación radical entre sociedad civil y Estado. Capella ha centrado su crítica desde el potencial del poder directo de las organizaciones de la sociedad civil como exigencias éticas que tienen su propia dinámica interna, sin profundizar en la importancia de la organización estatal, ya que el Estado constituye un problema dilemático. Las deficiencias de uno y otro muestran que la construcción del Estado democrático de Derecho exige aún un mayor debate.

De manera que la pregunta, que hace décadas planteó Capella, aun sigue y seguirá vigente: «¿En qué aspectos hay que reexaminar críticamente la reflexión marxista sobre el Estado del periodo de transición de la sociedad capitalista a la sociedad comunista y qué artificios proponer para eliminar las deformaciones a partir de la experiencia con la que ya se cuenta?» [559].

---

[558] SAUQUILLO, Julián, «Fragmento de un discurso libertario: el compromiso ético y político de Juan Ramón Capella», *Isegoría,* n.º 19, Madrid, 1998, p. 190.

[559] CAPELLA, Juan Ramón, *Materiales para la crítica de la filosofía del Estado,* p. 148.

2.2. Coincidencias y críticas de Gregorio Peces-Barba

Gregorio Peces-Barba se inscribe en el perfil de un socialista que considera al socialismo como una exigencia de la concepción humanista y democrática del hombre y la sociedad. El suyo es un socialismo abierto al personalismo comunitario, al liberalismo igualitario, incluso al marxismo de tradición kantiana [560]. Su preocupación mayor ha estado en buscar los fundamentos humanistas del socialismo en relación con los derechos humanos, sobre todo a partir del Estado de Derecho moderno, afirmando la dimensión histórica de los derechos y li-

---

[560] La obra del profesor Peces-Barba, actual catedrático de filosofía del Derecho, se le valora de modo particular, por su carácter pionero en la filosofía jurídica española en el tratamiento sistemático de los derechos humanos, con la delimitación del concepto y fundamento, dando lugar progresivamente a que hoy se hable de los derechos humanos con su propio contenido y autonomía en el contexto de la filosofía del Derecho. Es el defensor de una *teoría dualista* de los derechos humanos. GARCÍA MANRIQUE, Ricardo, *La filosofía de los derechos humanos durante el franquismo,* p. 523 y ss. Entre sus publicaciones más importantes sobre derechos humanos se destaca: *Derechos fundamentales. Teoría general,* volumen 1, Biblioteca Universitaria Guadiana, Madrid, 1973; *Derecho y derechos fundamentales,* Centro de Estudios Constitucionales, Madrid, 1993; *Curso de derechos fundamentales,* con la colaboración de Rafael de Asís, Carlos R. Fernández Liesa y A. Llamas, Universidad Carlos III de Madrid-BOE, Madrid, 1995; *Derechos sociales y positivismo jurídico. (Escritos de filosofía política y jurídica),* Cuadernos Bartolomé de las Casas n.º 11, Dykinson, Madrid, 1999; *Historia de los derechos fundamentales, tomo I, tránsito a la modernidad. Sigos XVI y XVII* (dirigido por Gregorio Peces-Barba y Eusebio Fernández), Universidad Carlos III de Madrid-Dykinson, Madrid, 1998; *Historia de los derechos fundamentales, tomo II, Siglos XVIII* (dirigido por Gregorio Peces-Barba, Eusebio Fernández y Rafael de Asís), Universidad Carlos III de Madrid-Dykinson, Madrid, 2001; *Lecciones de derechos fundamentales,* con la colaboración de Rafael de Asís y María del Carmen Barranco Avilés, Dykinson, Madrid, 2004. En su biografía se destaca, su ejercicio práctico en el ejercicio del derecho de defensa de los disidentes bajo el franquismo y su rol protagónico en la elaboración de la Constitución española de 1978. Es Doctor Honoris Causa por la Universidad Nacional de Educación a Distancia, por la Saint Louis University, por la Universidad de Vigo, y por el Middlebury College de Madrid. Ha sido Comisionado para las Víctimas del Terrorismo y Rector de la Universidad Carlos III de Madrid.

bertades y del Estado democrático representativo. Se reconoce discípulo del profesor Elías Díaz. Sus vínculos, por tanto, son múltiples.

De Elías Díaz, Peces-Barba valora su concepción socialista por su oposición tanto a concepciones totalitarias del socialismo («aunque intente salvar a Marx de esa crítica, eso sí cada vez con menor convicción») como al neoliberalismo que pretende la vuelta al Estado mínimo. Le parece relevante el acercamiento de Elías Díaz al liberalismo igualitario fundado en Kant, un socialismo comprometido con el imperativo de la dignidad humana y con las garantías jurídicas de un Estado democrático representativo [561]. Además, encuentra en el pensamiento del profesor Díaz una articulación coherente entre derechos fundamentales y soberanía popular [562].

Dice el profesor Peces-Barba que frente a tantas fes militantes contra el Estado, tanto en la tradición del movimiento obrero como en la perspectiva anarquista, los socialistas deben asumir un rol progresista del Estado, asignarle un papel en el proyecto de lucha por una sociedad de hombres libres e iguales.

No se plantea el problema del carácter impreciso de los textos de Marx, ni la posibilidad de un intento de interpretación democrática de éstos: «Entre la vieja tesis de la desaparición del Estado propugnada por Marx y sobre todo por Engels y Lenin y la idea transpersonalista del fascismo de que no hay nada sin el Estado, contra el Estado o fuera del Estado, se puede construir una idea más acorde con la realidad histórica del mundo

561 PECES-BARBA, Gregorio, «El profesor Elías Díaz», *Anthropos* n.º 62, Barcelona-Madrid, 1986, p. 48.

562 Peces-Barba afirma que en la teoría de los derechos humanos del profesor Díaz existen: *primero,* derechos fundamentales que forman parte de la soberanía popular y que son dimensiones de la legitimidad del Estado democrático, exigencias lógicas internas de la regla de decisión mayoritaria; *segundo,* los derechos vinculados a libertades individuales y derechos de seguridad jurídica; *tercero,* los derechos que la Constitución o las leyes reconozcan, entre los que sitúa a los económicos sociales y culturales. PECES-BARBA, Gregorio, *Escritos sobre derechos fundamentales,* p. 80.

moderno, describiendo la racionalidad interna de la evolución del Estado» [563].

Cree que es muy difícil hablar de la existencia de una teoría marxista del Estado y que, a lo más, se pueden valorar críticas parciales al Estado representativo. No deja de reconocer, sin embargo, que el marxismo constituye uno de los intentos de explicación científica del movimiento político socialista [564]. Aunque muchas veces haya caído en dogmatismo y en escolástica. Exige superar la tesis derivada de una interpretación mecanicista del marxismo de la determinación de la superestructura por la infraestructura y superación de la tesis de la progresiva desaparición del Derecho y del Estado [565].

---

[563] PECES-BARBA, Gregorio, «Consideraciones sobre el significado y el valor del Estado», *Sistema* n.° 38-39, octubre, Madrid, 1980, p. 6.

[564] PECES-BARBA dice que el marxismo consigue explicar el movimiento político socialista, como un «intento de justificación objetiva basada en leyes científicas [...] aunque haya caído muchas veces tanto en el dogmatismo que ha convertido al método en sistema y al análisis científico en escolástica como en la construcción de un esquema tranquilizante que en ese sentido aliena en vez de liberar». *Libertad, poder y socialismo,* Civitas, Madrid, 1978, p. 145. El profesor Peces-Barba considera que la tarea crítica a un marxismo positivista que confundía ciencia con socialismo o socialismo como devenir «inevitable», en España, se le debe a Fernando de los Ríos y Elías Díaz, pero sobre todo a Eusebio Fernández, a su libro *Marxismo y positivismo en el socialismo español.* Estas afirmaciones vienen vertidas en el «Prólogo» que realizó a tal libro.

[565] Decía Marx en la *Crítica del programa de Gotha* que en la fase superior de la sociedad comunista se alcanzaría el desarrollo de los individuos en todos sus aspectos y crecerían también las fuerzas productivas y correrían a chorro lleno de manantiales de la riqueza colectiva. *Antología de Marx,* edición preparada por Enrique Tierno Galván, Cuadernos para el Diálogo, Madrid, 1972, p. 309. Por su parte, Engels decía que el «Estado no ha existido eternamente. Ha habido sociedades que se las arreglaron sin él, que no tuvieron la menor noción del Estado ni su poder. Al llegar a cierta fase del desarrollo económico, que estaba ligada necesariamente a la división de la sociedad en clases, esta división hizo del Estado una necesidad [...] Con la desaparición de las clases desaparecerá inevitablemente el Estado. La sociedad, reorganizando de un modo nuevo la producción sobre la base de una asociación libre de productores iguales, enviará toda la máquina del Estado al lugar que entonces le ha de corresponder: al museo de antigüedades, junto a la rueca y al hacha de Bronce». ENGELS, Friedrich, *El origen de la familia, la propiedad privada y el Estado,* Albor, Madrid, 1998, p. 296. Esta escatología progresista será criticada en este trabajo más adelante.

Consideraría, por ejemplo, que tesis de orientación marxista como las de Capella, que meditan *sobre el mito de la soberanía popular,* no ofrecen alternativas y sólo provocan perplejidad y desorientación, bajo el rótulo general de «crisis del Estado». Prefiere, que en vez de enfrascarse bajo el rótulo genérico de «crisis del Estado» se pueda defender al Estado como elemento importante de una teoría política progresista. Para tal efecto, es importante partir de la idea de que el concepto de Estado es un concepto histórico del mundo moderno. Por eso «frente a la idealización absoluta del Estado y frente a su devaluación total parece más propia la valoración positiva relativa, es decir, la consideración del Estado como un elemento importante, no el único, ni siquiera el más importante para la concepción progresista más realista que hoy existe que es el socialismo democrático» [566].

El profesor Peces-Barba reconoce que entre los planteamientos socialistas, frente a las insuficiencias del Estado liberal de Derecho se pueden adoptar dos posiciones antagónicas: una rupturista y otra gradualista. La primera constituye la interpretación leninista de Marx, que prescinde de todas las aportaciones liberales, entre ellas los derechos fundamentales. Se prescinde de todos los progresos que con dificultad ha alcanzado el Estado moderno con la teoría representativa y parlamentaria, convirtiendo al Estado en una máquina de ordenación y planificación de la vida social humana sin libertad individual y sin participación. Frente a esta posición se alzará una segunda alternativa: la tradición del socialismo democrático, con una visión gradualista en la reforma del Estado liberal representativo.

En esta segunda posición es en la que se sitúa Peces-Barba. Con esta base teórica plantea el carácter progresivo del Estado y asume su defensa como un elemento importante para la utopía socialista. Para llevar adelante y concretar los postulados liberales de libertad, igualdad y fraternidad exige hoy ser socia-

---

[566] PECES-BARBA, Gregorio, «Consideraciones sobre el significado y el valor del Estado», *Sistema* n.º 38-39, octubre, Madrid, 1980, p. 9.

lista y como núcleo de esta utopía se requiere una realización práctica, que convierta estos postulados de formales en reales, renunciando a todo absolutismo en política. Se amplía la legitimidad del Estado de Derecho cuando sus funciones no se reducen a simples funciones garanizadoras sino también cuando se cumplen acciones promocionales. Puntualiza la referencia de pensadores fundamentales en esta corriente que van de Bernstein a Bobbio. El socialismo humanista que él plantea toma distancia de las interpretaciones antihumanistas del marxismo, como, entre otros, el estructuralismo de Althusser.

2.2.1. *De Bernstein a Bobbio*

De Bernstein señala que ha tenido el coraje de iniciar a finales del siglo XIX —a partir de 1896— una reflexión teórica en la línea que la califica como socialismo democrático. Le parecen válidas sus críticas a la dictadura del proletariado. Bernstein opondrá democracia a dictadura del proletariado, encuentra claramente la reivindicación de la función del Estado y del Derecho en el ámbito de una sociedad democrática para la realización del socialismo. Pero no sólo Bernstein, también Kautsky, aun con sus desencuentros, unió su crítica a la dictadura del proletariado[567]. Afirmar que el socialismo, en tanto medio para

[567] La furibunda crítica de Lenin a Kautsky fue a propósito de que Kautsky reconoció la importancia de los funcionarios y de la administración del Estado. Decía Lenin: «La esencia de la cuestión radica en si se mantiene la vieja máquina estatal (enlazada por miles de hilos a la burguesía y empapada hasta el tuétano de rutina y de inercia) o si se la *destruye,* sustituyéndola por otra *nueva.* La revolución debe consistir no en que la nueva clase mande y gobierne con ayuda de la *vieja* máquina del Estado, sino en que *destruya* esta máquina y mande, gobierne con ayuda de otra nueva: esta idea *fundamental* del marxismo se esfuma en Kautsky». LENIN, *El Estado y la revolución,* Fundación Federico Engels, Madrid, 1997, p. 111. Kautsky dejaba entrever que el Estado y el Derecho no eran un fenómeno sólo burgueses sino que como medios pueden ser empleados tanto para los intereses de los burgueses como para los del proletariado con lo que daba un paso importante en la comprensión del Esta-

la liberación del proletariado, es impensable sin democracia, refuerza el modelo del socialismo democrático[568].

Del profesor italiano Norberto Bobbio, indica que es, en el debate contemporáneo, quien ha dedicado gran parte de su esfuerzo intelectual a la defensa del gradualismo y de la asunción de la herencia liberal en la teoría del Derecho y del Estado, recogiendo la huella de Bernstein y de Kautsky en la defensa de los valores liberales en materia jurídico-política frente a la tesis de la dictadura del proletariado. Ha resumido la fórmula del Estado Derecho como garantía y promoción de derechos y libertades, como una conquista civil, como una conquista de la civilización[569].

---

do de Derecho representativo. Decía, «hay victoriosas luchas electorales y dentro de los parlamentos que han elevado poderosamente la fuerza y el sentimiento de fuerza del proletariado». KAUTSKY, Karl, «El desarrollo económico y la voluntad» en ZAPATERO, Virgilio, *Socialismo y ética: textos para un debate,* p. 223.

568 PECES-BARBA señala que en España las posiciones socialdemócratas fueron asumidas mayoritariamente por el PSOE, las encuentra en las ideas de Besteiro, De los Ríos, Jiménez de Asúa, y en menor sentido en Prieto y Pablo Iglesias. «Consideraciones sobre el significado y el valor del Estado», *Sistema* n.º 38-39, octubre, Madrid, 1980, p. 21. Bernstein se aproximaba a traducir la democracia «por la ausencia de dominio de clase». En este concepto estaba implícito una *representación jurídica*. Y a medida que la igualdad se convierte en el clima actual y domina la conciencia general, la democracia se convierte en el máximo grado de libertad para todos. Democracia es al mismo tiempo un medio y un fin. El medio para la lucha en pro del socialismo y la forma de realización del socialismo: la «socialdemocracia no tiene un instrumento mejor para apoyar este proceso que situarse sin reticencias, aun a nivel doctrinal, en el terreno del sufragio universal y de la democracia con todas las consecuencias que esto implica para su táctica». BERNSTEIN, Eduard, *Las premisas del socialismo y las tareas de la socialdemocracia,* trad. Irene del Carril y Alfonso García Ruiz, Siglo Veintiuno Editores, México, 1982, p. 221.

569 Andrea Greppi afirma que el compromiso de Bobbio fue con una determinada concepción del socialismo y con los ideales de la igualdad y libertad que acompañan su pensamiento desde los años treinta. Y si bien no encontró ningún nexo histórico ni conceptual necesario entre democracia y socialismo, ni tampoco viceversa, entre socialismo y democracia, sin embargo, llega a consi-

Dice que se le debe a Bobbio la crítica de dos tesis que evitaban plantear fórmulas para la construcción del Estado de Derecho desde el socialismo: a) la tesis de la determinación de la superestructura, y dentro de ella del Derecho y del Estado por la infraestructura de las relaciones de producción y, b) la progresiva desaparición del Derecho y del Estado en una supuesta sociedad sin clases sociales.

Comparte la tesis de Norberto Bobbio en el sentido de que los esfuerzos del pensamiento político socialista, sobre todo el de inspiración marxista, se han concentrado, en la crítica del Estado representativo y han descuidado proyectar el Estado nuevo[570]. Aseveraciones como ésta motivaron un debate amplio en la izquierda italiana en torno a los temas de la democracia y el socialismo[571]. En circunstancias diferentes sirvieron también

derar que cada paso que nos aproxima hacia el socialismo o hacia una democracia mejor, puede ser interpretado como un síntoma de progreso, pues implica la creación de nuevos espacios de libertad. Además, sólo evitando confundir democracia y socialismo se podía eludir el inevitable fracaso histórico de la izquierda. GREPPI, Andrea, *Teoría e ideología en el pensamiento político de Norberto Bobbio,* Marcial Pons, Madrid-Barcelona, 1998, pp. 286, 287. Sobre la relevancia de Bobbio en la crítica a la interpretación bolchevique de los textos de Marx, en cuanto a teoría del Estado se refiere véase DÍAZ, Elías, «Norberto Bobbio: para una filosofía política de la izquierda», *Los viejos maestros. La reconstrucción de la razón,* pp. 127-151; FERNÁNDEZ, Eusebio, «Ética y política. Sobre la necesidad, decadencia y grandeza del gobierno de las leyes» en *La figura y el pensamiento de Norberto Bobbio,* edición de Ángel LLAMAS, Universidad Carlos III de Madrid-BOE, Madrid, 1994, pp. 201-211. Una de las críticas más consistentes desde una perspectiva marxista es la de ANDERSON, Perry, «La evolución política de Norberto Bobbio» en GONZÁLEZ, José María y QUEZADA, Fernando (coordinadores), *Teoría de la democracia,* Anthropos, Barcelona, 1988.

[570] BOBBIO, Norberto, *¿Qué socialismo? Discusión de una alternativa,* trad. Juan Moreno, Plaza y Janes, Barcelona, 1977. p. 137. Cerroni es uno de los pensadores italianos marxistas, y cree que en Marx hay elementos para pensar el Estado y la necesidad de su transformación práctica. CERRONI, Umberto, «La crítica de Marx a la filosofía hegeliana del Derecho público» en VV.AA., *Marx, el Derecho y el Estado,* trad. Juan Ramón Capella, Oikos, Barcelona, 1969.

[571] Las tesis de Norberto Bobbio que dieron lugar al debate en la izquierda italiana están contenidos en su libro *¿Qué socialismo?* Sobre este tema se puede ver el trabajo de RUIZ-MIGUEL, Alfonso, *La contribución teórico-política de*

para el debate de la izquierda española, asunto que estoy tratando de dar cuenta en este capítulo, a partir del aporte de Elías Díaz, Juan Ramón Capella y Gregorio Peces-Barba.

2.2.2. *Contra dos escollos tradicionales*

El profesor Peces-Barba viene tratando de evitar lo que él considera dos escollos tradicionales en el pensamiento jurídico-político.

«Por una parte, la tentación totalitaria en que han caído una parte del socialismo revolucionario —como Lenin y Stalin— postulando soluciones para la organización política y jurídica ajenas a la tradición socialista, desde una perspectiva dogmática y políticamente despótica. Por otra parte, la inclinación «liberal» de una parte del pensamiento socialista democrático y que ha constituido lo que ahora se llama un poco despectivamente la socialdemocracia, donde se calcan mecánicamente sin ninguna reelaboración las estructuras políticas y jurídicas de la sociedad liberal y donde no se tienen en cuenta las específicas aportaciones en el campo político que aportará la reflexión socialista» [572].

Norberto Bobbio al debate contemporáneo de la izquierda italiana, Fundación Friedrich Ebert, Madrid, 1979, con *Prólogo* de Peces-Barba; también su libro *Filosofía y Derecho en Norberto Bobbio,* Centro de Estudios Constitucionales, Madrid, 1983, p. 417 y ss. Santesmases considera que la crítica de Bobbio a la izquierda marxista viene planteada desde un socialismo liberal con fuertes tendencias socialdemócratas, ahí sus potencialidades y límites. SANTESMASES, Antonio García, *Marxismo y Estado,* p. 205.

[572] PECES-BARBA, Gregorio, *Libertad, poder y socialismo,* Civitas, Madrid, 1978, p. 162. Es pertinente precisar dos etapas en la Revolución Rusa. La etapa de Lenin, en la que se subraya la democracia directa de los productores como fórmula emancipadora, así lo ven Juan Ramón Capella, Antoni Domênech y Luciano Canfora. La etapa de Stalin, como etapa totalitaria. No hay una relación necesaria y suficiente entre la primera etapa y la segunda. La primera etapa se caracterizó por ser una etapa autoritaria y la segunda, totalitaria. La diferencia conceptual de estos términos lo hemos visto en el primer capítulo. Peces-Barba y Elías Díaz, en el balance de la Revolución rusa están influidos por el estudio de DE LOS RÍOS, Fernando, *Mi viaje a la Rusia sovietista,* Madrid, 1921.

Peces-Barba señala que el socialismo democrático valora la importancia de sus instituciones, no las instrumentaliza, ni se sirve de ellas como simple medio para alcanzar el poder. Tampoco las sacraliza ni considera a ese Estado como un último fin ni como lugar de realización suprema de la libertad.

Saliendo de estas unilateralidades y desde la perspectiva de Bersntein y Bobbio, y con claras alusiones al aporte de Elías Díaz, formula su aportación respecto al papel del Estado en el socialismo democrático, que pueda ser válida para España [573]. Para él implica reconocer que el sentido central del Estado, como forma histórica del poder político, exige organizar el acceso al poder desde el pluralismo democrático de los partidos políticos. La separación de poderes exige asimismo su máxima racionalidad, a través del equilibrio entre ellos, con la supremacía del legislativo como el más genuino representante de la soberanía popular.

Así mismo, los derechos y libertades fundamentales en su desarrollo exigen una potenciación de las libertades individuales clásicas: de expresión, de reunión, de asociación, de garantías procesales, y de derechos más personales como la vida, la integridad física, la conciencia, la religión y la inviolabilidad del domicilio, entre otras.

De este modo el poder político debe ser ampliado, potenciando las iniciativas de los grupos sociales y que su racionalidad limite el ámbito de la economía para garantizar la existen-

---

[573] Dice PECES-BARBA que se puede enfocar los problemas que afectan al socialismo y a la política, el Estado de Derecho y los derechos fundamentales sin esa ingenua provisionalidad y en el fondo con el desinterés que suponía pensar que pronto el Estado y el Derecho iban a desaparecer: el Poder y el Derecho no sólo van a existir en una sociedad socialista, sino que pueden ser instrumentos en la lucha por la liberación y por la emancipación de la clase trabajadora. *Libertad, poder y socialismo,* Civitas, Madrid, 1978, p. 170. Decía Fernando DE LOS RÍOS que la democracia moderna, como forma de organizarse las instituciones, ha nacido bajo la advocación de la libertad y que quedará justificada si ante ella puede mostrar su eficiencia. *Escritos sobre democracia y socialismo,* edición y estudio preliminar de Virgilio ZAPATERO, Taurus, Madrid, 1975, p. 218.

cia de un nivel de servicios suficiente para todos. Para atender la educación, la cultura se requiere una intervención de los poderes públicos.

Para el reforzamiento de los aspectos solidarios y comunitarios, Peces-Barba plantea temas como la democracia directa y los derechos económicos sociales.

Sobre la democracia directa da sólo pautas muy generales: a) la organización jurídica de la democracia directa en aquellas dimensiones en que sea posible superar el dualismo representantes-representado, especialmente en la administración local y en el gobierno de los barrios para hacer posible la autonomía de cada uno y su plena participación; b) reconocimiento, potenciación y participación de las organizaciones sociales así como de los sindicatos obreros; c) extensión de los principios democráticos para la autogestión de las empresas.

En el plano de los derechos humanos plantea dos temas: a) desfundamentalizar algunos derechos considerados como fundamentales por los liberales como el derecho de propiedad y las libertades de comercio y de industria; b) construir una organización jurídica reforzada de los llamados derechos económicos, sociales y culturales, como aportación específica de la cantera del socialismo humanista, llevando hasta sus últimas consecuencias los postulados de la libertad individual para dar protección a la autonomía del individuo en una sociedad democrática y socialista [574].

En sus últimos escritos, ha precisado mejor estos temas, con el llamado *dinamismo de la libertad,* en el ámbito de la fundamentación de los derechos, marco moral que afecta a la construcción del Estado de Derecho, la identificación de la libertad jurídico-social con la defensa de los derechos humanos [575].

---

[574] PECES-BARBA, Gregorio, *Libertad, poder y socialismo,* p. 185.

[575] DE ASÍS, Rafael, *Una aproximación a los modelos de Estado de Derecho,* p. 26. Cabe recordar que en su etapa juvenil y premarxista Manuel Sacristán evitó una definición teleológica o esencial de la libertad. Planteaba un *dinamismo puramente formal,* que sólo *cada* persona puede rellenar de contenido. Decía que todas «las soluciones del problema de la libertad son, según esto,

Dinamismo que va desde la libertad de elección hasta la libertad final o libertad moral. Entre tanto, el principio de las mayorías y el principio de la negociación forman parte de la dinámica de la ética pública.

Poco a poco ha ido dejando acentuado tanto en su discurso como en su práctica política la virtud de la moderación política: virtud de autorrestricción. En esta mirada hacia el centro político es donde se articulan los dos ejes de la democracia: un centro izquierda (liberal democrático e igualitario) y un centro derecha (liberal democrático desigualitario)[576]. En su visión la virtud necesita límites, sólo así se admite partidario de una concepción política de centro izquierda que reconoce la complejidad del Estado de Derecho moderno en relación con la democracia y los derechos fundamentales[577].

2.2.3. El Estado democrático representativo y la ética pública en la modernidad

Rodríguez Uribes define a Elías Díaz y a Peces-Barba como filósofos del Derecho que comparten un modelo de Estado de Derecho, en el contexto de la social-democracia, que recupera el protagonismo del parlamento (el legislador), de los agentes políticos (partidos políticos) y de la sociedad civil (ciudadanos). En

---

concretas y personales. La única legislación capaz de reunirlas sin aniquilarlas será, por consiguiente, aquellas que, definiendo un criterio puramente formal de libertad, preserve positivamente a la persona de toda coacción en la tarea de realizar su propia y concreta libertad. *La libertad de desarrollo personal* —decía— es la auténtica traducción base de la libertad a términos sociales y luego políticos». SACRISTÁN, Manuel, «Libertad», *Mientras Tanto* n.º 84, otoño, Barcelona, 2002, p. 57. Una visión formalista que más tarde será corregida, recobrando la libertad su valor ético.

576 PECES-BARBA, Gregorio, *La democracia en España, Experiencias y reflexiones,* Temas de Hoy, Madrid, 1996, p. 16.

577 PECES-BARBA, Gregorio, «Tránsito a la modernidad y derechos fundamentales» en *Historia de los derechos fundamentales, Tomo I: Tránsito a la modernidad siglos XVI y XVII,* p. 225 y ss.

estos términos tienen confianza en las instituciones pero también en los agentes, en el proceso de modernización de la democracia[578]. Ambos han mostrado ser críticos de cierto tipo de social-democracia «establecida», podrían compartir ciertas críticas de Adam Przeworski[579].

Peces-Barba y Elías Díaz parten de una concepción de los derechos como límites, pero también de una concepción que hace posible el mejoramiento del Estado democrático de Derecho: el cambio no sólo social contemporáneo sino también aquél que evita el olvido de las generaciones pasadas y futuras[580].

---

578 La social-democracia de Elías Díaz y de Peces-Barba tendría como rival la concepción garantista de Ferrajoli, quien adopta una posición *defensiva* respecto del procedimiento democrático, desconfianza de los partidos y de los medios de comunicación. Le preocupa el *qué* de las decisiones. Su modelo es una democracia constitucional con derechos: tanto los derechos de libertad como los derechos sociales imponen obligaciones al legislador por ser sustanciales, garantizados por una presunta racionalidad del juez constitucional. RODRÍGUEZ URIBES, José Manuel, «Notas sobre democracia y opinión pública», *ob. cit.,* p. 135.

519 Adam PRZEWORSKI alega que «la democracia socialista no es algo que pueda encontrarse en parlamentos, fábricas o familias, no es una simple democratización de las instituciones capitalistas. Libertad significa des-institucionalización, significa autonomía individual. Es posible que el socialismo se haga posible, pero sólo con la condición de que el movimiento hacia el socialismo vuelva a tener la visión integral que caracterizó a varias de las corrientes fuera de los dogmas de las Internacionales [...] Puede llegar ser posible cuando el socialismo vuelva a ser un movimiento social, cuando reasimile los problemas culturales». *Capitalismo y socialdemocracia,* trad. Consuelo Vásquez de Parga, Alianza Editorial, Madrid, 1985, p. 279.

580 Javier MUGUERZA, en tono un tanto irónico, dice que a «diferencia de los padres fundadores de la Constitución española de 1978, que parecen ser en el tema temporal de la Constitución bastante conservadores, Jefferson proponía una convención constitucional cada veinte años con el fin de que la generación de turno pudiera tomar la palabra sin tener que hacer suya la voz de las generaciones anteriores. Y, de haber estado familiarizado con la teoría orteguiana de las generaciones, probable que hubiera recortado dicho plazo en un lustro». Véase «Derechos humanos y ética pública» en VV.AA., *Ética pública y Estado de Derecho,* Fundación Juan March, Madrid, 2000, pp. 88-89.

Para ambos es fundamental que el Estado de Derecho institucionalice el uso público de las libertades públicas para procesar el poder social en poder positivo y efectivo. Para evitar la sacralización de estas leyes positivas no se puede suprimir libertades como la libertad crítica individual, la libertad de expresión, «verdadero núcleo» de la ética y de la democracia. Esto es, como en Habermas, un principio democrático en el núcleo mismo del «sistema de derechos»[581].

En Peces-Barba y Elías Díaz, los propios derechos sociales forman parte de la *norma de identificación de normas;* aunque, a diferencia de los derechos civiles y políticos, los derechos sociales justifiquen una mayor dependencia del principio de las mayorías, al menos para adoptar el estatuto de derecho fundamental[582].

Ambos asumen, también la tesis de que el parlamento es el núcleo central de todo sistema democrático; esto no implica que elogien el dogma positivista, heredero particularmente de Rousseau, de la racionalidad infalible del legislador; tampoco lo sustituyen por una racionalidad absoluta del activismo judicial[583].

Peces-Barba considera el poder político como «hecho fundante básico» y que el Estado, como «hecho institucionalizado», debe estar abierto a una moralidad crítica. El Estado libe-

---

581 Habermas sostiene que la «cooriginalidad de autonomía pública y autonomía privada muéstrase sólo cuando desciframos y desgranamos en términos de teoría del discurso la figura de pensamiento que representa la «autolegislación», figura conforme a la cual los destinatarios son a la vez autores de sus derechos». HABERMAS, *Facticidad y validez,* p. 169.

582 PECES-BARBA, Gregorio, «Reflexiones sobre el parlamento» en *El parlamento en el siglo XXI,* Asamblea de Madrid, Closas-Orcoyen, Madrid, 2002, p. 76.

583 La democracia puede equivocarse, puede excederse o ser insuficiente en relación con la satisfacción de ciertos derechos, pero es un instrumento central para la reconstrucción razonable de las decisiones públicas: la patología democrática se resuelve con más y mejor democracia. RODRÍGUEZ URIBES, José Manuel, «Notas sobre democracia y opinión pública», *ob. cit.,* p. 137.

ral, social y democrático de Derecho supone la «prescripción de unos determinados contenidos de justicia»[584].

El «hecho institucionalizado» no agota las pretensiones de justicia; el poder político por más democrático que sea no puede ir más allá de los valores de la ética pública, como moralidad política, a fin de que tenga lugar la tolerancia y la cooperación en el espacio público y sobre todo se vigile el respeto de la dignidad humana. El poder político tiene límites. El Derecho no puede entrar directamente en aquello que afecta a la conciencia moral[585]. Peces-Barba asume incluso el rol de ciertos derechos como cotos vedados, como parte de la dimensión liberal de la democracia.

Para Elías Díaz, el Estado no se reduce a garantía de la libertad negativa como lo quiere el liberalismo conservador de

---

[584] Gregorio Peces-Barba, hace una diferencia entre la perspectiva descriptiva y la perspectiva normativa del Estado de Derecho. Desde un punto de vista descriptivo incluso un Estado dictatorial es un Estado de Derecho. En el sentido prescriptivo sólo cabe un tipo de Estado: el liberal social y democrático de Derecho. En su caso, dice, cuando habla de Estado de Derecho lo hace en el sentido prescriptivo, el Estado de Derecho como «hecho fundante básico de un Ordenamiento jurídico que incorpora los valores políticos derivados de la ética pública de la modernidad». La idea de «hecho fundante» genera dudas de no salir del positivismo, aunque luego lo corrija con su talante de socialista ético. Según Rafael de Asís no hay ninguna duda en el carácter prescriptivo del Estado de Derecho planteado por Peces-Barba, por estar clara la conexión cierta que hace entre Estado de Derecho y moral, como presupuesto normativo. DE ASÍS, Rafael, *Una aproximación a los modelos de Estado de Derecho,* p. 86. Véase también, BUSTAMENTE, Reynaldo, *Entre la Moral, el Poder y el Derecho,* Ara Editores, Lima, 2006.

[585] PECES-BARBA afirma que los derechos fundamentales son derecho positivo que se genera en la moral del humanismo-igualitario y que la política democrática del Estado de Derecho asume e integra en su Ordenamiento jurídico. *Escritos sobre derechos fundamentales,* p. 226. Además, el humanismo igualitario vincula a la «dignidad humana como fundamento de la ética pública de la modernidad, como un prius de los valores políticos y jurídicos y de los principios y los derechos que derivan de esos valores». *La dignidad de la persona desde la filosofía del Derecho,* Cuadernos Bartolomé de las Casas n.º 26, Instituto de Derechos Humanos Bartolomé de las Casas, Universidad Carlos III de Madrid-Dykinson, Madrid, 2002, p. 12.

Hayek. Tampoco se limita a una absoluta confianza en la liberación positiva, propuesta por cierto marxismo, defensor de la democracia directa. Sostiene que hay relaciones de concordancia entre libertad negativa y libertad positiva, una concordancia no muy lejana a aquella planteada entre imperio de la ley emanada de la soberanía popular y la necesidad del respeto a los derechos humanos, ambos elementos definitorios del Estado de Derecho [586]. También hace falta conciliar las exigencias formales del Estado de Derecho con las sustanciales de la economía socialista [587].

El profesor Díaz sostiene que su propuesta coincide sustancialmente con la de Gregorio Peces-Barba, quien plantea que los valores superiores de la Constitución se explican a partir de la idea de norma básica: la norma básica formal —soberanía popular y Estado de Derecho— y la norma básica material —libertad, justicia, igualdad y pluralismo político— son expresión de una misma concepción ideológica [588].

---

[586] DÍAZ, Elías, «Justificación de la democracia», *Sistema* n.º 66, mayo, Madrid, 1985, p. 6.

[587] Renato Treves se ha referido a Elías Díaz como una de la figuras relevantes del socialismo español que ha permanecido sustancialmente fiel a las directrices ideológicas de su libro *Estado de Derecho y sociedad democrática* (1966), en los lineamientos «del compromiso por conciliar las exigencias formales del Estado de Derecho con las sustanciales dc la economía socialista». TREVES, Renato, «Elías Díaz: España, de la dictadura a la libertad» en *Sociología del Derecho y socialismo liberal,* trad. De Luis C. Aparicio y Rafael de Asís, Centro de Estudios Constitucionales, Madrid, 1991, p. 276. En este mismo sentido, LOSANO, Mario, «Elías Díaz, i vecchi maestri e la nuova Spagna», *Sociología del diritto,* XXII, n.º 3, Milano, 1995, pp. 197-206.

[588] PECES-BARBA, dice: «La norma básica formal —soberanía popular y Estado de Derecho— y la norma básica material —libertad, justicia, igualdad y pluralismo político— son expresión de una misma concepción ideológica, que está en la base del consenso constitucional de los españoles. La primera representa la estructura jurídica del Estado parlamentario representativo, y la segunda la Teoría de la Justicia, los contenidos materiales del Ordenamiento del Estado parlamentario representativo», *Los Valores superiores,* p. 94. El profesor Peces-Barba, como diputado, representó al Partido Socialista Obrero Español en la *ponencia constitucional* para la elaboración de la Constitución española de 1978. Es uno de los «Padres Fundadores». Elías Díaz ha reconocido el esfuerzo

Ambos autores culminan en un Estado de Derecho constitucional en el que se protegen derechos. Sin embargo cuando se refieren a la división de poderes dejan establecido el predominio del poder legislativo. Queda confuso, en parte, el problema del control judicial de las mayorías democráticas, sobre todo en Elías Díaz. En todo caso, en ambos autores, de un lado, hay una cerrada defensa del principio democrático y de otro, parece existir un resto de exceso de optimismo en el Estado democrático representativo.

El profesor Laporta deja constancia que los tribunales constitucionales han revocado cientos de leyes producidas por el más impecable de los procedimientos democráticos como muestra que la voluntad popular mayoritaria puede no dar en el respeto de los derechos humanos [589]. Laporta apela a una concep-

---

del profesor Peces-Barba en defensa del Estado democrático de Derecho, *Socialismo en España: el Partido y el Estado,* pp. 203-204. El profesor Peces-Barba cuenta que se tuvo que sortear múltiples reparos a la caracterización de España como «Estado social y democrático de derecho», observaciones tanto de fondo como de sintaxis, *La democracia en España, Experiencias y reflexiones,* p. 180.

[589] LAPORTA, Francisco, «Coincidencias y reticencias» en VV.AA., *Ética pública y Estado de Derecho,* Fundación Juan March, Madrid, 2000, p. 115. Se vio en el capítulo 2, que a Laporta le preocupa que las normas por las que se ordena la sociedad, además de ser democráticas en su origen, no se «atrincheren» ciertas medidas como cláusulas constitucionales, que el ejercicio de los derechos cuente con condiciones de estabilidad, publicidad e irretroactividad. Ahí el rol de los tribunales constitucionales. El problema del diseño institucional que aproveche las ventajas instrumentales del control jurisdiccional de constitucionalidad y que a la vez respete el mayor valor intrínseco del procedimiento democrático, ha sido planteado por Juan Carlos Bayón. Su diseño admite «un núcleo», formulable en forma de reglas, «irreformable». Esta posición se resiste a admitir la idea de un coto vedado de derechos fuerte que haga irrelevante, desde la idea de principios, los valores procedimentales de la democracia. BAYÓN, Juan Carlos, «Derechos, democracia y constitución» en *Discusiones* n.º 1, Universidad Nacional del Sur, Bahía Blanca, Argentina, 200, pp. 88, 89. La idea del «coto vedado» es un término acuñado por Garzón Valdés, un presupuesto indiferente al ejercicio de la voluntad y los deseos de los ciudadanos, incluso lo justifica como parte de un diseño paternalista en el caso de que los miembros de la comunidad no comprendan la importancia de los bienes básicos incluidos en el «coto vedado». GARZÓN VALDES, Ernesto, «Representación y democracia» en *Derecho, ética y política,* p. 645.

ción de la justicia, sin «adherencias iusnaturalistas», entendida como un segmento de la moralidad o de la ética que se expresa a través de derechos morales individuales anteriores a cualquier establecimiento o incorporación al Derecho positivo. Concluye que la Constitución de una comunidad política ha de *reconocer* y garantizar como derechos fundamentales aquellos derechos morales previos; esa incorporación y ese especial «atrincheramiento» serían precisamente la apelación a la justicia como complejo de razones morales justificatorias. Lo que Laporta quiere precisar es que no toda defensa de los tribunales constitucionales es expresión de una concepción iusnaturalista, como parecen sostener Peces-Barba y Elías Díaz.

Según Peces-Barba el protagonismo del parlamento es fundamental, desde las exigencias de los principios de las mayorías y de la negociación, desde las exigencias de racionalidad y deliberación democrática[590]. Reconoce que el Estado constitucional supone un paso para racionalizar el voluntarismo aunque no deba entenderse como un ataque al positivismo corregido, aquél que no es ciego a los valores, a los principios y los derechos y que pretende hacer compatible la fuerza de la voluntad y el consenso con bases racionales[591].

A Elías Díaz, junto a Peces-Barba, le preocupa que hoy se pretenda establecer una relación entre un casi perverso Estado legislativo de Derecho y un casi perfecto Estado constitucional de Derecho. Objeta la sobrevaloración del papel de los jueces como creadores de Derecho y protectores de los derechos indi-

[590] PECES-BARBA, Gregorio, «El protagonismo del parlamento», *Derechos sociales y positivismo jurídico*, p. 156.

[591] Peces-Barba argumenta que el poder político es expresión de una voluntad colectiva. Intentar limitarla desde una razón externa, expresión de un orden divino o natural, no tiene sentido. Los límites no vendrán de fuera al Ordenamiento jurídico, sino que la limitación del poder tiene que ser formado con la participación de sus destinatarios, lo que implica el ejercicio de la autonomía. Exige una convergencia entre iusnaturalismo y positivismo. PECES-BARBA, Gregorio, «Derecho y poder: el poder y sus límites», en su libro *Derechos sociales y positivismo jurídico*, p. 99.

viduales, evitando el detrimento de la legitimidad parlamentaria y el descrédito de la democracia y el sistema de partidos. Se trataría de sustituir el «imperio de la ley» por el «imperio del jurista y el juez» con funestas consecuencias elitarias para la democracia. Esta es la crítica a una nueva concepción elitaria de la democracia que sobreviene con la lógica del Estado constitucional: ésta descansaría en la interpretación y aplicación de superiores principios y valores constitucionales, con la indeseable secuela de la «judicialización de la política» [592].

Se tiende a demonizar al Estado legislativo por ser el producto «espurio de los políticos y de las vulgares mayorías» mientras queda a salvo la obra hermenéutica de sabios juristas en tanto expertos y «minoría ilustrada».

Dice Elías Díaz que pareciera que se pretende olvidar la huella democrática originaria que está detrás de toda Constitución, incluso muchas de ellas aprobadas por referéndum popular, aunque la democracia para ser duradera requiera reforzarse con elementos simbólicos universales, como los derechos humanos. ¿Habría en el Estado de Derecho base para un absolutismo del legislativo, una falta de control y de limitación sobre la creación del Derecho realizada por el Parlamento? La respuesta es negativa: el poder legislativo está limitado por la Cons-

---

[592] Elías Díaz expresó sus cautelas frente al surgimiento de teorías que pretendían dar repuesta a la denominada «crisis de la ley» desde una noción de Estado constitucional como superación absoluta del Estado legislativo en el *Prólogo* a la Novena Edición de su libro *Estado de Derecho y sociedad democrática,* Taurus, Madrid, 1998. Decía que la «invocación al Estado constitucional de Derecho de ningún modo puede servir como pretexto para puentear, obviar, al Estado legislativo de Derecho, ni puede, por tanto, valer como disfraz ideológico para un reductivo Estado judicial de Derecho, poco acorde con la legalidad (incluida la constitucional) y la democrática legitimidad: en tal situación todos los conflictos y luchas políticas se trasladarían entonces (aún más) al interior del poder judicial». DÍAZ, Elías, *ob. cit.,* p. 14. Sobre la creación judicial del Derecho véase DÍAZ, Elías, *Curso de Filosofía del Derecho,* pp. 150-154; PECES-BARBA Gregorio, «La creación judicial del derecho desde la teoría del ordenamiento jurídico», *Poder judicial* n.º 6, pp. 17-26; LÓPEZ GUERRA, Luis, «la creación judicial del Derecho», *El poder judicial en el Estado constitucional,* Palestra Editores, Lima, 2001.

titución y por los tribunales, ordinarios o especiales, según los sistemas que velan por la garantía de la constitucionalidad de las leyes. Pero, además, está sujeto a limitaciones y controles de carácter político general derivadas de la organización y el funcionamiento de los sistemas democráticos: crítica de la opinión pública, libertad de prensa, libertad de expresión, pluralismo de partidos políticos, respeto a la oposición política institucionalizada, elecciones periódicas y libres. Libertades e instituciones que pertenecen todas ellas a la esencia de todo auténtico Estado de Derecho. Exige más cooperación institucional: «todo Estado de Derecho es, pues, Estado constitucional, legislativo y hasta judicial de Derecho». Pareciera que esta salida cooperativa del Estado de Derecho, antes que privilegiar al Parlamento, es la más acorde con un cognitivismo ético de índole material que parece desplegar el profesor Díaz [593].

Se aprecia que hay dos elementos comunes al pensamiento tanto de Elías Díaz como al de Peces-Barba. El primero es la defensa del Estado democrático representativo; la democracia directa la admiten en términos de compatibilidad con la democracia representativa, a fin de que la democracia logre su relevancia interna. El segundo se refiere al tema de la separación de poderes: consideran al parlamento como núcleo central del Estado de Derecho moderno ya que en él se sitúa el principio democrático.

El profesor Rafael de Asís se ha encargado de realizar un canon de modelos de Estado de Derecho. Este trabajo resulta in-

[593] Dice Rafael de Asís que el planteamiento socialista democrático de Elías Díaz le lleva a defender una suerte de cognoscitivismo ético de índole material, es decir, defender la existencia de criterios éticos que permiten evaluar normas, posiciones y decisiones atendiendo a su contenido: clave para entender todas y cada una de sus posiciones. DE ASÍS, Rafael, «Laudatio a D. Elías Díaz con ocasión de su nombramiento como Doctor Honoris Causa por la Universidad Carlos III de Madrid», p. 9. Por esta misma razón, a Nino le parece que el procedimiento democrático no se debe a valores sustantivos sino a su capacidad epistémica para permitir acceder a esos valores. El Estado democrático de Derecho adquiriría relevancia si se identifica con los ideales del constitucionalismo moderno: los derechos y el procedimiento democrático. NINO, Carlos Santiago, *La constitución de la democracia deliberativa*, p. 34.

teresante para corroborar la afirmación anterior. En uno de esos modelos, el «modelo exigente», se encuentran compartiendo elementos comunes tanto Peces-Barba como Elías Díaz. Señala que hay un núcleo común: en ambos autores hay un aumento de los contenidos de justicia en relación a las posiciones liberales. Asumen un marco de moralidad moderna que incluye derechos individuales, sociales, culturales y derechos de participación política [594]. Este contenido de justicia tampoco está ausente en las ideas de Capella aunque con un afán más deconstructivista de la modernidad capitalista ya que la moral ilustrada desposee a la historia su facticidad.

3. ANÁLISIS DEL DEBATE

3.1. Democracia como doble participación, democracia directa y democracia representativa

La democracia participativa se constituye en un principio para la construcción del Estado democrático de Derecho en Elías Díaz, desde una vinculación y no identificación entre ética y política. Por un lado, para la participación en decisiones lo que cuenta es la voluntad de los ciudadanos, «la soberanía popular» articulada a la autonomía de cada individuo; por otro lado, para la participación en resultados cuenta el respeto de la dignidad humana, el ser humano como ser de fines, lo que exige la realización material de todos sin exclusiones: una concepción de la democracia como idea regulativa, un camino que nunca acabaremos de recorrer [595].

El modelo de democracia participativa de Elías Díaz (participación en decisiones y participación en resultados) permite evadir, en cierto sentido, la clásica dicotomía entre democracia

---

[594] DE ASÍS Rafael, *Una aproximación a los modelos de Estado de Derecho,* p. 87.

[595] ARANGUREN, José Luis, «El hombre y la política» en *Obras Completas,* volumen 5, Trotta, Madrid, 1996, p. 555.

directa y democracia representativa. Formalmente, es ya un enriquecimiento el contar con otra perspectiva de análisis, donde lo ético, lo político y lo institucional aparecen con todas sus dimensiones posibilitadoras y conflictivas, más allá de la escatología política de la armonía social e institucional. Claro está que ninguna democracia establecida será plenamente democrática por más participativa que ésta sea. Las instituciones y las leyes son siempre imperfectas. Pero este no puede ser un llamado al desencanto y al escepticismo ante uno de los procesos del imaginario social moderno: la soberanía popular.

Juan Ramón Capella apunta que el problema de la democracia no está bien planteado por Elías Díaz: lo hace en términos de un exceso de exigencia ética y que más bien se tendría que plantear el marco de las condiciones sociales que lo hacen posible. De lo que se trata es superar la *necesidad,* ya que la sociedad capitalista viola los derechos humanos *porque no puede hacer otra cosa,* puesto que tampoco se puede hablar de «una real participación» en los «rendimientos de la producción». Que esta es sólo una fórmula «mejorada» pero no una concepción que preste atención a los aportes de Marx. A decir verdad, también Capella considera la identidad comunista como una identidad ética y desde ahí hombre o mujer buscan construir junto con otros una comunidad solidaria. En situaciones adversas al pensamiento marxista, como es hoy, un tiempo de transiciones, tal vez resulten más racionales éticas de la convicción, éticas deontológicas que no negocian principios pero que no descuidan la idea de que la persona se cambia a sí misma, en medio de relaciones conscientes y activas.

La pregunta de Antonio Gramsci ¿qué puede llegar a ser el hombre?, pregunta estudiada por Manuel Sacristán[596], plantea el

---

[596] Dice Manuel Sacristán que Antonio Gramsci hizo una reelaboración del concepto de naturaleza humana de Karl Marx: que la naturaleza humana es el «complejo de relaciones sociales» y que además incluye la idea de devenir: la naturaleza del hombre es la «historia». SACRISTÁN, Manuel, «Antología mínima de textos» en LÓPEZ ARNAL, Salvador y DE LA FUENTE, Pere, *Acerca de Manuel Sacristán,* Ediciones Destino, Barcelona, 1996, p. 743.

problema de si el hombre es capaz de dominar su propio destino en sociedades democráticas pero con grandes carencias de justicia.

La tarea de Capella ha consistido en tratar de convencernos que la mejor garantía para el ejercicio de la autonomía de los seres humanos es la democracia directa, formulada en una especie de «referéndum permanente». Sin embargo, parece dejar de lado una de las exigencias radicales de este tipo de democracia que es la unanimidad en las decisiones. La democracia directa y unánime es el ideal pero sólo en la «posición original». Una prueba de la primacía teórica de la democracia directa y unánime es el hecho de que en todas las teorías del contrato social clásico y del neocontractualismo, la adopción original colectiva de dicho contrato siempre requiere ser el resultado de una decisión unánime, tomada entre todos los que luego pueden considerarse responsables ante los resultados del nuevo Estado[597]. La democracia directa y unánime es un ideal en el que se han inspirado liberales, libertarios, socialistas marxistas y socialistas no marxistas, entre otros.

El temor a las burocracias ya sea de organizaciones sociales, de Estados o de partidos políticos llevó a más de una discusión a marxistas y anarquistas[598]. La combinación entre marxismo y anarquismo conllevó a serias dificultades históricas, teóricas y prácticas.

El profesor Peces-Barba ha incidido en que es por el perfil ético por el que comparte con Elías Díaz su concepción de un socialismo humanista, que es democrático y liberal y al mismo tiempo igualitario, que toma al hombre centrado en el mundo y el mundo centrado en el hombre, es decir, un humanismo laico y antropocéntrico propio de la modernidad. De este modo se evita el mito

---

[597] WOLF, Robert Paul, *En defensa del anarquismo,* p. 60. Un estudio sobre el anarquismo en España véase ÁLVAREZ JUNCO, José, «La teoría política del anarquismo» en VALLESPÍN, Fernando, *Historia de la Teoría Política,* volumen 4, Alianza Editorial, Madrid, 1992, pp. 263-307.

[598] Isaiah BERLIN señala que el último episodio público de la vida de Marx fue el duelo con Bakunin. *Karl Marx,* trad. Roberto Bixio, Alianza Editorial, 1973, p. 259 y ss. Para una ampliación de este tema véase ROCKER, Rudolf, *Marx y el anarquismo,* Ediciones Madre Tierra, Madrid, 1988.

del Estado como persona, al decir de Jacques Maritain, el mito del Estado como persona soberana y sobrehumana, entronizada en la cumbre del universo [599]. Hay la necesidad de una filosofía socialista que pruebe que la democracia se halla asentada sobre la base de principios racionales y humanos, como la dignidad humana.

Peces-Barba es un firme defensor de la democracia representativa moderna. Puntualiza que son los partidos políticos los que han ido progresivamente constituyéndose como el eje fundamental de la racionalidad de la representación, ante la imposibilidad de la utopía de la democracia directa soñada por Rousseau. Sin embargo, reconoce «la crisis de la representación» en este tiempo de transiciones. Este problema, debilita las razones de la obediencia y reduce la atención y el interés de los ciudadanos por los problemas colectivos [600].

---

599 MARITAIN, Jacques, *El hombre y el Estado,* trad. Manuel Gurrea, KRAFT, Buenos Aires, p. 230. Maritain, da el consejo que se investigue con un concepto de sociedad política imperfecta, evitando la convicción de tantos fatalistas, de que hay que evitar cuidadosamente el depositar la menor confianza en la conducta del hombre y en el actuar del Estado. Uno de los más elaborados trabajos que se conocen sobre Maritain es el de Gregorio PECES-BARBA, *Persona, sociedad, Estado. Pensamiento social y político de Maritain,* Editorial Cuadernos para el Diálogo, Madrid, 1972. Eusebio FERNÁNDEZ también ha incursionado en el estudio de las relaciones entre ética y poder político en Maritain, *Estudios de ética jurídica,* p. 130 y ss.

600 PECES-BARBA, Gregorio, *Ética, poder y derecho,* p. 135. Una profundización sobre la crisis de la representación y de los partidos políticos: SORIANO, Ramón y DE LA RASILLA, Luis, *Democracia vergonzante y ciudadanos de perfil,* Editorial Comares, Granada, 2002; HERNÁNDEZ OLIVER, Blanca, «Parlamento y Estado de partidos. La democracia contemporánea», *Revista de las Cortes Generales* n.º 60, tercer cuatrimestre, Centro de Estudios Políticos Constitucionales, Madrid, 2003, pp. 147-199. Elías Díaz objeta a Carl Schmitt por su crítica radical al parlamentarismo en pos de una legitimidad plebiscitaria y por su posición de un Derecho sin reglas. Hizo del «estado de excepción» el término por excelencia para la definición jurídica de la soberanía: «soberano es aquel que decide sobre el estado de excepción». DÍAZ, Elías, *Un itinerario intelectual. De filosofía jurídica y política,* p. 185. Una versión distinta a la de Elías Díaz: KAUFMANN, Matthias, *¿Derecho sin reglas? Los principios filosóficos de la teoría del Estado y del Derecho de Carl Schmitt,* trad. Jorge M. Seña, Fontamara, México, 1988.

Si la representación política está en crisis, también es un riesgo de la democracia directa que convierta el principio de participación en una participación compulsiva y generalizada bajo la idea de un cuerpo vigoroso e informado de ciudadanos movidos intensamente por el interés general.

Se señala que la representación política basa su fuerza en tres argumentos: los gobernantes son elegidos por el pueblo de una lista que incluye al menos a dos candidatos para cada puesto; se supone que los gobernantes actúan en lo que según ellos es el interés del pueblo. El pueblo tiene la posibilidad de cambiar con regularidad a sus gobernantes eligiendo a otros. Las personas no son libres si sus representantes votan en forma independiente de sus intereses y necesidades y si basan sus decisiones en datos secretos. La alternativa del elitismo democrático no resuelve este problema, pues convierte la complejidad de los asuntos públicos y la necesidad de conocimientos técnicos en un asunto ético.

La distinción moral de un gobierno representativo, si lo hay, no se basa en el valor epistémico de la élite del mercado político, ni en el bien general que causa, ni en el hecho de que los ciudadanos hayan consentido en ser gobernados por un parlamento: «No importa que me agraden los resultados, ni siquiera en el caso en que mi representante haya votado lo que imagina que a mí me habría gustado. Mientras yo no participe —ya sea en persona o por medio de un delegado— en la aprobación de las leyes que me gobiernan, no puedo afirmar que soy autónomo» [601]. Se puede exigir algo más, desde la tradición republicana democrática, crear mecanismos institucionales que permitan que los ciudadanos seleccionen bien a quienes les van a representar [602]. Es la idea de una «buena» representación polí-

---

601 WOLF, Robert Paul, *En defensa del anarquismo,* p. 62. Una de las mejores defensas del gobierno representativo corrió a cargo de John Stuart MILL, *Del gobierno representativo,* trad. Marta de Iturre, Tecnos, Madrid, 2000.

602 HERREROS VÁSQUEZ, Francisco, «La elecciones como forma de seleccionar buenos políticos», *Claves de razón práctica* n.º 156, octubre, Madrid, 2005, pp. 70-74.

tica y esto implica diferenciar «el trigo de la paja». Sin embargo, la condición material sigue siendo el poder contar con una ciudadanía ilustrada y responsable de sus decisiones.

3.2. Estado de Derecho, democracia participativa y necesidades básicas

Hemos visto que en Elías Díaz ha sido una tarea permanente aclarar si la democracia depende sólo de soluciones económicas socialistas o también de valores socialistas que no tengan por qué proyectar formas vitales completas ni formas de vida concretas, para ser ésta participativa y real. En *Estado de Derecho y sociedad democrática* fue ambivalente. Decía, por ejemplo, que teníamos que entender su idea de «el paso de la democracia formal a la democracia real» como «el paso del sistema económico capitalista al sistema económico socialista», atribuyendo una síntesis entre socialismo y democracia. Dicho de otro modo, tendríamos que aspirar a la «identidad» entre democracia y socialismo, con lo que reduciría el concepto de democracia a una sola propuesta normativa. Al final llega a compartir la idea de Bobbio de que entre democracia y socialismo hay compatibilidad pero no una relación necesaria y suficiente. Ya que cabe que en alguna circunstancia la democracia no conduzca al socialismo, entonces hay que elegir entre ser demócrata o ser socialista, dilema planteado por el profesor Laporta[603].

Elías Díaz, con su propuesta de un Estado de Derecho ha tratado de recuperar algunos aspectos relativos a favor del principio democrático desde la tradición marxista, pero tratando de evitar los riesgos del estatalismo y totalitarismo, como ha sucedido con la experiencia de los «socialismos reales» o los que Ágnes Heller llamó «la dictadura de las necesidades». Se iden-

[603] LAPORTA, Francisco, «Los problemas ideológicos del socialismo» en GUERRA, Alfonso y otros, *El futuro de socialismo,* Editorial Sistema, Madrid, 1986, p. 228.

tifica como reformista por que entiende que con métodos reformistas se garantizan de mejor modo los valores procesales de la democracia y no se pone en riesgo derechos ni libertades. Desde luego, su crítica a la ideología de la maldad de lo público nunca —dice— lo ha llevado a la deificación o reificación de la institución estatal.

Las insuficiencias que para el socialismo derivan de su total identificación con un marxismo entendido de modo exclusivo y restrictivo como ciencia (ciencia económica), ciencia además reducida al modelo decimonónico de las ciencias naturales, son las que van a dar lugar, desde principio de siglo, a la crítica y relativa renovación socialista que proviene, entre otros movimientos de mayor profundidad, de los neokantianos de Marburgo como Cohen, Vorländer, y otros. Dice que en España Virgilio Zapatero, estudioso de la obra de Fernando De los Ríos, ha dejado ver alternativas críticas al reduccionismo positivista del socialismo y/o del marxismo. Le parece que los aportes neokantianos del socialismo han sido muy positivos, en cuanto incorporación de la ética al socialismo, en cuanto no reducción de éste a simple economicismo mecanicista[604]. Recordemos los aportes de Eusebio Fernández en *Marxismo y positivismo en el socialismo español,* con este mismo propósito.

Se puede sostener, que la pretensión teórica democrática de Elías Díaz transita de Rousseau a Marx pasando por Kant, tal como sucede con el discurso de Habermas, con la aseveración de que el ejercicio de la soberanía popular asegura a la vez los derechos del hombre. Dice Habermas que el entendimiento de la libertad como autonomía del pueblo viene de la estela de Rousseau, el precursor de la Revolución francesa y Kant, el fi-

---

[604] DÍAZ, Elías, *Socialismo en España: el Partido y el Estado,* pp. 33-34. Virgilio Zapatero considera como elementos centrales de un socialismo ético los siguientes postulados: a) el socialismo no es producto necesario sino posible; b) la posibilidad del socialismo exige la praxis humana y como tal es parte de una utopía; c) el salto del ser al deber ser precisa una toma de posición ética ante lo dado y lo dable. ZAPATERO, Virgilio, *Socialismo y ética. Textos para un debate,* Debate, Madrid, 1980, p. 10.

lósofo contemporáneo de la Revolución francesa [605]. Ambos entienden la igual participación de todos en la práctica de la autolegislación [606]. La idea de autodeterminación de Rousseau y Kant despoja a la dominación política de todo lo simplemente

---

[605] Hannah Arendt se ha encargado de hacernos ver que Kant, en sus últimos años de vida, contempló los hechos de la Revolución francesa desde la perspectiva de la crítica del juicio. Hannah Arendt, «Excerpts from lecture´s on Kant´s Political Philosophy», *The Life of the Mind,* Harcourt Brace Jovanovich, 1981. Al respecto, dice María Pía Lara que hay en Kant «una diferencia radical entre la *Crítica de la razón práctica* y la *Crítica del juicio,* y que en la primera Kant trata las leyes morales como válidas para todos los seres inteligibles, mientras que en la segunda trata sobre los procesos —juicios— en los cuales no se puede seguir una regla de subsunción hacia una categoría general. En este sentido, los juicios estéticos quedan como productos particulares de la naturaleza, sobre lo que no es posible establecer causas generales. El acento aquí se sitúa, entonces, en el nivel de la compresión. El juicio no es razón práctica, según Kant, porque la razón práctica «razona», nos dice qué hacer y qué no hacer, permanece al lado de la ley y es idéntica a la voluntad. La voluntad emite mandatos y habla de imperativos». LARA, María Pía, *La democracia como proyecto de identidad ética,* Anthropos, Barcelona, 1992, p. 200.

[606] Según Habermas, Kant siguiendo a Rousseau formula que el poder legislativo sólo puede ser competencia de la voluntad unida del pueblo. Porque ocurre que cuando alguien dispone algo respecto a otro, siempre es posible que le haga injusticia, pero nunca en lo que uno dispone sobre uno mismo. Efectivamente, contra el paternalismo político, Kant confesaba que «no se sentía a gusto con la opinión, de la que se sirven incluso hombres sin duda perspicaces, consistente en sostener que un pueblo (que se encuentra en el proceso de reformular cierta libertad jurídica) no se halla maduro para la libertad [...] De acuerdo con dicha presuposición, sin embargo, la libertad no habrá de realizarse nunca; puesto que uno no puede madurar para la libertad sin no ha sido antes liberado [...] Los primeros intentos serán torpes, por supuesto, generalmente ligados a una situación más difícil y peligrosa que aquella en la que uno estaba bajo las órdenes, pero también bajo el cuidado de otros; sólo que no se madura para la razón sino a través de los *propios* intentos (para la realización de los cuales uno tiene que ser libre)». KANT, Inmanuel. *De la religión,* nota A 274-275 y B 291-292. Sobre este tema, CARRACEDO, José Rubio, «Rousseau en Kant» en MUGUERZA, Javier y RODRÍGUEZ ARAMAYO, Roberto (editores), *Kant después de Kant. En el bicentenario de la Crítica de la razón práctica,* Tecnos, Madrid, 1989, p. 349 y ss.; DELLA VOLPE, Galvano, *Rousseau y Marx y otros ensayos de crítica materialista,* Martínez Roca, Barcelona, 1969; NEGT, Oskar, *Kant y Marx. Un diálogo entre épocas,* trad. Alejandro del Río, Trotta, Madrid, 2004.

cuasi-natural. El Estado de Derecho tendrá que justificarse de ahora en adelante *sólo* a partir de la razón deliberativa. En este último aspecto, en cuanto a la democracia deliberativa, tan relevante en los últimos tiempos, la aportación de Elías Díaz es muy mínima.

Juan Ramón Capella ha criticado a Elías Díaz de que hace un uso de la palabra «democracia» para subrayar su aspecto *garantista* y jurídico-público, argumentado inicialmente por Montesquieu y Locke (el sistema de «pesos» y «contrapesos») y que deja de lado la dimensión igualitaria de la democracia, teorizada inicialmente por Rousseau y, sobre todo, por Marx. Esta crítica de Capella no está muy bien justificada, salvo cuando se dirige a criticar que la teoría democrática de Elías Díaz es insuficientemente marxista, ya que sólo recoge algunos aspectos de ésta que le sirven para plantear la tesis de la democracia como doble participación: participación en decisiones y participación en resultados, para desde ahí criticar las posiciones formales de la democracia. Es cierto que la exigencia de condiciones sociales para la satisfacción de necesidades reales es un signo de una exigencia compartida por socialistas marxistas. Capella, desde una lectura renovada de Marx apunta a fijar un coto vedado ecologista o catálogo de necesidades básicas ante el despliegue capitalista que amenaza a la especie humana. Introduce la preocupación de Manuel Sacristán de que vivimos en un planeta con recursos limitados y mal compartidos, además de una degeneración burocrática de izquierdas en aquellos intentos por construir instituciones que representen los intereses y necesidades de los desposeídos.

Peces-Barba no deja de reconocer que el marxismo constituye uno de los intentos de explicación científica del movimiento jurídico-político. Sin embargo, exige superar la tesis derivada de una interpretación mecanicista del marxismo de la determinación de la superestructura por la infraestructura y la superación de la tesis de la progresiva desaparición del Derecho y del Estado, hipótesis discutida por Elías Díaz. Duda de las tesis marxistas de un sujeto de la historia privilegiado, un proletariado capaz de desplegar un altruismo virtuoso bajo la hipótesis de crecimiento ilimitado de las fuerzas productivas, dando como resultado una sociedad comunista como sinónimo de una sociedad de la abundancia y un individuo que desarrolla su naturaleza al ver satisfecha sus crecientes necesidades: «desde Hume, Montesquieu, o Rousseau, el altruismo humano es limitado y hay que complementar, con otros esfuerzos de socialización» [607]. En este sentido hay que ir desde la falsa utopía de la abundancia a la realidad de la escasez moderada y desde ésta a la necesidad del Estado democrático representativo de Derecho. Sólo el socialismo humanista y de raíz ética puede dar satisfacción a las necesidades básicas desde los derechos de crédito, frente a un correlativo obligado, que es principalmente el Estado [608].

Elías Díaz ha tratado de defender algunas ideas marxistas a favor de la democracia representativa desechando otras, como las tesis de la extinción del Estado y la dictadura del proletariado. Ha sostenido la idea de la institucionalización de la democracia representativa en el marco de una Constitución pluralista, donde quepan tanto los programas de la izquierda como los de la derecha. El Parlamento es el representante más directo y legítimo de la voluntad general. Refiere que a lo largo de la historia de la democracia representativa, han sido frecuentes las actitudes críticas y escépticas que —desde diferentes motivaciones ideológicas— ponen de relieve el riesgo de que acabe por producirse una ilegítima dependencia del Parlamento con respecto de los «estados mayores» y las burocracias de los partidos, al propio tiempo del peligro de partidocracia en la democracia pluralista y parlamentaria. Indica que, en su opinión, las posibles y relativas vías de solución no irán en el sentido de aceptar como casi absoluta panacea teórica la democracia directa y el mandato imperativo, tópicos relativos del izquierdismo ácrata, sino que más bien y junto a las anteriores, cuando esto sea

---

[607] PECES-BARBA, Gregorio, *La democracia en España, Experiencias y reflexiones,* p. 343.

[608] PECES-BARBA, Gregorio, *Derechos sociales y positivismo jurídico,* p. 46.

posible, por las vías de una real democratización y más flexible organización de los partidos políticos [609].

Reconociendo que las necesidades legítimas y radicales solo pueden ser el resultado de una reconstrucción del consenso democrático deliberativo y de la escasez moderada y no de un modelo de competencia de bienes escasos que lleva a acciones estratégicas o de bienes infinitos que lleva a acciones de altruismo ilimitado, Elías Díaz critica a anarquistas, leninistas y liberales economicistas. A los primeros, por su posición de no colaboración y participación en los mecanismos de representación del poder político sólo para impulsar la movilización y la acción de masas exclusivamente en el seno de los sindicatos y/o de la sociedad civil; a los segundos, por su actitud de utilización de la instituciones jurídico-políticas exclusivamente para agudizar las contradicciones internas del sistema; a los terceros, por considerar incompatibles la democracia representativa con el socialismo. Reformula su noción de socialismo democrático caracterizado por el intento de aunar y hacer real la síntesis entre el trabajo en las instituciones jurídico-políticas (recuperando el Estado de la herencia socialdemócrata) y los movimientos sociales de base (recuperando la sociedad civil de la herencia libertaria-anarquista). Con ello, dice se haría también más real y efectiva la vieja, en gran parte frustrada, definición clásica de ser «el socialismo la ciencia del anarquismo y el anarquismo la conciencia del socialismo» [610].

Peces-Barba comparte los argumentos sostenidos por el profesor Díaz, hace mención de dos tesis antagónicas soste-

---

[609] DÍAZ, Elías, *Socialismo en España: el Partido y el Estado,* pp. 190-191. Según los presupuestos de la democracia directa el mandato al que deben obedecer los representantes es el mandato imperativo, llevando implícito el poder de revocación de tal mandato cuando se produzcan las desviaciones de las instrucciones recibidas. Sobre Estado de Derecho y representación véase DE BLAS GUERRERO, Andrés y GONZÁLEZ HERNÁNDEZ, Juan Carlos, «La representación política y los sistema electorales», *Introducción a la teoría del Estado* en GARCÍA COTARELO, Ramón (comp.), Teide, Barcelona, 1986, p. 181.

[610] DÍAZ, Elías, «la justificación de la democracia», *Sistema* n.º 66, Mayo, Madrid, 1985, p. 21.

nidas respectivamente por el inicial liberalismo político y por el marxismo en su versión mecanicista totalitaria frente a la democracia representativa. Dice que la primera versión propugnaba un parlamentarismo selectivo, en el que participaban activa y pasivamente sólo un sector de los ciudadanos y negaba la generalización del voto y la apertura del parlamento a la clase trabajadora; en esta primera versión *el legislativo se reducía*. La segunda versión, ignoraba el Parlamento y pretendía construir la sociedad igualitaria al margen de las instituciones políticas del Estado parlamentario representativo y también de los derechos humanos; en esta versión *el legislativo se desconocía*. De la superación de ambas va surgiendo una combinación de liberalismo progresista y de socialismo no autoritario, la consideración del Parlamento como fundamento y signo identificador de la democracia. [611] Pareciera que la defensa del sistema representativo-parlamentario es más fuerte en Peces-Barba que en Elías Díaz.

En general, tanto Peces-Barba como Elías Díaz coinciden en la crítica de Bobbio a las tesis marxistas contra el Estado democrático representativo. Sin embargo, la posición de Elías Díaz está más matizada: cree que hay elementos que se pueden rescatar en el pensamiento marxista para la construcción del Estado democrático de Derecho. Peces-Barba, por su parte y junto a Bobbio, afirma que el marxismo carece totalmente de una teoría del Estado.

Desde la perspectiva del profesor Capella, la soberanía popular en el Estado representativo cumple dos funciones ideológicas. Por un lado, genera la creencia, la justificación ideológica, de que el ciudadano común es relevante para la formación de la voluntad político-estatal. Por otro, elimina la participación política real: eliminación de la participación real, creación de participación ficticia. Habla de una paradoja de los derechos

---

[611] PECES-BARBA, Gregorio, *Derechos sociales y positivismo jurídico*, p. 147.

de ciudadanía[612]. Está en el poder social conservar el núcleo racional de la soberanía popular como medio para la superación de la política representativa. Se trata de construir un aparato manipulable por el poder social y habría que retomar la idea del *referéndum permanente* formulada por Antonio Gramsci. Critica que hoy los juristas positivistas hagan un uso instrumental de la idea de «estado de derecho» que deja de lado cuestiones relativas a la injusticia.

Dice Capella que la idea de «estado de derecho» no es inútil ni redundante, pero sí es la expresión de un pensamiento jurídico simplista que creyó posible controlar al poder mediante la mera combinación del control jurídico de sus propios funcionarios y el recurso periódico a consultas populares abstractas y escasamente vinculantes[613]. Precisa que en la práctica, la

---

[612] Para Capella los derechos de ciudadanía carecen de garantía sólida tal como están configurados hoy: «si el estado decide prescindir de lo que pasa por forma democrática de legitimación del poder, los derechos de ciudadanía quedan enteramente vaciados de contenido (y también vale el movimiento contrario): si los derechos de ciudadanía se van vaciando de contenido, se prescinde gradualmente de lo que suele llamarse forma democrática de legitimación del poder)». CAPELLA, Juan Ramón, *Fruta prohibida. Una aproximación histórico-teorética al estudio del derecho y del estado,* Trotta, Barcelona, 1997, p. 115. Respeto el empleo de Derecho y Estado con minúsculas, en citas textuales, modo de uso por el profesor Capella.

[613] Capella atribuye a Kelsen la invención de los tribunales constitucionales. Estos tribunales podrán dirimir conflictos entre diferentes poderes del Estado, no obstante, ni siquiera este artificio podrá suprimir la limitación de lo jurídico en sí. Que los servidores públicos se controlen los unos a los otros no puede eliminar la necesidad de que sean los ciudadanos quienes los controlen a todos. Pero, una ciudadanía desarticulada y no avisada difícilmente podrá hacerlo. Capella vuelve a presentar el problema del control democrático en términos paradójicos. CAPELLA, Juan Ramón, *Fruta prohibida,* p. 152. Kelsen reconoció que la democracia directa representa el grado más alto de ejercicio de ciudadanía pero que tal organización resulta posible dentro de comunidades pequeñas y en condiciones sociales sencillas y que la representación es una ficción política, pero necesaria para sociedades complejas. Que la independencia jurídica del parlamento frente al pueblo significa que el principio de la democracia, es en cierta medida, reemplazado por la división del trabajo. Agrega, que a «fin de ocultar esta desviación de un principio a otro, úsase la ficción

función formal de la ciudadanía o pueblo soberano queda limitada a la elección de «representantes» políticos. En general, pone en duda la imparcialidad de un Estado representativo ya que hay una dominación de los poderes privados tanto estatales como supraestatales. Tal poder capitalista privado tiene efectos de naturaleza pública precisamente porque determina las políticas estatales, un rasgo propio del babélico derecho contemporáneo. Sólo queda entonces el poder social, independiente de las influencias estatales. Su crítica a Elías Díaz, precisamente, es por no tomar en cuenta en términos suficientes el problema de las relaciones sociales y económicas en las que se desenvuelve el Estado representativo de Derecho contemporáneo. Por extensión, esta crítica abarca también a Peces-Barba.

Creo que si hoy la democracia directa surge como complemento frente a los problemas de la mediación imperfecta del gobierno representativo es comprensible; lo que no resulta racional es que se constituya en una propuesta alternativa, única y excluyente frente a la representación[614]. La nueva configura-

---

de que el parlamento «representa al pueblo»». KELSEN, Hans, *Teoría general del Derecho y del Estado,* Trad. Eduardo García Maynes, Universidad Nacional Autónoma de México, México, 1995, p. 347.

[614] El debate clásico entre gobierno representativo y gobierno directo se ha asentado en torno a Rousseau y Monstequieu. Rousseau, como parte de su pensamiento paradigmático sobre la democracia directa, decía que toda ley que el pueblo en persona no ha ratificado es nula, no es una ley. Decía que el pueblo inglés piensa ser libre y se engaña: no lo es más que durante la elección de los miembros del Parlamento; una vez elegidos es esclavo. ROUSSEAU, Juan Jacobo, «De los diputados o representantes», *El Contrato* Social, Libro III, Cap. XV. Se refiere a los ingleses dado su modelo parlamentario representativo y mayoritario y donde el referéndum o cualquier tipo de consulta popular casi siempre están ausentes. Posteriormente, en las *Consideraciones sobre el Gobierno de Polonia y su proyecto de reforma,* va a dar el salto de la democracia directa del *Contrato social* a la democracia representativa. Así opina José Manuel RODRÍGUEZ URIBES, *Sobre la democracia de Jean-Jacques Rousseau,* Dykinson, Madrid, 1999, p. 41. Montesquieu, por su parte, decía que el pueblo en el ejercicio de su soberanía sólo debe realizar aquello para lo cual está capacitado, elegir sus representantes, personas en las que confía la realización de sus intereses, pues el pueblo no sabe lo que quiere por sí mismo. *De l'esprit des lois,* Libro II, Cap. 2, Classiques Garnier, Paris, 1961.

ción social, su extensión territorial y poblacional. Aún más, si miramos el fenómeno de la globalización contemporánea, notamos que en este panorama las decisiones políticas en la cosa pública no resultan tan simples. Tampoco justifica que una democracia representativa establecida imperfecta e incompleta nos conduzca a grandes dificultades y paradojas de la democracia.

Lo fundamental para Elías Díaz es la preocupación por una concepción democrática que toma en cuenta la participación en decisiones y la participación en resultados: el concepto de una democracia social. Aquí parece estar el núcleo de su concepción de la democracia y que más se vincula con el socialismo democrático; por un lado, el principio de la libertad para todos y por otro, la creación de las básicas condiciones sociales para la satisfacción de las necesidades reales de los menos favorecidos. Es decir, la igualdad de oportunidades, pero también, el principio de la diferencia, para evitar un igualitarismo uniformador. Sin embargo, creo que estos principios no se agotan en el viejo debate entre democracia directa o democracia representativa[615].

4. CUESTIONES FINALES

Se afirma que no todos los argumentos de Elías Díaz se articulan sin dificultad. En las relaciones entre participación en decisiones y participación en resultados está ausente una teoría de la decisión colectiva que tenga como foco de interés el proceso deliberativo de los derechos y necesidades humanas; asimismo, no hay una teoría en él sobre la necesidades humanas, lo que imposibilita una mayor coherencia en la explicación de las rela-

---

[615] Según MACPHERSON, el capitalismo reproduce la desigualdad y la conciencia de consumo, y ha de hacerlo si quiere seguir funcionando. A pesar de esto, es uno de los más optimistas en las posibilidades de la democracia como participación. *La democracia liberal y su época*, p. 127.

ciones que establece entre Estado de Derecho, democracia participativa y necesidades como derechos. Es decir, que siguen abierta las preguntas: ¿Cómo se controla democráticamente el poder? ¿Cómo se puede transitar por el socialismo evitando la degeneración burocrática en el análisis de las necesidades? En este tema, los aportes de Capella y Peces-Barba son importantes. Capella con la idea de un catálogo de necesidades básicas deja de lado la idea de comunidad de la abundancia como meta final de la especie humana. Peces-Barba, con la idea de la escasez, no en el marco del modelo de la competencia que lleva a acciones estratégicas, sino dentro de la escasez moderada, requiere la intervención democrática del Estado para orientar sus posibilidades reformistas y socialistas.

Sólo con el complemento de los argumentos de Capella y Peces-Barba se entiende mejor la pretensión de Elías Díaz de justificar, en el marco del Estado democrático de Derecho, los derechos humanos en las necesidades y en el consenso, con una mención expresa a Jürgen Habermas y Ágnes Heller, autores de gran influencia en la teoría crítica. La relevancia de la teoría de las necesidades en la filosofía jurídica española contemporánea está fuera de discusión[616].

En este trabajo no se comparte el exceso de recelos a las instituciones de la democracia directa. Sin embargo, tampoco se asume la tesis de Lenin entendida como absoluta incompatibilidad entre democracia parlamentaria y democracia directa. La lucha de Lenin frente al caduco parlamentarismo burgués, im-

---

[616] AÑÓN ROIG, María José, *Necesidades y derechos,* Centro de Estudios Constitucionales, Madrid, 1995; HERRERA FLORES, Joaquín, *Los derechos humanos desde la Escuela de Budapest,* Tecnos, Madrid, 1989; HIERRO, Liborio, «¿Derechos humanos o necesidades básicas», *Estado de Derecho,* Fontamara, México, 1998, pp. 79-101; OCHAÍTA, Esperanza y ESPINOZA, María Ángeles, *Hacia una teoría de las necesidades. Necesidades y Derecho en el marco de la Convención de Naciones Unidas sobre derechos del niño,* UNICEF-McGrawHill, Madrid, 2004; GONZÁLEZ CONTRÓ, Mónica, *Derechos y necesidades de la infancia y adolescencia: una fundamentación de los derechos de los niños,* Tesis Doctoral, director Liborio Hierro, Universidad Autónoma de Madrid, Madrid, 2005.

pulsó un gobierno directo de los trabajadores sin formalidades burocráticas. Esta experiencia de democracia directa, sobre todo de los primeros años de la Revolución rusa, es destacada por Capella. No hay una relación directa entre desacralización del Estado burgués y la degeneración burocrática del poder, con la «dictadura de las necesidades».

Para Peces-Barba, no hay ninguna ambigüedad en la experiencia socialista rusa: fue una dictadura totalitaria. Otros autores, destacando el aspecto teórico, apuntan que la ambigüedad en los textos de Marx es la que ha posibilitado el surgimiento de dos teorías distintas, que a su vez remiten a dos experiencias históricas: la teoría socialdemócrata y la teoría bolchevique. La una, enfatizando el uso de las instituciones democrático-parlamentarias; la otra, subrayando el carácter de la democracia directa de los productores, como fórmula capaz de propiciar el ejercicio de la libertad [617].

Históricamente, entre marxismo y socialdemocracia no ha existido un abismo tan radical. El socialismo se ha alimentado de ambas fuentes. Además, entre socialismo y democracia no hay una relación necesaria y suficiente. Por eso, «Conviene que sean meditadas no sólo por aquellos que han despreciado la democracia representativa, acabando por abolir toda forma de democracia, sino también por los que, soñando con transformaciones sociales, mediante el uso prudente de las instituciones representativas, con la legalidad como alternativa, han conducido al movimiento obrero a terribles derrotas» [618].

Uno de los méritos de Elías Díaz es haber tratado de llamar la atención sobre la posibilidad de compatibilizar marxismo y humanismo. Tanto el socialismo humanista como el socialismo marxista pueden tener como objetivo que el Estado de-

---

[617] SANTESMASES, Antonio García, *Marxismo y Estado,* p. 123. Un estudio sobre los encuentros y desencuentros entre socialdemocracia y marxismo véase RUIZ MIGUEL, Alfonso, «La socialdemocracia» en VALLESPÍN, Fernando, *Historia de la Teoría Política,* volumen 4, Alianza Editorial, Madrid, 1992, pp. 212-261.

[618] SANTESMASES, Antonio García, *Marxismo y Estado,* p. 217.

mocrático de Derecho y sus instituciones básicas, que estamos analizando, se centren en las exigencias de una democracia participativa, con la pretensión de lograr una suficiente garantía y seguridad jurídica para los llamados derecho fundamentales de la persona humana [619]. Pero esto implica estar abiertos a las exigencias de las instituciones de la democracia directa, instituciones que en Elías Díaz no se diseñan explícitamente.

Gargarella, por ejemplo, cree que el actual sistema institucional es estructuralmente incapaz de reconocer y atender los diversos puntos de vista que caracterizan a las sociedades multiculturales modernas, problema que afecta al Congreso y a su objetivo de ser «plenamente representativo». Así, la virtud epistémica y la virtud motivacional del sistema institucional se ven fuertemente menoscabada. Defiende el concepto democrático de que las decisiones políticas imparciales requieren tanto de la deliberación como de la representación plena. No se trata sólo de una mejora de la deliberación sino también de la representación. La mejora tiene que articularse en ambos aspectos. Sugiere la necesidad de reformas institucionales significativas, que apunten a lograr una deliberación amplia y no elitista [620]. En este sentido, los dos principales obstáculos para lograr la im-

---

[619] DÍAZ, Elías, *Estado de Derecho y sociedad democrática,* p. 25.

[620] GARGARELLA, Roberto, «Representación plena, deliberación e imparcialidad» en ELSTER, Jon (com.), *La democracia deliberativa,* p. 323 y ss. De este mismo autor, *Nos los representantes. Crítica a los fundamentos del sistema representativo,* Ciepp, Buenos Aires, 1995. Desde la perspectiva de la filosofía del Derecho, uno de los mejores estudios que se conoce, sobre teoría de la democracia, y en el que se examina conceptualmente y a fondo las exigencias de deliberación, participación y representación de los intereses y necesidades, es *La constitución de la democracia deliberativa,* de Carlos Santiago Nino, texto ya citado y sobre el que volveremos más adelante. En este mismo sentido, Pérez Luño considera que no sólo las instituciones de la democracia representativa dan garantía a los derechos y necesidades, también las instituciones de la democracia directa, como la iniciativa legislativa popular, proporcionan garantías institucionales. PÉREZ LUÑO, Antonio Enrique, *Los derechos fundamentales,* Tecnos, Madrid, pp. 39, 98; *¿Ciberciudadaní@ o ciudadaní@.com?,* Gedisa, Barcelona, 2004.

parcialidad en las medidas políticas son las decisiones «apresuradas» y la representación «imperfecta». Por esta misma vía parece pronunciarse Julián Sauquillo, para quien es preferible proseguir en el perfeccionamiento de las instituciones representativas donde se realiza nuestra vida pública con nuevas formas deliberativas y de participación[621].

Finalmente, la descripción llevada hasta aquí muestra que el vínculo que se hace entre la teoría de las necesidades de Heller y la teoría del consenso democrático de Habermas no está libre de dificultades: ¿Es la participación democrática el fundamento de la obediencia al Derecho? ¿La representación democrática de los intereses y necesidades justifica al Derecho? A Hume, la idea de pacto social, con todas las consecuencias que implica para la democracia directa y la democracia representativa, le parecía un vano ejercicio especulativo[622]. Tenía claro que la obligación general que nos liga al gobierno se basa en el interés y las necesidades de la sociedad; ésta es por tanto, una razón muy fuerte. Su empirismo le facilitaba esta claridad, aunque no cierra el problema.

Para los socialistas democráticos, la exigencia de la representación plena de los intereses y necesidades de los grupos desfavorecidos da realismo al análisis, pero no es suficiente. Las normas, reglas, o decisiones que se obtengan a través del procedimiento democrático deben asegurar que no se lesione el principio de igualdad esencial y que se promueva la superación y/o compensación de las desigualdades accidentales. Asegurar el cumplimiento de los deberes negativos y de los deberes positivos implica cierta intervención de las instituciones del Estado. Sólo así puede el procedimiento demo-

---

621 SAUQUILLO, Julián, «Representación política y democracia» en DÍAZ, Elías y COLOMER, José Luis (eds.), *Estado, justicia, derechos,* p. 309. Aquí Julián Sauquillo ha llevado a cabo un análisis de los principios del gobierno representativo formulados por Manin. MANIN, Bernar, *Los principios del gobierno representativo,* trad. Fernando Vallespín, Alianza Editorial, Madrid, 1997.

622 HUME, David, *Ensayos políticos,* trad. César Armando Gómez, Tecnos, Madrid, 1994, pp. 110-114.

crático ser un factor de legitimidad que evite los peligros del formalismo, del relativismo y del fundamentalismo ético. En las páginas que vienen, capítulo 5, se investiga los argumentos de Elías Díaz respecto a la obediencia al Derecho en el contexto de un Estado democrático representativo, será en discusión con Felipe González Vicén y Alberto Montoro Ballesteros.

CAPÍTULO V
ESTADO DEMOCRÁTICO DE DERECHO Y RAZONES PARA LA OBEDIENCIA AL DERECHO

> «*Jamás podrá consistir la justificación del Estado en armonizar, a toda costa, el derecho con la fuerza. Pues todo poder estatal debe su conservación y formación a la voluntad humana, demasiado humana. De aquí que actúen en aquél tanto las fuerzas morales más elevadas como una impotente masa de estupidez y maldad, de infamia y arbitrariedad*».
>
> HELLER, *Hermann, Teoría del Estado,* p. 291.

En la España de Franco no se conoce un libro monográfico sobre la obediencia al Derecho. En la España democrática, el trabajo de Nora Martínez da cuenta de la enorme producción intelectual que se ha producido sobre este tema [623]. Justamente, el

---

[623] La investigación de Nora MARTÍNEZ nos acerca a la producción intelectual última sobre este tema, *La obediencia al Derecho en la España democrática,* Dykinson, Madrid, 2000. Entre los trabajos monográficos más sobresalientes sobre la obediencia al Derecho, en la doctrina española actual véase FERNÁNDEZ, Eusebio, *La obediencia al Derecho,* Civitas, Madrid, 1987; GASCÓN ABELLÁN, Marina, *Obediencia al Derecho y objeción de conciencia,* CEC, Madrid, 1990; MALEM SEÑA, Jorge, *Concepto y justificación de la desobediencia civil,* Ariel, Barcelona, 1990; VV.AA., *Obligatoriedad y Derecho. XII jornadas de Filosofía Jurídica y Social,* Universidad de Oviedo, 1990; DE ASÍS ROIG, Rafael, *Deberes y obligaciones en la Constitución,* CEC, Madrid, 1991; BAYÓN MOHINO, Juan

gran aporte de Felipe González Vicén fue iniciar decididamente la discusión sobre la obediencia al Derecho, teniendo luego a Elías Díaz como uno de sus mejores críticos e interlocutores y, luego, Montoro Ballesteros, entre otros, buscaron terciar en el debate.

Elías Díaz habla de la Constitución como zona válida de mediación entre teoría (democrática) de la legitimidad y teoría crítica de la justicia. Señalan otros, que si hay que desconfiar de una excesiva moralización del Derecho también cabe reconocer como dato la deficiencia moral de la política así como la deficiencia política de la moralidad. En general, se afirma que el contexto en el que cabe hablar de obediencia y disidencia al Derecho es en un Estado democrático razonablemente justo, discutiendo si los derechos fundamentales supralegales pueden proporcionar cobertura a los actos de desobediencia de las normas de otro rango» [624].

Vimos en el capítulo anterior la relación entre Estado democrático de Derecho y derechos humanos y, en otro lugar, observamos que la principal lucha por la limitación del poder político se plasmó en las declaraciones de derechos en el siglo XVIII. Cualquiera que sea el fundamento de los derechos del hombre (sea Dios, la naturaleza, la historia, el consenso de las personas, las necesidades humanas) es considerado como derechos aquél que tiene el hombre en cuanto tal, independientemente del ser puestos por el poder político.

Carlos, *La normatividad del Derecho: deber jurídico y razones para la acción,* CEC, Madrid, 1991; PECES-BARBA, Gregorio (ed.), *Ley y conciencia. Moral legalizada y moral crítica en la aplicación del Derecho,* Universidad Carlos III de Madrid-BOE, Madrid, 1993; PELAYO GONZÁLEZ, Ángel, *Consentimiento, democracia y obligación política,* Colex, Madrid, 1994; ESTÉVEZ ARAUJO, José Antonio, *La Constitución como proceso y desobediencia civil,* Trotta, Madrid, 1994; SUÁREZ VILLEGAS, Juan Carlos, *¿Hay obligación moral de obedecer al Derecho?,* Tecnos, Madrid, 1996; NAVARRO VALLS, Rafael y MARTÍNEZ-TORRÓN, Javier, *Las objeciones de conciencia en el Derecho español y comparado,* McGraw-Hill, Madrid, 1997; UGARTEMENDIA ECEIZABARRENA, Juan Ignacio, *La desobediencia civil en el Estado constitucional democrático,* Marcial Pons, Madrid, 1999; FALCÓN Y TELLA, María José, *La desobediencia civil,* Marcial Pons, Madrid, 2000.

[624] ESTÉVEZ ARAUJO, José Antonio, *ob. cit.,* p. 9.

El objetivo de este capítulo es analizar la defensa que hace Elías Díaz de la existencia de razones morales tanto para obediencia como para la desobediencia al Derecho. Ésta es una de las tesis fuertes del profesor de la Autónoma, en el marco de la justificación del Estado democrático de Derecho que él defiende. Elías Díaz va a defender su posición tanto de un cierto positivismo de González Vicén como de un iusnaturalismo tradicionalista de Montoro Ballesteros. Veremos que es significativo para el debate que nos ocupa, el célebre principio de la soberanía popular y el principio de los derechos humanos [625].

Al proceso de limitación del poder político desde la perspectiva de los derechos se suele llamar «constitucionalismo». El constitucionalismo encuentra su completa expresión en las constituciones que establecen límites al poder político, límites tanto formales como materiales. Los derechos fundamentales, una vez reconocidos y protegidos jurídicamente, representan barreras contra cualquier pretensión del detentador del poder soberano de someter a reglamentación cualquier acción que los

---

[625] Por un lado, la idea de que cada uno tenga participación en la construcción del poder estatal y, que «obedeciendo a todos no se obedezca de hecho a ninguno» y por otro, las diversas prolongaciones del concepto de libertad. Primera, el paso de la teoría de la libertad como no-impedimento a la teoría de la libertad como autonomía. Segunda ampliación, se produce con una concepción positiva de la libertad, signo particular de las teorías socialistas que tratan de marcar su diferencia respecto a las concepciones puramente formales del Estado democrático. De este proceso, al menos, se entienden tres cosas: (1) todo ser humano debe tener una esfera de actividad personal protegida contra la injerencia de todo poder externo, en particular del poder estatal: típico ejemplo, la esfera de la vida religiosa que viene asignada al ámbito de la conciencia individual; (2) todo ser humano debe participar de manera directa o indirecta en la formación de las normas que deberán después regular su conducta de aquella esfera que no está reservada al exclusivo dominio de su jurisdicción individual; (3) todo ser humano debe tener el poder efectivo de traducir en comportamientos concretos los comportamientos abstractos previstos en las normas constitucionales que atribuyen éste o aquél derecho y, por consiguiente, debe poseer en propiedad o como cuota de una propiedad colectiva bienes suficientes para una vida digna. BOBBIO, Norberto, *El tiempo de los derechos,* p. 146 y ss.

individuos o los grupos intenten emprender[626]. En este nuevo contexto surgen, también, tesis más vigorosas a propósito de la obligación de obediencia del ciudadano al Derecho y de la conexión entre Derecho, moral y política democrática, en las que el poder constituyente adquiere relevancia[627].

1. ELÍAS DÍAZ, LA OBLIGACIÓN MORAL DE OBEDIENCIA AL DERECHO DEMOCRÁTICO

El profesor Elías Díaz reconoce que uno de los principales problemas del conflicto social contemporáneo es la creciente deslegitimación del Derecho y del Estado y, más concretamente, del «Estado democrático representativo occidental». Como todo hecho social, necesita ser entendido y valorado como parte de un conjunto más amplio de significaciones y, a su vez, de valoraciones. Pero la desconfianza y negación respecto del Derecho y del Estado en el mundo actual no implica ni debe hacer suponer que en el pasado haya siempre habido una mayor legitimación, una mayor aceptación. Lo que en gran parte ocurría es que se gobernaba y se legislaba sin excesivas exigencias de participación y legitimación. Hoy se expresan mayores exigencias y necesidades de libre e igual participación política y económica como también de un superior nivel crítico y cultural comparado con el de otras épocas. Se tiene que construir desde la exigencia de una nueva y más justa, más libre y más igual legitimidad.

1.1. Deber ético y obligación jurídica

Elías Díaz empieza por dejar claramente establecida la diferencia entre «deber ético» y «obligación jurídica». Aun cuando

---

[626] BOBBIO, Norberto, *Estado, gobierno y sociedad,* trad. José. F. Fernández Santillán, FCE, México, 1998, pp. 138-139.

[627] PRIETO SANCHÍS, Luis, *Constitucionalismo y positivismo,* Fontamara, México, 1997, p. 22.

elija usar la expresión «obligación» y no «deber» para referirse al Derecho creo que no lo hace por cuestiones analíticas que estas expresiones guardan [628]. Autores como Juan Carlos Bayón y Jorge Malem no piensan lo mismo. El primero, entiende por «deber» la modalidad o posición normativa más elemental y por «obligación», alguna clase de modalidad o posición normativa compleja [629]. El segundo, agrega que esta distinción no responde a ningún juego analítico alejado de toda consideración práctica, sino que adquiere relevancia precisamente para mostrar el porqué de la sumisión a las leyes del Estado, y prefiere operar con la categoría «deber» [630]. La búsqueda de un acuerdo verbal y prác-

---

[628] Rafael de Asís encuentra claridad en la diferencia entre una idea de deber moral, que es propia del *deber,* y una idea de deber jurídico, y que seguro es mejor denominar a esta última como *obligación.* DE ASÍS, Rafael, «Estudio preliminar» en BOBBIO, Norberto, *Elogio de la templanza,* trad. Francisco Javier Ansuátegui Roig y José Manuel Rodríguez Uribes, Temas de Hoy, Madrid, 1997, p. 18; un amplio desarrollo de esta tesis se puede ver en su libro *Deberes y obligaciones en la Constitución,* p. 54 y ss. También Gregorio PECES-BARBA prefiere reservar el término *deber* para la esfera ética, reservando la noción *obligación* para referirse a las cuestiones jurídicas, *Derecho y derechos fundamentales,* CEC, Madrid, 1993, p. 375. Nora MARTÍNEZ opera con categorías de «obligación moral», «obligación política» y «obligación jurídica», *La obediencia al Derecho en la España democrática,* pp. 64 y ss. Según BOBBIO, el mundo moral, entendido como un remedio al mal que un hombre puede causar a otro, nace con la formulación, la imposición, la aplicación de mandatos o de prohibiciones, y, por consiguiente, desde el punto de vista de aquellos a quienes son dirigidos los mandatos y prohibiciones, de *obligaciones:* la figura deóntica originaria es el *deber,* no el derecho. *El tiempo de los derechos,* p. 103.

[629] BAYÓN, Juan Carlos, «Deber jurídico» en *Enciclopedia iberoamericana de filosofía. El Derecho y la justicia,* Edición de Ernesto Garzón Valdés y Francisco J. Laporta, Editorial Trotta, Consejo Superior de Investigaciones Científicas, Madrid, 2000, p. 325.

[630] MALEM SEÑA, Jorge Francisco, *Concepto y justificación de la desobediencia civil,* Ariel Barcelona, 1990, p. 17. La intención de Malem, cuando busca precisar la diferencia entre «deber» y «obligación», es mostrar cómo varía el fundamento de la obediencia a la ley en una democracia según se recurra para ello al concepto de obligación o al de deber jurídico. Por ejemplo, dice, los que asumen el fundamento de la democracia en el «consentimiento de la mayoría» acuden al término «obligación». Él cree que la problemática del fundamento de la democracia se expresa mejor en términos de «deber».

tico no será abordada en este trabajo por lo que «obligación jurídica» y «deber jurídico» serán intercambiables.

El deber ético, para Elías Díaz, deriva prioritariamente de la conciencia crítica, del imperativo categórico y sus exigencias, relacionado con la autonomía, una especie de cierta «identidad» del individuo. Sin embargo, también hay que hablar de «logros» o de «resultados» personales, de la conciencia crítica. Obrar por estímulo del deber con autonomía moral, de acuerdo con la conciencia crítica y el imperativo categórico, no implica —dice— negar el diálogo interindividual con otras plurales posiciones de autonomía moral, la confrontación con razones éticas más o menos objetivas. Todas ellas tendrán que contrastarse, sin fáciles soluciones, con las exigencias de universalidad, imparcialidad y libertad, que caracterizan a la moral crítica.

¿Por qué es relevante la ética en el asunto de los deberes? ¿Qué pretendemos, qué aspiramos a lograr: al ser o al querer ser más éticos, al obrar o al querer obrar de modo coherente por estímulo del deber? Tal vez —contesta Elías Díaz— podernos ver con cierta dignidad, sentirnos un poco más digno ante nosotros mismos como ante los demás, con alguna mayor autoestima personal, autenticidad, conciencia de la propia identidad, autorrealización o libertad interior.

Unido a ello, «lo que en el fondo se busca, consciente o inconscientemente, es sentirse bien, sentirse mejor (psíquica y no sé si hasta físicamente), estar algo más contento y satisfecho con uno mismo, más feliz, y ver al propio tiempo que se puede hacer más felices a otros, cercanos o más lejanos. Dignidad y felicidad serían, pues, fines y valores que —priorizados, respectivamente, por las filosofías deontológicas (KANT) y teleológicas (MILL)— tendrían que ver de manera muy definitoria con la ética: ser felices (ética de consecuencias), merecer ser felices (ética de principios)» [631].

Sin embargo, advierte que no faltará quien diga, aduciendo que hay que poner los pies sobre la tierra, que la ética lo que hace

---

[631] DÍAZ, Elías, *Curso de filosofía del Derecho*, p. 50.

y lo que pretende precisamente es dificultarnos e impedirnos la felicidad: nos atormenta con deberes, alegatos y monsergas, con remordimientos, frustraciones y cargos de conciencia que coartan y debilitan nuestra personalidad, pautas que otros no siguen dada la dura competición que se impone en la vida real.

Para qué, pues, la ética: para evitar la anomia y para aprender a ser felices cumpliendo uno estrictamente sus deberes hacia los otros, lo cual puede a su vez hacerlo coincidir con lo que uno considera su felicidad.

Se tiene que reconocer que el conflicto social moderno no se presenta como líneas de batalla unidireccionales o como una lucha de clases simple sino como anomia social[632]. Se habla incluso del crepúsculo del deber en estos tiempos de democracia[633]. Es un diagnóstico de nuestro tiempo y que no es patrimonio exclusivo de los pensadores de la teoría crítica. Paradójicamente, en este balance, como veremos más adelante, coinciden sectores conservadores.

Dice nuestro autor que el Derecho democrático, en relación con este punto concreto, se caracteriza por procurar y en parte lograr una mayor aceptación social, una mayor adhesión inte-

---

[632] En la noción de anomia se ha extendido Ralf Dahrendorf: «He utilizado la palabra antigua «anomia», que el diccionario de Oxford considera «obsoleta», a pesar de que se refiere a la útil definición que hiciera de ella William Lambarde en 1591 y según la cual significa «introducir el desorden, la duda y la incertidumbre en todo». En la ciencia social moderna se debe a Émile Durkheim el uso de la palabra *anomie* para describir la suspensión de la eficacia de las normas sociales por la crisis social o económica. Como resultado de ello, la gente se siente desconectada hasta el punto de considerar que el suicidio es la única salida. Robert Merton ha añadido su propio rasgo a nuestro entendimiento de la «anomia» al definirla como una «ruptura en la estructura cultural» que se produce cuando la gente, por virtud de su posición social, es incapaz de acatar los valores de su sociedad». DAHRENDORF, Ralf, *El conflicto social moderno,* p. 192. Véase también NINO, Carlos Santiago, *Un país al margen de la ley, Estudio de la anomia como componente del subdesarrollo argentino,* Emecé, Argentina, 1992.

[633] LIPOVETSKY, Gilles, *El crepúsculo del deber. La ética indolora de los nuevos tiempos democráticos,* trad. Juana Bignozzi, Anagrama, Barcelona, 1994.

rior, en un contexto de pluralidad, diálogo y libre crítica. El Derecho democrático es un derecho más ético, en principio más justo, un Derecho con obligaciones jurídicas respaldadas por deberes éticos[634].

A diferencia del deber ético, la obligación jurídica tendría un carácter condicional, hipotético: se obedece, entre otras razones, para no sufrir las consecuencias que implicaría el incumplimiento de la norma. Entonces, ¿qué fines queremos alcanzar con las normas jurídicas, inventando leyes, legisladores, gobiernos y aparatos judiciales? Buscamos —dice Elías Díaz— que las cosas colectivas anden un poco mejor arregladas, mejor organizadas y que haya suficiente seguridad, certeza, en relación con lo que uno puede hacer o con lo que no le pueden a uno impunemente hacer. Esta búsqueda no puede estar al margen de la justicia, contribuye a dilucidar estos problemas, pero además es el criterio para diferenciar entre unos y otros modelos de organización, entre unos y otros modelos de seguridad jurídica.

En la ética se exige adhesión interna hacia la norma, obrando por estímulo del deber aquélla puede hacerse propia y norma autónoma; en el Derecho, en cambio, queda en principio realizado con la obediencia externa del mandato aunque se disienta interiormente. La legalidad democrática legítima ya no se con-

---

634 DÍAZ, Elías, *Curso de filosofía del Derecho,* p. 59. Sobre la relación entre Derecho producido democráticamente y deberes éticos, agrega, «la aceptación social derivada de la adhesión interna a las normas jurídicas es algo importante que en todo caso viene buscando —en régimen de mayor o menor libertad— por aquél, pues facilita la observancia, eficacia y operatividad de tales normas, lo cual, como ya se ha dicho, acaba repercutiendo decisivamente sobre la propia validez del sistema. No le es pues indiferente al Derecho que la propia validez se considere un valor ético y así encuentre mejor legitimación, pero el problema también para la obediencia, es determinar si tal consideración posee o no suficiente justificación ética. Una vez más habría que señalar que, en concreto, un sistema jurídico-político con mayores índices de libre adhesión interna y, por tanto, de mayor participación (le llamaríamos más democrático) estaría, como vemos, mucho más cerca de esos caracteres específicos que son propios de la ética», *ob. cit.,* p. 57.

forma con el mero cumplimiento exterior[635]. Elías Díaz ha puesto de manifiesto las diferencias entre deber ético y obligación jurídica: la obligación jurídica tendría un carácter hipotético, se obedece condicionalmente, mientras que el deber ético, sería casi incondicional, necesario e incluso absoluto. Sin embargo, advierte enseguida que el deber ser jurídico puede comunicarse con el deber ser ético, expresión originaria y última, a la vez, de la conciencia individual.

1.2. Derecho e institucionalización de la coacción

En la propuesta de Elías Díaz, aparece la coerción o coercibilidad institucionalizada como un criterio básico diferenciador y fundamental entre ética y Derecho, a partir de la modernidad. La norma jurídica, con coacción latente y/o implícita, lleva dentro de sí prevista la sanción, la validez jurídica a través de la fuerza. Esta fuerza normativa, según Dahrendorf es una cualidad del conflicto social moderno. En este conflicto entra en escena el conflicto de clases pero también la creación de la garantía del imperio de la ley, con la constitución de controles y

---

[635] En este sentido Elías Díaz hace un gran esfuerzo para encontrar una máxima matización en las relaciones entre *los actos interiorizados y los límites de lo jurídico*. Es cierto que en Kant todos los deberes, simplemente porque son tales, pertenecen a la ética, pero su legislación no está contenida para todos en la ética, sino fuera de ella para muchos de ellos. Elías Díaz dice que no puede decirse, como a veces se hace simplificando y mal interpretando a Kant, «que el Derecho sólo se ocupe de las acciones externas y la moral de las acciones internas. Lo que Kant fundamentalmente pretendía era evitar que el Derecho invadiese zonas por él consideradas como intangibles, las zonas precisamente de la libertad de pensamiento y de conciencia; para ello limitaba lo jurídico al campo de los deberes externos del hombre con respecto de los demás hombres, mientras refería la ética tanto al campo de los deberes internos (donde esa libertad era defendida) como al campo de los deberes externos, aunque siempre situando el peso de la calificación moral en la intencionalidad, en el obrar por estímulo del deber». DÍAZ, Elías, *Sociología y Filosofía del Derecho*, p. 18.

equilibrios, el derecho a ser juzgado y a la revisión de los procesos. Además, la generalización por parte del Estado-nación, de la vieja idea de ciudadanía, no fue su menor virtud[636].

Si retomamos las palabras de Kant, aquella «insociable sociabilidad del hombre» como el aguijón que origina el antagonismo y del que fluye el progreso, incluyendo más oportunidades vitales en un contrato social mejorado, el poder no sólo genera desigualdad. Por lo contrario, a veces ocurre que la sociedad no resulta tan agradable como desearíamos. Si lo fuera, hombres y mujeres vivirían una existencia digna de Arcadia, pastoril, en la que la concordia, la autosuficiencia y el amor mutuo serían perfectos, pero todos los talentos humanos permanecerían ocultos por siempre, en un Estado de sueño, y los hombres, que serían tan bondadosos como los corderos de los que cuidaban, apenas sí sacarían de su existencia más provecho que el que sacaban sus animales[637].

La autoridad normativa es superflua cuando los hombres son verdaderamente virtuosos, pero dado el conflicto social moderno, ésta es y debe ser impuesta coactivamente. Significa esto que en determinados casos puede forzarse, incluso físicamente, al cumplimiento de las normas jurídicas y que, en consecuencia, la hipotética desobediencia y violación de la norma llevaría consigo en términos generales la correlativa imposición de una determinada sanción, coacción-sanción institucionalizada. Esto no sucede en cambio con la normatividad moral y la normatividad expresada en las reglas del trato social, traen consigo sanciones no institucionalizadas[638].

En cuanto al Derecho, Elías Díaz asume que, hipotéticamente, en no pocas ocasiones de normalidad, puede cumplirse espontánea y voluntariamente, persuadiendo a los individuos de sus bondades para sus genuinos intereses o para la generalización

---

636 DAHRENDORF, Ralf, *El conflicto social moderno,* p. 53.

637 KANT, Emmanuel, *Filosofía de la historia,* trad. Eugenio Ímaz, FCE, México, 1994, p. 46.

638 DÍAZ, Elías, *Curso de filosofía del Derecho,* 63.

de los «intereses críticos», los de todos. Sin descartar, por supuesto, que aquella «espontaneidad» puede que haya sido precisamente ayudada por el interiorizado temor a la sanción del sistema jurídico en general, ya que la coacción es siempre una característica que se predica del ordenamiento jurídico en su conjunto, una calificación del sistema y no de cada una de sus normas concretas y específicas, las cuales pueden individualmente poseer, incluso de algunas de ellas puede estar ausente la coacción. También es cierto —como ya ha sido recalcado en otros lugares por Elías Díaz— que el Derecho, los aparatos administrativos y judiciales, se verán forzados a utilizar más fuerza, más coacción-sanción cuanto menor sea el grado de eficacia y de aceptación social de aquél, cuanto menor sea su legitimación.

Pero no hay que olvidar tampoco que en otras menos favorables situaciones la legítima coacción-sanción del Derecho puede, y debe, también significar y estar orientada a la necesaria protección de derechos y libertades de aquellos más débiles: «la fuerza del Derecho puede ser, pues, legítima y ayudar a realizar derechos y libertades. Habría que advertir en este sentido que en ciertas condiciones sociales la ética, me refiero, claro está, a ciertas éticas personales y a ciertas morales sociales, no siempre representan sin más el bien, o el bien suficiente, ni el Derecho el mal, aunque se le tome como el mal necesario» [639].

Elías Díaz completa el tema de la validez jurídica con argumentos sociológicos para referirse a lo que Bobbio denomina «función promocional del Derecho». Esta función promocional del Derecho permite que incluso las posibilidades del cambio social pueda lograrse también con sanciones negativas hacia unos, por violar las leyes, para lograr así la promoción de otros individuos menos favorecidos y del conjunto de la sociedad.

En conclusión, en el Estado democrático de Derecho se expresa un valor interno y externo de la seguridad jurídica.

(1) Una razón justificatoria interna: la legalidad es una garantía de no arbitrariedad, derivada de la necesidad de una mí-

---

[639] DÍAZ, Elías, *Curso de filosofía del Derecho,* 64.

nima certeza en la existencia y en el «hecho» de las relaciones humanas.

(2) Una razón justificatoria externa: la exigencia de que la legalidad realice una cierta legitimidad, una cierta justicia política, la exigencia de un derecho justo.

(3) Una razón justificatoria interna última, el Derecho de las democracias sería un Derecho que se impulsa y se autolimita desde la libertad[640].

1.3. Razón práctica y legitimidad democrática

No basta con dar fundadas razones externas sobre el mayor grado de justicia que, por basarse en la libertad, corresponde a la legitimidad democrática, hace falta también que esas razones sean aceptadas socialmente: la adhesión, la legitimación es completamente necesaria, y cada vez más, para que el sistema social funcione. ¿Esto significa que sólo deba obedecerse las normas con las que uno está de acuerdo, las que cada uno aprueba, o las que promulguen los representantes de las propias mayorías a las que uno ha apoyado? ¿Qué hacer, llegado el caso extremo, con minorías que por principio se niegan a participar, que rechazan en su totalidad el sistema y la misma adscripción y pertenencia a tal ordenamiento jurídico-político?

---

640 Así, la liberación es autodeterminación y, por tanto, la praxis emancipatoria, cultural y material se vincula a la ley: «Toda obligación y toda norma jurídica, sobre todo las más importantes y decisivas para una colectividad, hacen siempre referencia a valores morales, a deberes éticos, a criterios de justicia. Por ello —dada esa inescindible relación— me parece cuando menos engañoso y origen de inútil confusión decir, como es bastante común y asequible hacerlo hoy, que no hay nunca obligación moral de obedecer al Derecho (otras variantes serían que no hay fundamento ético o que no hay razones éticas para la obediencia), como también decir, pero esta simetría es muchísimo menos frecuente, que no hay tampoco razones éticas para desobedecerlo. Creo que ambas posiciones, aunque parecen tan contrapuestas, derivan de esa misma visión reduccionista que aísla y separa al Derecho de la ética». DÍAZ, Elías, *Curso de filosofía del Derecho,* p. 58.

Elías Díaz considera que toda obligación jurídica y todo deber ético, no puede hacer caso omiso de cierta obligación política, aquella que consiste en respetar las normas fundamentales que sostienen a una colectividad democrática[641]. La obligación jurídica, entonces, implica siempre su fáctica ineludible conexión con una u otra plasmación de la legitimidad (legalizada), reconociendo que la legitimidad democrática no agota la justicia y que los criterios de legitimidad engendran sobre todo una obligación política.

Implica sobre todo respeto al sistema constitucional en su conjunto: autonomía moral, libertades individuales, soberanía popular, regla de la mayoría. Junto a estos criterios, el consenso implícito y/o explícito radicado en el pacto o contrato social[642]. Contrato social «mejorado», en el sentido de ir más allá del contrato liberal clásico, si hablamos de su propuesta socialista de avanzar hacia cotas de cada vez más amplia libertad real para todos. Nada de estos criterios impiden que se «puedan» o se «deban» desobedecer, por razones éticas, normas concretas de las democracias, en tanto su sistema global se mantenga intacto: respeto de la soberanía popular y respeto, garantía y promoción de los derechos humanos individuales y necesidades e intereses interpersonales. La carga de la prueba para desobedecer estos criterios corre a cargo del disidente en el marco de

---

641 Sobre el concepto de obligación política en Elías Díaz véase MARTÍNEZ, Nora, *ob. cit.*, p. 131 y ss. Una entusiasta defensa sobre la obligación política se puede ver en HERRANZ CASTILLO, Rafael, «Una defensa de la obligación política», *Doxa* n.º 15-16, Alicante, 1994, pp. 271-291 y, «La teoría de la obligación política y la justificación de la desobediencia civil: una aproximación crítica», *Sistema* n.º 117, Madrid, noviembre, 1993, pp. 71-81. Un análisis sociológico contemporáneo véase RIZZI, Lino, «Comunicación mediática y consenso democrático. Una investigación sobre las transformaciones de la obligación política», *Revista mexicana de ciencias políticas y sociales* n.º 187, UNAM, México, enero/abril, 2003, pp. 99-127. Una perspectiva conservadora de la obligación política véase LEGAZ Y LACAMBRA, Luis, «Notas para una teoría de la obligación política», *Revista de estudios políticos* n.º 1, Madrid, 1956, pp. 3-57.

642 DÍAZ, Elías, *Ética contra política. Los intelectuales y el poder*, p. 49.

una cultural política de una sociedad civil vital que cree en que la democracia instituida no es infranqueable ni es una calamidad. Nuestra propia imperfección humana es ya una razón para tener una ley-positiva-democrática [643]. Que hemos de hacerlo lo mejor posible sabiendo que no podemos alcanzar el ideal.

1.4. A propósito de la maldad estatal y la soberanía popular

Elías Díaz critica aquellas posturas que no escatiman argumentos para afirmar que la libertad en la sociedad no se logra ni se protege mediante la adopción de leyes e instituciones, aunque éstas sean democráticas, algunos para vigilar y respaldar su libertad y otros para justificar intereses instrumentales como es el mercado. Una actitud ciudadana de vigilancia hacia su propia libertad y la de los demás tiende a complementarse con el reconocimiento de instituciones democráticas y con un reconocimiento de que los valores subsidiarios de la libertad civil requieren también que todas las personas tengan oportunidades justas de acceso a los medios económicos necesarios para una vida decente en una sociedad civil vital. La tesis de la bondad absoluta o de la maldad absoluta del Estado democrático de De-

---

[643] Esta es precisamente una de las razones por la que MacCormick defiende la ley positiva. Defiende la institución de la democracia cuando está inspirada por cierta concepción de los derechos y que permita pensar, actuar, hablar, organizarse políticamente, donde tenga lugar una obligación política con exigencias objetivas mínimas y con independencia de cualquier acto voluntario, contrato o compromiso personal: «El mero hecho de que un orden legal garantiza sólo una protección parcial o imperfecta de los derechos que suponemos que tienen las personas no justifica que intentemos derribar todo el edificio. Entre las razones por las cuales esta es así está la verdad bastante obvia de que el resultado de una acción revolucionaria de éxito no supone una garantía más satisfactoria de los derechos en cuyo nombre se enarboló la bandera de la revolución que la conseguida en el anterior *statu quo*». MacCORMICK, Neil, «Ley, obligación y consentimiento: reflexiones sobre Stair y Locke» en *Derecho legal y socialdemocracia,* pp. 74-75.

recho podría llevarnos a un «obediencialismo extremo» o a un «desobediencialismo extremo»[644]

El profesor Díaz pretende sostener una tesis equidistante de las tesis de la «bondad» y de la «maldad» estatal, es decir, de la apriorística «razón de Estado» y la no menos apriorística total «sinrazón del Estado». Sin ningún tipo de alarma ante las corrientes diversas antiestatalista. Posiblemente en estas ideas se exprese el noble alegato de Elías Díaz en favor del Estado social y democrático de Derecho[645].

De la maldad estatal y la soberanía popular, justamente, es el libro que va a dar cuenta de sus alegatos a favor de la obediencia al Estado democrático de Derecho y lo hace discutiendo, en dos frentes, con dos filósofos del Derecho: Felipe González Vicén (profesor de la Universidad de La Laguna) y Alberto Montoro Ballesteros (profesor de la Universidad de Murcia)[646]. En

---

[644] Esto lo manifiesta alguien que tuvo que transitar desde un cierto libertarismo, que subordinaba el resto de los valores del ejercicio de la libertad en una sociedad autogestionada, a una posición en la que se trate de equilibrar el valor de la libertad con otros valores institucionales. GARCÍA SAN MIGUEL, Luis, «Sobre la obediencia al Derecho» en *Obligatoriedad y Derecho. XII jornadas de filosofía jurídica y social,* p. 80.

[645] Según Muguerza el liberalismo y libertarismo son ideologías en alza. La crisis del Estado social ha revivificado tanto al liberalismo como al libertarismo. Una amplia discusión entre los liberales conservadoras y los liberales libertarios frente a la relevancia del Estado democrático se puede ver: MUGUERZA, Javier, *Desde la perplejidad (Ensayos sobre la ética, la razón y el diálogo),* FCE, México, 1990. Este autor sostiene que no hay una contradicción necesaria entre ser libertario y defender los derechos económicos sociales y culturales.

[646] DÍAZ, Elías, *De la maldad estatal y la soberanía popular,* Debate, Madrid, 1984, pp. 75-146. GONZÁLEZ VICÉN, Felipe, «La obediencia al Derecho» en *Estudios de Filosofía del Derecho,* Facultad de Derecho Universidad de La Laguna, Litografía Romero, Santa Cruz de Tenerife, 1979, pp. 365-398. MONTORO BALLESTEROS, Alberto, *Razones y límites de la legitimación democrática del Derecho,* Universidad de Murcia, 1979. Las posturas de estos autores, como veremos más adelante, discrepan también en el modo de fundar los valores. Según Bobbio hay tres modos de fundarlos: deducirlos de un dato objetivo constante, por ejemplo, la naturaleza humana, considerarlos como verdades evidentes por sí mismas, y, finalmente, descubrir que en un determinado periodo histórico son generalmente consensuados (la prueba, precisamente, del consenso). *El tiempo de los derechos,* p. 65.

el debate está de por medio la tensión que se produce entre autonomía privada y autonomía pública en una sociedad democrática. En tanto el profesor González Vicén había expresado de modo contundente, «Mientras que no hay un fundamento ético para la obediencia al Derecho, sí hay un fundamento ético absoluto para su desobediencia», Alberto Montoro Ballesteros había mostrado serias dudas sobre las razones para obedecer el principio de soberanía popular a partir de la crisis actual de la democracia, en la que se hace uso y abuso de la libertad individual y colectiva, dejando de lado el buen juicio, la prudencia y la verosimilitud como exigencias en la toma de decisiones colectivas.

El profesor de la Autónoma de Madrid ve en los argumentos de González Vicén el desarrollo de una paradoja liberal libertaria frente al Derecho, con su afirmación, «Mientras que no hay un fundamento ético para la obediencia al Derecho, sí hay un fundamento ético absoluto para su desobediencia». Supone una actitud defensiva en la que el Derecho positivo sólo es relevante en tanto es no injerencia en los derechos «morales» individuales. Para evitar la paradoja hay que tener claro que la ética cuenta y mucho para el Derecho, tanto para su creación como para su interpretación desde un punto de vista democrático, pero no se confunde con él ni se define por la ética. La ética puede estar contra la política, de manera muy especial cuando la política sea expresión de regímenes dictatoriales y totalitarios, negadores de la libertad.

«[P]ocas dudas suscita, a mi modo de ver, la segunda parte de la proposición, aunque yo preferiría enunciarla en términos que me parecen más exactos y expresivos, de posibilidad («puede haber un fundamento ético absoluto para su desobediencia») que es, creo, lo que González Vicén —en caso de divergencia y contraposición entre norma jurídica y conciencia ética—, con buenas razones y desde su propio punto de vista, dictamina. Discrepo, en cambio, de la primera de tal proposición pues en mi opinión «si puede haber un fundamento ético para la obediencia al Derecho, lo mismo —y el mismo— que puede haberlo para su desobediencia: es decir, la concordancia o discrepancia de fondo entre normas jurídicas y normas éticas» [647]

Nótese que la concordancia o discrepancia entre el Derecho y la conciencia ética individual, en el marco de un Estado democrático de Derecho, para Elías Díaz, ya no es absoluta. Por eso le pareció pertinente, también, criticar la postura de Alberto Montoro Ballesteros que dejaba a los argumentos de la democracia, desde un punto de vista iusnaturalista tradicional y con datos históricos, mal parados. Porque para Elías Díaz, incluso la crisis contingente de la democracia no es razón suficiente, porque el objetivo final es la legitimación del Estado democrático de Derecho, sea como resultado de una *«real dialéctica histórica»*, sea como *«necesidad lógica de la legitimidad democrática»* [648]. Une dos momentos, el poder de una voluntad formada intersubjetivamente, contingente, y la razón que el procedimiento legitimador encarna; pero no una circulación autoprogramada del poder. El presupuesto de una comunidad moral lleva a Montoro a dudar que la democracia sea el régimen de la autolimitación, el régimen de la autonomía. Frente a este diagnóstico surge su propuesta elitaria de la democracia.

---

[647] DÍAZ, Elías, *De la maldad estatal y la soberanía popular,* pp. 79-80.

[648] BAÑULS, Fernando, *ob. cit.,* 175. Si hay amenazas coactivas, a veces, es racional obedecer. Que una elección sea racional, es sin duda, una cuestión de valoración pero de valoración en términos de un estándar específico y donde las razones de oportunidad histórica juegan también su papel: «que puede haber razones éticas (y obligación ética y fundamento ético) tanto para obedecer al Derecho como para desobedecerlo, que —juzgando siempre con los criterios de la ética— depende en cada circunstancia social e histórica concreta de los valores y conflictos que estén en juego. Y tratándose de un sistema político-jurídico democrático también diría que, en general y en principio *(prima facie),* debido a los procedimientos y valores que le caracterizan, habría —a mi juicio— muchas más razones éticas (y más obligaciones y fundamentaciones) a favor de la obediencia al Derecho que en pro de la desobediencia al mismo, aunque por supuesto que siempre con posible justificación en él de las diversas formas de la denominada desobediencia civil, de la objeción de conciencia y, en todo, caso de la necesidad imprescindible de la crítica y la oposición, dimensiones del disenso que junto con el básico consenso identifican propiamente a la democracia». DÍAZ, Elías, *Curso de filosofía del Derecho,* p. 58.

Elías Díaz entiende que:

«[N]i desde el punto de vista organizativo (democracia «formal») ni tampoco desde el punto de vista del contenido (democracia «material») resulta pues convincente [...] la concepción iusnaturalista de la legitimidad. Su concepción dogmática y absolutista de la Justicia, así como la identificación de ella con el Derecho, llevan a una real infravaloración de la libertad tanto para construir una teoría crítica de la justicia como para determinar la regla concreta de decisión jurídico política. Sus recelos ante la razón y la humana voluntad se convierten en definitiva en recelos legítimos, y con frecuencia interesantemente aprovechados, ante esa libertad y, por tanto, también ante la misma democracia» [649].

2. FELIPE GONZÁLEZ VICÉN, OBEDIENCIA MORAL Y RAZONES DEL INDIVIDUALISMO ÉTICO

Felipe González Vicén, siendo el defensor de una perspectiva del Derecho de corte positivista, fue un decidido crítico del iusnaturalismo y del formalismo jurídico. Se dice en una enciclopedia canaria que Elías Díaz, además de crítico, fue quien más contribuyó a dar a conocer el pensamiento del profesor de La Laguna [650]. Felipe González Vicén estaba convencido que la

[649] DÍAZ, Elías, *De la maldad estatal y la soberanía popular,* p. 126.

[650] GONZÁLEZ, E. Kay, «GONZÁLEZ VICÉN Felipe (Santoña, Santander, 1907-La Laguna, 1991)» en *Gran Enciclopedia Canaria,* volumen VII, Las Palmas de Gran Canaria, 1999, p. 1706. Un buen resumen de los datos biográficos de Felipe González Vicén se encuentra en la revista canaria *Disenso.* Creo que resume lo más significativo: «Felipe González Vicén nace en Santander en 1908. Estudia Derecho en la Universidad de Valladolid y desarrolla sus investigaciones en Roma, Cambridge, Marburgo y Berlín. En 1935, a la edad de veintisiete años, accede a la Cátedra de Filosofía del Derecho de la Universidad de Sevilla. Calificado «de significación izquierdista» por las autoridades académicas es destituido el 30 de noviembre de 1936. Diez años más tarde, después de un arriesgado exilio en Alemania, logra ser readmitido y es destinado a la Universidad de La Laguna, en donde transcurre su vida académica hasta su jubilación en 1978. Durante ese tiempo,

obligatoriedad ética no se encuentra en los órdenes sociales, sino sólo en la autonomía del individuo; el individuo, la fuente última de normatividad. El individualismo ético de este autor se muestra como una actitud crítica frente al individualismo posesivo de la sociedad burguesa[651].

---

ejerce también de profesor visitante en la Universidad de Heidelberg. Muere a los ochenta y tres años, el 22 de febrero de 1991, en su domicilio lagunero. Tradujo obras significativas del pensamiento jurídico, político y moral, y fue autor de rigurosos trabajos, entre los que cabe destacar *Teoría de la revolución. Sistema e historia* (1932), *La filosofía del Estado en Kant* (1952), *Sobre el positivismo jurídico* (1967), *La filosofía del Derecho como concepto histórico* (1969) y *La obediencia al Derecho* (1979). Hasta el último momento mantuvo una intensa actividad intelectual, que se manifestó en la publicación de valiosos artículos y recensiones. Felipe González Vicén, es considerado como el filósofo del Derecho más importante de su generación. Un filósofo que, desde posiciones opuestas tanto al iusnaturalismo como al formalismo, según ha recordado Elías Díaz, fue siempre un defensor de la libertad, de la autonomía de la voluntad y de la rebelión ética individual. Alguien que tuvo el valor de enfrentarse a «amenazas de órdenes ministeriales, y de otros altos rangos e influencias, por considerarlas inicuas, injustas, ilegítimas, inmorales e, incluso, ilegales sin más, en circunstancias muy concretas»». *Disenso. Revista Canaria de análisis y opinión*, n.º 5, La Laguna, octubre, 1993, p. 4. Elías Díaz, también, con ocasión del fallecimiento del profesor González Vicén, escribió unas notas en las que destacaba su condición intelectual y personal, «Felipe González Vicén: conciencia libertaria y filosofía del Derecho» en *Los viejos maestros. La reconstrucción de la razón*, Alianza Editorial, Madrid, 1994, pp. 93-110.

651 Según Bobbio, cuando la sociedad civil, bajo la forma de sociedad de libre mercado muestra la pretensión de restringir los poderes del Estado al mínimo indispensable, el Estado como mal necesario asume la figura del Estado mínimo, figura que se vuelve el denominador común de las mayores expresiones del pensamiento liberal. Para Adam Smith, el Estado debe limitarse a ver por la defensa externa y el orden interno, además de la ejecución de trabajos públicos. Para Thomas Paine, la sociedad es producto de nuestras necesidades y el gobierno de nuestra maldad. De Wilhelm von Humboldt a Benjamín Constant, de John Stuart Mill a Herber Spencer, la teoría de que el Estado para ser un buen Estado debe gobernar los menos posible. Pero Estado mínimo no quiere decir sociedad sin Estado o anarquía. En las ideas más contemporáneas Robert Nozick, con su tesis de que, el Estado mínimo es el Estado más extenso que se pueda justificar, se ha propuesto como objetivo fundamental defender el Estado mínimo tanto contra la negación anarquista del Estado como contra el Estado de justicia, en particular como una crítica a la teoría de Rawls. BOBBIO, Norberto, *Estado, gobierno y sociedad*, pp. 182-183.

Ya dijimos que uno de los más importantes trabajos de González Vicén fue «La obediencia al Derecho[652]. En este trabajo, el profesor González Vicén llega a una provocativa, conclusión que fue el punto de partida para la discrepancia, entre otros, con Elías Díaz, «*Mientras que no hay un fundamento ético para la obediencia al Derecho, sí hay un fundamento ético absoluto para su desobediencia*»[653].

Elías Díaz considera esta aseveración como un dispar aserto conclusivo y con importantes implicaciones de alcance político, además de jurídico, no siempre claros para una perspectiva positivista, una de las pretensiones filosóficas del profesor de La Laguna. Agrega, una metodología y hasta una lógica que aplica sin suficiente justificación categorías diferentes a situaciones formalmente equivalentes. Dice, que si la obligación es sólo ética y nada dice respecto del Derecho, no comprende cómo tal referencia ética vale, en sentido opuesto, como fundamento absoluto para la desobediencia al Derecho. Considera que resulta incoherente afirmar que la obligación es ética y no jurídica, ya que si no afecta ni es situable en el mundo del Derecho, no debiese decir nada ni a favor ni en contra de éste. Si vale para juzgar un caso debería igualmente valer para juzgar el otro. Aun concordando con la segunda parte de la proposición de González Vicén, la considera —en general— insuficiente y no consecuentemente fundada.

«No se entiende bien que su alegato valga para fundar la desobediencia, pero no, en cambio, para fundar la obediencia; salvo que todo se redujera al formalismo de señalar la obligación es siempre ética, basándose en que a) cuando coinciden —ética y Derecho— no hace falta para nada, se diría, la obligación jurídica y b) cuando no coinciden no habría, desde luego, obli-

---

[652] Este texto de Felipe González Vicén está incluido en su obra *Estudios de Filosofía del Derecho*, Facultad de Derecho Universidad de La Laguna, Litografía Romero, Santa Cruz de Tenerife, 1979, pp. 365-398. Dicho texto fue publicado por primera vez en el *Anuario de Filosofía del Derecho*, Instituto Nacional de Estudios Jurídicos, Madrid, 1979.

[653] GONZÁLEZ VICÉN, Felipe, *ob. cit.*, p. 388.

gación de obedecer a tal Derecho. Con todo esto creo que se produce en González Vicén una real infravaloración del Derecho y también una excesiva separación de éste con respecto de la ética: hechos, normas y valores jurídicos (ser y deber ser) se dan de nuevo, y salvo para la descalificación de los primeros, en una total escisión; ahora es el Derecho el que de algún modo vuelve a aparecer como símbolo del mal»[654].

González Vicén constata que de las dos aseveraciones contenidas en su «conclusión» Elías Díaz hace suya la segunda, aunque, dice, con muchas matizaciones, mientras que combate denodadamente la primera. Tal alegato «apasionado» en pro de un fundamento ético para la obediencia al Derecho viene de un «demócrata convencido». Elías Díaz lanza un alegato que se refiere por ello mismo y sobre todo, al Derecho de un Estado democrático surgido del juego de las mayorías, que, en efecto, es el modo más legítimo de producción jurídica pero que «garantice, proteja y fortalezca la libertad», le resulta ya una exageración por parte del profesor de la Autónoma de Madrid. La crítica de Elías Díaz contiene dos defectos fundamentales: una incomprensión del rol de la conciencia individual frente a las normas jurídicas y una comprensión idealista del concepto de Derecho.

Se trata de una afirmación dogmática que no se apoya en argumento alguno, a no ser que se tenga por tal la proposición tautológica repetida una y otra vez, de que si la conciencia individual puede fundamentar la desobediencia al Derecho, la misma razón hay para que fundamente éticamente su desobediencia: «es que Elías Díaz tiene un concepto idealista del Derecho. Para él, el Derecho es nada menos que una opción «entre diversas perspectivas éticas [...] expresión auténtica de diferentes conciencias individuales», un intento de aunar criterios éticos individuales expresados socialmente como soberanía popular y regla de mayorías. Todo lo cual es pura especulación a la que no corresponde realidad alguna»[655].

---

[654] DÍAZ, Elías, *De la maldad estatal y la soberanía popular,* p. 82.

[655] GONZÁLEZ VICÉN, Felipe, «La obediencia al Derecho. Una anticrítica», *Sistema* n.º 65, marzo, Madrid, 1985, 102.

Considero que en los fundamentos de la discusión entre Elías Díaz y Felipe González sobre la obediencia al Derecho y la relevancia de las normas producidas democráticamente hay contradicciones aparentes y contradicciones reales. Entre las discrepancias aparentes está la crítica teórica y la crítica ideológica al positivismo formalista. Si nos preguntamos por los objetivos prácticos que se planteó González Vicén al escribir «La obediencia al Derecho» vamos a encontrar que su crítica se dirige a diversas teorías del Derecho: «la del más fuerte», «la del reconocimiento», «la del iusnaturalismo», «la de la seguridad jurídica» [656]. Examinadas una a una, pone de manifiesto sus contradicciones internas y, sobre todo, que ninguna de ellas le ofrece un verdadero fundamento ético para la obligatoriedad del Derecho. Encontramos también que contemporiza aún más la problemática de la obediencia al Derecho, concretada en dos preguntas: ¿Es verdaderamente y *de por sí* la seguridad jurídica un valor que fundamenta éticamente la obligatoriedad del Derecho? ¿Qué otra cosa significa la seguridad jurídica, a dogma por la burguesía capitalista, sino la instrumentación de un tipo de sociedad muy concreta, a la que se atribuye un valor inconcluso como única forma racional de la convivencia humana? [657].

2.1. La crítica teórica al positivismo legalista

El punto de partida de Felipe González Vicén era la crítica al predominio entre los juristas del llamado positivismo legal o legalista: la teoría de que todo Derecho producido correctamente y revestido por tanto de validez formal obliga con independencia de su contenido. Le preocupaba que una visión extrema llegase a afirmar que la ley más infame pueda ser considerada

---

[656] GONZÁLEZ VICÉN, Felipe, «La obediencia al Derecho» en *Estudios de Filosofía del Derecho,* pp. 365-366.

[657] GONZÁLEZ VICÉN, Felipe, «La obediencia al Derecho» en *ob. cit.,* p. 383.

obligatoria, siempre que haya sido elaborada correctamente; Kelsen, sin llegar a estos extremos, afirmaba que todo contenido imaginable puede ser Derecho, «no hay ningún comportamiento humano que por razón de su contenido no pueda ser materia de una norma jurídica» [658]. Ante los riesgos de una teoría extrema, González Vicén se pregunta si existe un fundamento ético que sustentara la obligatoriedad absoluta del Derecho tan sólo por razón de su validez formal [659].

---

[658] Para un análisis detallado de la obligatoriedad jurídica en Kelsen se puede ver GARCÍA AMADO, Juan Antonio, «3.2. Obligatoriedad jurídica y obediencia» en *Hans Kelsen y la norma fundamental,* Marcial Pons, Madrid, 1996, pp. 178-185.

[659] Resulta un logro pedagógico distinguir, como lo hace Bobbio, cuatro formas típicas de ideología de la justicia y su obediencia: «a) por ideología positivista extrema entiendo —dice— aquella según la cual las leyes deben ser obedecidas en cuanto tales porque son justas (teoría de la obediencia activa); b) por ideología positivista moderada entiendo aquella según la cual las leyes deben ser obedecidas en tanto tales porque la legalidad, por sí misma, garantiza la realización del valor específico del derecho, es decir, el valor del orden o de la paz social (teoría de la obediencia condicionada); c) por ideología jusnaturalista extrema entiendo aquellas según la cual las leyes deben ser obedecidas solo en tanto son justas, y como no todas las leyes por el solo hecho de ser válidas son también justas, existe en todos los hombres un derecho a la desobediencia (teoría de la desobediencia activa o de la resistencia); d) por ideología iusnaturalista moderada entiendo aquella según la cual las leyes pueden ser injustas, pero deben ser igualmente obedecidas, salvo en caso extremo (teoría de la desobediencia condicionada o de la obediencia pasiva). Mientras que, es indudable que las dos versiones extremas, más precisamente aquella de la obediencia activa y de la desobediencia activa, son antitéticas y constituyen una alternativa, en cambio, las dos versiones moderadas, la de la obediencia condicionada y la de la desobediencia condicionada, son convergentes, y la línea de demarcación entre ideología positivista y justicia naturalista en este plano se desvanece cada vez más. Tanto la teoría positivista moderada —según la cual las leyes deben ser obedecidas porque la obediencia a las leyes tiene por sí misma un valor positivo para el orden social— como la teoría jusnaturalista moderada —según la cual las leyes pueden ser desobedecidas solo si la desobediencia no pone en peligro el orden social— constituyen ambas un homenaje al valor de la legalidad». BOBBIO, Norberto, *El problema del positivismo jurídico,* trad. Ernesto Garzón Valdés, Fontamara, México, 1992, p. 79.

Según González Vicén, una de las teorías de la seguridad jurídica tiene como punto de partida el caos producido por las guerras de religiones. Es la teoría clásica de Hobbes la que da cuenta del paso del *bellum omnium contra omnes* al Estado civil a través del Derecho. Esta es la teoría clásica de la seguridad jurídica. En esta teoría el Derecho es el instrumento para la paz y la seguridad, y por eso mismo, lleva en sí el fundamento de su obligatoriedad, porque, como dice Hobbes, las leyes son ellas mismas el criterio de distinción «entre lo justo e injusto» y «entre el bien y el mal». Por una buena ley, por eso, no hay que entender una «ley justa», ya que no *law can be unjust*[660].

Reconoce que con Hobbes sale a la luz la discusión sobre la neutralidad de una política justa. La paz sí, pero dónde hallarla una vez que se sabe que ésta desemboca en el caos y la anarquía. Las guerras de religión constituyen la gran refutación histórica de la doctrina iusnaturalista de la obediencia jurídica; pero como experiencia va a nutrir la idea de tolerancia en los siglos siguientes, va a ser también el punto de partida de uno de los giros más trascendentales en el pensamiento jurídico occidental: el desplazamiento del centro de gravedad de la reflexión jurídica de los contenidos materiales a los valores formales. «Neutralizar» al Derecho respecto a los dictados de la conciencia individual, relegando éstos al ámbito de la interioridad, y viendo el fundamento de la obediencia jurídica en un valor autónomo del Derecho, su capacidad para asegurar el orden y la certeza en las relaciones humanas. Pero la idea de que el Derecho se deduce de la recta razón es un error que le ha costado la vida a miles de personas[661]. Aparece entonces la idea construc-

---

[660] GONZÁLEZ VICÉN, Felipe, «La obediencia al Derecho» en *Estudios de Filosofía del Derecho*, p. 379.

[661] González Vicén considera que la teoría clásica de la seguridad jurídica la va a ofrecer Hobbes, el más genial pensador político de la Edad Moderna: «El tema general del pensamiento jurídico y político de la época, la eliminación de las convicciones individuales como fundamento de la obligatoriedad del Derecho, se refleja ya en el método resolutivo-compositivo que Hobbes sitúa en la base misma de su obra; un método que, precisamente por ser «científico», elimina por definición toda elucubración metafísica y toda opinión

tivista kantiana de la autonomía. El Derecho como una condición de la libertad formal externa.

Del filósofo de Köenisberg dice, que éste no tiene como punto de partida el caos de las guerras religiosas, sino la idea constructiva de la autonomía moral del hombre. Principio esencial de la naturaleza moral del hombre es, para Kant, la libertad trascendental, por la que el hombre es capaz de escapar al encadenamiento causal del mundo físico y de determinarse a sí mismo según el orden de la razón: aquella «facultad de la pura razón de hacerse práctica a sí misma». En esta facultad se expresa la más alta dignidad del hombre abstracto de conducta dictado por su razón práctica.

El profesor de La Laguna se pregunta, cómo hacer real este imperativo de la autonomía moral en el mundo de la convivencia humana. Porque si todos los hombres obrasen «puramente», según el imperativo ético racional, no podría haber *a priori* y por definición ningún conflicto entre sus acciones, pero como de hecho, el obrar de los hombres no es siempre obrar libre en sentido trascendental, sino, a menudo, obrar movido por las inclinaciones y los instintos, ello hace posible que la realización de la autonomía moral en el mundo externo choque con el *arbitrium brutum* de otros hombres. En este sentido, como «con-

---

personal. Poniendo en práctica este método, y de igual manera que para entender un «aparato de relojería o un mecanismo más complicado» es preciso descomponerlo en sus partes y observar atentamente sus relaciones y funcionamiento. Hobbes desintegra también mentalmente las instituciones políticas y jurídicas reduciéndolas a sus elementos primarios, y procede, desde aquí, a su reconstrucción abstracta, es decir, a su intelección en sentido estricto; un proceso resolutivo, en el que Hobbes llega como último dato irreductible a la naturaleza humana, que es, para él, «pasión y razón»... «pasión» porque induce a apoderarse de los bienes más deseables y a sustraerlos de los demás, y la «razón», porque, como facultad calculadora, prevé el futuro y trasciende el presente, impulsando a apoderarse de más bienes de los que se precisaría en el momento [*bellum omnium contra omnes*]...Y así la razón, a través del consenso general, alumbra el Estado, el gran Leviatán, ese dios mortal que nos asegura la paz y la defensa», *ob. cit.,* pp. 378-379. De este modo el Derecho se convierte en el instrumento para la paz y la seguridad y por eso lleva en sí el fundamento de su obligatoriedad.

dición formal de la libertad externa», el Derecho es un imperativo «general» y «cierto»[662].

En cierto modo, agrega el profesor de La Laguna, el Derecho tiene como fin propio no la realización de la justicia, sino el mantenimiento de la paz, la cual «no es sólo una parte, sino toda la finalidad última de la teoría del Derecho dentro de los límites de la pura razón». Por ello, Kant elimina como una contradicción en sí misma la idea de resistencia al Derecho, ya que éste es la garantía de una esfera cierta en la que el individuo pueda hacer práctica su autonomía en el mundo real de los apetitos y los instintos en lucha, en el que se mantiene latente la «insociable sociabilidad» pero sin un destino histórico. El clamor por un Derecho natural o por una ética jurídica material absoluta es sólo un síntoma más de la inseguridad y de la desorientación de una clase social agnóstica, carente de fe.

Lo que ahora, en cambio, se nos pretende ofrecer —critica González Vicén— no es una seguridad formal referida a un imperativo absoluto de la personalidad, sino una seguridad ética material, que, al aspirar a hacer fungibles las decisiones individuales, determinándolas y previéndolas de antemano, es sólo la otra cara del nihilismo ético[663]. Concluye, que aún preten-

---

662 GONZÁLEZ VICÉN, Felipe, «La obediencia al Derecho», *ob. cit.,* p. 380.

663 GONZÁLEZ VICÉN, Felipe, *Estudios de filosofía del Derecho,* p. 167. El propio Hobbes, el gran teórico y definidor de la seguridad jurídica, considera la conservación de la vida como el valor último y deja abierta la posibilidad de la resistencia a los mandatos del Leviatán en defensa de la propia vida. Y lo mismo puede decirse de Kant, en cuya doctrina lo decisivo es el ejercicio de la libertad trascendental en la convivencia, y sólo en segundo término la seguridad jurídica que lo hace posible, recordemos que el problema de la resistencia al poder no es tratado por Kant desde el punto de vista ético e histórico de su posible justificación o no justificación, sino sólo como un problema de lógica jurídica. GONZÁLEZ VICÉN, Felipe, *de Kant a Marx. Estudios de historia de las ideas,* Fernando Torres, Valencia, 1984, p. 95. Eusebio Fernández ha explorado, con cierta profundidad sobre la obediencia y el Derecho en Kant, «La polémica actual sobre la obediencia al derecho desde una perspectiva kantiana» en MUGUERZA, Javier y RODRÍGUEZ ARAMAYO, Roberto (Eds.), *Kant después de Kant. En el Bicentenario de la crítica de la razón práctica,* Tecnos-CSIC, Madrid, 1989, pp. 649-664. Sin duda, la interpretación de Kant tanto de Gon-

diendo ser el concepto de seguridad jurídica un concepto estrictamente formal, la seguridad jurídica en tanto que fundamento de la obediencia al Derecho es en sí un concepto histórico, que la función de la seguridad jurídica ha variado constantemente en la historia, de acuerdo con los cambios en las ideologías sociales, políticas y económicas. La prueba es que no es lo mismo el significado de la seguridad jurídica en la obra de Hobbes que en la obra de Kant o en cualquier otro de los juristas liberales del siglo XIX. Una cosa es la seguridad jurídica entendida en función de la «paz», del «orden» o de la conservación de la vida, como negación de los valores procedentes de la conciencia individual, y otra, como en Kant, la factibilidad de esos valores en la convivencia.

Sólo queda por encontrar, entonces, el valor de la seguridad jurídica en sus justos términos[664]. La seguridad jurídica es un valor inmanente al Derecho porque establece la certeza en las relaciones sociales y verifica uno de los fines esenciales del Derecho, asegurar las relaciones humanas en la convivencia. Pero, parafraseando a Max Scheler, dice que un valor formal no puede constituir nunca el fundamento ético de un sistema normativo de contenidos materiales. Lo contrario sería, no prestar la atención debida a una pretensión ideológica capitalista, hacer de la seguridad jurídica un fundamento *en sí* de la obligatoriedad del Derecho.

Elías Díaz reconoce que en González Vicén hay una crítica al neopositivismo, dada su creencia en la validez y posibilidad de

---

zález Vicén como la de Eusebio Fernández es típicamente liberal. Una interpretación republicana de Kant se puede ver, DOMÈNECH, Antoni, *De la ética a la política,* Crítica, Barcelona, 1989, p. 265 y ss.

[664] Según González Vicén, la fundamentación de la obediencia al Derecho en las teorías de la seguridad jurídica se nos revela, en último término, como una fundamentación material, no como una fundamentación formal: la paz, la conservación de la vida, la autonomía de la persona, la consecución del placer, el libre juego económico son, según estas doctrinas, los valores supremos y constitutivos de la vida social, valores que el Derecho tiene que hacer reales en la historia, mientras que la seguridad jurídica representa sólo la condición para su realización. GONZÁLEZ VICÉN, Felipe, «La obediencia al Derecho» en *Estudios de Filosofía del Derecho,* p. 383.

un discurso racional sobre los postulados éticos[665]. Coincide con González Vicén que en una época de desacralización absoluta del poder político, y en la que, por ello, el Derecho ha perdido todo fundamento trascendente, la seguridad jurídica es, no hay duda, el último valor inmanente que queda al Derecho y que el problema que hay que plantearse no es el de si la seguridad jurídica constituye un valor, cosa evidente, sino el de si constituye un valor absoluto y supremo[666]. Más de una coincidencia, la seguridad jurídica debe ser no sólo formal sino también material.

2.2. La crítica a la función ideológica del Derecho

Según González Vicén la teoría del positivismo legal, que hoy determina nuestro horizonte jurídico, tiene sus orígenes muy precisos en el fracaso de la revolución burguesa de 1848[667].

---

[665] DÍAZ, Elías, *De la maldad estatal y la soberanía popular,* p. 82.

[666] Una crítica al formalismo como ideología de la justicia se puede ver también en Bobbio cuando analiza al positivismo desde tres perspectivas: como ideología de la justicia o una crítica ética; como una teoría general del Derecho; finalmente, un modo de entender la ciencia jurídica, en sentido amplio, un método. BOBBIO, Norberto, *El problema del positivismo jurídico,* trad. Ernesto Garzón Valdés, Fontamara, México, 1992, pp. 74 y ss.

[667] El profesor de La Laguna recalca que la experiencia de los hechos que han ensombrecido la historia de la humanidad en los últimos decenios, así como un conocimiento más profundo de la historia social y económica del siglo XIX han llevado, en efecto, a una nueva reflexión sobre la fundamentación ética de la obediencia al Derecho por la seguridad jurídica. Que desde sus orígenes hasta nuestros mismos días, la idea de la seguridad jurídica se basa en dos postulados: la existencia de una instancia «supraindividual» que asegure en todos los casos controvertidos una solución, quizás no siempre justa según criterios personales, pero siempre cierta; y una determinación tal del Derecho que haga posible la «previsibilidad», la posibilidad de conocer de antemano las consecuencias jurídicas de nuestros actos y de los actos de los demás en el curso de las relaciones sociales. Cita a Radbruch, «Si no puede determinarse qué es lo justo, sí tiene que establecerse qué debe ser Derecho, y tiene que establecerse por una instancia capaz de imponer lo que así ha sido establecido». GONZÁLEZ VICÉN, Felipe, «La obediencia al Derecho» en *Estudios de Filosofía del Derecho,* pp. 381-382.

Esto y no otra cosa es el Derecho, un instrumento técnico de dominación, una fórmula de poder formal, apto por ello, para la defensa de los intereses del momento, y al que, justamente por su carácter formal, se le atribuye una obligatoriedad absoluta: un instrumento técnico de dominación, una fórmula de poder formal.

No duda en afirman que el Derecho es un orden coactivo de naturaleza histórica en el que se refleja el enfrentamiento de intereses muy concretos y el predominio de unos sobre otros. Un instrumento, no obstante, contradictorio al mismo tiempo, puesto que pretende revestir validez y obligatoriedad, no sólo para la clase cuyos intereses representa, sino para toda la sociedad. Dice que ya sabíamos con Marx, que toda clase que se hace con el poder se ve forzada «a presentar su interés como el interés común de todos los miembros de la sociedad», es decir, a «dar a sus ideas la forma de una generalidad, presentándolas como las únicas racionales y revestidas de validez general».

González Vicén se pregunta, qué otra cosa significa la seguridad jurídica, elevada a dogma por la burguesía capitalista [668]. Según él no viene a ser sino la instrumentación de un tipo de sociedad muy concreta, a la que se atribuye valor inconcuso como única forma racional de la convivencia humana. Esta sería la función ideologizadora que cumple la noción de seguridad jurídica en la sociedad capitalista.

Esta «ideologización» de un sistema concreto de valores «asegurados», es el presupuesto para la realización por el De-

---

[668] González Vicén afirma que la teoría de la seguridad jurídica es la ideología clásica de la clase burguesa acerca de la obediencia jurídica, que esta «teoría tiene como base una noción del Derecho que responde a la estructura racional y calculadora de la conciencia política burguesa, con una tendencia a organizar las relaciones humanas de un modo exactamente previsible, y su pretensión de eliminar de la convivencia todos los elementos irracionales, es decir, todo aquello que, por ser de naturaleza individual y concreta no es susceptible de ser reducido a fórmulas aplicables de antemano y de modo siempre igual». GONZÁLEZ VICÉN, Felipe, «La obediencia al Derecho» en *ob. cit.*, pp. 380-381.

recho de unos valores tenidos *a priori* por absolutos. Así, para quien no hace suyos los supuestos de la sociedad capitalista, la seguridad jurídica aparece sólo como la fachada y la justificación de una de las sociedades más injustas e inmisericordes que ha conocido la historia y en tiempos muy recientes se nos ha mostrado también como la fachada y la justificación del genocidio y la tiranía[669]. Para una clase competitiva —agrega— concentrada en la explotación indiscriminada de todos los recursos materiales, cuya divisa es la expansión por la expansión de los medios de producción y acumulación por la acumulación de la riqueza personal, la certeza en las relaciones interindividuales, la seguridad en las expectativas de comportamiento, la delimitación clara e incontrovertible entre lo lícito y lo ilícito es, por definición, una ley de vida.

En cuanto a la función ideologizadora de la noción de seguridad jurídica en la sociedad capitalista que alude González Vicén, y a su fuente marxista, creo que no se aleja mucho del pensamiento de Elías Díaz. El profesor de la Autónoma también acogía la denuncia a la sociedad capitalista formulada por Carlos Marx ya desde la primera edición de su libro *Estado de derecho y sociedad democrática* en 1966. Incluso en su último libro *Un itinerario intelectual. De filosofía jurídica y política,* también denuncia el actual poder omnímodo de la economía capitalista y los minoritarios privilegios que se apropian de los espacios públicos y que es preciso reivindicar la perspectiva política de los intereses generales para hacer frente a las tesis conservadoras del Derecho y del Estado mínimo. Es evidente que Elías Díaz ha reformulado, en parte, su concepción del Derecho y del Estado de Derecho, y más claramente, a partir de la experiencia del Estado social de Derecho, en el que el Derecho ya no aparece sólo como coacción sino también en su función promocional. Hoy, por ejemplo, cree Elías Díaz, que la retirada por parte del neoliberalismo de la función promocional del Derecho no supone

---

[669] GONZÁLEZ VICÉN, Felipe, «La obediencia al Derecho» en *Estudios de Filosofía del Derecho,* p. 384.

ni asegura después, en modo alguno, una mayor presencia de la ética, una mejor operatividad de las normas morales. El retroceso del Derecho no significa sin más el avance de la ética[670]. No es cierto entonces que Elías Díaz no tomara en cuenta los problemas ideológicos como parece hacernos creer González Vicén, «una ideología que domina toda la exposición de Elías Díaz y con la que él mismo se debate en vano».

Si dejamos de lado cierto «paleomarxismo» que critica Eusebio Fernández, la función ideológica del Derecho queda como una veta de interés para la sociología y el realismo jurídico. González Vicén apoyaba uno de sus argumentos, también, en Alf Ross, «poder no es algo que se encuentre *detrás* del Derecho, sino algo que funciona a través del Derecho»[671]. También Elías

---

670 DÍAZ, Elías, *Un itinerario intelectual. De filosofía jurídica y política,* p. 140. Elías Díaz, a diferencia de González Vicén, se ha detenido a pensar en los retos que significaba para la teoría jurídica pensar el concepto del deber jurídico en el marco del Estado social de Derecho. El esquema de Marx es necesario pero no suficiente. Se adelantaron a delatar las debilidades de una teoría formal basada en la coacción y que resultaba ya trasnochada dada la experiencia de la función promocional del Derecho, tanto Genaro Carrió como Bobbio. CARRIÓ, R. Genaro, *Sobre el concepto de deber jurídico,* Abeledo-Perrot, Buenos Aires, 1966. BOBBIO, Norberto, «La función promocional del Derecho» en *Contribución a la teoría del Derecho,* trad. Alfonso Ruiz Miguel, Debate, Madrid, 1990, pp. 371-387.

671 Alf Ross criticó a la doctrina normativista de las fuentes del Derecho por idealista, la idea de que el Derecho posee en sí mismo una fuerza obligatoria supraempírica: «una doctrina realista de las fuentes del derecho tiene que ocuparse de la ideología que efectivamente anima a los tribunales, que los motiva en la búsqueda de las normas que han de tomar como fundamento de sus decisiones. Tal ideología sólo puede ser descubierta estudiando la conducta efectiva de los tribunales». ROSS, Alf, *Sobre el Derecho y la justicia,* p. 136. Sobre este tema véase MUGUERZA, Javier, «El tribunal de la conciencia y la conciencia del tribunal» en VÁZQUEZ, Rodolfo (Comp.), *Derecho y moral,* Gedisa, Barcelona, 1998, pp. 160-183. Una de las críticas de Eusebio Fernández a González Vicén señala un cierto «paleomarxismo», *La obediencia al Derecho,* p. 106; también, en este mismo sentido vienen ciertas críticas de GARCÍA AMADO, Juan Antonio, «A vueltas con la desobediencia. Notas sobre las tesis de González Vicén y sobre algunas crítica», *Anuario de Filosofía del Derecho,* 1993, p. 350. De Páramo, ha visto repetirse en González Vicén la teoría imperativa de Austin, ya criticada por Hart: estipular que el «Derecho es un conjunto de

Díaz es uno de los impulsores de la relevancia de la sociología jurídica para una teoría crítica del Derecho.

2.3. La salida libertaria ante el formalismo jurídico

La crítica teórica e ideológica de González Vicén al formalismo jurídico, e indirectamente a los argumentos de Elías Díaz, le lleva a detenerse en otro problema esencial: el de los límites de la obligatoriedad del Derecho. Se pregunta si es cierto que no hay obligación ética de cumplir el Derecho, «¿quiere ello también decir que no hay por qué obedecer al Derecho?, ¿que la desobediencia ética al Derecho es, como apunta veladamente Elías Díaz, sinónimo de anarquía?» [672].

De ninguna manera, responde el profesor de La Laguna. El Derecho como ordenamiento de conducta crea ya de por sí toda una serie de valores —lo que L. Fuller llama *the morality of law*— que son otras tantas razones para su cumplimiento. Reconoce que una de estas razones es que el Derecho hace posible la certeza de las relaciones humanas en la convivencia [673].

---

normas coactivas forma parte de una teoría imperativa basada en la idea de mandato soberano», y que hoy ya resulta demasiado simple. DE PÁRAMO, Juan Ramón, «Obediencia al Derecho: revisión de una polémica», *Isegoría* n.° 2, Madrid, 1990, p. 159.

[672] GONZÁLEZ VICÉN, Felipe, «La obediencia al Derecho. Una anticrítica», *Sistema* n.° 65, Madrid, marzo, 1985, p. 103.

[673] Fuller, entre las *formas* que conducen a fracasar en la carrera de «Rex», como legislador y juez, habla de por lo menos *ocho* maneras: «El primero y más obvio consiste en dejar del todo de crear leyes, de manera que cada causa deba fallarse sobre bases *ad hoc*. Los otros caminos son: b) la falta de publicar, o al menos de poner a disposición de la parte afectada, las leyes que se espera que observe; c) el abuso de legislación retroactiva, la cual no sólo es incapaz de guiar la acción, sino que socava la integridad de las leyes de efecto presunto, puesto que las coloca bajo la amenaza de cambio retroactivo; d) el no hacer las leyes comprensivas; e) la promulgación de leyes contradictorias o f) leyes que están fuera de la capacidad de conducta de la parte afectada; g) la introducción de cambios tan frecuentes en las leyes que el súbdito no puede orientar sus actos por medio de las mismas, y, finalmente, h) la falta de congruencia entre las

Otra de las razones es que por el Derecho poseemos un ámbito de acción personal definida y protegida eficazmente. Es una razón más el llamado principio de *fairness:* si gozamos de las ventajas de una sociedad organizada, debemos también cumplir sus exigencias; es un imperativo del *fair play* que yo también cumpla las normas que hacen posible el disfrute de sus derechos a los demás, si el cumplimiento de las normas jurídicas por parte de los demás me hace posible el disfrute de ciertos derechos. Reconoce que estas razones están fundadas en el pensamiento jurídico anglosajón a partir de Rawls[674]. Al Derecho hay que obedecerlo por estas y otras razones, pero lo que ninguna de ellas nos dice es que haya un fundamento ético para la obediencia al Derecho.

«Esto es lo que Elías Díaz no acaba de ver a pesar de estar tan claro. Tanto la titularidad del poder político y jurídico como el método para la producción del Derecho mismo o como la seguridad jurídica, pongamos por caso, pueden constituir razones, motivos para el cumplimiento del Derecho, pero nunca un fundamento ético para este cumplimiento, es decir, para la obediencia en sí al Derecho. La obligación ética no puede nunca basarse en la heteronomía de razones o motivos de índole práctica, sino sólo en los imperativos de la conciencia individual»[675].

Y así llega al dilema del problema de los límites a la obediencia jurídica: la obligatoriedad ética no se encuentra en los órdenes sociales, sino sólo en la autonomía de la individualidad moral, es decir, en los imperativos de la conciencia. El rasgo verdaderamente esencial de la conciencia es su naturaleza individualizadota; no persigue finalidad concreta ni es suscep-

---

reglas conforme se promulgaron y su verdadera administración». FULLER, L. Lon, *La moral del derecho,* trad. Francisco Navarro, Editorial F. Trillas, México, 1967, p. 49. En la doctrina española, últimamente, el debate sobre Fuller se ha visto revitalizado, en gran parte, por trabajos de Rafael Escudero ya citados.

[674] Todavía era la época de *Teoría de la justicia,* después vendría el *Liberalismo político,* donde el constructivismo kantiano de Rawls está más claro.

[675] GONZÁLEZ VICÉN, Felipe, «La obediencia al Derecho. Una anticrítica», *Sistema* n.º 65, marzo, Madrid, 1985, 103.

tible de *organización*. Si no hay más obligación que la obligación en sentido ético, el fundamento de obediencia al Derecho basado en el aseguramiento de las relaciones sociales o en otras razones análogas, es sólo por así decirlo, un fundamento presuntivo o condicionado; un fundamento que sólo puede serlo en el pleno sentido de la palabra si el Derecho no contradice el mundo autónomo de los imperativos éticos. En cambio, si un Derecho entra en colisión con la exigencia absoluta de la obligación moral, este Derecho carece de vinculatoriedad y debe ser desobedecido. Ya lo había dicho con estas palabras: «*mientras que no hay un fundamento ético para la obediencia al Derecho, sí hay un fundamento absoluto para su desobediencia*» [676].

González Vicén, también, critica a Elías Díaz que no repare con claridad en lo que él quiere poner de relieve en «La obediencia al Derecho»: que la obediencia ética al Derecho es una actitud personal y no una posición política. La desobediencia ética al Derecho es una decisión que la conciencia individual toma en su soledad constitutiva y que sólo obliga al sujeto de esta conciencia, una decisión que no traspone los límites del ámbito estrictamente personal y que no pretende nada más que la paz del individuo con las raíces de su yo. El desobediente ético se niega simplemente a cumplir una norma o un conjunto de nor-

---

[676] GONZÁLEZ VICÉN, Felipe, «La obediencia al Derecho» en *Estudios de Filosofía del Derecho,* p. 388. Detenerse en los límites tiene para el profesor de La Laguna implicancias vitales: «Un límite que yo veía —ésta era mi tesis principal— en la conciencia ética individual, «esa profundísima soledad interior consigo mismo, de la que ha desaparecido toda exterioridad, toda limitación, ese constante retorno a sí mismo» (Hegel). En la conciencia para decirlo con palabras de Jaspers: «me habla una voz que soy yo mismo», es como «una escisión de mi ser», una especie de «alocución a mi existencia empírica por el origen de mi propio ser». Y por ello mismo, los imperativos de la conciencia ética individual poseen una vinculatoriedad absoluta, y cuando una norma jurídica los contradice, esta norma no es que «*pueda*», como pretende mi contradictor [...] sino que «*debe*» ser desobedecida. Como resultado de todo ello llegaba a la conclusión que tanto irrita a Elías Díaz: «mientras que no hay un fundamento ético para la obediencia al Derecho, si hay un fundamento ético absoluto para su desobediencia»». GONZÁLEZ VICÉN, Felipe, «La obediencia al Derecho. Una anticrítica», *Sistema* n.º 65, p. 102.

mas que van en contra de su conciencia y acepta, ya de antemano, las sanciones previstas en el ordenamiento jurídico para su acción; asume como suya la expresión de Samuel Johnson, «la autoridad tiene el derecho a imponer lo que piensa y él que es consciente de la verdad tiene un derecho a sufrir». Aquí está el núcleo de la diferencia entre la desobediencia ética y otras formas de desobediencia, especialmente la llamada «desobediencia civil».

«La desobediencia civil representa un intento individual o colectivo para forzar la derogación de unas leyes o un cambio en la política del gobierno por medio de presiones externas, como la interrupción del tráfico, la negativa al pago de los impuestos y manifestaciones de toda clase. Nada de esto se da en la desobediencia ética al Derecho, la cual ya queda dicho, no pretende nada en concreto, es un acto *d´absolue gratuité,* como la calificará Merleau-Ponty, una afirmación de la identidad del individuo consigo mismo que no va más allá del mundo de la personalidad. No hay lugar, por eso, para decir que «en ciertos países y en ciertas historias» la desobediencia es siempre «golpista-reaccionaria»; la desobediencia ética no es ni progresista ni reaccionaria, sino que por su propia naturaleza se encuentra más allá de esta disyuntiva. En la desobediencia al Derecho por imperativos de la conciencia ética individual el poder jurídico tiene el deber de castigar la infracción, pero el que sufre la sanción, el desobediente, tiene toda la razón de su parte» [677].

Elías Díaz trata de aclarar su posición, afirma que el deber ser jurídico puede comunicarse con el deber ser ético, expresión originaria y última, a la vez, de la conciencia individual. Pueden, pues, darse razones éticas para el cumplimiento del Derecho y también razones de otro tipo, no estrictamente éticas, aunque en mayor o menor grado atendible. Pueden, por lo tanto, darse igualmente razones éticas y, con más débil fundamento, razones no éticas, por ejemplo técnicas, para su no cumpli-

---

[677] GONZÁLEZ VICÉN, Felipe, «La obediencia al Derecho. Una anticrítica», *Sistema* n.º 65, marzo, Madrid, 1985, p. 104.

miento, es decir para la desobediencia al Derecho. Para aclarar este aspecto del debate, le parece relevante la obra *La obediencia al Derecho* de Eusebio Fernández, con quien, no sin discrepancias posteriores, concuerda en que se pueden dar, respecto del Derecho, «razones éticas para desobedecer pero también posibles razones ética para obedecer» [678].

Elías Díaz, frente a un inflexible positivismo de carácter rígido y estrechamente formalista, comparte ciertas preocupaciones del profesor de La Laguna, no obstante, dice que cabe recordar de modo expreso cómo, dentro de la Filosofía del Derecho, cabe otras soluciones «aperturistas», «críticas» y valorativas, que siendo críticas al positivismo formalista no se identifican con la solución estrictamente iusnaturalista. Estas posiciones reflexivas abren otras vías, la vía de la discusión del problema de la legitimidad política del Derecho [679]. Desde un pun-

---

[678] DÍAZ, Elías, «Felipe González Vicén: conciencia libertaria y filosofía del Derecho» en *Los viejos maestros. La reconstrucción de la razón,* p. 104. Elías Díaz, se pregunta, por qué la obligación lo es sólo si es de carácter ético: «González Vicén [...] concuerda así con Binder cuando escribía que «obligación no es un término jurídico» y que «el Derecho no obliga jurídicamente a nada»; y con Radbruch, para quien «lo exigido jurídicamente sólo se convierte en obligación, si se le convierte en obligación ética»; o con Laun, según el cual —escribe González Vicén—, «en tanto que orden heterónomo y coactivo, el Derecho no puede crear obligaciones, porque el concepto de obligación y el de un imperativo procedente de una voluntad ajena y revestido de coacción son términos contradictorios»». DÍAZ, Elías, *De la maldad estatal y la soberanía popular,* pp. 80-81.

[679] Según Rafael Escudero, la figura de la moral interna del Derecho es también cita obligada en el tratamiento de las cuestiones relacionadas con el concepto de seguridad jurídica: «Sin embargo, esta relación no es un asunto que haya resultado pacífico en la doctrina española de los últimos tiempos, debido fundamentalmente a que ésta prefiere manejar un concepto de seguridad jurídica que desborda los márgenes de la moral interna del Derecho. Un concepto que exige, además de la satisfacción de sus conocidos ocho elementos, la garantía de una cierta legitimidad; y esto sólo lo ofrece la inclusión en el Derecho de dimensiones de libertad e igualdad material. Únicamente en estos casos —se dice por estos autores— puede hablarse de seguridad jurídica. La moral interna del Derecho, por el contrario, no llega a tales extremos. Sus elementos permiten la posibilidad de prever las consecuencias jurídicas de las

to de vista de la legitimidad para Elías Díaz sólo puede predicarse seguridad jurídica y obediencia de un Derecho en el que exista democracia y se respeten los derechos humanos[680]. Y llegados a este punto es el momento de dar un giro en el debate y ver los argumentos, sobre la legitimidad de la obediencia al Derecho de origen democrático en la perspectiva iusnaturalista de Alberto Montoro Ballesteros.

3. ALBERTO MONTORO BALLESTEROS, OBEDIENCIA AL DERECHO, RAZONES DE LA LEGITIMIDAD DEMOCRÁTICA ELITISTA Y LA COMUNIDAD MORAL

Alberto Montoro Ballesteros, tomará distancia tanto de los argumentos del profesor de La Laguna como del profesor de la Autónoma de Madrid, defenderá el recurso del valor epistémico y la virtud de la prudencia bajo el signo de un elitismo moral como justificación de los cursos de acción en una sociedad democrática[681]. Criticará tanto la legitimidad «populista» de la

---

acciones, pero no garantizan el respeto de esas dimensiones de libertad e igualdad material que parecen exigirse a la hora de hablar de seguridad jurídica». ESCUDERO ALDAY, Rafael, «Argumentos para la recuperación de la teoría de Lon L. Fuller», *ob. cit.*, p. 318.

[680] *Ibíd.*, p. 319.

[681] Alberto Montoro Ballesteros, Catedrático de Filosofía del Derecho de la Universidad de Murcia. Su tesis doctoral, *El pensamiento jurídico español del siglo XIX: Enrique Gil y Robles* (1971); Entre sus libros referidos a la discusión de la democracia se encuentra *Razones y límites de la legitimación democrática del Derecho* (Universidad de Murcia, 1979). En la primera obra «expone la doctrina del profesor salmantino Gil Robles (Enrique), que es exactamente la tradicional de la filosofía jurídica escolástica, y cuyo autor fue un gran rebelador del positivismo y el krausismo. En la segunda publicación, Montoro Ballesteros deja en sus justos límites la intervención democrática en la legitimación del Derecho, que más que legitimación debiera llamarse «vigencia», «aplicación» o «eficacia» del Derecho. Porque la «mitad más uno» (lema de la democracia) no puede «justificar» ni «legitimar» lo que no responda a los valores que el Derecho debe servir, sobre todo, el valor de la justicia». SERRANO VILLAFAÑE,

obediencia al Derecho como el recurso a la ética individual como fundamento del disenso al Derecho. Como paradigma del primer caso ubica a Elías Díaz y del segundo, a Felipe González Vicén.

3.1. Cuestiones preliminares

Constituye parte del discurso de Montoro destacar dos cuestiones: la posible significación jurídica y no exclusivamente ética de la obligación y, la probabilidad de que existan razones éticas capaces de fundamentar la obligación de obedecer al Derecho [682]. Centra el debate en una de las ideas de Elías Díaz, la obligatoriedad ética de obedecer todo Derecho que sea expresión de la voluntad mayoritaria del pueblo, libremente expresada. De entrada, también, no debemos perder de vista que a Montoro, ideológicamente, le interesa destacar la relación existente entre la actividad creadora de Dios (Dios crea el mundo *ex nihilo*) y el orden político como parte de la realidad «comunitaria» creada. Da cuenta de la existencia de tres teorías políticas que en el curso de la historia han jugado su función: la realidad política como reflejo de una realidad trascendente, «agustinismo político»; la realidad política como realidad sustantiva, «aristotélico-tomista»; y, la realidad política como realidad sustantiva

---

Emilio, «El neoescolasticismo filosófico jurídico en la actualidad. Especial referencia a la filosofía del Derecho y el Derecho natural en España», *Persona y Derecho* n.º 11, Universidad de Navarra, Facultad de Derecho, Departamento de Filosofía del Derecho, 1984, p. 536. De Montoro está también su libro de crítica al positivismo, *Sobre la revisión crítica del derecho subjetivo desde los supuestos del positivismo lógico,* Universidad de Murcia, 1983.

[682] MONTORO BALLESTEROS, Alberto, «Sobre las razones éticas de la obediencia al Derecho» en *Obligatoriedad y derecho. XII Jornadas de filosofía jurídica y social,* Oviedo, Publicaciones de la Universidad de Oviedo, 1991, p. 317. Montoro ha criticado la posición de González Vicén en los siguientes términos: el Derecho «presupone siempre vida social, y en ella, en su ordenación y perfeccionamiento, encuentra el Derecho mismo su razón de ser y su finalidad última. El recurso a la ética individual autónoma y el planteamiento exclusivo del problema que nos ocupa desde dichos supuestos no parece que sea el adecuado», *ob. cit.,* p. 321.

«de suyo» y, por ello secularizada[683]. Él se aproxima más a la opción «artistotélica tomista».

Según Montoro, el planteamiento del problema hecho por Elías Díaz, desde los supuestos de la filosofía política y la «obligación política», es, a su juicio, mucho más adecuado y convincente que el realizado por González Vicén. Con todo, dicho planteamiento, le parece todavía insuficiente para dar cumplida respuesta al tema del fundamento de la obligatoriedad ética de obedecer al Derecho, porque, entre otras razones, reduce los derechos fundamentales de la persona humana a la *libertad*. Según Montoro con la libertad coexisten otros derechos fundamentales, sin los cuales la libertad no es más que una palabra vacía. Frente a González Vicén y frente a la posición de Elías Díaz, le parece más adecuada la posición de Carlos Santiago Nino y la postura de Eusebio Fernández por situar el fundamento ético de la obligatoriedad del Derecho en el reconocimiento y garantía de los derechos humanos[684].

---

683 MONTORO BALLESTEROS, Alberto, «Supuestos teológico-políticos de la idea de ordenamiento jurídico», *Revista española de Derecho canónico* n.º 153, julio-diciembre, Universidad Pontificia de Salamanca-CSIC, 2002, pp. 610-611.

684 MONTORO BALLESTEROS, Alberto, «Sobre las razones éticas de la obediencia al Derecho», *ob. cit.*, p. 323. Este autor toma distancia de la doctrina del pacto social para fundar el deber de obediencia al Derecho: «al ser todos los hombres, por naturaleza, iguales y libres los deberes u obligaciones que vinculan la voluntad de cada uno de ellos en sus relaciones con los demás sólo podrían surgir del consentimiento recíproco de los mismos manifestados a través del pacto. En cierta medida los supuestos de la doctrina del pacto social están en la base de las modernas teorías del reconocimiento, constituyendo una prolongación y reelaboración de los mismos la que podemos denominar doctrina del Estado democrático». MONTORO BALLESTEROS, Alberto, *El deber jurídico,* Cuadernos de Teoría Fundamental del Derecho n.º 14, Universidad de Murcia, 1993, p. 17. La obediencia al Derecho, desde la perspectiva del pacto social, neocontractualista, el mejor trabajo que se conoce en la doctrina española es el de FERNÁNDEZ GARCÍA, Eusebio, *La obediencia al Derecho,* Civitas, Madrid, primera edición, 1987. Montoro, a diferencia de Eusebio Fernández, muestra un programa normativo claramente antimoderno. Una oposición moderna a la idea de pacto social, como fundamento a la obediencia al poder legítimo, viene también de la cantera humeana.

Continúa Montoro. La referencia de Elías Díaz a la legitimidad democrática no da cuenta de la crisis de ésta, de la degeneración de la democracia en un voluntarismo radical que no reconoce ningún tipo de barrera o límite a la voluntad de las mayorías. Tiende a reconocer en la voluntad de la mayoría un criterio objetivo y permanente de justicia, que da falsas salidas a los problemas, pone, inmediatamente, como ejemplo los problemas de la legalización del aborto. Él asume que la democracia sólo posee una significación formal, instrumental, que agota su virtualidad en la legitimación del poder político. Por este motivo, le parece que la referencia a la democracia como valor o criterio de justificar éticamente la obediencia al Derecho resulta insuficiente, que el deber ético de obedecer al Derecho requiere no sólo de la legitimidad de *quién* manda, sino también de la legitimidad de lo *qué* se manda, sin que deba confundirse el problema de la legitimidad del poder con el de la justicia de las normas dictadas por el mismo.

En este sentido:

«existen tanto razones éticas para la obediencia al Derecho, cuando concurre esa doble legitimidad, como razones éticas para la desobediencia al mismo cuando falta la legitimidad en *quien* manda o en lo *que* se manda» [685]. [Las cursivas me corresponden].

Frente a la insuficiencia del planteamiento filosófico-político de Elías Díaz, en la búsqueda de motivos capaces de fundamentar la obligación ética de obedecer al Derecho, prefiere afrontar un planteamiento rigurosamente filosófico-jurídico que recupere el problema del Derecho justo, antes que la legitimidad del poder. Va a concluir que la fundamentación de la obediencia al Derecho radica en la justicia pero en conexión con el valor de la seguridad jurídica. La referencia a la justicia como último fundamento ético de la obligación de obedecer al Derecho no implica, dice, en modo alguno, desplazar la significación que

685 MONTORO BALLESTEROS, Alberto, «Sobre las razones éticas de la obediencia al Derecho», *ob. cit.*, p. 327.

la seguridad jurídica tiene dentro del proceso más amplio y complejo de desarrollo del Derecho. Quiere subrayar —parafraseando al «último» Radbruch—, que entre justicia y seguridad hay una conexión «orgánica» en virtud de la cual la justicia es impensable sin la seguridad. Aunque aclara, la seguridad es una exigencia de la justicia, un elemento o dimensión constitutiva de la misma.

Si el debate es entre justicia y seguridad, la alusión al tema de la legitimidad es algo secundario, pese a ello, se encarga de debatir este problema en *Razones y límites de la legitimación democrática del Derecho*. Por eso cree que el profesor Díaz no llega al meollo del asunto ya que su aporte estaría sólo en el plano de la legitimidad y no en el plano de la justicia, es decir reducido a un planteamiento filosófico-político. Según Montoro, Elías Díaz habría intentado matizar su posición inicial mantenida en *De la maldad estatal y la soberanía popular* con su libro *Ética contra política. Los intelectuales y el poder,* con el capítulo «La justificación de la democracia». Sin embargo, su recelo a admitir un límite apriorístico a las decisiones mayoritarias y la reducción, en última instancia, de ese límite a la libertad crítica individual introduce un momento de ambigüedad en su pensamiento, respecto a la obediencia al Derecho producido democráticamente.

Señala que el profesor Elías Díaz roza y bordea el planteamiento específicamente *filosófico-jurídico* del tema del fundamento ético del deber de obedecer al Derecho pero permanece dentro del planteamiento *filosófico-político:* «Lo roza y lo bordea cuando enuncia lo que él denomina el paso de «una teoría de la legitimidad (democrática) a una teoría (crítica) de la justicia» [...] Ahora bien, su explícito rechazo de que lo ético sea previo a lo procedimental (juego democrático de la libertad crítica individual y de la voluntad de las mayorías) y la defensa de la concomitancia de lo ético con lo procedimental [...] continúa situando su posición en lugar más próximo al ámbito de la Filosofía política que al específico de la Filosofía del Derecho, y, en cualquier caso, a mi modo de ver —como sucedió con la posición inicial de Radbruch—, abierto a los riesgos del formalismo y del relativismo: ¿Qué contenidos materiales, qué asidero firme, qué garantías concretas podemos encontrar, a la hora de la verdad, en la idea de «libertad crítica individual», erigida en valor supremo?» [686].

Para Montoro, si las ideas de Elías Díaz se ubican en un sistema normativo de filosofía política, el discurso de González Vicén sería más limitado aún, sólo alcanza a un planteamiento de ética individual autónoma. González Vicén sería una muestra más de un grave defecto de un sector de la filosofía del Derecho española: su pretensión de llevar a cabo sus reflexiones a espaldas del Derecho y la ciencia jurídica. Agrega Montoro, que para hacer filosofía del Derecho hay que tener un conocimiento suficiente del Derecho así como de los problemas fundamentales que entrañan la ciencia y la práctica jurídicas, y que a partir de ahí, es donde debe comenzar, en rigor, la filosofía jurídica. Creo que la crítica de Montoro a González Vicén peca de arrogancia. Basta citar a Manuel Atienza y Ernesto Garzón Valdés para darse cuenta de la reconocida formación teórica en filosofía del Derecho del profesor de La Laguna [687]. Otra cosa es afirmar que las razones del discurso de González Vicén, como lo hace Elías Díaz, en el plano de la obediencia al Derecho, corre el riesgo de hacer irrelevante el sistema normativo jurídico. En este caso, tal vez Montoro, no resista su argumento *ad hominen,* siendo el profesor de La Laguna, además de individualista ético, uno de los decididos críticos al iusnaturalismo conservador.

Su pretensión es que el «iusnaturalismo», con un objetivismo axiológico y ético, se constituya en un límite lógico a la voluntad tanto individual como colectiva del hombre. Con la crí-

---

[686] *Ibíd.,* p. 330.

[687] Garzón Valdés y Manuel Atienza no dudan que «el filósofo del derecho más importante de fines de los años cuarenta y maestro de la actual filosofía del derecho española es Felipe González Vicén». GARZÓN VALDÉS, Ernesto, «Derecho, ética y política en España» en *Derecho, ética y política,* p. 296; ATIENZA, Manuel, «Felipe González Vicén´s Legal Philosophy» en *ARSP,* LXIX/1, 1983, pp. 88-106.

tica de Montoro a Elías Díaz entramos de lleno a la discusión de cómo es posible la legitimidad de la obediencia al Derecho por vía del Estado democrático de Derecho [688]. Dice que la lectura del libro *De la maldad estatal y la soberanía popular,* libro en el cual, Elías Díaz analiza detenida y críticamente su libro *Razones y límites de la legitimación democrática del Derecho*, ha suscitado de nuevo en él un interés por el tema, con la finalidad, agrega, de hacer algunas puntualizaciones y aclaraciones en torno al mismo, tomando como pretexto y punto de partida las reflexiones críticas que el profesor Elías Díaz ha desarrolla bajo el epígrafe «Las contradicciones internas del modo iusnaturalista de legitimación».

«Como indico, las presentes puntualizaciones y aclaraciones no se dirigen tanto a hacer «la crítica de la crítica» de la posición de Elías Díaz —su crítica la tomo, repito, como pretexto y punto de partida— cuanto a tomas de postura frente a una corriente de la moderna *Filosofía del Derecho y del Estado* —en relación con la cual la posición del profesor Elías Díaz es sólo una manifestación de la misma— que se caracteriza, entre otras cosas, por el rechazo frontal del Derecho

---

[688] Montoro explica los motivos sociológicos por los que el tema de la democracia y su legitimidad se ha convertido en una de las preocupaciones intelectuales de un amplio sector de los filósofos españoles del Derecho y del Estado. Destaca, en gran parte, las circunstancias tanto pasadas como presentes de la realidad política española. En este sentido, y a lo largo aproximadamente de estos veinte últimos años, dice, han sido numerosos los estudios que, desde supuestos epistemológicos e ideologías diferentes, se han venido ocupando del tema. Reconoce que las páginas de la desaparecida revista *Cuadernos para el diálogo,* la actual revista *Sistema* y de otras publicaciones periódicas, dan fiel testimonio de esta preocupación. Hace mención especial a la II Reunión de Profesores de Filosofía del Derecho, celebrada en Salamanca, en abril de 1976, bajo el título «Derecho y soberanía popular». [*Derecho y soberanía popular,* Actas de la II Reunión de Profesores de filosofía del Derecho, en *Anales de la Cátedra Francisco Suárez,* n.º 16, 1976, Universidad de Granada, Departamento de Filosofía del Derecho, Granada, 1976]. Elías Díaz intervino directamente en estas discusiones. Montoro no alcanzó a entregar su artículo, artículo que posteriormente se convirtió en el libro *Razones y límites de la legitimación democrática del Derecho,* Universidad de Murcia, 1979.

natural —rechazo que en muchos autores (no es este el caso de Elías Díaz) adolece de un conocimiento insuficiente o, simplemente, de una incomprensión de cuanto el Derecho natural y su compleja doctrina han significado y significan en la *Historia de la Filosofía del Derecho y del Estado*— al que considera como tema propio de unos momentos del proceso de evolución de la humanidad que ya han sido superados o que están en trance de serlo y que, en todo caso, deben ser superados» [689].

3.2. Contradicciones «internas» del modo iusnaturalista de legitimación

Montoro, da cuenta que Elías Díaz hace una crítica del Derecho natural ágil y brillante en muchos puntos pero que se resiente desde su misma raíz. Entiende que la insuficiencia de su planteamiento arranca de algunas premisas, entre otras, «La identificación, que es confusión, del Derecho con la justicia» y «La imposición de un concepto absoluto de Justicia» [690]. Va a defender que no existe contradicción entre iusnaturalismo y democracia.

La corriente crítica al iusnaturalismo, en la que se inscribe Elías Díaz, según Alberto Montoro, se caracteriza por atribuir al iusnaturalismo la imposición de un concepto absoluto de justicia. Según él puede esto ser cierto en relación con el iusnatu-

[689] MONTORO BALLESTEROS, Alberto, «Sobre el problema de la legitimación democrática del Derecho y del Estado», *ob. cit.*, pp. 138-139. Sobre el iusnaturalismo, de este mismo autor, «Naturaleza, razón, Derecho», *Persona y Derecho* n.º 29, Pamplona, 1993, pp. 195-263. ARANGUREN cuenta con un trabajo esclarecedor que ayuda a entender este tipo de iusnaturalismo conservador, «Un concepto funcional del llamado Derecho natural», *Anuario de Filosofía del Derecho,* tomo IX, Madrid, 1962, pp. 2-10 y, también, PÉREZ LUÑO, «El iusnaturalismo ante los años 70», *Anuario de Filosofía del Derecho,* tomo XV, Madrid, 1970, pp. 295-325.

[690] MONTORO BALLESTEROS, Alberto, *ob. cit.*, p. 139.

ralismo racionalista[691]. En cuanto al iusnaturalismo tradicional aristotélico-tomista, al que se inscribe, no[692]. Hace dos precisiones: la primera, respecto de la determinación y concreción de lo justo; esta doctrina del Derecho natural siempre sostuvo

---

[691] Según Montoro, una concepción dogmática y absolutista de la justicia pudo tener su sede lógica en el ámbito de la doctrina del Derecho natural racionalista. En virtud de sus supuestos y métodos, por ejemplo, en la teoría de la justicia de Leibniz, para quien la justicia era una categoría racional permanente, una verdad necesaria de razón de la cual podían extraerse consecuencias seguras mediante razonamientos lógicos. Véase «Sobre el problema de la legitimación democrática del Derecho y del Estado», p. 143. Esta crítica al formalismo y al racionalismo cognitivista que ha caracterizado a las éticas de la modernidad y al liberalismo, puede ser perfectamente compartida por González Vicén y Elías Díaz, pero con consecuencias prácticas a favor de la autonomía y no del comunitarismo moral. Es un error ver en el positivismo jurídico la simple negación del Derecho natural.

[692] Montoro, desde su postura iusnaturalista aristotélica-tomista, critica la fundamentación individualista de los derechos humanos por parte del Derecho natural racionalista. Afirma que es el iusnaturalismo tradicional el que «distinguió con claridad, como dos cuestiones completamente diferentes, la existencia [ontológica] de la Ley natural, por un lado, y su conocimiento por parte del hombre, de otro lado, siendo consciente de que el proceso del conocimiento de los preceptos de la Ley natural (preceptos secundarios) se realiza progresivamente en el curso de la historia, estando expuesto a los peligros de la ignorancia y del error». MONTORO BALLESTEROS, Alberto, «Sobre el problema de la legitimación democrática del Derecho y del Estado», *ob. cit.*, p. 154. De este mismo autor véase también «Utopía y realidad en la protección de los derechos humanos», *Persona y Derecho* n.º 23, Pamplona, 1990, pp. 245-290. Esta visión de Montoro sería, lo que Carlos THIEBAUT denomina paleoaristotelismo, «Neoaristotelismos contemporáneos» en CAMPS, Victoria, GUARIGLIA, Osvaldo y SALMERON, Fernando (eds.), *Enciclopedia iberoamericana de filosofía. Concepciones de la ética,* Trotta-CSIC, Madrid, 1992, p. 47. Visiones modernas de aristotelismo antitrascendentalista y comunitarias serían, entre otras, las de Taylor y Heller. TAYLOR, Charles, *Las fuentes del yo,* trad. Ana Lisón, Paidós, Barcelona, 1996; HELLER, Ágnes, *Más allá de la justicia,* trad. Jorge Vigil, Crítica, Barcelona, 1990. En cambio, MacIntyre, todavía encuentra razones para seguir transitando en una perspectiva «artistotélica-tomista», desde la cual expresa sus dudas respecto a una fundamentación moral moderna de los derechos humanos; su discurso es más proclive a una argumentación de los deberes cívicos. MacINTYRE, Alasdair, *Tras la virtud,* Crítica, Barcelona, 1987.

que esto era una cuestión «problemática» que no puede ser objeto de ciencia *(episteme)* sino de mera opinión *(doxa)*, postulando coherentemente con ello, no el método del «razonamiento analítico» (apodíctico), cuyo objeto, como sabemos, es la demostración —y que sería el método adecuado para una concepción dogmática y absolutista de la Justicia—, sino el razonamiento retórico-dialéctico, cuya finalidad es la persuasión[693]. La segunda, que los contenidos y las exigencias de ese valor objetivo que es la justicia no se hacen patentes al hombre de una sola vez y de un modo total sino «progresivamente» y en el curso de la historia, frecuentemente con ocasión de situaciones límite donde la justicia es violada. Y que, en todo caso, en función del «horizonte histórico cultural», variable en cada momento, desde el cual el hombre comprende y conoce, puesto de relieve por la filosofía hermenéutica actual.

«Coherentemente con esta concepción del proceso de conocimiento y concreción de la Justicia por parte del hombre [concepción, dice, que coincide plenamente con la idea de justicia de Elías Díaz, justicia «como proceso siempre inacabado y abierto en el tiempo»] debo hacer constar que en mis estudios de Derecho natural —casi todos ellos relativos a los Derechos naturales del Hombre o Derechos humanos— he mantenido siempre la actitud cautelosa y prudente —nada dogmática ni absolutista— que la naturaleza del tema exigía, pues la vía de concreción de los contenidos y de los límites de dichos Derechos no es la «derivación lógica» sino la «determinación próxima», cuyas con-

---

693 Si para Montoro, el Derecho natural y su sucedáneo, el Derecho político, es un asunto de *doxa,* de *versomilitud* y no un tema de *verdad,* creo que su argumento no es consecuente, ya que este razonamiento nos conduciría a propuestas más pragmáticas que semánticas. Esta es la vía, por ejemplo elegida por Castoriadis, que partiendo de Aristóteles, dice que la política no es asunto de *epistéme* sino de *Doxa* y que «ésta es la única justificación no procedimental del principio de las mayorías» y que «en política hay una especie de saber que no es «ciencia» sino asunto de juicio, de prudencia y de verosimilitud (por eso Platón despreciaba a los retóricos, mientras que Aristóteles escribía una *Retórica*)... (el poder pretende implicar el saber)». CASTORIADIS, Corneluis, *Figuras de lo pensable,* Fronesis-Cátedra, Madrid, 1999, p. 152.

clusiones —carentes de necesidad lógica— son siempre problemáticas» [694].

Respecto a la interrogante de si ¿existe contradicción o antagonismo entre iusnaturalismo y democracia? asevera que para la doctrina iusnaturalista el Estado y el Poder, *prima principia,* tienen como fin último el bien común de la sociedad contando para ello con la participación de los ciudadanos. Y respecto a la forma de gobierno, manifiesta que el iusnaturalismo adopta una actitud abierta, flexible y realista, en función de las diferentes circunstancias de tiempo y lugar. Asume, aristotélicamente, que el régimen de democracia parlamentaria no es, de forma absoluta e incondicionada, el mejor de los regímenes políticos. Frente a estas limitaciones de la soberanía popular, el iusnaturalismo con su objetivismo axiológico, ético, constituye un límite lógico a la voluntad tanto individual como colectiva del hombre. Pero Montoro entiende, también, que la democracia, por la libertad, el pluralismo y el diálogo que ella implica, constituye como sistema y método, el más adecuado para la búsqueda y elaboración del derecho justo, método condicionado y limitado por el buen juicio y la prudencia.

Sin embargo, esto no significa que lo justo sea siempre, y de modo necesario, lo que en cada momento decida la mayoría, toda vez que la democracia legitima a *quién* manda, pero no necesariamente —al admitir un objetivismo ético independiente del conocimiento y de la voluntad del hombre— lo *qué* en cada momento puede mandarse. Lamenta disentir de la autorizada opinión del profesor Elías Díaz, ya que decir que existen contradicciones internas en el modo de legitimación iusnaturalista porque junto a razones de la democracia se estudia las limitaciones de la misma, «sería tanto como decir que la farmacología, por ejemplo, es una ciencia plagada de contradicciones puesto que junto a las «indicaciones» de los diferen-

---

[694] MONTORO BALLESTEROS, Alberto, «Sobre el problema de la legitimación democrática del Derecho y del Estado», *ob. cit.,* p. 144.

tes fármacos estudia también las «contraindicaciones» de los mismos»[695].

Tampoco acepta que los límites impuestos por el iusnaturalismo a la democracia propicie un inmovilismo político. Montoro no acepta esta crítica. Dice que frente a esta difundida tesis, la sociología del Derecho natural ha puesto de manifiesto las formas en que las diversas teorías del iusnaturalismo han operado en la historia: una veces como signo conservador y otras, como signo revolucionario. El iusnaturalismo supone el reenquiciamiento y la reducción de las potencialidades democráticas a sus justos términos en dos aspectos: primero, la necesidad de superar la concepción puramente *formal y técnica de la democracia* y luego, reclamar una concepción material y ética de ésta. Así la fuente de legitimación popular, lejos de ser absoluta, encuentra su límite lógico en los principios ético-materiales en los cuales se enraíza y fundamenta y de los cuales es un mero corolario o consecuencia.

3.3. La doctrina del régimen mixto frente a la injusticia por ignorancia o por falta de prudencia

En relación con la pregunta que el profesor Elías Díaz se formula en su libro *De la Maldad estatal y la soberanía popular,* ¿Por qué hablar de «régimen mixto» como algo diferente a la democracia, aunque no sea contrario a su esencia? Según Montoro en una democracia caben también elementos monárquicos y aristocráticos[696]. Sólo así la democracia constituye el método más

---

[695] *Ibíd.,* p. 150.

[696] Dice Montoro: «En el contexto de la doctrina del «régimen mixto», la idea de democracia aparece relativizada y reducida a sus justos términos: la democracia no es ya una forma de gobierno, un tipo de régimen político, sino un principio orgánico de todo Estado bien constituido, en cuyo seno aparece limitado y complementado a su vez, dentro del proceso de la vida política, por los principios monárquico y aristocrático. La democracia adquiere así su significación más precisa y real en la doctrina del «régimen mixto, de cuyo ámbito no debiera haber salido nunca». MONTORO BALLESTEROS, Alberto, *Razones y límites de la legitimación democrática del Derecho,* p. 32 y ss.

adecuado para la elaboración de un Derecho justo; la democracia implica libertad de pensamiento, de expresión, de diálogo; pero aquél diálogo que esclarece e ilustra a los dialogantes, permitiéndoles el acceso a la *verdad*. Este diálogo no puede ser un diálogo cualquiera, sino el diálogo incitado, impulsado, dirigido y fecundado por las sugerencias y por las preguntas de quien sabe, en este caso, la minoría; este es el sentido y la enseñanza, siempre perenne, de la mayéutica socrática[697].

Es tarea propia de la minoría, dice Montoro, conocer lo que deba ser Derecho formalmente válido, buscar y proponer lo que en virtud de su justicia intrínseca, conveniencia u oportunidad deba ser Derecho, Derecho dotado de validez dogmática. Según Montoro, en esto coincide con Elías Díaz cuando

---

697 Montoro pretende seguir el sentido de la mayéutica socrática, alcanzar el proceso de ascención dialéctico. La democracia, en cuanto método para adoptar decisiones, el buen juicio colectivo no es algo que deba esperarse de una masa estática sino dinámica: «una de las apologías más brillantes y sugestivas de la democracia que conoce la historia del pensamiento político —la desenvuelta por Protágoras para justificar doctrinalmente el régimen de Pericles—, al señalarse que es la opinión de los hombres reunidos en la asamblea del pueblo la que crea el derecho [...], que esa opinión que crea el derecho no brota espontáneamente de la asamblea popular, sino que es sugerida y guiada a través de la participación de oradores sabios que, con sus consejos, ayudan al pueblo a encontrar, de acuerdo con las circunstancias de cada momento, el mejor ordenamiento jurídico. «el objeto de mi enseñanza —dice Protágoras— es el arte de aconsejar correctamente [...] en los negocios de la polis». De este modo, partiendo del relativismo absoluto que subyace a su pensamiento, Protágoras concluye diciendo: «los (oradores) sabios y buenos consiguen que al Estado le parezca justo lo bueno, en lugar de lo malo. Pues lo que a un Estado le parece como justo y bueno, esto lo es también para él, mientras siga manteniendo tal opinión»». MONTORO BALLESTEROS, Alberto, *Razones y límites de la legitimación democrática del Derecho,* p. 141. Esto es contradictorio. Si procesalmente se requiere de una elite moral, el punto de vista comunitario requiere de nociones sustantivas. En cuanto a la obediencia al Derecho justo, Eusebio Fernández ha reconocido su preferencia socrática, bajo razones distintas a las de Montoro, por supuesto. FERNÁNDEZ, Eusebio, «Réplica a Adela Cortina», *Anuario de Filosofía del Derecho,* tomo V, 1988, pp. 523-525. PLATÓN, *Apología de Sócrates, Critón, Carta VII,* trad. Enrique López Castellón, Austral, Madrid, 2000.

escribe que la principal aportación de la ciencia y la filosofía actual a la democracia es «investigar y conocer la realidad social, así como debatir y proponer posibles soluciones a los problemas planteados»[698].

Mientras los hechos no demuestren otra cosa, dice Montoro, que seguirá él creyendo en esta dinámica de la democracia: minoría-mayoría[699]. Y sin ir más lejos le basta darnos una muestra del modo en que actuaron las minorías y las mayorías en el proceso de elaboración de la *Constitución española de 1978*. Dice que fue una *minoría* la que elaboró, discutió y aprobó el proyecto de Constitución; una minoría muy cualificada bajo diferentes formas: ponencia constitucional, comisión constitucional y plenos parlamentarios; el Parlamento, incluso, puede ser considerado una aristocracia en el prístino sentido del término, se estima que la representación parlamentaria son los mejores después del proceso electoral.

Le correspondió a la *mayoría* elegir libremente a sus representantes, una minoría, medio millar de parlamentarios, de un

---

[698] DÍAZ, Elías, *La sociedad entre el Derecho y la Justicia,* p. 59.

[699] Según Montoro, la tarea de la mayoría popular en la creación del Derecho es doble: «De un lado, le corresponde elegir libremente a sus gobernantes, exponerles sus necesidades, sus aspiraciones y los problemas que requieren una solución jurídica, para que, con base en estos datos, la minoría pueda plantear los problemas con realismo y precisión, así como estudiar y proponer las soluciones que estima más justas; de otro lado, es también misión de la mayoría conocer, discutir, valorar, aceptar, modificar o rechazar las propuestas elaboradas por la minoría, decidiendo siempre la mayoría popular, a través del sufragio, qué proposiciones jurídicas de las sometidas a su conocimiento y consideración pasarán a convertirse en auténticas normas jurídicas (Derecho formalmente válido)». MONTORO BALLESTEROS, Alberto, *Razones y límites de la legitimación democrática del Derecho,* p. 138. Aquí, el modelo de *phrónesis* aristotélico es patrimonio de una élite moral. Thiebaut, realiza una interpretación de la *phrónesis* en términos modernos: cuando Aristóteles señala que las virtudes no son capacidades ni pasiones está apuntando a la actitud activa del sujeto, de todos los sujetos. THIEBAUT, Carlos, «Virtud», en *10 palabras clave en ética,* Verbo Divino, Navarra, 1994, p. 440. De este mismo autor, una ampliación de esta recuperación liberal de Aristóteles, véase *Vindicación del ciudadano,* Paidós, Barcelona, 1998.

total de treinta y seis millones de habitantes y que luego, en la fase del referéndum, se limitó a aceptar, a rechazar o a abstenerse de votar el texto constitucional que sus parlamentarios le ofrecieron. Y si esta experiencia demuestra que los hechos coinciden sustancialmente con la descripción del proceso de elaboración del Derecho formulada por él, ¿ello supone rebajar excesivamente el protagonismo de las mayorías populares, como apunta Elías Díaz? Esa es la realidad ¡Qué le vamos a hacer! Lo único que se puede hacer como posibilidad es potenciar las mayorías pero desde la justicia. Reconoce que, salvo el Derecho consuetudinario, nada es plenamente popular[700].

Elías Díaz, con mucha pertinencia se pregunta, qué pasaría —según la óptica iusnaturalista de Montoro— si lo establecido por una mayoría fuese contrario a lo que la minoría ha concretado como Derecho formalmente válido ¿Cuál prevalecerá? ¿Cuál se obedecerá? Montoro contesta diciendo que hay que distinguir y mediar entre dos ámbitos, el poder espiritual y el poder político. Del discurso de Montoro se deriva la importancia social de quienes saben mediar con sabiduría y prudencia. El recuerdo de los sacerdotes en las sociedades antiguas, y la constatación de los llamados «intelectuales» en las sociedades secularizadas. Los conocimientos o los valores que ellos predican e inculcan se realiza formando parte del proceso de socialización del que todo grupo social tiene necesidad para permanecer unido. Creo que lo que quiere decir Elías Díaz a Montoro es que el saber es, también, una forma de poder[701].

---

[700] MONTORO BALLESTEROS, Alberto, «Sobre el problema de la legitimación democrática del Derecho y del Estado», p. 161. Frente a las exigencias de una función conservadora de las élites, se puede ver las exigencias del compromiso político-moral de los técnicos y científicos para una democracia participativa y bien informada, SEMPERE, Joaquín, «La democracia y los expertos», *Mientras tanto* n.º 96, otoño, Barcelona, 2005, pp. 91-105.

[701] Según Bobbio, en todo análisis hay que tener en cuenta tres tipos de poderes: el económico, el ideológico, y el político. En otras palabras, la riqueza, el saber y la fuerza: «a la concepción de la primacía de lo espiritual corresponde la doctrina de la subordinación completa de la acción política a las leyes de la moral». BOBBIO, Norberto, *Estado, gobierno y sociedad,* p. 114. La

Desde esta opción elitaria, en palabras de Montoro, tanto el régimen político de «dictadura» como el régimen de «democracia» pueden estar mediados por el valor epistémico y la virtud de la prudencia de las minorías; la «dictadura puede constituir, pues, un modo legítimo, constitucional incluso, de ejercer el poder, si bien de carácter excepcional y transitorio. En este sentido la dictadura no es una categoría incompatible con la democracia» [702] ¿Dónde está entonces la idea de que el poder político no es absoluto, sino que está limitado por las normas de la justicia? [703] En todo caso dictadura y democracia, como poder y organización política, están al servicio de una autoridad trascendente, para limitar la fuerza destructora de las pasiones, del desorden, tan fuertes como la innata voluntad del orden. Montoro, dice que cuando analiza la democracia se propone centrar el objetivismo ético y desaconsejar el optimismo y el pesimismo en democracia.

La democracia, sin más, no es el remedio de todos los males ni la fuente de todos los bienes sociales, políticos y económicos; tampoco a la democracia se la puede identificar como algo intrínsecamente malo, algo que tarde o temprano terminará sumiendo a la sociedad toda en la anarquía y en la ruina social, política y económica [704]. También Rommen, decía que la *philosophia perennis* no puede aceptar nunca el optimismo infundado

---

concepción elitaria de Montoro bien puede servir para explicar el modelo del régimen franquista de los años 1958-1960, modelo tan criticado por Elías Díaz, en el que los tecnócratas del Opus Dei estaban ya en trance de conseguir del tirano Franco la absoluta luz verde para una economía basada precisamente en el capitalismo liberal, pero con despotismo político.

[702] MONTORO BALLESTEROS, Alberto, «Sobre el problema de la legitimación democrática del Derecho y del Estado», p.164.

[703] ROMMEN, A. Heinrich, *El Estado en el pensamiento católico,* trad. Enrique Tierno Galván, Instituto de Estudios Políticos, Madrid, 1956, p. 229. Sobre Rommen se puede ver BATTAGLIA, Felice, *Estudios de teoría del Estado,* trad. Elías Díaz y Pedro de Vega, publicaciones del Real Colegio de España en Bolonia, 1966, p. 199 y ss.

[704] MONTORO BALLESTEROS, Alberto, *Razones y límites de la legitimación democrática del Derecho,* p. 13.

de la filosofía del Derecho natural de Rousseau. Era mejor la vigilia ante las potencias demoníacas de la naturaleza humana, de los obscuros poderes que amenazan con la destrucción y la anarquía [705].

Vale la pena insistir, como lo hace Elías Díaz, que en Montoro su teoría política no da cuenta de un análisis mínimo de la formación, distribución y ejercicio del poder. El problema de la justicia no es sólo un problema de *saber* sino también de relaciones de poder. Dice Bobbio que lo que el Estado y la política tienen en común es la referencia al fenómeno del poder: de *fuerza*, de *potencia*, de *autoridad*, nacen los nombres de las antiguas formas de gobierno *aristocracia, democracia, oclocracia, monarquía, oligarquía* y todas las palabras que de vez en vez han sido utilizadas para indicar formas de poder [706]. Montoro con su postura sobre la relevancia de las minorías que «saben el qué» en la doctrina del «régimen mixto» trata de evitar una forma de gobierno no «corrupto». Pero acaso el fuerte peso de las minorías pensantes no nos lleve a una cierta forma de gobierno paternalista o patriarcal en el que el soberano se comporta con los súbditos como un padre y los súbditos son tratados como eternamente menores de edad. Las críticas célebres a esta forma «corrupta», lo tenemos ya dicho en otro lugar, las han elaborado tanto Locke (*Dos ensayos sobre el gobierno civil,* 1690 o *Carta sobre la tolerancia,* 1689-1690) como Kant (*Qué es la Ilustración,* 1784). La tripartición de las formas de poder paternal, despótico y civil es uno de los *topoi* clásicos de la teoría política antigua y moderna.

---

[705] ROMMEN A. Heinrich, *El Estado en el pensamiento católico,* p. 239.

[706] BOBBIO, Norberto, *Estado, gobierno y sociedad,* p. 102. El mejor trabajo que se conoce de las complejas relaciones entre saber y poder, entre micro-saberes y micro-poderes, es el de Foucault. FOUCAULT, Michel, «verdad y poder» en *Microfísica del poder,* trad. Julia Varela y Fernando Álvarez-Uría, La Piqueta, Madrid, 1991, p. 185 y ss. Reconocer las relaciones entre saber/poder no nos puede llevar, tampoco, a convertir la obediencia al Derecho en un asunto demasiado realista, propio de posiciones neonietzscheanas: poder/contrapoder. NIETZSCHE, *La voluntad de poderío,* trad. Aníbal Froufe, Edaf, Madrid, 1998.

3.4. Supuestos teológico-políticos de la idea de ordenamiento jurídico y su obediencia

Para Montoro, el Derecho, en cuanto fenómeno histórico-cultural y temporal constituye el resultado de un complejo proceso, bajo el impulso y las exigencias de una pluralidad de factores, la justicia y la seguridad jurídica. Intenta definir al Derecho desde una doble dimensión, material y formal. Entre las obligaciones de todo ser humano hay una que está vinculada a la libertad trascendental, en tanto cristiano el deber de obedecer al poder civil se sustenta en la idea de que todo poder viene de Dios, siempre que el poder temporal esté en armonía con el orden de la creación impuesto por su autoridad, ya que según el evangelio, «hay que obedecer a Dios antes que a los hombres» [707]. Es un crítico del nominalismo y del voluntarismo de Ockam,

[707] MONTORO BALLESTEROS, Alberto, «Supuestos teológico-políticos de la idea de ordenamiento jurídico», *Revista española de Derecho canónico* n.º 153, julio/diciembre, Universidad Pontificia de Salamanca-CSIC, 2002, p. 605. Montoro defiende la doctrina escolástica del Derecho: «La doctrina escolástica del Derecho, aparece directamente enraizada y fundamentada en la creencia de un único Dios, creador y ordenador (legislador) del universo. Dicha creencia conduce a la idea de la existencia de un orden ontológico *(orden del ser)* que la razón humana puede descubrir e interpretar y que constituye el fundamento de todo el orden ético. Se trata del orden ontológico impuesto por el Creador a través de la ley eterna *(lex aeterna)* y que, en la medida en que la razón humana puede llegar a su «inteligencia» *(intus legere)* —a su descubrimiento, lectura y comprensión— se configura como ley natural *(lex naturalis)*». MONTORO BALLESTEROS, Alberto, *ob. cit.*, p. 626. Montoro cuando habla de la escolástica está haciendo referencia a los presupuestos tomistas inspirados en Aristóteles. Sobre el tema de la escolástica, se puede ver: GÓMEZ-HERAS, José María, «Ética y tradición escolástica», en CAMPS, Victoria, GUARIGLIA, Osvaldo y SALMERÓN, Fernando (eds.), *Enciclopedia iberoamericana de filosofía. Concepciones de la ética,* Trotta-CSIC, Madrid, 1992, pp. 105-129. Este autor dice que la ética tomista es una ética heterónoma, muy distante de las éticas autónomas de la modernidad, la ley eterna divina, hecha propia en la conciencia moral, se convierte en criterio regulador de la conducta humana. Y que para la neoescolástica, la fundamentación última de valores y normas no se sitúa en usos y costumbres, pactos sociales o consensos dialógicos, sino en lo que se denomina naturaleza del hombre y de las cosas. *ob. cit.*, p. 128.

que quiebra la concepción escolástica de un Derecho natural fundado en el «orden del ser» y que pone las bases de un cierto iusnaturalismo deontológico.

Según Montoro, desde la perspectiva tomista-aristotélica, una comunidad política, como orden de vida natural es exigencia originaria y condición necesaria para la vida del hombre en cuanto animal social-político, que en Aristóteles, la naturaleza social del hombre halla su perfección en la ciudadanía[708]. En este sentido el Estado es un bien y su construcción se vincula a la idea de una metafísica y una teoría del conocimiento que reconoce la autonomía y la complementariedad de razón y fe, de filosofía y teología, en contraste a la filosofía política patrística que veía la comunidad política como algo malo en su origen pero necesario para paliar las consecuencias del pecado original.

La crítica de Montoro también se dirige a hacer ver que el positivismo jurídico puede conducir a la paradoja de la irrelevancia de la conciencia individual en cuanto a la obediencia al Derecho, en tanto trate de obligar a los ciudadanos a una conformidad puramente exterior. Según su tesis, la obediencia interna moralmente libre a la ley por respeto a la conciencia sería irrelevante desde el positivismo. Sin embargo, esta crítica parece conducirnos a un cierto determinismo normativo, que pone en riesgo la dignidad de las personas y su capacidad de elección, si todo derecho humano positivo está derivado del Derecho natural o determinado por él. Si la ley humana es necesaria, es porque debe existir una coacción directa contra los que desprecian los principios y mandatos del Derecho natural y del *ordo rerum humanarum*. Y si la política es un medio para realizar este orden, o decir que la regla última de la política es el derecho natural cuyo fin es buscar

---

[708] A esta idea se opone RAWLS. Dice que esta visión reduce el problema político a un humanismo cívico, *La justicia como equidad,* p. 161. Entre humanismo cívico y solución elitaria de la democracia no hay una relación necesaria.

la perfección de la naturaleza del hombre, tiene determinadas consecuencias [709].

Y, cuando se refiere al delito político, como acto contrario al Derecho, lo hace para criticar su construcción ideológica en el pensamiento liberal. La legislación liberal, señala, es difusa y trata a la delincuencia política con especial lenidad, protegiendo al perseguido político mediante la concesión del derecho de asilo y la denegación de su extradición, potenciada por un cierto romanticismo que se identifica con quien lucha por el pueblo y contra la tiranía. Cuando se refiere al tratamiento penal de este asunto, dice que le resulta más analítica y completa la propuesta de E. Mezguer, el delito político sería una realidad compleja integrada por un elemento objetivo y otro subjetivo. Critica, también la politización de la moral y del Derecho por parte del nacionalsocialismo que vio en el «disidente político» un enemigo de guerra [710]. Esta acotación última, resulta contradictoria: por un lado, criticar el trato totalitario al disidente político y, por otro, apoyarse en la figura de E. Mezguer [711]. Resulta una tarea muy difícil ocultar el pasado totalitario de Mezguer.

---

[709] ROMMEN, A. Heinrich, *El Estado en el pensamiento católico,* pp. 224-225. Rommen, se pregunta, si la voluntad del Estado fuera la creadora de los derechos y deberes de las personas ¿cómo podríamos protestar contra su supresión, cuando el Estado recurre a tal procedimiento en beneficio de sus intereses?

[710] MONTORO BALLESTEROS, Alberto, «En torno a la idea de delito político. (Notas para una ontología de los actos contrarios a Derecho» en ZAPATERO, Virgilio (Ed.), *Horizontes de la Filosofía del Derecho. Homenaje a Luis García San Miguel,* Tomo 2, Universidad de Alcalá, Alcalá, 2002, p. 294. Una ampliación de los actos contrarios al Derecho y la seguridad jurídica, de este mismo autor, «La seguridad jurídica en la configuración del Derecho como ordenamiento», *Anuario de Filosofía del Derecho. Nueva época,* Tomo XVIII, 2001, BOE, Madrid, 2002, pp. 301-320.

[711] Sobre el carácter totalitario de E. Mezger véase MUÑOZ CONDE, Francisco, *Edmund Mezguer y el derecho penal de su tiempo. Estudios sobre el Derecho penal en el nacionalsocialismo,* Tirant lo Blanch, Valencia, 2002; THULFAUT, Gerit y ZAFFARONI, Eugenio Raúl, «Nuevas notas bibliográficas sobre la vida y obra de Edmund Mezger», *La ley* n.º 13, enero, Sevilla, 2004, pp. 287-299.

Finalmente, tratando de resumir los argumentos de Montoro, respecto a la legitimidad de la obediencia al Derecho de origen democrático, se tendría:

a) la obligación de obedecer al Derecho depende no sólo de la legitimidad de *quién* manda sino también de la legitimidad de lo *qué* se manda; esto es, de su justicia, sin que en ningún caso deba confundirse el tema de la legitimidad del poder con el de la justicia de las normas dictadas por el mismo. Con esto tenemos que el problema que nos ocupa se desplaza del ámbito de la Filosofía política al propio de la Filosofía del Derecho, que es donde debe encontrarse su planteamiento adecuado y su justa solución [712];

b) la obediencia legítima al Derecho de origen democrático, desde el iusnaturalismo que él defiende, no implica la identificación entre Derecho y justicia, tampoco la confusión entre legalidad y legitimidad como quiere hacernos creer Elías Díaz. Su teoría iusnaturalista parte de la distinción entre legitimidad, legalidad y eficacia pero no le parece que puedan ser tan independientes entre sí como piensan los positivistas, entre ellos, Elías Díaz. Dice que a este respecto hay que observar que la *validez de la norma jurídica depende de su Justicia* [713]; que la legiti-

---

[712] MONTORO BALLESTEROS, Alberto, *El deber jurídico,* Cuadernos de Teoría Fundamental del Derecho n.° 14, Universidad de Murcia, 1993, pp. 17-18.

[713] Dice Montoro, que la clave del problema reside en la diferente significación y sentido con que, en cada contexto, se utiliza la voz «validez», origen de numerosos malentendidos. En este sentido una ley injusta puede carecer de «validez ética» (legitimidad), pero no de «validez dogmática» (legalidad). El Derecho, en cuanto obra humana, ha contenido y contendrá imperfecciones, injusticias; un Derecho justo absoluto no ha existido ni existirá jamás; es algo utópico. Que el Derecho tiene como función perfeccionar ética y técnicamente el orden de la vida social, conforme a las exigencias de la Justicia y de la Seguridad jurídica, que constituyen sus fines específicos. Que, desde un punto de vista ético, será la prudencia jurídica y política, a la vista del grado de justicia y seguridad de un determinado Derecho, quien aconsejara la obediencia o la resistencia en sus diversas modalidades. MONTORO BALLESTEROS, Alberto, «Sobre el problema de la legitimación democrática del Derecho y del Estado», *ob. cit.,* p. 143.

midad *(validez filosófica)* constituye la dimensión ideal, filosófica, valorativa, del Derecho y está representada, fundamentalmente —no exclusivamente— por la idea de *justicia*. La legitimidad se refiere a los valores que inspiran el Derecho y en función de los cuales el Derecho trata de perfeccionar ética y técnicamente el ámbito de la vida social que él ordena. En función de esta dimensión o momento constitutivo del Derecho pueden hablarse de Derecho justo y de Derecho injusto» [714].

Hemos visto que la réplica de Elías Díaz insiste en que los argumentos de Montoro, no resuelven el problema de la obediencia al Derecho en el marco de un Estado democrático participativo ya que no promueven la autonomía de todos y que, finalmente, no salen de la paradoja: «esa identificatoria confusión entre justicia y Derecho, entre criterio (absoluto) ético y regla de decisión jurídico política. Es decir, sólo es Derecho, y sólo puede ser Derecho, lo que coincide con el Derecho natural, es decir lo que coincide con lo que piensan los iusnaturalistas» [715].

4. ANÁLISIS DEL DEBATE

4.1. La relevancia moral del Derecho, entre el Estado democrático de Derecho y la salida libertaria

Sin duda, uno de los problemas centrales de la teoría jurídica es el de la normatividad, obligatoriedad o fuerza vinculante del Derecho. Entre el Derecho y la moral o entre el Derecho y el poder coactivo suelen hallarse sus explicaciones [716]. No es sólo la

---

[714] MONTORO BALLESTEROS, Alberto, «Utopía y realidad en la protección de los derechos humanos», *ob. cit.*, pp. 246-247.

[715] DÍAZ, Elías, *De la maldad estatal y la soberanía popular,* p. 108.

[716] BAYÓN, Juan Carlos, «El deber jurídico», *ob. cit.*, p. 313. Bayón agrega, que esta tesis constituye también la base de las posiciones reiteradamente defendidas por Felipe González Vicén y Javier Muguerza en la conocida polémica, desencadenada a partir del célebre trabajo del primero,

concepción conceptual entre el Derecho que es y el Derecho que debería ser, propio del positivismo, el tema sobre el que debaten González Vicén y Elías Díaz, sino también sobre las consecuencias prácticas de la obediencia al Derecho, cuando hoy día, como dice Juan Carlos Bayón, gana adeptos la idea de que no existe una obligación de obedecer al Derecho, a cualquier Derecho, para la que carecería de sentido la afirmación de Elías Díaz de que «no todo Estado es Estado de Derecho».

En el clásico trabajo de González Vicén sobre la obediencia al Derecho, se encuentra una tesis genérica de la incompatibilidad entre autoridad (incluida la autoridad democrática) y autonomía y un propósito abiertamente normativo: poner a resguardo las conciencias individuales. La discusión de González Vicén con Elías Díaz terminaba en una conclusión libertaria: «No sé si mis argumentos habrán convencido a mi eminente crítico, aunque mucho me temo que no. Sea de ello lo que fuere, yo me atrevería a recomendar a Elías Díaz que meditara reposadamente sobre las viejas palabras de Montesquieu con las que cerraba yo mi trabajo y con las que voy también a concluir esta anticrítica: «En un Estado, es decir, en una sociedad en la que hay leyes, la libertad sólo puede consistir en poder hacer lo que se debe querer y en no estar forzado a hacer lo que no se debe

---

«la obediencia al Derecho», y que ha ido desarrollándose en España a lo largo de la década de los ochenta en torno a la existencia o inexistencia de una obligación moral de obediencia al Derecho. BAYÓN, Juan Carlos, «Obligaciones de creación no voluntaria: concepto y justificación de la autoridad», *La normatividad del Derecho: deber jurídico y razones para la acción,* p. 604. Según Raz, se dice a veces que la negación de la existencia de una obligación general de obedecer al Derecho es de creación reciente: «Con el nacimiento de la teoría política moderna, en los siglos XVII y XVIII, existía una ortodoxia clara: si hay una obligación general de obedecer la ley, ésta existe porque ha sido asumida voluntariamente [...] Si esta perspectiva ya no resulta verdadera en la actualidad, esto se debe a que las sociedades en las que vivimos son menos homogéneas, más conflictivas con respecto a su propia identidad y a la función del gobierno y del derecho en el tejido social. Es la sociedad la que ha cambiado, no la teoría política». RAZ, Joseph, *La ética en el ámbito público,* p. 378.

querer»» [717]. Parece terminar en una ética de la convicción, en una ética de contenidos.

El gran tema de González Vicén ha sido que un fundamento presuntivo o condicionado de obediencia al Derecho sólo puede serlo en el pleno sentido de la palabra si el Derecho no contradice el mundo autónomo de los imperativos éticos. Si un Derecho entra en colisión con la exigencia absoluta de la obligación moral, este Derecho carece de vinculatoriedad y debe ser desobedecido. La tesis del profesor de La Laguna ha sido seguida y, en cierto modo, radicalizada por Javier Muguerza [718]. Muguerza viene insistiendo en reivindicar para el pensamiento de la izquierda el usufructo de las ideas de «individuo» y «so-

---

[717] GONZÁLEZ VICÉN, Felipe, «La obediencia al Derecho. Una anticrítica», *Sistema* n.º 65, marzo, 1985, p. 105. Es bueno recordar que para Montesquieu la «libertad es el derecho de hacer todo lo que las leyes lo permiten». *El espíritu de las leyes,* Segunda Parte, Libro XI-3, edición castellana de Mercedes Blázquez y Pedro de Vega, Tecnos, Madrid, 1987. Según Peces-Barba, la «función de libertad, que conecta la libertad con la ley, es decir, como libertad jurídica en la forma en que MONTESQUIEU entiende el tema, en la tradición, que arranca de los estoicos, de que para ser libre hay que ser siervos de la ley (*Legum servi sumus, ut liberi esse possumus.* CICERÓN)». PECES-BARBA, Gregorio, «Derecho y fuerza» en PECES-BARBA, Gregorio, FERNÁNDEZ, Eusebio y DE ASÍS, Rafael, *Curso de teoría del Derecho,* Marcial Pons, Madrid, 2000, p. 113. La interpretación de González Vicén sobre Montesquieu tiene que ser matizada. Como dice Nino, si bien es cierto, la actitud típicamente liberal es procesalista, es decir, que hay ciertas cuestiones cruciales que están reservadas a la decisión de cada individuo, hay que tener cuidado de no caer en el finalismo ya que puede conducir a la ajuricidad: «Desde el aforismo colonial «la ley se acata pero no se cumple», esa anomia colectiva tiene mucho que ver con la falta de cooperación en el comportamiento colectivo que no es ajena al subdesarrollo y a la falta de solución pacífica de los conflictos». *Fundamentos de derecho constitucional,* p. 710; De este autor también se puede ver *Un país al margen de la ley,* p. 216.

[718] MUGUERZA, Javier *(Desde la perplejidad Ensayos sobre la ética, la razón y el diálogo),* FCE, México, 1990, p. 366. La intervención de Muguerza en el debate González Vicén-Elías Díaz se puede ver en «La obediencia al Derecho y el imperativo de la disidencia (Una intrusión en un debate), *Sistema* n.º 70, enero, 1986, pp. 27-40 y «Sobre el exceso de obediencia y otros excesos (Un anticipo)», *Doxa* n.º 4, Alicante, 1987, pp. 343-347.

ciedad civil», hasta ahora abusivamente monopolizadas por el pensamiento de la derecha[719]. Muguerza, en el debate filosófico es conocido por desarrollar la idea de que el consenso en cuanto tal no pasaría de oficiar a la manera de un registro catastral de semejante expansión del coto vedado, cuyos primeros exploradores y colonos habrían sido los disidentes[720]. Presta atención al principio de autodeterminación, eclipsado —a su parecer— por la gran atención que se le ha venido prestando históricamente al principio de universalidad[721].

---

719 MUGUERZA, Javier, «contestación de los conferenciantes» en *Ética pública y el Estado de Derecho,* Seminario derechos humanos y ética pública, Instituto Juan March, Madrid, 2000, p. 142. Esta preferencia de Muguerza no conlleva necesariamente a la irrelevancia moral del Estado democrático de Derecho y a una actitud formalista del Derecho. Dice, parafraseando a Aranguren, que desde el punto de vista de la Ética pública: «naturalmente, *la democracia como institución* o «democracia establecida», según gustaba Aranguren de referirse a ella, es tan sólo una imperfecta materialización del ideal del *Estado democrático y social de Derecho* y requiere por eso del acompañamiento de *una instancia crítica,* designada por Aranguren bajo el nombre de «democracia como moral» (para nuestros efectos, cabría entender kantianamente la *democracia como moral* a la manera de una tarea infinita: la tarea, imposible de consumar pero impostergable, de hacer coincidir el *Derecho* y la *Justicia* o, cuando menos, de mantener en pie sin relajarla la necesaria tensión entre uno y otra». MUGUERZA, Javier, *ob. cit.,* p. 74. La actitud libertaria de González Vicén y Muguerza se aleja de las pretensiones del Estado mínimo de NOZICK, Robert, *Anarquía, Estado y utopía,* FCE, México, 1998, y también de la otra idea de justicia sin Estado sostenida por Bruce L. BENSON en su libro *Justicia sin Estado,* Unión Editorial, Madrid, 2000.

720 Sobre el *disenso,* como fundamento de los derechos humanos se puede ver los escritos de Muguerza: «La alternativa del disenso (En torno a la fundamentación ética de los derechos humanos) en MUGUERZA, Javier y otros, *El fundamento de los derechos humanos,* edición preparada por Gregorio PECES-BARBA, Debate Madrid, 1989; *Ética y derechos humanos. En conversación con Ernesto Garzón Valdés,* Argés, Madrid, 1998.

721 MUGUERZA, Javier, «Primado de la autonomía (¿Quiénes trazan las lindes del «coto vedado»?) en ARAMAYO R., MUGUERZA J. y VALDECANTOS A. (compiladores), *El individuo y la historia. Antinomias de la herencia moderna,* Paidós, Barcelona, 1995, pp. 133-152. Sobre la interpretación kantiana de Muguerza, también se puede ver, «Epílogo: la indisciplina del espíritu crítico (Una perspectiva filosófica)» en KANT, Immanuel, *El conflicto de las fa-*

La idea que preocupa a González Vicén y Javier Muguerza, y que se encuentra en el fondo del debate con Elías Díaz, es la relación kantiana entre *imperio de la ley* y *dignidad humana*. González Vicén y Muguerza reconocen que por ser su concepto el del *reino de los fines,* este reino no es algo que se dé en la realidad. La carencia de «realidad» del *reino de los fines* no descansa en la imposibilidad de su «realización», sino que es un elemento constitutivo de su estructura conceptual. El *reino de los fines* no es algo dado, sino una «idea práctica» referida al «hacer y omitir» de los hombres. Por esto, dice González Vicén, aun cuando, como ya veía Schleiermacher, el concepto del *reino de los fines* apunta por su estructura al concepto del Estado, su significación es meramente negativa. No una respuesta al problema de la libertad en la coexistencia real de los hombres, sino un preliminar necesario para su planteamiento[722]. Este análisis kantiano del principio de autonomía y dignidad humana en Kant termina en estos autores con una cierta visión realista y pesimista del ejercicio del poder

---

cultades, trad. Roberto Aramayo, Alianza Editorial, Madrid, 2003, pp. 202-233; «Las razones de Kant (En torno a la interpretación de la ética kantiana por José Gómez Caffarena)» en MUGUERZA, Javier y RODRÍGUEZ ARAMAYO, Roberto (eds.), *Kant después de Kant. En el bicentenario de la crítica de la razón práctica,* Tecnos, Madrid, 1989, pp. 630-646.

[722] El *filum* kantiano de González Vicén se puede ver en su análisis de la libertad como independencia de toda voluntad condicionante: «El Derecho es restricción de la facultad de obrar externo del hombre, entendida esta facultad como mera posibilidad de acción susceptible de influir en la esfera de acción de los demás [...] En el fondo del pensamiento jurídico kantiano encontramos la idea fundamental de que el postulado de la autonomía es un postulado dirigido al hombre en su ser individual y que, por tanto, sólo él, en su individualidad, tiene que cumplir; mientras que al Derecho le incumbe exclusivamente establecer aquellas condiciones que posibilitan y aseguran el cumplimiento de aquel imperativo en el mundo de las relaciones sociales». GONZÁLEZ VICÉN, Felipe, «El principio de autonomía y el concepto de Derecho» en *De kant a Marx (Estudios de historia de las ideas)*, pp. 41-50. Una interpretación más específica llevada a cabo por González Vicén sobre Kant se puede ver «Introducción a la teoría del derecho de Immanuel Kant» en KANT, Immanuel, *Introducción a la teoría del Derecho,* trad. Felipe González Vicén, Marcial Pons, Madrid, 1997, pp. 15-45.

del Estado. Como buenos individualistas no son capaces de ver en éste sino a lo sumo un mal necesario.

Tampoco Elías Díaz ha dejado en la cuneta a Kant, solo que está más cerca del análisis del imperativo categórico kantiano interpretado por Rawls, Habermas y Nino, en los cuales el *reino de los fines* no es comprensible sin contar con la pluralidad valorativa. Es cierto, dice Elías Díaz, que lo originario está en la ética, pero como conciencia crítica tanto para obedecer como para desobedecer. La moralidad exige adhesión interior, la legalidad se conforma más con el mero cumplimiento exterior. Lo que no cree es que el impulso de la autonomía moral implique una moral individualista sin que comprometa a un diálogo interindividual y a la confrontación con razones éticas más o menos objetivas. Nuestro autor pregunta si nunca la conciencia individual puede concordar con ninguna norma jurídica, con ningún elemento de ningún orden social y político, ni siquiera con uno de carácter democrático. No cree que el dictado de la conciencia individual sea la depositaria exclusiva de la justicia [723].

---

[723] Elías Díaz, hace dos afirmaciones: (a) que concuerda con González Vicén en su insistente idea del valor supremo y último de la conciencia ética individual y de la libertad de conciencia y (b) que discrepa en su renuncia a encontrar un fundamento ético para la obediencia al Derecho y a diferenciar entre unos y otros derechos. Trata de apuntar una consideración ética de la normatividad jurídica democrática para dejar a salvo la conciencia individual no sólo desde una libertad negativa sino también desde la libertad positiva y afirmativa. Aquí el Derecho y la soberanía popular forman parte de algo *necesario* y no tan sólo contingente, esporádico, para garantizar y promover tal conciencia individual en medio de una mínima parcela de sentido humano frente relaciones específicas de poder. Según Adela Cortina, la idea de González Vicén falla al no meditar en la relevancia del principio de imparcialidad, que la conciencia individual puede estar ideológicamente deformada, egoístamente informada o iluministamente aconsejada, considera que hay que someter a la conciencia individual al canon de la universalización para hablar de objetividad. También Esperanza Guisán demanda a las «conciencias individuales» la prueba de una socialización reflexiva y no manipulada para ser fuente de normatividad. CORTINA, Adela, «Sobre la «Obediencia al Derecho» de Eusebio Fernández», *Anuario de Filosofía del Derecho,* tomo V, Madrid, 1988, p. 519. GUISÁN, Esperanza, «Razones morales para obedecer al Derecho», *Anales de la Cátedra Francisco Suárez* n.° 28, Granada, 1988, p. 147.

En esta crítica al profesor de La Laguna, coincide con otros autores, entre ellos Manuel Atienza: la afirmación de González Vicén solamente es sostenible si se niega que los imperativos éticos, aunque tengan lugar en la conciencia individual, pueden referirse a acciones que sobrepasen la conciencia y el individuo, es decir, a acciones sociales. Sólo si se niega a la ética toda dimensión social se puede eliminar la posibilidad de que exista un campo de coincidencia entre el Derecho y la ética, lo que no es fácil de aceptar, puede sostenerse lógicamente esta afirmación. A Manuel Atienza, le parece problemático atribuir validez y objetividad a los imperativos de la conciencia individual únicamente por su referencia a un momento histórico específico[724].

En la obediencia al Derecho aunque haya de contentarse con la legalidad de la acción, tiene también que *poder* ser seguido por razones morales[725]. El Derecho «podrá exigir obediencia, bajo amenaza de sanción, pero —producido democráticamente, por la voluntad popular— habrá de tener muy en cuenta el más amplio reconocimiento posible de esa libertad y de las exigencias éticas de la conciencia individual. De no ser así, hasta la propia validez y vigencia del Derecho quedará más pronto o más tarde gravemente amenazada»[726].

En última instancia, tanto González Vicén como Elías Díaz comparten la crítica al positivismo legal o legalista, a aquella teoría de que todo Derecho producido correctamente y revestido, por tanto, de validez formal obliga con independencia de

---

[724] ATIENZA, Manuel, «La filosofía del derecho de Felipe González Vicén» en AA.VV., *El lenguaje del Derecho. Homenaje a Genaro Carrió,* Abeledo-Perrot, Buenos Aires, 1983, p. 69. Se puede ver, también, ATIENZA, Manuel y RUIZ MANERO, Juan, «Entrevista con Felipe González Vicén», *Doxa* n.º 3, Alicante, 1986, pp. 317-325.

[725] HABERMAS, Jürgen, *La necesidad de revisión de la izquierda,* p. 91. Es conocido el debate de Muguerza con el constructivismo consensual de Habermas. Se puede ver MUGUERZA, Javier, «Más allá del contrato social (Venturas y desventuras de la ética comunicativa)», *Desde la perplejidad (Ensayos sobre la ética, la razón y el diálogo),* FCE, México-Madrid-Buenos Aires, 1990, pp. 255 y ss.

[726] DÍAZ, Elías, *De la maldad estatal y la soberanía popular,* p. 84.

su contenido [727]. Moral y Derecho serían dos formas de legislación, que no difieren por el contenido del mandato, sino por la forma en que obligan. Creo que concuerdan, más allá de las discrepancias reales, en la necesaria relevancia de los contenidos materiales del Derecho pero sin caer en posiciones extremas: a) la injusticia de una ley no es una razón suficiente para no obedecerla, b) igual que la validez jurídica de la legalización no es siempre suficiente para exigir obediencia. Aunque sea en Elías Díaz donde se reconozca con más claridad un esquema moderado, obedecer puntualmente, siempre que la injusticia no sobrepase ciertos límites, caso contrario se justifica la disidencia.

En este sentido es importante acudir al análisis realizado por Juan Carlos Bayón, cuando dice que quien justifica el deber de obediencia al Derecho y *apela al Derecho* como criterio de evaluación implicaría, en último término, aceptar razones morales, aceptadas en virtud de su contenido y como razones dominantes sobre los intereses de cualquiera. No pueden ser razones prudenciales del sujeto para justificar decisiones que se impone a otros. En conclusión, no pueden ser sino razones morales. Convencionalmente llamamos «morales» precisamente a las razones últimas. Pero «sería un tipo particular de razonamiento moral, con la particularidad estructural de incluir como premisas juicios descriptivos de la existencia de ciertas normas como parte del derecho vigente» [728]. Así es como Juan

---

[727] Andrea Greppi, ha hecho una crítica al antiformalismo. Que todo intento de escapar del formalismo y seguir siendo positivista le parece infructuoso. GREPPI, Andrea, «¿Hay alternativa al formalismo de los juristas?», *Jueces para la Democracia* n.º, 41, julio, Madrid, 2001, p. 36. Su crítica, en cierto sentido, está basada en los presupuestos del empirismo hobbeseano y en el liberalismo procedimental. Sin embargo, creo que la crítica al formalismo sigue vigente. La preocupación por el valor de la justicia busca fijar un límite al libre juego de las voluntades humanas para que el procedimiento no degenere en un juego estratégico.

[728] BAYÓN, Juan Carlos, «El deber jurídico» en *Enciclopedia iberoamericana de filosofía. El Derecho y la justicia,* p. 329. Bayón, agrega, podemos notar la necesidad de que la comunidad se ponga de acuerdo o convenga en

Carlos Bayón, coincide conceptualmente con la tesis de González Vicén, radicalizada con el *imperativo de la disidencia* por Muguerza, comparte con ellos la idea de que no puede haber una obligación moral *prima faccie* de «obedecer el derecho». Ya que del mero hecho de que una conducta haya sido jurídicamente prescrita no puede constituir por sí misma una razón para realizarla. Y entiende que Elías Díaz y otros críticos de González Vicén tampoco han defendido la tesis de que ha de hacerse lo que el derecho exige simplemente porque lo exige: lo que verdaderamente le ha interesado subrayar a G. Vicén es que lo que no puede el derecho es *fundamentar* razones morales para hacer lo que exige. Para Bayón, el desacuerdo entre González Vicén y Elías Díaz le parece, en este aspecto, verbal y no sustancial[729].

En este mismo sentido piensa Ricardo García Manrique. González Vicén y Elías Díaz, en el ámbito de la doctrina española, son partidarios de lo que él llama la «tesis del valor moral de la seguridad jurídica»; en otro ámbito, Gustav Radbruch se-

---

determinadas reglas para el seguimiento de una acción que antes de la legislación era indiferente y ahora resulta obligatoria, más aún tratándose del caso de la autoridad estatal que viene a constituir el «supuesto más importante de autoridad práctica». *La normatividad del Derecho,* p. 624. Este mismo autor nos trae a la memoria a Aristóteles, cuando éste diferencia entre el punto de vista de los dioses y el de los mortales frente a la justicia política. Para los dioses la justicia es una en todas partes. Ante los ojos de los mortales, dice, la justicia política aparece dividida en natural y legal o convencional. La justicia política *natural,* su fuerza es la misma en todas partes, independientemente de que lo parezca o no («lo que es por naturaleza es inmutable y tiene en todas partes la misma fuerza, lo mismo que el fuego quema tanto aquí como en Persia»). La justicia política *legal,* «la de aquello que en un principio da lo mismo que sea así o de otra manera, *pero una vez establecido ya no da lo mismo*» (el subrayado me corresponde) por ejemplo, que se deba sacrificar una cabra y no dos ovejas. ARISTÓTELES, *Ética a Nicómaco,* trad. María Araujo y Julián Marías, Centro de Estudios Constitucionales, Madrid, 1989, p. 81 (1135a).

[729] BAYÓN, Juan Carlos, «Obligaciones de creación no voluntaria: concepto y justificación de la autoridad», *La normatividad del Derecho: deber jurídico y razones para la acción,* p. 707.

ría el mejor ejemplo [730]. Dice que es «fácil observar lo que une a estas tres concepciones de la seguridad jurídica: las tres establecen un vínculo necesario entre la existencia del derecho y la generación de seguridad jurídica; las tres niegan que en la sola base de la seguridad jurídica pueda justificarse la obediencia al derecho (aunque la de Radbruch se acerca mucho a eso); pero las tres le atribuyen algún valor moral, vale decir, sostienen la tesis del valor moral de la seguridad jurídica» [731].

Esto quiere decir que en la visión de González Vicén y Elías Díaz se puede constatar una concepción de la obligación jurídica por un lado descriptiva y por otro, normativa. Descriptiva, no existe obligación moral *prima faccie* de obedecer al Derecho. Sin embargo, también normativa, la mejor vía de legitimidad del poder es la democracia limitada por la ética individual [732]. Esto es lo que Nino llama adoptar un criterio mixto para identificar uno de los conceptos jurídicos fundamentales, el deber u obligación jurídica: en parte descriptivo y en parte normativo. La tesis central del positivismo permite explicar la existencia de un punto de vista externo, un observador que puede identi-

---

[730] Radbruch sostuvo la tesis de que «sólo en casos excepcionales, tratándose de leyes extraordinariamente injustas, cabe la posibilidad de desconocer la validez de tales leyes, por razón de su injusticia». RADBRUCH, Gustav, *Introducción a la filosofía del Derecho,* trad. W. Roces, FCE, México, 1974, pp. 44, 51 y 52. Uno de los últimos trabajos sobre Radbruch véase GARCÍA MANRIQUE, Ricardo, «Radbruch y el valor de la seguridad jurídica», *Anuario de Filosofía del Derecho. Nueva Época,* Tomo XXI, 2004, BOE, Madrid, 2005, pp. 261-286.

[731] GARCÍA MANRIQUE, Ricardo, «Acerca del valor moral de la seguridad jurídica», *Doxa* n.º 26, Alicante, 2003, p. 481.

[732] Elías Díaz, asume que todo Derecho positivo es Derecho, tanto el que procede de un Parlamento, democráticamente elegido, como el que deriva de una decisión personal, de un dictador que se hace obedecer. Hecha esta aclaración sobre el concepto de Derecho, aparece manifiesto lo que significa la exigencia del imperio de la ley en el Estado de Derecho, a éste no le es indiferente implantar uno u otro modelo de orden. No cualquier tipo de organización, sino precisamente la organización que se pretende como la más justa posible, la considerada como tal en cada momento histórico. *Sociología y filosofía del Derecho,* p. 49.

ficar y describir el Derecho como un fenómeno social sin tomar partido acerca de su valor moral. Nino, reconoce que esta tesis es un denominador común en la que se puede reconocer los diversos matices de positivismo jurídico (Kelsen, Hart, Bobbio, Ross): «El derecho es un fenómeno social que puede ser identificado y descrito por un observador externo sin recurrir a consideraciones acerca de su justificación o valor moral o acerca del deber moral de obedecerlo y aplicarlo. En otras palabras, y para repetir un viejo eslogan: que el derecho que «es» puede y debe ser cuidadosamente distinguido del derecho que «debe ser»»[733]. La crítica al positivismo legalista tanto por parte de González Vicén como por Elías Díaz, saca a luz la lógica de un «pseudo positivismo» que reconoce fuerza moral obligatoria a todo derecho positivo por el sólo hecho de existir o de ser tal.

«¡Es tan cómodo no estar emancipado!» decía Kant. Por eso uno de los argumentos liberales clásicos es que la función del Derecho sea sólo crear las condiciones necesarias para el florecimiento de la individualidad y ponerse a buen recaudo del peligro de leyes que tengan sólo por objeto mantener la cohesión moral de la sociedad. Pero en la sociedad civil contingente y de competencia burguesa la existencia individual es también débil y precaria. Por eso la función de los derechos humanos es «atrincherar» ciertos intereses, oponiendo barreras a su sacrificio en aras de la satisfacción de los intereses de otros individuos y del

---

[733] NINO, Carlos Santiago, *La validez del Derecho,* 148. Esta es una de las razones por la que Nino recupera a González Vicén como un crítico de la dogmática ontológica del Derecho: «Como sostiene Felipe González Vicén en una muy interesante monografía, el iusnaturalismo racionalista que había construido una ciencia jurídica fundada en axiomas autoevidentes y universalmente válidos, se encontró de pronto con un derecho positivo, vale decir contingente, que la ciencia jurídica no podría eludir incorporar a su campo de investigación. «La ciencia del derecho deja de ser constructiva para hacerse reflexiva, para constituirse como conocimiento de algo —los derechos históricos— que le es dado desde fuera como punto de partida absoluto. La ciencia jurídica debía dejar de ser creadora para convertirse en reelaboradota»». NINO, Carlos Santiago, *Introducción al análisis del Derecho,* Ariel, Barcelona, 1997, p. 337.

Estado. Frente a los fines del individuo, el Estado es un mal necesario. Pero esto es sólo una dimensión del problema, y donde los argumentos de González Vicén adquieren consistencia. Falta la discusión sobre la relevancia del poder político, de un lado para no aislarlo y de otro, para avanzar en la discusión más allá de las relaciones entre Derecho y moral, preocupación central del trabajo «Sobre la obediencia al Derecho» del profesor de La Laguna.

Se puede afirmar que en la concepción libertaria de González Vicén no encontramos una suficiente articulación de los límites del ejercicio de la libertad, como control formal y no formal en el marco del Estado democrático de Derecho, al que no se le puede adjudicar un valor moral propio sino sólo derivado. Sin embargo, se puede pensar también que cuando se exige un *fundamento ético absoluto* para la desobediencia al Derecho, tal desobediencia se vuelve muy exigente en cuanto a sus condiciones para ser legítima. En *El Federalista* n.º 63, James Madison hizo una afirmación, que hoy casi es de sentido común, «que la libertad puede peligrar por los abusos de la libertad tanto como por los abusos del poder» [734].

4.2. Legitimidad del poder por vía de la legalidad, iusnaturalismo y positivismo

El juicio sobre los límites de la obediencia al Derecho y la validez de la desobediencia depende del criterio de legitimidad del poder democrático que se asuma. Siempre que unos hombres ejercen un poder político sobre otros hombres, la cuestión fundamental para los súbditos es si ellos se someten por mera fuerza o porque consideran el poder legítimo, es decir justificado. Esta justificación siempre es concebida como proceden-

---

[734] MADISON, James, *El Federalista* n.º 63, en *Artículos Federalistas y antifederalistas. El debate sobre la Constitución americana,* Selección e introducción de Ignacio SÁNCHEZ-CUENCA y Pablo LLEDÓ, Alianza Editorial, Madrid, 2002, pp. 175-176.

te de una fuente moral ¿Qué significa legitimidad? ¿Cuáles son los pilares de ésta?

Según Elías Díaz, el principio del individualismo es necesario pero no suficiente para asegurar la legitimidad de un sistema político, por eso el principio democrático deberá erigirse como otro pilar, un pilar ético-político y procedimental, el criterio de las mayorías deberá ser la regla de decisión para orientar la actuación de las instituciones políticas y la normatividad jurídica. Hoy, frente a individuos con intereses diversos y una sociedad compleja, si el poder político quiere ser legítimo, una condición necesaria pero *no suficiente* es que sea democrático. La validez de las obligaciones ya no es independiente de las voliciones, valoraciones o acuerdos a los que pudiera llegar. No le cabe duda que el procedimiento democrático, conforme al cual hemos de juzgar si una norma podría encontrar el asentimiento no coercitivo, es decir, racionalmente motivado, de todos los posibles afectados, no garantiza ni la infalibilidad ni la univocidad del resultado, ni tampoco que éste se obtenga en el plazo deseado.

Para Montoro, el Estado de Derecho es un bien, sin embargo, da la impresión de encontrar en la soberanía popular, el potencial del mal, por eso es que busca su estabilidad a través de un activismo cognitivo y virtuoso de las élites, garantes de una comunidad moral. Desconfía del ejercicio libre de la voluntad de la mayoría y también de la capacidad racional y razonable del individuo, por eso es distante también del individualismo. De ahí que no todas las doctrinas iusnaturalistas coincidan siempre —como suponen sus defensores— con una ética de la resistencia a la opresión, de la defensa de la persona frente a las pretensiones del Estado, de la libertad individual frente al sometimiento servil a la ley, de la autonomía frente a la heteronomía[735].

---

[735] Según Bobbio, en los brazos protectores del derecho natural han encontrado refugio una y otra vez, según los tiempos y las circunstancias, las morales más diversas, tanto una moral de la autoridad como una moral de la libertad; han sido proclamadas tanto la igualdad de todos los hombres como la necesidad del régimen de la esclavitud; tanto la excelencia de la propiedad

Elías Díaz observa que en los argumentos de Montoro se encuentra el despliegue de un cierto iusnaturalismo esencialista que, indirectamente, hace irrelevante las normas positivas aprobadas mediante el ejercicio de la voluntad de la mayoría, la identificatoria confusión entre Justicia y Derecho, entre criterio (absoluto ético) y regla de decisión jurídico política, «sólo es Derecho, y sólo puede ser Derecho, lo que coincide con el Derecho natural, es decir lo que coincide con lo que piensan los iusnaturalistas» [736]. Montoro, en este sentido, dejaría de ser un procesalista moderno para mantener la obediencia de los ciudadanos en el limbo de una comunidad moral, mediante un consenso sustantivo.

Cuando se exige tomarse en serio el formalismo, la imparcialidad constituye el núcleo de la razón práctica, sólo se dispone de procedimientos falibilistas de fundamentación de normas. El propósito expreso de Montoro, al desconfiar de los resultados de la democracia, es poner en tela de juicio uno de los presupuestos del positivismo jurídico, las fuentes sociales y democráticas del Derecho. Uno de los rasgos principales del Derecho positivo es que se basa en las decisiones reflexivas y por tanto modificables de un legislador político, por eso sólo exige una conducta legal, no obstante debe ser legítimo.

Y como en las convicciones morales no cabe esperar que cobren para todos los sujetos una obligatoriedad, la observancia de tales normas sólo es exigible (si nos situamos en la perspectiva de lo que Weber llamaba una ética de la responsabilidad) si

---

individual como la excelencia de la comunidad de bienes; tanto el derecho de resistencia como el deber de obediencia. Respecto a ciertas relaciones conceptuales entre iusnaturalismo y positivismo, agrega, «por jusnaturalismo entiendo la teoría de la *superioridad* del derecho natural sobre el derecho positivo; por positivismo jurídico la teoría de la *exclusividad* del derecho positivo. El jusnaturalismo es dualista; el positivismo jurídico, monista». BOBBIO, Norberto, *El problema del positivismo jurídico,* trad. Ernesto Garzón Valdés, Fontamara, México, 1992, p. 68. Entre iusnaturalismo y dualismo no hay una relación necesaria y suficiente, hay autores positivistas que se pretenden dualistas.

736 DÍAZ, Elías, *De la maldad estatal y la soberanía popular,* p. 108.

cobran obligatoriedad jurídica y se extienden a aquello que Kant llamaba *aspecto externo* de la acción, no a los motivos e intenciones, en relación con los cuales no cabe forzar a nadie. La moralidad procedimental emigra al interior del Derecho positivo pero sin agotarse en derecho positivo [737]. Así se puede prevenir la paradoja, que de una creciente moralización del Derecho devenga una creciente desobediencia civil y traiga consigo una considerable inseguridad jurídica y la falta de estabilidad del sistema político.

Las reservas neoconservadoras de Montoro tienen que ver con el temor que la legislación democrática se deje llevar por

---

[737] El debate sobre el positivismo ha sido renovado últimamente no sólo por la crítica iusnaturalista o los moralistas como Dworkin sino también por un cierto debate de «familia», y que algunos llaman crisis del positivismo. Juan Carlos Bayón nos recuerda que las discusiones internas se producen entre «positivismo simple», «positivismo excluyente» y «positivismo incluyente»; él parece defender un positivismo incluyente cuando sostiene que nuestros sistemas jurídicos tienen una regla de reconocimiento compleja, de manera que algunas normas pertenecen a ellos en virtud de su contenido y otras en virtud de su fuente. BAYÓN, Juan Carlos, «Derecho, convencionalismo y controversia» en NAVARRO, E. Pablo y REDONDO, María Cristina, *La relevancia del Derecho,* Gedisa, Barcelona, 2002, p. 71. Ródenas cree que, en líneas generales, la crisis que se predica del positivismo jurídico afecta básicamente a la *«versión fuerte»* de la *«tesis de las fuentes sociales»*. Defiende la idea de que ciertos estándares valorativos jueguen algún papel en la identificación del Derecho. RÓDENAS, Ángeles, «¿Qué queda del positivismo jurídico?, *Doxa* n.º 26, Alicante, 2003, p. 448. Moreso hace una defensa del positivismo inclusivo y critica la postura del positivismo excluyente de Raz, propone abandonar la noción raziana de la autoridad, las normas como razones para desplazar nuestro juicio o balance de razones sobre una cierta acción. Sugiere una teoría de la autoridad compatible con la presencia de razones jurídicas no totalmente opacas a las razones subyacentes o dependientes. MORESO, Juan José, «En defensa del positivismo jurídico inclusivo» en NAVARRO, E. Pablo y REDONDO, María Cristina, *La relevancia del Derecho,* p. 110. Según Nora Martínez, la indagación de Raz acerca de la obediencia al Derecho es idéntica a la que se formula González Vicén, si el Derecho por sí mismo genera una obligación moral de obediencia al Derecho. Esta interpretación que hace Nora Martínez de la tesis de González Vicén no me parece convincente, prefiero asumir la interpretación que realiza el profesor Bayón. MARTÍNEZ, Nora, *La obediencia al Derecho en la España democrática,* p. 307.

la demagogia y que se deje lado la idea de unas leyes supremas de justicia material en tanto límites a ésta. Se nota en sus escritos una escasa preocupación por los riesgos que conlleva la incondicionalidad de una extrema posición moral: leyes del derecho natural cristiano, de una ética material de valores o, en términos neoaristotélicos, del *ethos* en el que se ha crecido. Una desformalización ilimitada del Derecho supondría abrir las puertas a una inundación de orientaciones valorativas materiales: además de controvertibles, muchas veces, irracionales.

Se ha tenido el cuidado de diferenciar entre legalidad, legitimación y legitimidad democrática. Con Elías Díaz se afirma: ni *todo* positivismo es mera legalidad, como si fuera indiferente que ésta sea liberal o antiliberal, ni en modo alguno la legitimidad democrática se *reduce* a simple legalidad, ni mucho menos a positivismo [738]. Hay que situar el problema de la obediencia no en el Derecho sino en la ética. *Legalidad,* entendida como sinónimo sin más de Derecho, de ordenamiento jurídico; *legitimidad,* puede tomarse como término equivalente al de justificación del Derecho y del Estado; *legitimación,* por su parte, alude al hecho social de la aceptación o no de la legitimidad [739]. Así, el Derecho injusto es Derecho pero la validez jurídica no es siempre suficiente para exigir una obligación legítima. De este modo siempre es posible establecer, desde el punto de vista de un observador, la distinción entre legitimación y legitimidad, de la misma manera que es

---

[738] DÍAZ, Elías, *De la maldad estatal y la soberanía popular,* p. 57.

[739] DÍAZ, Elías, *ob. cit.,* p. 26. Liborio Hierro selecciona diversos motivos por los cuales los sujetos pueden cumplir con las exigencias de acatamiento del Derecho: mera coincidencia, cumplen por temor a la sanción, cumplen por utilidad, cumplen por respeto al orden jurídico, cumplen por respeto a la legitimidad, cumplen por adhesión. *La eficacia motivadora de la norma jurídica* no resuelve el conflicto entre Derecho y moral, por eso, el agente «debe» comportarse conforme a su convicción moral. HIERRO, L. Liborio, *La eficacia de las normas jurídicas,* Ariel, Barcelona, 2003, p. 117. Esta es una línea de razonamiento marcada por Bayón y Nino con la que estoy básicamente de acuerdo.

posible hacerlo con respecto a la creencia de la verdad de un tercero [740].

De aquí no se sigue sin más que necesariamente deba negarse el carácter de jurídico al sistema que se observa. Los peligros de la no separación conceptual entre Derecho y moral lo vieron Hart, Kelsen, Ross y Bobbio, sobre todo en una sociedad de valores plurales y compleja [741]. Creo que en Elías Díaz si no existe una santificación de la soberanía popular es porque admite también un punto de vista externo; si el Derecho positivo es realmente más progresivo, aunque haya sido producido por una minoría (ilustrada) no tardará en lograr la adhesión de las mayorías y que la mayoría puede equivocarse y para exigir obediencia tiene que cumplir con una exigencia mínima: la libertad crítica de expresión y la libertad de participación y decisión políticas [742].

---

[740] GARZÓN VALDÉS, Ernesto, *Derecho, ética y política,* p. 328. De hecho, el recurso al consentimiento fáctico como fuente de legitimidad puede conducir a resultados totalmente inaceptables desde el punto de vista ético. *Pasar del plano de las creencias al plano de lo debido es falso,* no porque podamos no estar de acuerdo con lo creído sino por razones lógicas, es en este sentido, tanto Elías Díaz como Garzón Valdés aconsejan distinguir entre legitimación y legitimidad de una organización político-social. Si se aceptan estas distinciones conceptuales «habrá que concluir que el análisis exclusivo de la legitimación no proporciona criterios suficientes para decidir acerca de la legitimidad de un sistema político. Elías Díaz (1982) a puesto claramente de manifiesto el peligro que encierra la «sacralización» de la legalidad y su confusión con la legitimidad». GARZÓN VALDÉS, Ernesto, «Acerca del concepto de legitimidad», *Anuario de derechos humanos* n.º Madrid, 1988-1989, p. 362. Tengo la impresión que con el desarrollo del concepto de «coto vedado» por parte de Garzón Valdés, su coincidencia en torno al concepto de legitimidad con Elías Díaz ha ido decreciendo.

[741] KELSEN, Hans, «¿Por qué obedecer al Derecho?» en *¿Qué es justicia?,* trad. Albert Calsamiglia, Ariel, Barcelona, 1992, pp. 182-193. ROSS, Alf, «la doctrina de las fuentes del Derecho», *Sobre el Derecho y la justicia,* trad. Genaro R. Carrió, EUDEBA, Argentina, 1997, p. 135-139; BOBBIO, Norberto, «La desobediencia civil», *El tercero ausente,* trad. Pepa Linares, Cátedra, Madrid, 1997, pp. 116-127.

[742] DÍAZ, Elías, *De la maldad estatal y la soberanía popular,* pp. 132-133. Sobre este asunto ya se dijo algo en el capítulo 3.

Todo esto se articula con una idea primigenia de que los derechos fundamentales de la persona humana son exigencias de justicia que en cuanto conquista histórica constituye elemento esencial del sistema de legitimidad en que se apoya el Estado de Derecho [743]. Hay una exigencia del iusnaturalismo contractualista moderado que es prudente reconocer, no todo se reduce a construcción voluntaria. Para evitar el problema de un voluntarismo extremo y una santificación de la «voluntad popular», Elías Díaz recurre a la distinción entre «legitimidad de las normas» y «justicia de las normas», aún así, le falta ser más explícito y desarrollar más esta tesis, aceptar —por ejemplo— la tesis de Rawls de la distinción entre obligaciones y deberes naturales o partir del reconocimiento de la tesis de Hart, un *canon mínimo de derecho natural* [744].

Este es uno de los flancos débiles de Elías Díaz criticado por el profesor de Murcia, por supuesto, no desde el contractualismo sino desde una ontología metafísica. Alguna forma del principio de la mayoría es necesaria, pero la mayoría se puede equivocar más o menos intencionalmente e imprudentemente, al legislar. Elías Díaz cree que la crítica de Montoro puede estar fundada con relación al positivismo legalista, opuesto a plantear

---

743 Uno de los temas pendientes y que no termina de ser explicado por Elías Díaz es la idea de que los derechos sólo sirven como criterio de legitimidad del sistema político si derivan de principios, y que si alguna norma sobre el deber de obedecer a cierta autoridad es aceptada, que sea por sus propios méritos y no porque fue formulada por otra autoridad.

744 Según Rawls, si nos ponemos de acuerdo en una constitución democrática, como un caso de justicia procedimental imperfecta, uno acepta al mismo tiempo el principio de la regla de la mayoría y suponiendo que la «constitución es justa y hemos aceptado y pensamos seguir aceptando sus beneficios, tenemos entonces una obligación, así como un deber natural (y en cualquier caso el deber), de observar lo que la mayoría estatuye, aunque pueda ser injusto. De este modo resultamos obligados a observar leyes injustas, no siempre, por supuesto, pero sí siempre que la injusticia no sobrepase ciertos límites». RAWLS, John, «La justificación de la desobediencia civil» en *Justicia como equidad,* pp. 93-94. véase también HART, Herbert, «Obligación jurídica y obligación moral», *Cuadernos de crítica* n.° 3, UNAM, México, 1977, pp. 5-33.

problemas de legitimidad y de justicia y resistente a la posibilidad de un discurso racional sobre valores. Y, en efecto, este es un riesgo que siempre corre el positivismo, el fraccionamiento y la ruptura de la totalización a través de la cual se configura la realidad y, junto a ello, la deificación constante e inevitable de lo positivo. Pero en ningún caso, se trataría de cambiar la metafísica del iusnaturalismo por la metaética del cientificismo.

La reivindicación mayor del positivismo es sobre todo metodológica, reivindica la autonomía científica del Derecho positivo, autonomía que no se ve coartada por el reconocimiento, hoy mucho más expreso que en el pasado, de una ética de carácter histórico que valora críticamente a aquél. En efecto, el punto de vista expresado en un grupo social como moralidad positiva, a través de un sistema de legitimidad variable, relativo e histórico, puede muy bien no coincidir con lo expresado por el legislador en un concreto sistema de legalidad, ni con el juicio de valor formulado desde una personal moralidad crítica. Se puede estar de acuerdo con Elías Díaz que el positivismo actual no se resuelve en «la mera aceptación de lo dado»; ni de lo dado como derecho positivo por un legislador, ni de lo dado como moralidad positiva por un sistema de valores socialmente aceptados.

De este modo el positivismo no resulta ser la ideología forzosamente conservadora e inmovilista, al servicio del orden instituido» [745]. Recuérdese que se ha expresado un compromiso

---

[745] Elías Díaz da por supuesto que hay y ha habido juristas positivistas que simulando no ocuparse de valores, o creyendo posible prescindir sin más de ellos, autocalificándose como meros técnicos, adoptan una actitud eminentemente acrítica, social y políticamente conservadora. Ser positivista no significa que necesariamente apueste por el cambio, lo cierto es que el positivismo se identifica con más de un criterio de legitimidad del sistema político. Bobbio habla de seis criterios de legitimidad. Tres son más favorables al mantenimiento del *status quo (ex parte principis):* el principio teocrático, el apego a la naturaleza como fuerza originaria, y la tradición. Los otros tres son más favorables al cambio *(ex parte populi):* el principio democrático del consenso, el apelo a la naturaleza ideal (iusnaturalismo deontológico) y el progreso histórico. BOBBIO, Norberto, *Estado, gobierno y sociedad,* p. 117.

con la justificación moral del gobierno, y en especial del gobierno democrático, y que lo que debemos encontrar son razones morales para obedecer las normas jurídicas» [746]. En tal sentido diré que la idea de obediencia al Derecho —en Montoro— presupone la idea de una democracia sustancial que reclama un elitismo como vía de un acceso privilegiado a la verdad, un desprecio del *common sense,* de la argumentación pública, del compromiso y del entendimiento. Este modelo podría conducir a la plutocracia o a la autocracia. Por eso Montoro no ve grandes contradicciones entre Democracia y Dictadura, ambos podrían mostrar sus maleficios y no respetar un Derecho justo si no están mediados por una élite que «sabe» y que ejerce el gobierno con la «prudencia»; las mayorías, por sí solas, no garantizan la iluminación del camino moral.

El modelo de Montoro supone la sujeción a la ley «democrática» con una fuerte desconfianza en la voluntad de los ciudadanos. Y este es un contrasentido, ya que un régimen constitucional no puede existir sin suponer un común sentido de la justicia, cuyos principios se reconocen como soporte de la constitución y guía de su interpretación. Se tiene que presumir que los ciudadanos de una democracia, o un número suficientemente grande de ellos, desean ver que se hace justicia. El elitismo moral radical es contradictorio con un sistema democrático. La desconfianza en las capacidades de los ciudadanos lleva a la falta de autoconsideración y autorespeto. Así, no se puede sostener que el disenso civil descansa en la prioridad de la justicia y en las iguales libertades garantizadas por ella, la objeción de conciencia, por ejemplo, sólo estaría garantizada en mandatos heterónomos, en la fuente de minorías y la divinidad. La paradoja tomista impulsa el uso de la razón, refuerza los impulsos morales de la gente a través de la prudencia, pero, al final, todas las cosas obedecen a la «ley eterna» y natural.

---

[746] NINO, Carlos Santiago, «La paradoja de la irrelevancia moral del gobierno y el valor epistemológico de la democracia» en *El Constructivismo ético,* p. 124.

Es cierto que a estas alturas nadie va a negar el papel que desempeñan las minorías, pero no sólo las minorías políticas, sino también las minorías culturales y las minorías étnicas, en general, diversas minorías que componen la sociedad civil. El error de Montoro es que a veces, cuando habla de las minorías, parece estar hablando de minorías, «especialistas de lo justo» [747]. Entonces las normas jurídicas no se legitiman por su origen sino por su contenido sustantivo. «La legitimidad como la justicia son categorías ontológicas, la legitimidad *(validez filosófica)*»; la legitimidad hace referencia a los valores que inspiran el Derecho y en función de los cuales el Derecho trata de perfeccionar ética y técnicamente el ámbito de la vida social que él ordena. Sólo en estos términos, del momento constitutivo del derecho puede hablarse de Derecho justo y de Derecho injusto [748].

Montoro ha pretendido trascender argumentos más allá de su posición iusnaturalista ontológica y acercarse a los argumentos defendidos por Carlos Santiago Nino y Eusebio Fernández. Ambos autores, candidatos a una teoría procedimental de la justicia que, pasando por Kant, pretenden asumir las tesis del neocontractualismo rawlsiano y el liberalismo político no metafísico.

Nino trata de defender una concepción deliberativa de la democracia, según la cual, las leyes sancionadas democráticamente las obedecemos por razones epistémicas y no por razones sustantivas. El sentido de las leyes sancionadas democráticamente reside en que ellas nos proveen de *razones para creer que existen razones para actuar o decidir;* las leyes de-

---

[747] En una línea conservadora, creo que Ignacio Sánchez Cámara, en la doctrina española, desde hace buen tiempo, viene investigando y defendiendo las tesis sobre minorías selectas y su relevancia en la política y el Derecho. De este autor se puede ver *La teoría de la minoría selecta en el pensamiento de Ortega y Gasset,* Tecnos, Madrid, 1986 y *De la rebelión a la degradación de las masas,* Altera, Barcelona, 2003.

[748] MONTORO BALLESTEROS, Alberto, «Utopía y realidad en la protección de los derechos humanos», pp. 246-247.

mocráticas no son en sí mismas razones para actuar o decidir[749].

Desde estos argumentos es notorio el contraste entre la obediencia a un gobierno democrático y al que no lo es, porque en éstos no hay ningún presupuesto de justicia que justifique la suspensión de la propia reflexión y ninguna presunción de legitimidad. Según Nino, el origen democrático de una norma jurídica es relevante, nos proporciona razones epistémicas, si nos proporciona *razones para creer que tenemos razones para hacer,* es porque es un «sucedáneo regimentado» del discurso moral. Así se deriva un deber moral de obedecer las normas de origen democrático. Creo que esta es una tesis no próxima a la de Montoro.

Desde la perspectiva de Eusebio Fernández, el valor de la democracia radica en su posibilidad de generar un Derecho justo. Y si hay una obligación moral de obedecer al Derecho justo y a las disposiciones jurídicas justas es porque deriva de la obligación moral más general que tienen los hombres de ser justos. Este tipo de obligación no puede ser directa ya que es distinta de la obligación moral en su sentido fuerte, que sería la que tiene como origen la autonomía de los individuos. Eusebio Fernández tiene especial interés en resaltar este carácter de obligación moral derivada que tiene la obligación moral de obedecer al Derecho justo y a las disposiciones jurídicas justas; el objetivo o ideal de un Derecho justo es difícil de realizar y de precisar, sólo es posible construir unas exigencias como vía y como contenido, con cuyo cumplimiento el sistema jurídico se con-

---

749 NINO, Carlos Santiago, *La constitución de la democracia deliberativa,* p. 187. Según Nino, «Las leyes sancionadas por gobiernos autoritarios están completamente sujetas a la paradoja de su propia superfluidad para el razonamiento práctico. Sólo por el hecho de continuar con la práctica, esas leyes tienen algún sentido para el razonamiento práctico, pero es muy improbable que existan principios morales que justifiquen la preservación de este tipo de prácticas». *ob. cit.,* p. 188. Sobre el deber jurídico en Nino se puede ver ROCA PÉREZ, Victoria, «¿De qué hablamos cuando hablamos de deberes jurídicos? (Algunas consideraciones sobre las fuentes del Derecho a partir de la tesis de Nino del caso especial), *Doxa* n.º 25, Alicante, 2003, pp. 471-501.

vierte en un derecho «mínima y suficientemente justo». En definitiva, «existe una obligación moral de obedecer al Derecho cuando éste ha sido elaborado contractualmente y además, reconoce, respeta y garantiza el ejercicio de los derechos humanos fundamentales» [750].

Esta es una especie de «obligación política» que surge de un criterio combinado entre legitimidad de origen y legitimidad de ejercicio. Y respecto a si es adecuado o no acudir a argumentos iusnaturalistas, como hace Montoro, dice que las reglas de conducta son exigencias y necesidades morales y sociales y no leyes naturales. Las coordenadas de la ética y la historia con las que analiza Eusebio Fernández tanto el tema de los derechos humanos como la obediencia al Derecho llevan muchas veces a que sus argumentos sean tomados por autores positivistas o por iusnaturalistas, a veces justificadamente y otras, injustificadamente, como es el caso del iusnaturalista Montoro Ballesteros.

En general las decisiones mayoritarias vienen restringidas mediante una protección de la minoría, articulada en términos de derechos fundamentales, en el ejercicio de la autonomía política los ciudadanos no pueden transgredir el sistema de los derechos, que es el que empieza constituyendo esa autonomía. Un papel distinto es el que desempeña la regla de la mayoría en el

---

[750] FERNÁNDEZ, Eusebio, *La obediencia al Derecho,* p. 72. De este mismo autor se puede ver también, «Conciencia y respeto al Derecho» en PECES-BARBA, Gregorio, *Ley y conciencia. Moral legalizada y moral crítica en la aplicación del Derecho,* BOE-Universidad Carlos III de Madrid, Madrid, 1993, pp. 63-70; «La obligación moral y la obligación jurídica», en *Obligatoriedad y Derecho. XII Jornadas de Filosofía Jurídica y Social,* Universidad de Oviedo, Oviedo, 1991, pp. 41-56. Entre las muchas críticas a las tesis de Eusebio Fernández véase URBINA TORTELLA, Sebastián, «Derecho y desobediencia, ética y economía. Eusebio Fernández y Francisco Laporta» en *Perspectivas en la Filosofía del Derecho,* Universitat de Illes Baleares, Palma de Mayorca, 1988, pp. 89-107; CORTINA, Adela, «Sobre «la obediencia al Derecho» de Eusebio Fernández», *Anuario de Filosofía del Derecho* n.° 5, Madrid, 1988, pp. 513-525; DE PÁRAMO, Juan Ramón, «La obediencia al Derecho», *Anuario de Derechos Humanos* n.° 5, Instituto de Derechos Humanos de la Universidad Complutense, Madrid, 1988-1989, p. 497 y ss.

caso de la obtención de compromisos como un indicador de una distribución dada de poder. Creo que esto es mejor entendido antes que por Montoro por Delgado Pinto, defensor de un iusnaturalismo moderado.

Este autor, cree que es moralmente obligatorio atenerse a las normas que derivan de una constitución democrática, pero no es suficiente que nuestra conducta se ajuste a lo prescrito sin que actuemos con la convicción de cumplir con nuestro deber. Objetivismo y subjetivismo pero sin radicalismos [751]. Cree que la democracia se puede justificar como el procedimiento por el que se puede llegar a legitimar el Derecho y su obediencia, pero desde una postura que admite la posibilidad de una fundamentación racional reconociendo la igual capacidad de los miembros de una comunidad para conocer acerca de lo justo y lo injusto. Nos recuerda que fue Protágoras —quien, recurriendo a un mito— justificó la democracia suponiendo que, a diferencia de lo que ocurre con los saberes técnicos, los dioses regalaron a los hombres en forma desigual el sentido de lo técnico, para construir una barca no se acude a la asamblea general sino al técnico, el sentido de lo justo y lo injusto fue distribuido por igual entre todos los hombres.

Delgado Pinto afirma que el iusnaturalismo consiste precisamente en la creencia en la capacidad natural de la razón humana para poder llegar a un consenso, a propósito de los problemas básicos de la convivencia sobre la base de unos criterios y valores objetivos. La obediencia, en este sentido, tiene que estar racionalmente ilustrada, de tal modo que quienes opten por la obediencia al Derecho democrático se encuentren en condi-

---

[751] DELGADO PINTO, José, «El Deber jurídico y la obligación moral de obedecer al Derecho», *Obligatoriedad y Derecho. XII Jornadas de Filosofía Jurídica y Social,* Universidad de Oviedo, Oviedo, 1991, pp. 38-39. No sólo Delgado Pinto se ha esforzado por superar viejos esencialismo en el iusnaturalismo jurídico sino también, en otros contextos, ha sido Finnis quien ha revitalizado una variante tomista. Un análisis sobre la posición de Finnis se puede ver SUÁREZ VILLEGAS, Juan Carlos, *¿Hay obligación moral de obedecer al Derecho?,* Tecnos, Madrid, 1996, pp. 66-99. FINNIS, John, *Ley natural y derechos naturales,* trad. Cristóbal Orrego Sánchez, Abeledo-Perrot, Buenos Aires, 1992.

ciones de poder saber sobre qué se pronuncian. Este elemento racionalista e ilustrado de Delgado Pinto le acerca más a Nino, a Eusebio Fernández y a Elías Díaz que a Montoro y, efectivamente, iusnaturalismo y democracia no tienen por qué estar necesariamente en contradicción. El propio Elías Díaz se ha encargado de acercar posiciones:

«Quiero advertir que cuando he hablado de las mayorías no es como esa forma de justificación mínima de la democracia que ha aludido Delgado Pinto. La verdad es que la mayor parte de lo que se ha dicho aquí a propósito del criterio de las mayorías lo acepto, como puede leerse en mis escritos [...] Junto al criterio de la mayoría, a lo que modestamente he puesto el nombre de «legitimidad eficaz», hablo constantemente de la «legitimidad crítica», que supone la posibilidad de conocimiento moral objetivo y que es una instancia más profunda, si se quiere, que la de la legitimidad eficaz por la que se orienta el derecho [...] En este sentido, propósito de la operatividad en la creación del derecho, es donde, por mucho que se diga, sigo sin ver otra solución operativa que el criterio de las mayorías —dejando, insisto— bien asentada como base de fondo la legitimidad crítica y la posibilidad de conocimiento moral individual, que no contradigo» [752].

[752] Elías Díaz y Delgado Pinto, entre otros iusfilósofos españoles, coincidieron como comentaristas de una ponencia de Nicolás LÓPEZ CALERA, «La legitimación democrática del Derecho», ponencia y coloquio que fue publicado en *Anales de la Cátedra Francisco Suárez* n.º 16, 1976, pp. 33-90, dedicado al análisis del Derecho y la soberanía popular. Los textos citados de Delgado Pinto y Elías Díaz están en las pp. 81 y 88, respectivamente. En esa ponencia, entre otras cosas, López Calera decía que cuando el Derecho es auténtica expresión de una soberanía social, lo normal es su cumplimiento. Es decir, el Derecho se cumple y se acepta a través de la libertad y de la convicción, porque aun siendo fuerza es fuerza racionalizada. En estos casos lo anormal es su incumplimiento. Y frente al paternalismo, que algunos argumentaban a través de casos excepcionales en los que ha habido una coincidencia entre las opciones de poder autocrático o dictatorial y los intereses sociales, es evidente —afirmaba— que por más que el paternalismo sea sano queda dañado el principio de la dignidad y de la autonomía práctica, cada pueblo, cada individuo quiere ser dueño de su propio destino. Es una exigencia de la autonomía práctica que el Derecho sea creado democráticamente, *ob. cit.*, p. 37.

Los argumentos iusnaturalistas de Delgado Pinto son razonablemente comprensibles. En cambio, la posición de Montoro genera cierta incertidumbre, dada sus exigencias de una fundamentación esencialista de la obediencia al Derecho justo. Esta posición demanda el reconocimiento de una existencia ontológica de la ley natural, de un *orden ontológico impuesto por el creador,* cuya voluntad objetiva marca los lindes a la voluntad individual y a la voluntad mayoritaria. El concepto de obligación jurídica nace y muere con las normas de las cuales ha sido tomada, el riesgo, jubilar el ejercicio de la voluntad ciudadana en aras de una comunidad moral sustantiva. Uno de los últimos escritos de Francisco Laporta se encarga de sacar a luz las paradojas a las que conduce este tipo de pensamiento, en cuanto a la filosofía práctica y a la solución de conflictos a través del Derecho [753].

No es casual la crítica al racionalismo, al iusnaturalismo racionalista inclusive, por parte de Montoro. Como dice Elías Díaz, el problema de la justicia tanto para el individualismo ético como para el elitismo ético radica en determinar qué es lo que en concreto no se puede justa y legítimamente hacer. Si hay un autolímite es él de la básica libertad» [754].

---

[753] Laporta ha criticado los argumentos esencialistas en los que se basa el dictamen «iusnaturalista» del Consejo de Estado español para oponerse al *matrimonio* de los homosexuales. Dice Laporta, «Y si esto es así, entonces la modificación legislativa de algunos de esos derechos y deberes lo único que comporta es el correspondiente reajuste en el viejo concepto de «matrimonio», y no la aparición de una nueva realidad con la consiguiente necesidad de un nuevo «orden» diferenciado, como el de los sorprendentes monotremas». LAPORTA, Francisco, «El ornitorrinco y el Consejo de Estado», en *El País,* 1 de febrero de 2005, p. 14. Posiciones contrarias a la sostenida por Laporta, sobre el matrimonio homosexual, y bajo presupuestos de un iusnaturalismo ontológico, son las que defienden: Rafael TERMES, «No puede ser en Derecho lo que no es por naturaleza», en *El País,* 27 de octubre, 2004; y, NAVARRO VALLS, Rafael, «Religión y objeción de conciencia», *El Mundo,* 5 de octubre de 2005. Una ampliación de las ideas conservadoras de este último autor, se puede ver NAVARRO VALLS, Rafael y MARTÍNEZ-TORRÓN, Javier, *Las objeciones de conciencia en el Derecho español y comparado,* McGraw-Hill, Madrid, 1997.

[754] LAPORTA, Francisco y RUIZ MIGUEL, Alfonso, «Entrevista a Elías Díaz», *Doxa* n.º 15-16, 1994, p. 77.

En síntesis, el uso que hace Montoro de expresiones lingüísticas en relación con la obediencia al Derecho en un contexto democrático se encuadra, más que en Aristóteles, en lo que Nino llama un esencialismo de carácter platónico, y que consiste en suponer que hay una realidad trascendente a la experiencia que determina necesariamente el significado de las expresiones del lenguaje [755]. Por eso se entiende que Montoro recurra a una necesaria argumentación trascendental fuerte, tratando de dar una respuesta a la pregunta de cómo es posible la legitimidad por vía de la legalidad desde un punto de vista metafísico y que conduce a desconfiar de la democracia y del individuo en pos de una comunidad moral y autocomprensiva. En última instancia, Dios es el garante epistémico capaz de iluminar la última duda posible sobre la fiabilidad de nuestras facultades. Según Pérez Luño, el iusnaturalismo tomista representó la más acabada explicación y legitimación de la unidad medieval del orden moral, político y jurídico [756].

5. CUESTIONES FINALES

Elías Díaz ha dado argumentos para explicar y justificar los contornos de la democracia y el socialismo democrático como un proceso en constante «transición», abierto al disenso, y a los nuevos movimientos «identitarios» de la sociedad civil, tratando de evitar tanto la anarquía como la aristocracia, sabiendo que la libertad nunca será absoluta y que la libertad perfecta no es compatible con la seguridad jurídica. Ha sido criticado por González Vicén y Montoro Ballesteros por pretender legitimar la democracia basada en el ejercicio de la libertad de los individuos que da origen a normas jurídicas, previo el filtro del proceso democrático como garantía de un consenso con pretensiones éticas.

---

[755] NINO, Carlos Santiago, *Introducción al análisis del Derecho*, p. 336.

[756] PÉREZ LUÑO, Antonio Enrique, *Teoría del Derecho. Una concepción de la experiencia jurídica*, p. 112.

Se reconoce que entre soberanía popular y derechos humanos hay problemas de límites y zonas de interferencias. Esta visión ya no es compatible con la idea de la autonomía absoluta de la persona empírica, la acción y conducta individual irrestricta frente a la autoridad democrática, «la condición humana es la autonomía relativa» [757]. Y no nos debe sorprender que en cuanto construcción de poder legítimo, estimula la obediencia y desalienta la desobediencia, tratando de evitar las minorías permanentes y la revocabilidad de las decisiones democráticas [758]. Esto implica aceptar la promesa y los riesgos de la ciudadanía liberal-social y democrática pluralista.

Sin embargo, habrá que reconocer que la democracia como moral nunca puede ser totalmente institucionalizada. La estrategia argumentativa de González Vicén es hacer visible que no hay una conexión necesaria y suficiente entre la libertad individual y el gobierno democrático y que el principio de separación entre Estado y sociedad civil e individuo tiene un potencial crítico, el potencial crítico de los derechos individuales y los derechos de las minorías disidentes. El profesor de La Laguna no comparte el diagnóstico de Elías Díaz, que neolibertarios y neoliberales están tratando de reducir los problemas sociales a un

---

[757] HELLER, Ágnes, *Más allá de la justicia,* p. 328.

[758] Dice Elías Díaz, en su libro *De la maldad estatal y la soberanía popular,* que en tiempos en que es hegemónico el paradigma neoliberal se debería tener más cuidado cuando se habla tan maniqueamente de la maldad pública y la bondad privada. Los socialistas tendrían que seguir exigiendo una intervención más cualificada del Estado frente al ultraindividualismo, del «sálvese quien pueda». En este diagnóstico han coincidido con el profesor de La Autónoma diversos autores. CAMPS, Victoria, «Reflexión en torno a *«De la maldad estatal»*», *Cuadernos de Alzate, Revista vasca de la cultura y las ideas* n.° 2, primavera, 1985, pp. 93-96; SANTESMASES, Antonio, «¿Una identidad inevitable?», *Leviatán* n.° 19, Madrid, primavera, 1985, pp. 125-128; ATIENZA, Manuel «Elías Díaz: *De La maldad estatal y la soberanía popular...*», *Arbor* n.° 473, CSIC, Madrid, Mayo, 1985, pp. 129-131; PECES-BARBA, Gregorio, «El síndrome de la maldad estatal» en diario *El independiente,* Madrid, 4 de noviembre, 1988, p. 11; GARCÍA COTARELO, Ramón, «Díaz Elías: *De la maldad estatal y la soberanía popular...*» en *Sistema* n.° 67, Madrid, julio, 1985, pp. 139-144.

conflicto entre Estado de Derecho y conciencia e intereses ético-individuales, bajo el riesgo de un individualismo extremo, propenso a inmunizar excesivamente al individuo contra el poder decisión de las mayorías[759].

Montoro Ballesteros tampoco comparte el diagnóstico de Elías Díaz. Parte de la crítica tanto a demócratas radicales como a liberales individualistas. Que la anomalía moral de nuestro tiempo tiene que ver con el déficit de deberes naturales y obligaciones comunitarias[760]. Su mérito, ha sido introducir el tema de las virtudes cívicas para el combate a la anomia moral de nuestro tiempo, muy atento a la objeción de conciencia por deberes naturales pero escaso interés en el reconocimiento del ejercicio de la libertad crítico-política de todas las personas afectas por las posibles decisiones democráticas.

Toda democracia empíricamente institucionalizada tiene mecanismos excluyentes[761]. Desde una perspectiva democráti-

---

[759] Tanto Estévez Araujo (una visión socialista libertaria) como Carlos Díaz (una visión personalista libertaria) coinciden en este tipo de crítica a Elías Díaz. ESTÉVEZ ARAUJO, José Antonio, «Elías Díaz: «*De la maldad estatal y la soberanía popular*»...», *Anuario de Filosofía del Derecho. Nueva época,* tomo II, Madrid, 1985, pp. 435-444; DÍAZ, Carlos, «Díaz Elías: *De la maldad estatal y la soberanía popular...*», *Diálogo filosófico* n.º 5, Madrid, mayo/agosto, 1986, pp. 247-254.

[760] El diagnóstico de Montoro sobre los males de nuestro tiempo, el crepúsculo de los deberes naturales y cívicos, es compartido por Sánchez Cámara y Pedro Serna. SÁNCHEZ CÁMARA, Ignacio, «V. El crepúsculo de los deberes» en *De la rebelión a la degradación de las masas,* pp. 143 y ss; SERNA, Pedro, «Modernidad, posmodernidad y Derecho natural: un iusnaturalismo posible», *Persona y Derecho* n.º 20, Pamplona, 1989, pp. 157-330. Pedro Rivas, desde un iusnaturalismo cercano al de Finnis, critica a Elías Díaz de no evadir una contradicción pragmática, el autosuicidio de las mayorías, puesto que el voluntarismo político «no evade el problema de una posible autoentrega que la mayoría pudiera hacer de su propia libertad». RIVAS, Pedro, «Argumentación pragmática y fundamentación de la democracia. A propósito del pensamiento de Elías Díaz sobre la legitimidad», *Revista chilena de Derecho,* vol. 25, n.º 3, Chile, 1998, pp. 579-590.

[761] Victoria Camps, exige una actividad creativa en una realidad compleja y si no conseguimos mantener una tensión creativa entre tres fuerzas que se interrelacionan, Estado-mercado-sociedad civil, «en el mejor de los

ca, Rawls entendía que lo que justifica en último término la justicia como equidad, no es aquello que trate de reflejar un orden antecedente y dado a nosotros, sino su congruencia con nuestra más profunda comprensión de nosotros mismos y con nuestras aspiraciones, y al mismo tiempo nuestro constatar que, dada nuestra historia y las tradiciones propias de nuestra vida pública, la doctrina más razonable para nosotros [762]. Y desde la perspectiva de los derechos, Dworkin sostiene que si no existiera nadie que pusiera en duda una ley aparentemente ya establecida en nombre de los derechos fundamentales, entonces no seríamos capaces de reconocer los cambios que ocurren con el transcurso del tiempo en la moralidad de la comunidad y que la validez de la ley depende de procesos de prueba permanente. Someter a prueba no es patrimonio exclusivo de un crítico o de una élite selecta sino de todos los participantes en un proceso político, la objeción de conciencia como acto moral-jurídico y la desobediencia civil como acto principalmente político-jurídico [763]. Ni Rawls ni Dworkin defienden la

---

casos, el Estado asumirá la función de preservar las esencias constitucionales y el individuo irá descubriendo que su bien particular se mueve en el vaivén de los intereses del mercado. Nos falta un discurso público concerniente a la responsabilidad, la socialidad y la sociedad civil, lo cual deja en nuestras manos el pensar qué clase de personas queremos ser y qué tipo de sociedad queremos construir». CAMPS, Victoria, *ob. cit.*, p. 125. En todo caso estamos interpelados por el desencantamiento de la ética. CAPELLA, Juan Ramón, «Malos tiempos para la ética», *Anuario de Filosofía del Derecho VI*, 1989, 399-408.

[762] RAWLS, John, *La justicia como equidad. Una reformulación*, trad. Andrés de Francisco, Paidós, Barcelona, 2002. Uno de los últimos trabajos sobre el liberalismo político de Rawls véase SELEME, O. Hugo, *Neutralidad y justicia. En torno al liberalismo político de John Rawls*, Marcial Pons, Madrid, 2004. Frente a los riesgos de un disenso abigarrado y amorfo en la sociedad actual, el consenso entrecruzado, es uno de los constructos teóricos más elaborados de la teoría jurídico-política con la que hoy contamos, como legado de Rawls, ya que el problema de nuestro tiempo no es sólo la rebeldía sino también la indiferencia a los problemas públicos.

[763] DWORKIN, Ronald, «La desobediencia civil», *Los derechos en serio*, trad. Marta Guastavino, Ariel, Barcelona, 1995, p. 304 y ss. Una interpretación

primacía absoluta de la conciencia moral del individuo frente a la ley pública.

Esto significa que tanto los derechos como la democracia suponen procesos de aprendizaje que nos permiten pensar que las instituciones democráticas pueden hacerse más democráticas en una dinámica vital entre disenso y consenso, entre el ideal de la libertad y el orden democrático[764]. La autonomía como caracterización de la «modernidad», el sentido del prefijo «auto» ha quedado, sin embargo, distorsionado bajo el signo de un individualismo posesivo y de una subjetividad pura y dura. Tenemos que devolver a ese «auto» un sentido intersubjetivo. Nadie puede se libre por sí solo. Nadie puede llevar desconectado de los demás una vida consciente, ni siquiera su *propia* vida. Nadie es un sujeto que sólo se pertenezca a sí mismo. El contenido normativo de la modernidad sólo puede descifrarse en su lectura intersubjetivista[765]. La izquierda democrática tiene que estar dispuesta a asumir doctrinas y movimientos sociales emergentes igualitarios y no autoritarios, y asumir que el Estado democrático de Derecho debe ser un instrumento para el ejercicio

---

de la tesis de Dworkin véase DE LUCAS, Javier, «Una consecuencia de la tesis de los derechos: la desobediencia civil según R. Dworkin», en *Doxa* n.º 2, Alicante, 1985, pp. 197-207; este autor también ha escrito sobre democracia y obediencia, «Por qué obedecer las leyes de la mayoría» en LLANO ALEJANDRO y otros, *Ética y política en la sociedad democrática,* Espasa-Calpe, Madrid, 1981, pp. 167-264.

[764] COHEN, L. Jean y ARATO, Andrew, *Sociedad civil y teoría política,* pp. 672, 673.

[765] HABERMAS, Jürgen, *La revisión de la izquierda,* pp. 54-55. De este autor, ver también, «La desobediencia civil, piedra de toque del Estado democrático de Derecho», *Ensayos políticos,* trad. Ramón García Cotarelo, Península, Barcelona, pp. 51-72. Una veta habermasiana en el análisis de la desobediencia civil véase VELASCO ARROYO, Juan Carlos, «Tomarse en serio la desobediencia civil», *Revista internacional de filosofía política,* n.º 7, Madrid, mayo, 1996, pp. 159-184. Una de la últimas críticas a Habermas desde la izquierda, RIPALDA, José María, «Habermas y Europa», *Mientras Tanto* n.º 96, otoño, Barcelona, 2005, pp. 17-22. Para una revisión analítica de estos problemas, BOBBIO, Norberto, «libertad y autoridad» en *Derecha e izquierda,* trad. Alessandra Picone, Taurus, Madrid, 1998, pp. 155-164.

de la libertad real de todos y que, la búsqueda en el Estado de Derecho del mal radical de nuestro tiempo, produce más trastornos que beneficios, «ya que para el positivista moderado, la legalidad es un bien por más que no sea el mayor de los bienes, y para el iusnaturalista moderado, un mal menor» [766].

[766] BOBBIO, Norberto, *El problema del positivismo jurídico,* p. 79.

CONCLUSIONES GENERALES

El camino recorrido por este trabajo tuvo como objetivo discutir y analizar las principales ideas de Elías Díaz que giran en torno al Estado de Derecho, los derechos humanos y la democracia. Una reconstrucción a partir de los debates suscitados por el autor con otros autores en el contexto de la filosofía jurídico-política de la España contemporánea. El lector o la lectora ha constado que los diversos debates no resultan estériles dada la riqueza argumentativa y dada, también, su utilidad no sólo para la mejora de nuestras prácticas de razonamiento sino también para nuestras prácticas sociales y para la ampliación de las capacidades institucionales y sociales en nuestros países.

En qué se puede concluir, entonces, acerca del pensamiento de un autor que asume en el trabajo universitario e intelectual un determinado punto de vista del realismo crítico para dar cuenta del Estado democrático de Derecho que «existe» y de sus exigencias de legitimidad, aquél de la «promesa incumplida»; este realismo crítico tanto en la descripción del Derecho y del Estado como en las exigencias prescriptivas de legitimidad democrática y desde exigencias de una dialéctica de la Ilustración: razón ética, teoría y práxis de la justicia y de los derechos humanos fundada y derivada de la compleja y dinámica conjunción de los valores de libertad, igualdad y solidaridad.

La empresa intelectual de Elías Díaz difícilmente será comprendida si no partimos por entender sus presupuestos teóricos respecto del Estado de Derecho, centro temático en torno al cual giran sus principales ideas sobre seguridad jurídica, derechos humanos y democracia. Para poder comprender este centro temático y organizar la presente investigación, metodológicamente, me ha sido útil una premisa básica: *la idea de derechos del hombre y la idea de soberanía popular han venido determinando la autocomprensión normativa de los Estados democráticos de Derecho hasta hoy*. Premisa que viene sugerida, últimamente, a partir del giro deliberativista en la teoría contemporánea del Estado democrático, con más claridad en el pensamiento habermasiano, pero en diálogo fluido con el pensamiento de Rawls, Dworkin, Nino, Atienza, entre otros.

1. *No todo Estado es Estado de Derecho,* un enunciado con el que inicia Elías Díaz su defensa a favor del Estado democrático de Derecho. Desde un horizonte histórico/normativo, la tarea del profesor de la Autónoma de Madrid resulta comprometida tanto con preocupaciones explicatorias como con preocupaciones justificatorias y valorativas. El Derecho, la moral y la política se diferencian pero no se disuelven autónomamente por completo en la idea de Estado de Derecho, y tampoco en la práxis política: «escribí —afirma— sobre el Estado de Derecho cuando aquí no había Estado de Derecho y casi nadie sabía lo que eso era». Una cita casi autobiográfica tomada de sus testimonios y recogidos como fuentes primarias.

En el capítulo primero se ha advertido el devenir de la idea de Estado de Derecho en Elías Díaz, idea que surge en el contexto histórico de la dictadura franquista, justamente al fragor de un debate. En la década del 60, se inicia un debate jurídico-político en torno a dar respuesta a dos interrogantes: ¿es la dictadura franquista un Estado totalitario o un Estado autoritario? ¿Se sostiene el régimen en un Estado de Derecho? Se ha visto los valiosos argumentos del Informe de la Comisión Internacional de Juristas que sirvieron para denunciar la violación de derechos humanos y la caricaturización de la democracia por el régimen franquista. La «réplica» oficial, por su parte, buscó la alienación y el encubrimiento de sus propósitos. Los argumentos de uno de los capítulos del libro *Estado de*

Derecho y sociedad democrática de Elías Díaz, se convirtió en un peligro para ese afán alienador del régimen.

Se ha sostenido que el Estado franquista (dictatorial totalitario y luego, dictatorial autoritario) fue desde el principio y hasta el final, aunque no sin secundarias variaciones y conflictos grupales de hegemonía, un Estado antidemocrático, la negación misma de la democracia y de la libertad, opuesto y contrario al Estado de Derecho. En este sentido el aporte de la Comisión Internacional de Juristas y el libro de Elías Díaz fueron de clarificación, concienciación y de estímulo a la lucha por la defensa de los derechos humanos y la recuperación de la democracia. De este debate lo que queda es que cuando se habla de Estado de Derecho no debemos dejar pasar por alto las advertencias del riesgo del Estado totalitario. Esa preocupación que fue tan clara en Hannah Arendt: el Estado totalitario, como potencialidad y como peligro, no puede descartarse que permanezca «entre» nosotros, de la misma manera que otras formas de gobierno surgieron en diferentes momentos históricos y han permanecido con la humanidad al margen de sus derrotas temporales. Hemos sumado a la preocupación de Arendt la voz de Elías Díaz. Ambos estimulan a entender la historia como ese espacio revelado a contraluz de las experiencias históricas del totalitarismo y de la banalidad del mal. El Estado de excepción, no aquél constituido jurídicamente, sino aquél que se autoproclama constituyente. La razón de Estado como fuerza que vence pero no convence. La razón del poder quiere y pretende valer mucho más que la razón ética y la razón jurídica.

La sugerencia de Francisco Laporta de que los textos de *Estado de Derecho y sociedad democrática,* donde Elías Díaz reflexiona sobre Estado totalitario, fascismo y nazismo, tendrían que ser lectura obligada hasta en las escuelas, no pasa desapercibida. Elías Díaz, en general, estimula a reflexionar sobre una de las experiencias históricas del totalitarismo y la banalidad del mal. He reactualizado un debate, aquel que vino a formar parte de las motivaciones teórico-prácticas que impulsaron a Elías Díaz para publicar su Libro *Estado de Derecho y sociedad democrática* en 1966, libro ligado a la historia nefasta de un «secuestro administrativo». Para Elías Díaz, el Estado franquista, totalitario y después autoritario, estuvo bajo la sombra del totalitarismo hasta el final de sus días. Y esto, bien podría servir hoy para reflexionar, también, sobre memoria histórica y Estado de Derecho. Propósito que por un lado requiere una tarea sociológica e histórica y por otro, validar una hipótesis justificativa, una valoración de razones.

Los valores y la pragmática, sociológicamente, alumbran las estructuras políticas y las estructuras de todo Estado de Derecho. Se ha tratado de explicar, también, en el curso de la investigación y siguiendo a Rafael Escudero, que fueron los presupuestos ontológicos iusnaturalistas del franquismo, los motivos que llevaron a Elías Díaz a tomar distancia de toda postura iusnaturalista frente al Derecho, sea ontológica o procedimental, como la teoría de la «moral interna del Derecho» de Fuller. La articulación entre Estado de Derecho, derechos humanos y democracia está registrada a partir de un positivismo jurídico abierto a una moral ilustrada y crítica: «no todo Estado *con* Derecho es un Estado *de* Derecho».

2. En el capítulo segundo mi objetivo ha sido mostrar el debate generado en torno al concepto de Estado de Derecho de Elías Díaz. Un buen pretexto es la postura discrepante de Francisco Laporta, su postura analítica y su crítica liberal-ética ha dado pie a una interesante discusión con nuestro autor. La discusión trata de responder al problema de qué teoría sobre el Estado de Derecho hace más probable la compatibilidad entre soberanía popular, derechos humanos básicos y seguridad jurídica, además de someter al intento de superar una paradoja a un historiador-conceptualista del Estado de Derecho como es Elías Díaz.

El paso del Estado Absoluto al Estado de Derecho moderno, históricamente, parece no estar suficientemente explicado por Elías Díaz, ya que la dinámica de la tensión entre derechos humanos y democracia no se expresa sólo a partir del liberalismo. El principio de la soberanía popular tiene ya especial relevancia en el Renacimiento. No está libre de problemas la afirmación de que el moderno Estado de Derecho no es sino una inicial respuesta a la exigencia ética de dignidad humana que se va desenvolviendo paulatinamente a través de la Ilustración hasta alcanzar su manifestación política en el Estado constitucional (y legislativo) de Derecho actual. El Renacimiento trata de reconciliar la dignidad humana con lo mejor de la tradición republicana, cantera en la que la teoría de la democracia adquiere toda su relevancia. La fortaleza del republicanismo: el retorno a la cultura griega, pasando por el Renacimiento, para dejar reposar sobre bases sólidas la democracia deliberativa y el Derecho como argumentación, además de la retórica y la dialéctica.

El concepto robusto *(tesis fuerte)* de Estado de Derecho de Elías Díaz, desde esta perspectiva histórica, se inscribe en la tradición continental del *Rechtsstaat* y del «reino de la ley» de la Revolución francesa; Laporta ha hecho acopio de sus mejores argumentos en la tradición del *Rule of Law,* en tanto que los otros elementos del Estado de Derecho los remonta a los aportes de la Revolución francesa y la Declaración de 1789. Pero esta es una coincidencia parcial. Estoy de acuerdo con Hierro cuando afirma que la *tesis débil* de Laporta está más cerca de la idea clásica del *Rule of Law,* tal como fue formulada por Dicey. Los modelos de Estado de Derecho pueden ser formulados ya sea en clave analítica o en clave histórica, aunque nunca faltan las combinaciones de perspectivas, como parece presentarse en la mayoría de casos.

En el plano analítico en lo que difieren las normas de un gobierno democrático de las emanadas de uno autocrático, como el de Franco, es en el peso de las razones que podrían legitimarlas tanto en virtud de su origen como en el respeto de los derechos humanos. En este sentido, el concepto de Estado de Derecho cumple una función en el marco de tres grandes campos de la racionalidad: la racionalidad teórica o instrumental, la racionalidad práctica o normativa y la racionalidad valorativa ligada a cierta pragmática.

En el plano de la *racionalidad teórica,* hemos descrito algunos aspectos de carácter histórico del que se ha servido Elías Díaz para darnos a conocer el origen del *hecho social* del Estado de Derecho moderno. Ha tratado de combinar una perspectiva analítica con el devenir histórico. Laporta es menos optimista en este tipo de combinaciones, por eso su talante analítico. Esta racionalidad busca explicar la realidad y asegurar el éxito (individual y/o colectivo) de nuestras acciones en ella. El debate conceptual se hace cargo de explicar el Estado de Derecho a partir de la *existencia* de normas que son aplicadas y realizadas en una sociedad histórica y determinada. Considerar que las normas constituyen realidades sociales y humanas, y que hay en ellas un tejido válido para el razonamiento, pero además, son normas que protegen fines y valores vinculados históricamente a intereses reales y concretos. Su vinculación con la *ontología jurídica,* es lo que Elías Díaz llama el estudio del *ser del Derecho,* la comprensión totalizadora del sentido del Derecho en el mundo, en la realidad humana y social. Laporta, para adentrarse en la ontología del Derecho, cree que es necesario establecer que el Derecho es una convención o que descansa en alguna convención social: una convención social no es más que un conjunto de expectativas mutuas.

En torno a la *racionalidad práctica,* Laporta reconoce que en toda la obra de Elías Díaz se hace evidente la tensión entre el Derecho positivo o la realidad y las exigencias ético-políticas. La realidad puede ser tan dura, se puede admitir, por ejemplo, que el imperio de la ley no es contradictorio con un Estado autoritario y paternalista. El Estado de Derecho es un hecho, un poder real pero también la construcción de formas permanentes de autoridad. Sólo se ejerce poder normativo jurídico sobre alguien cuando se emite una norma y su existencia o contenido ingresa en la deliberación práctica y es tenida en cuenta en sus cursos de acción por tal sujeto. En este sentido, desde la perspectiva del Estado de Derecho, tanto las políticas como las leyes y medidas han de menester de una fundamentación normativa y de un principio de autoridad del Derecho.

En la *racionalidad valorativa,* el devenir y la orientación es importante para dar sentido a la vida tanto individual como colectiva. El devenir de los valores de autonomía privada, autonomía pública e imperio de la ley exige pasar de una asociación impuesta por una necesidad histórica a otra basada en la libertad de los implicados como una actividad o como una práctica en los diversos momentos de la toma de decisiones y en la justificación de las mismas, despertando el interés por los aspectos pragmáticos y valorativos de la racionalidad jurídica: persuasión racional y argumentación. Parafraseando a Habermas se podría decir que las razones pragmáticas y las preferencias valorativas constituyen motivos racionales para acciones en tanto que las razones semánticas son para formar convicciones de juicios u opiniones. Las decisiones jurídicas en un Estado de Derecho, como actos normativos, no acaban de producirse sino hasta que son «recibidas» y «consumidas» por sus destinatarios. En este sentido, el debate sobre Estado de Derecho formal o Estado de Derecho material no es suficiente, hay un tercer elemento a tener en cuenta en esta gramática de razones, las razones pragmáticas. Hay un cierto déficit argumentativo respecto de este último aspecto, tanto en Laporta como en Elías Díaz. Pero más allá de estos actos de habla peculiares y sus connotaciones jurídicas en ambos autores está la idea de exigencias ético-políticas y en saber cómo *debe* ser el Derecho en el marco de un Estado de Derecho que aspira a una obediencia legítima por parte de sus destinatarios.

3. El horizonte de un proyecto normativo sólo se ve un poco más claro cuando nuestro autor concreta las relaciones entre Estado de Derecho y derechos humanos, tema que se desarrolla en el capítulo tercero, capítulo que tuvo además como propósito, dar cuenta del debate sostenido entre Elías Díaz y Eusebio Fernández. Los discursos sobre fundamentación e institucionalización de los derechos humanos buscan una respuesta racional a la pregunta de qué derechos tenemos que reconocernos los unos a los otros si queremos regular nuestra convivencia de forma legítima con los medios del derecho positivo.

Eusebio Fernández ha dado cuenta del vínculo existente entre Estado de Derecho y derechos humanos y que este vínculo en Elías Díaz tiene la característica de un índice demasiado elevado de bienes básicos que pone al concepto de Estado de Derecho al borde del perfeccionismo moral, producto de una confusión entre concepto y modalidades de Estado de Derecho.

Efectivamente hay textos puntuales en el libro *Estado de Derecho y sociedad democrática* que no están libres de cierto perfeccionismo moral. Sin embargo hay que reconocer que la preocupación constante en Elías Díaz ha sido mantener la tensión entre derechos humanos y Estado democrático de Derecho, o como diría Fernando Bañuls, entre ética y política. La *razón* de ser del Estado de Derecho son los derechos humanos.

Pero también es cierto que en Eusebio Fernández la teoría de la democracia ha venido adoleciendo de un cierto déficit, alojando todos los contenidos morales en derechos humanos prepolíticos, como la dignidad humana, con signos de un individualismo casi metafísico. A mi juicio, hoy, en cuanto a la institucionalización de los derechos humanos, ha dado un cierto giro bajo el signo de la «moral interna del derecho», con la que pasa a operar de un modo más claro con un concepto procedimental de justicia efectivamente formal. De tal manera que su concepto restringido de Estado de Derecho ya no es sinónimo de Estado liberal igualitario. De este modo el concepto de Estado de Derecho es un campo abierto que puede ser ocupado por diversos programas jurídico-políticos. En conclusión, se ha constatado que tanto en Eusebio Fernández como en Elías Díaz hay un ajuste de piezas teóricas.

Aún así, esta concepción deontologista de la moral de Eusebio Fernández, los derechos basados en su potencia moral como principios, funcionarían como triunfos que prevalecen sobre los objetivos colectivos, sobre directrices programáticas: los derechos de libertad están a buen recaudo pero no los derechos de igualdad, los prestacionales, de contenido más económico y social. Esta podría ser la diferencia entre un liberal igualitario como Eusebio Fernández y un socialista democrático como Elías Díaz. Al profesor de la Autónoma le siguen pareciendo muy importantes las condiciones económico-sociales para la realización de los derechos. En los derechos sociales, en este sentido, también reposaría una potencia moral pero como guía para nuestros cursos de acción en pos de una mejora de nuestras capacidades sociales e institucionales. Las aspiraciones humanas de convertir los derechos sociales en auténticos derechos subjetivos, para no caer en la «falacia moralista», no pueden descuidar determinadas condiciones objetivas, dado que se trata de alcanzar la autorrealización personal de todos y la participación en los resultados. El Estado de Derecho está al servicio de los derechos, de aquellos necesariamente valiosos, obra de la voluntad pública. Los límites de una política del bienestar o de cualquier otra política se hallarían en eso que se ha llamado una *ética básica.* En tal sentido cabe afirmar que la validez de las leyes que merecen el asentimiento general no puede explicarse recurriendo sólo a sus propiedades lógico-semánticas de leyes abstractas y generales si no potencian y refuerzan la libertad de todos.

No es del todo cierta la afirmación de Eusebio Fernández en el sentido de que en Elías Díaz han desaparecido prácticamente las referencias a una estructura económica socialista como base social del Estado democrático de Derecho. Siguen presentes en su teoría premisas abiertas a la crítica económica al capitalismo, crítica tan apreciada en cierta lógica marxista, aunque en menor medida que antes. Frente a la llamada crisis del Estado social, Elías Díaz ha adoptado respuestas desde un socialismo moderado no siempre indubitables.

Tiene razón Eusebio Fernández cuando apunta que se ha producido un cierto giro en Elías Díaz en su evaluación del Estado social. En primer lugar, ve un tratamiento más benévolo y más justo. Reconoce al Estado social sus conquistas y matiza su lectura. Deja de ser una mirada exclusiva en términos socioeconómicos. En segundo lugar, dice que ha disminuido su confianza en la función promocional del Estado a favor de un mayor protagonismo de ciertos agentes, grupos y movimientos sociales, es decir una vitalización de la sociedad civil. En síntesis, la diferencia entre Estado social de Derecho y Estado democrático de Derecho ya no se produce porque el primero ponga mayor énfasis en la intervención económica en tanto que el segundo en la participación política.

Efectivamente, en su libro de 1966, *Estado de Derecho y sociedad democrática,* hubo cierta desatención e infravaloración del Estado social: el Estado social como guía para nuestras prácticas sociales. Elías Díaz, sociológicamente, ha dado algunas explicaciones que parecen coherentes. Con su critica a aquel *Welfare State* del mundo occidental llamaba la atención sobre una realidad que mantenía subordinaciones coloniales y poscoloniales ante el llamado «tercer mundo», «donde para nada había Estado o sociedad del bienestar sino, por el contrario, de insoportable malestar» y también trataba de que no se confundiera para nada con aquel Estado franquista que también se definía como Estado social.

Seguramente la crítica más consistente al Estado social, por lo que en parte había entrado en crisis, había sido la falta de una ciudadanía activa, a pesar de sus fortalezas en la conquista y reconocimiento de ciertos derechos. La construcción de una sociedad más justa es imprescindible pero con la participación democrática de todos. En la crisis del Estado social se refleja la paradoja de dos racionalidades: una racionalidad presidida por el principio de la legalidad y otra, por el criterio de la eficacia paternalista.

El tiempo transcurre y aparecen nuevas necesidades humanas. También aparecen nuevas modalidades de amenaza y formas de agresión a las libertades. Todo esto ha puesto de manifiesto una especie de opacidad en los derechos. Pero en términos de filosofía práctica cabe estar de acuerdo con aquellos que sostienen que los derechos sociales no generan ninguna energía ilimitada para el descontento y que lo que constituyen mas bien es una «inyección de legitimidad». A pesar del pesimismo neoliberal hay que reconocer que la institución que más ha hecho por ampliar los derechos sociales y económicos de los ciudadanos ha sido el Estado social de Derecho.

4. ¿Qué tipo de democracia constituye un buen argumento jurídico-político para la construcción de un Estado de Derecho conforme al proyecto socialista? Ésta es la pregunta que he tratado de analizar en el capítulo cuarto. De este modo, la investigación me ha permitido avanzar con el despliegue del núcleo conceptual de Estado de Derecho: derechos humanos y democracia.

En el Estado de Derecho moderno, el principio del ejercicio del poder parece imponer ciertos límites a la autodeterminación soberana del pueblo. Es decir, el *imperio de la ley* exige que la formación de la voluntad democrática no vulnere los derechos humanos positivados como derechos fundamentales. En este sentido se puede compartir, desde un punto de vista de la igualdad formal, la idea de que los derechos individuales son triunfos políticos en manos de los individuos o que se puede establecer una prioridad de los derechos fundamentales frente a los bienes colectivos. Una definición estrictamente formal como la entienden tanto Dworkin como Alexy.

Sin embargo, en la filosofía práctica los derechos y la democracia, en el marco del Estado de Derecho, guardan una tensión paradójica, a veces, de difícil solución pero de gran influencia como pautas para una racionalidad jurídica tanto jurisdiccional como legislativa. El profesor Díaz intenta salidas a esta paradoja vía una valoración adecuada de la democracia. Se refiere al juego dialéctico entre libertades y soberanía popular, a veces, en términos de síntesis y otras, de cooriginalidad entre estos dos valores. La democracia y los derechos humanos constituyen un aprendizaje que nos viene de la Revolución francesa, como un proceso de ilustración moderna formulado de Rousseau a Kant, sin dejar en la cuneta a Marx. Aquel Marx no positivista, que hace juicios de valor y que los fundamenta en última instancia en el reconocimiento del principio de la no explotación humana, en el tránsito del reino de las necesidades al reino de la libertad. La teoría marxiana de las necesidades radicales tiene su base en la *Contribución a la Crítica de la Filosofía del Derecho de Hegel*.

La teoría de las necesidades no es ingenua en las pretensiones de cambio social desde una lógica de condiciones objetivas. De este modo las necesidades se discuten en tanto que condiciones antropológicas materiales y morales y como base material de todo valor sirven como exigencias para buscar satisfacerlas y para dar pasos a un replanteamiento del pacto social más equitativo.

El concepto de democracia como doble participación en decisiones y en resultados, así como está vinculado a la idea de derechos, también está vinculado a las exigencias del socialismo. Se entiende el socialismo como socialismo democrático, hipotética conjunción y síntesis dialéctica; por un lado, nos encontramos con fuentes de la socialdemocracia y el Estado social y por otro, con los movimientos libertarios y la sociedad civil que reivindican demandas de mayor libertad, igualdad y solidaridad pero sin final de la historia.

La medida justa de una necesaria socialización de la libertad es una grave dificultad en todo programa de «moralización» del Estado de Derecho. Si se dota a los postulados ético-morales o a los valores materiales de una vinculatoriedad jurídica que va más allá de la garantía de la libertad igual para todos y de las exigencias fundamentales de una vida en común ordenada, se llega, sino inevitablemente, al menos a un intento serio de una socialización de la libertad y de la autonomía individuales.

Si Eusebio Fernández ve en Elías Díaz, respecto de sus exigencias de derechos, riesgos de un perfeccionismo cívico que «desnaturaliza» el concepto de Estado de Derecho bajo un proyecto socialista insuficientemente liberal, Juan Ramón Capella observa en la postura socialista de Elías Díaz un socialismo excesivamente liberal, insuficientemente marxista e insuficiente también en cuanto a propiciar una democracia directa hacia la construcción del poder social. En cambio, Peces-Barba tiene a la teoría de los derechos, de la democracia y del socialismo de Elías Díaz como a una de las más sólidas dentro del socialismo democrático, tolerante y ajeno a todo fundamentalismo.

De un lado, según Capella, la izquierda social no puede quedar tranquila con la «conquista de derechos» si no avanza hacia la «conquista de poderes». Conquista de poderes para las poblaciones hacia una más fuerte articulación y vinculación social. Una acción pública menos paternalista que la política del *Welfare*. Para este autor, una de las tareas de la izquierda social sería dotar de contenido a la palabra «democracia» para que los distintos sectores sociales hoy impotentes conquisten poder, configurando la voluntad política de las sociedades de manera distinta. Según esta crítica, nuestro autor no logra desplegar todas las potencialidades del principio democrático y la soberanía popular.

De otra parte, Gregorio Peces-Barba considera que Elías Díaz defiende un socialismo que sabe dar continuidad a los valores liberales de la Revolución francesa y prestar la atención debida a la importancia de la democracia representativa como el mejor medio de resolver los problemas sociales en la época moderna desde la autoridad del Derecho. Para el profesor Peces-Barba no hay ninguna ambigüedad en la experiencia socialista rusa en sus intentos por demostrar la irrelevancia de la democracia representativa; en este intento no devino en democracia directa sino en dictadura totalitaria. Además de las ideas de Elías Díaz, aconseja tomar en consideración las de Berstein y Bobbio, Kelsen, Hart, Renato Treves, González Vicén, Fernando de los Ríos, Ruiz Jiménez, entre otros, para evitar caer en experiencias autoritarias o totalitarias de la democracia y el socialismo. A mi juicio no hay una relación directa entre la pretensión de desacralización del Estado representativo burgués y la degeneración burocrática del poder con la «dictadura de las de las necesidades» en el llamado «socialismo real».

En este sentido, en la tesis desarrollada en este libro no se comparte el exceso de recelo a las instituciones de la democracia directa. Sin embargo, tampoco se asume la tesis de Lenin entendida como absoluta incompatibilidad entre democracia parlamentaria y democracia directa. La experiencia totalitaria de Stalin, agudizada en el año 1937, resulta indefendible. La lucha de Lenin frente al viejo parlamentarismo burgués pretendió un gobierno directo de los trabajadores sin formalidades burocráticas. Esta experiencia de democracia directa, sobre todo de los primeros años de la Revolución rusa, es destacada por Juan Ramón Capella.

Uno de los méritos de Elías Díaz es haber tratado de llamar la atención sobre la posibilidad de compatibilizar marxismo y humanismo, la posibilidad que tanto el socialismo humanista como el socialismo marxista puedan tener como objetivo que el Estado democrático de Derecho y sus instituciones básicas logren una suficiente garantía y seguridad jurídica para los llamados derecho fundamentales y la democracia. Ya en el marco del Estado democrático representativo de Derecho surge el problema de asegurar el cumplimiento de los deberes negativos y de los deberes positivos y de garantizar que el procedimiento democrático sea un factor de legitimidad que evite los peligros del formalismo, del relativismo y del fundamentalismo ético. En este camino hay un encuentro con el liberalismo igualitario y el republicanismo liberal.

Tanto el socialismo democrático cuanto el liberalismo igualitario y el republicanismo liberal tratan en principio de adscribir a todos los ciudadanos una posición en la que puedan gestionar sus propios asuntos partiendo de un nivel adecuado de igualdad social y económica, como personas morales e iguales. Esto implica creer en ciertos límites autorresctrictivos y constitucionales, consistentes en derechos y libertades derivados de principios, y no en una democracia meramente formal donde la única condición sea seguir procedimientos adecuados para que lo promulgado por la mayoría se convierta en ley.

Rawls afirma que entre democracia directa y democracia representativa, no hay una oposición fundamental; la cuestión central es en qué grado la participación de los ciudadanos en la política es necesaria para la seguridad de las libertades básicas y de qué modo se consigue mejor la participación requerida; puede haber diferencias en el peso que damos a valores políticos en competencia, pero es asunto claramente de sociología política y de diseño institucional. Habermas tuvo que transitar de un modelo democrático «del asedio», que daba la imagen de un Estado representativo como una fortaleza democráticamente sitiada por un poder social civil, a un modelo democrático de las «esclusas» en el que hay un centro (parlamento, administración de justicia, administración pública) y una periferia (sociedad civil autónoma): el proceso democrático es el filtro para ir de la periferia al centro.

Un liberal igualitario como Nino recalca que la representación política puede ser considerada como un instrumento valioso o como un mal necesario. Dice que la justificación epistémica de la democracia adopta la segunda visión en lugar de la primera. La mediación a través de representantes es una de las distorsiones principales de la democracia que la alejan del valor epistémico máximo dado en la discusión moral ideal. Y si la democracia es un sucedáneo del discurso moral, la representación consistiría en una delegación producida a fin de hacer posible la continuación de la discusión que los ciudadanos han comenzado; enfatiza que *la representación es un mal necesario* y que la democracia directa debe ser obligatoria siempre que sea posible, ya que la intervención de mediadores hace correr el riesgo de que se desvirtúe la apreciación de los intereses involucrados y que se distorsionen los resultados, sobre todo teniendo en cuenta que, como decía Mill (defensor del gobierno representativo), no hay mejor juez de sus propios intereses que uno mismo. Es siempre necesario explorar nuevas formas de participación popular. Le preocupa el tema de qué es lo que hace a la democracia valiosa. Hay una gran diferencia entre el valor epistémico de la democracia directa y la democracia representativa. De modo similar, con algunos matices, para Ross la democracia directa hace relevante la autonomía y la autodeterminación, en cambio, la democracia representativa hace relevante el valor epistémico, consigue un juicio público más esclarecido, tiene el mejor conocimiento y capacidad de los representantes y sirve como pauta de racionalidad jurídica formal y material, en tanto no lejana de una pragmática jurídica.

Manuel Atienza ha sintetizado de mejor manera esta perspectiva desde una articulación de larga data: la búsqueda de los lazos deliberativos entre socialismo democrático, liberalismo igualitario y republicanismo, tras las razones de la voz del pueblo en la democracia y el Derecho. Las resoluciones establecidas por los jueces-jurados no están al margen de las exigencias de un debate libre y ordenado en el que los contendientes han tenido la oportunidad de ser oídos y de exponer sus argumentos; desde los griegos, pasando por el Renacimiento, sin dejar en la cuneta a la Ilustración, que tanto interesa a Elías Díaz. En el origen de la concepción pragmática de la argumentación están la democracia y el Derecho: «no es de extrañar que la vinculación de la retórica y de la dialéctica en el Derecho (y con la democracia) esté también muy presente en los autores del siglo XX [...] tampoco puede extrañar que el auge que hoy se ve de los estudios pragmáticos de la argumentación tenga lugar en un contexto cultural en el que el Estado constitucional de Derecho y la democracia deliberativa parecen haber alcanzado el estatus de ideales regulativos que deben guiar la realidad jurídica y política de nuestra sociedad». [Atienza, 2006, p. 249, 250]. Una pragmática de la argumentación que no decae ni en la falacia moralista ni en la falacia naturalista de la teoría de la democracia, los derechos y el socialismo.

Hay un especial interés en este estudio que los principios de seguridad jurídica, los derechos humanos y la democracia se articulen, desde sus relaciones y tensiones, de manera que sirvan como pautas para la racionalidad jurídico-política tanto jurisdiccional como legislativa. Hacia este objetivo se orienta este trabajo sobre la aportación teórico-normativa de Elías Díaz. En resumen, nuestro autor ha denominado socialismo democrático a una hipotética conjunción y síntesis dialéctica entre, por una parte, la socialdemocracia y el Estado social y, por otra, los movimientos libertarios y la justa reivindicación de la sociedad civil. Para este cometido, Elías Díaz recomienda hoy el estudio del Estado de Derecho tomando muy en consideración a los liberales igualitarios. Sus escritos dejan extrañar referencias a la cantera liberal republicana. No se puede decir de él que haya mudado radicalmente su modelo socialista, el que defendía en la década del 60.

5. La obediencia al Derecho y el disenso en un Estado democrático de Derecho se investigó en el capítulo quinto. Allí se analizaron los argumentos tanto de Elías Díaz como de Felipe González Vicén y Alberto Montoro Ballesteros. Un debate que no ha estado ajeno a cierta confusión en algunos aspectos y que ha sido fructífero en otros.

Primero, si se asume que los derechos humanos tienen un fundamento moral hay que investigar una respuesta a la supuesta paradoja de la irrelevancia moral de la democracia. Ninguno de los tres interlocutores había dicho que no había que obedecer al Derecho justo, con lo cual, en ese aspecto, todos tienen razón. Segundo, el problema de la obediencia al Derecho no tendría que referirse directamente al Derecho esencialmente justo sino al Derecho que aspira a ser justo en el marco de una legislación en democracia. En este marco se puede dar respuesta respecto de la relevancia del Derecho para nuestros cursos de acción. Es diferente hacer lo que el Derecho dice y *porque* el Derecho lo dice, pretendiendo ser justo, y no hacer u omitir algo que *es* justo o injusto. Esto tiene que ver con la legitimidad del procedimiento democrático, donde se distancian los tres autores: aquí el debate resulta más provechoso.

Elías Díaz ha dado argumentos para explicar y justificar los contornos de la democracia y el socialismo democrático como un proceso en constante «transición», abierto al disenso y a los nuevos movimientos «identitarios» de la sociedad civil, tratando de evitar tanto la anarquía como la aristocracia, sabiendo que la libertad nunca será absoluta y que la libertad perfecta no es compatible con la seguridad jurídica. Elías Díaz reconoce que entre soberanía popular y derechos humanos hay problemas de límites y zonas de interferencias.

Frente a los alegatos por una sociedad democrática, González Vicén simplemente hace suyo que es el modo más legítimo de producir el Derecho, sin que por eso el Derecho deje de ser un instrumento técnico de dominación o una fórmula de poder formal. Las normas que rigen la conciencia son enteramente negativas, indican lo que no hay que hacer. El «hombre bueno» y el «buen ciudadano» no son en ningún aspecto lo mismo. Esto implica trasladar el conflicto a la conciencia, a la relación entre «yo» y «consigo mismo». González Vicén se equivoca cuando le resta condición moral a la desobediencia civil como una expresión intersubjetiva. El Derecho no es superfluo en la práctica cotidiana en la que se desenvuelve la vida humana en comunidad. Creo que los planteamientos de González Vicén llevan a centrar el problema del disenso ante la ley en la «objeción de conciencia». Con la propuesta de González Vicén el principio de legitimidad democrática es disuelto en la idea de derechos individuales con una dosis defensiva y existencialista: un existencialismo abierto al marxismo y al libertarismo, con fuerte tendencia kantiana.

Si el reino de los fines no es algo dado sino una idea práctica referida al hacer y omitir de los hombres y mujeres, el disenso también tendría que enfocarse como idea regulativa. Si es cierto que el discurso democrático no nos garantiza en todos los casos unos resultados legítimos, también es cierto que el individualismo no está libre de posturas autoritarias ni de un vanguardismo elitista mundano sobre los demás. La fórmula del disenso: *mientras no hay fundamento ético para la obediencia al derecho sí hay un fundamento ético absoluto para su desobediencia,* implica, como señala Muguerza, desobedecer cualquier acuerdo o decisión colectiva que, según el dictado de su conciencia, atente contra la condición humana. Eso implica fuertes cargas de exigencias de argumentación y hay serias dificultades para creer que en todos los casos el foro de la conciencia del individuo es capaz de captar qué es legítimo y qué no lo es sobre leyes concretas de tal o cual Estado. Es decir, que los argumentos del que disiente, en un Estado democrático de Derecho, tienen que ser susceptibles de ser puestos también a prueba. En este sentido, las normas para todo el proceso de discusión y decisión democrática constituyen un indicio relativamente fiable de normas válidas: de este modo la obligatoriedad de una norma jurídica no es trivial. Aquí se halla la relevancia moral del origen democrático de las normas.

Una fundamentación moral de los derechos humanos no sólo trae ventajas sino también paradojas que el Estado democrático de Derecho tiene que pretender resolver, sabiendo que el «esfuerzo moral» no cuenta con ninguna garantía de alcanzar una meta que sea la definitiva. Algunos autores encuentran que en Elías Díaz lo que define al Estado de Derecho es el origen democrático del imperio de la ley, algo cercano a la tesis aristotélica según la cual el máximo bien para los seres humanos es la realización de sus posibilidades naturales de sociabilidad. Pero el dilema estriba en cómo transformar la «materia prima» de la voluntad popular sociabilizadora en una serie de productos razonables, que permitan potenciar las acepciones de autonomía y autodeterminación como factores claves del ejercicio de la libertad. Que los hombres nazcan libres e iguales es una exigencia de la razón. Lo único que el individualismo bien entendido excluye es que se le impongan al individuo ciertas estructuras sociales mundanas o divinamente *dadas*. Esta es la aportación de González Vicén para la racionalidad jurídica.

Montoro Ballesteros ha puesto su atención en los problemas de legitimidad de la democracia desde exigencias del contenido de las normas jurídicas, desde una ética material de valores. Considera que el concepto de la seguridad jurídica es un concepto subordinado, se liga al sentimiento de la existencia humana, en la que los criterios filosóficos, e incluso religiosos, conformarán, en cierta manera, las soluciones jurídicas. La ética en Montoro está marcada por el ejercicio de una «conciencia» con fuerte sentido trascendente, el *lumen naturale* que informa a los hombres de la existencia de una ley superior. En última instancia, la validez de las prescripciones positivas descansa en el mandato moral revelado. No da una respuesta adecuada frente a la crisis actual y profunda de las iglesias, el creciente número de objetores que proclaman que sus conciencias se hallan informadas por la Divinidad; grandes dificultades para la seguridad jurídica que ya forman parte del panorama de las calamidades contemporáneas, como si todo estuviera permitido, como si Dios actuara a través de tales «conciencias».

En este sentido, el comunitarismo ético que defiende Montoro Ballesteros, complementado con su concepción elitista de la democracia pone en duda la capacidad del Estado democrático de Derecho para recurrir a sus propias fuentes para generar sus presupuestos normativos. Es cierto que la secularización incumplida de la modernidad enseña los límites de la razón, pero estos límites no pueden significar el retorno de suposiciones sustanciales metafísicas relativas a verdades ancladas en las virtudes de una minoría. En el Estado de Derecho constitucional, la fuerza vinculante de la ley no puede estar fundada en una sustancia prejurídica ni en un procedimiento que no garantice condiciones para una opinión y voluntad inclusiva y discursiva que funde la obediencia racional de sus resultados; democracia y derechos humanos se deben entrecruzar en sus principios básicos. En lo más básico, en Montoro Ballesteros, no hay una exigencia para garantizar a la vez derechos fundamentales tanto liberales como políticos.

La pretensión de obediencia del Derecho positivo no puede depender de un filtro de creencias éticas prepolíticas de comunidades religiosas, dada la pluralidad de proyectos de vida en la sociedad contemporánea. Habría que preguntarse por qué dictadores, tiranos y déspotas espirituales temen el discurso libre y público. La filosofía metafísica no democrática tiene motivos suficientes para mostrarse dispuesta a aprender del proceso deliberativo de la democracia, a pesar de sus deficiencias. No se puede sostener hoy un comunitarismo religioso y ético sin exigencias de racionalidad jurídica. Sería un error sostener que Montoro Ballesteros deja totalmente de lado este reto contemporáneo.

Pero este reto no puede estar al margen de las exigencias de la participación real y concreta de todos los ciudadanos y de las exigencias de exclusión de cualquier forma de paternalismo fundado en la supuesta falta de «ilustración» o «madurez» del pueblo para gobernarse así mismo. Según Kant, la propia ilustración, *sapere aude,* como piedra de toque, exige a un pueblo imponerse a sí mismo su ley. Estos límites sólo pueden establecerse por ley. La formulación del principio general del Derecho kantiano está conectada con el art. 4 de la Declaración francesa de 1789 para diferenciar moralidad y legalidad. Una acción es *conforme a derecho (recht)* cuando permite o cuya máxima permite a la libertad del arbitrio de cada uno coexistir con la libertad de todos según una ley universal. Según Rawls las libertades básicas no sólo se limitan mutuamente sino que además son autolimitantes: *toda persona* tiene igual derecho a un esquema plenamente adecuado de iguales libertades básicas que sea compatible con un esquema similar de libertades *para todos*. Y para Habermas el *concepto de ley* aclara y explicita la idea de trato igual, contenida ya, en el concepto de Derecho.

Elías Díaz se apoya en Kant para afirmar que el Derecho, siendo inevitablemente heterónomo, puede y debe incrementar sus niveles de producción más autónoma a través de una efectiva participación de los ciudadanos en la creación, crítica y control de las normas jurídicas. Así el Derecho se acercaría progresivamente a la ética, a una ética que, a su vez, tenga su origen y fundamento no en normas superiores impuestas, sino en una libre y real autonomía de la voluntad. Aparece en el lenguaje de Elías Díaz la discusión sobre la autonomía como no paternalismo. Esto le lleva a tener que acudir con más convicción a los argumentos kantianos. Sin entrar en discusiones profundas sobre el clásico y arduo debate sobre heteronomía y autonomía en Kant, para sus fines, saca más provecho del *filum* kantiano referido a la construcción del espacio público. Los liberales han sacado más provecho del argumento de la separación analítica entre Derecho y moral. Le interesa, haciéndose cargo de la diferencia de esferas de la autonomía ética y la heteronomía jurídica, la no incomunicación entre éstas a fin de dar mejores respuestas desde el Estado democrático de Derecho ante un tiempo de transiciones.

Repetimos: el profesor Díaz ha dado argumentos para explicar y justificar los contornos de la democracia y el socialismo democrático como un proceso en constante «transición» abierto al disenso y a las exigencias de los nuevos movimientos «identitarios» de la sociedad civil, tratando de evitar tanto la anarquía como la aristocracia mundana o religiosa, sabiendo que la libertad nunca será absoluta y que la libertad perfecta no es compatible con la seguridad jurídica. Elías Díaz reconoce que entre soberanía popular y derechos humanos hay problemas de límites y zonas de interferencias, cuando de la obediencia al Derecho positivo se trata.

6. *En suma,* el presente trabajo identifica y diferencia tres nociones de Estado de Derecho en la obra jurídico-política de Elías Díaz, en relación con los derechos y la democracia, en tanto pautas de racionalidad jurídico-política.

La primera noción es una noción descriptiva de Estado de Derecho, vinculada a la idea de imperio de la ley como preservación de normas que limitan el ejercicio del poder. El poder autoritario puede estar reglado por el Derecho. Los derechos de libertad y de seguridad, incluso los derechos sociales, pueden estar protegidos autoritariamente. Recordemos la «dictadura de las necesidades». Esta noción es indiferente o no permite juzgar el origen de las instituciones de poder burocrático-administrativo del Estado. La lucha contra el Estado totalitario o autoritario es ya tarea del observador crítico o del observador comprometido.

La segunda noción es una noción básica reconstructiva de Estado de Derecho que parte de las exigencias del imperio de la ley, pero que incluye también la dimensión de los derechos humanos y la democracia. La razón de ser del Estado de Derecho es la protección y efectiva realización de los derechos fundamentales, pero ésta no se logra si no es a través de la participación de todos en la toma de decisiones, lo que exige que las leyes sean creadas siguiendo determinados procedimientos. Esta noción básica determina las reglas de juego, entre ellas, la separación de poderes. Reglas válidas para cualquier posición ideológica, sean liberales, socialistas o republicanas que decidan participar en el espacio público-político. Esta noción logra la presunción básica a favor de la obediencia al ordenamiento jurídico porque respeta las premisas del ejercicio de la libertad y la autonomía moral, en su dimensión privada y pública. Es decir que el principio de los derechos humanos y el principio democrático son los criterios de corrección del imperio de la ley.

Y la tercera noción, una noción robusta reconstructiva/normativa de Estado de Derecho está vinculada al Estado socialista democrático de Derecho y se pretende heredera de lo mejor de la tradición liberal moderna y del legado kantiano. Incluye derechos liberales, sociales y culturales y una democracia con exigencias de doble participación tanto en decisiones como en resultados. La dimensión liberal está adecuadamente asentada con los derechos como límites a la legislación, incluso su modelo de nuevo pacto socialista da cabida a versiones libertarias. No sucede lo mismo con la dimensión democrática. Es cierto que las premisas de Rousseau parecieran ser suficientes. En mi opinión, al asumir como propuesta un modelo reconstructivo de Estado de Derecho, éste tiene que ir a la búsqueda de las potencialidades originarias del republicanismo, es decir a su horizonte histórico/normativo, al republicanismo renacentista o clásico; pero ya se puede constatar en los últimos escritos de nuestro autor una alusión más clara y directa a esta cantera. Supliendo este último déficit se podría decir que este concepto robusto de Estado de Derecho está entramado de tradiciones socialistas democráticas y socialistas marxistas, de tradiciones liberales y en cierto sentido, de tradiciones republicanas, como Rousseau. De este modo, este concepto robusto de Estado de Derecho, si bien no produce una solución definitiva y feliz entre imperio de la ley, derechos humanos y democracia, al menos establece las condiciones necesarias para dar salidas a la paradoja de la irrelevancia moral del Derecho, aproximándose a las exigencias del giro deliberativista en la teoría del Estado democrático de Derecho para un tiempo de transiciones.

7. *Finalmente, que el libro básico de Elías Díaz sea un texto simbólico en la lucha antifranquista,* y sea de 1966, no quiere decir que le falte frescura en sus presupuestos normativos para seguir meditando sobre él. Los elementos normativos posibilitan diagnósticos y son capaces de orientar la acción. Aclaran el horizonte de una sociedad dada en lo concerniente al proyecto de realización del sistema de los derechos y la democracia. La publicación del libro de Elías Díaz *Estado de Derecho y sociedad democrática* se ha registrado como un acontecimiento digno de estudio. Unos destacan el acceso a la producción editorial del planteamiento del tema de la construcción de un Estado de Derecho, en aquellos tiempos, desde una posición de cuyo carácter democrático no cabe la menor duda. Otros, además del talante democrático de la obra, destacan su acogida, probablemente una de las obras más difundidas en la literatura jurídico-política española sobre Estado de Derecho.

Y respecto de las exigencias para el Estado de Derecho en este tiempo de transiciones, tiempo de los derechos, tiempo de la ciudadanía, tiempo de la globalización, las diferencias y las identidades, vamos ya demasiado retrasados y hace falta comprender que participación popular y gobierno limitado no son excluyentes, así como tomar en cuenta el papel que desempeñan la seguridad jurídica, los derechos humanos y la democracia en el razonamiento práctico que conduce a la justificación de acciones y decisiones tanto de los operadores jurídicos como de los ciudadanos en general. Si bien —como apunta Bobbio— busquemos no acrecentar este retraso con nuestra desconfianza, con nuestra indolencia, con nuestro escepticismo, también, el tiempo que apremia no nos debe hacer olvidar aquello que dijo Hölderlin: «Lo que ha hecho siempre del Estado un infierno en la Tierra, es precisamente la tentativa del hombre de convertirlo en su paraíso».

Y no olvidarse también de una de las paradojas de los derechos fundamentales y el Estado de Derecho en un mundo global, como señala Rafael de Asís: los derechos fundamentales pueden chocar tanto en relación con los mecanismos de garantía como en relación con la variedad de culturas que están presentes en ella.

Si se ha mostrado, a través de las páginas que contiene este libro, cierto entusiasmo por las premisas del giro deliberativista en la teoría del Estado democrático de Derecho, este entusiasmo tiene claros límites, los límites de la propia condición humana, que no siempre transitan entre lo racional y lo razonable.

Hemos visto que las exigencias de racionalidad jurídico-política nos han conducido a evaluar el rol que desempeñan el proceso democrático y el reconocimiento de los derechos en el razonamiento práctico que conduce a la justificación de acciones y decisiones y que como principios pueden combinarse de modo coherente en el marco de la idea regulativa de un Estado de Derecho.

Y para evitar los abusos de los dictados de la «razón moderna» estratégica que aleja la promesa incumplida del Derecho en la modernidad, la racionalidad jurídico-política no debe dejar en la cuneta las exigencias ético-políticas del Estado de Derecho, los derechos humanos y la soberanía del autogobierno.

BIBLIOGRAFÍA

I. ELÍAS DÍAZ: BIBLIOGRAFÍA (1961-2006) *

Libros

1. *Estado de Derecho y sociedad democrática,* Editorial Cuadernos para el Diálogo, Madrid, 1966 (siete ediciones hasta 1979); la 8.ª ed. (revisada) aparece en Taurus, Madrid, 1981 (ocho reimpresiones entre 1983 y 1992), y la 9.ª ed. (también en Taurus) es de 1998.

2. *Revisión de Unamuno. Análisis crítico de su pensamiento político,* Tecnos, Madrid, 1968.

3. *Sociología y Filosofía del Derecho,* Taurus, Madrid, 1971 (tres reimpresiones entre 1974 y 1977); 2.ª ed. 1980 (siete reimpresiones entre 1981 y 1992).

4. *La filosofía social del krausismo español,* Editorial Cuadernos para el Diálogo, Madrid, 1973; 2.ª ed. Fernando Torres editor, Valencia, 1983; 3.ª ed. Editorial Debate, Madrid, 1989.

5. *Pensamiento español en la era de Franco (1939-1975);* en su edición original «*Notas para una historia del pensamiento es-*

---

* Actualizo esta bibliografía elaborada inicialmente por *Doxa* n.º 15-16, proseguida por Fernando Bañuls, *ob. cit.,* y por HIERRO, LAPORTA y RUIZ MIGUEL, *ob. cit.*

pañol actual (1939-1973)», Editorial Cuadernos para el Diálogo, Madrid, 1974; 2.ª ed., 1978; 3.ª ed. con aquel corregido título, Tecnos, Madrid, 1983; 4.ª ed. 1992. Traducción italiana en Arnaldo Lombarda Editore, Milano y Palermo, 1990. Traducción alemana en Vervuert Verlag, Frankfurt am Main, 1991.

6. *Legalidad-legitimidad en el socialismo democrático,* Civitas, Madrid, 1978.

7. *Socialismo en España: el partido y el Estado,* Mezquita, Madrid, 1982.

8. *La sociedad entre el derecho y la justicia,* Salvat Editores, Barcelona, 1982.

9. *De la maldad estatal y la soberanía popular,* Debate, Madrid, 1984.

10. *La transición a la democracia (Claves ideológicas, 1976-1986),* Madrid, Eudema, 1987.

11. *Ética contra política. Los intelectuales y el poder,* Madrid, Centro de Estudios Constitucionales, 1990. Traducción italiana, Nápoles, Edizioni Scientifiche Italiane, 1992.

12. *Los viejos maestros. La reconstrucción de la razón,* Madrid, Alianza Editorial, 1994.

13. *Curso de Filosofía del Derecho,* Madrid, Marcial Pons Ediciones, 1998.

14. *Un itinerario intelectual de filosofía jurídica y política,* Biblioteca Nueva, Madrid, 2003.

BIBLIOGRAFÍA ORDENADA POR AÑOS

1961

«Substanciación de lo colectivo y Estados totalitarios», *Anuario de Filosofía del Derecho VIII.*

«El tema de la naturaleza de las cosas en filosofía jurídica», *Revista de la Facultad de Derecho de la Universidad de Madrid, 12.*

1962

«Marx y marxismo (Estudios histórico-críticos de Rodolfo Mondolfo)», *Revista de Estudios Políticos,* 121, enero-febrero.

«Sentido político del yusnaturalismo», *Revista de Estudios Políticos,* julio-agosto.

1963

«Ética social en el pensamiento de Aranguren», *Revista de Estudios Políticos,* 127, enero-marzo.

«Fascismo y neofascismo», *Boletín informativo del Seminario de Derecho Político de la Universidad de Salamanca,* 28, marzo.

«Teoría general del Estado de Derecho», *Revista de Estudios Políticos,* 131, septiembre-octubre.

«Juan XXIII: Encíclica «Pacem in Terris»», *Boletín informativo del Seminario de Derecho Político de la Universidad de Salamanca,* 29-30, noviembre.

1964

«Dos revoluciones imposibles», *Cuadernos para el Diálogo,* 4, enero.

«Sociedad de masas y sistemas políticos contemporáneos», *Boletín informativo del Seminario de Derecho Político de la Universidad de Salamanca,* 31, junio.

«El tema de las personas jurídicas en la filosofía del Derecho», *Revista de la Facultad de Derecho de la Universidad de Madrid, 20.*

«¿Qué significa querer la paz?», en *Actas del Primer Congreso de Filosofía del Derecho* sobre «Derecho y paz», Instituto de Estudios Jurídicos, Madrid.

1965

«Áreas de segregación residencial del universitario de Madrid», Revista Española de Sociología, 1, enero-marzo (en colaboración con Eduardo Martínez de Pisón)

«F. Giner de los Ríos (Dos libros suyos en el cincuentenario de su muerte)», *Cuadernos para el Diálogo,* 23-24, agosto-septiembre.

«Sociología jurídica y concepción normativa del Derecho», *Revista de Estudios Políticos,* 143, septiembre-octubre.

«El pensamiento político de Unamuno», estudio preliminar a la *Antología del pensamiento político de Unamuno* (preparada también por el autor), Tecnos, Madrid.

1966

Estado de Derecho y sociedad democrática, Editorial Cuadernos para el Diálogo, Madrid (cfr. Libros 1).

«Para un diálogo catolicismo-marxismo», *Revista de Occidente,* 37, abril.
«Ejecutivo fuerte y ejecutivo incontrolado», *Cuadernos para el Diálogo,* 35-36, agosto-septiembre.
«Tendencias y grupos políticos en las Cortes de Cádiz y en las de 1820», *Cuadernos Hispanoamericanos,* 201, septiembre (en colaboración con Raúl Morodo).
«Introducción a la Sociología del Derecho natural», estudio preliminar a la traducción al castellano (también obra del autor), de la obra de Kelsen, Bobbio y otros autores, *Crítica del Derecho natural,* Taurus, Madrid.

1967

«Socialismo y marxismo en el primer Unamuno: intento frustrado», *Cuadernos para el Diálogo,* 41, febrero.
«Diez puntos para la reforma universitaria», *Cuadernos para el Diálogo,* V extraordinario, mayo.
«Mediación hecho-valor en la temática de la sociología del Derecho», *Revista de la Facultad de Derecho de la Universidad de Madrid, 30.*
«Reformismo social krausista: Gumersindo de Azcárate», estudio preliminar a la nueva edición preparada también por el autor, de la obra de G. de Azcárate, *Minuta de un testamento,* Ediciones de Cultura Popular, Barcelona.

1968

Revisión de Unamuno. Análisis crítico de su pensamiento político, Tecnos, Madrid (cfr. Libros, 2).
«La Declaración de derechos del hombre y del ciudadano de la Revolución francesa», *Cuadernos para el Diálogo,* XII extraordinario, diciembre.
«La filosofía marxista en el pensamiento español actual», *Cuadernos para el Diálogo,* 63, diciembre.

1969

«Sanz del Río y el krausismo español», *Cuadernos para el Diálogo,* 64-65, enero-febrero.
«La seguridad jurídica en el Estado de Derecho», *Cuadernos para el Diálogo,* XVII extraordinario, diciembre.

1970
«El PSOE y la Segunda República», *Cuadernos para el Diálogo,* 76, enero.
1971
Sociología y Filosofía del Derecho, Taurus, Madrid (cfr. Libros, 3).
«Sanz del Río sobre Krause y Hegel (Notas sobre la difusión de la filosofía krausista en España)», *Boletín Informativo de Ciencia Política,* 8, diciembre.
1972
«Krausistas e institucionistas: un siglo de pensamiento liberal», *Triunfo,* 515, 12 de agosto.
1973
La filosofía social del krausismo español, Editorial Cuadernos para el Diálogo, Madrid (cfr. Libros, 4)
«La enseñanza de la sociología jurídica en España», *Anales de la Cátedra Francisco Suárez de la Universidad de Granada,* 13, 2.
1974
Notas para una historia del pensamiento español actual (1939-1973), Editorial Cuadernos para el Diálogo, Madrid (cfr. Libros, 5).
«La sociología de la magistratura en la obra del profesor Treves», escrito preliminar a la traducción castellana de la obra de R. Treves *El juez y la sociedad,* Cuadernos para el Diálogo, Madrid.
1975
«Anotaciones sobre el pensamiento español desde 1939», *Cuadernos para el Diálogo,* 136-137, enero-febrero.
«Fernando de los Ríos: socialismo humanista y socialismo marxista», *Sistema,* 10, julio.
«Legitimidad crítica y pluralismo ideológico», *Anales de la Cátedra Francisco Suárez de la Universidad de Granada,* 15.
«¿Lo primero la libertad?», *Cuadernos para el Diálogo,* L extraordinario, diciembre.
1976
«Socialismo democrático y derechos humanos», en la obra colectiva *Política y derechos humanos,* edición a cargo de Manuel Atienza, Editorial Fernando Torres, Valencia.

«La Institución Libre de Enseñanza en la España del nacional-catolicismo», *Historia Internacional,* 16, julio.
«Estudio preliminar» a la obra de Fernando de los Ríos, *El sentido humanista del socialismo,* nueva edición preparada también por E. Díaz, Ed. Castalia, Madrid.
«Sobre los orígenes de la fragmentación actual del socialismo español (Autocrítica para la unidad)», *Sistema,* 15, octubre.
«¿Qué entienden las derechas por marxismo?», *El País,* 4 de diciembre.
1977
«Estado de Derecho y Estado de derechas», *El País,* 23 de enero.
«El Estado democrático de Derecho y sus críticos izquierdistas», *Sistema,* 17-18, abril.
«Dictadura del proletariado y socialismo democrático», *El Socialista* (suplemento Elecciones), junio.
«Militancia política y objetividad científica», *El Socialista,* 10 de julio.
«Democracia y monarquía», *El Socialista,* 9 de octubre.
«Ideología y Derecho. Para una crítica de la cultura jurídica de la sociedad burguesa», *Anales de la Cátedra Francisco Suárez de la Universidad de Granada,* 17.
1978
Legalidad-legitimidad en el socialismo democrático, Civitas, Madrid (cfr. Libros 6).
«Orígenes y vigencia actual del «Movimiento Reforma Universitaria»», *Sistema,* 24-25, junio.
«La Constitución de 1978: más allá y más acá de la Dogmática jurídica», en la obra colectiva *La Constituzione Spagnola nel trentenale della Constituzione Italiana,* Arnaldo Forni Editore, Bolonia.
«La Constituzione spagnola del 1978», *Giustizia e Constituzione,* IX, 6, noviembre-diciembre.
1979
«Recuerdos e influencias de Felice Battaglia», en la obra colectiva *El Cardenal Albornoz y el Colegio de España,* VI, Publicaciones del Real Colegio de España en Bolonia.

«De algunas personales relaciones entre PSOE e Institución Libre de Enseñanza», en la obra colectiva *Homenaje a Pablo Iglesias,* Fundación Pablo Iglesias, Madrid.
«Marxismo y no marxismo: las señas de identidad del Partido Socialista Obrero Español», *Sistema,* 29-30, mayo.
«El lado oscuro de la dialéctica: consideraciones sobre el XXVIII Congreso del PSOE», *Sistema,* 32, septiembre.
«Euskadi. La paz es posible», respuesta al cuestionario de *Herria 2000 Eliza,* volumen colectivo con ese título, Desclée de Brouwer, Bilbao.
«Marx, el Derecho y el Estado», en el volumen colectivo *Vida y obra de Marx y Engels,* Fundación Pablo Iglesias, Madrid.
«Il socialismo spagnolo oltre il riformismo», en el volumen colectivo *Marxismo leninismo, socialismo. Un dibattito nella sinistra europea,* Mondo Operaio Edizioni Avanti, Roma.

1980

«El dulce encanto del desencanto», *El País,* 29 de junio.
«Fernando de los Ríos: la conciencia (posible) del socialismo español», *Revista de Occidente,* 2, julio-septiembre.
«Marx y la teoría marxista del Derecho y del Estado», *Sistema,* 38-39, octubre.
«Euskadi, España», *El País,* 31 de diciembre.

1981

«El Estado democrático de Derecho en la Constitución española de 1978», *Sistema,* 41, marzo.
«Antes del golpe, en el golpe y después del golpe», *El Socialista,* 197, 18 al 24 de marzo.

1982

Socialismo en España: el partido y el Estado, Mezquita, Madrid (cfr. Libros, 7).
La sociedad entre el derecho y la justicia, Salvat Editores, Barcelona (cfr. Libros, 8)
«Institucionistas y socialistas en la España contemporánea», en la obra colectiva *Homenaje a Juan López Morillas (De Cadalso a Aleixandre: estudios sobre literatura e historia intelectual españolas),* Castalia, Madrid.

«Sociedad y cultura en la España de Franco (1939-1975)» en la obra colectiva *La cultura spagnola durante e dopo il franchismo,* Cadmo Editore, Roma.
«España hoy: terrorismo y Estado», en la obra colectiva *Terrorismo y sociedad democrática,* Akal, Madrid.
«Legitimidad democrática versus legitimidad positivista y legitimidad iusnaturalista», *Anuario de Derechos Humanos,* 1.
«Cien años de socialismo democrático», *El País,* 30 de octubre.

1983

«Socialistas bajo el franquismo (Notas en torno a un libro de Raúl Morodo)», *Sistema,* 52, enero.
«Política y cultura en el final del franquismo (1974-1975)», *Leviatán,* 11, primavera.
«Deslegitimación del Derecho y del Estado en la sociedad capitalista actual (Consideraciones a propósito de la obra de Claus Offe)», *Anuario de Derechos Humanos,* 2.
«Las grandes utopías del 48», *Derechos Humanos,* otoño.

1984

De la maldad estatal y la soberanía popular, Debate, Madrid (cfr. Libros, 9).
«Legitimidad democrática: libertad y criterio de las mayorías», *Sociologia del Diritto,* 11,1
«Problemas abiertos en la filosofía del Derecho», contestación a la encuesta propuesta bajo ese título genérico por la revista *Doxa,* Alicante.
«Norberto Bobbio: claridad en la complejidad», *El País,* 23 de diciembre.

1985

«La cultura en la cuarentena» en el volumen colectivo, *La historia del franquismo,* 2 vols., Cambio 16, Madrid, 1984-85.
«La justificación de la democracia», *Sistema,* 66, mayo.
«Prólogo» al libro de Manuel Atienza, *Introducción al Derecho,* Barcanova.
«Franco, artífice de la transición», *El País,* 30 de diciembre.

1986

«Autobiografía intelectual», *Anthropos,* 62, junio, Barcelona.

«Tierno Galván, entre el fraccionamiento y la totalidad», *Sistema,* 71-72, junio.
«Unamuno y el alzamiento militar de 1936», *Sistema,* 75, noviembre.
1987
«Ortega y la Institución Libre de Enseñanza», *Revista de Occidente,* 68, enero.
«Legitimidad y justicia: la Constitución, zona de mediación», *Doxa,* 4, Alicante.
La transición a la democracia (Claves ideológicas, 1976-1986), Madrid, Eudema (cfr. Libros, 10).
1988
«La España de hace un cuarto de siglo: la realidad y el pensamiento», *Cuadernos para el Diálogo,* diciembre (número especial en recuerdo de los 25 años de aparición de la revista).
«Notas («concretas) sobre legitimidad y justicia», *Anales de la Cátedra Francisco Suárez de la Universidad de Granada,* 28.
«Socialismo democrático: instituciones políticas y movimientos sociales», *Revista de Estudios Políticos,* 62, octubre-diciembre.
«Tierno Galván, libertario y socialista», en *SABER/Leer,* n.º 19, noviembre.
1989
«Miguel de Unamuno y la guerra civil», en la obra colectiva *Actas del Congreso Internacional. Cincuentenario de Unamuno,* Salamanca, 1989.
«Estado de Derecho «versus» Estado franquista», *Pergola-Revista Cultural,* 9, abril, Ayuntamiento de Bilbao, publicado también en *Estado & Direito. Revista semestral luso-española de Direito Público* n.º 3, 1er. Semestre.
«Las ideologías de (sobre) la transición», en la obra colectiva *La transición democrática española* (Eds. J.F. Tezanos, R. Cotarelo y A. de Blas), Madrid, Sistema.
1990
«Los intelectuales y la política. Homenaje a Julián Besteiro», en la obra colectiva de igual título, Madrid, Fundaciones Sistema y Jaime Vera.

«Socialismo democrático y utopía racional», en SABER/Leer n.º 34, abril.
Ética contra política. Los intelectuales y el poder, Madrid, Centro de Estudios Constitucionales (cfr. Libros, 11)
1991
«Breves notas para la prehistoria y la intrahistoria de «Sistema»», *Sistema,* 100, enero.
«Notas sobre teoría y práctica del krausismo español», *Letras Peninsulares,* Spring, Michigan State University.
«Felipe González Vicén (1908-1991)», *Doxa,* 9, Alicante.
1992
«Sociedad y Derecho: la razón de la fuerza y la fuerza de la razón», en la obra colectiva *Escritos de Teoría Sociológica en Homenaje a Luis Rodríguez Zúñiga,* Madrid, Centro de Investigaciones Sociológicas.
«Renato Treves (1907-1992)», *Doxa,* 12, Universidad de Alicante y Centro de Estudios Constitucionales.
1993
«Norberto Bobbio: bases realistas para el socialismo democrático», *Sistema,* 112, enero.
«La revista «Triunfo»: cultura y democracia en España», *Sistema,* 113, marzo.
«Tuñón de Lara y Telmo Lorenzo: de la oposición y de la transición», en la obra *colectiva Manuel Tuñón de Lara. El compromiso con la Historia. Su vida y su obra,* Universidad del País Vasco.
1994
«¿Bobbio «versus» Bobbio? Dualismo analítico y razón práctica», *Sociologia del Diritto,* Milano, vol. XXI/2.
«El Gabinete técnico-ideológico del profesor Ollero (España años sesenta)», *Debate abierto (Revista de Ciencias Sociales),* volumen Homenaje al Prof. Carlos Ollero, Madrid, n.º 10.
Los viejos maestros. La reconstrucción de la razón, Madrid, Alianza Editorial (cfr. Libros, 12)
1995
«Estado de Derecho: exigencias internas, dimensiones sociales», *Sistema,* 125, marzo.

«El «Cesar Carlos» entre las generaciones de 1956 y 1968», en la obra colectiva *Cincuentenario del Colegio Mayor Universitario Cesar Carlos, 1945-1995. Escritos conmemorativos,* Madrid.
«Aranguren: la democracia como moral», SABER/Leer, 90, diciembre.
«Pensamiento político bajo el régimen franquista (1939-1975)» en la obra colectiva (Ed. Fernando Vallespín), *Historia de la teoría política, vol. 6: La reestructuración contemporánea del pensamiento político,* Ed. Alianza, Madrid.
«The Left and the Legacy of Francoism: Political culture in Opposition and Transition», en la obra colectiva (Ed. Helen Graham y Jo Labanyi) *Spanish Cultural Studies. The Struggle for Modernity,* Oxford University Press.
«Sobre la moral y el Derecho: anotaciones de hoy a un problema de siempre» en la obra colectiva *Homenaje al prof. Antonio Fernández Galiano,* Facultad de Derecho, Universidad Nacional de Educación a Distancia.

1996

«Francisco Tomás y Valiente asesinado en la Universidad. Jurista riguroso, intelectual comprometido», *Cantoblanco, Noticias de la Universidad Autónoma de Madrid,* n.º 7, febrero.
«Francisco Tomás y Valiente: intelectual crítico y hombre de Estado», *Homenaje al Prof. Dr. D. Francisco Tomás y Valiente,* Universidad del País Vasco, marzo.
«Socialdemocracia: realismo y utopía», *Boletín informativo de la Fundación Juan March,* 258, marzo, Madrid.
«De las funciones del Derecho: organización y cambio social», en la obra colectiva *Estudios Jurídicos en Homenaje al Profesor Aurelio Menéndez,* Civitas, Madrid.
«Estado de Derecho», en la obra colectiva *Filosofía Política II. Teoría del Estado.* Ed. Trotta, Madrid 1996.
«Secreto de Estado: última palabra», *El País,* 2 de noviembre.
«Joaquín Costa: ¿Regeneracionismo sin Parlamento?», *Boletín de la Institución Libre de Enseñanza,* 24-25, diciembre.

1997

«Tuñón de Lara: crear la Historia», *Temas para el Debate,* 28, marzo, Madrid.

«La democracia como moral», *Isegoría* n.º 15, marzo.
«Unamuno: la tragedia de la filosofía», SABER/Leer, 106, junio-julio, Madrid.
«El intelectual y la política», en la obra colectiva *Diritto, Cultura e Libertá. Atti del Convengo in memoria di Renato Treves,* Giuffré, Milano.
«Ruiz-Giménez: A pesar del iusnaturalismo», en la obra colectiva *La fuerza del diálogo. Homenaje a Joaquín Ruiz-Giménez,* Alianza Editorial, Madrid.
1998
«Bobbio, el fracaso de un pesimista», *El País,* 11 de julio.
«¿Estado de Derecho sin derechos sociales?», *Temas para el Debate,* 45-46, agosto-septiembre, Madrid.
«Ideologies in the making of the Spanish Transition», en la obra colectiva (Ed. Paul Heywood) *Politics and Policy in Democratic Spain: No Longer Different?,* London, Frank Cass.
Curso de Filosofía del Derecho, Madrid, Marcial Pons Editor (cfr. Libros 13).
1999
«Filosofía del Derecho: legalidad-legitimidad», *Boletín informativo de la Fundación Juan March,* 286, enero, Madrid.
«Fernando de los Ríos, medio siglo de España», *El País,* 11 de mayo.
«Fernando de los Ríos: socialismo y humanismo», SABER/Leer 127, agosto-septiembre, Madrid.
«Con Aranguren», *El País,* 6 de octubre.
«El socialismo de Fernando de los Ríos», *Sistema,* 152-153, noviembre, Madrid.
«La filosofía jurídico-política del krausismo español», en la obra colectiva Vicente F. Neto Piva. No segundo centenario do seu nascimento. A convocaçao do krausismo, Universidade de Coimbra.
«La transición democrática en España», en la obra colectiva del mismo título (Ed. Miguel Herrero de Miñón), Fundación BBV y Fundaçao Mario Soares, Madrid y Lisboa.
2000
«Joaquín Ruiz-Giménez: un camino hacia la democracia», *Sistema* n.º 158, septiembre, Madrid. (*Laudatio* en el Acto de In-

vestidura a Joaquín Ruiz-Giménez como Doctor Honoris Causa por la Universidad Autónoma de Madrid).

«Estado de Derecho y derechos humanos» en la obra colectiva *Ética pública y Estado de Derecho,* Fundación Juan March, Madrid.

«Filosofía del Derecho: legalidad-legitimidad», en la obra colectiva (Eds. Javier Muguerza y Pedro Cerezo) *La filosofía hoy,* Ed. Crítica, Barcelona.

«De la Institución a la Constitución», SABER/Leer, 140, diciembre, Madrid.

«1975: otro aniversario (Franco contra Pablo Iglesias)», *Catálogo de la exposición sobre Pablo Iglesias,* Madrid.

2001

«Fernando de los Ríos: biografía no equidistante», SABER/Leer, 144, abril, Madrid.

«Supongamos que no sea así: el partido socialista y el País Vasco», *El País,* 19 de abril.

2002

«Razón de Estado y razones del Estado» (X Conferencias Aranguren), *Isegoría* n.º 26, junio, CSIC, Instituto de Filosofía, Madrid.

«Estado de Derecho y legitimidad democrática», en la obra colectiva. (Eds. Elías Díaz y José Luis Colomer), *Estado, justicia, derechos,* Alianza Editorial, Madrid.

«Lección de investidura como Doctor Honoris Causa por la Universidad Carlos III de Madrid», Getafe, 15 de febrero.

«Anatomía de la conspiración», SABER/Leer, 156, junio-julio, Madrid.

«La universalización de la democracia: los hechos y los derechos», *Anales de la Cátedra Francisco Suárez* n.º 36, Universidad de Granada, Granada.

«Miguel de Unamuno, Europeo y liberal», *Boletín de la Institución Libre de Enseñanza* n.º 48, diciembre, Madrid.

«Cultura e ideología (objetividad del conocimiento y práxis política)», *horizontes de la Filosofía del Derecho. Homenaje a Luis García San Miguel,* Tomo 1, Servicio de Publicaciones Universidad de Alcalá, Alcalá.

2003

«Francisco Giner de los Ríos», *Boletín de la Biblioteca del Ateneo,* Segunda Época, Año IV, n.° 13, abril, Madrid.

«Problemas liberales: Unamuno y Marichal», SABER/Leer, 166, junio-julio, Madrid.

Un itinerario intelectual de filosofía jurídica y política. Ed. Biblioteca Nueva (cfr. Libros, 14).

2004

«Constitución: realidades y posibilidades», en la obra colectiva *La Constitución a examen. Un estudio académico 25 años después,* coordinado por Peces-Barba Gregorio y Ramiro Miguel Ángel, Universidad Carlos III de Madrid, Marcial Pons, Madrid.

«Roberto Mesa Garrido (1935-2004). In memoriam», *Boletín de la Institución Libre de Enseñanza,* n.° 53-54, mayo, Madrid.

«Norberto Bobbio: memoria española», *Sistema* n.° 181, julio, Madrid.

«Estado de Derecho y derechos humanos», en la obra colectiva *Constitución y derechos fundamentales,* BETEGÓN, LAPORTA, PÁRAMO, PRIETO SANCHÍS (Coordinadores), Centro de Estudios Políticos y Constitucionales, Madrid.

2005

«La reconstrucción del pensamiento democrático bajo (contra) el régimen franquista», *Historia del presente* n.° 5 (número monográfico sobre *intelectuales y segundo franquismo*), UNED, Madrid.

«Respeto a la ley», en la obra colectiva editada por Pedro Cerezo, *Democracia y virtudes cívicas,* Biblioteca Nueva, Madrid.

«Francisco Giner de los Ríos», en la obra colectiva *Educación y Universidad,* presentación de Pedro González-Trevijano, Universidad Rey Juan Carlos, Madrid.

«Por un Giner no reducido ni recluido», *Boletín de la Institución Libre de Enseñanza,* n.° 58, noviembre, Madrid.

«Norberto Bobbio: la responsabilidad del intelectual», *Doxa. Cuadernos de Filosofía del Derecho* n.°, 28, Universidad de Alicante.

«Estado de Derecho y democracia», en Juan José Tamayo (director), *10 palabras clave sobre derechos humanos,* Editorial Verbo Divino, Pamplona, Navarra.

2006
«Realismo crítico y Estado de Derecho», en RIVERAS BEIRAS Iñaki, SILVEIRA GORSKI Héctor, BODELÓN GONZÁLEZ Encarna, RECASENS I BRUNET, Amadeu (coords.), *Contornos y pliegues del derecho. Homenaje a Roberto Bergalli,* Anthropos, Barcelona.
«Salvador Giner: un sociólogo con carisma», *Sistema* n.º 192, mayo, Madrid.
«Intelectuales hoy: el poder político y los otros poderes», en ARAMAYO, R.R. y T. AUSÍN, T. (eds.), *Valores e historia en la Europa del Siglo XXI,* Plaza y Valdés Editores, Madrid.
«Prólogo» a la obra de Javier MUÑOZ SORO, *Cuadernos para el Diálogo. Una Historia cultural del segundo franquismo,* Marcial Pons, Madrid.
«Aranguren: ética y política», *Revista de Hispanismo Filosófico* n.º 11, septiembre, Madrid.
2007
Discurso de investidura del Doctorado Honoris Causa, 11 de mayo, Universidad de Granada.

II. BIBLIOGRAFÍA GENERAL CONSULTADA

ABELLÁN, Joaquín: «sobre el concepto de República» en KANT Immanuel, *Sobre la paz perpetua,* Tecnos, Madrid, 2001.
ACKERMAN, Bruce: *La justicia social en el Estado liberal,* trad. Carlos Rosenkrautz, CEC, Madrid, 1993.
AGAMBEN, Giorgio: *El Estado de excepción,* trad. Antonio Gimeno, Pre-Textos, Valencia, 2004
ALEXY, Robert: *Teoría del discurso y derechos humanos,* trad. Luis Villar Borda, Universidad Externado de Colombia, Colombia, 1995.
— *Epílogo a la teoría de los derechos fundamentales,* trad. Carlos Bernal Pulido, Colegio de Registradores de la Propiedad, Mercantiles y Bienes Muebles de España, Madrid, 2004.
— «La institucionalización de los derechos humanos en el Estado constitucional democrático», trad. María Cecilia Añaños Meza, *Derechos y libertades,* n.º 8, enero/junio, Madrid, 2000.

ÁLVAREZ JUNCO, José: *Mater dolorosa,* Taurus, Madrid, 2003.
— «Todo por el pueblo. El déficit del individualismo en la cultura política española», *Claves de razón práctica* n.º 143, junio, Madrid, 2004.
ANDERSON, Perry: *El Estado absolutista,* trad. Santos Juliá, Siglo XXI de España Editores, Madrid, 1989.
ANSUÁTEGUI, Javier: «Estado de Derecho, crisis de la ley y Estado Constitucional» en ZAPATERO, Virgilio (editor): *Horizontes de la filosofía del Derecho. Homenaje a Luis García San Miguel,* tomo 1, Universidad de Alcalá, 2002.
— «Definiciones del Estado de Derecho y los derechos fundamentales», *Sistema* n.º 158, Madrid, 2000.
AÑÓN ROIG, María José: *Necesidades y derechos. Un ensayo de fundamentación,* CEC, Madrid, 1995.
AÑÓN ROIG, María José y GARCÍA AÑÓN, José (coordinadores): *Lecciones de derechos sociales,* Tirant lo Blanch, Valencia, 2002.
APARICIO, Miguel Ángel: *El sindicato vertical y la formación del Estado franquista,* EUNIBAR, Barcelona, 1980.
ARAMAYO, Roberto y ÁLVAREZ, Francisco: *Disenso e incertidumbre. Un homenaje a Javier Muguerza,* CSIC/Plaza Valdés, Madrid, 2006.
ARANGUREN, José Luis: *Ética y política,* Editorial Guadarrama, 2.ª Edición, Madrid, 1968.
— *Ética y sociedad,* volumen 3, Trotta, Madrid, 1995.
— *Qué son los fascismos,* Editorial La Gaya Ciencia, Madrid, 1976.
ARBLASTER, Anthony: *Democracia,* trad. Adriana Sandoval, Alianza Editorial, Madrid, 1991.
ARCOS RAMÍREZ, Federico: *La seguridad jurídica. Una teoría formal,* Dykinson, Madrid, 2000.
ARENDT, Hannah: *Los orígenes del totalitarismo. Volumen 3. Totalitarismo,* trad. Guillermo Solana, Alianza Editorial, Madrid, 1999.
ARENDT, Hannah y VOEGELIN, Eric: «Sobre el totalitarismo», trad. Agustín Serrano, *Claves de razón práctica* n.º 124, Madrid, 2002.

ARON, Raymond: *Ensayo sobre las libertades,* trad. Ricardo Ciudad, Alianza Editorial, Madrid, 1990.

ATIENZA, Manuel: *El sentido del Derecho,* Ariel, Barcelona, 2004.

— *El Derecho como argumentación,* Ariel, Barcelona, 2006.

— *Marx y los derechos humanos,* Mezquita, Madrid, 1983.

— «Ética judicial: ¿por qué no un código deontológico para jueces?», *Jueces para la democracia* n.° 46, marzo, Madrid, 2003.

— «Elías Díaz: De la maldad estatal y la soberanía popular», *Antrophos* n.° 62, 1986.

— «Estado de Derecho, argumentación e interpretación», *Anuario de Filosofía del Derecho* XIV, Madrid, 1997.

ATIENZA, Manuel y RUIZ MANERO, Juan: *Las piezas del Derecho. Teoría de los enunciados jurídicos,* Ariel, Barcelona, 1996.

— *Marxismo y filosofía del Derecho,* Fontamara, México, 1993.

BABIANO MORA, José: «Un régimen jurídico represivo para las relaciones laborales», *Emigrantes, cronómetros y huelgas. Un estudio sobre el trabajo y los trabajadores durante el franquismo (Madrid 1951-1997),* Siglo XXI, Madrid, 1995,

BACHRACH, Peter: *Crítica de la teoría elitista de la democracia,* Amorrortu Editores, Buenos Aires, 1973.

BALDASARRE, Antonio: *Los derechos sociales,* trad. Santiago Perea, Universidad Externado de Colombia, Bogotá, 2001.

BALLESTER BRAGE, Luis: *Las necesidades sociales. Teorías y conceptos básicos,* Editorial Síntesis, Madrid, 2001.

BAÑULS SOTO, Fernando: *La reconstrucción de la razón. Elías Díaz, entre la Ética y la política,* Publicaciones Universidad de Alicante, Alicante, 2004.

BARATTA, Alessandro: «El Estado de Derecho. Historia del concepto y problemática actual», *Sistema* n.° 16, enero, Madrid, 1977.

BARCIELA LÓPEZ: Carlos y otros, «La intervención del Estado en la industria alimentaría durante el franquismo (1939-1975)», *Revista de historia industrial* n.° 25, Universidad de Barcelona, 2004.

BARRANCO AVILÉS, María del Carmen: *La teoría jurídica de los derechos fundamentales,* Dykinson, Madrid, 2000.

— «El concepto republicano de libertad y el modelo constitucional de derechos fundamentales», *Anuario de Filosofía del Derecho. Nueva época,* tomo XVIII, Madrid, 2001.
— «Notas sobre la libertad republicana y los derechos fundamentales como límites al poder», *Derechos y libertades* n.º 9, julio/diciembre, Madrid, 2000.
BASTIDA, J. Francisco: *Jueces y Franquismo. El pensamiento político del Tribunal Supremo en la Dictadura,* Ariel, Barcelona, 1986.
BAYÓN, Juan Carlos: *La normatividad del Derecho: deber jurídico y razones para la acción,* CEC, Madrid, 1991.
— «Derechos, democracia y constitución» en *Discusiones* n.º 1, Universidad Nacional del Sur, Bahía Blanca, Argentina, 2000.
BECK, Ulrich: *¿Qué es la globalización? Falacias del globalismo, respuestas a la globalización,* trad. Bernardo Moreno y Rosa Borrás, Paidós, Barcelona, 2002.
BERGALLI, Roberto y RESTA, Eligio (compiladores): *Soberanía un principio que se derrumba,* Paidós, Barcelona, 1996.
BERLIN, Isaiah: *Dos conceptos de Libertad,* trad. Ángel Rivero, Alianza Editorial, Madrid, 2001.
— *Karl Marx,* trad. Roberto Bixio, Alianza Editorial, 1973.
BERNSTEIN, Eduard: *Las premisas del socialismo y las tareas de la socialdemocracia,* trad. Irene del Carril y Alfonso García Ruiz, Siglo Veintiuno Editores, México, 1982.
BERTOMEU; DE FRANCISCO; DOMÈNECH (compiladores): *Republicanismo y democracia,* Miño y Dávila, Buenos Aires, 2005.
BOBBIO, Norberto y BOVERO, Michelangelo: *Origen y fundamentos del poder político,* trad. José Fernández Santillán, Grijalbo, México, 1985.
BOBBIO, Norberto: *¿Qué socialismo?,* trad. Juan Moreno, Plaza y Janes, Barcelona 1977.
— *El futuro de la democracia,* trad. José F. Fernández Santillán, FCE, México, 1996.
— *El problema del positivismo jurídico,* trad. E. Garzón Valdés, EUDEBA, Buenos Aires, 1965,
— *El tiempo de los derechos,* trad. Rafael de Asís, Editorial Sistema, Madrid, 1991.

— *Estado, gobierno y sociedad,* trad. José Fernández Santillán, FCE, México, 1989.
— *La teoría de las formas de gobierno en la historia del pensamiento político,* trad. José Fernández Santillán, FCE, México, 1987.
— *Liberalismo y democracia,* FCE, México, 1992.
— *Ni con Marx ni contra Marx,* trad. Lía Cabbib Levi e Isidro Rosas Alvarado, FCE, México, 2000.
— «Democracia representativa y teoría marxista del Estado», *Sistema* n.º 16, enero, Madrid, 1977.
BÖCKENFORDE, Wolfgang Ernst: *Estudios sobre el Estado de Derecho y la democracia,* trad. Rafael de Agapito, Trotta, Madrid, 2000.
BLOCH, Ernst: *Derecho natural y dignidad humana,* trad. Felipe González Vicén, Aguilar, Madrid, 1980,
— *Sujeto-objeto: el pensamiento de Hegel,* trad. Wenceslao Roces, FCE, México, 1962.
BODINO, Juan: *Los seis libros de la república* (1575), trad. Gaspar de Añastro Isunza, Centro de Estudios Constitucionales, Madrid, 1992.
BORRADORI, Giovanna: *La filosofía en una época de terror. Diálogos con Jürgen Habermas y Jacques Derrida,* trad. Juan José Botero y Luis Eduardo Hoyos, Taurus, Madrid, 2003.
BRAVO GALA, Pedro (ed.): *Socialismo premarxista,* Tecnos, Madrid, 1998.
BURKE, Edmund: *Reflexiones sobre la Revolución francesa,* trad. Estaban Pujals, RIALP, Madrid, 1989.
BUSTAMANTE ALARCÓN, Reynaldo: *Entre la moral, el Poder y el Derecho. Experiencias y Reflexiones,* ARA Editores, Lima, 2006.
CALSAMIGLIA, Albert: «Teoría del participante *versus* teoría general del Derecho: una aproximación», *Anuario de Filosofía del Derecho* XIV (1997).
CAMPS, Victoria: *Ética, retórica, política,* Alianza Editorial, Madrid, 1995.
CANFORA, Luciano: *La democracia. Historia de una ideología,* trad. María Pons Irazazábal, Crítica, Barcelona, 2004.

CAPELLA, Juan Ramón: *Entre sueños. Ensayos de filosofía política,* Icaria, Barcelona, 1985.
— *Fruta prohibida. Una aproximación histórico-teorética al estudio del derecho y del estado,* Trotta, Barcelona, 1997.
— *Grandes esperanzas,* Trotta, Madrid, 1996.
— *La práctica de Manuel Sacristán. Una biografía política,* Trotta, Madrid, 2005.
— *Materiales para la crítica de la filosofía del Estado,* Fontanella, Barcelona, 1976.
— «Notas sobre la repugnancia hacia la política», *Mientras tanto* n.º 86, primavera, Barcelona, 2003.
— «Democratización y neonaturalismo. La ambigüedad de la democratización contemporánea», *Doxa* n.º 17-18, Alicante, 1995.
— «La constitución tácita», *Mientras Tanto* n.º 88, otoño, Barcelona, 2003.
CARRILLO, Santiago: *«Eurocomunismo» y Estado,* Crítica, Barcelona, 1977.
— *Memorias,* Planeta, Barcelona, 1993.
CASTÁN TOBEÑAS, José: *Perspectivas filosófico-jurídicas del pensamiento contemporáneo y de la Ley Fundamental española de 17 de mayo de 1958,* Instituto Editorial Reus, Madrid, 1958.
CASTELLS, Manuel: *La era de la información. Vol. 3. Fin de milenio,* Alianza Editorial, Madrid, 2001.
CAYÓN PEÑA, Juan: «El régimen de Franco y la falta de un Estado de Derecho» en VV.AA.: *El Estado de Derecho en la España de hoy,* Editorial Actas, Madrid, 1996,
CEREZO GALÁN, Pedro (editor): *Democracia y virtudes cívicas,* Biblioteca Nueva, Madrid, 2005.
CERRONI, Humberto: «La crítica de Marx a la filosofía hegeliana del Derecho público» en VV.AA., *Marx, el Derecho y el Estado,* trad. Juan Ramón Capella, Oikos, Barcelona, 1969.
CHOMSKY, Noam: *El miedo a la democracia,* trad. Mireia Carol, Crítica, Barcelona, 1992.
CHUECA RODRÍGUEZ, Ricardo: *La regla y el principio de la mayoría,* CEC, Madrid, 1993.

COHEN, Gerald: *Si eres igualitarista ¿cómo es que eres tan rico?*, Paidós, Barcelona, 2002.

COLLETTI, Lucio: «Estado de derecho y soberanía popular» en VV.AA, *Para una democracia socialista,* trad. Juan-Ramón Capella, Anagrama, Barcelona, 1976.

COMANDUCCI, Paolo: «Derechos culturales positivos y negativos» en CARBONELL, Miguel, CRUZ PARCERO, Juan A., VÁZQUEZ, Rodolfo (Compiladores): *Derechos sociales y derechos de las minorías,* Universidad Nacional Autónoma de México, México, 2000.

CORTINA, Adela: *Alianza y contrato. Política ética y religión,* Trotta, Madrid, 2001.

CRITCHLEY, Simon; DERRIDA, Jacques; LACLAU, Ernesto; RORTY, Richard (comp. Chantal Mouffe): *Desconstrucción y pragmatismo,* trad. Marcos Mayer, Paidós, Barcelona, 1998.

PASSERIN D´ENTREVES, Alessandro: *La noción de Estado. Una introducción a la teoría política,* edición de Ramón Punset, Ariel, Barcelona, 2001.

DE ARRESE, José Luis: *El Estado totalitario en el pensamiento de José Antonio,* Ediciones de la Vicesecretaría de Educación Popular, Madrid, 1945.

DE ASÍS, Rafael: *Las paradojas de los derechos fundamentales,* Debate, Madrid, 1992.

— *Sobre el concepto y fundamento de los derechos: una aproximación dualista,* Cuadernos «Bartolomé de las Casas», n.º 17, Dykinson, Madrid, 2001.

— *Una aproximación a los modelos de Estado de Derecho,* Dykinson, Madrid, 1999.

DE BLAS GUERRERO, Andrés y PASTOR VERDÚ, Jaime: *Fundamentos de ciencia política,* UNED, Madrid, 2000.

DE CARRERAS, Francesc: *Estado de Derecho como sistema,* Cuadernos y Debates n.º 1, CEC, Madrid, Madrid, 1996.

DE CASTRO CID, Benito: *Los derechos económicos, sociales y culturales. Análisis a la luz de la teoría general de los derechos humanos,* Universidad de León, 1993.

DE GAULLE, Jacques: *España y la Segunda Guerra Mundial,* Círculo de Amigos de la Historia, Barcelona, 1973.

DE LOS RÍOS, Fernando: *Escritos guerra civil y exilio,* Obras Completas, tomo V, edición de Teresa Rodríguez de Lecea, Anthropos, Barcelona, 1997.
— *Escritos sobre democracia y socialismo,* edición y estudio preliminar de Virgilio Zapatero, Taurus, Madrid, 1975.
— *Mi viaje a la Rusia sovietista,* Madrid, 1921, primera edición.
DE LUCAS, Javier: *El concepto de solidaridad, Fontamara,* México, 1993.
DE PÁRAMO, Juan Ramón: «Obediencia al Derecho: revisión de una polémica», *Isegoría* n.° 2, Madrid, 1990.
DE TOCQUEVILLE, Alexis: *El antiguo régimen y la revolución,* volumen 1, trad. Dolores Sánchez, Alianza Editorial, Madrid, 1989.
DE VEGA, Pedro: «Crisis de los derechos fundamentales en el Estado social» en CORCUERA, Javier y GARCÍA, Miguel Ángel (editores), *Derecho y economía en el Estado social,* Tecnos, Madrid, 1988.
DELGADO PINTO, José: «El deber jurídico y la obligación moral de obedecer al Derecho» en *Obligatoriedad y derecho. XII Jornadas de filosofía jurídica y social,* Oviedo, Publicaciones de la Universidad de Oviedo, 1991.
DEL HOYO BARBOLLA, Ana: «De desconocidos a socios de conveniencia: las relaciones entre España y la CEE (1964-67)», Revista Universitaria Europea n.° 4, AUDESCO-Centros de Documentación Europea, Madrid, 2004.
DEL REAL ALCALÁ, J. Alberto: «Del Estado-nación de Derecho al Estado de Derecho postnacional. Análisis de la tesis de L. Ferrajoli sobre la desnacionalización de la teoría de los derechos humanos», *Derechos y libertades* n.° 13, enero/diciembre, Madrid, 2004.
DEL RÍO CISNEROS, Agustín: *Política Internacional de España. El caso español en la ONU y en el mundo,* Aguado, Madrid, 1946.
DEL VALLE, Luis: *El Estado nacionalista totalitario-autoritario,* Editorial Atheneum, Zaragoza, 1940.
DELLA VOLPE, Galvano: *Rousseau y Marx y otros ensayos de crítica materialista,* Martínez Roca, Barcelona, 1969.
DICEY, V. A.: *Introduction to the study of the Law on the Constitution,* Liberty Fund, 8th ed. London, 1982.

DOMÉNECH, Antoni: *El eclipse de la fraternidad. Una visión republicana de la tradición socialista,* Crítica, Barcelona, 2003.
DUVERGER, Maurice: *La democracia sin el pueblo,* trad. Juan Ramón Capella, Ariel, Caracas-Barcelona, 1968.
DEWEY, John: *Democracy and Education,* MacMillan, New York, 1916.
DWORKIN, Ronald: *Los derechos en serio,* trad. Marta Guastavino, Ariel, Barcelona, 1995.
— *El imperio de la justicia,* trad. Claudia Ferrari, Gedisa, Barcelona, 1992.
ECHEVERRÍA, Bolívar: *Las ilusiones de la modernidad,* Tramasocial, México, 1995.
ELSTER, Jon y SLAGSTAD, Rune (eds.): *Constitucionalismo y democracia,* trad. Mónica Utrilla, FCE, México, 1999.
ELSTER, Jon (comp.): *La democracia deliberativa,* trad. José María Lebrón, Gedisa, Barcelona, 2001.
— *Una introducción a Karl Marx,* trad. Mario García Aldonate, Siglo Veintiuno Editores, México, 1991.
— *Una introducción a Karl Marx,* trad. Mario García Aldonate, Siglo Veintiuno Editores, México, 1991.
ENGELS, Friedrich: *El origen de la familia, la propiedad privada y el Estado,* trad. s/n, Albor, Madrid, 1998.
ESCUDERO ALDAY, Rafael: *Los calificativos del positivismo jurídico. El debate sobre la incorporación de la moral,* Civitas, Madrid, 2004.
— *Positivismo y moral interna del Derecho,* CEPC, Madrid, 2000.
— «Argumentos para la recuperación de la teoría de Lon L. Fuller» en *Anuario Filosofía del Derecho. Nueva Época,* tomo XIX, Madrid, 2003.
EYMAR, Carlos: *Karl Marx, crítico de los derechos humanos,* Tecnos, Madrid, 1987.
FARIÑAS DULCE, María José: «Sociedades postnacionales *versus* democracia transnacional. La acción política y jurídica en la era de la globalización», en BONETTO Susana y PIÑERO Teresa, *Ciudadanía y costos sociales. Los nuevos marcos de regulación,* Instituto Internacional de Sociología Jurídica de Oñati, Dykinson, Madrid, 2004.

FARRELL, Diego Martín: *Análisis crítico de la teoría marxista de la justicia,* CEC, Madrid, 1989.
— *Utilitarismo, liberalismo y democracia,* Fontamara, México, 1997.
FAURÉ, Christine: *Las declaraciones de los derechos del hombre de 1789,* trad. Diana Sánchez y José Luis Núñez, FCE, México, 1995.
FERNÁNDEZ GARCÍA, Eusebio: *Entre la razón de Estado y el Estado de Derecho: la racionalidad política,* Cuadernos Bartolomé de las Casas n.º 4, Dykinson, Madrid, 1997.
— *Estudios de ética jurídica,* Debate, Madrid, 1984.
— *Filosofía política y Derecho,* Marcial Pons, Madrid, 1995.
— *La obediencia al Derecho,* Civitas, Madrid, 1998.
— *Marxismo y positivismo en el socialismo español,* CEC, Madrid, 1981.
— *Teoría de la justicia y derechos humanos,* Debate, Madrid, 1984.
— «hacia un concepto restringido de Estado de Derecho», *Sistema* n.º 138, Mayo, Madrid, 1997.
— «Hacia un concepto restringido de Estado de Derecho», en LÓPEZ GARCÍA, José Antonio y DEL REAL, J. Alberto (Eds.), *Los derechos: entre la ética, el poder y el derecho,* Dykinson, Madrid, 1999.
— «No toméis los derechos económicos, sociales y culturales en vano», *Derechos y libertades* n.º 6, Madrid, 1998.
FERRAJOLI, Luigi: *Diritto e ragione,* Lateraza, Bari/Roma, 1989.
— «Pasado y futuro del estado de derecho» en *Revista Internacional de Filosofía Política* n.º 17, julio, Madrid, 2001.
FERRANDO BADÍA, Juan: *El régimen de Franco: un enfoque político-jurídico,* Tecnos, Madrid, 1984.
FERRERES COMELLA, Víctor: *Justicia constitucional y democracia,* Centro de Estudios Políticos y Constitucionales, Madrid, 1997.
FIORAVANTI, Mauricio: «Estado y constitución» en FIORAVANTI Maurizio (editor), *El Estado moderno en Europa,* trad. Manuel Martínez Neira, Trotta, Madrid, 2004.

— *Constitución,* trad. Manuel Martínez Neira, Trotta, Madrid, 2001.
— *Los derechos fundamentales. Apuntes de historia de las constituciones,* trad. Manuel Martínez Neira, Trotta, Madrid, 1998.
FRAGA IRIBARNE, Manuel: «El sindicalismo como fuerza política», *Revista de Estudios Políticos* n.° 115, enero/febrero, Madrid, 1961.
— *Memoria breve de una vida pública,* Planeta, Barcelona, 1980.
FRAGUEIRO, Alfredo: *El Derecho natural y el Estado totalitario,* Universidad Nacional de Córdoba, 1942.
FUKUYAMA, Francis: *La construcción del Estado. Hacia un nuevo orden mundial en el siglo* XXI, trad. María Alonso, Ediciones B - Grupo Z, Barcelona, 2004.
FULLER, L. Lon: *La moral interna del Derecho,* trad. Francisco Navarro, Trillas, México, 1967.
FURET, Francois: *Marx y la Revolución francesa,* trad. Eduardo L. Suárez, FCE, México, 1992.
— *Pensar la Revolución francesa,* trad. Arturo R. Firpo, Petrel, Barcelona, 1978.
GALIANA SAURA, Ángeles: *La legislación en el Estado de Derecho,* Dykinson, Madrid, 2003.
GARCÍA AMADO, Juan Antonio: «Nazismo, Derecho y Filosofía del Derecho», *Anuario de Filosofía del Derecho,* tomo VIII, 1991.
GARCÍA BECEDAS, Gabriel: *Democracia y relaciones laborales,* Akal, Madrid, 1982.
GARCÍA COTARELO, Ramón: «Díaz Elías: De la maldad estatal y la soberanía popular», *Sistema* n.° 67, julio, Madrid, 1985.
GARCÍA DE ENTERRÍA, Eduardo: *La lengua de los derechos. La formación del derecho público europeo tras la Revolución francesa,* Alianza Editorial, Madrid, 1999.
— *La lucha contra las inmunidades del poder en el derecho administrativo,* Civitas, Madrid, 1983.
GARCÍA MANRIQUE, Ricardo: *La filosofía de los derechos humanos durante el franquismo,* CEC, Madrid, 1996.
— «Acerca de la intrínseca moralidad del Derecho», *Derechos y libertades* n.° 10, enero/diciembre, Madrid, 2001.

— «Democracia mínima y tránsito al socialismo en la obra de Norberto Bobbio. (A propósito de un libro de Andrea Greppi)», *Jueces para la democracia* n.º 36, noviembre, Madrid, 1999.
— «Positivismo, Estado de Derecho y Socialismo», *Doxa* n.º 15-16, Alicante, 1994.
— «El franquismo y los derechos humanos (uso y abuso de una idea)», *Sistema* n.º 154, enero, Madrid, 2000.
GARCÍA MAYNES, Eduardo: *La definición del Derecho,* Universidad Veracruzana, México, 1960.
GARCÍA PELAYO, Manuel: *Las transformaciones del Estado contemporáneo,* Alianza Editorial, Madrid, 1975.
GARCÍA SAN MIGUEL, Luis: «Anarquismo, socialismo y comunismo», *Persona y Derecho* n.º 43, Pamplona, 2000.
— *Notas para una crítica de la razón jurídica,* Tecnos, Madrid, 1969.
GARCÍA SANTESMASES, Antonio: *Marxismo y Estado,* Centro de Estudios Constitucionales, Madrid, 1986.
— «¿El futuro es el mestizaje?», *Revista Internacional de Filosofía Política* n.º 9, Madrid, junio, 1997.
GARGARELLA, Roberto y OVEJERO, Félix (comp.): *Razones para el socialismo,* Paidós, Barcelona, 2001.
GARGARELLA, Roberto: *Nos los representantes. Crítica a los fundamentos del sistema representativo,* Ciepp, Buenos Aires, 1995.
— *El derecho a resistir el derecho,* Ciepp y Miño Editores, Buenos Aires, 2005.
— «La revisión judicial y la difícil relación democracia-derechos» en *Fundamentos y alcances del control judicial de constitucionalidad. Investigación colectiva del Centro de Estudios Institucionales de Buenos Aires,* Centro de Estudios Constitucionales, Madrid, 1991.
— «Primeros apuntes para una teoría sobre los derechos sociales. ¿Es posible justificar un tratamiento jurídico diferenciado para los derechos sociales e individuales?», *Jueces para la democracia* n.º 31, Marzo, Madrid, 1998.
GARZÓN VALDÉS, Ernesto: *Derecho, ética y política,* CEC, Madrid, 1993.
— *Calamidades,* Gedisa, Barcelona, 2004.

— *El concepto de estabilidad de los sistemas políticos,* Fontamara, México, 1992.
— «El problema ético de las minorías étnicas» en CARBONELL, Miguel, CRUZ PARCERO, A. Juan, VÁZQUEZ, Rodolfo (compiladores), *Derechos sociales y derechos de las minorías,* Universidad Nacional Autónoma de México, México, 2000.
— «What is Wrong with the Rule of Law», SABA, Robert (editor), *Estado de Derecho y democracia. Un debate acerca del rule of law,* SELA 2000, Editores del Puerto, Buenos Aires, 2001.
GASCÓN ABELLÁN, Marina: «Imperio de la ley. Motivos para el desencanto», *Jueces para la democracia* n.º 32, julio, Madrid, 1998.
GELLINEK, G.; BOUTMY, E.; DOUMERGUE, E.; POSADA, A.: *Orígenes de la Declaración de derechos del hombre y del ciudadano,* edición preparada por Jesús González Amuchastegui, Editora Nacional, Madrid, 1984.
GIL ROBLES, José María: *Por un Estado de Derecho,* Ariel, Barcelona, 1969.
GINER, Salvador: «La urdimbre moral de la modernidad», *Anales de la Cátedra Francisco Suárez* n.º 36, Granada, 2002.
GINER, Salvador; LAMO DE ESPINOSA, Emilio; TORRES, Cristóbal (eds.): *Diccionario de sociología,* Alianza Editorial, Madrid, 1998.
GOEBBELS, Paul Joseph (Ministro del Reich): *La verdad sobre España. Discurso pronunciado el 9 de septiembre de 1937 en el Congreso del Partido Obrero Alemán Nacional Socialista,* edición e introducción de Xavier Agirre Aramburu, Iralka, Bilbao, 1998.
GONZÁLEZ AMUCHASTEGUI, Jesús: *Louis Blanc y los orígenes del socialismo democrático,* Siglo XXI, Madrid, 1989.
— *Autonomía, dignidad y ciudadanía. Una teoría de los derechos humanos,* Tirant lo Blanch, Valencia, 2004.
GONZÁLEZ DÍAZ-LLANOS, Antonio Ezequiel: «Recensiones y noticias de libros», *Anuario de Filosofía del Derecho,* tomo XIII, 1967-1968.
GONZÁLEZ, José María y QUEZADA, Fernando (coordinadores): *Teoría de la democracia,* Anthropos, Barcelona, 1988.

GRACIA, Jordi: *La resistencia silenciosa. Fascismo y cultura en España,* Anagrama, 2004.
GRAMSCI, Antonio: *La política y el Estado moderno,* trad. Jordi Solé, Planeta Agostini, Barcelona, 1985.
GREPPI, Andrea: *Concepciones de la democracia en el pensamiento político contemporáneo,* Trotta, Madrid, 2006.
— *Teoría e ideología en el pensamiento político de Norberto Bobbio,* Marcial Pons, Madrid-Barcelona, 1998.
GUASTINI, Ricardo: *Distinguiendo,* Gedisa, Barcelona, 1999.
GUILLÉN KALLE, Gabriel: *Carl Schmitt en España. La frontera entre lo político y lo jurídico,* Madrid, 1984.
GUISÁN, Esperanza: «De cómo etizar la democracia», *Anuario de Filosofía del Derecho-Nueva Época,* tomo VIII, Ministerio de Justicia, Madrid, 1991.
— «Derecho, razón y ética en el pensamiento de Elías Díaz», *Anthropos* n.° 62, Barcelona-Madrid, 1986.
HABERMAS, Jürgen: *Facticidad y validez,* trad. Manuel Jiménez Redondo, Trotta, Madrid, 1998.
— *La constelación posnacional,* trad. Pere Fabra, Paidós, Barcelona, 2000.
— *La necesidad de revisión de la izquierda,* trad. Manuel Jiménez Redondo, Tecnos, Madrid, 1991.
— *Problemas de legitimación el capitalismo tardío,* trad. José Luis Etcheverry, Amorrortu Editores, Buenos Aires, 1995.
— *Verdad y justificación,* trad. Pere Fabra y Luis Díez, Trotta, Madrid, 2002.
— *Tiempo de transiciones,* trad. Rafael de Agapito, Trotta, Madrid, 2004.
HART, Herbert L. A.: *El concepto de derecho,* Abeledo Perrot, Buenos Aires, 1963.
— *Law, liberty and morality,* Stanford University Press, 1963.
HAYEK, Friedrich: *Camino de servidumbre,* trad. José Vergara, Alianza Editorial, Madrid, 1995.
— *Democracia, justicia y socialismo,* Unión Editorial, Madrid, 1977.
— *Los fundamentos de la libertad,* trad. José Vicente Torrente, Unión Editorial, Madrid, 1998.

HEGEL, Friedrich: *Principios de la filosofía del Derecho,* trad. Juan Luis Vermal, Edhasa, Barcelona, 1999.
HELD, David: *La democracia y el orden global. Del Estado moderno al gobierno cosmopolita,* trad. Sebastián Mazzuca, Paidós, Barcelona, 1997.
— «¿Hay que regular la globalización? La reinvención de la política», *Claves de razón práctica* n.º 99, enero/febrero, Madrid, 2000.
HELLER, Ágnes, FEHÉR, Ferenc, MARKUS, György: *Dictaduras y cuestiones sociales,* trad. Agustín Bárcena, FCE, México, 1982.
HELLER, Ágnes: *Más allá de la justicia,* trad. Jorge Vigil, Crítica, Barcelona, 1990.
— *Teoría de las necesidades en Marx,* trad. J.F. Yvars, Península, Barcelona, 1986.
— *Una revisión de la teoría de las necesidades,* trad. Ángel Rivero Rodríguez, Paidós, Barcelona, 1996.
HELLER, Herman: *Escritos políticos,* Alianza Editorial, Madrid, 1985.
— *La soberanía. Contribución a la teoría del derecho estatal y del derecho internacional,* trad. Mario de la Cueva, FCE, México, 1995.
— *Teoría del Estado,* trad. Luis Tobio, FCE, México, 1998.
HERRERA FLORES, Joaquín: *Los derechos humanos desde la Escuela de Budapest,* Tecnos, Madrid, 1989.
HERRERO, Fernando: «El Estado de Derecho en las Leyes Fundamentales españolas», *Revista de Estudios Políticos* n.º 152, marzo/abril, Madrid, 1967.
HIERRO, Liborio: *Justicia, igualdad y eficiencia,* Centro de Estudios Políticos Constitucionales, Madrid, 2002.
— *Estado de Derecho. Problemas actuales,* Fontamara, México, 1998.
— «igualdad, generalidad, razonabilidad y crisis de la ley», *Doxa* n.º 26, Alicante, 2003.
— «¿Derechos humanos o necesidades humanas? Problemas de un concepto», *Sistema* n.º 46, enero, Madrid, 1982.
HOBBES, Thomas: *Del ciudadano y Leviatán,* trad. Enrique Tierno Galván y M. Sánchez Sarto, Tecnos, 1996.

HOERSTER, Norbert: *En defensa del positivismo jurídico,* trad. Ernesto Garzón Valdés, Gedisa, Barcelona, 2000.

HUGUET, Montserrat: «La política exterior del franquismo (1939-1975)» en PEREIRA Juan Carlos (coord.), *La política exterior de España (1800-2003),* Ariel, Barcelona, 2003.

HUME, David: *Ensayos políticos,* trad. César Armando Gómez, Tecnos, Madrid, 1994.

JÁUREGUI, Gurutz: «Globalización y democracia», *Claves de razón práctica* n.º 99, enero/febrero, Madrid, 2000.

JELLINEK, Georg: *La declaración de los derechos del hombre y del ciudadano,* trad. Adolfo Posada, UNAM, México, 2000.

JESSOP, Bob: *Orden social, reforma y revolución,* Tecnos, Madrid, 1982.

JIMÉNEZ DE PARGA, Manuel: *Los regímenes políticos contemporáneos,* Tecnos, Madrid, 1990.

JIMÉNEZ SEGADO, Carmelo: «Carl Schmitt y el derecho internacional del Reich», *Revista de Estudios Políticos. Nueva época* n.º 127, enero/marzo, Madrid, 2005.

JULIÁ, Santos: «Edad contemporánea» en VALDEÓN, Julio, PÉREZ, Joseph y JULIÁ, Santos, *Historia de España,* Espasa, Madrid, 2004.

— «Echar al olvido. Memoria y amnistía en la transición», *Claves de razón práctica,* n.129, enero/febrero, Madrid, 2003.

— *Historia de las dos españas,* Taurus, Madrid, 2004.

JUNQUERA, Rafael: «La fundamentación de los derechos humanos: un intento de sistematización», *Derechos y libertades* n.º 11, enero/diciembre, Madrid, 2002.

KANT, Immanuel: *La Metafísica de las costumbres,* trad. Adela Cortina y Jesús Conill, Tecnos, Madrid, 1994.

— *La paz perpetua,* Tecnos, Madrid, 1985.

KAUFMANN, Matthias: *¿Derecho sin reglas? Los principios filosóficos de la teoría del Estado y del Derecho de Carl Schmitt,* trad. Jorge M. Seña, Fontamara, México, 1988.

KELSEN, Hans: *Socialismo y Estado,* trad. Alfonso García Ruiz, Siglo Veintiuno Editores, México, 1982.

— *Teoría General del derecho y del Estado,* trad. Eduardo García Maynes, UNAM, México, 1995.

— *Escritos sobre la democracia y el socialismo,* Debate, Madrid, 1988.
— *¿Qué es la justicia?,* Ariel, Barcelona, 1992.
KYMILCKA, Will: *Liberalism, Community and Culture,* Clarendon Press, Oxford, 1989.
KOSELLECK, Reinhart: *Crítica del mundo burgués,* trad. Rafael de la Vega, Rial, Madrid, 1965.
KRIELE, Martín: *Introducción a la teoría del Estado. Fundamentos históricos de la legitimidad del Estado Constitucional democrático,* trad. Eugenio Bulygin, Desalma, Buenos Aires, 1980.
LAMARCA PÉREZ, Carmen: *Tratamiento jurídico del terrorismo,* Centro de Publicaciones del Ministerio de Justicia, Madrid, 1985.
LAPORTA, Francisco y RUIZ MIGUEL, Alfonso: «Entrevista a Elías Díaz», *Revista Doxa* n.° 15-16, Alicante, 1994.
LAPORTA, Francisco (ed.): *Constitución: problemas filosóficos,* CEPC, Madrid, 2003.
— *Entre el Derecho y la moral,* Fontamara, México, 1993.
— «Imperio de la ley-Reflexiones sobre un punto de partida de Elías Díaz», *Doxa* 15-16, Alicante, 1994.
— «Elías Díaz: pensamiento jurídico y compromiso democrático», *Anthropos* n.° 62, Barcelona, 1986.
— «Derecho y predecibilidad. Una defensa del legalismo», *Themis,* Revista da Faculdade de Direito da UNL, Año II, n.° 3, 2001.
— «El ámbito de la Constitución», *Doxa* n.° 24, Alicante, 2001.
— «El deterioro de las leyes», *Claves de razón práctica* n.° 142, mayo/junio, Madrid, 2004.
— «La reinvención de la ley», *Revista jurídica,* n.° 8, Universidad Autónoma de Madrid, Dykinson, 2003.
— «On The Universality of Human Rights and Our Duties to Remote People», *Associations* 7 (2), 2003, Berlín.
— «Poder y Derecho» en GARZÓN VALDÉS Ernesto y LAPORTA Francisco (editores), *El derecho y la justicia,* Enciclopedia Iberoamericana de Filosofía, CSIC-Trotta, Madrid, 2000.
— «Los problemas ideológicos del socialismo» en GUERRA, Alfonso y otros, *El futuro del socialismo,* Editorial Sistema, Madrid, 1986.

LARA, María Pía: *La democracia como proyecto de identidad ética,* Anthropos, Barcelona, 1992.
LARENZ, Karl: *Derecho justo. Fundamentos de ética jurídica,* trad. De Luis Díez-Picazo, Civitas, Madrid, 1985.
LEGAZ Y LACAMBRA, Luis: *El Estado de Derecho en la actualidad. Una aproximación a la teoría de la juricidad,* Reus, Madrid, 1934.
LENIN: *El Estado y la revolución,* trad. s/n, Fundación Federico Engels, Madrid, 1997.
LIFANTE VIDAL, Isabel: *La interpretación jurídica en la teoría del Derecho contemporánea,* Centro de Estudios Políticos y Constitucionales, Madrid, 1999.
LISI, Francisco: «El origen del Estado de Derecho» en VV.AA., *Los griegos Otros y Nosotros,* editora Ana María González de Tobia, Ediciones al Margen, La Plata, Argentina, 2001.
LOCKE, John: *Carta sobre la tolerancia,* trad. s/n, Tecnos, Madrid, 1998.
— *Segundo Tratado sobre el Gobierno Civil,* trad. Carlos Mellizo, Alianza Editorial, Madrid, 2000.
LÓPEZ CALERA, Nicolás María: «Mitificación y dialéctica en el Estado de Derecho», *Anales de la Cátedra Francisco Suárez* n.º 1, fascículo 1, Granada, 1971.
— «Mitificación y dialéctica en el Estado de Derecho», *Anales de la Cátedra Francisco Suárez* n.º 1, fascículo 1, Granada, 1971.
LÓPEZ GARCÍA, J. Antonio: «Algunas reflexiones a propósito de los modelos de Estado de Derecho» en *Derechos y libertades* n.º 9, julio/diciembre, Madrid, 2000.
LÓPEZ GUERRA, Luis: *El Poder Judicial en el Estado Constitucional,* Palestra Editores, Lima, 2001.
LÓPEZ PINA, José Antonio: *Estado y derecho en el franquismo. El nacionalsindicalismo: F.J. Conde y Luis Legaz Lacambra,* Centro de Estudios Constitucionales, Madrid, 1996.
LOSANO, Mario: «Elías Díaz, i vecchi maestri e la nuova Spagna», *Sociología del diritto,* XXII, n.º3, Milano, 1995.
LUHMANN, Niklas: *Teoría política en el Estado de Bienestar,* trad. Fernando Vallespín, Alianza Editorial, Madrid, 1997.

MacCORMICK, Neil: *Derecho legal y socialdemocracia. Ensayos sobre filosofía jurídica y política,* trad. M.ª Lola Gonzáles Soler, Tecnos, Madrid, 1990.

— «Retórica y Estado de Derecho», *Isegoría* n.º 21, Madrid, 1999.

— «Law, Rule of Law and Democracy» en VV.AA., *La crisis del Derecho y sus alternativas,* Consejo General del Poder Judicial, España, Madrid, 1996.

MACPHERSON, C. B.: *La democracia liberal y su época,* trad. Fernando Santos, Alianza Editorial, Madrid, 1981.

MANIN, Bernar: *Los principios del gobierno representativo,* trad. Fernando Vallespín, Alianza Editorial, Madrid, 1997.

MARCILLA, Gema: *Racionalidad legislativa. Crisis de la ley y nueva ciencia de la legislación,* Centro de Estudios Políticos Constitucionales, Madrid, 2005.

MARICHAL, Juan: «Las políticas del exilio (1939-1975)», VV.AA., *El exilio español de 1939,* Taurus, Madrid, 1976.

MARIÑO, Fernando: *Derecho internacional público. Parte General,* Trotta, Madrid, 2005.

MARITAIN, Jacques: *El hombre y el Estado,* trad. Manuel Gurrea, Editorial Kraft, Buenos Aires, 1963.

MARTÍNEZ, Marta; ALFAGEME, Erika; CANTOS, Raquel: *De la participación al protagonismo infantil,* Plataforma por la Infancia, Madrid, 2003.

MARX, Carlos: *Crítica del Programa de Gotha,* trad. s/n, Ricardo Aguilera Editor, Madrid, 1968.

— *El 18 Brumario de Luis Bonaparte,* trad. O.P. Safont, Ariel, Barcelona.

— *La cuestión judía y otros escritos,* trad. José María Ripalda, Planeta Agostini, Barcelona, 1993.

MARX, Karl y ENGELS, Friedrich: *La ideología alemana,* trad. s/n, Léina Editorial, Barcelona, 1988.

— *Manifiesto del Partido Comunista (Manifest der Kommunistischen Partei,* 1848), trad. Editorial Progreso, Editorial Mestas, Madrid, 2001.

MATTEUCCI, Nicola: *Organización del poder y libertad. Historia del constitucionalismo moderno,* trad. Francisco Javier Ansuátegui Roig y Manuel Martínez Neira, Trotta, Madrid, 1998.

MAUS, Ingeborg: «Ideología jurídica y realidad social», *Anales de la Cátedra Francisco Suárez* n.º 17, Granada, 1977.

MILL, John Stuart: *Del gobierno representativo,* trad. Marta de Iturre, Tecnos, Madrid, 2000.

MOA, Pío: *Los mitos de la guerra civil,* La Esfera, Madrid, 2003.

MOLINA, Ignacio: *Conceptos fundamentales de ciencia política,* Alianza Editorial, Madrid, 1998.

MONTES, Pedro: *El desorden neoliberal,* Trotta, Madrid, 1996.

MONTESQUIEU, Ch. L.: *Del espíritu de las leyes,* dos volúmenes, trad. Mercedes Blázquez y Pedro de Vega, Sarpe, Madrid, 1984.

MORENO JUSTE, Antonio: *Franquismo y construcción europea (1951-1962),* Tecnos, Madrid, 1998.

MORESO, José Juan: «Conflictos entre principios constitucionales» en CARBONELL, Miguel, *Neoconstitucionalismo(s),* Trotta, Madrid, 2003.

MORODO, Raúl: *Atando Cabos. Memorias de un conspirador moderado,* volumen I, Taurus, Madrid, 2001.

— *La transición política,* Tecnos, Madrid, Madrid, 1988.

— *Los orígenes ideológicos del franquismo,* Alianza Editorial, Madrid, 1985.

— «Totalitarismo» en DÍAZ, Elías y RUIZ MIGUEL, Alfonso (Eds.), *Filosofía política II. Teoría del Estado,* Enciclopedia Iberoamericana de Filosofía, Trotta-CSIC, Madrid, 1996.

MUGUERZA, Javier y RODRÍGUEZ ARAMAYO, Roberto (editores): *Kant después de Kant. En el bicentenario de la Crítica de la razón práctica,* Tecnos, Madrid, 1989.

MUGUERZA, Javier: *El fundamento de los derechos humanos,* edición preparada por Gregorio Peces-Barba, Debate, Madrid, 1989.

— «Polis sin politeia», *Derechos y libertades* n.º 1, febrero/octubre, Madrid, 1993.

— «Derechos humanos y ética pública» en VV.AA., *Ética pública y Estado de Derecho,* Fundación Juan March, Madrid, 2000.

NAEF, Werner: *La idea del Estado en la Edad Moderna,* trad. Felipe González Vicén, Comares, Granada, 2005.

NAVARRO, Vicenç: «¿Franquismo o fascismo?», *Claves de razón práctica* n.º 115, septiembre, Madrid, 2001.

NEGT, Oskar: *Kant y Marx. Un diálogo entre épocas,* trad. Alejandro del Río, Trotta, Madrid, 2004.

NOZICK, Robert: *Anarchy, State and Utopía,* Basic Books, New York, 1974.

NIETZSCHE: *La voluntad de poderío,* trad. Aníbal Froufe, Edaf, Madrid, 1998.

NINO, Carlos Santiago: *Ética y derechos humanos: un ensayo de fundamentación,* Ariel, Barcelona, 1989.

— *Fundamentos de derecho constitucional,* Astrea, Buenos Aires, 1992.

— *La constitución de la democracia deliberativa,* Gedisa, Barcelona, 1997.

— *La validez del Derecho,* Astrea, Buenos Aires, 1985.

— «Autonomía y necesidades básicas», *Doxa* n.º 7, Alicante, 1990.

OCHAÍTA, Esperanza y ESPINOZA, María Ángeles: *Hacia una teoría de las necesidades. Necesidades y Derecho en el marco de la Convención de Naciones Unidas sobre derechos del niño,* UNICEF-McGrawHill, Madrid, 2004.

ORTEGA Y GASSET, José: *La rebelión de las masas,* Revista de Occidente, Madrid, 1970.

— «Socialismo y aristocracia» en *Obras Completas,* Tomo X, Alianza Editorial y Revista de Occidente, Madrid, 1983.

OVEJERO, Félix; MARTÍ, José Luis y GARGARELLA, Roberto: *Nuevas ideas republicanas. Autogobierno y libertad,* Paidós, Barcelona, 2003.

PASSERIN D´ENTREVES, Alessandro: *La noción de Estado. Una introducción a la teoría política,* Ariel, Barcelona, 2001.

PECES-BARBA, Gregorio; FERNÁNDEZ, Eusebio; DE ASÍS, Rafael: *Curso de Teoría del Derecho,* Marcial Pons, Madrid, 2000.

PECES-BARBA, Gregorio; HIERRO, Liborio; DE ÍÑIGUEZ, Santiago y LLAMAS, Ángel: *Derecho positivo de los derechos humanos,* Debate, Madrid, 1987.

PECES-BARBA, Gregorio: *Curso de derechos fundamentales,* con la colaboración de Rafael de Asís, Carlos R. Fernández Liesa y Ángel Llamas, Universidad Carlos III de Madrid-BOE, Madrid, 1995.

— *Derecho y derechos fundamentales,* Centro de Estudios Constitucionales, Madrid, 1993.
— *Derechos fundamentales. Teoría general,* volumen 1, Biblioteca Universitaria Guadiana, Madrid, 1973.
— *Escritos sobre derechos fundamentales,* EUDEMA, Madrid, 1988.
— *Ética, poder y derecho,* Centro de Estudios Constitucionales, Madrid, 1995.
— *Historia de los derechos fundamentales, tomo I, tránsito a la modernidad. Siglos XVI y XVII* (codirección Eusebio Fernández), Universidad Carlos III de Madrid-Dykinson, Madrid, 1998; *Historia de los derechos fundamentales, tomo II, Siglos XVIII* (codirección, Eusebio Fernández y Rafael de Asís), Universidad Carlos III de Madrid-Dykinson, Madrid, 2001.
— *La democracia en España. Experiencias y reflexiones,* Temas de Hoy, Madrid, 1996.
— *La dignidad de la persona desde la filosofía del Derecho,* Cuadernos Bartolomé de las Casas n.° 26, Dykinson, Madrid, 2002.
— *Lecciones de derechos fundamentales* (con la colaboración de Rafael de Asís y María del Carmen Barranco), Dykinson, Madrid, 2004.
— *Persona, sociedad, Estado. Pensamiento social y político de Maritain,* Editorial Cuadernos para el Diálogo, Madrid, 1972.
— *Derechos sociales y positivismo jurídico. (Escritos de filosofía jurídica y política),* Cuadernos Bartolomé de las Casas n.° 11, Dykinson, Madrid, 1999.
— *Libertad, poder y socialismo,* Civitas, Madrid, 1978.
— *La España Civil,* Galaxia Gutenberg, Madrid, 2006.
PEÑA FREIRE, Antonio Manuel: *La garantía en el Estado constitucional de Derecho,* Trotta, Madrid, 1997.
PEREIRA, Juan y MARTÍNEZ, Pedro: *La ONU,* Arcos, Madrid, 2001.
PEREIRA MENAUT, Antonio-Carlos: *Rule of Law o Estado de Derecho,* Marcial Pons, Madrid-Barcelona, 2003.
PÉREZ, Oscar: *Pluralismo cultural y derechos de las minorías,* Dykinson, Madrid, 2005.

PÉREZ LLEDÓ, Juan: *El movimiento «Critical Legal Studies»*, Tecnos, Madrid, 1996.
PÉREZ LUÑO, Antonio-Enrique: *¿Ciberciudadaní@ o ciudadaní@.com?*, Gedisa, Barcelona, 2004.
— *Derechos humanos, Estado de Derecho y constitución,* Tecnos, Madrid, 1995.
— *Los derechos fundamentales,* Tecnos, Madrid.
— *Teoría del Derecho,* Tecnos, Madrid, 1997.
PÉREZ RUIZ, Carlos: *La argumentación moral del Tribunal Supremo (1940-1975),* Tecnos, Madrid, 1987.
PÉREZ TRIVIÑO, José Luis: *Los límites jurídicos al soberano,* Tecnos, Madrid, 1998.
PISARELLO, Gerardo: «Los derechos sociales en el constitucionalismo democrático» en *Boletín Mexicano de Derecho comparado* n.º 92, UNAM, mayo-agosto, México, 1998.
— «Por un concepto exigente de Estado de Derecho. (A propósito de un artículo de Eusebio Fernández)», *Sistema* n.º 144, Madrid, 1998.
POU SERRADEL, Víctor: *España y la Europa comunitaria,* Ediciones Universidad de Navarra, 1973.
POULANTZAS, Nicos: *Hegemonía y dominación en el Estado moderno,* trad. María T. Poyrazián, siglo XXI, México, 1975.
PRESTON, Paul: *Franco, caudillo de España,* trad. Teresa Camprodón y Diana Falcón, Debolsillo, Barcelona, 2004.
PRIETO SANCHÍS, Luis: *Justicia constitucional y derechos fundamentales,* Trotta, Madrid, 2003.
— *Ley, principios, derechos,* Cuadernos Bartolomé de las Casas n.º 7, Dykinson, Madrid, 1998.
PRZEWORSKI, Adam: *Capitalismo y socialdemocracia,* trad. Consuelo Vásquez de Parga, Alianza Editorial, Madrid, 1985.
RADBRUCH, Gustav: *Arbitrariedad legal y derecho supralegal,* Abeledo Perrot, Buenos Aires, 1962.
RALPH, Miliband: *El Estado en la sociedad capitalista,* trad. Francisco González Aramburu, Siglo XXI, México, 1976.
RAMÍREZ, Manuel: *La participación política,* Tecnos, Madrid, 1985.

RAMIRO, Miguel Ángel: *Utopía y Derecho: el sistema jurídico en las sociedades ideales,* Marcial Pons, Madrid, 2002.
RAWLS, John: *Teoría de la justicia,* trad. María Dolores González, FCE, México, 1997.
— *Justicia como equidad. Materiales para una teoría de la justicia,* trad. Miguel Ángel Rodilla, Tecnos, Madrid, 1986.
— *Sobre las libertades,* trad. Jorge Vigil Rubio, Paidós, Barcelona, 1996.
— «El derecho de gentes» en SHUTE Stephen y HURLEY, Susan (eds.), *De los derechos Humanos,* Trotta, Madrid, 1998.
— «Kantian Conception of Equality» en Virginia HELD (comp.), *Property, Profits, and Economic Justice,* Belmont, California, Wadsworth, 1980.
RAZ, Joseph: *Ética en el ámbito público,* trad. M.L. Melón, Gedisa, Barcelona, 1996.
— *La autoridad del Derecho,* trad. Rolando Tamayo y Salmerón, UNAM, México, 1982.
RECASÉNS SICHES, Luis: *Pensamiento jurídico en el siglo XX,* Porrúa, México, 1963.
RIVAYA, Benjamín: *Filosofía del Derecho y primer franquismo (1937-1945),* CEPC, Madrid, 1998.
— «En torno a la universidad y la guerra: el caso González Vicén (¿últimas consecuencias?)», *Sistema* n.° 121, julio, 1984.
— «¿Fascismo en España? (La recepción en España del pensamiento jurídico fascista)», *Derechos y libertades* n.° 7, enero, Madrid, 1999.
ROCA PÉREZ, Victoria: *Derecho y razonamiento práctico en Carlos S. Nino,* Centro de Estudios Políticos y Constitucionales, Madrid, 2005.
— «¿De qué hablamos cuando hablamos de deberes jurídicos? (Algunas consideraciones sobre las fuentes del Derecho a partir de la tesis de Nino del caso especial), *Doxa* n.° 25, Alicante, 2003.
RÓDENAS, Ángeles: *Sobre la justificación de la autoridad,* Centro de Estudios Constitucionales, Madrid, 1996.

ROCKER, Rudolf: *Marx y el anarquismo,* Ediciones Madre Tierra, Madrid, 1988.
RODRÍGUEZ SANTANDER, Róger: «El Precedente Constitucional en el Perú: entre el poder de la historia y la razón de los derechos» en VV.AA., *Estudios al Precedente Constitucional,* Editorial Palestra, Lima, 2007.
RODRÍGUEZ GÓMEZ, Edgardo: «Crisis de la ley», principios constitucionales y seguridad jurídica», *Universitas. Revista de Filosofía, Derecho y Política*. Instituto de Derechos Humanos Bartolomé de las Casas, Universidad Carlos III de Madrid, 2007.
RODRÍGUEZ, Jesús Primitivo: *Filosofía política de Luis Legaz Lacambra,* Marcial Pons, Madrid, 1997.
RODRÍGUEZ PALOP, María Eugenia: *La nueva generación de derechos humanos. Origen y justificación,* Universidad Carlos III de Madrid, Dykinson, Madrid, 2002.
RODRÍGUEZ, Rafael: *Ciudadanos soberanos. Participación y democracia directa,* Almuzara, España, 2005.
RODRÍGUEZ TOUBES, Joaquín: *La razón de los derechos,* Tecnos, Madrid, 1995.
RODRÍGUEZ URIBES, José Manuel: «Notas sobre democracia y opinión pública» en *Anales de la Cátedra Francisco Suárez,* Granada, 2000.
— *Formalismo ético y constitucionalismo,* Tirant lo Blanch, Valencia, 2002.
— *Opinión pública. Concepto y modelos históricos,* Marcial Pons, Madrid, 1999.
— *Sobre la democracia de Jean-Jacques Rousseau,* Dykinson, Madrid, 1999.
ROLDÁN MARTÍNEZ, Luis: «El Derecho y la crisis de la ley», *Derechos y libertades* n.° 13, enero/diciembre, Madrid, 2004.
ROSSELLI, Carlo: *Socialismo liberal,* trad. Diego Abad de Santillán, Editorial Pablo Iglesias, Madrid, 1991.
ROUSSEAU, Juan Jacobo: *El Contrato Social,* trad. Enrique López Castellón, Editores S.L., Madrid, 1993.
ROVIRA FLOREZ, María Carolina: «Seguridad y Estado (A propósito del ordenamiento positivo español)», *Anales de la Cátedra Francisco Suárez* n.° 1, fascículo 1, 1971.

RUBIO LLORENTE, Francisco: «Derechos Fundamentales, derechos humanos y Estado de Derecho», en VIDAL-BENEYTO, José (ed.), *Derechos humanos y diversidad cultural,* Icaria, 2006.

RUIZ, David (dirección): *Historia de Comisiones Obreras,* Siglo XXI, México-España, Madrid, 1994.

RUIZ MIGUEL, Alfonso: *Filosofía y Derecho en Norberto Bobbio,* CEC, Madrid, 1983.

— *La contribución teórico-política de Norberto Bobbio al debate contemporáneo de la izquierda italiana,* Fundación Friedrich Ebert, Madrid, 1979.

— «Bobbio: las paradojas de un pensamiento en tensión» en LLAMAS Ángel (editor), *La figura y el pensamiento de Norberto Bobbio,* Universidad Carlos III de Madrid-BOE, Madrid, 1994.

— «La socialdemocracia» en VALLESPÍN, Fernando, *Historia de la Teoría Política,* volumen 4, Alianza Editorial, Madrid, 1992.

— «Derecho y punto de vista moral», *Anuario de filosofía del Derecho* XIV, Madrid, 1997.

— «Derechos liberales y derechos sociales», *Doxa* n.° 15-16, Alicante, 1994.

— «Marxismo, capitalismo y socialismo. Entrevista a Norberto Bobbio», *Sistema* n.° 29-30, mayo, Madrid, 1979.

RUIZ RICO, Juan José: *El papel político de la iglesia católica en la España de Franco,* Tecnos, Madrid, 1977.

RUIZ-GIMÉNEZ, Joaquín: *El camino hacia la democracia. Escritos en «Cuadernos para el diálogo» (1963-1976),* CEC, Madrid, 1985.

RÜTHERS, Bernd: *Carl Schmitt en el Tercer Reich,* trad. Luis Villar Borda, Universidad Externado de Colombia, Colombia, 2004.

SÁNCHEZ PEREYRA, Adolfo y VALENCIA ARAUJO, Ever: *Ideología, Estado y Derecho,* Coyoacán, México, 1994.

SARTORI, Giovanni: *Qué es la democracia,* trad. Miguel Ángel González y María Cristina Pestellini, Taurus, Madrid, 2003.

— *Elementos de teoría política,* trad. M.ª Luz Morá, Alianza Editorial, Madrid, 1999.

— «En defensa de la representación política», *Claves de razón práctica* n.° 91, Madrid, 1999.

SASTRE, Santiago: «La recuperación de la política», *Claves de razón práctica* n.º 156, octubre, Madrid, 2005.
SAUCA, José María: *La ciencia de la Asociación de Tocqueville: presupuestos metodológicos para una teoría liberal de la vertebración social,* CEC, Madrid, 1995.
SAUQUILLO, Julián: «Fragmento de un discurso libertario: el compromiso ético y político de Juan Ramón Capella», *Isegoría,* n.º 19, Madrid, 1998.
SCHAPIRO, Leonardo: *El totalitarismo,* trad. Eduardo L. Suárez, FCE, México, 1981.
SCHMILL, Ulises: *La reconstrucción pragmática de la teoría del derecho,* Themis, México, 1997.
SCHMITT, Carl: *La dictadura. Desde los comienzos del pensamiento moderno de la soberanía hasta la lucha de clases proletaria,* trad. José Díaz, Alianza Editorial, Madrid, 1999.
— *Estudios políticos,* trad. Francisco Javier Conde, Gráfica Universal, Madrid, 1941.
— «Amnistía es la fuerza de olvidar», *El País,* 21 de enero de 1977.
SCHUMPETER, Joseph: *Capitalismo, socialismo y democracia,* Aguilar, Madrid, 1968.
SEN, Amartya: «Igualdad de qué» en MCMURRIN S.M. (Ed.), *Libertad, igualdad y Derecho,* Ariel, Barcelona, 1988.
SELEME, Hugo: *Neutralidad y justicia. En torno al liberalismo político de John Rawls,* Marcial Pons, Madrid, 2004.
SINGER, Peter: *Democracia y desobediencia,* trad. Marta Guastavino, Ariel, Barcelona, 1985.
SKINNER, Quentin: «El tercer concepto de libertad», *Claves de razón práctica* n.º 155, septiembre, Madrid, 2005.
SMITH, Adam: *La riqueza de las naciones,* trad. Carlos Rodríguez, Alianza Editorial, Madrid, 2002.
SUBIRATS, Joan (editor): *¿Existe sociedad civil en España. Responsabilidades colectivas y valores públicos?,* Fundación Encuentro, Barcelona, 1999.
TAYLOR, Charles: *Sources of the self. The making of the modern identity.* Harvard University Press, Cambridge, Massachussetts, 1989.

— *La libertad de los modernos,* trad. Horacio Pons, Amorrortu Editores, Buenos Aires, 2005.

— *Modern Social Imaginaries,* Public Planet Books, Duke University Press, 2005.

THIEBAUT, Carlos: *La herencia ética de la ilustración,* Crítica, Barcelona, 1991.

— *Vindicación del ciudadano. Un sujeto reflexivo en una sociedad compleja,* Paidós, Barcelona, 1998.

TIERNO GALVÁN, Enrique: *Democracia, socialismo y libertad,* Ediciones Paulinas, Madrid, 1977.

TOLOSANO, José Gabriel: «Réplica a unos ataques contra España», *Revista de Estudios Políticos* n.º 115, enero/febrero, Madrid, 1961.

TOURAINE, Alain: *¿Qué es la democracia?,* trad. Mauro Armiño, Temas de Hoy, Madrid, 1994.

— «Después del neoliberalismo», *El País,* 24 de septiembre, Madrid, 2005.

TREVES, Renato: «Elías Díaz: España, de la dictadura a la libertad» en *Sociología del Derecho y socialismo liberal,* trad. De Luis C. Aparicio y Rafael de Asís, CEC, Madrid, 1991.

TROPER, Michel: *Por una teoría jurídica del Estado,* trad. M. Venegas, Dykinson, Madrid, 2001.

TUÑÓN DE LARA, Manuel y otros: *Ideología y sociedad en la España contemporánea. Por un análisis del franquismo,* EDICUSA, Madrid, 1977.

TUSELL, Javier: *La dictadura de Franco,* Alianza Editorial, Madrid, 1996.

— *La oposición democrática al franquismo,* Planeta, Barcelona, 1997.

URBINA, Sebastián: «Derecho y desobediencia, ética y economía. Eusebio Fernández y Francisco Laporta» en *Perspectivas en la Filosofía del Derecho,* Universitat de Illes Baleares, Palma de Mayorca, 1988.

VALLESPÍN, Fernando: «El Estado liberal» en DEL ÁGUILA Rafael (ed.), *Manual de ciencia política,* Trotta, Madrid, 2000.

VAN PARIJS, Philippe: *La libertad real para todos. Qué puede justificar al capitalismo (si hay algo que pueda hacerlo)*, trad. Francisco Álvarez, Paidós, Barcelona, 1992.

VÁZQUEZ, Rodolfo (Comp.): *Derecho y moral*, Gedisa, Barcelona, 1998.

— *Entre la libertad y la igualdad. Introducción a la Filosofía del derecho*, Trotta, Madrid, 2006.

VELASCO ARROYO, Juan Carlos: «Tomarse en serio la desobediencia civil», *Revista internacional de filosofía política*, n.º 7, Madrid, mayo, 1996.

VILLORO, Luis: *El poder y el valor. Fundamentos de una ética política*, FCE, México, 1997.

— *Estado plural, pluralidad de culturas*, Universidad Nacional Autónoma de México, Paidós, Barcelona, 1998.

VIÑAS, Ángel: *En las garras del águila. Los pactos con Estados Unidos, de Francisco Franco a Felipe González (1945-1995)*, Crítica, Barcelona, 2003.

VON MISES, Ludwig: *Gobierno omnipotente. (En nombre del Estado)*, trad. Pedro Elgoibar, Unión Editorial, Madrid, 2002.

VON MOHL, Roberto: «concepto de Policía y Estado de Derecho» en VV.AA., *Liberalismo Alemán en el siglo XIX (1815-1848)*, trad. Joaquín Abellán y Gabriela Ossenbach, Centro de Estudios Constitucionales, Madrid, 1987.

WALDRON, Jeremy: *Law and Disagreement*, Oxford, Clarendon Press, 1999.

WALZER, Michael: *Las esferas de la justicia*, FCE, México, 1993.

WEBER, Max: *Economía y sociedad*, trad. José Medina, Juan Roura, Eugenio Imaz, Eduardo García Maynes y José Ferrater Mora, FCE, México, 1987.

— *El político y el científico*, trad. Francisco Rubio Llorente, Alianza Editorial, Madrid, 1967.

WELLMER, Albrecht: «Modelos de libertad en el mundo moderno» en Carlos THIEBAUT (Ed.), *La herencia ética de la ilustración*, Crítica, Barcelona, 1991.

WELZEL, Hans: *Derecho natural y justicia material*, trad. Felipe González Vicén, Aguilar, Madrid, 1957.

WILLIAM, Nelson: *La justificación de la democracia,* trad. Marta Guastavino, Ariel, Barcelona, 1986.
WITTGENSTEIN, Ludwig: *Investigaciones filosóficas,* trad. Alfonso García y Ulises Moulines, Instituto de Investigaciones Filosóficas UNAM/Crítica,
WOLF, Robert Paul: *En defensa del anarquismo,* Editorial Nordan-Comunidad, Montevideo, Uruguay, 2004.
ZAGREBELSKY, Gustavo: *El derecho dúctil,* trad. Marina Gascón, Trotta, Madrid, 1995.
ZAMBRANA, Patricia y MARTÍNEZ, Elena: *Depuración política universitaria en el primer franquismo: algunos catedráticos de Derecho,* Cátedra de Historia del Derecho y de las Instituciones de la Universidad de Málaga, Editorial Cometa, Barcelona, 2001.
ZAPATERO, Virgilio (ed.): *Socialismo y ética. Textos para un debate,* Debate, Madrid, 1980.
— «El Club de los Nomófilos», Cuadernos de Derecho Público n.º 3, enero-abril, Instituto Nacional de Administración Pública, Madrid, 1998.
ZOLO, Danilo: *Democracia y complejidad, un enfoque realista,* Nueva Visión, Buenos Aires, 1992.
ZUBIRI, Xavier: *Sobre el hombre,* Alianza Editorial, Madrid, 1986.